Mahāvastu-avadāna

梵文『マハーヴァストゥ』全訳

平岡　聡

ブッダの大いなる物語　上

महावस्तु अवदान

大蔵出版

はじめに

『マハーヴァストゥ・アヴァダーナ（以下、マハーヴァストゥ）』は、「孤高の文献」であり、研究者の近接を拒むかの如き印象を与える。先ず分量が多い。スナールの校訂本で三冊、合計一三二五頁（本文のみ）の大作だ。加えてその言語は仏教混淆梵語（Buddhist Hybrid Sanskrit. 略してBHSだが、外国ではこれをBloody Hard Sanskritとも言うらしい）で書かれており、極めて読解が困難である。加えて、スナールの校訂も問題が多い。また内容面に目を転じれば、この文献の基調は仏伝、すなわち仏教の開祖ブッダの伝記であることに間違いはないが、基軸となる現在物語の随所に本生話などの過去物語が挿話として嵌め込まれ、また編集上のミスと思われる物語も散見する。さらに、編纂者（あるいは伝承者）はマジシャンよろしく、意図的にか無意図的にかは判断できないが、編年体の物語のある部分を別の場所にごっそりと移動させたりするものだから、最初から読んでいくと、時系列に沿ってブッダの事跡を辿れなくなる。つまり、近視眼的にこのテキストに近づけば、読み手は自分の立ち位置を容易に見失ってしまうのである。

このように、分量・言語・校訂・構成のどれをとっても手強い文献であるため、洋の東西を問わず、『マハーヴァストゥ』研究が盛んに行われてきたとはお世辞にも言い難い。ジョーンズの英訳により、西洋では文献へのアクセスはそう悪くはない状況にあるが、日本では部分訳を除いて全訳は存在せず、その全貌が明らかでないために、「孤高の文献」の座に居座り続けてきた。今、思えば、よくもこのような文献の翻訳出版を決意したものだと我ながら感心するが、ともかくここに、邦訳としては初訳となる『マハーヴァストゥ』の全訳を出版できることは、前著『ディヴィヤ・アヴァダーナ』に続いて大いなる喜びである。

もう少し時間をかけてから、という思いは正直あった。だが、大学を取り巻く昨今の状況は極めて厳しく、今までのように研究に専念できる環境が崩れつつある状況に鑑み、これ以上、私の手元にこの翻訳を留め置くよりは、不完全であっても翻訳を公表し、他の研究者の手に委ねた方が、結果として今後の『マハーヴァストゥ』研究は進展すると判断し、今回の出版に踏み切った。細かい点に目をやれば訂正すべき箇所は多々あるに違いないし、正直言って読んではいない論文もかなりある。また他文献との比較も充分ではない。批判は甘んじて受ける覚悟でいる。

しかし、今回の翻訳により、まずなんと言ってもその内容が日本語で把握でき、本文献の全体像が鳥瞰できる点は、ささやかながら日本の仏教研究者に資するところがあると自負している。本文献も『ディヴィヤ・アヴァダーナ』に劣らず、インド仏教の研究に関しては屢々引用されてきたが、これで今までよりもアクセスが容易となることを期待する。次に、これまで誰も指摘しなかった現行の『マハーヴァストゥ』の構造が一目で分かるように工夫し、また説話間の齟齬に注目してそのギャップを明示したので、今後の課題となる本文献の成立解明に向けての問題点はかなり浮き彫りにできたと思う。お読み頂ければ分かるが、『マハーヴァストゥ』には随所に亀裂が走っており、これこそ文献成立解明の鍵を握っていると言えよう。

どの分野でも研究は「積み重ね」であり、ピラミッドの石の如く、将来の頂点（目標）に向けて、一つ一つ確実な石を積み上げるのが研究者の努めである。私が生きている間に『マハーヴァストゥ』全容解明の日は訪れないだろうが、しかし将来の『マハーヴァストゥ』研究に向けて、ささやかながらも確実な石が一つ置けたとすれば、研究者冥利につきる。工事にたとえれば、私はブルドーザーで大まかな道筋を付けたに過ぎない（その方向だけは間違っていないことを望むばかりだが）。後は未来の研究者がこの粗雑な道を舗装し、綺麗に飾り付けてくれるのを待つ気分だ。

従来『マハーヴァストゥ』といえば、大乗仏教に先立つ文献と位置づけられ、したがって大乗仏教興起に関して大きな意味を持つ文献と考えられてきた。しかし、すでに明らかにしたように、むしろ『マハーヴァストゥ』の方が大乗仏教の影響を受けている点も散見するので、従来の『マハーヴァストゥ』に対するステレオタイプな考えは改める時点に来ていると言えよう。この意味でも、この翻訳が『マハーヴァストゥ』の新たな研究に役立てば幸甚である。

（本書は平成二十二年度京都文教大学研究成果刊行助成金を受けて出版された）

平成二十二年二月二日

著　者

ブッダの大いなる物語　上

梵文『マハーヴァストゥ』全訳

目次

B群　十　地

凡例

〈本文〉

(1) 底本として用いたのは、*Le Mahāvastu* (ed. É. Senart, 3 vols., Paris, 1882-1897) であり、その巻数およびページ数を上部の余白に付す。

(2) Mv. は仏伝文学であるが、テキスト編纂上（あるいは伝承上）の混乱から、ある部分の記述が本来の場所から違う場所に移動している。この構造上の問題を明らかにするために、全体をA群からG群の七つに分類した。編年体の仏伝という観点から見れば、このうちD群とG群の位置が本来の場所からずれており、したがってA–B–C–E–G–F–D（ただし、E群は分量が多いのと、上下巻の区切りになるという理由から、E1群とE2群とに分ける）に並び替えると、標準的なブッダの事跡をほぼ年代順に追うことができるので、時系列に沿ってブッダの事跡を辿りたい読者は、この順でお読み頂きたい。また、Mv. は仏伝（現在物語）を基軸としながら、それに関連する過去物語を随所に嵌め込み、また場合によってはその過去物語に関連する、さらなる過去物語を配する場合もあるので、読者が立ち位置を見失わないように、現在物語は1等、その過去物語は(1)等、さらに過去物語の過去物語は①等で表記し、目次では過去物語や過去物語の過去物語をそれぞれ一字下げて記し、各説話の関係が一目でわかるように工夫した。

(3) タイトルを｛ ｝で括っている話は、文脈から見て不相応であることを示す。ただし｛9 偉大なる出家｝のように、｛ ｝内に数字を付した場合は、まったく文脈を無視した竄入とも言えない微妙なケースを意味する。

(4) 和訳は原典に忠実なることを基本としたが、扱う内容が説話であるため、直訳は避け、なるべく日本語として自然な訳を目指した。しかし、教理を説く箇所ではこれが困難であったため、直訳したところもある。また〔 〕の多用は読み難く煩わしいので、使用を最少限度に留めた。

(5) tena sa uktaḥ のように、直訳すれば「彼は彼に言われた」となって主客関係が分かり難くなる場合は、文脈から固有名詞等を〔 〕に補い、「彼は〔王〕に言われた」あるいは「〔ブッダ〕は彼に言われた」等とする。ただしこの場合、助詞の「は／に」は〔 〕の外に出す。一方、「彼は〔王に〕言われた」というように、助詞が〔 〕の中にある場合、それは原文が sa uktaḥ となっており、〔 〕内の「王に」は、訳の文体を重視し、原文にはない語を私が文脈に沿って丸々補ったことを意味する。

(6) 訳の流れを重視し、原典が sa gataḥ/sa kathayati とあるような場合は、「彼は行った。彼は話した」ではなく「彼は行くと、話した」と続けて訳し、必ずしも指示代名詞を二回訳してはいないことがある。

(7) 名詞に指示代名詞が付いていても、文脈からそれが誰か分かるとき、あるいは日本語のリズムを乱すときは、指示代名詞を訳していないことがある。たとえば、sa rājovaca は「その王は言った」ではなく、「王は言った」と訳すことがある。

(8) 本文には会話文中の会話文、さらにその中の会話文が散見するが、通常の会話文は「　」で括り、その中の会話文は『　』で、さらにその中の会話文は〃　〃で括ることにする。また心中で考えたことは〈　〉で括ることにする。

(9)「―前に同じ。乃至―」等、前後を―で囲んである部分も原文にある語句をそのまま訳している。また、原文にはないが、最少限度の説明や言い換えが必要と思われる部分には、「シャチーの夫（インドラ）」のように、（　）内にそれを付す。

(10) 和訳の文体やリズムを重視し、日本語の「～と」に当たる iti はあっても訳していない場合があるし、なくても訳していることがある。また原則として、「　」や〈　〉で囲まれた会話文などを改行して出す場合は末尾に「～と。」は付けず、前の文から続けて出す場合は付けることにする。

(11) 現在物語から過去物語に入ると、物語の話者がブッダに変わるので、本来なら過去物語全体をブッダによる会話文として「　」に括り、その「　」の中で交わされる会話文を『　』で括らなければならないが、これをすると、『　』が多出し読みにくい。よって、現在物語と過去物語の間を一行空け、過去物語をブッダが語り手となる新たな物語として処理し、これを「　」で括らない。

(12) Skt. の意味は「言う・話す・語る」であっても、疑問を呈している会話やその疑問に答えている会話は、文体に変化を付ける意味で「訊く」「答える」等と訳すことがある。

(13) 詩頌の和訳に関しては、散文とアクセントをつける意味で古語的に訳し、また散文では平仮名やカタカナで表記した単語も、詩頌ではできるだけ漢字で表記した。たとえば、「あなた」は「貴方」、「シュッドーダナ王」は「浄飯王」等とした。

(14) Mv. には大量の詩頌が連続して説かれることが多いが、詩頌の和訳に際しては、一つの詩頌ごとに改行するのではなく、散文同様、内容に基づいて改行している。ただし詩頌が連続する場合には、詩頌同士の切れ目を明快にするために、詩頌と詩頌の切れ目に‖を入れている。

(15) Mv. には写本の欠損（Lacuna）が多々見られるが、翻訳ではそれを（…）で表記する。

(16)「はじめに」で指摘したように、Mv. には話の断層や齟齬が随所に見られるが、その箇所を＊　＊　＊　＊で示す。なお、最後の＊に付された矢印（↓）と最初の＊に付された矢印（↑）は、その矢印で区切られた部分が挿入である可能性を示しており、その部分を除けば、文章が齟齬なく繋がることを意味している。

(17) 現代の社会では適切でないと見なされる用語・表現はできるだけ避けたが、約千年前にそれ以前の素材をもとに成立した歴史的説話文献を原文に忠実に翻訳するという本書の性格上、ごく一部ではあるが、伝統的な訳語や不適切なモチーフをそのまま用いた。この点に関しては御容赦頂きたい。

〈注記〉

(1)注記でMv.のSkt.原文を引用する際、そのSkt.を訂正する場合には刊本の脚注にある異読も併記し、そうでない場合は異読があってもそれには言及しないことを原則とする。なお、Mv.の写本は、B写本（パリ国立図書館所蔵（No. 91））、A写本（パリのアジア協会所蔵）、N写本（パリ国立図書館所蔵（No. 94））、C写本（ケンブリッジ大学図書館所蔵）、M写本（M. Minayeff所蔵）、そしてL写本（ロンドンのアジア協会所蔵）の六本である。また校訂に関しては、「初めはこれらの六本の写本全部を参照したが、途中からその必要がないことに気づき、Mv.（i 193.13-iii 47.9）はB写本とC写本の二本、Mv.（iii 47.10-）以降はB写本とM写本の二本のみを用いている」と岡野潔は指摘している（http://member.nifty.ne.jp/OKANOKIYOSHI/）。

(2)注記で原文を引用する場合は、連声する前の形を載せることを原則とする。たとえば、原典にkriyata itiとあっても、下線部を引用するときはkriyateとする。ただし、原文を訂正する場合などは、連声した形を載せる方が分かり易いので、この原則には従わない。

(3)各説話の見出しの後にその文献情報を載せているので、それ以降の注記では最少限度の情報しか載せていない（たとえば、巻数などは省いている）。またここに載せている文献情報のうち、現在物語の情報に関しては、仏本の対応箇所しか挙げていない。Mv.の基調は仏伝であるが、仏伝資料の数は相当数に上るので、これをすべて示すのは煩瑣であるため、構造と内容が極めて近い仏本のみを取り上げる。詳細は中村元『新編・ブッダの世界』（Tokyo, 2000, 469-482）を参照されたい。一方、過去物語に関しては、管見の及ぶ限り、関連資料の情報を載せた。

(4)他文献の引用に関しては、原文を載せる必要がある場合にのみ原文を引用し、それ以外は訳を載せる。漢訳はその和訳ではなく、常に原文を載せる。

(5)Jonesの英訳にある注記に言及する場合は、巻数・頁数・注番号を（ ）に入れて示す。たとえば、Jones（ii 258.5）と記せば、それは「第二巻・二五八頁・注番号五」を意味する。また、Jonesの英訳に言及する場合は、注番号のないJones（ii 258）という表記になる。同様に校訂者Senartの校注（各刊本の巻末）に言及する場合は巻数・頁数を（ ）に入れ、校訂者（ii 528）のように示す。

(6)Divy.のテキストのSkt.を注記する場合は、『三世の物語』で訂正したSkt.を挙げているので、CowellとNeilのエディションと異なることがある。

(7)定型句の情報については、拙著『説話の考古学』（Tokyo, 2002, 153-187）第3章と同じ記号で表示してあるので、その該当項を参照されたい。

(8)注記で校訂者やJONESやBHSDを引用する場合のアルファベット表記に関して、説明文は通常書体、Skt. の単語や文の訳は斜体で表記する。また、これ以外にもSkt. の表記と区別する必要のある場合は斜体で表記する。たとえばśānta（*or* śānti）など。

(9)漢訳からの換梵は［　］で示す。たとえば、阿難［Ānanda］など。

(10)固有名詞の表記に関しては、格変化した形を載せる場合や文中にある場合は先頭の文字を小文字で表記し、Skt. の文脈から切り離して単独で表記する場合は先頭の文字を大文字で表記する。

(11)JONESの脚注には誤植が多いが、それを注で引用する場合は、誤植の訂正には一々言及せず、正規の形を載せる。

(12)注記の最初でMv. 原文の引用が… で省略され、かつその省略が複数行に及ぶ場合のみ、頁数と行数とを（　）に示す。ただし、巻数は省略する。たとえば（193.3-5）など。

略号表

[欧文]

AKBh : *Abhidharmakośabhāṣyam* of Vasubandhu（Tibetan Sanskrit Works Series 8）, ed. P. Pradhan. Patna, 1975.

AKV : *Sphuṭārthā Abhidharmakośa*, ed. U. Wogiwara. Tokyo, 1932-1936.

AN : *Aṅguttara-nikāya*. 6 vols. PTS.

Aś : *Avadānaśataka*（Bibliotheca Buddhica 3）, ed. J. S. Speyer. 2 vols. St.-Petersburg, 1906-1909.

AvK : *Avadānakalpalatā*（Buddhist Sanskrit Texts 22-23）, ed. P. L. Vaidya. 2 vols. Darbhanga, 1989.

AVS : *Arthaviniścayasūtra and its Commentary*（*Nibandhana*）（Tibetan Sanskrit Works Series 13）, ed. N. H. Samtani. Patna, 1971.

BC : *Buddhacarita*, ed. E. H. Johnston. Calcutta, 1935.

BhG : *Bhagavad-gītā*, ed. R. C Zaehner. Oxford, 1969.

BHSD : *Buddhist Hybrid Sanskrit Dictionary*, F. Edgerton. New Haven, 1953.

BHSG : *Buddhist Hybrid Sanskrit Grammar*, F. Edgerton. New Haven, 1953.

BhV : *Bhaiṣajyavastu: Mūlasarvāstivādavinaya*（Gilgit Manuscripts vol. 3, part 1）, ed. N. Dutt. Srinagar, 1947.

BKA : *Bhadrakalpāvadāna*, ed. S. F. Oldenburg. St.-Petersburg, 1894.

Bv : Buddhavaṃsa, PTS.

ChMSV : *Chinese Mūlasarvāstivādavinaya*（根本説一切有部毘奈耶）.

CNid. : *Cullaniddesa*, PTS.

CPS : *Catuṣpariṣatsūtra*, ed. E. Waldschmidt. 3 vols. Berlin, 1952, 1957, 1962.

Dhp : *Dhammapada*, PTS.

Dhp-a. : *Dhammapadaṭṭhakathā*. 4 vols. PTS.

Dīp. : *Dīpavaṃsa*, PTS.

Divy. : *Divyāvadāna: A Collection of Early Buddhist legends*, ed. E. B. Cowell and R. A. Neil. Cambridge, 1886（Reprint:

Amsterdam, 1970).

DN : *Dīgha-nikāya.* 3 vols. PTS.

DPPN : *Dictionary of Pāli Proper Names.* G. P. Malalasekera. 2 vols. London, 1937-1938.

Dv : *Dīpavaṃsa*, PTS.

GDhp : *Gāndhārī Dharmapada*, ed. J Brough. London, 1962.

Gv : *Gaṇḍavyūha Sūtra*, ed. D. T. Suzuki and H Idzumi. Kyoto, 1949.

Isi. : *Isibhāsiyāiṃ: Aussprüche der Weisen aus dem Prākrit der Jainas*, ed. W. Schubring. Hamburg, 1969.

It : *Itivuttaka*, PTS.

Ja : *Jātaka.* 6 vols. PTS.

Jm : *Jātakamālā or Bodhisattvāvadānamālā by Āryaśūra*, ed. H. Kern. Boston, 1891.

Jones : *The Mahāvastu*, translated from the Buddhist Sanskrit by J. J. Jones. 3 vols. (Sacred Books of the Buddhists xvi, xviii, and xix). London, 1949-1956.

Khp-a. : *Khuddakapāṭha-aṭṭhakathā*, PTS.

KV : *Kośāmbakavastu: Mūlasarvāstivādavinaya* (Gilgit Manuscripts vol. 3, part 2), ed. N. Dutt. Srinagar, 1942.

Kv : *Kathāvatthu*, PTS.

LV : *Lalitavistara*, ed. S. Lefmann. Halle, 1902.

MAV : *Mahāvadānasūtra*, ed. E. Waldschmidt. 2 vols. Berlin, 1953-1956.

Mhv : *Mahāvaṃsa*, PTS.

Mil. : *Milindapañha*, PTS.

MN : *Majjhima-nikāya.* 4 vols. PTS.

MNid. : *Mahāniddesa*, PTS.

MPS : *Mahāparinirvāṇasūtra*, ed. E. Waldschmidt. 3 vols. Berlin, 1950-1951.

Mv. : *Mahāvastu*, ed. É. Senart. 3 vols. Paris, 1882-1897.

Mvy. : *Mahāvyutpatti.*

PDhp : *Patna Dharmapada* (*Journal of PTS* xiii, 1989, 101-217), ed. M. Cone.

Pj : *Paramatthajotikā I*, PTS.
Ps : *Papañcasūdanī*, PTS.
PTS : Pali Text Society.
Pv : *Petavatthu*, PTS.
SBhV i : *The Gilgit Manuscript of the Saṅghabhedavastu* (Part 1), ed. R. GNOLI. Rome, 1977.
SBhV ii : *The Gilgit Manuscript of the Saṅghabhedavastu* (Part 2), ed. R. GNOLI. Rome, 1978.
Śikṣ. : *Śikṣāsamuccaya*, ed. C. BENDALL. St.-Petersburg, 1897-1902.
Skt. : Sanskrit.
SN : *Saṃyutta-nikāya*. 6 vols. PTS.
Sn : *Suttanipāta*, PTS.
Sn-a. : *Suttanipāta-aṭṭhakathā*. 3 vols. PTS.
Spk. : *Sārattha-ppakāsinī*. 3 vols. PTS.
Sūy. : *Sūyagaḍaṃga*, ed. P. L. VAIDYA. Poona, 1928.
T. : *Taishō Shinshū Daizōkyō*, ed. J. TAKAKUSU and K. WATANABE et al. 55 vols. Tokyo, 1924-1929.
Th. : *Theragāthā*, PTS.
Thī : *Therīgāthā*, PTS.
Thī-a. : *Therīgāthā-aṭṭhakathā*, PTS.
Ud. : *Udāna*, PTS.
Udv : *Udānavarga*, ed. F. BERNHARD. Göttingen, 1965.
Utt. : *Uttarādhyayanasūtra* (*Archives d'Études Orientales*, publiées par J.-A. Lundell, 18-1, 1-409), ed. J. CHARPENTIER, 1921.
Vin. : *Vinayapiṭaka*. 5 vols. PTS.
Vin-a. : *Vinayaṭṭhakathā*, PTS.
Vism : *Visuddhimagga*, PTS.

[漢文]

長阿 : 『長阿含経』（T. 1, i).

中阿　:『中阿含経』(T. 26, i).
増一　:『増一阿含経』(T. 125, ii).
六度　:『六度集経』(T. 152, iii).
本縁　:『菩薩本縁経』(T. 153, iii).
報恩　:『大方便仏報恩経』(T. 156, iii).
仏本　:『仏本行集経』(T. 190, iii).
雑宝　:『雑宝蔵経』(T. 203, iv).
宝王　:『大乗荘厳宝王経』(T. 1050, xx).
僧祇　:『摩訶僧祇律』(T. 1425, xxii).

[和文]

『説話の考古学』:平岡聡『説話の考古学—インド仏教説話に秘められた思想—』(Tokyo, 2002).
『三世の物語』:平岡聡『ブッダが謎解く三世の物語—『ディヴィヤ・アヴァダーナ』全訳—』(全2巻)(Tokyo, 2007).

シノプシス（梗概）と関連文献

A群　序　章

0　序偈（Nidānagāthā）[i 1.2-4.11]

帰敬偈に続き、ブッダが過去世の仏達のもとで四菩薩行〔自性行・誓願行・随順行・不退行〕を実践したことが説かれる。続いて「中間の言語で〔波羅提木叉を〕誦する、聖なる大衆部の説出世部の律蔵に属する『マハーヴァストゥ』の始まり」という一節に続いて四種の具足戒に言及し、この後でブッダの燃灯仏授記から今生の成道までが極めて簡略に説かれる。

1　地獄巡回経（Narakaparivartaṃ nāma sūtram）[i 4.12-27.1]

マウドガリヤーヤナの八熱地獄訪問に関連して、それぞれの地獄の苦しみが説かれる。彼はジェータ林に戻り、地獄の有り様を四衆に告げると、多くの有情達は希有法を獲得する。この後、詩頌を以て地獄の有り様が描写され、再び散文で八熱地獄の有り様と、いかなる業の異熟によってその地獄に生まれるかが説明されるが、ただしここでは極焼熱と熱灰の記述を欠く。最後に無間大地獄の説明あり。

2　他趣巡回［i 27.2-33.17］

マウドガリヤーヤナは畜生・餓鬼・阿修羅の世界に出掛けてその有り様を観察し、ジェータ林に戻ってきてその様子を四衆に告げると、多くの有情達は不死を獲得する。続いて彼は四大王天から浄居天に至るまでを訪問してその素晴らしさを目の当たりにするが、そこから死没した有情が悪趣に生まれ変わるのを見て、天界も無常と変異とを本性とすることを見極める。彼がジェータ林に戻ってそのことを四衆に告げ、梵行の実践を勧めると、多くの有情達は不死を獲得する。

3 アビヤの物語（Abhiyavastuṃ sānugītam）［i 34.1-45.16］

マウドガリヤーヤナは浄居天に出向くと、浄居天衆の天子は彼を出迎え、彼にアビヤと呼ばれる比丘の話をする。

【アビヤの過去物語】過去世においてサルヴァービブー仏に浄信を抱いていた組合長ウッティヤ（浄居天の天子）のもとに比丘ナンダとアビヤ（ブッダ）が近づいたが、ウッティヤの娘はナンダに浄信を抱いていたので、嫉妬心の強いアビヤは腹を立て、二人に関する虚偽の噂を流す。後に自分の愚行を恥じたアビヤはナンダに許しを乞い、またサルヴァービブーのもとで罪を告白するために、自分に浄信を抱いていた二人の香商（シャーリプトラとマウドガリヤーヤナ）から香粉を手に入れ、それで仏を供養すると、将来ブッダになりたいと誓願し、それに対して仏はアビヤに無上正等菩提の記別を授ける。続いて内容反復の詩頌。最後はブッダによるこの本生話の連結。

4 多仏経（Bahubuddhasūtram）［i 46.1-54.8］

ブッダがマウドガリヤーヤナに四菩薩行のうち、自性行と誓願行とを説明するが、誓願行を説明する中で、ブッダは自分が過去世において、シャーキャムニ、サミターヴィン、ローコーッタラ、パルヴァタ、ラタネーンドラという五人の仏達のもとでそれぞれ誓願を立てたことを説く。

5 浄居天訪問［i 54.9-63.14］

【文献】仏本（T. 190, iii 655a24-656a29）.

マウドガリヤーヤナは浄居天に赴き、そこから戻ると世尊に近づいて菩提がいかに得難いかについて説明を求めると、ブッダは過去世における自分の行を説く。すなわちブッダは過去の無数の生涯において無数の仏達を供養し、そこで梵行を修し、また誓願を立てたことを詳細に説く（仏によってはブッダに記別を授ける）。これも誓願行の一部として説明されており、最後に四菩薩行のうちの最後の二つである随順行と不退行とが説明されているが、ここでは夥しい数の過去仏が列挙される。

B群　十　地

1　十地〔総説〕 [i 63.15-78.10]

冒頭に「十地とディーパンカラ事とを説こう」とあり、これに続いて帰敬偈が説かれる。その後、詩頌によりブッダが般涅槃してからカーシャパが薪に火を着けて荼毘に付されるまでの様子が説かれる。この後カーティヤーヤナがカーシャパに対して十地を説くと、カーシャパはカーティヤーヤナに十地を説明するよう懇願する。

1-(1)　初地 (Prathamā bhūmiḥ) [i 78.11-84.10]

カーティヤーヤナはカーシャパに、初地に住する菩薩達の八つの行いと、また菩薩が初地から第二地に進むことができない六つの理由とを具体的に説明し、正等覚者になろうという心を起こすことの福徳の大きさもあわせて説かれる。続いて不退転の菩薩が立てる誓願の時期はいつか、不退転の菩薩はいかにして堅忍不抜となるのか、さらには不退転の菩薩が最初の心を起こした時にはいかなる希有法が現れるのか、といったカーシャパの質問にカーティヤーヤナは詩頌を以て答える。

1-(2) 第二地（Dvitīyabhūmiḥ）［i 84.11-90.19］

第二地の菩薩が有する二十の意向がそれぞれ説明され、続いて菩薩が第二地から第三地に進むことができない二十八の理由が具体的に説かれる。

1-(3) 第三地（Tṛtīyā bhūmiḥ）［i 91.1-100.12］

カーティヤーヤナは、第二地から第三地に進む菩薩にいかなる心が生じるかをカーシャパに説く。ここでは、ブッダの前生である菩薩が真理を伝える詩頌を獲得するために、自らの命をも喜捨した本生話が例証として挙げられている。続いて菩薩が第三地から第四地に進むことができない十四の理由が具体的に説かれるが、最後には突如としてナーマティデーヴァという三十三天の天子が菩薩となり、詩頌を以てブッダを賞賛する話が見られ、また一転してブッダ降誕時の様子が詩頌で説かれる。

1-(4) 第四地（Caturthī bhūmiḥ）［i 101.1-110.13］

カーティヤーヤナはカーシャパに不退転の菩薩が行わない不適切な行を説明し、さらに不退転の菩薩は悪趣に堕ちないことを説く。また第八地以上の菩薩は正等覚者とみなされ、特別な存在であることが強調される。この後、不退転の菩薩の特性が説かれ、最後に菩薩が第四地から第五地に進むことができない七つの理由が具体的に説かれる。

1-(5) 第五地（Paṃcamī bhūmiḥ）［i 110.14-120.16］

カーティヤーヤナはカーシャパに、第五地に住していたブッダが供養した仏とその種姓とを詳細に説明し、ブッダの布施や誓願もあわせて説く。最後に菩薩が第五地から第六地に進むことができない四つの理由が具体的に説かれる。

1-(6) 第六地（Ṣaṣṭhī bhūmiḥ）［i 121.1-127.12］

カーティヤーヤナはカーシャパに、一つの仏国土に二人の正等覚者が出現しない理由を説いた後、今存在する仏国土の名前とそこに住する仏の名前とを記す。最後に菩薩が第五地から第六地に進むことができない二つの理由が具体的に説かれる。

1-(7) 第七地（Saptamā bhūmiḥ）[i 127.13-136.7]

カーティヤーヤナはカーシャパに不退転の菩薩の行を説くが、ブッダが第七地に住していた時の話として、クシャ王本生話〔ジャタラ王（デーヴァダッタ）がクシャ王（ブッダ）の后であるアプラティマー（ヤショーダラー）を横取りしようとするが、クシャ王はジャタラ王を許す話〕が見られる。この後、同様の本生話〔自分に悪事を働くデーヴァダッタをブッダが許す話〕が四つ説かれる。そして不退転の菩薩の勝れた行状が列挙される。またここで様々な文字の名前が列挙されるが、それは菩薩がもたらしたものであるとされる。最後には不退転の菩薩が第八地に進む時、大悲の心が生じると説かれる。

1-(8) 第八地（Aṣṭamā bhūmiḥ）[i 136.8-139.3]

カーティヤーヤナはカーシャパに、ブッダが初地から第七地へと進む中で善根を植えてきた二百五十名近い正等覚者達の名前を詳細に列挙する。

1-(9) 第九地（Navamī bhūmiḥ）[i 139.4-141.17]

第八地に続いて、ブッダが仕えてきた過去仏の名前が列挙され、その数は二百五十名以上にも及ぶ。

1-(10) 第十地（Abhiṣekavatī nāma daśamā bhūmiḥ）[i 142.1-157.16]

カーティヤーヤナはカーシャパに、第十地を成満したブッダが兜率天からマーヤーに入胎するまでの様子を説く。また妊娠中のマーヤーの様子、また出産の様子が詩頌を以て描写され、最後にはブッダの出家踰城の様子が詩的に語られる。

｛諸仏の特性｝ [i 157.17-177.12]

【文献】Mv. iii 345.19-347.13 [Mv. i 174.4-176.4].

カーティヤーヤナはカーシャパに、正等覚者の有する五眼・十力・十八不共仏法の各項目を説明する。この後、正等覚者達の諸徳が詩頌によって賞賛されるが、その後半は、彼らが行う世俗的なことはすべて世間に随順してのことであることが説かれる。また正等覚者達の言葉が備えている六十の特性が詩頌で説明され、彼らの説法が賞賛され、これに関して過去世でシカラダラという菩薩が正等覚者の説法を賞賛した話が説かれる。最後も正等覚者達の説法が詩頌によって賞賛される。

〔幻影〕［i 177.13-193.12］

ブッダは、業果や来世を信じていなかったカリンガの王アバヤの前に、彼の亡き父王の幻影を化作して彼を教導する。また王妃クスマーが両親を毒殺しようとしたので、ブッダは両親を幻影とすり替え、二人の命を救うとともに彼女を改心させ、さらには両親に対して邪悪な心を起こした組合長ドゥルヴァに羅刹の幻影を化作し、彼も改心させる。最後にブッダは罪深い見解を有しているタール王に比丘の化身を送り、彼も見事に教導する。

C群　燃灯仏物語

1　燃灯仏の歴史［i 193.13-215.9］

【文献】仏本（T. 190, iii 661c22-662a4）; Mv.（ii 1.1-18.6）［Mv. i 197.10-215.9］.

遙か昔のアルチマット転輪王の王都ディーパヴァティーが、極楽さながらの描写で説明される。続いて、菩薩ディーパンカラが兜率天から彼の第一王妃スディーパーに入胎する（この時の説明は基本的にブッダの降兜率から入胎に準ずる）。また菩薩が胎内にある時の様々な奇瑞が説かれ、それはすべて菩薩の威光によるとされる。

2 燃灯仏の誕生 [i 215.10-227.18]

【文献】仏本（T. 190, iii 662a5-b18）; Mv.（ii 18.7-30.6）[Mv. i 215.10-227.3].

続いて菩薩ディーパンカラの誕生時の様子が説かれる（これもブッダの誕生に準ずる）。マヘーシュヴァラ神が誕生した菩薩に謁見し、菩薩が三十二相を具足しているのを見る（以下、三十二相の各項目が列挙）。最後に父王はバラモン達に命名を依頼し、ディーパンカラという名前が付けられる。この後、大きくなった菩薩は後宮での贅沢な暮らしに入るが、後宮の女達に対して嫌悪感を抱く。

3 燃灯仏の成道 [i 227.18-231.16]

【文献】仏本（T. 190, iii 662b18-663b5）.

池の中央に車輪ほどの蓮華が現れ、その中で菩薩が結跏趺坐すると、在家的な特徴はすべて消え去り、袈裟衣が現れる。この後、菩薩は初禅から第四禅へと進み、ついには無上正等菩提を正等覚すると、光明が現れ、世間の闇をすべて光で満たす。そして世尊ディーパンカラは八万人の比丘を連れて父の都に戻ってくる。

4 燃灯仏物語（Dīpaṃkaravastu）[i 231.17-248.5]

【文献】仏本（T. 190, iii 665a7-669a3）; Divy. 19（246.5-253.22）.

学識を備えた青年僧メーガ（ブッダ）は、少女プラクリティ（ヤショーダラー）から世尊ディーパンカラが王都にやってくると聞き、世尊を供養するために彼女から蓮華を手に入れると、それで世尊を供養し、将来ブッダになろうと決心すると、世尊は彼に記別を与える。直ちに光明が現れ、世間の闇をすべて光で満たす。メーガは世尊のもとで出家したが、友人のメーガダッタはそのことにまったく興味を示さなかった。メーガダッタは五つの無間業を犯したために、長時に亘って地獄を遍歴するが、ブッダが今生において覚りを開いた時に怪魚ティミティミンギラとして生まれ変わり、船員から「ブッダ」という言葉を聞いて死没すると、ダルマルチとして人間に再生し、ついにはブッダのもとで出家して阿羅漢となる。

5 マンガラ物語（**Maṃgalasya vastum**）［**i 248.6-252.19**］

世尊ディーパンカラの後に世尊マンガラが世に現れたが、その時にアトゥラというナーガの王であったブッダは彼を供養して誓願を立て、記別を授かる。この後、内容反復の詩頌。

D群　ヴァイシャーリー訪問

1 日傘物語［**i 253.1-271.18**］

【文献】ChMSV 薬事（T. 1448, xxiv 21c15-22c21）; 増一（T. 125, ii 725b14-726c19）.

夜叉女の産んだ子供達のせいで、ヴァイシャーリーに疫病が流行る。人々は六師外道を招いて疫病を鎮めてもらおうとしたが、一向に治まる気配はない。そこで彼らはブッダを招待することを決める。使者は賢者のトーマラであった。ヴァイシャーリーの人々はガンジス川までを荘厳し、川に船橋を作ってブッダの到来を待ちわびている。その時、信心深かったゴーシュリンギーは自分の飼っていた鸚鵡を対岸のブッダのもとに飛ばし、一足先にブッダを食事に招待する約束を取りつける。船橋を渡っているブッダに対し、大勢の人天がそれぞれ日傘を差し掛けたので、ブッダはその日傘の数だけブッダを化作した。この後、ブッダは比丘ヴァーギーシャに自分と彼が過去世で一緒だった時のことを思い出させ、それを彼は詩頌で説明する。さてブッダがヴァイシャーリーに入ると、疫病は癒える。後にブッダは、自分がゴーシュリンギーに食事の招待を受けていることをヴァイシャーリーの住人達に知らせる。彼らは鸚鵡が人間の言葉を喋ったことを奇異に思うが、ブッダはそれが何等不思議ではないことを説き、これが次の本生話の導入となる。

1–(1) 三羽の鳥本生話（Triśakuniyaṃ nāma jātakam）[i 271.19-283.6]

【文献】Ja 521（v 109-125）.

三羽の鳥が人間の言葉を喋ったことに関する本生話——子供のなかったブラフマダッタ王が、その理由を知るために隠棲処に住む聖仙達に会いに行く途中、梟（アーナンダ）・百舌（シャーリプトラ）・鸚鵡（ブッダ）の卵をそれぞれ一つずつ手に入れる。聖仙達にその卵を大事に孵化させれば息子ができると言われ、そのとおりに実行すると三羽の雛が孵り、人間の言葉を喋るようになる。ブラフマダッタが王の果たすべき義務を尋ねると、梟と鸚鵡とはそれを事細かに説明する。連結の後、菩薩の十自在が詩頌で説かれる。

1–(2) 昔の疫病 [i 283.7-290.8]

ブッダがヴァイシャーリーの境界を越えると、非人達が逃げ出したことに関して三つの本生話が説かれる。(1)カンピッラを統治する王ブラフマダッタ（ビンビサーラ王）の祭官の息子ラクシタ（ブッダ）は、出家して四禅・五神通を獲得した。ある時、カンピッラに疫病が流行ったが、ラクシタが都城に入ると、疫病をもたらした非人達は退散し、有情達に十善業道を教示する。最後に連結。(2)カーシ国王（ビンビサーラ王）の象（ブッダ）は、その福徳ゆえに疫病を癒す力があったが、ミティラーの町で疫病が流行った時、王（将軍シンハ）はあるバラモン（トーマラ）に依頼し、その象をミティラーに連れてくると、疫病をもたらした非人達は退散し、疫病は癒える。最後に連結。(3)アンガ国王の所有する雄牛（ブッダ）はその福徳ゆえに疫病を癒す力があったが、ラージャグリハで疫病が流行った時、王（将軍シンハ）はあるバラモン（トーマラ）に依頼し、その雄牛をラージャグリハに連れてくると、疫病をもたらした非人達は退散し、疫病は癒える。最後に連結。

2 ヴァイシャーリーでのブッダ [i 290.9-301.2]

ブッダはヴァイシャーリーに到着し、様々な真実語によって厄払いをする。ゴーシュリンギーはブッダに食事を供養してサーラ樹の森を布施すると、ヴァイシャーリーのリッチャヴィ族の人達もブッダをもてなし、園林を布施し、続いてチャーパーラ霊廟を初めとする六つの霊廟を僧伽に布施する。最後にアームラパーリーがマンゴー園を、バーリカーがバーリカーチャヴィー園を布施したことが説かれる。

〔マーリニー物語〕（Māliniye vastu）［i 301.3-317.3］

【文献】『五分律』（T. 1421, xxii 172a3-c23）.

乞食しても施食が手に入らなかった独覚を憐れみ、庄屋は娘と共に彼に施食を布施した。後に般涅槃した独覚のために庄屋は塔を建立し、娘はその塔を供養したが、その善業のために彼女はクリキン王の娘マーリニーとして生まれ変わった（この後、内容反復の詩頌）。彼女は世尊カーシャパを食事に招待するが、それまで招待を受けていたバラモン達は嫉妬してマーリニー殺害を計画し、娘を見捨てなければ暴動を起こすと王を脅したので、娘の身柄はバラモン達に委ねられる。死刑執行まで七日間の猶予を得た彼女はカーシャパを供養し、その間カーシャパは宮廷の人々を次々と教導したので、彼らは彼女の死刑を阻止する行動に出た。仕方なくバラモン達はカーシャパに刺客を送るが、彼らも次々とカーシャパに教導される。ついにバラモン達は自らカーシャパを殺害しようとするが、大地の神に追い払われる。

E 1群　降兜率〜マーラの誘惑

1 ジョーティパーラ経（Jyotipālasūtram）［**i 317.4-335.8**］

【文献】MN 81（ii 45-54）; 中阿63（T. 26, i 499a8-503a19）;『興起行経』10（T. 197, iv 172c6-174b3）.

【現在物語】ある時、世尊がコーサラ国のマーラカランダの町で散歩している時に微笑を現し、その意味をアーナンダが尋ねると、そこは過去仏のクラクッチャンダ、カナカムニ、カーシャパの活躍した地であるとブッダは答え、その町に関する過去物語を説いて聞かせる。【過去物語】カーシャパ仏の時代、その町に住む陶師ガティカーラは彼の侍者であった。陶師は仏教に関心を示さなかった友人の青年僧ジョーティパーラ（ブッダ）を、やっとの思いでカーシャパ仏のもとに連れていくと、青年僧は仏教に帰依して出家する。ある時、クリキン王は仏を食事に招待し、コーカナダという楼閣を布施する。王は自分の都城内で雨安居を過ごすよう仏に願い出るが、仏は王が自分にとって完全な侍者ではないことを理由にその申し出を断り、ガティカーラこそが完全な侍者であると王に告げて彼の所行を賞賛する。その頃、ジョーティパーラは隠棲処に独座し、将来ブッダになりたいという心を起こすと、仏は彼に記別を授ける。その声は諸天によって梵衆天にまで届く。この後、仏は上空に舞い上がって比丘達に説法する。最後に連結。

2 ジョーティパーラの授記（Jyotipālasya vyākaraṇam）［**i 335.9-338.12**］

ジョーティパーラはカーシャパ仏に粥を作り、粉香で供養し、黄金の座と一対の衣を布施して将来ブッダになりたいという誓願を立てると、仏は彼に無上正等菩提の記別を授ける。最後にはブッダが過去の多くの仏達のもとで修行したことが詩頌で説かれる。

3　コーリヤ族の起源（Koliyānām utpatti）［i 338.13-355.14］

【文献】仏本（T. 190, iii 672a13-676a5）［i 347.19-］.

世間が生成されると、世間消滅の際に光音天に避難していた有情が再びこの世に現れて様々な食物を口にし、最後には米を収穫するようになるが、公平な米の分配を巡って王という存在が誕生することになる。最初の王はマハーサンマタで、ここからカルヤーナ、ラヴァ、ウポーシャダ、マーンダータ、スジャータと相続する。さてスジャータには五人の王子と五人の王女がおり、さらに妾の子ジェーンタがいたが、王は妾に唆され、五人の王子を追放し、妾の子を王子にしてしまう。追放された王子と王女達は聖仙カピラの隠棲処近くの森に行き、それぞれ兄妹同士で結婚する。彼らは聖仙に許可を得てそこに都城を造営する（これが後のカピラヴァストゥ）。さて五王子のうちで最年長のオープラ王子が王位に就き、そこから数代下ったシンハハヌ王には息子四人と娘一人がいたが、その長子がシュッドーダナである。さてある時、シャーキャ族の長老の娘は病気治癒のためにヒマラヤ山麓に連れてこられたが、それが縁で聖仙コーラと知り合って性交し、十六組の双子を産むが、彼らは母に自分の故郷であるカピラヴァストゥに行くよう勧められ、そこに行くと温かく迎えられる。彼らはコーラから生まれたので、コーリヤと呼ばれた。

4　鹿野苑の歴史［i 355.15-366.11］

【文献】仏本（T. 190, iii 676a6-b8）［i -357.2］; Ja 12（i 145-153）［i 359.18-］.

シュッドーダナ王はスブーティの七人の娘をすべてカピラヴァストゥに迎え入れ、マーヤーとプラジャーパティーとを後宮に入れると、後の五人を兄弟に与えた。次に突然、犀角偈（khaḍgaviṣāṇagāthā）が説かれて、リシパタナの由来が説明され、また一転して鹿の本生話が説かれる。鹿王ニャグローダは妊娠した雌鹿の命を救うために自ら彼女の身代わりになってブラフマダッタ王の生け贄となるが、そのことを知った王は心を打たれ、鹿達の安全を保障する。

連結なし。

5　ガウタマ降誕［ii 1.2-30.6］

【文献】仏本（T. 190, iii 677c14-693a15）; Mv.（i 197.10-215.9）［Mv. ii 1.1-18.6］, Mv.（i 215.10-227.3）［Mv. ii 18.7-30.6］.

菩薩が生まれる家に備わる六十の徳目が列挙される。菩薩はマーヤーこそ自分の母に相応しいと知り、彼女に入胎する。菩薩の入胎によるマーヤーの様々な奇瑞が説明され、さらにはルンビニー園での出産の様子が描写され、またその時の奇瑞もあわせて説かれる。父王のもとに連れてこられた菩薩を、マヘーシュヴァラ神が拝見しにやってくる。続いて三十二相が列挙される。

6　アシタ仙の占相［ii 30.7-45.3］

【文献】仏本（T. 190, iii 693b23-701a19）.

菩薩の誕生を知って駆けつけた聖仙アシタは、菩薩を見て涙を流す。自分は老齢で、彼がブッダになるのを見ることができないからであった。以下、菩薩誕生からアシタの予言までが詩頌を以て説かれ、最後に三十二相と八十種好とが列挙される。

7　青年期のガウタマ［ii 45.4-48.8］

【文献】仏本（T. 190, iii 705c20-707a17）.

菩薩は父王に連れられて遊園を逍遙している時、ある少年が鋤を引いて蛇と蛙とを掘り起こし、蛇を捨ててしまったが、蛙は食用に拾い上げたのを見て、大きな衝撃を受け、解脱の獲得を決意して初禅に入ると、閻浮樹の影は太陽が傾いても菩薩を離れなかった。それを見た父王は、アシタの予言が実現するのを恐れ、世俗の楽を享受させるために菩薩を後宮に入れ、妻を娶らせようとする。その時、ヤショーダラーは恥じらいながら菩薩に近づく。

7-(1)　吝嗇家本生話（Maṃjarijātakam）［ii 48.8-64.7］

【文献】Ja 535（v 382-412）;『盧至長者因縁経』（T. 539, xiv 821c-825a）;『旧雑譬喩経』15（T. 206, iv 513b10-28）.

ヤショーダラーは恥じらいながら菩薩に近づいたことに関する本生話——バラモンのナーラダ（ブッダ）は修行して四禅・五神通を獲得したが、吝嗇家であった。彼の親戚の一人は死後に天子となり、シャクラと共にナーラダのもとに行って布施の徳を説くと、ナーラダは改心する。後にシャクラの四人の娘がナーラダのもとで甘露を求めるが、一人の娘フリー（ヤショーダラー）だけがナーラダに気に入られて甘露を獲得し、恥じらいながら彼に近づく。最後に連結。

7-(2) 蜥蜴本生話（Śrīgodhājātakam）[ii 64.8-67.14]

【文献】仏本（T. 190, iii 708a10-b18）; Ja 333（iii 106-109）.

ヤショーダラーが菩薩の高価な贈物に満足しなかったことに関する本生話——スプラバ王に追放された息子のステージャス（ブッダ）は、妻（ヤショーダラー）と共に森に住むようになった。ある日、王子は猫がもたらした蜥蜴を一人で食べてしまい、妻はそれに腹を立てる。後に父王が亡くなり、王位に就いた彼は妻に高価な贈物をするが、妻は蜥蜴の件を根に持ち、それに満足しなかった。最後に連結。

7-(3) ヤショーダラーの首飾り布施本生話（Śrīyaśodharāye hārapradānajātakam）[ii 67.15-68.19]

菩薩がヤショーダラーにだけ多くのものを与えたことに関する本生話——ヴァーラーナシーの王（ブッダ）は、第一王妃（ヤショーダラー）にとりわけ沢山のものを与えていた。最後に連結。

7-(4) ヤショーダラーの雌虎本生話（Śrīyaśodharāye vyāghrībhūtāye jātakam）[ii 68.20-72.15]

【文献】仏本（T. 190, iii 715a4-b22）.

菩薩が出家した後、デーヴァダッタとスンダラナンダがヤショーダラーに求婚したが、彼女は菩薩だけを望んでいたことに関する本生話——かつてヒマラヤ山麓に住んでいた四足動物達は、山頂に一番早く登ったものを王に選ぼうとした。結果は雌虎（ヤショーダラー）が一番だったので、彼女が夫に選ぶものを王にすることになった。牛（スンダラナンダ）や象（デーヴァダッタ）が彼女に言い寄るが、彼女は獅子（ブッダ）を夫に選ぶ。最後に連結。

8　武勇に秀でたガウタマ　[ii 72.16-76.16]

【文献】仏本（T. 190, iii 707c17-708a9, 708b19-712c16）.

菩薩がヤショーダラーに好意を持っているのを知って、父王は彼女を息子に嫁がせたいと彼女の父マハーナーマンに申し出るが、彼は菩薩がひ弱であるとして申し出を断る。これを知った菩薩は自らの力を示すことにする。すなわちデーヴァダッタは平手打ちで象を殺し、スンダラナンダはその象を七歩分引っ張ったが、菩薩はその象を七重に巡らされた城壁の外へと運んで見せた。また弓矢でも菩薩は誰も引くことのできなかった祖父シンハハヌの弓を握ると、七本のターラ樹を一本の矢で射抜き、二人よりも卓越した力を発揮する。

8-(1)　ダルマパーラ本生話（Śrīdharmapālasya jātakam）[ii 76.17-82.3]

【文献】Ja 447（iv 50-55）.

久しく失われていたシャーキャ族の拳（祖父シンハハヌの弓を握ったこと）をブッダが知らしめたことに関する本生話——ブラフマダッタ王の祭官ブラフマーユス（ブッダ）にはダルマパーラ（ラーフラ）という息子がいたが、祭官は息子をある隠棲処に住むバラモンに預けた。ある時、その隠棲処近くの湖でダルマパーラそっくりの子供が羅刹に殺される。そのバラモンはダルマパーラが死んだと思い、死体を荼毘に付して遺骨を父のもとに届けるが、自分達の家系は善を実践しているので、若死にする者はおらず、その遺骨は息子のものではないと言う。戻ってみると、ダルマパーラは隠棲処にいた。最後に連結。

8-(2)　放矢本生話（Śrīśarakṣepaṇaṃ jātakam）[ii 82.4-83.12]

菩薩が誰よりも遠くに矢を放ったことに関する本生話——ヴァーラーナシーの王（ブッダ）は弟に本国を任せ、自分はタクシャシラーに住していると、敵国の王がヴァーラーナシーを包囲し、弟は兄王に使者を送って国情を告げる。

王はタクシャシラーからヴァーラーナシーに矢を放ち、敵国の王は驚いて退散する。最後に連結。

8-(3) 鍛冶屋の娘アマラー本生話 (Amarāye karmāradhitāye jātakam) [ii 83.13-89.11]

【文献】仏本（T. 190, iii 712c17-713c10）; Ja 387（iii 281-286）; Divy 36（521.10-523.3）; ChMSV（T. 1442, xxiii 887a6-26）.

菩薩が技術を以てヤショーダラーを手に入れたことに関する本生話――知恵者マハウシャダ（ブッダ）は鍛冶屋の娘アマラーの両親に彼女との結婚を願い出る。彼女の父（マハーナーマン）は鍛冶屋の男でなければ娘は嫁がせないと言うので、彼は持ち前の技術で素晴らしい針を作り、彼女の父を納得させる。最後に連結。

8-(4) シリ本生話 (Śrīśirijātakam) [ii 89.12-94.14]

【文献】仏本（T. 190, iii 797a14-b22）;『賢愚経』40（T. 202, iv 404b18-409b29）; 六度 9（T. 152, iii 4a17-5a19）;『法句譬喩経』（T. 211, iv 585a23-c12）;『賢愚経』42（T. 202, iv 410a11-415b6）; 報恩（T. 156, iii 142b20-148c3）; 僧祇（T. 1425, xxii 260a7-c15）;『生経』8（T. 154, iii 75b20-76a12）;『大意経』（T. 177, iii 446a-447c）.

ブッダが精進を以てヤショーダラーを獲得したことに関する本生話――ヴァーラヴァーリ在住のバラモンの代理として海外の犠牲祭に参加した青年僧（ブッダ）は、そこで沢山の宝石を貰い受けて帰ってきたが、その宝石を海に落とし、それを取り戻すために偉大な精進力を以て海の水をすべて掻き出そうとする。それを見かねた天は彼のためにその宝石を海底から拾い上げ、彼に手渡す。最後に連結。

8-(5) キンナリー本生話 (Śrīkinnarījātakam) [ii 94.15-115.5]

【文献】六度 83（T. 152, iii 44b9-46b4）; Divy. 30（435-461）; BhV（123.15-159.16）; ChMSV 薬事（T. 1448, xxiv 59b16-64c25）; AvK 64; BKA 29.

菩薩が大変な苦労の末にヤショーダラーを獲得したことに関する本生話――隣国の王スチャンドリマから犠牲祭への招待を受けたハスティナープラのスバーフ王（シュッドーダナ）は、王子のスダヌ（ブッダ）を派遣するが、彼はそこで犠牲獣として捕らえられていたキンナリーのマノーハラーに一目惚れし、隣国の王に十善業道を説いて犠牲祭を止めさせ、彼女と共に自国に戻ったが、王子は彼女に夢中で仕事をしなかったので、父王は王子に内緒で彼女を追い出してしまう。彼女は王子が自分を捜してくれることを期待して、様々な手がかりを残しながら故郷に帰る。それを知った王子は彼女を求めてヒマラヤに分け入り、彼女の残した手がかりを辿りながら、大変な困難を伴ってキンナラ王ドゥルマ（マハーナーマン）の都城に到着し、そこで二人は再会する。しばらくそこで時を過ごすと、再び二人はハスティナープラに戻り、人々の歓迎を受ける。最後に連結。

〔9 偉大なる出家〕 [ii 115.6-133.13]

ブッダ自身が自分の幼少期の贅沢な暮らしを回想して弟子達に聞かせる。「ある時、私は出家を思い立ち、アーラーダ仙やウドラカ仙に師事して非想非非想処等を修したが、それは苦の滅に役立たないと知り、新たな師を求めてガヤーシールシャ山に行った。そこに住していた私に三つの比喩が閃き、ナイランジャナーの川岸に行くと、そこで過酷な苦行（呼吸を止める行や減食・断食）に打ち込んだ。しかし苦行もまたその道にあらずと知り、かつて修したことのある静慮こそ覚りの道であるという思いに至る。そう決心した私はしっかりした食事を取り、村娘スジャーターから乳粥を受け取ると、初禅から第四禅へと進み、天眼通・宿命通を獲得し、ついには無上正等菩提を正等覚した」と。

10 シュッドーダナ王の五大夢 (Śuddhodanasya pañca mahāsvapnā) **[ii 133.14-140.1]**

【文献】仏本（T. 190, iii 721a6-722a17, 723c26-728b9).

シュッドーダナは珠宝の網で覆われた最上の象の夢を見、プラジャーパティーは高貴な牛の夢を見、またヤショーダラーは稲妻を伴った雲が三界に雨を降らせる夢を見た。ブッダも五つの夢を見る。すなわち、(1)スメール山を枕にして寝ている夢、(2)クシーリカー草がブッダの臍から芽を出して天に届く夢、(3)体が赤く頭が黒い生物がブッダの足の裏から膝までを覆う夢、⑷四羽の鷲が四方から飛んできてブッダの足にキスをすると、足の裏が真っ白になった夢、⑸糞の山を経行しても足の裏が汚れなかった夢である。そして最後にその夢の果報が説かれる。

11 偉大なる出家 [ii 140.2-166.10]

【文献】仏本（T. 190, iii 719c13-721a1, 722a19-723c24）[Mv ii 150.1-159.2],（T. 190, iii 728b11-738b23）[Mv ii 159.3-].

出家を決意した菩薩を父王は引き止めようとするが、永遠の若さ・健康・生命が手に入らない限り出家を諦めないと言う。父王は世俗の快楽を菩薩に満喫させて出家を止めさせようとするが、菩薩の心は翻らない。この後、四門出遊の挿話に続き、諸天はブッダを激励して出家を勧める。ラーフラが母の胎内に入った夜、菩薩は後宮の女達の醜態を目にすると、嫌悪感を抱いて出家を決意し、チャンダカに命じて馬のカンタカを連れてこさせ、それに乗ると城から出ていった。菩薩はアノーミヤという地方でチャンダカに自分の持ち物を手渡し、刀で自分の髪を切り落とした。

11-⑴ シュヤーマー本生話（Śyāmāye jātakam）[ii 166.11-177.3]

【文献】Ja 318（iii 58-63）.

菩薩がヤショーダラーに未練を残さずに出ていったことに関する本生話——タクシャシラーの隊商主ヴァジュラセーナ（ブッダ）はヴァーラーナシーに商売に行く途中、泥棒に襲われ、おまけに濡れ衣を着せられて王に捕らえられ、死刑場に連行される途中、遊女シュヤーマー（ヤショーダラー）に見初められる。彼女は一計を案じて彼とそっくりの男を身代わりにし、隊商主を救うが、後に彼女の非行を知った彼は彼女を恐れ、遊園に出かけた時に彼女に酒を飲ませ、水中に沈めて気絶させると逃げ去った。後に蘇生した彼女は、タクシャシラーからやってきた役者達にヴァジュラセーナの安否を尋ねるように依頼する。彼らがヴァジュラセーナに彼女のことを話すと、彼はさらに遠い所に逃げる決心をした。最後に連結。

11-⑴-① 龍王チャンパカ本生話（Śrīcampakanāgarājasya jātakam）[ii 177.4-188.22]

【文献】Ja 506（iv 454-468）; 雑宝30（T. 203, iv 463c14-464a4）.

ヤショーダラーがブッダを助けたことに関する本生話——ヴァーラーナシーの龍王チャンパカ（ブッダ）は斎日に四つ辻で斎戒を実践していたが、捕蛇人に捕らえられてしまう。龍王の第一王妃（ヤショーダラー）が国王ウグラセーナに夫の徳を説き、夫の救出を願い出ると、王は捕蛇人に金を与え、龍王を救出する。龍王はお礼に国王を龍宮に招待し、国王の宮殿を守護した。後半は韻文で散文の内容が反復される。最後に連結。

12 出家後のガウタマ [ii 189.1-209.3]

【文献】仏本（T. 190, iii 738b25-764c5）.

アノーミヤで菩薩と別れたチャンダカとカンタカは宮殿に戻るが、菩薩との別離を悲しんだカンタカは食事も喉を通らず、死して三十三天に再生する。この後マウドガリヤーヤナが天界を遊行して天子カンタカを見つけ、両者の会話が詩頌で説かれる。さて菩薩はヴァシシュタ仙の隠棲処を訪ね、両者の会話が詩頌で説かれる。次に菩薩はアーラーダ仙とウドラカ仙とを訪ねるが、いずれも解脱の道にあらずと知り、両者のもとから去る。出家から苦行までの様子、スジャーターの乳粥の布施までが詩頌で説かれ、最後には菩薩が彼女に対して独覚の記別を与える。シュッドーダナ王は使者を送り、息子の様子を報告させたが、苦行の末に菩薩は死んだと聞かされても、父王はそれを信じなかった。使者がそこに戻ってみると、確かに菩薩は死んでいなかった。

12-(1) シュヤーマカ本生話（Śyāmakajātakam）[ii 209.3-231.6]

【文献】Ja 540（vi 68-95）; 六度43（T. 152, iii 24b14-25a14）; 雑宝2（T. 203, iv 447c19-449a2）; 『菩薩睒子経』（T. 174, iii 436b-438b）; 『睒子経』（T. 175, iii 438b-440a）.

息子の死を告げられてもシュッドーダナ王はそれを信じなかったことに関する本生話——あるバラモン（シュッドーダナ）は妻（マーヤー）と共に隠棲し、シュヤーマカ（ブッダ）という子を儲ける。親孝行な彼は老齢の両親によく仕えていたが、ある時、森で狩りをしていたペーリヤクシャ王は誤ってシュヤーマカを矢で射てしまう。彼は年老いた両親の世話を王に託すと死んでしまい、王は両親に自分の非を詫びたが、そのバラモンは真実語で死んだはずのシュヤーマカを蘇らせた。連結に続き、韻文で散文の内容が反復される。

13　苦行者ガウタマ［**ii 231.7-234.7**］

【文献】仏本（T. 190, iii 764c7-769b2）.

菩薩は減食・断食の行に専心するが、その報告を聞いたヤショーダラーは自分も粗末な食事をし、粗末な衣装を身に纏い、粗末な寝床で寝ることを決意する。話は転じ、シュッドーダナ王がブッダのもとに遣わしたチャンダカとカーローダインとが、ブッダによって出家する挿話が見られる。

13-(1)　鹿王シリプラバ本生話（**Śiriprabhasya mṛgarājasya jātakam**）［**ii 234.8-237.16**］

【文献】仏本（T. 190, iii 887b25-888a25）; Ja 359（iii 182-187）;『鼻奈耶』（T. 1464, xxiv 872c4-21）.

ヤショーダラーがブッダに対して献身的であったことに関する本生話——鹿王シリプラバ（ブッダ）は猟師（アーナンダ）の罠にかかり、他の鹿達は逃げ出してしまったが、彼の第一王妃（ヤショーダラー）だけは彼を見捨てず、猟師がやってきても、彼女は動ずることなく自らの命を犠牲にしてまで王を守ろうとしたので、猟師は感心し、その鹿王を解放した。最後に連結。

14　マーラの誘惑［**ii 237.17-240.17**］

【文献】仏本（T. 190, iii 769b3-c23）; Sn（425-449）.

ウルヴィルヴァー郊外の苦行林で苦行を実践していた菩薩にマーラが近づき、苦行を止めるように誘惑する。両者のやりとりは詩頌で説かれている。

14-(1)　鳥本生話（**Śakuntakajātakam**）［**ii 240.18-243.20**］

【文献】Ja 118（i 432-435）; 六度29（T. 152, iii 17c1-22）, 63（T. 152, iii 34a27-b11）.

菩薩が贅沢な食物を摂ったことに五人の苦行者達は愛想を尽かす。またマーラも菩薩を誘惑できないことを知って退散した。一転して菩薩が解脱を目的として苦行を実践したことに関する本生話——捕鳥者（マーラ）は鳥を捕まえ、丸々と太らせてはその肉を売りさばいていた。捕鳥者に捕らえられた賢い鳥（ブッダ）はそれに気づくと、必要最少限度の餌しか摂らなかったので、痩せ細っていった。こうして最後には病気の振りをして捕鳥者を欺き、そこから脱出した。最後に連結。

14-(2) 亀本生話（Kacchapajātakam）[ii 244.1-245.16]

【文献】仏本（T. 190, iii 797c25-798a27）; SN（iv 177.27-179.4）.

菩薩がマーラの手に落ちた時、優れた覚知によって脱出したことに関する本生話——花環職人（マーラ）は亀（ブッダ）を見つけて持ち帰って花駕籠に入れたが、その亀は自分の体についた泥が美しい花を汚すから、自分を水で洗うよう花環職人に求める。彼は同意して亀を川岸に連れていくと、亀は巧みに彼の手から滑り落ちて難を逃れた。最後に連結。

14-(3) 猿本生話（Markaṭajātakam）[ii 245.17-250.13]

【文献】仏本（T. 190, iii 798a27-799a18）; Ja 208（ii 158-160）, 342（iii 133-134）; 六度36（T. 152, iii 19b25-c17）;『生経』10（T. 154, iii 76b19-77a5）, 2（T. 154, iii 71b8-c10）.

菩薩がマーラの領域から逃れたことに関する本生話——森に住んでいた猿（ブッダ）とその近くの海辺に住んでいた鰐（マーラ）とは友人であったが、鰐の妻は猿に嫉妬し、猿の心臓を食べたいと言い出す。鰐は対岸に美味しい果物があると偽って猿を海中に誘い出し、事の真相を告げると、猿は心臓を無花果の木にぶら下げてきたから引き返すようにと言う。愚かな鰐を欺いて海岸に戻った猿は、見事に難を逃れた。最後に連結。

14-(4) 鳥本生話（Śakuntakajātakam）**［ii 250.14-255.6］**

【文献】 仏本（T. 190, iii 799a18-b20）; Ja 209（ii 160-162）.

マーラが菩薩に取り憑くことに失敗して退散したことに関する本生話――森に一羽の賢い鳥（ブッダ）が住んでおり、他の鳥達を外敵から守っていた。ある時、捕鳥人（マーラ）が森に様々な罠を仕掛けて鳥を捕まえようとしたが、賢い鳥の知恵に翻弄され、ついには嫌気がさして立ち去った。最後に連結。

｛鹿王スルーパ本生話｝（Surūpasya mṛgarājño jātakam）**［ii 255.7-257.5］**

見事に説かれた言葉のために、菩薩は自らの血や肉をも犠牲にしたことに関する本生話――猟師に変装したシャクラはヒマラヤ山麓に住む鹿（ブッダ）の前に現れ、自らの血や肉を犠牲にすれば、見事に説かれた詩頌を聞かせてやると言う。喜んだ鹿は自らの命を犠牲にして猟師からそれを聞く。最後に連結。

A群　序　章

0　序　偈

オーム。吉祥かつ偉大な仏と、過去・未来・現在の一切諸仏に帰命し奉る。

i 1 『マハーヴァストゥ』の始まり。――菩薩達の菩薩行には四つがある。四つとは何かというと、(1)自性行、(2)誓願行、(3)随順行、(4)不退行である。

(1)如来・阿羅漢・正等覚者アパラージタドゥヴァジャに帰命し奉る。彼のもとで、釈迦牟尼世尊は転輪王となって、初めて自性行に専心しながら、最初に善根を植えられたのである。[1]

(2)過去の如来・阿羅漢・正等覚者シャーキャムニに帰命し奉る。彼のもとで、釈迦牟尼世尊は商人の主となって、初めて誓願行に専心しながら、善根に基づく誓願を立てられたのである。「ああ、私もまた未来世に仏・如来・阿羅漢・正等覚者となりますように。ちょうどこの世尊シャーキャムニのように、私もまたシャーキャムニという名前になりますように。　―広説乃至―　私も都城カピラヴァストゥに生まれますように」と。[2]

(3)如来・阿羅漢・正等覚者サミターヴィンに帰命し奉る。彼のもとで、釈迦牟尼世尊は転輪王となって、随順行に立脚しながら、随順〔行〕に基づく誓願を立てられたのである。[3]
(4)[4]如来・阿羅漢・正等覚者ディーパンカラに帰命し奉る。世尊は初めて彼にこう授記されたのである。「青年僧よ、無量無数不可思議劫を経た未来世に、お前はシャーキャムニと呼ばれる如来・阿羅漢・正等覚者になるだろう」と。〔これに関しては〕「ディーパンカラ事」で「青年僧メーガの授記」を説くだろう。それ以来、〔菩薩が〕今まで不退行〔の位〕にあった時、如来ディーパンカラの後に続く無量の如来に「お前はブッダになるだろう」と授記されたのである。その後、世尊サルヴァービブーにも授記された。「比丘アビジットよ、〔今から〕百千劫の未来世に、お前はシャーキャムニと呼ばれる如来・阿羅漢・正等覚者になるだろう」と。

これらを始めとし、詳しくは〔後に〕「アビジット比丘の授記」を説くだろう。[5]如来・阿羅漢・正等覚者ヴィパシンに帰命し奉る。如来・阿羅漢・正等覚者クラクトサンダに帰命し奉る。如来・阿羅漢・正等覚者カーシャパに帰命し奉る。この世尊によって釈迦牟尼世尊は「ジョーティシュパーラよ、お前は未来世において、私のすぐ後に、シャーキャムニと呼ばれる如来・阿羅漢・正等覚者になるだろう」と授記され、そして太子の位に灌頂せられたのである。詳しくは〔後に〕「ジョーティシュパーラ比丘の授記」を説くだろう。こうして、過去・未来・現在の一切の諸仏に[6]帰命し奉る。

導入としての帰敬品を終わる。

[7]中国地方の聖なる大衆部の中、説出世部の言語で誦される律蔵『マハーヴァストゥ』の始まり。——具足戒には四種がある。(1)自分で戒を具足するもの、(2)「こちらに来なさい、比丘よ」という〔出家を許す文句〕によって戒を具足するもの、(3)十衆〔の比丘〕によって戒を具足するもの、そして(4)五衆〔の比丘〕によって戒を具足するもの、で

3 ある。このうち「自分で戒を具足する」と呼ばれるものは、菩提樹の根元で世尊に授けられた具足戒のことである。十善業道を実践しながら生活する者は、より覚りに近いが、中でも〔世尊〕は〔一番〕優れている。仏の導きを受け入れるのに適した性質によって善業（十善業道）を実践した後、しかるべき時が来ると、〔世尊〕は〔如来〕ディーパンカラに近づかれた。〔世尊は〕何コーティという生類の中から、見目麗しく、どこから見ても立派で、〔人の心を〕ワクワクさせ、声聞の僧伽に取り囲まれている〔如来ディーパンカラ〕を御覧になると、〔世尊〕には〔かの仏と同じようになりたいという〕欲望の心が沸き起こった。〈それはよいことに違いない。もしも私がこの同じ世間を〔法で〕征服した後、世間において世間の利益を実現する者となり、世間を利益するために〔この世間に〕生まれ出ることができたら、それはよいことに違いない〉と。

〔世尊が〕正覚に近づき、自分と同じ位、自在者と等しい位に〔就きたい〕という〔世尊〕の確固たる誓願を知ると、〔如来ディーパンカラ〕は授記された。「お前は、無量〔劫〕を経た未来世において、人天の利益のために、シャーキャ族中にシャーキャ〔族〕の息子として生まれ、ブッダになるだろう」と。

人中の獅子で、最高の人である世尊〔ディーパンカラ〕に授記された〔世尊〕は、最上なる人、善き人として、最高の人に〔相応しい〕行を行じられた。菩薩行において衆生の利益・安楽を求めていた[8]〔世尊〕は、世間と自分のために、菩薩として輪廻された。かくして〔世尊〕は、物惜しみせずに世間の利益を求めつつ、どのような布施や持戒、時宜に適った行為、そして断食をも実践された。このように、布施・愛語・利行、そして〔他人と〕苦楽を同じくすること、という四摂事によって、勝者（世尊）は衆生を慮られた。〔自分の〕近くにあって〔他者に〕喜捨しない物は、〔世尊〕には何もなかった。そして〔何かを〕乞い求める者を見れば、〔世尊〕はより一層心を喜ばせ、眼・肉・妻子・財・穀物・自分自身、そして〔自分の〕命さえも、何度となく喜捨されたのである。

4 このような仕方で、何十万ナユタという生涯の間、衆生の利益を考慮しながら、〔世尊〕は菩薩として輪廻された。

真に時を知り折を知り、人が変わり行く状態を知るのに巧みな〔世尊〕は、頃合を見計らって兜率〔天〕衆に入られた。兜率〔天〕宮にて、有〔存在〕の駆逐者たる善逝は、「有は無常なり」と修習しながら、最後の生存に入られた。世尊は、有から解脱するために、一粒の胡麻とナツメとを食べ、極度に衰弱し、なし難い苦行を行じられた。徹底的に体を苛《いじ》め抜かれた〔世尊〕は「これは解脱への道にあらず」と〔知り〕、川〔で沐浴すべき〕時になるとナイランジャナー川で沐浴し、ガヤーと呼ばれる最勝の町で、恐れなき獅子さながらに坐られた。初夜になると、無垢なる天眼を完全に浄め、世尊は有情の様々な去来を神通力で理解された。中夜になると、他人の宿住を憶念され、そして自分の宿住の様々な様相を神通力で理解された。そして〔いよいよ〕後夜になると、調御されるべき人の導師が知るべきものすべてを、自在者に等しき位において一刹那に覚知されたのである。

以上、吉祥なる『マハーヴァストゥ』の「導入の偈文」を終わる。

世尊・正等覚者は念願であった目的を成就すると、[9] 天人師としてシュラーヴァスティー郊外にあるジェータ林・アナータピンダダの園林で時を過ごしておられた。ここで詳しく縁《ゆかり》を説くべきである。

1　地獄巡回経

同志マウドガリヤーヤナはしばしば地獄へ遊行し、各々十六副地獄[10]を有する八大地獄で、幾千種類もの様々な地獄の苦しみを受けつつある有情を見た。その時、長老の同志コーリタ（マウドガリヤーヤナ）は地獄を遊行しながら、有情が地獄で多くの苦を享受しているのを見た。

等活地獄の有情は足を上に頭を下にされて、刀や斧で切り刻まれる。また別の有情は、互いに悪心を抱きながら鉄の爪で引っ掻き合い、そして鋭利な刀の刃が手に現れ、それによって彼らは互いに体を切り合っている。しかし彼らの悪業が尽き果てない間、彼らが死ぬということは絶対にない。

黒縄大地獄では、有情が黒縄で肢体に墨付けをされ、〔刀で〕切られ傷つけられ、また斧で分断され、鋸で引き刻まれつつあるのを彼は見た。切り刻まれ引き刻まれた彼らの体は再び元に戻り、業に支えられているために、忌まわしい感覚を受けても決して死ぬことはない。

衆合大地獄でも、燃え盛り、火炎を放ち、炎と化した山々に、何千もの有情が押し潰されて血が川のように流れ、またさらにその山々を彼らが歩き回るのを彼は見た。しかし彼らは業に支えられているために、決して死ぬことはない。

叫喚大地獄では、何千もの有情が、燃え盛り、火炎を放ち、炎と化し、煙の充満した銅の塊の間に投げ込まれて、何千もの苦しみを受けるのを彼は見た。

大叫喚〔大地獄〕では、燃え盛り、火炎を放ち、炎と化した火の中に投げ込まれて、大きな叫び声を上げている有情の声が、鉄囲山・大鉄囲山[11]に反響し、それによって南贍部・東勝身・西牛貨・北倶盧という四大洲の人の耳に木霊する。

焼熱〔大地獄〕では、何千もの有情がひたすら苦なる感受を受けつつ、踵から始まり頭に至るまで鉄の臼で打ち砕かれ、その他の幾千もの苦しみを享受しつつあるのを彼は見た。しかし彼らは業に支えられているために、決して死ぬことはない。燃え盛り、火炎を放ち、炎と化したこの大地獄に何千もの有情が生まれ変わり、苦の感受を受けている。広さ百ヨージャナもあるこの大地獄では、東の壁から幾千もの火炎が起こっては西の壁に跳ね返り、西の壁から幾千もの火炎が起こっては東の壁に跳ね返る。南の壁から幾千もの火炎が起こっては北の壁に跳ね返り、北の壁から幾千もの火炎が起こっては南の壁に跳ね返る。地より幾千もの火炎が起こっては天で跳ね返り、天から幾千もの火炎が起こっては地で跳ね返る。幾千という有情はそこら中を逃げ回るが、彼らは業に支えられているために、決して死ぬことはない。

極焼熱大地獄には、燃え盛り、火炎を放ち、炎と化した山々があり、槍を手にした地獄の獄卒達によって、彼らはそれらの山々を歩かされる。彼らはこのような苦しみを享受しても、業に支えられているために、決して死ぬことはない。

[12]大地獄を脱出すると、そのあと彼らは熱灰〔副地獄〕へと沈み込む。そしてその熱灰〔副地獄〕で焼かれつつある人々は逃げ回る。しかし彼らは業に支えられているために、決して死ぬことはない。

熱灰〔副地獄〕から解放されると、屍糞〔副地獄〕に沈み込む。そこでは、鉄の口をした黒い生物によって食べられる。しかし彼らは業に支えられているために、決して死ぬことはない。

屍糞副地獄から脱した有情は、ある美しい木々を森の端で見ると、安楽を求めてその森の端に走り寄る。そこでも鉄の嘴をした鷲・禿鷹・烏・梟が〔彼らを〕若木の所で追い返し、彼らの肉を啄む。彼らが骨だけになると、肉や皮、肉や血が再生し、絶対に死ぬことはない。業に支えられているからである。彼らはその鳥を恐れて、依処でない所を依処と錯覚し、そして剣葉林という副地獄に入り込む。そこでも入り込んだ有情に風が吹き、それによって鋭利な剣の刃が落ちてきて、その有情の体に突き刺さる。彼らの体の中で、毛の最先端が出てくる程の大きさでさえも傷つかない場所はどこもない。しかし彼らは業に支えられているために、決して死ぬことはない。

その有情は、傷つき、苦しみ、血みどろの体をして、強烈な酸性の川であるヴァイタラニー川に飛び込んで行き、〔酸性水が〕彼らの弛んだ肢体に滲み通る。しかし彼らは業に支えられているために、決して死ぬことはない。その

8 後も獄卒達が鉄の鉤で彼らを、大地が燃え盛り、火炎を放ち、炎と化した川岸に引き上げて抑えつけ、彼らに「はっはっはっ、おい、お前達、何が欲しいか」と訊くと、彼らは「食べたい！　飲みたい！」と答える。そこで獄卒達は、燃え盛り、火炎を放ち、炎と化した鉄の棒で彼らの口を固定し[13]、鉄の塊を〔送風して〕溶かし、自ら口を開かせ、燃え盛り、火炎を放ち、炎と化した鉄の玉を口に放り込んで、「さあ、お前達、これを食え！」と言い、また、溶けた銅を彼らに飲ませて「さあ、お前達、〔これを〕飲め！」と言う。どろどろに溶けた銅は彼らの唇を焼く。唇を焼いた後、舌を焼く。舌を焼いた後、口蓋を焼く。口蓋を焼いた後、喉を焼く。喉を焼いた後、内臓を焼く。内臓を焼いた後、腸を持ち去り、下腹部を通って出ていく。しかし彼らは業に支えられているために、決して死ぬことはない。

このように長老マハーマウドガリヤーヤナは八大地獄で有情が幾千もの苦を享受しつつあるのを見終わると、「おお、なんと痛ましいことだ！」と言ってジェータ林に戻り、〔その様子を〕四衆に詳しく告げた。

「このように、あの有情は各々十六副地獄のある八大地獄にて幾千という様々な苦を享受している。だから『知るべきものを獲得すべきである。覚るべきものを正しく覚るべきである。善を為すべきである。梵行を修すべきである。そしていかなる悪業もこの世で行ってはならない』と私は説く」

このように長老マハーマウドガリヤーヤナの説いたことを聞いて、天人中の幾千という多くの生類は、希有法を獲得した。以上は、地獄の有り様を略説したものであるが、私は詳しく〔詩頌〕も説こう。

9

今世と来世、有情の去来、生死の繰り返しを、正覚者は自ら証見す。‖生類に伴える業の有果性に思いを巡らし、状況《ありさま》に応ぜる異熟を聖者は自ら覚れり。‖諸法を目の当たりに知覚して、一切法の具眼者たる世尊ガウタマは、八地獄を神通力もて知覚せるに、[14]‖更活・黒縄・衆合・両叫喚と、また他にも大無間・焼熱・極焼熱と名づけたり。[15]かく名づけられし八地獄の脱出すること難く、蛮行に満ちて、各々十六の副地獄を有し、[16]‖四角にして四門あり、〔巧みに〕分かちて作されたるは、高さ百由旬、周囲百由旬なり。

10 〔八地獄〕は鉄壁に囲まれ、鉄の〔蓋〕もて覆われ、その地も鉄より成り、炎熱を放ち、炎に包まる。＝鬼の如く燃え、恐ろしく、火炎を放ち、[17]耐え難く、身の毛もよだつ有様にして、恐ろしく、怖く、苦し。＝大恐怖を起こさしむ全ての地獄は幾百なる火炎に満ち、各々の火炎は、その輝きもて百由旬を照らすなり。＝重罪を犯せる数多の恐ろしき有情ありて、何百年もの長き間、そこにて焼かるなり。＝巨大なる獄卒等の鉄棒もて犯罪者等を容赦なく打つなり。＝我はそ〔の地獄〕を言音もて次第に説かん。耳を傾け、意を注ぎて我が言を聞くべし。

11 更活地獄の有情は、足を上、頭を下に吊り下げられ、斧と鉞もて切り刻まれん。＝その後、自然に具わる鋭き鉄の爪もて、怒れる力のままに、怒りつつ互いに掻き合わん。＝また彼等の手に鋭き鉄の刃の生じ、腹を立つる者等はそれにて互いに切るなり。＝冷風に苛まれし彼等の体は残り、肢分は皆、燃え盛る、彼等の宿業の異熟の故に。[18]＝かくの如く、如来・大師は如実に神通力もて知覚し、この罪業の人等の住処を「更活〔地獄〕」と名づけたり。

12 更活より放たれし者等は、熱灰に堕ち、〔そこに〕集まりて、長時に亘り打ちのめさる。＝彼等は皆、灰熱にて焼かれ、何由旬も走り回り、苦痛を味わうなり。＝灰熱より放たれし者等は、傷つきつつ、長く大きく広き屍糞に堕つるなり。＝火の如き鋭き口の、恐ろしく、血肉を喰らう黒き生物は、[19]〔彼等の〕皮を裂き、貪り喰らわん。＝屍糞を通過せば、彼等は美しき樹々を見て、安楽《やすら》ぎを求めて、緑の葉に覆われし林に赴かん。＝鉄の嘴の鷹・鷲・烏・梟は、[20]〔彼等を〕若木のもとにて追い返し、血塗られし彼等を貪り食らわん。＝喰らわれ骨のみ残りし時、彼等の皮・肉・血は再生す。

彼等は恐れて飛び上がり、非依処を依処と錯覚《あやま》りて、傷つきつつ、恐ろしき剣葉林に近づかん。＝その後、傷つき、害せられ、べとりと血塗られし彼等は、剣葉林より放たるや、ヴァイタラニー川に赴かん。＝しかして彼等の、その熱き酸の水を湛えし川に身を沈めるや、分断されし彼等の肢体に激痛は走るなり。＝閻魔の獄卒等は

鉄の銛もて〔彼等を〕突き刺し、川岸に引き上ぐるや、〔焼けたる〕鉄玉を喰らわしめ、＝液なる状《さま》に熔解せる
銅を〔彼等に〕飲ましむるや、それは彼等の内臓を破り、下半身まで抜くるなり。＝かくの如く、善業を為さず
邪なる道に従いて罪を犯せし者は、地獄に堕つ。＝しかるに、悪業を回避し、全き善をなす人は、決して悪趣に
赴かず。＝故に、善悪二種なる業のうち、[21]悪を避け浄き善を行うべし。
　黒縄地獄にては獄卒が〔彼等を〕若木のもとにて追い返し、彼等の体は縄もて墨づけられし後、斧と鉞もて切
13 り裂かれ、＝その後、長時に亘り充分に熱せられたる鉄の板は〔彼等の〕体を取り囲み、焼き圧《お》さん。＝焼き圧
して後、その鉄の板の外るるや、皮と肉とを引き裂きて血を流すなり。＝その後、獄卒等は踵より上は頸に至る
まで、皮を引き裂きつつ、黒縄地獄にて数多の有情を擦り合わさん。＝傷なき者が一人もなき、恐るべきこの暗
黒、煙の満てる地獄に彼等は入らん。＝しかして彼等はその中を何由旬も駆け回り、幾度も縄もて互いに傷つけ
合わん。＝かくの如く、如来・大師は如実に神通力もて知覚し、この罪業の人等の住居を「黒縄〔地獄〕」と名
づけたり。
　衆合地獄にては、地表より山は両側に[22]〔聳え立ち〕、数多の有情はその中間に入らしめられん。＝また有情の
業を縁としてその山は迫り寄り、火の着きたる薪の如く、数多の有情を押し潰さん。＝しかして押し潰されし体
14 より、多量の血は流れ出でん。更にまた、乱雑《みだり》に積まれし体より、膿は川の如く流れ出づ。＝幾百年も、獄卒等
は鉄の臼の中にて憎き奴等を鉄の杵の端もて打ちのめさん。＝かくの如く、如来・大師は如実に神通力もて知覚
し、この罪業の人等の住居を「衆合〔地獄〕」と名づけたり。
　また叫喚地獄にては、数多の人が〔密室に〕閉じ込められ、火が着けらるれば、恐ろしき悲鳴を上げん。＝し
かして火の消えし時、彼等は静まり、再び火が着けらるれば、大声でわめき散らさん。＝第二の叫喚と呼ばるる
地獄も、身の毛のよだつほど恐ろし。辺際《きわ》なき岸を持つ深きこの地獄は、逃れ出づる術もなし。＝そこでは巨大

な獄卒等が棒を執りて、幾百年にも憎き奴等を打ちのめす。＝かくの如く、如来・大師は如実に神通力もて知覚
し、この罪業の人等の住居を「叫喚〔地獄〕」と名づけたり。
15 焼熱地獄にては、真赤に焼けし鉄の用意され、彼等は火の着けられたる薪の如く熱せられ、苦しみ、悲鳴を上
げん。＝罪を犯し、悪行をなし、悪業を持つ人等は、沢山その中に閉じ込められ、煮らる。＝煮らるや否や、苛
まれし彼等を数多の犬共は貪り食らわん。立派なる体格にて力強く、血肉を喰らう犬共が。＝しかして食らい尽
くされ、骨のみとなりし時、彼等に皮・肉・血が再生す。＝かくの如く、如来・大師は如実に神通力もて知覚し、
この罪業の人等の住居を「焼熱〔地獄〕」と名づけたり。
大焼熱地獄にては、鋭き槍を持つ者や鉄の口を持つ者あり、また恐ろしく鈍《おぞ》ましき、広大なる火蘊の山もあり。
＝罪行をなせし数多の人等は、そこに閉じ込められ、砂利の上に打ち上げられし魚の如く、罪業の人等は飛び跳
ねん。＝かくの如く、如来・大師は如実に神通力もて知覚し、この罪業の人等の住居を「極焼熱〔地獄〕」と名
づけたり。
次に無間地獄は一向に恐ろしく苦し。炎熱もて大いに燃え盛り、火炎の集まりにて包まる。＝無間地獄は、上
下四方、恰も火中にて充分に熱せられし鉄の丸の如し。＝その地獄の住人の体は火の如し。彼等の業は堅固にし
16 て、そこより〔逃るる〕道は彼等にはまったくなしと知る。＝しかして彼等はその門の開くを見て走り寄らん。
逃れんことを願う彼等は、そこより出でんと考えて。＝前世にて為せし罪業の未だ熟せざる者は、業に縁《よ》るが故
に地獄より逃れ得ず。＝かくの如く、如来・大師は如実に神通力もて知覚し、この罪業の人等の住居を「無間
〔地獄〕」と名づけたり。
等活地獄とは――いかなる業の異熟として有情はそこに生まれ変わるのか。この世で敵であった者、仇であった者、
敵意を抱いた者、土地に関して争い、物に関して争い、耕地に関して争う者、敵対する王、盗賊、あるいは戦争に赴

いた者が、互いに敵対心を抱いて死ねば、その業の異熟により、その地獄の有情として生まれ変わる。しかしそれはその地獄に生まれ変わるための主たる要因に過ぎず、その地獄に生まれ変わった有情は、他にも邪悪にして不善なる業の異熟を享受する。

いかなる業の異熟として彼らは切り刻まれるのか。生きている生類をこの世で剣・斧・鉞によって切り刻んだ者は、その業の異熟として切り刻まれる。

17 いかなる業の異熟として彼らに涼しい風が吹くのか。「肥えたら、その肉〔を売る〕ために殺そう」と考えて、この世で彼らは餌や食料をジャッカル・水牛・豚・鶏に与えたので、この業の異熟として〔彼らに涼しい風が吹くのである。

いかなる業の異熟として[23]手に鉄の爪あるいは鉄の棒が生じるのか。この世で武器や乗物を〔人に〕渡して「お前達は、この武器で斯《か》く斯く然々《しかじか》という名の村・都城・町・人・畜生を殺せ！」と命ずれば、この業の異熟として彼らの手に鉄の棒や剣が生じるのである。

どうしてここは等活なのか。ここで彼ら地獄の有情は〈黒縄を源として蘇る〉と考える。こういう理由でここは等活地獄と言われる。

黒縄地獄とは――この地獄は、武器を手にした獄卒達がいて、―乃至―　炎と化している。この地獄で地獄の番人達はその地獄の住人を若木の所で追い返し、黒縄で〔墨付けし、〕八つの部分、六つの部分、また四つの部分に切り刻む。また別の者に対しては、踵から始まり首に至るまで、まるで砂糖黍の茎のように切断し、さらに別の者に対しては、首から始まり踵に至るまで、まるで砂糖黍の茎のように切断する。彼らはそのような状態で過度の苦痛を感受する。しかしその悪業が尽きない間、彼らは死なない。

18 いかなる業の異熟として、有情はその地獄に生まれ変わるのか。この世で〔人を〕足枷[24]や鎖等で縛って仕事をさせたり、多くの人の手を切断し、多くの人の足を切断し、多くの人の鼻や、多くの人の腱や肉を引き裂き、多くの人の腕や、多くの人の背の肉を五つに、あるいは十に引き裂けと命ずる者は、この業の異熟により、この地獄の有情として生まれ変わる。しかしそれはその地獄に生まれ変わるための主たる要因に過ぎず、その地獄に生まれ変わった有情は、他にも邪悪にして不善なる業の異熟を享受する。ここでかの地獄の住人は地獄の番人によって叩かれ、罵られ、「ごろつきの息子等が！」[25]と言われる。〔それを聞いて〕何千という多くの生類は命がなくなるかのように震え上がって立ち竦む。ヤマの番人の衣が燃え盛り、火炎を放ち、炎と化した時、何千という多くの衣が前方の上空で動き回る。それらが近づいてくるや否や、彼らは「それらがやって来るぞ！」と声を上げる。それらが彼らめがけてやって来ると、各人の体にまとわりつく。そこで彼らの皮膚を焼き、皮や肉や腱をも焼き尽くす。あたかも全身が焼き尽くされるように。その時、引き裂かれた彼らの皮膚・肉・血は焼き尽くされる。彼らはそのような甚大なる苦痛を感受するが、自分達の悪業が尽き果てない限り、彼らは死ぬことはない。しかしそれはその地獄に生まれ変わるための主たる要因に過ぎず、その地獄に生まれ変わった有情は、他にも邪悪にして不善なる業の異熟を享受する。

　いかなる業の異熟により、有情はそこに生まれ変わるのか。この世で生きている生類を何度も殺し、この世で乞食・宦官・罪人・悪戒者が出家して〔出家者の〕衣や腰紐を享受すれば、[26]この業の異熟により、この地獄の有情として生まれ変わる。しかしそれはその地獄に生まれ変わるための主たる要因に過ぎず、その地獄に生まれ変わった有情は、他にも邪悪にして不善なる業の異熟を享受する。また別の者に対しては、獄卒が踵から始まって首に至るまでの皮を糸のように裂き、また別の者に対しては、首から始まって踵に至るまでの皮を糸のように裂き、また別の者に対しては、首から始まって尻に至るまでの皮を〔裂いて〕糸のようにする。彼らはそのような甚大なる苦痛を感受する。

　いかなる業の異熟により、有情はここに生まれ変わるのか。この世で〔人に命じて〕駆動の刑を執行させたり、皮衣[27]の刑を執行させたりする者は、その業の異熟により、その地獄の有情として生まれ変わる。その地獄の至る所に闇

12

をもたらす煙の集まりがあり、その煙は強烈で、耐え難く、恐ろしく、皮膚を裂き、皮を裂き、肉を裂き、腱を裂き、骨を砕き、肉等を破って骨の髄まで突き進む。全身は麻痺し、そこでずたずたにされる。彼らはそこで何百ヨージャナも彷徨《さまよ》い歩き、互いに互いを踏みつけ合い、殴り合う。彼らはこのように甚大な苦痛を感受するが、自分達の悪業が尽き果てない間は、決して死ぬことがない。

いかなる業の異熟により、有情はここに生まれ変わるのか。この世でサーヒカ[28]・猿[29]・鼠・猫・大蛇の住んでいる穴・洞穴・洞窟・囲い・罠に香煙を送り込んだ後、〔その穴の〕入口を固めたり、あるいは煙で蜂を窒息させたりする者は、その業の異熟により、その地獄の有情として生まれ変わる。[30]また、有情は他にも邪悪にして不善なる業の異熟としてその地獄に生まれ変わる。しかしそれはその地獄に生まれ変わるための主たる要因に過ぎない。そこに生まれ変わった有情は他にも云々。

何故、この地獄は黒縄なのか。そこでは、地獄の番人達が地獄の住人を若木の所で追い返して、黒縄で〔墨付けし〕切り刻む。そういう理由でこの地獄は黒縄地獄と言われる。〔そこで〕なされるべきことから〔命名された〕。

衆合地獄とは――この地獄は山の中間に位置し、燃え盛り、火炎を放ち、炎と化した鉄から成り、何百ヨージャナという大きさである。そこでは武器を手にした地獄の番人達がその地獄の住人に指図する。すぐさま彼らは脅えながら、その山の間に入ると、彼らの前に火が現れる。直ちに彼らは脅えながら引き返す。すると彼らの後ろにも火が現れる。その後、その山は互いに迫り来る。さてその山が迫り来ると、彼らは「山がやって来る！　山がやって来る！」と声を上げる。その山がぶつかり合うと、あたかも砂糖黍のように〔彼らを〕押し潰す。するとその山は空中に舞い上がる。彼らはその山の下に入り込む。彼らが入り込むと、その山は砂糖黍の茎を押し潰すように何千という多くの生類を下敷きにし、血が川のように流れ出る。骨格だけが残り、肉はないが、腱によって〔骨は〕繋ぎ止められる。彼らはこのような苦痛を感受するけれども、自分達の悪業が尽き果てない限り、死ぬことはない。

いかなる業の異熟により、有情はここに生まれ変わるのか。この世で〔人に〕虫を潰させたり、地面を掘り起こさ
せたり、生きている生類を刃のついた棒で痛めつけ、あるいは虱の卵・虱・蚤を[31]爪で潰す者は、その業の異熟により、
22 剣葉林に〔生まれ変わる〕有情[32]とまったく同じようにその地獄の有情として生まれ変わる。しかしそれはそこに生ま
れ変わるための主たる要因に過ぎず、その地獄に生まれ変わった有情は、他にも邪悪にして不善なる業の異熟を享受
する。骨だけになった彼らは、燃え盛り、火炎を放ち、炎と化した鉄の臼の中に〔入れられ〕、燃え盛り、火炎を放
ち、炎と化した鉄の杵で〔突かれて〕、五百年の間、鉄の連打の中にいるようである。彼らはこのような激しい苦痛
を感受する。

いかなる業の異熟により、有情はそこに生まれ変わるのか。この世で生きている生類を槍で突き刺したり、武器の刀で痛めつけたりし、あるいは命ある生類を傷つけて臼の中に〔放り込み〕、燃え滾《たぎ》った杵で傷つけ痛めつけた者は、その業の異熟により、その地獄の有情として生まれ変わる。

何故この地獄は「衆合」と呼ばれるのか。そこでは、地獄の有情が集合してくるので、その地獄は「衆合」と呼ばれる。

叫喚地獄とは――そこでは、地獄の住人である何千もの多くの生類が各々家に閉じ込められ、身動きがとれない。彼らの手には火が燃え盛り、火が燃え盛るに従って彼らは悲鳴を上げるし、火が消えるに従って彼らはおとなしくなる。彼らはこのような甚大な苦痛を感受する。

いかなる業の異熟として、有情はそこに生まれ変わるのか。この世で、保護もなく寄辺もない人に仕事をさせたり、
23 家に放火したり、森に放火したり、サーヒカ・猿・鼠・猫・大蛇の住んでいる穴・洞穴・洞窟・囲い・罠に火を放っ
た後に、その入口を固めたり、あるいは火や蒟醤《くしょう》の葉〔を焚くこと〕によって[33]蜂の巣を痛めつけたりする者は、その
業の異熟により、その地獄の有情として生まれ変わる。しかしそれはその地獄に生まれ変わるための主たる要因に過

ぎず、その地獄に生まれ変わった有情は、他にも邪悪にして不善なる業の異熟を享受する。(34)

大叫喚地獄とは――この地獄は、燃え盛り、火炎を放ち、炎と化した鉄の塊であり、何百ヨージャナという広さがある。ここでは金槌を手にした地獄の番人達が、その地獄の住人に指図する。すると彼らは脅えながら、ある者は走り回り、またある者は逃げるが、ある者は〔恐怖のために〕逃げられない。またある者はどこでも逃げ去るが、またある者は〔恐怖のために〕逃げ去れない。またある者は並んで〔獄卒達の〕命ずるままに進む。するとその地獄の番人達は「今、お前達はどうして命ぜられるままにここにやって来たのだ！」と言って、獄卒達は彼らを打ちのめし、ヨーグルトの瓶のように壊し、ずたずたにする。そして走り回る者も走り回らない者も、そのような、苦しく、辛く、耐え難い痛みを感受する。

いかなる業の異熟により、有情はそこに生まれ変わるのか。この世で月や日〔の光〕が入って来ないような牢獄を作り、〔そこに人を〕入れ、放り込んで「お前達は、ここでは月や日を見ることはできないぞ！」と言う人は、その業の異熟により、その地獄の有情として生まれ変わる。

いかなる業の異熟としてその有情の頭は潰されるのか。この世で、生きている生類、〔例えば〕蛇・蠍・百足の頭を潰す者は、その業の異熟により自分達の頭を潰される。

何故この地獄は「叫喚」と呼ばれるのか。そこではかの地獄の住人が「母さん！　父さん！」と叫んでも、親族の者に巡り合えない。こういう理由でその地獄は「叫喚」と呼ばれる。

焼熱地獄とは――ここには、何千という多くの生類が地獄の住人として閉じ込められている。〔鉄の嘴をした猛禽〕が〔彼らを〕若木の所で追い返し、〔彼らを〕啄む。そして〔彼らの〕肉がなくなり、骨格だけが残り、〔苦痛に〕圧倒され、腱によって〔骨が〕繋ぎ止められた状態になると、彼らは気を失い、痛みを伴って倒れ込む。その時、彼らの業の異熟により、冷風が吹きつける。この風によって彼らには皮・肉・血が再生する。そして彼らは〔その猛禽の〕前に連れて来られ、彼らは〔前と〕同じ目に遭う。

彼らはいかなる業の異熟により、その地獄の有情として生まれ変わるのか。この世で入口のない家を造り、その壁は滑りやすく(35)、足場もなく、その中で生きている生類を刃物で切り刻む者は、その業の異熟により、その地獄の有情として生まれ変わる。

いかなる業の異熟により、彼らは〔鳥に〕啄まれるのか。この世で、生きている生類を、獅子・虎・豹・熊・ハイ
25 エナに食べさせる者は、その業の異熟により〔その猛禽に〕啄まれる。

いかなる業の異熟により、彼らに冷風が吹きつけるのか。この世で鹿・水牛・豚・雄鶏に穀物の餌を撒き、〈脂ののった肉〔を得る〕ために殺してやろう！〉と考える者は、その業の異熟により、自分達に冷風が吹きつける。

何故、この地獄は「焼熱」と呼ばれるのか。地獄の住人が焼かれるので、その地獄は「焼熱」と呼ばれる。この地獄は燃え盛った鉄の槍で周囲がぐるりと囲まれている。そこでは、その地獄の住人のうち、ある者は一本の槍で突き刺されて焼かれ、ある者は二本の槍で、―乃至―　ある者は十本の槍で突き刺されて焼かれる。一方の脇が焼かれると、それは反対側の脇にまで広がる。またある地獄の住人は邪悪にして不善なる業が極めて酷いので、〔その〕異熟として独りでにぐるぐると回りだす。彼らはこのような過度の苦痛を感受する。

いかなる業の異熟として、有情はそこに生まれ変わるのか。この世で羊を生きたまま焼き串に刺させた者は、その業の異熟により、その地獄の有情として生まれ変わる。しかしそれはその地獄に生まれ変わるための主たる要因に過ぎず、その地獄に生まれ変わった有情は、他にも邪悪にして不善なる業の異熟を享受する(36)。

26 無間大地獄とは――何故、この地獄は「無間」と呼ばれるのか。その地獄の東の壁から火炎が西の壁に当たり、西の壁から火炎が東の壁に当たる。南の壁から火炎が北の壁に当たり、北の壁から火炎が南の壁に当たる。地面から跳ね上がった火炎が天井に当たり、天井から落下してきた火炎が地面に当たる。この地獄全体は火炎に包まれている。

そこでは、かの地獄の住人、すなわち何千という多くの生類が、まるで薪のように強烈に焼かれる。彼らは、このような、辛く、厳しく、激しい苦痛を感受するが、自分達のその悪業が尽き果てない間、彼らは死ぬことがない。このように、前世で人だった時になされた行為に従って、感受されるべきものが決定される。しかしそれはその地獄に生まれ変わるための主たる要因に過ぎず、その地獄に生まれ変わった有情は、他にも邪悪にして不善なる業の異熟を享受する。

いかなる業の異熟として、有情はそこに生まれ変わるのか。この世で、母親を殺した者、父親を殺した者、阿羅漢を殺した者、あるいは悪心を抱いて如来の〔体から〕血を出した者は、[37]このようなあらゆる不善業道の異熟により、その地獄の有情として生まれ変わる。実に〔事態は〕このようであるけれども、邪悪にして不善なる、様々な業の異熟として、有情はそこに生まれ変わる。

こういう理由でここは「無間」と言われる。そこでは、かの地獄の住人が、絶え間無く、厳しく、激しく、辛い苦痛を感受する。他の地獄のように獄卒達が恐怖に戦《おのの》く者に仕事をさせたりすることはないし、他の地獄のように冷風が吹くということはここではない。実にこの大地獄では、絶え間無く、厳しく、激しく、辛い苦痛を感受するというわけで、ここは「無間大地獄」と呼ばれる。

以上、吉祥なる『マハーヴァストゥ・アヴァダーナ』における「地獄の章」と呼ばれる経を終わる。

2 他趣巡回

同志マハーマウドガリヤーヤナは、しばしば畜生〔界〕へ遊行に出掛けた。彼は畜生道に生まれ変わった有情が様々な苦を享受しているのを見た。長老の同志コーリタは、畜生〔界〕を遊行しながら、畜生道の有情がこの上なく苦しみ、渇いた、あるいは新鮮な草を喜んで食べ、冷たい飲物や熱い〔飲物〕を飲み、そして〔彼らは〕自分の母も知らず、父・兄弟・姉妹も、師匠・師匠の弟子も、友・親戚・血縁の者も知らないのを見た。彼らは互いに食べ合い、互いに互いの血を飲み合い、互いに殺し合い、互いに傷つけ合う。彼らは闇から闇に行き、悪処から悪処に行き、悪趣から悪趣に行き、破滅から破滅に行って、また様々な幾千もの苦を享受し、辛うじて畜生道で耐え忍んでいる。彼は、畜生道におけるこの多大な苦悩を見終わると、ジェータ林に戻り、四衆に詳しく告げた。

「このように、畜生道に生まれ変わった有情は様々な苦や幾千もの苦を享受し、辛うじて畜生道で耐え忍んでいる。だから『知るべきものを獲得すべきである。覚るべきものを正しく覚るべきである。〔善を為すべきである。〕梵行を修すべきである。そしていかなる悪〔業〕もこの世で行ってはならない』と私は説く」

同志マハーマウドガリヤーヤナは、しばしば餓鬼〔界〕へ遊行に出掛けた。彼は餓鬼の世に生まれ変わった有情が様々な幾千もの苦を享受しているのを見た。長老の同志コーリタは、餓鬼〔界〕を遊行しながら、餓鬼の世で、大きな体をし、針の穴のような口をし、喉を締めつけられた餓鬼が、この上なく苦しみ、常に〔食物を〕口にしていながら満足していないのを見た。その上、彼らは〔前世で〕福徳を積まなかったせいで得るものは何もなく、顔色は悪く、みすぼらしい外見で、悪臭を放ち、〔身に〕具えているものは粗末で、貧弱で、好ましくない外見をし、裸で、衣服を身に纏わず、飢えと渇きに苛まれ、糞・尿・痰・鼻水・膿・血を飲んでいる。彼らの業の異熟として風が「飲物があるぞ、飲物があるぞ、御飯があるぞ、粥があるぞ」と吹く。彼らはその声を聞くと、「ここで我々は食うぞ、ここで我々は食べるぞ、ここで我々は飲むぞ」と〔言って〕、川や山を飛び越えて行く。最初、彼らはそのような希望を抱いているが、〔後で〕希望は断たれてしまう。彼らに風が吹いて、「〔食物など〕ない、〔飲物など〕ない」と〔囁《ささや》くからだ〕。彼らはその声を聞くと希望を断たれ、まさにこのために顔を下にして〔地面に〕倒れてしまう。餓鬼女が詩頌を説く。

「五百年もの間、妾はかくの如き声を聞きたり。『見よ、餓鬼の世で飲物を得ること、かくも難しきを』と」

別の餓鬼女が詩頌を説く。

「五百年もの間、妾はかくの如き声を聞きたり。『見よ、餓鬼の世で御飯を得ること、かくも難しきを』と」

別の餓鬼女が詩頌を説く。

「五百年もの間、妾はかくの如き声を聞きたり。『見よ、餓鬼の世で粥を得ること、かくも難しきを』と」

別の餓鬼女が詩頌を説く。

「喉を渇かせて妾の川に近づや〔川〕は干上がり[38]、熱せられて妾の影に近づくや〔影〕は炎と化す」

別の餓鬼女が詩頌を説く。

「我等は哀れなる生活を送れり。財あるにかかわらず、それを善き人に布施することなく、帰依処を作ることもなければなり[39]」

彼は餓鬼の世でこの多大な苦悩を見終わると、ジェータ林に戻り、色々な方法で四衆に詳しく告げた。

「このように、餓鬼の世に生まれ変わった有情は、様々な幾千もの苦を享受している。だから『知るべきものを獲得すべきである。覚るべきものを正しく覚るべきである。善を為すべきである。梵行を修すべきである。そしていかなる悪〔業〕もこの世で行ってはならない』と私は説く」

長老の〔所説〕を聞いて、人天のうち、何千という多くの生類は不死を獲得した。

30 同志マハーマウドガリヤーヤナは、しばしば阿修羅〔界〕の遊行に出掛けた。彼は阿修羅の町で、巨大な体をし、残忍な容姿をし、敵意に満ち、死没して阿修羅〔界〕に生まれ落ちた阿修羅を見た。長老の同志コーリタは、阿修羅〔界〕を遊行していると、天に対して敵意を抱いたため、強烈に苦しんでいる阿修羅の五衆を見た。彼らは〈我々は下に落ち、諸天は〔上に〕昇った〉と考えた。そこで彼らは怒り、敵意を抱き、怒りと憤怒と敵意に溢れ、〔敵意を〕剝き出しにする。彼らは四支より成る軍隊を武装し、〔すなわち〕象軍、馬軍、車軍、歩兵軍を武装し、天の軍勢、すなわち、カロータパーニと呼ばれる夜叉、マーラーダーラと呼ばれる夜叉、そしてサダーマッタと呼ばれる夜叉を打ち破る。この天の軍勢を打ち破ると、三十三天と戦う。しかし、彼らは福徳を積み、誉れ高い三十三天を前にして敵意を抱くと、体が滅んだ後、悪処・悪趣・破滅である地獄に生まれ変わる。

〔さて〕彼は阿修羅〔界〕におけるこのような多大な苦悩を見終わると、ジェータ林に戻り、四衆に詳しく告げた。「このように、阿修羅の町マハーサムドラの有情は、様々な苦を感受している。だから『知るべきものを獲得すべきである。覚るべきものを正しく覚るべきである。〔善を為すべきである。〕梵行を修すべきである。そしていかなる悪業もこの世で行ってはならない』と私は説く」

長老の〔所説〕を聞いて、人天のうち、何千という多くの生類は不死を獲得した。

31 同志マハーマウドガリヤーヤナは、しばしば四大王天の遊行に出掛けた。彼はそこで、福徳を積み、偉大で、寿命が長く、麗しく、多くの楽を獲得し、天界の寿命・容姿・楽・自在・従者を獲得し、天界の色・声・香・味・触を〔獲得し〕、天界の衣服と天界の飾りとを〔獲得した〕四大王天を見た。〔彼らが〕前に着けている飾りは後ろから見えるし、後ろに着けている飾りは前から見えるが、彼らの影は見えなかった。彼らは自らを照らし、空中を飛び、行きたい所には〔どこにでも〕行き、食物は豊富にあり、食物・飲物には不自由せず、宝石から成る天界の宮殿で、天界の五つの欲望の対象を具え、具足して、遊び、戯れ、快楽に耽っていた。長老は〔そこでの〕繁栄が衰退で終わるのを見た。その後、自らを照らす〔四大王天〕が、四大王天より死没して、地獄に生まれ変わり、畜生〔界〕に生まれ変わり、餓鬼や阿修羅の集まりの中に生まれ変わった〔からである〕。そこで長老は四大王天の変異の苦を見終わると、「おお、痛ましいかな！」とジェータ林に戻り、四衆に詳しく告げた。

「このように、有情は善業の異熟として四大王天に生まれ変わる。そこで彼らは天界の幸運を享受した後、そこから死没すると、地獄・畜生・餓鬼・阿修羅の集団に生まれ変わる。諸天といえども無常であり、安定せず、変異を本質とするのだ。だから『知るべきものを獲得すべきである。覚るべきものを正しく覚るべきである。善を為すべきである。梵行を修すべきである。そしていかなる悪業もこの世で行ってはならない』と私は説く」

長老の〔所説〕を聞いて、人天のうち、何千という多くの生類は不死を獲得したのであった。

同志マハーマウドガリヤーヤナは、しばしば三十三天の遊行に出掛けた。そこで彼は、彼らが福徳を積み、偉大で、寿命が長く、力があり、多くの楽を獲得し、天界の寿命・力・楽・自在・従者を獲得し、天界の色・声・香・味・触と衣服や飾り、それに欲望の対象を獲得し、自らを照らし、空中を飛び、安楽に住し、行きたい所には〔どこにでも〕行き、食物は豊富にあり、食物・飲物には不自由せず、また宝石から成る天界の宮殿や、八つの大きな園林、すなわち、ヴァイジャヤンタ、ナンダープシュカリニー、パーリパートラ・コーヴィダーラ、マハーヴァナ、パールシュヤカ、チトララタ、ナンダナ、ミシュラカーヴァナ(40)や、他の宝石から成る宮殿で、天界の五つの欲望を具え、具足して、遊び、戯れ、快楽に耽り、天主シャクラもヴァイジャヤンタ〔園林〕にある楼閣で、八万人の天女に取り囲まれて、天界の五つの欲望を具え、具足して、遊び、戯れ、快楽に耽っているのを見た。

長老はこのような三十三天の隆盛を見、天界の繁栄を見、麗しい天の都城を見、七宝より成る麗しき天の都城の荘厳を見、〔広さが〕何千ヨージャナもあり、全体が瑠璃から成る、天の集会堂スダルマを見た。〔また〕そこでは、三十三天と天主シャクラが諸天のなすべきことに関して〔話し合うために〕集まり、一同に会しているのが天のサロンの外から見えるし、スダルマという天のサロンに坐っている三十三天にも〔中から外の〕麗しき天の都城全体が見えた。このように長老は三十三天のあらゆる隆盛を見終わると、ジェータ林に戻り、四衆に詳しく告げた。

「このように、有情は善業の異熟として三十三天に生まれ変わり、天界の幸運を享受するが、それもまた、無常であり、安定せず、変異を本質とするのだ。彼らはそこから死没すると、地獄・畜生・餓鬼〔界〕に生まれ変わる。だから『知るべきものを獲得すべきである。覚るべきものを正しく覚るべきである。善を為すべきである。梵行を修すべきである。そしていかなる悪業もこの世で行ってはならない』と私は説く」

同志マハーマウドガリヤーヤナは、しばしば夜摩〔天〕・兜率〔天〕・化楽〔天〕・他化自在〔天〕・梵衆〔天〕、――乃至―― 浄居天の遊行に出掛けた。彼は〔そこで〕福徳を積み、偉大で、寿命が長く、麗しく、多くの楽を有し、自らを照らし、空中を飛び、喜を食物とし、快適に住し、行きたい所には〔どこにでも〕行き、離貪し、諸天の中の応供者であり、中般涅槃者であり、この世に〔再び〕戻ってこないことを本性とし、あらゆる愚者や凡夫と交わらない浄居天を見た。

長老は、このような〔浄居〕天の隆盛を見終わると、ジェータ林に戻り、四衆に詳しく告げた。

「このように、有情は善業の異熟として諸天で諸天の幸運を享受するが、それもまた、無常であり、苦と変異を本質とするものだ。

この世はすべて苦にして、この世はすべて燃ゆるなり。この世はすべて燃え盛り、この世はすべて揺るるなり。

＝諸仏は、最上なる目的を〔有情に〕得しめんとて、不動にして揺るぎなく、凡夫には実践し得ぬ法を説けり。[41]

だから『知るべきものを獲得すべきである。覚るべきものを正しく覚るべきである。善を為すべきである。梵行を修すべきである。そしていかなる悪業もこの世で行ってはならない』と私は説く」

長老の〔所説〕を聞いて、人天のうち、何千という多くの生類は不死を獲得したのである。

3　アビヤの物語(42)

世尊・正等覚者は念願であった目的を成就すると、(43)ラージャグリハ郊外にあるグリドゥラクータ山で時を過ごしておられた。彼は天人師として尊敬され、尊重され、恭敬され、供養され、恭礼され、最上の利得と最上の名声とを具え、衣・食・臥具・座具・病気を縁とする薬といった資具を獲得してはいたが、蓮が水〔を弾く〕ように、それらに執着されなかった。(44)彼は福徳に与《あずか》る有情に福徳を得させ、果に与る有情を果で安定させ、習気に与る有情を習気で安定させ、人天に不死の雨を恵施し、何千もの生類に不死を得させ、無始無終なる生・老・死の輪廻という険難処、〔すなわち〕地獄を始めとする悪趣への輪廻という険処・難処(45)・隘路や大きな深淵から〔有情を〕引き上げて、安穏・安寧・寂静・吉祥・無畏なる涅槃に安住させ、アンガとマガダ、ヴァッジとマッラ、カーシとコーシャラ、チェーティ・ヴァッツァ・マトスヤ、シューラセーナ、クルとパンチャーラ、シヴィとダシャールナ、アシュヴァカとアヴァンティの人を回心させられた。

彼は智に関して突出しており、自在者であり、天界の状態・不動の状態・不変の状態で〔時を過ごし〕、仏としては仏の状態、勝者としては勝者の状態、知者としては知者の状態、一切知者としては一切知者の状態で〔時を過ごされた〕。すなわち、心の自在を獲得した仏・世尊は、〔自分の〕思いどおりの状態で時を過ごしておられたのである。

さて、同志マハーマウドガリヤーヤナは、夜が明けるとすぐに衣を身に着け、都城ラージャグリハへ乞食に出掛けた。ちょうどその時、出掛けて間もない同志マハーマウドガリヤーヤナは、こう考えた。〈今、都城ラージャグリハ

35 で乞食するのはあまりにも早すぎる。いざ私は浄居天衆のもとに近づこう。私が浄居天衆に近づくのは、久しぶりのことだ〉と。 24

そこで同志マハーマウドガリヤーヤナは、神通力により〔たったの〕一歩で浄居天衆のもとに近づいた。浄居〔天〕衆の多くの天子は、同志マハーマウドガリヤーヤナがやって来るのを遠くから見た。そして見ると、同志マハーマウドガリヤーヤナを出迎えた。「ここだ、ここに聖者マハーマウドガリヤーヤナがいらっしゃる！ 聖者マハーマウドガリヤーヤナは、よくいらっしゃった。聖者マハーマウドガリヤーヤナよ、よく来られた。聖者マハーマウドガリヤーヤナが、ここにやってこられる機会を作って下さったのは、随分久し振りのことだ！」と。

ちょうどその時、浄居天衆の多くの天子は、同志マハーマウドガリヤーヤナの両足を頭に頂いて礼拝すると、一隅に留まった。その中で、ある浄居天衆の天子が同志マハーマウドガリヤーヤナにこう言った。「聖者マハーマウドガリヤーヤナよ、これは希有なることです。聖者マハーマウドガリヤーヤナよ、これは未曾有なることです。無上正等菩提は〔大変な〕苦難を伴って獲得されるべきものです。というのも、それは何百千劫もかかるからです」と。

その後、世にも尊き浄居天衆の天子は、同志マハーマウドガリヤーヤナに話しかけた。

36 何百千劫も昔のこと、貪・瞋・痴を有したアビヤと呼ばれる比丘がいました。さてその時、マウドガリヤーヤナよ、ヴァスマタと呼ばれる都城がありました。〔その都城〕は繁栄し、栄え、平和で、食物に恵まれ、多くの人がおり、幸せな人がおり、沢山の人がおり、暴力や暴動は鎮まり、盗賊はすぐに逮捕され、商業は繁盛していました[46]。

さてヴァスマタの大都城では、マウドガリヤーヤナよ、ウッティヤと呼ばれる組合長がいました。彼は福徳を積み、偉大で、裕福であり、膨大な財産と巨額の富を有し、多くの財を有し、多くの財産・穀物・蔵・倉庫を所有し、多くの金・銀・財宝・資具を持ち、多くの象・馬・牛・羊を保有し、多くの奴隷女・奴隷・労働者・召使を持ち[47]、世尊サルヴァービブーの教えに対する浄信で〔心は〕澄み、仏・法・僧に帰依し、ナンダを始めとする比丘達に浄信を持っていました。

さて〔ある時〕マウドガリヤーヤナよ、比丘ナンダと比丘アビヤとは組合長ウッティヤの家に近づきました。マウドガリヤーヤナよ、比丘ナンダはその組合長の家で尊敬され、尊重され、恭敬され、供養され、敬われていましたが、比丘アビヤはそうではありませんでした。さて、マウドガリヤーヤナよ、組合長ウッティヤの娘は大都城ヴァスマタに〔住む〕ある長者の大きな家に嫁いでいましたが、マウドガリヤーヤナよ、彼女は比丘ナンダに大変な浄信を抱いていたのです。

さて、マハーマウドガリヤーヤナよ、比丘アビヤは、生まれつき嫉妬心が強かったので、実際はそうではないのに、邪淫の噂を立て、比丘ナンダを非難しました。「比丘ナンダは邪淫を行い、悪法者であって、手がつけられず、陰で悪いことをしている！　組合長ウッティヤの娘と邪な関係にある！」と。

大都城ヴァスマタに住む大勢の人はそ〔の噂〕に取りつかれ、耳を傾ける価値があり、信ずるに足ると考えました。その時、マハーマウドガリヤーヤナよ、大都城ヴァスマタに住むバラモンや長者、それに組合長ウッティヤは、以前のように、比丘ナンダを、もはや尊敬し、尊重し、恭敬し、供養すべきではないと考えたのです。

——善き人が正気に戻り、不善なる業〔を犯した〕ために後悔することは、あり得る。——

そこで、マハーマウドガリヤーヤナよ、比丘アビヤはこう考えました。〈私は、生まれつき嫉妬心が強いために、貪を離れ、瞋より厭離し、痴より厭離し、阿羅漢であり、徳の高い比丘ナンダを、実際はそうではないのに、邪淫の噂を立てて非難した。私は酷い非福を生んでしまった。いざ私は比丘ナンダに許しを乞い、そして世尊サルヴァービブーのもとで罪を告白しよう〉と。

かくして、マハーマウドガリヤーヤナよ、比丘アビヤは比丘ナンダに許しを乞い、また世尊サルヴァービブーのも

とで罪を告白したのです。その後、マハーマウドガリヤーヤナよ、比丘アビヤは組合長ウッティヤのもとに近づき、
組合長ウッティヤに「長者よ、私は、声聞の僧伽と共なる世尊サルヴァービブーを供養しようと思うのだ。〔だから〕
私に財を下さらないか」と言いました。〔そこで〕マハーマウドガリヤーヤナよ、組合長ウッティヤは、比丘アビヤ
に沢山の金を与え、また他の長者や大家長もそれを〔彼に与えました〕。

38 さて、マハーマウドガリヤーヤナよ、大都城ヴァスマタには比丘アビヤに浄信を抱く二人の香商がいました。そこ
で、マハーマウドガリヤーヤナよ、比丘アビヤは百千〔金〕を持ち、その二人の香商のもとに近づくと、二人の香商
に「おお、お二人よ、私はこの百千〔金分〕の香粉が欲しいのだ。私は〔それを〕包み、声聞の僧伽と共なる世尊サ
ルヴァービブーを供養するつもりだ」と言いました。マハーマウドガリヤーヤナよ、その二人の香商は百千〔金分〕
の香粉を包みました[48]。

さて、マハーマウドガリヤーヤナよ、比丘アビヤは声聞の僧伽と共なる世尊サルヴァービブーを、沢山の硬食・軟
食・デザートで満足させ、喜ばせた後、〔世尊が〕食べ終わり、手を洗って、鉢を片づけられたのを確認すると、そ
の百千〔金分〕の香粉を声聞の僧伽と共なる世尊サルヴァービブーに撒き、散布し、振り掛けました。撒き、散布し、
振り掛けると、〔比丘アビヤ〕は次のような心を起こしたのです。

〈ああ、私も将来、今の世尊サルヴァービブーのように、如来・阿羅漢・正等覚者・明行足・善逝・世間解・無上
士・調御丈夫・天人師となりますように。今の世尊サルヴァービブーのように、三十二の偉人相と八十種好とを具足
し、体は光り輝き、十八不共仏法を具足し、如来の十力によって力強く、四無畏によって恐れなき者となりますよう
39 に。また〔彼の〕ように、再び〔この〕世で法と共に、沙門、バラモン、天、マーラ、ブラフマン、あるいは〔他
の〕誰も転じたことのない無上の法輪を転じることができますように。〔そして〕今の世尊サルヴァービブーのよう
に、声聞の僧伽を和合した状態に保てますように。また、今の世尊サルヴァービブーのように、人天が〔私のこと

に〕耳を傾け、信頼すべきであると思ってくれますように。〔また彼の〕ように、〔自ら〕渡って〔他を〕渡らしめ、〔自ら〕解脱して〔他を〕解脱せしめ、〔自ら〕安穏を得て〔他に〕安穏を得しめ、〔自ら〕般涅槃して〔他を〕般涅槃せしめることができますように。多くの人の利益のために、多くの人の安楽のために、世間を憐愍するために、多くの民衆の利益のために、そして人天の利益のために、私はそうなれますように〉

するると、マハーマウドガリヤーヤナよ、世尊サルヴァービブーは、このような比丘アビヤの誓願を知って、こう言われました。

「アビヤよ、お前は将来、百千劫の後、今の私のように、シャーキャムニと呼ばれる如来・阿羅漢・正等覚者・明行足・善逝・世間解・無上士・調御丈夫・天人師となるだろう。今の私のように、三十二の偉人相と八十種好とを具足し、体は光り輝き、十八不共仏法を具足し、如来の十力によって力強く、四無畏によって恐れなき者となるだろう。また〔私の〕ように、再び〔この〕世で法と共に、沙門、天、マーラ、あるいは〔他の〕誰も転じたことのない無上の法輪を転じるだろう。〔そして〕今の私のように、声聞の僧伽を和合した状態に保つだろう。また、今の私のように、人天が〔お前のことに〕耳を傾け、信頼すべきであると思うだろう。〔また〕今の私のように、〔自ら〕渡って〔他を〕渡らしめ、〔自ら〕解脱して〔他を〕解脱せしめ、〔自ら〕安穏を得て〔他に〕安穏を得しめ、〔自ら〕般涅槃して〔他を〕般涅槃せしめるだろう。多くの人の利益のために、多くの人の安楽のために、世間を憐愍するために、多くの民衆の利益のために、そして人天の利益と安楽のために、お前はそうなるだろう」

さて、マハーマウドガリヤーヤナよ、正等覚者サルヴァービブーが比丘アビヤに無上正等菩提を授記された直後、この三千大千世界は六種に激しく揺れ、震動しました。〔すなわち〕東方が浮くと西方が沈み、東方が沈むと西方が浮き、南方が浮くと北方が沈み、南方が沈むと北方が浮き、中央が沈むと周辺が浮き、中央が浮くと周辺が沈みました。そして大地の諸天が〔叫び〕声を上げ、〔その〕声が〔皆に〕聞こえるようにしました。「世尊・正等覚者サルヴァービブーが比丘アビヤに無上正等菩提を授記されたぞ！　多くの人の利益のために、多くの人の安楽のために、世間を憐愍するために、多くの民衆の利益のために、そして人天の利益と安楽のために、彼はそうなるだろう」と。

41 〔この〕大地の諸天の声を聞いて、虚空の諸天、四大王天、三十三天、夜摩・兜率・化楽・他化自在の諸天、――乃至――梵衆天もその〔叫び〕声を上げ、〔その〕声が〔皆に〕聞こえるようにしました。「友よ、世尊サルヴァービブーは比丘アビヤを無上正等菩提に授記されたぞ！　多くの人の利益のために、多くの人の安楽のために、世間を憐愍するために、多くの民衆の利益のために、そして人天の利益と安楽のために、彼はそうなるだろう」と。

すると、無量の広大な光明が世に現れ出ました。暗黒にして暗黒に満ちており、暗闇にして暗闇に満ちており、真っ暗で何も見えず、かつて見られたこともなく、[49]そこでは、これほどの大神通力と大威神力を持つ月や日でさえも、その光を以て光を届けることはできず、〔その〕光明を以て光明を満たすこともできない世間の裂け目をも、突然、その光明で満たされたのです。そこに生まれ変わっていた有情も、互いに声を掛け合いました。「おお、何と他の有情もここに生まれ変わっていたのか！　おお、何と他の有情もここに生まれ変わっていたのか！　おお、何と他の有情もここに生まれ変わっていたのか！」と。

42 そしてまた、その刹那その瞬間、一切の有情はひたすら楽に満たされました。阿鼻大地獄に生まれ変わった者でさえ、天の〔持つ〕天の威厳、龍の〔持つ〕龍の威厳、〔そして〕夜叉の〔持つ〕夜叉の威厳を超越したのです。そしてマーラの住居は陰り、光を失い、侘びしいものとなりました。そこ（マーラの住居）は〔一〕クローシャ崩れ落ち、二クローシャ崩れ落ち、三クローシャ崩れ落ち、〔一〕ヨージャナ崩れ落ち、十ヨージャナ崩れ落ちたのです。そこで邪悪なマーラは苦しみ、憂い、後悔し、〔体〕中に苦悩と苦悶を生じたのでした。

内容反復の詩頌。

彼はその布施をなし、誓願せり。「我は世間を導く者たらん。天人師として、聖法を明かさん。＝法の松明を振り、幡の付ける法の太鼓を打ち鳴らさん。法の旗を高く掲げ、聖なる法螺貝を吹き鳴らさん。＝我は法を明かし、説き示さん。また数多の有情を聖法に入らしめん。＝しかして我が善説せる言葉を、人天に聞かしめん。かくして数多の人の利益のために法輪を転ぜん。＝苦難に陥り、生と老に押し潰され、死を定めとなし、肉眼のみにて他を持たぬ有情を悪趣より慧蘊に向かわしめん。

43 等活・黒縄・衆合・叫喚・無間や六趣に分散せる人を、有の輪廻より救済せん。＝地獄にて焼かれ、焼き尽くされ[50]、悪趣にて苦しみ、死を定めとなし、楽少なく苦多き者を、有の輪廻より救済せん。＝世間にて利益をなし、人天に法を説示せん。この世間の光[51]（仏）の如く、有情を導かん。＝執着心なき人の行動するが如く、我はこの世にて行動せん。人天に供養せられ、よく敬わるる、比類なき〔法〕輪を転ぜん」＝生まれよき勝者は〔彼の〕誓願を知るや、一切の因の成満せるにより、洞察者・具慧者は、全く欠くることなく、申し分なき〔アビヤ〕に記別を授けたり。

「将来百千劫の後、汝は世間を導く仏たるべし。カピラと呼ばるるリシヴァダナにて釈迦族の一員となりし時、この誓願は実を結ばん」＝その時、海を境となす大地は震動し、輝かしきアビヤの授記の、天空なる天の集団《ともがら》に
44 届けるに、〔かくの如き〕声は起これり。＝「無尽なる善説の歌の旗〔印〕掲ぐる世尊・牟尼サルヴァービブーは、アビヤに記別を授けたり。『汝は勝者たらん』と。＝梵天・天・阿修羅を含む世間の利益と安楽のため、汝はかくなるべし。阿修羅の集団は衰え、人天の集まりは栄えん[52]」

〔さて同志マハーマヴドガリヤーヤナは世尊のもとに戻って来ると、世尊はこう言われた。〕

その時、実に、マハーマウドガリヤーヤナよ、その二人の香商は、アビヤが無上正等菩提を授記されたのを聞いて、喜び、満足し、嬉しく思い、喜悦を生じて、このような心を起こした。〈比丘アビヤが無上正等菩提を正等覚するであろう時、我々〔二人〕は彼の最上の声聞、最上の二人組、最高の二人組になりますように。ちょうど〔世尊〕サルヴァービブーに、一人は智慧第一、一人は神通第一の声聞の二人組がいるように〉と。

〔また〕マハーマウドガリヤーヤナよ、組合長ウッティヤの娘も、世尊サルヴァービブーが比丘アビヤに無上正等菩提の記別を授けたことを聞いた。そして、マハーマウドガリヤーヤナよ、組合長ウッティヤの娘は、声聞の僧伽と共なる世尊を尊敬し、尊重し、恭敬し、供養し、敬まった後、次のように誓願した。「比丘アビヤは生まれつき嫉妬心が強かったので、私に虚偽の中傷をしました。〔一方〕私は声聞の僧伽と共なる世尊サルヴァービブーを供養し、善根を獲得しました。この善根によって、比丘アビヤがどこに生まれようとも、私は〔彼が〕最上なる正等菩提を獲得するまでは、そこで虚偽の中傷によって彼を非難しますように」と。

さて、マハーマウドガリヤーヤナよ、恐らくお前は〈その時その折に、アビヤと呼ばれる世尊サルヴァービブーの声聞だったのは、他の誰かであろう〉と思うかも知れないが、それはそのように見てはならない。それは何故かというと、マハーマウドガリヤーヤナよ、その時その折に、アビヤと呼ばれた世尊サルヴァービブーの声聞こそ、この私だからだ。

また、マハーマウドガリヤーヤナよ、恐らくお前は〈その時その折に、大都城ヴァスマタで香商をしていた二人は、他の誰かであろう〉と思うかも知れないが、それはそのように見てはならない。それは何故かというと、その時その折に、香水商だったのは、シャーリプトラとマハーマウドガリヤーヤナというお前達〔二人〕だからだ。それがお前達の最初の誓願だったのである。

また、マハーマウドガリヤーヤナよ、恐らくお前は〈その時その折に、組合長ウッティヤの娘だったのは他の誰かであろう〉と思うかも知れない。(…)この外道の女は、その誓願により、〔私が〕最上なる正等菩提を獲得するまでは、私がどこに生まれようとも、そこで虚偽の中傷をなしたのである。

また実に、マハーマウドガリヤーヤナよ、恐らくお前は〈その時その折に、大都城ヴァスマタでウッティヤと呼ばれる組合長だったのは他の誰かであろう〉と思うかも知れないが、それはそのように見てはならない。〔それは何故かというと、〕マハーマウドガリヤーヤナよ、その時その折に、大都城ヴァスマタでウッティヤと呼ばれた組合長こそ、浄居天の天子だからだ。〔その天子〕はこの百千劫の間のことを〔よく〕覚え、法を記憶していたのである。

以上、吉祥なる『マハーヴァストゥ・アヴァダーナ』における、内容反復の詩頌を具えたアビヤ事を終わる。

4 多仏経

〔仏は同志マハーマヴドガリヤーヤナに告げられた。〕

おお、マハーマウドガリヤーヤナよ、私が菩提を求めて誓願してから、無量無数劫が過ぎた。〔その間、私は〕無量の如来・阿羅漢・正等覚者を供養したが、〔誰も〕私に記別を授けてはくれなかった。マウドガリヤーヤナよ、私はプシュパと呼ばれる三百人〔の仏〕を供養したが、彼らは私に記別を授けてはくれなかった。無量無数劫の間、〔私は〕輪廻し流転し無量の正等覚者を供養したが、彼らは私に記別を授けてはくれなかった。

〔さて〕マハーマウドガリヤーヤナよ、この世には四つの菩薩行がある。四つとは何かというと、(1)自性行、(2)誓願行、⑶随順行、⑷不退行である。

さて、マハーマウドガリヤーヤナよ、自性行とは何か。マハーマウドガリヤーヤナよ、この世で菩薩の自性とは以下のとおりである。母を敬い、父を敬い、修行者に献身的であり、バラモンに献身的であり、家長を敬愛し、十善業道を実践して生活し、他者に「布施をして、福徳を積みなさい」と教示し、現在の仏と声聞を供養するが、まだ無上正等菩提に心を起こしてはいない〔状態である〕。

47 最上なる人（菩薩）は、大いなる敬重もて大名声を博する最上なる如来を供養するも、人の最高者（仏）たらんとの意を未だ起こさず。[53] ‖指導者等は、遙か昔に最高なる力を具え、力を会得せし何劫なる人を供養するも、智海を渡らんとの意を未だ起こさず。[54] ‖また賢者は、勝義の人たる、何劫なる独覚を供養するも、一切法を知らんとの意を未だ起こさず。

マハーマウドガリヤーヤナよ、これが自性行である。では、マハーマウドガリヤーヤナよ、誓願行とは何か。マハーマウドガリヤーヤナよ、シャーキャムニと呼ばれる如来・阿羅漢・正等覚者・明行足・善逝・世間解・無上士・調御丈夫・天人師が世に出現してから、無量無数劫が過ぎ去った。また実に、マハーマウドガリヤーヤナよ、シャーキャムニの都城はカピラヴァストゥと呼ばれ、――広説―― その時、私は組合長であったが、粥の飲物を作って〔彼に布施し〕、覚りを求めて誓願した。[55]

48 〔菩薩等〕の広大なる福徳の蓄積《たくわえ》を保ちて心身を修習せる時、彼等は、最勝なる容姿《すがた》を持てる〔仏〕に近づき、覚りを求めて発心せり。‖「我は嘗て善根を積めり。これもて我は一切知見者たらん。しかして我が誓願の滅びず、この誓願の成就せんことを。‖我が善根の蓄積は、一切の生類がため大なるものとなれかし。我がなせし不善業の苦果は、我のみ享受せんことを。‖執着心なき人の活動するが如く、我もこの世にて活動すべし。手厚く尊敬せられ、天人の供養せる無比なる法輪を、我は転ぜん」

今から無数劫も前に、私は世間の無上〔師〕である仏・世尊シャーキャムニに最初に粥の飲物を布施し、その時に
最初の誓願も立てたのである。マハーマウドガリヤーヤナよ、それから無量無数劫も昔のこと、[56]サミターヴィンと呼
49 ばれる如来・阿羅漢・正等覚者・明行足・善逝・世間解・無上士・調御丈夫・天人師が世に出現した。また、ちょう
どその時、菩薩は転輪王であり、四洲を統治し、七宝を具足した正義の法王であって、十善業道を実践して生活して
いた。七宝とは、すなわち、輪宝・象宝・馬宝・珠宝・女宝・長者宝、そして七番目に大臣宝であり、また彼は、勇
敢で勇ましく、素晴らしい肢体をして麗しく、他の軍勢を粉砕する千人の息子に恵まれていた。彼は、四洲、すなわ
ち南贍部・東勝身・西牛貨・北倶盧という、海と山を限りとする大地全体を平穏かつ安寧にし、刑罰や武器や圧政に
訴えることなく法によって征覇し、[57]君臨していた。

　さて実に、マハーマウドガリヤーヤナよ、〔その〕転輪王は、衣・施食・臥具・座具・病気を縁とする薬といった
資具を以て、あらゆる〔仕方〕で声聞の僧伽と共なる正等覚者サミターヴィンに仕えた。そして、金・銀・真珠・瑠
璃・水晶・瑪瑙・赤珠という七宝から成り、八万四千の柱を持つ楼閣を造らせた。また〔そこに〕造られた各々の柱
は〔その〕半分まで、最高級の金が取りつけられていたのである。〔さらに〕七宝、すなわち、金・銀・真珠・瑠璃・
水晶・瑪瑙・赤珠から成る、多彩で麗しき八万四千の重閣も造らせた。そして、マハーマウドガリヤーヤナよ、〔そ
の〕転輪王はこのような特徴の楼閣を造らせると正等覚者サミターヴィンに施与し、次のような誓願を立てたのであ
る。

50 「ああ、私もまた未来世に、如来・阿羅漢・正等覚者・明行足・善逝・世間解・無上士・調御丈夫・天人師となりま
すように。また今の世尊サミターヴィンのように、三十二の偉人相を具足し、八十種好で体は美しく、十八不共仏法
を具足し、如来の十力で力強く、四無畏によってまったく恐れなき者となりますように。今の世尊・正等覚者サミ
ターヴィンのように、〔自ら〕渡って〔他を〕渡らしめ、〔自ら〕安穏を得て〔他に〕安穏を得しめ、〔自ら〕般涅槃

して〔他を〕般涅槃せしめることができますように。多くの人の利益のために、多くの人の安楽のために、世間を憐愍するために、多くの民衆の利益のために、そして人天の安楽と利益のために、私はそうなれますように」

マハーマウドガリヤーヤナよ、これが如来（私）の誓願であった。

「執着心なき人の活動するが如く、我もこの世にて活動すべし。人天の供養せる無比なる法輪を、我は転ぜん」

実にその時、正等覚者サミターヴィンはこう考えた。〈私が般涅槃し、この声聞達が般涅槃し、そしてこの説法が消失してしまった後、どれくらいの時間が過ぎれば、〔この〕世に仏・世尊が出現するだろうか〉と。

彼は一劫後に〔仏の出現を〕見ず、二劫後にも見なかったが、〔百〕千劫後に仏が世に出現するだろう〔と予見した〕。そこで実に、マハーマウドガリヤーヤナよ、大悲を具足した正等覚者サミターヴィンに、有情に対する大悲〔の情〕が入り込んできた。〈仏には必ずしなければならない仕事が五つある。(58) 五つとは何かというと、(1)法輪を転ずべきこと、(2)母を教導すべきこと、(3)父を教導すべきこと、(4)仏によって教導されるべき有情を教導すべきこと、(5)皇太子を灌頂すべきこと、である。私の滅後、彼が仏として世に出現するだろう。今の私のように、菩薩アジタが、私の滅後、仏として世に出現するだろう。彼はアジタという名で、マイトレーヤの種姓であり、王都バンドゥマー(59)に〔出現するだろう〕。いざ私は百千劫の間、〔この世に〕留まろう〉と。

そこで実に正等覚者サミターヴィンは比丘達に告げられた。「今、独りで閑処に行き、引き籠もっていた時、私はこう考えた。〈私が般涅槃し、この声聞の僧伽が般涅槃し、そしてこの説法が消失してしまった後、どれくらいの時間が過ぎれば、〔この〕世に仏・世尊が出現するだろうか〉と。私は一劫後に〔仏の出現を〕見ず、二劫後にも見ず、三劫後にも見なかったが、百千劫後に仏が世に出現するだろうと予見した。私には仏として必ずしなければならない仕事が五つあるが、〔その一つの仕事として、私が〕皇太子に灌頂しなければならない有情は、長寿を有する諸天の中に生まれ変わるだろう。いざ私は百千劫の間〔この世に〕留まろうと思うが、比丘達よ、お前達は、百千劫の間、

34

〔この世に〕留まりたいか。〔あるいは〕誰が私と共に留まるだろうか」と。

52 そこでマハーマウドガリヤーヤナよ、〔五〕力の自在を獲得した八百四十万の比丘すべては「世尊よ、我々は留まります。善逝よ、我々は留まります」と、この世〔に留まること〕に決めた。こうして正等覚者サミターヴィンとその声聞達は、長く久しい間、〔この世に〕留まったのである。

〔さて〕壊劫の時、死んだ人は光音天衆に生まれ変わり、王も死んでから光音天衆に生まれ変わった。〔そこで〕世尊〔サミターヴィン〕は、比丘の僧伽と共に光音天衆に出向いた。〔また〕成劫の時になり、世間が形成される時に、有情は〔天界での〕寿命が尽きると、(60)光音天衆から死没し、この世にやって来た。菩薩も光音天衆から死没すると、この世にやって来て、四洲を征服する転輪王となり、―乃至― この四つの大洲を法によってのみ征服して〔この世に〕君臨した。人の寿命が限られたものとなり、〔人に〕老・病・死が知られるようになると、世尊サミターヴィンは声聞の僧伽を引き連れて閻浮提にやって来た。やって来ると、有情に法を説いた。前と同様に転輪王は、衣・施食・臥座具・病気を縁とする薬といった資具を以て、全力を尽くして正等覚者サミターヴィンに仕えた。〔また〕彼は前と同じような七宝作りの楼閣を造らせて、世尊・正等覚者〔サミターヴィン〕に与えた。このような仕方で、百千劫の間、正等覚者サミターヴィンは声聞の僧伽と共に〔この世に〕留まり、〔また転輪王となった〕菩薩に仕えられた。〔菩薩〕は〔百千劫のうち〕どの劫も、前と同じような七宝作りの楼閣を造らせて、正等覚者サミターヴィン
53 に与えたのである。私は無上正等菩提を求めながらも、転輪王となって、〔七〕宝より成る百千もの楼閣を〔正等覚者〕サミターヴィンに布施したのである。今から無数劫の昔、

彼は布施をなして誓願せり。「我は世間の導師・天人師たりて、聖法を明かさん。‖かくの如く我は法を明かし説示して、かくの如き数多の有情を聖法に入らしめん。‖かくの如く我が善説せる言葉を、人天は聞けかし。しかして、数多の人の利益のため、我はかくの如き法輪を転ぜん。‖我は法の松明を掲げん。幡の付ける法の太

鼓を打たん。我は法の旗を挙げ、聖なる法螺貝を吹き鳴らさん。＝困難に陥り、生と老に圧《お》され、死を定めとな 36
し、肉眼のみにて他を持たぬ世間の者を、我は悪趣より慧蘊に入らしめん。＝等活・黒縄・衆合・叫喚・無間や六趣に散らばりし者を、有の輪廻より解脱せしめん。＝地獄にて焼かれ焼き尽くされ、悪趣に苦しめられ、死を定めとなし、楽少なく苦多き人を、我は有の輪廻より解脱せしめん。＝我は〔この〕世にて修行し、聖法を人天に説示せん。世間の光明たる〔世尊〕の如く、我も有情を教化せん。

＊　＊　＊　＊　＊

その時〔菩薩の〕第二の誓願がなされた。〔また菩薩〕は、世間を超越した仏・尊師に、八十の白檀から成る宮殿を布施し〔て誓願し〕た。「私は今から無数〔劫〕の後、世尊になりますように」と。

その時〔菩薩の〕第三の誓願がなされた。〔また〕アルカ王〔であった菩薩〕は八百万もの七宝より成る洞窟を、パルヴァタと呼ばれる〔仏〕に布施したが、その時〔菩薩は〕第四の誓願を立てた。〔菩薩〕は、無常、すなわち名と相に対する欲望に関して、ラタネーンドラ[61]〔仏〕の教えを受けつつ六年を過ごした。その時、〔菩薩は〕第五の誓願を立てたのである。

以上、吉祥なる『マハーヴァストゥ・アヴァダーナ』における「多仏経[62]」を終わる。

5 浄居天訪問

このように私は聞いた。ある時、世尊はラージャグリハ郊外にあるグリドゥラクータ山で時を過ごしておられた。[63] ちょうどその時、同志マハーマウドガリヤーヤナは、朝早く衣を身に着け、衣鉢を持って、都城ラージャグリハへ乞食に出掛けた。その時、出掛けて間もない同志マハーマウドガリヤーヤナはこう考えた。〈今、私が都城ラージャグリハで乞食するのは、余りにも早すぎる。いざ私は浄居天衆のもとに近づこう〉と。

55 そこで同志マハーマウドガリヤーヤナは、ちょうど力の強い男が曲げた腕を伸ばし、伸ばした腕を曲げるほどの一瞬のうちにラージャグリハから空中に飛び上がり、〔たったの〕一歩で浄居天衆に立った。浄居〔天〕衆の天子達は、同志マハーマウドガリヤーヤナが遠くからやって来るのを見た。そして見ると、同志マハーマウドガリヤーヤナのもとに近づき、同志マハーマウドガリヤーヤナの両足を頭に頂いて礼拝すると一隅に立った。そして一隅に立つと、多くの浄居天衆の天子は、詩頌で同志マハーマウドガリヤーヤナに語りかけた。[64]

「百千劫を経て菩提は成熟す。久しぶりなり、無限の宝なる仏の世に生まるるは[65]」

こう言うと、その多くの浄居天衆の天子は同志マハーマウドガリヤーヤナの両足を頭に頂いて礼拝し、一隅に立った。そして一隅に立つと、消えてしまった。その時、同志マハーマウドガリヤーヤナはこう考えた。〈菩提はこのように得難いものだ。実に百千劫もの時間がかかるのだからな〉と。

56 さて同志マハーマウドガリヤーヤナは、ちょうど力の強い男が曲げた腕を伸ばし、伸ばした腕を曲げるほどの一瞬のうちに浄居天衆から消えると、一跨ぎして都城ラージャグリハに立った。同志マハーマウドガリヤーヤナは、都城ラージャグリハで乞食のために遊行し、昼食を済ませ、衣鉢を片づけてから両足を洗うと、世尊のもとに近づき、世尊の両足を頭に頂いて礼拝すると、一隅に坐った。そして一隅に坐った同志マハーマウドガリヤーヤナは、世尊にこう申し上げた。

「世尊よ、つい今し方、朝早く衣を身に着け、衣鉢を持って、都城ラージャグリハへ乞食に出掛けたのですが、世尊よ、出掛けて間もない私はこう考えました。〈今、私が大都城ラージャグリハで乞食するのは、余りにも早すぎる。いざ私は浄居天衆のもとに近づこう。浄居天衆に近づくのは、私にとって久しぶりのことだ〉と。そこで私は、ちょうど力の強い男が曲げた腕を伸ばし、伸ばした腕を曲げるほどの一瞬のうちにラージャグリハから空中に飛び上がり、浄居天衆に立ったのです。世尊よ、多くの浄居天衆の天子は、私が遠くからやって来るのを見ました。そして見ると、私のもとに近づき、私の両足を頭に頂いて礼拝すると一隅に立ちました。そして一隅に立つと、その多くの浄居天衆の天子は詩頌で私に語りかけました。

「百千劫を経て菩提は成熟す。久しぶりなり、無限の宝なる仏の世に生まるるは」

こう言うと、その多くの浄居天衆の天子は、私の両足を頭に頂いて礼拝してから退きました。その時、世尊よ、私はこう考えました。〈無上なる菩提は大変な苦難を伴って得られるべきものだ。実に百千劫もの時間がかかるのだからな。いざ私は世尊のもとに近づいて、世尊にこの意味をお尋ねしよう。世尊が私に説明して下さる通りに、私はそれを憶持しよう〉と。これについて世尊は何とお答えになりますか」

こう言われると、世尊は同志マハーマウドガリヤーヤナに次のように言われた。

「実にマハーマウドガリヤーヤナよ、浄居天衆の天子達の〔言う〕百千劫は短すぎる。マハーマウドガリヤーヤナよ、無量無数劫の間、無量の如来・阿羅漢・正等覚者が将来の菩提を求めつつ、善根を植えてきたのだ。マハーマウドガリヤーヤナよ、実に[66]私はシャーキャムニと呼ばれる三十コーティもの仏を知っているが、私は転輪王であった時、将来の菩提を求めつつ、彼らを声聞の僧伽と共に尊敬し、尊重し、恭敬し、供養し、敬尚したのである。そして、その仏・世尊達は私に記別を授けてくれたのだ。『お前は、未来世に、如来・阿羅漢・正等覚者・明行足・善逝・世間解・無上士・調御丈夫・天人師となるだろう』と。

また実にマハーマウドガリヤーヤナよ、私はディーパンカラと呼ばれる八百千もの仏を知っているが、私は転輪〔王〕であった時、将来の菩提を求めつつ、彼らを声聞の僧伽と共に尊敬し、尊重し、恭敬し、供養し、敬尚したのである。そして、その仏・世尊達は私に記別を授けてくれたのだ。―最初の部分にあるすべてを繰り返すべし―『お前は、未来世に、〔如来・阿羅漢・正等覚者・明行足・善逝・世間解・無上士・調御丈夫・天人師と〕なるだろう』と。

マハーマウドガリヤーヤナよ、私はパドモーッタラと呼ばれる五百もの仏を知っているが、―全文繰り返すべし―『お前は、未来世に、〔如来・阿羅漢・正等覚者・明行足・善逝・世間解・無上士・調御丈夫・天人師と〕なるだろう』と。

マハーマウドガリヤーヤナよ、私はプラドゥヨータと呼ばれる八千もの仏を知っている。マハーマウドガリヤーヤナよ、私はプシュパと呼ばれる三コーティもの仏を知っている。マハーマウドガリヤーヤナよ、私はマーラドゥヴァジャと呼ばれる一万八千もの仏を知っている。将来の菩提を求めつつ、私が梵行を修していた時、その仏・世尊達は私に記別を授けてくれたのだ。

マハーマウドガリヤーヤナよ、私はパドモーッタラと呼ばれる五百もの仏を知っているが、私は彼らを声聞の僧伽と共に尊敬したのだ。マハーマウドガリヤーヤナよ、私はカーシャパと呼ばれる九万もの仏を知っている。マハーマウドガリヤーヤナよ、私はプラターパと呼ばれる一万五千もの仏を知っている。マハーマウドガリヤーヤナよ、私はカウンディンヤと呼ばれる二千もの仏を知っている。マハーマウドガリヤーヤナよ、私は八万四千もの独覚を知っている。マハーマウドガリヤーヤナよ、私はサマンタグプタと呼ばれる如来・阿羅漢・正等覚者を知っている。マハーマウドガリヤーヤナよ、私はジャンブドゥヴァジャと呼ばれる千もの仏を知っている。マハーマウドガリヤーヤナよ、私はインドラドゥヴァジャと呼ばれる八万四千もの仏を知っている。マハーマウドガリヤーヤナよ、私はアーディト

59 ヤと呼ばれる一万五千もの仏を知っている。マハーマウドガリヤーヤナよ、私はアンニョーンニャと呼ばれる六千二百もの仏を知っている。マハーマウドガリヤーヤナよ、私はサミターヴィンと呼ばれる六十四もの仏を知っている。
[67]マハーマウドガリヤーヤナよ、スプラバーサと呼ばれる如来・阿羅漢・正等覚者がいたが、その時、菩薩のマイトレーヤは、ヴァイローチャナと呼ばれる転輪王として、未来の菩提を求めつつ、最初の善根を植えたのである。また実にマハーマウドガリヤーヤナよ、スプラバーサが如来であった時、人の寿命は八万四千コーティ歳の四倍もの量があった。〔人の〕寿命は多かれ少なかれ、これくらいであったのだ。

さてマハーマウドガリヤーヤナよ、スプラバーサが如来・阿羅漢・正等覚者であった時、三つの衆会があった。一番目は九十六コーティもの声聞から成る衆会であったが、彼らはすべて阿羅漢であり、漏は尽き、禁戒に住し、正智によって解脱し、生存との結びつきは尽き果て、自分自身の目的を達成していた。二番目は九十四コーティもの声聞から成る衆会であったが、彼らはすべて阿羅漢であり、漏は尽き、禁戒に住し、正智によって解脱し、生存との結びつきは尽き果て、自分自身の目的を達成していた。三番目は九十二コーティもの声聞から成る衆会であったが、彼らはすべて阿羅漢であり、漏は尽き、禁戒に住し、正智によって解脱し、生存との結びつきは尽き果て、自分自身の目的を達成していたのである。

60 その時、マハーマウドガリヤーヤナよ、〔転輪〕王ヴァイローチャナは世尊スプラバーサを見て、非常な身震い、非常な興奮・喜び・悦楽を生じた。〔そこで〕彼は、声聞の僧伽と共なるかの世尊を、一万年もの間、尊敬し、尊重し、恭敬し、供養し、敬尚したのである。尊敬し、尊重した後、その衆会を保護し、声聞の僧伽を保護し、〔その当時の人の〕寿命の量を保証し、次のような心を起こした。

〈ああ、私は、未来世に、今の世尊スプラバーサのように、如来・阿羅漢・正等覚者・明行足・善逝・世間解・無上士・調御丈夫・天人師となろう。今の世尊スプラバーサのように、あらゆる行相を具足し、あらゆる行相を満足させた法を私は説示しよう。また今の世尊スプラバーサのように、声聞の僧伽を和合した状態に保とう。そしてまた今の世尊スプラバーサのように、人天が私に耳を傾けるべきであり、〔私に〕信を置くべきであると考えるようにしよう。多くの人の利益のために、多くの人の安楽のために、世間を憐愍するために、大勢の人のために、人天の利益と安楽のために、私はそうなろう〉

マハーマウドガリヤーヤナよ、またこの他にもさらに次のように言おう。マハーマウドガリヤーヤナよ、マイトレーヤは菩薩として四十四劫を経た後で〔初めて〕そのような菩提心を起こしたのである。

[68]マハーマウドガリヤーヤナよ、〔ある時〕アパラージタドゥヴァジャと呼ばれる如来・阿羅漢・正等覚者がいたが、将来の覚りを求めていた私は転輪王ドゥリダダヌとなって、彼を声聞の僧伽と共に、千年の間、尊敬し、尊重し、恭敬し、供養し、敬尚した。そして〔私は〕高価な[69]一対の衣を五百〔も、かの仏に〕布施した。そして般涅槃した彼のために、高さ一ヨージャナ・直径[70]一ヨージャナの塔を建てさせた。そして、マハーマウドガリヤーヤナよ、〔私の〕永遠の誓願は、以下の通りであった。〔すなわち〕『有情に保護がなくなり、避難処がなくなり、帰依処がなくなり、寄辺がなくなり、貪が盛んになり、過失が盛んになり、痴が盛んになり、不善なる法を受け入れて行動し、また〔彼らが〕遍く悪趣に満ち満ちている時、その折に、私は無上正等菩提を正等覚しよう。多くの人の利益のために、多くの人の安楽のために、世間を憐愍するために、大勢の人のために、人天の利益と安楽のために、私はそうなろう』と。マハーマウドガリヤーヤナよ、なし難いことをなす如来・阿羅漢・正等覚者達は、世間のために行を行ずるのである」

こう世尊が言われると、心を喜ばせた同志マハーマウドガリヤーヤナは、世尊の説かれたことに歓喜した。

「〔我[71]は〕三十倶胝のシャーキャムニと呼ばるる勝者に仕えたり。八百千のディーパンカラと呼ばるる〔勝者に

仕えたり〕。＝しかして六万のプラドゥヨータと呼ばるる〔勝者に仕えたり〕[72]。同様に説法者の獅子たる三倶胝の
プシュパと呼ばるる〔勝者〕にも。＝一万八千のマーラドゥヴァジャと呼ばるる善逝のもとに、我は一切智を求
62 めて梵行を修せり。＝我は五百のパドモーッタラと呼ばるる善逝を供養せり。二千のカウンディンニャと呼ばる
る別なる〔善逝も供養せり〕。＝無量無数倶胝・那由他の独覚と、千のジャンブドゥヴァジャと呼ばるる仏を、
我は供養せり。
　八万四千のインドラドゥヴァジャと呼ばるる善逝と、九万のカーシャパと呼ばるる〔善逝〕、＝一万五千のプ
ラターパと呼ばるる仏・善逝、そして一万五千のアーディトヤと呼ばるる〔仏・善逝〕、＝六千二百のアンニョー
ンニャと呼ばるる善逝、六万四千のサミターヴィンと呼ばるる〔善逝〕、＝しかして、吉祥なるコーリタよ、こ
の他にも無量の十力者や無常を克服せし[73]、世間の光明たる一切の〔仏〕がおれり。＝コーリタよ、最高なる偉人
相を持てる〔仏等〕の全ての力は、無常の名にも、時間《とき》にも埋没せず。＝無常とは何と恐ろしき力を持つものぞ
と知りて、〔諸仏を〕恭敬するや否や、我は精進し、無常なる〔恐ろしき〕力を滅することに専心せり。
マウドガリヤーヤナよ、それから無量・無数劫の後に、ラトナ[74]と呼ばれる正等覚者が現れた。彼は如来・阿羅漢・
正等覚者・明行足・善逝・世間解・無上士・調御丈夫・天人師であったが、その時、私は転輪王であった。それから
63 私は世尊ラトナヴァットのために、多彩で見目麗しく、金・銀・真珠・瑠璃・水晶・碼碯・赤珠の七宝から成る八万
四千の重閣講堂を造らせた。私はそれらをかの世尊に布施して後、覚りを求めて随誓願をした。

——諸仏・諸世尊は、皇太子を灌頂しない間は、般涅槃しない[75]。——

〔そこで世尊ラトナは言った〕。『私の直後、彼が世間で仏となるだろう。今、私がマイトレーヤに記別を授けたよ
うに、私の直後、彼が仏となるだろう』と。

　かの世尊は、八万四千の声聞と共に、八十四の壊〔劫〕と成〔劫〕とを過ごした。〔そして〕世間が壊れつつある

時、世尊は八万四千の声聞と共に光音天に行き、世間が生成される時になると、〔再び〕ここに戻ってきて、ここで法を説示するのである。その都度、私も転輪王であったのだが、私は八万四千の重閣講堂を造らせては世尊ラトナヴァットに布施したのである。マハーマウドガリヤーヤナよ、これが誓願行である。では、随順行とは何か。マハーマウドガリヤーヤナよ、菩薩摩訶薩はこの世で覚りに随順して住するが、マハーマウドガリヤーヤナよ、これが〔随順行である〕。〔また〕不退行とは〔何か〕。退転行とは〔菩薩摩訶薩達〕が〔覚りから〕退転し輪廻するが、覚りから退転しないのが不退行である」

B群　十　地

1　十地（総説）

ここで十地とディーパンカラ事とを説こう。

諸仏に帰命し奉る。阿羅漢達に帰命し奉る。

十地の始まり。

　輪廻の中に(1)何百劫も自己〔の生存《いきながらえ》〕を積み重ねし人の、法を知見すること、比類なし。吉祥なる勝者等に十地あり。賢者等よ、聞くべし(2)。これ（十地）故に、賢者等は奇跡の中にあることを。＝慢・高慢・驕・痴より解脱して、穏やかさと柔軟さとを全く具えたる、一切見者等に尊重〔の念〕抱き、最高なる勝者の教えに耳を傾くべし。

　釈迦族の子として生まれ、金の堆積《やま》の輝きに等しき如来が般涅槃せし時、岩や森や山を持ち、海と空を保てる大地は震動せり。＝頭陀行の最高なる境地に達せるカーシャパは、鳥肌が立つ〔ほど〕揺れし、未曾有なる激しき地震を見て、その時〔かく〕思えり。＝〈山を支うる大地にして、海と空とを保てる大地の、今日、最も凄ま

65 じき音を立て震動するは何故《なにゆえ》ぞ。必ずや如来が涅槃せられしならん〉＝最勝なる天や緊那羅に恭敬せられ、すべ
ての生存の束縛を滅し、沙羅双樹の間にて般涅槃せられし如来を、天眼を持てる彼は見たり。＝〈如来ガウタマ
がもとへ、神通力もて行くは、実に我に相応しからず。我は徒歩もて至り、論者の最高峰たる比類なき牟尼を拝
見せん〉＝かく考うや、心傷むる賢者カーシャパは、数多の比丘の最上なる比丘として、般涅槃せられし世尊が
もとへ、次第して足早に近づけり。
　しかるに、カーシャパには、勝者の御足に礼拝せんとの抑え難き願いあり、牟尼の御足に頭を付けて礼拝せん
との〔願いなり〕。＝その時、壮健《たけだけ》しきマッラ族なる四人は、大松明を執りて近づけり。彼等は、マッラ族の長《おさ》
が設《しつら》うる、扇で煽がれ火を着けられし松明に、息を吹き掛けたり。＝力強き戦車に乗れる勇ましき士《つわもの》の、その松
66 明を火葬用の薪に運びしに、その松明の運ばるるや否や消ゆること、水を掛けられたるが如し。＝マッラ族なる
者は、疑いと惑いとの只中に、天眼を有するアニルッダに近づくや、〔彼を〕敬いて頭《こうべ》垂れ、礼儀正しく質問せ
り。＝「勝者の子よ、今、何れを因とし何れを縁として、〔我等が〕運びしこの松明は突如として消えたるや。
聖者よ、ここで如実に〔その〕原因《そもそも》を説かれよ」
「カーシャパに浄信を抱ける天あり、これ正にその天の神通力の影響《ゆえ》なり。最高の境地に達せる〔カーシャパ〕
の来ぬ間は、火は着かぬ」＝頭陀法を遵守せるカーシャパの〈吉祥なる大牟尼・十力者の両足を頭に頂き礼拝せ
ん〉との誓願は成就せり。＝頭陀の王にして勝者の子たるカーシャパは、比丘衆に敬われつつ、〔体の〕前にて
67 合掌し、頭を垂れて、恭しく謙虚なる心もて勝者の葬薪に近づけり。＝彼は、如来の最勝なる容姿《すがた》を具え、葬薪
の上に乗れるを見て、「厭わしいかな、本来の相《さま》が露にされた生存《いきながらえ》とは！」と声を上ぐ。＝生存の状態《ありさま》に至れる
有情にして、死の力の支配を受けざる者の誰かあらん。そこにては、火や金にも譬えらる世尊の消えゆくこと、
燃料《もえくさ》を欠きたる火の如し。＝大聖仙・最勝なる勝者・牟尼の両足に、大名声を博するカーシャパは、虚心に合掌

し、遂には頭を垂れて恭礼を捧げたり。
しかして、最勝なる輪相の描かれし両足は、諸天や最勝なるダーナヴァ等に礼拝さるや、その葬薪を破り外に
現れ、天・夜叉・蛇に護持せられたり。＝牟尼の両足を手に執りて頭に頂きしその時に、親友(3)カーシャパは、
68 記憶力《おぼえ》よき大仙〔アニルッダ〕に言えり。＝「記憶力よき方よ、何が故に、牟尼の両足は輝きを失い、光り輝か
ぬ。何が故に〔世尊の〕両〔足〕は〔我等の〕眼を魅了せぬ。所以《ゆえん》をすべて説き述べよ」＝これを聞くや、知識
の集積《つみかさね》を持てる賢者は、カーシャパにかく言えり。「その御足は大いに悲嘆に暮るる人の涙の洪水に汚され、悲
嘆で汚されたり。＝かくして大牟尼の最勝なる両足は、嘆き悲しむ人に汚され、牟尼の〔両足〕は先の如くには
輝かぬ。頭陀行をよく成し遂ぐる人よ、そ〔の所以〕をかく憶《おぼ》えよ」＝彼は何度も最勝なる輪相の描かれし両足
に頭を垂れ、最上なる恭心もて、師なる牟尼の〔両足〕を掌にて抱擁《いだ》けり。＝頭陀法を遵守して尊重さるべき
カーシャパの、その師の両足に礼するや、世間の導師に積まれし葬薪は、風の力に煽られて火と燃え上がりたり。
69 月の如き勝者の体が荼毘に付され、〔世尊が〕般涅槃されし時、五百人の阿羅漢が集い、声を一つに歌詠を唱
えたり。＝「最勝相を身に具えし師、天と阿修羅の導師は、般涅槃せられたり。この世に長く留まるに何の得か
ある。我等も今、この体を捨て去らん。＝我等は全くなすべきことをなし終え、永遠・無憂・無限を得て、すべ
ての状態《ありさま》の生存《いきながらえ》を超えたり。まさに今、我等はかの涅槃に赴かん」＝かく言われて、頭陀法の清浄なるカーシャ
パは、その時、阿羅漢等に言えり。「汝等は執着なき解脱たる涅槃へ、まさに今、赴くべからず。＝外道や他宗
の者は〈今こそ撃滅の時なり〉と、沙門〔ブッダ〕の比類なき教えに危害を加えん。しかるに我等はそれ〔教え〕
70 を護るべし。＝世間の導師・数多の人獅子・来たれる大慧を持つ勇士、もしも師の教えが一つに纏(4)まらずんば、
彼等は〔この世に〕堂々と現れず。＝故に我等は団結《あつま》り堅く結束《むす》びて、善逝の最上なる教えを誦読すべし。正し
く上手く誦読さるる〔教え〕の、長く人天〔界〕に輝かんがために」

「しかすべし」と、かの阿羅漢等はカーシャパの言葉に賛成《したが》うや、〈さて何処にか〔仏〕法を信奉せる者の結集
を開くべき〉と思案せり。＝〈マガダ国王の〔統治せる〕マガダの首都ラージャグリハなる、麗しくしてよく
〔木々の〕生い茂れる森の、サプタパルナと呼ばるる洞窟にてせん。＝最上なる山ヴァイハーヤの北に面したる
最高の斜面に、地は岩なるも様々なる木々の〔茂る〕場所《ところ》あり。そこにて法の結集をなすべし〉＝神通力を自在
71 に操る力を備うる勝者の子等は上空に舞い上がりて、次の瞬間《とき》、直ちに飛び行くこと、マーナサ湖を飛ぶ白鳥の
群の如し。＝彼等は最高にして最上なる山の斜面に舞い降り、その森に近づきて腰を降ろせり。しかして善逝の
教えの朗々と誦読さるるや、一団の天の太鼓は鳴り響けり。＝善逝の教えを確立せる彼等は、太鼓の音を出だす
を聞き、大地の激しく震動するを見て、頭陀の王たるカーシャパにかく言えり。＝「おお、頭陀の遵守者よ、何
が故に、川と海とを保てる大地は震動するや。〔何が故に〕天の太鼓が心地好く鳴り響き、天の花環が撒き散ら
さるるや」

頭陀法を具うるカーシャパは、勝者の子たる阿羅漢等に言えり。「天の集団《ともがら》の、よく纏められ最上なる教えを
聞きて集《つど》えるなり。＝非の打ち所なき最上なる相《すがた》を保てる天の集団は、衷心より喜びて、比類なき人に供養を捧
72 げ、完璧に纏められし教えを聞かんと欲す。＝実に〔ブッダ〕は、幾百劫もの間、長き年月を経て、人天の利益
と安楽のため、〈我は〔自ら〕解脱して〔他の〕有情を解脱せしめん〉との〔思い〕を起こしたり。＝『我は、
憂なき勝義と全ての存在《いきながらえ》の状態《ありさま》における苦の滅とを得し後、人天の利益のため、希有にして最上なる〔法〕輪を
カーシの町にて転ぜん』と。＝かの五人の牟尼と共に、律を説く者の中にて最上なる導師は、天の集団《ともがら》と何倶
胝・那由多なる有情を、誕生・生存・死滅より救済せり。人中の獅子たる世尊は、生存を喜ぶ人天を満足せしめ、
解脱せしめ、すべての異論者を折伏して後、機に応じて思い残すことなく涅槃に入れるなり」

頭陀法を遵守せるカーシャパの、この素晴らしき言葉を聞くや、空中に留まれる天の集団は、喜びて素晴らし

73 き言葉を発せり。＝「善い哉、善い哉、頭陀法に精通し、師の教えを違《たが》うことなく奉ずる者よ。貴方は無限の智慧を持つ方の徳を説けるに、人天は最上なる勝者に[5]殊更に満足す。＝実に人天の最高者・最勝なる人・大牟尼・支配者・最上なる帰依処たる彼は、有情を利益せんがために真理を知見せり。＝『五蘊は閃光・泡沫の如く、ただの水泡の如くなるのみ』と、知ある十力者は明確に示したる、その人の徳の話をするなり。＝『欲望《のぞみ》の対象《あいて》は黒蛇の頭の如く、残酷に切り裂く刀の如く、毒壺に等し』と、最上なる人は示したる、その人の徳の話をするなり。＝この上なく正しき見もて、〔ブッダ〕は最高にして揺ぎなき楽を見る。貪りなく、分施を喜びとせる彼は、未曾有なるを明かせり。

74 日の昇れば蛍は輝きを失いて輝かざるが如く、勝者なる日の現るれば、外道の師は輝きを失いて退散す。[6]＝見よ、神足通の力を自在に使い、勝者の力を具うる自在者にして、〔慧〕眼を持ち、〔その〕眼は黄金の玉にも等しき世尊は、般涅槃せり。＝厭わしい哉、秋雲の如き、〔また〕砂上に〔見ゆる〕町の陽炎の如き生存は！　善の集積《つみかさね》にして、最上なる知慧の海〔の如き世尊〕の般涅槃したればなり。＝幾百なる因縁もて、導師は人中の獅子として〔獅子〕吼せらる、〈生存とは死に他ならず〉と観察して。彼の所言《みこと》は〔真実に〕違《たが》うことなし」＝善逝の賛嘆せられし時、空は最上なる天の華に飾られて光り輝けり。空は天の栴檀の香水もて覆われ、甘露の香りにて荘厳せられれり。

75 実にその時、同志マハーカーティヤーヤナ[7]は同志マハーカーシャパに告げた。
「勝者の子よ、衆会の中で誰が心に疑いを持ったかを、阿羅漢達が知るようにして頂きたい」と。

その時、カーシャパは、アニルッダ、ウパーリン、長老アラクンダラバッティヤ、そしてスンダラナンダに言った。

「勝者の子等よ、衆会の内なる者の心を観察すべし。しかして誰か何をか如何なる疑いを持てるかを調ぶべし」＝「承知せり」と同意して、勝者の教えに自信《こころえ》持てる彼等は、掌上のアーマラカ樹の実〔を見る〕が如く〔如実に〕他人の心を見れり。‖カーシャパは阿羅漢プラランババーフにかく言えり。「霊鷲山頂に、直ちに地所を化作すべし。‖一万八千の衆会の者の集い来たるに、〔彼等の〕すべてを了知すべく、神通力を起こすべし」‖カーシャパは阿羅漢ヴィチンタチュータにかく言えり。「恒河の水より成る雲を、直ちに天空に化作すべし。‖種々なる香を放つ華を、いたる所に撒き散らすべし。人の生臭き臭いを、直ちに消さんがために」‖カーシャパはハルヤクシャと呼ばるる阿羅漢にかく言えり。「善逝の子よ、長者等の財物の失われざる三昧を直ちに起こすべし」‖カーシャパはヴァルナと呼ばるる阿羅漢にかく言えり。「不快なる虻蚊を人に近づかざらしむべし」‖
76 カーシャパはアジャカルナと呼ばるる阿羅漢にかく言えり。「人をして飢渇や病に近づかざらしむべし」

「承知せり」とカーシャパに同意して、勝者の子等は指示・所言の如き状態にすべく努めたり。‖しかして長老カーシャパは、カーティヤーヤナにかく言えり。「大法王の所行《みわざ》を語られよ」‖かく言われ、大智慧者にして家柄よきカーティヤーヤナは、質問せるカーシャパに、諸仏の所行を語りたり。‖「おお、勝者の子等よ、全てを知見し、その行いの清浄なる諸仏の所行を、一つ一つ正しく聞くべし。‖おお、勝者の子等よ、菩薩には実に十地あり。(…)十とは何ぞ。‖初地はドゥラーローハーと名づけられ、第二〔地〕はバッダマーナー、第三〔地〕はプシュパマンディターと呼ばる。‖第四〔地〕はルチラー、第五〔地〕はチッタヴィスタラーと呼ばれ、第六〔地〕はルーパヴァティー、第七〔地〕はドゥルジャヤーと言わる。‖第八〔地〕はジャンマニデーシャー、第九〔地〕はヤウヴァラージュヤタ、また第十〔地〕はアビシェーカーター、これらこそ十地なり」

77 詩頌もてかく言わるるや、その後、賢者カーシャパは〔自らの〕目的に従いて、カーティヤーヤナに比類なき言葉を語れり。‖「地〔から〕地〔へ〕の移り変わりを、順次に説明せられよ。しかして栄《はえ》ある菩薩等の輪廻しつつ、如何に〔上地より下地に〕退転するかをも。‖また如何に菩薩等が〔下地より上地に〕進転するかを語られよ。彼等の意向《おもい》の如何なるものか、それを如実に説かれんことを。‖しかして菩薩等の有情を如何に見なし、如何に布施する、そのすべてを明かされよ。‖かくの如く心地好き〔言葉〕を正覚者等の語るを見し貴方は、〔諸仏の〕名前と出生とを如実に語れ」とカーシャパは言えり。‖かくの如き言葉を聞くや、偉大なる有情の阿羅漢等は、恭しく偉大なる正覚者等に仕えたり。

こう言われると、カーティヤーヤナはカーシャパに言った。「おお、勝者の子よ、実に菩薩達の地を量ることは不可能である。〔その地を進んでいくこと〕は、実に多くの劫〔を経ることになる〕と言うよりは、無限に続く。菩薩達の輪廻〔の生存〕すべては、量の多さから『地』と思われているので、『地』と呼ばれる」と。

こう言われると、同志アーナンダは同志カーティヤーヤナに言った。「おお、勝者の子よ、もしも一つの地が無量であるならば、今、どのようにして残りの地を把握すればよいのか」と。

こう言われると、同志カーティヤーヤナは、同志アーナンダに詩頌で語った。

「『劫は無量なり』と洞察力ある真実論者は自ら明かされたり。多劫に亘り説法なされたる、おお、これぞ実に最上なる人の教えなり。‖同じく『地も無量なり』と洞察力ある人は、自ら無礙なる覚知もて明かされたり。〔かく地の〕遍き特質を定義せるに、これは同じく他の地にも当てはまるなり」

1-(1) 初　地

「おお、勝者の子よ、初地にある菩薩は凡夫として果を獲得した者であり、供養さるべき存在であり、この世間を照らすが、さてここに〔詩頌〕がある。

栄《はえ》ある菩薩等は喜捨もて喜捨を具え、月や日の如き光を具えて、世間を照らす。

初地の菩薩達には八つの所行がある。八つとは何かというと、⑴喜捨、⑵悲、⑶不懈怠、⑷不慢、⑸あらゆる典籍 52
の学習、⑹勇猛、⑺世間に関する知識、⑻堅固なること、である。さてここに〔詩頌〕がある。
79 分施を喜び、〔大〕悲を持てる賢明なる〔菩薩等〕は、苦に苛まれつつも、甘美なる声の世尊の言葉と徳との
故に歓喜す。かくの如く初地の〔菩〕薩は行動す。‖彼等は人の貪を伴える覚知を持てるも、〔世間に〕流布せ
る誤教をよく判《わきま》え、この世間を草にも等しと判えて〔それを〕超え、激しき苦痛を感受しつつ善を積む。
一つの理由により、菩薩達は第二地に進転しない。一つとは何か。彼らが生存を享受しようという想いを持つこと
である。二つの理由により、菩薩達は第二地に進転しない。二つとは何か。彼らが⑴欲望の対象に貪着し、⑵怠惰に
なることである。さらに三つの理由により、菩薩達は第二地に進転しない。三つとは何か。彼らが⑴貪欲になり、⑵
恐れを多く抱き、⑶意志の力が弱くなることである。六つの理由により、菩薩達は初地にいながら第二地に進転しな
い。六つとは何か。彼らが⑴無常の想いを充分持たずに時を過ごすこと、⑵怒りを多く持つこと、⑶堅固な嫌悪をも
80 つこと、⑷昏沈と⑸睡眠とを多く有すること、⑹世俗的なことに耽ることである。おお、勝者の子よ、〔過去に〕退
転したことがあり、〔現在〕退転し、〔未来に〕退転する菩薩達はすべて、この十二の理由によって、〔過去に〕退転
したことがあり、〔現在〕退転し、〔未来に〕退転するのであり、これよりさらに〔理由は〕ない」と。
こう言われると、同志マハーカーシャパは同志マハーカーティヤーヤナに言った。「おお、勝者の子よ、これらの
菩薩達は、退転するにせよ退転しないにせよ、最初に『正等覚者になろう』という初心を起こせば、どれほどの福徳
を生じたことになるのか」と。
こう言われると、同志カーティヤーヤナは同志マハーカーシャパに言った。
「おお、勝者の子よ、見るがよい。七宝がぎっしり詰まった閻浮提を十力者に布施する者よりも、菩提を求めて誓願
する者の方が、より多くの福徳を生ずる。おお、勝者の子よ、さらに、宝が積まれた四洲を十力者に布施する者より

も、菩提を求めて誓願する者の方が、より多くの福徳を生ずる。おお、勝者の子よ、さらに、多くの宝を有する三千〔世界〕を、偉大な徳を保持せる〔仏〕達に布施する者よりも、菩提を求めて誓願する者の方が、より多くの福徳を生ずる。おお、勝者の子よ、さらに、多くの宝が詰められて〔一杯に〕満たされた、ガンジス川の砂にも等しき世界を、世間の導師〔たる仏〕達に恭しく布施する者よりも、菩提を求めて誓願する者の方が、より多くの福徳を生ずる。おお、勝者の子よ、さらに、多くの種類の宝が詰められて〔一杯に〕満たされた、海の砂にも等しき世界を、最上の人達に供養して布施する者よりも、菩提を求めて誓願する者の方が、より多くの福徳を生ずる。

　何が故ならん、それらは凡人の求むることあらざるも、かの勇者等は数多の人の利益のために心願を生ずればなり」

81 こう言われると、同志マハーカーシャパは同志カーティヤーヤナに「おお、勝者の子よ、では不退転の位に進んだ菩薩達が最初の誓願を立てるのは、善なる福徳を積んだ時か、あるいは善根を積んだ時か」と言った。こう言われると、同志マハーカーティヤーヤナは詩頌で同志マハーカーシャパに言った。

「最上なる人等は、大いなる敬重もて大名声を博する最上なる如来等を供養するも、人中の最上者〔たらん〕との意を未だ起こさず。[8] ‖またかの賢者等は、勝義〔を覚れる〕何倶胝もの独覚を供養するも、一切法を知らんとの意を未だ起こさず。‖導師等は遙か昔に自在の彼岸に渡り、何倶胝もの阿羅漢を供養するも、智の海を渡らんとの意を未だ起こさず。[9] ‖〔しかれども〕彼等の広大なる福徳を積み、心身共に〔よく〕修習せん時、彼等は最上なる容姿《すがた》の〔仏〕等に近づきて、菩提への意を起こさん。‖『我が獲得せる善根もて、我は一切を洞察する者たらん』と。しかして我が誓願の直ちに実現し、かくしてこの誓願の結実せんことを。‖また我が善根の集積の、あらゆる有情と共に増大せんことを。また我がなしたる不善業の苦果は、我〔のみ〕が享受せんことを」

82 こう言われると、同志マハーカーシャパは同志マハーカーティヤーヤナに「おお、勝者の子よ、では不退転の菩薩

となった者達は、どのようにして堅忍不抜となるのか」と言った。こう言われて、同志マハーカーティヤーヤナは詩 54
頌で同志カーシャパに言った。
「『我が勝義を洞察するまでの間、無間地獄に住し、そこに近づかんとも、我は一切智の誓願を翻すことなし』。
これぞ我が決意なり。‖『生・老・死の憂いや災いを捨て去らんとも、我は決して意を退かしむることなし。苦
の集積たる人の世に、利益をもたらす者たらん』。これぞ人中の最上者等の勇気と力なり」
こう言われて、同志マハーカーシャパは同志マハーカーティヤーヤナに「おお、勝者の子よ、では不退転の菩薩が
最初の心を起こした時、どのような希有法が現れるのか」と言った。こう言われて、同志マハーカーティヤーヤナは
83 詩頌で同志マハーカーシャパに言った。
「世界の主なる人等が最初に誓願せし時、都城・都市・河川を支え、数多の宝を具うる〔この〕大地は歓声を上
ぐ。‖〔また彼の〕人中の獅子たらんと最初の誓願を立てし時、日にも等しき光輝や光明が全ての方角を照らし
出だす。‖しかして妙なる天の高貴なる群衆が互いに声を上ぐ。『無限に高貴なる人は、人中の獅子たらんと誓
願したり！‖我等は彼を護るべし。何が故ならん、世界を利益し、超越せる威厳を具え、吉祥なる彼こそ、幸福
をもたらせばなり』。これぞその時の未曾有〔法〕なり」
こう言われて、同志カーシャパは同志マハーカーティヤーヤナに「おお、勝者の子よ、この不退転の菩薩達は、初
地にいる時、どれだけのなし難きことをなすのか」と言った。こう言われて、同志マハーカーティヤーヤナは詩頌を
以て同志マハーカーシャパに言った。
「一切智に顔を向けたる人中の最上者等は、最愛なる妻・愛しき息子、〔己が〕頭・眼、装飾品・乗物・座を
84 〔他人に〕与えんも、それにて満足せず、また貧困に陥ることもなし。‖不浄業に心の傾ける恐ろしき人等に死
刑・監禁・鞭打もて傷つけられんとも、最高に柔軟なる慈心もてその同じき彼等を見、己に罪なきも、愛語もて

〔彼等に〕語らん。‖また慢心と放逸とを具えし乞食者を見るや、偉人等は最高なる歓喜を獲得す。〔彼に〕布施し終わりて、徳の増大に心喜ばせ、彼等は後悔に陥らず。これぞ〔菩薩の〕苦行なり」(10)

以上、吉祥なる『マハーヴァストゥ・アヴァダーナ』における「初地」を終わる。

1-(2) 第 二 地

しかしてその後、長老カーシャパはマハーカーティヤーヤナに言えり。「大士よ、麗しき初地が詳《つまび》らかに説かれたり。‖最上なる人の子よ、〔初地より〕直ちに第二地に進みつつある菩薩等には、いかなる心か生ずる。‖また勝者の子よ、第二地の菩薩等の意向《おもい》は如何なるや。如実に、それを説かれんことを」‖しかれば長老カーティヤーヤナはカーシャパにかく言えり。「〔第二地の〕菩薩等の、意に適えるを説かん。‖初〔地〕から第二地に進みつつある菩薩等は、生存《いきながらえ》に快楽を抱かず。これに疑いあることなし。

おお、勝者の子よ、第二地の菩薩達の意向は以下のとおりである。すなわち、優れた意向を持ち、柔軟な意向を持ち、甘美な意向を持ち、鋭い意向を持ち、広大な意向を持ち、麗しい意向を持ち、甚深なる意向を持ち、飽くことなき意向を持ち、不壊なる意向を持ち、類稀な意向を持ち、気高い意向を持ち、高貴な意向を持ち、不退の意向を持ち、偽りのない意向を持ち、清浄なる意向を持ち、堅固な意向を持ち、独立した意向を持ち、満足した意向を持ち、〔最上なる〕人（仏）〔になろうとの〕意向を持ち、無限の意向を持っている」

「おお、頭陀法を遵守する者よ、菩薩達はいかにして優れた意向を持つ者となるのか。曰く、如何ならんも、彼等は仏・法・僧を疑わず。これぞ彼等の優れたる意向と言わる。
おお、頭陀法を遵守する者よ、菩薩達はいかにして柔軟な意向を持つ者となるのか。曰く、
肢体が散々に切断さるとも、彼等の心は怒りを覚えず。これぞ彼等の柔軟にして柔らなる意向と言わる。
おお、頭陀法を遵守する者よ、また菩薩達はいかにして甘美な意向を持つ者となるのか。曰く、
86 最上なる人（菩薩）等は内なる善業に励む。これぞ覚知の清浄さを持てる人等の甘美なる意向なり。
おお、頭陀法を遵守する者よ、また菩薩達はいかにして鋭き意向を持つ者となるのか。曰く、
世間にも出世間にも同様に意向を結べる彼等は自覚す。これぞ浄業を積める人等の鋭き意向なり。
おお、頭陀法を遵守する者よ、また菩薩達はいかにして広大な意向を持つ者となるのか。曰く、
彼等は一切有情の利益のため、数多の浄〔業〕を積み重ぬ。これぞ最高なる聖仙等の広大なる意向なり。
おお、頭陀法を遵守する者よ、菩薩達はいかにして様々な意向を持つ者となるのか。曰く、
吝嗇《ものおしみ》なき彼等は、心喜ばする麗しき布施をなす。これぞ最上なる知見を持てる人等の麗しき意向なり。
おお、頭陀法を遵守する者よ、また菩薩達はいかにして飽くことなき意向を持つ者となるのか。曰く、
〔真理の〕洞察に邁進せる彼等は、飽くなき心を持つ。かくして彼等の意向は飽くことなしと言わる。
おお、頭陀法を遵守する者よ、また菩薩達はいかにして不壊なる意向を持つ者となるのか。曰く、
心汚るる何人も、彼等を壊ること能わず。かくして彼等の意向は決して壊らるることなし。
87 おお、頭陀法を遵守する者よ、また菩薩達はいかにして類稀な意向を持つ者となるのか。曰く、
あらゆる有情の安楽のためより外には、如何なる誓願も有情（菩薩）に生ぜざるは類稀なり、と賢者等は〔言えり〕。

おお、頭陀法を遵守する者よ、また菩薩達はいかにして気高き意向を持つ者となるのか。曰く、

彼等は他の外道の考えを聞くも、顧みずして去り行く。故に、人中の獅子たる彼等は気高き意向を持てる者となる。
おお、頭陀法を遵守する者よ、また菩薩達はいかにして高貴な意向を持つ者となるのか。曰く、
賢者等は、欲望《のぞみ》の対象《あいて》を享受せんとて浄〔業〕を積むにあらず。故に、彼等の意向は常に高貴となる。
おお、頭陀法を遵守する者よ、また菩薩達はいかにして不退の意向を持つ者となるのか。曰く、
仏たらんと決心せし彼等は、愛欲もて乱されず。故に、彼等の意向は不退となる、と考えらる。
おお、頭陀法を遵守する者よ、また菩薩達はいかにして偽りなき意向を持つ者となるのか。曰く、
如何ならんも、彼等は自在を得たる独覚等を妬まず。故に、彼等の意向は常に偽りなきものとなる。
おお、頭陀法を遵守する者よ、また菩薩達はいかにして清浄なる意向を持つ者となるのか。曰く、
彼等は利得と尊敬とを抛《なげう》ちて、勝義を望まば、彼等の意向は清浄となる、と示さる。
おお、頭陀法を遵守する者よ、また菩薩達はいかにして堅固な意向を持つ者となるのか。曰く、
彼等は、世間に迫害せられんも、法への精進を止めず。これぞ大聖仙等の堅固なる意向なり。
おお、頭陀法を遵守する者よ、また菩薩達はいかにして独立した意向を持つ者となるのか。曰く、
彼等は〔飢えに〕気の絶たれんとも、〔欲に〕負けて他人の食を口にせず。聖者よ、これぞ彼等の独立せる意向なりと賞賛せらる。
おお、頭陀法を遵守する者よ、また菩薩達はいかにして満足した意向を持つ者となるのか。曰く、
この世にて彼等は常に出家を喜び、愛欲に溺るることなし。これぞ菩薩の満足せる意向なりと賞賛せらる。
おお、頭陀法を遵守する者よ、また菩薩達はいかにして〔最上なる〕人〔になろうという〕意向を持つ者となるのか。曰く、

89 智者等は自在者の一切智性を望めり。かくして〔最上なる〕人〔たらんとの〕意向は比類なく堅固なり。 58
おお、頭陀法を遵守する者よ、また菩薩達はいかにして無限の意向を持つ者となるのか。曰く、
　彼等は吝嗇《ものおしみ》の性質《たち》もて成就せる多大の享受を求めず。かくして最上なる人等は、無限の意向を持てる者となる。
＝正しき人にして最上なる人は、一切法に恐れを抱かず、この二十の清浄なる意向を皆具う。
おお、頭陀法を遵守する者よ、実に菩薩達はこの二十の意向を具足せる者となるのである」と。
こう言われて、同志マハーカーシャパは同志カーティヤーヤナに「おお、勝者の子よ、第二地の菩薩達は、いかな
る理由によって、第三地に進転しないのか[11]」と言った。こう言われて、同志マハーカーティヤーヤナは同志マハー
カーシャパに言った。
「おお、頭陀法を遵守する者よ、第二地の菩薩達が第三地に進転しないのは二十八の理由による。二十八の理由とは
何かというと、すなわち、彼らが(1)利得に重きを置く、(2)尊敬に重きを置く、(3)名声や評判を熱望する、(4)〔人を〕
騙す、(5)不正〔な手段〕で利益を生む、(6)師匠を怒らせる言葉に熱中する、(7)三宝への帰依に満ちて時を過ごさない、
(8)尊敬されるべき人々に菩薩行を求めない、(9)そ〔の人〕から菩薩行の基盤を獲得しているのに、彼を多大なる供養
を以て供養しない[12]、(10)背負うべき荷（出家の生活）を背負わない、(11)背負わなくてもよい荷（在家の生活）を背負って
時を過ごす[13]、(12)混雑した所で時を過ごすことを厭わない、(13)花環・(14)〔上等の〕衣・(15)装飾品・(16)装飾物・(17)塗油を
身に着ける、(18)僅かな徳に満足する、(19)世間的に魅力あるものを絶えず喜ぶ、(20)あらゆる界（物質構成要素）は無常
であると見なさない、(21)自分自身の色・形を以て他人を軽蔑する、(22)顛倒した教義を放棄しない、(23)教えられたとお
りに言葉や文字を完全なものとしない、(24)説〔法〕することを惜しむ、(25)〔乞食者の〕鉢から眼を逸らし、(26)〔乞食
者の〕鉢に〔何も〕入れない、(27)精神的性向が荒々しくなる[14]、そして(28)探究心がない、である。おお、頭陀法を遵守
90 する者よ、誰でも、第二地にいながら第三地に進転しない菩薩達はすべて、この二十八の理由によって〔第三地に〕

進転しないのである。ここで、こう言われる。
「以上が菩薩等の第二地と言わる。種々なる善の蔵にして、世間の利益と安楽を実践する〔菩薩等〕の。‖実に過失に繋がれたる、かくの如き類の〔菩薩等〕は進転せず。しかるに、かくの如く成熟しつつある賢き〔菩薩〕等は退転することなし。‖宗教的義務《つとめ》にぬかりなき〔菩薩〕等は、得難き勇猛さを獲得す。世間を憐愍《あわ》れまんがため、数多の苦を受けつつも、彼等はそれ〔勇猛さ〕を実践す。‖人天に供養さるべき、かの如来も皆悉く、智〔の獲得〕に先立ちて、種々なる苦を享受せり。‖賢者等は、種々なる要素《もと》より成るこの世間を巡る。故に、彼等の名声は人天を含める世に響き渡るなり」

以上、吉祥なる『マハーヴァストゥ・アヴァダーナ』における「第二地」を終わる。

1-(3) 第三地

こう言われて、同志マハーカーシャパは、同志マハーカーティヤーヤナに言った。「人中の最上者の子よ、第二地から第三地に進みつつある菩薩達には、どのような心が生じるのか」と。

しかして長老カーティヤーヤナはカーシャパにかく言えり。「〔第二地より第三地に〕通過せる菩薩等の最上なる心[15]を聞くべし。‖同志よ、第二〔地〕より第三〔地〕に進みつつある菩薩等の心は、勝者の子よ、出家に向けて始動す。‖人中の自在者等は、あらゆる有情の安立を楽しむ。しかしてそれは決して己〔のみ〕の安楽や菩提のためならず。‖彼等は〔己が〕息子や妻を犠牲にせんも、善説せられし一つの詩頌を買う。〔…〕‖かつて

〔世を〕統治せし善良なる菩薩は、(…)＝〔世に〕森の障害・権力の障害・山の障害あらんも、人の障害たるは、喜捨を蝕む、荒々しく止むことなき欲望[16]なり。＝木を蝕む障害は、草・雑木・棘・蔓の群なるが、人の障害たるは、虚偽・詐欺・両舌なり。＝(…)婆羅門よ、言うべし。(…)

92 菩薩は、善説せられし一つの詩頌を〔買う〕。勝義を求むる菩薩は、〔如何なる犠牲を払いても〕それを買う。＝〔菩薩は〕努めて蛇取りの手より善説せられし〔詩頌〕を買い求め、命の限り、・・・[17]＝婆羅門は人中の自在者たる聖仙の主に近づきて、かく言えり。「善説せられ、心を喜ばしむる〔詩頌〕あるも、＝その売値は汝の頭なり」。彼は頭を布施して言えり。「婆羅門よ、その善説せられし詩頌を、疾く我に説くべし」＝「たとえ菩薩行を求むる者の如何なる不浄行を行えども、それは広大なる福徳力に圧《お》されて霞むこと、恰も油灯の日光に霞むが如し」＝羅刹はスルーパ王[18]にかく言えり。「もし汝の買わんと欲さば、善説せられし詩頌は売りに出されたり。＝その売値は〔汝の〕妻子と汝自身とを食らうべし。もし汝に要あらば、法のぎしりと詰まれる詩頌を手にすべし」＝法を尊重せるにより、執着なきスルーパ王は〔かく〕言えり。「〔何なりとも〕取るがよい。ぐずぐずせずに詩頌を与えよ。偽りあるべからず」

93 そこで羅刹は、善説された次の詩頌を語った。

「好しからざる人と会い、愛する人と別れ、悲嘆に打ち震えたる[19]地獄に住まんとも、悪人の住居や住処には優れたり」＝悪鬼は、大臣サンジャヤにかく言えり。「〔汝〕自身の心臓を我に与うれば、善説せられし詩頌を聞かしめん」＝「〔我〕自身の心臓を汝に与えん。善説せられし詩頌を語れ」。微塵も恐れなく勇しきサンジャヤは悪鬼に〔かく〕言えり。

そこで悪鬼は、善説された次の詩頌を語った。

「燃え盛る火は、草や薪もては決して鎮められず。渇愛〔の火〕は、欲望《のぞみ》の対象《あいて》の享受もては決して鎮められず」＝〔ある〕貧者は組合長ヴァスンダラにかく言えり。「善説せられしこの詩頌を、〔汝〕自身の全〔財産〕と引き換えに与えん」

菩薩は言った。

「〔我〕自身の全〔財産〕を与えん。善説せられしその詩頌を語れ。善き人等は、諸法の善説せられし〔詩頌〕を賞賛す」

そこで貧者は善説された次の詩頌を語った。

94 「愚かなる時、人は満てるを空《から》にせん。智慧ある人は一人にてすら、空なるを満たさん」＝〔ある〕人はスルーパ王にかく言えり。「閻浮提と引き換えに、善説せられし詩頌を聞くを得ん」

菩薩は言った。

「欲するものは閻浮提なり何なりと汝に与えん。善説せられし〔詩頌〕を疾く語れ。汝の欲する真理を語れ」

そこで、彼は善説された次の詩頌を語った。

「我執・我所執・貪・慢[20]の蔓延せる〔この世〕に、〔それらを〕滅せんがため如来等は生まれたり」＝〔ある〕猟師は鹿サトヴァラ[21]にかく言えり。「〔汝の〕肉を与えよ。善説せられしこの詩頌を聞かしめん」＝「もし滅亡を定めとせし肉と引き換えに、善説せられし〔詩頌〕を聞かば、我は汝に肉を与えん。善説せられし〔詩頌〕を疾く語れ」

そこで〔その〕猟師は善説された次の詩頌を語った。

「善き人等に、金より成る山よりもなお、足に付きたる塵こそ勝りたり。塵は憂いを取り除かんも、山は憂いを
95 増大せしむればなり」＝ナーガブシャ王に、彼の奴隷はかく言えり。「四洲の主権と引き換えに、〔王〕は善説せられし〔詩頌〕を得べきなり」

菩薩は言った。

「四洲の主権を汝に与えん。さあ、疾く語れ。その善説せられし言葉を、直ちに我に語れ」

そこで彼の奴隷は、善説された次の詩頌を語った。

「賢者の智慧を損なうは、髪を根絶《ねだや》すに等しと人は言う。故に、清浄なる僧伽は、智力を具え、理に叶い、過失を根元より断ち切りて、過失を離れし心もて光り輝く。清浄なる世間の師は善き人に伴われ、〔利他の〕重荷を捨てずして光り輝く。‖かくの如く善説せられし〔詩頌〕のため、菩薩は崖より〔身を〕投ず。[22] 更に善説せられし〔詩頌〕のため、〔菩薩〕は大海にて船を棄《す》つ。‖また善説せられし詩頌を聞かんとて、〔菩薩〕は〔己が〕眼を棄て、善説せられし詩頌を聞かんとて、〔菩薩〕は火蘊に〔身を〕投ず。[23] ‖善説せられし〔詩頌〕のため、勝者の最上者にして大名声を博する菩薩は、かくの如き等の数多の難行を実践す」

こう言われて、同志マハーカーシャパは同志マハーカーティヤーヤナに「おお、勝者の子よ、またどのようにして、第三地の菩薩が第四地に進転しないのか」と言った。こう言われて、同志マハーカーティヤーヤナは同志マハーカーシャパに言った。

「おお、頭陀法を遵守する者よ、十四の理由によって、第三地の菩薩は第四地に進転しない。十四とは何かというと、彼らが(1)賽子を使った不正な博打や遊びに手を染める、(2)余りに厭離を享受し過ぎる、(3)〔領土を〕統治しながら、貪欲に負け、その〔領〕内で征服した住人のすべての財産を掠め取る、(4)罪を尋問せずに殺人〔罪〕を〔人に〕被せる、(5)殺されそうな人を保護しない、(6)男を去勢する、(7)罪を犯した者となる、(8)財産が〔沢山〕あるのに、財を維持するために〔他者にそれを〕分与しない、(9)出家した後、正等覚者達が〔法を〕説いて下さるにもかかわらず、博学とならない、(10)すでに誓願を立てているのに、〔如来から〕沢山聞いたことを〔他人に〕説示しない、(11)肉体に繋がれた者に仕え、法に繋がれた者に〔仕え〕ない、(12)何度も仏の徳を賛嘆しない、(13)世間的なものとして正等覚者達

97

を説示する、そして(14)正等覚者達が世間を超越していると〔他者に〕気づかせない、である。おお、頭陀法を遵守する者よ、これら十四の理由によって、第三地の菩薩は第四地に進転しない。おお、頭陀法を遵守する者よ、第三地の菩薩が誰であれ、すべて〔過去世で〕第四地に進転しなかったり、〔現在〕進転しなかったり、〔未来に〕進転しないとしたら、〔それは〕この十四の理由によってであり、これ以上はない」

こう言われて、同志マハーカーシャパは同志マハーカーティヤーヤナに「おお、勝者の子よ、菩提に向けて最初に心を起こした不退転の菩薩達は、どのような楽と結びつき、どれだけの有情が楽や喜びに浸る者となるのか」と言った。こう言われて、同志マハーカーティヤーヤナは同志マハーカーシャパに詩頌で答えた。

「菩提道の修習を本性とし、不可思議にして未曾有なる心の、大仙等に生ぜる時、すべての有情は楽や喜びに浸るなり。‖七日後に死を宣告されし者、[24] 地獄の過酷なる住処におる者、また餓鬼の住居の有情、彼等は〔皆〕安楽《やすら》げる者となる。‖菩薩の善き憐愍のために、有情は七日間、死没せず。海を保てる〔この〕大地は震動し、輝き放てる須弥山頂は揺らぐ。‖大地は〔堅固なる〕礎上に存し、中空にて揺らぐにあらず。これに疑いなきも、彼等が一切の浄業を積める威光もて、大地は果てまで悉く揺らぐなり」

* * * * *

98

ちょうどその時、ナーマティデーヴァと呼ばれる三十三天が菩薩となり、右肩を肌脱ぐと、世尊が見える方に向かって合掌礼拝し、阿羅漢の群衆に顔を向けると、次のような詩頌で世尊を賞賛した。

「その姿は金光を放ち、昇れる日にも破られざる美を保ち、目映きばかりの威光を放ち、行い善き人として宣言されし三十二の妙相に満ち、戒故に最上にして、光に満ち溢れ、大地や山よりも大いなる力を持ち、最高なる力を保ち、寂静にして、〔よく〕調御され、念と律に巧みにて、天や阿修羅に尊敬されし貴方に礼拝す。‖長時に

64 亘りて妙行を行い、善良にして、極めて広大なる果を与え、有の滅を求め、種々なる形に生み出だされたる、慈悲等の賞賛さるべき数多の善により、寂静に向かいし賢明なる牟尼は、有情を覚らしめんとて、天と阿修羅に敬われし、快き住居を永遠《とわ》に放棄し、イクシュヴァークの家系に生まれ出で、地上に降り立つや、不動にしてしかと名声に安住せり。

＊　＊　＊　＊　＊

彼は白睡蓮の如き最勝なる象の形もて、摩耶夫人の胎内に入りたり。かくして、世間の光明（菩薩）は、兜率〔天〕の殊勝なる住居や住処を捨て去りて、ここに来られたり。〔快楽に〕酔い、闇に覆われし有情を見、疑いの道や険難処に落ちたる人を救済せんがため。＝その時、種々なる財宝の聚集に満ち溢れ、宝の撒かれたる大地は震動し、善行に富み、念に満ち、優れし徳を積みたる釈迦族の主にして、大牟尼に礼拝せり。＝王妃摩耶は、諸天の中の天女の如く、帝釈天の最高なる住居の如き最上なる楼閣にて、耳・心・眼に心地好く、快き踊り・歌・舞い・楽器演奏を楽しめり。王妃は気落ちせる王に言えり。「大王よ、もし貴方の望まば、妾は、花の敷き詰められ、甘く調子良き郭公の囀りの聞かれ、意と心とを喜ばさん、最高の森なるルンバ園に行かんと欲す」と。

彼女は女等と共にそこに行き、喜び楽しみつつ、森に焦がれて森を逍遙す。彼女の園林を逍遙するに、若々しき蔦や芽を付けしルンビニー樹に眼を留む。その枝を手に執るや、最高なる喜と楽に喜び、戯れながら佇めり。彼女はそこの枝に摑まるや、〔誰にも〕征服されざる心を持てる大牟尼・最上なる勝者を出産す。＝天の世にて敬われ、三界の大主・王・勝者たる〔世尊〕は降誕す。降誕して直なる彼を、諸天は最上なる花を満たせる冷暖二〔種〕の雨もて洗い浄めたり。彼は、憐心を持ち、世間を超え、地上にても天〔界〕にても帰依処にして、老死を終わらせ、この世に嘗てなき、聡明にして蓮華の花弁に似たる眼を持ち、天と阿修羅との喜び〔そのもの〕

たり。＝すべての天は喜び満足し、三十三天等の〔己が〕住居を離るるや、森に降り立ち、「イクシュヴァークの種姓に生まれ、名声に安住せる〔世尊〕は、揺るぎなく、しかと地上に降りられたり」と〔言えり〕。全く七歩歩を進め、〔百〕獣の長・王・主の如く、かく麗しく〔獅子〕吼せり。[25]「我は最勝者・最高者・世間の最上者なり。我に老死なく、生存の災いを打ち破りたり」と。

水晶の如く輝き、花の如く色彩豊かに、樟脳の如く白き光を発し、宝石を散りばめし天蓋は、手を離すも自ずから浮き、王子に[26]影を落として、空中に留まれり。新鮮にして高貴なる真珠の柔らかき光沢に満ち、譬えようもなく、〔夜叉〕ディヴァウカサに化作され、上向きたる棒を有し、真珠の如く白く、宝珠や金が散りばめられたる素晴らしき払子は揺れたり。＝太鼓の大音の音を立てて雲に響き、空中・大気中・大空に遍く行き渡れり。諸天は、白檀の粉香を伴いし天の花を、洪水の如く、最上なる勝者・〔十〕力者に降り注ぐ。諸天は「〔有情に〕安楽をもたらす方が降誕せり」と多くの喜びを伴いし声を百〔度も〕発したり。如来の威光にて〔地〕表や水〔面〕が揺り動かさるるや、水中や地中に〔隠れし〕種々なる宝は現れり。

以上、吉祥なる『マハーヴァストゥ・アヴァダーナ』における「第三地」を終わる。

1-(4) 第四地

こう言われて、同志マハーカーシャパは同志マハーカーティヤーヤナに言った。「おお、勝者の子よ、また不退転の位に住している菩薩達が、不適切であるがゆえに行わない[27]業は幾つあるのか」と。

そこで勝者の教えに自信《こころえ》持てる長老カーティヤーヤナは、頭陀法を行ぜるカーシャパに、詩頌もて答えたり。＝「菩薩等の修せる業を知るべし。不適切なるもて実践せざる業を知るべし。＝大名声を博する菩薩等は、〔己が〕父母、また同じく阿羅漢の命を奪うことなし。＝また彼等は僧伽を分裂《わか》ち、〔仏〕塔を破壊《やぶ》る者とはならず。彼等は、如何ならんも如来に怒りの心を起こさず。＝彼等は顚倒せる見解に従いて、[28]悪〔業〕を行うことなし。彼等には滅すべき僅かの〔悪〕業もなし。況んや多くの〔悪〕業をや。＝また彼等は輪廻に彷徨《さまよ》いつつも、決して〔邪〕見に基づかず、智に基づける法義や福徳に専心す。

彼等は、木蔭に坐り横になるも、その木の葉を傷つけず、また怒りて害することもなし。＝人中の最上者等は、
102
十善業道を実践す。他者の体を破壊に導く真言を用いず。＝〔善〕業に基づき、欲望《のぞみ》を全く離れ、困難なる時に気落ちせず、繁栄せる時に高ぶることもなし。＝〔彼等の〕身業・語業・意業、また意向《おもい》も同じく清浄にして、布施の全き人等は、＝第八〔地〕等の地に至りて退転せず、世間に供養されて、必ず浄業を実践す。＝また初地より第七〔地〕に至るまでの諸地において、人中の最上者等は〔黒白〕斑の業を為す。＝偉人等は、これらの業を修しつつ、世間を憐愍せんがため、十地を完成するなり」

こう言われて、同志マハーカーシャパは同志マハーカーティヤーヤナに「おお、勝者の子よ、また不退転の菩薩達が、凡夫位にある時と同じように、悪趣に行くことはあるのか、あるいはないのか。彼らが、凡夫位にある時と同じように、最低の趣に行くことはあるのか、あるいはないのか」と言った。こう言われて、同志マハーカーティヤーヤナは同志マハーカーシャパに言った。

「おお、頭陀法を遵守する者よ、この不退転を定めとする菩薩達は、七つの地において、いかなることがあっても、何があっても、いかなる時でも、偶然でも、地獄や畜生の胎内に行くことはないし、貧しい者になることもないし、
103
病弱な者になることもない。そうではなくて、彼らは、ブラフマンになり、プラティエーカブラフマン[29]、インドラ、

ウペーンドラ、夜叉王、夜叉、龍、龍王、乾闥婆、乾闥婆王、転輪王、地方の王、第一大臣、組合長、地方の長官、王子、組合長の子、第一妃の子、あらゆる勇敢さと勇猛さとを具えた指導者となり、力を具えた者となる。彼らは尊敬に値し、観察に値し、礼拝に値し、歓迎に値し、多くの人に親しまれ、多くの人に愛され、多くの人に好まれ、賞賛に値し、喜びを以て迎えられるべきであり、巨額の財を保有し、強靱な力を具え、沢山の眷族を持ち、大いなる努力を積み、大いなる威光を具足する者となる。もしも七地〔のどこか〕にいる〔菩薩の〕誰かが、何らかのかたちで聖者を非難することを因として、無間大地獄に行ったとしても、彼らは〔その他の〕個別の地獄に行くのであり、たとえ餓鬼〔界〕に生まれ変わっても、それはそれほど長い時間ではない。

彼らは阿修羅〔界〕に生まれ変わることもなく、卑しい畜生の胎内に赴くこともなく、ウッタラクル〔洲〕に生まれ変わることもない。女にもならず、生まれつき両性具有者にもならない。実に彼らは十地のすべてで男となり、体の大きな部分・小さな部分すべてを〔完〕備し、諸根は欠けるところがない。そして〔ある〕菩薩が〔別の〕菩薩、正等覚者の弟子、あるいは預流に入った人の命を奪えば、また独覚の位を目指している有情[30]もそのような人の命を奪えば、地獄に行く[31]。〔また〕七地〔のどこか〕にいる菩薩が生物を殺したり、与えられないものを奪ったり、あらゆる〔悪〕で満たされた不善業を〔なしても〕それ〔らの行為〕が菩薩を地獄に導くことはありえない。また、誓願する前に菩薩達が積んだ不善業は、最初に〔彼らが菩提〕心を起こせば、隠れてしまう。ちょうど鹿の群が大きな岩に〔隠れる〕ように。〔菩薩〕は誓願心を獲得していなくても、〔業〕は第二・第三・第四・第五・第六・第七生[32]〔と進むにつれて〕成熟する。精神的苦痛を伴ったとしても」

こう言われて、同志マハーカーシャパは同志マハーカーティヤーヤナに言った。「おお、勝者の子よ、また、正等覚者達を供養して、在家から家なき状態へと出家した不退転の菩薩達に、如来達はいかなる教示を以て教示するのか」と。

すると、長老カーティヤーヤナはカーシャパにかく言えり。「順を追いて、比喩もて、際立ちたる言説もてなり。＝未来の出生（天眼通）や他の考え（他心通）に詳《つまび》らかなる自在者等は、大果をもたらす[33]菩薩行の制御・布施・律儀を菩薩衆に教示す。＝数多の人の利益のために、比類なき業を実践せる如来は、人中の最上者にして、智慧を具え、菩薩衆のために己がことを説く。＝彼は世尊に「主」と呼ばれ、智を主とする難行を実践す。かくの如き菩薩は、この世間で得難しと勝者は教えの中で〔説く〕」。

105 おお、頭陀法を遵守する者よ、正等覚者達は、かくの如き等の法を菩薩衆に教示する」と。

こう言われて、同志マハーカーシャパは同志マハーカーティヤーヤナに「おお、勝者の子よ、勝者が説かれたこれらの生まれは、どの〔地〕から始まると知られるべきか」と言った。こう言われて、同志マハーカーティヤーヤナは同志マハーカーシャパにこう言った。「おお、頭陀法を遵守する者よ、勝者が説かれたこれらの生まれは、第八地〔で初めて〕起こる」と。

こう言われて、同志マハーカーシャパは同志マハーカーティヤーヤナに「おお、勝者の子よ、菩薩達は、どの〔地〕から一切の所有物を喜捨し、難行である喜捨を〔実践するの〕か」と言った。こう言われて、〔同志〕マハーカーティヤーヤナは同志マハーカーシャパに「おお、頭陀法を遵守する者よ、菩薩達は、第八地で初めて一切の所有物を喜捨し、難行である喜捨を実践する。よって、おお、頭陀法を遵守する者よ、第八地以上の菩薩達は、正等覚者への供養を以て供養されるべきである」と言った。そこで次のように言われる。

106 「勝者の子よ、第八地以上の菩薩等を正等覚者と見なすべし。それ以降は不退転〔の菩薩〕なり。＝それ以降、彼等は甚深なる禅定を獲得す。それ以降、彼等に浄化されし智が生起す。＝それ以降、彼等は智を主とする言葉を話す。それ以降、賢者等は人生を放棄す。〔その〕卑しさの故に。＝それ以降、彼等は清浄なる生まれに従い、それ以降、彼等は清浄なる容姿《すがた》を享受す。＝それ以降、彼等は〔男女のうち〕望む性となり、それ以降、彼等は

〔何処でも〕望む天に生まる。＝それ以降、彼等は有を滅したる宗教者《ひじり》となり、それ以降、彼等は欲を軽蔑《かろん》じ、
寂滅を賞賛《ほ》む。＝それ以降、彼等は論者の中の最上者・最高者となり、天を超ゆる天にして、名声を博する正覚
者等の弟子となる。＝その後、法を明かせる諸仏の、その世を過ぎ去る時、彼等に「智慧者等よ、法を説示せよ。
聖仙の御幡を摑め」と命ず。
　それ以降、彼等は実に数多の人を阿羅漢性に教導す。それ以降、彼等は数多の人を学地(34)に教導す。＝それ以降、
天や夜叉は、グフヤカも含め自在者の地位を獲得するまで、菩薩摩訶薩に随従す。＝それ以降、天を含める世間
107 において、その菩薩等の容貌・容姿・威光・名声・名誉・力は、最高かつ最上にして、世間に等しきものはなし。
＝諸仏が〔世に〕出でずんば、彼等が五神通(35)を具え、愛欲の過失を明示しつつ、出家〔の功徳〕を賞賛す。＝そ
れ以降、梵天も含める天や阿修羅は、彼等の徳に魅せられて、合掌しつつ到来す。＝かくの如きは、自在を得た
る菩薩等の活動なり。かくの如きは、第八地に〔住する菩薩等の〕活動なり」
　こう言われて、同志マハーカーシャパは、同志マハーカーティヤーヤナに「おお、勝者の子よ、転輪〔王〕の統治
権を行使している時、かの不退転の菩薩達は、有情達にいかなる法を説示するのか。また諸仏が〔世に〕出現せざる
間、彼らはどのような庇護によって有情達を庇護し、またいかなる人を忍受するのか(36)」と言った。こう言われて、同
志マハーカーティヤーヤナは同志マハーカーシャパに言った。
「おお、頭陀法を遵守する者よ、転輪〔王〕の統治権を行使している時、かの不退転の菩薩達は、有情達に次のよう
な法を説示する。十善業道を具えた彼らは有情達に説示する。『殺生と偸盗をするな。他人の女に手を出すな。妄語・
両舌・悪口・綺語・貪・瞋・邪見を避けよ』と説示する。彼らは〔自分の〕家の前に金銀などの財の堆積を準備させ、
次のように言う。
108 『〔金に〕乏しき者は、それ故に、ここより財を取れ。我が財産は正当に得しものなり。皆の者、心配無用。＝

我は妙なる花環・薫香・焼香・抹香を布施せん。皆の者、落胆することなかれ。喜ぶべし』」

こう言われて、同志マハーカーシャパは、同志マハーカーティヤーヤナに「どのような業によって、転輪〔王〕の統治権を行使している菩薩達には、七宝があるのか」と言った。こう言われて、同志マハーカーティヤーヤナは同志マハーカーシャパに詩頌で答えた。

「人の最上者にして、数多の財に満てる蔵を持ち、四洲を保てる転輪王の、如何に七宝を獲得するか、それを我は明かさん。＝人の最上者は、暁の日輪の如く、際立てる千輻を集めて麗しく、前〔世〕の善を因とする輪宝を獲得せり。[37] ＝思惑に咎なき[38]人中の最上者は、奉仕の実践を伴える布施をなせり。それ故に、彼は不敗なる勝利をもたらす、不壊なる輪〔宝〕を獲得す。＝雪の塊の如く色は〔白き〕睡蓮にして、風力に等しき速さ持ち、七肢を完備せる、希有なる象宝たる巨象を、彼は獲得す。[39] ＝敵を滅せる彼等は、悪路や凸凹せる場所に道を開きたるが故に、空中を翔ぶ最上の象宝を獲得す。＝黒蜂の如く黒く、素晴らしき色にて、風の如く速く、足を高く上ぐる馬宝を、見事に為されし善の集積を持てる〔転輪〕王は獲得す。[40] ＝王は最上なる乗物にて両親や尊師や、更に師匠も運ぶが故に、彼は希有なる馬宝を獲得す。

無比なる色の珠宝、瑠璃（…）彼は、無限の力と精進もて、〔心〕酔わす魅力ある最上宝を獲得す。＝前世の住処にて、人主は己が妻を節度もて満足せしむを喜びたり。それ故に彼は女宝を獲得す。＝裕福にして、種々なる最上の財を持ち、多宝の山を具えし長者宝を、大力持てる聖王は獲得す。[41] ＝彼は、種々なる財の聚集を、丁重なる尊敬の念もて尊師等に施せり。それ故に彼は数多の財〔の獲得〕に巧みなる長者宝を獲得す。＝種々なる政策に通じ、教養あり、学識具え、四洲に亘りて指導者の御旗となれる最上なる大臣宝を、欲望を厭離せし王は獲得す。[42] ＝道行く彼は、〔道を〕失いて全く視界を失える者に道を示したり。それ故に彼は、最高なる大臣、〔即ち〕最上なる大臣宝を獲得す。＝頭陀法を遵守する者よ、これらの業により、彼に七宝が出現す。まさにこの法により、王は大地を統治す」

こう言われて、同志マハーカーシャパは、同志マハーカーティヤーヤナに「おお、勝者の子よ、実に最初の〔菩提〕心を起こした菩薩達は、どのような理由によって、第四地にいながら第五地に進転しないのか」と言った。こう言われて、同志マハーカーティヤーヤナは同志マハーカーシャパにこう言った。「おお、頭陀法を遵守する者よ、最初の〔菩提〕心を起こした菩薩達は、七つの理由によって、第四地にいながら第五地に進転しない。七つとは何かというと、⑴比丘尼を誹謗する、⑵男を誹謗する、⑶黄門を誹謗する、⑷ありもしない病気を真言の力で他人に生じさせる、⑸善戒を具えた人を〔その〕戒から堕落させる、⑹無慚の者となる、そして⑺無愧の者となる、である。頭陀法を遵守する者よ、最初の〔菩提〕心を起こした菩薩の、ある者は、この七つの理由によって、第四地にいながら第五地に進転しない。

かくして、善逝の子よ、菩提を目標とせる菩薩等のこの麗しき第四地が説明されたり」

以上、吉祥なる『マハーヴァストゥ・アヴァダーナ』における「第四地」を終わる。

1-⑸ 第五地

こう言われて、同志マハーカーシャパは、同志マハーカーティヤーヤナに「おお、勝者の子よ、第四地から退転することなく第五地に進転する菩薩達には、いかなる心が〔第四地から第五地へと進む〕間にあるのか」と言った。こう言われて、同志マハーカーティヤーヤナは、同志マハーカーシャパに言った。「おお、彼らは一切の存在が貪・瞋・

痴で燃え盛っているのを見る。第四地から第五地へと直結している間にある心は、帰依処がなく喜びもない」と。
111 こう言われて、同志マハーカーシャパは、同志マハーカーティヤーヤナに「おお、勝者の子よ、第五地におられた
世尊・正等覚者は正等覚者達を供養されたが、ではその正等覚者達の名前と種姓は何であり、どれほどの声聞の集ま
りが、どれほどの光明が、〔そして〕どれほどの寿量が〔彼らに〕あったのか」と言った。こう言われて、同志マ
ハーカーティヤーヤナは同志マハーカーシャパに詩頌で答えた。
「一尋の光明を具え、山の如く安定し、金山の如く、敵を殺し、一倶胝なる阿羅漢を従者となす最上なる勝者・
釈迦牟尼あり。＝その時、最上なる人には六千年の寿命あり。彼の名前はヤシャヴラタ、実に美しき仏たり。＝
かの世尊の種姓はガウタマにして、その時の組合長の息子なり。彼は〔仏に〕粥を施して、仏の御前にて誓願せ
り。＝「我は応供たる僧伽に全てを施し善を積めり。これもて勝義の知見者となり、我が福徳は全きものとなる
べし」＝最後〔の生存〕に降り来たれる、美しき人獅子スダルシャナあり。彼はバーラドゥヴァージャの種姓に
して、彼の光明は十由旬なり。＝一倶胝なる阿羅漢は、有情の核たる彼の眷族たり。その時、魔の征服者たる彼
112 の寿命は一万歳なり。＝また、転輪王ダラニーンダラありて、彼は弟子の僧伽を伴いし勝者スダルシャナにかく
言えり。＝「我は利益なす必需品全てを布施せん」と、賢者はかく言えり。しかして王はかく誓願せり。「我も
かくあるべし。＝我は弛まず老死の海に溺るる人を〔彼岸に〕渡さん」（…）＝不壊なる善根を持てる世尊ナ
レーシュヴァラあり。彼はヴァーシシュタの種姓にて、彼の光明は十由旬なり。＝十二倶胝なる阿羅漢は、彼の
眷族たり。その時の人の寿命は九千歳なり。＝また、転輪王アパラージタあり。彼は清浄心もて人主たる十力者
にかく言えり。＝「自在者よ、七宝の〔各〕支分もて華やぎ、多宝の優雅さを具えたる八十四の最上なる精舎を、
我は貴方に施さん」＝彼はそれを布施するや、人中の自在者に向かいて誓願せり。「我はかくなるべし。勝者の
力を獲得すべし」

113
かつて、大臣ヴィジャヤと勝者スプラバあり。彼はカーシャパの種姓にして、彼の光明は十由旬なり。＝また、
彼の弟子の僧伽は十八倶胝の頭陀の王より成れり。その時の人の寿命は二万歳なり。＝有を滅せし最上なる勝者
に礼拝するや、ヴィジャヤは〔彼を〕招待せり。十力者は同意するや、その時、ヴィジャヤは実に喜べり。＝極
上かつ上質にて、味つけよき食物や食品もて、〔十力者を〕満足させ、その時、かく誓願せり。＝「我も貴方の
如く最上なる人等に尊敬せられ、人天に利益をもたらすべし。かくしてまた、十力を具えし最上なる導師にして
獅子の如き論者となるべし」＝嘗て、仏・如来ラタナパルヴァタあり。彼はガウタマの種姓にして、彼の光明は
十由旬なり。＝心を制御せる三十倶胝なる人は、彼の眷族たり。その時の人の寿命は二万歳なり。また、その時、
転輪王アチュタあり。彼は勝者の足を抱擁《いだ》き、人天の最上者たる彼にかく言えり。＝「人中の象よ、我に八万四
千の宮殿あり。我は見事に荘厳されたるこの宮殿を弟子の僧伽を伴いし貴方に施さん」＝〔仏の〕同意を知りて、
114
心を喜ばせし王は、（…）最上相を有する彼の御前にて誓願せり。＝「この善根もて、我は善にて積み上げられ
し最高なる行為を、無限の精進もて実践し、拠り所なき人の導師となるべし」
　天空の如く無垢なる心を持てる正覚者カナカパルヴァタあり。〔彼の〕種姓はカウンディンニャと呼ばれ、人
に尊敬せられたり。＝浄業より生じたる彼の身光は六由旬にして、彼の眷族は五倶胝の阿羅漢なり。＝・・・[43]そ
の時、転輪王プリヤダルシャナあり。彼は七宝の輝き具え、四洲を統治し、大地の守護者たりき。＝真珠の首飾
りせし後宮の女等を引き連れて、彼は大臣衆と共に正覚者カナカヴァルナパルヴァタの最上なる両足に平伏《ひれふ》し、
115
懇願して言えり。＝「勇者よ、都城や都市の密集せる王国、大財たる我が四洲、我はそれらを惜しげもなく弟子
の僧伽を伴いし貴方に施さん。＝聖仙等の如何なる食物・衣・薬法も、また如何なる臥座具も〔我が〕最上なる
宮殿にあり。＝我が施せし十二資具[44]を皆、享受し給え。容姿の最上なる人よ、我を憐愍し、憐れみを垂れ給え」
＝この布施をなし、かの素晴らしき王は[45]心喜ばせ、善を成満せる〔仏〕の御前にて誓願せり。＝「これもて我は

勝義を鋭く知見し、最上なる自信もて完成に至り、煩悩すべてを滅尽せし最上の導師とならんことを」

116

三十二相を具えし世尊・正覚者プシュパダンタは、ヴァッツァの種姓にして、勝義を知見せり。＝また、その最上なる勝者に九由旬の身光あり。三十四倶胝の阿羅漢は〔その〕十力者に付き従う。＝〔その時〕人の寿量は五万歳にして、彼の教えに疑念なかりき。＝その時、人主たるドゥルジャヤ王あり。彼は眷族を従えて、プシュパダンタに近づくや、〔彼の〕御足に礼拝せり。＝浄信を得たる王は、虚心に合掌してプシュパダンタにかく言えり。「十力者は、七日間、[46]〔我が家にて〕食するを我に承諾されよ」＝彼の承諾したるを知り、神通の力を持てるドゥルジャヤ王は、[47]鮮やかなる金布もて地表を覆いたり。＝彼はそこに宝石所成の妙座を設《しつら》え、香りよく新鮮にして、多彩なる食事の手配を整えたり。＝飾りを身に着け、種々なる装飾を纏いし八百の人天は、七宝より成る傘を支えたり。＝かくして彼等は慎み深き心もて、[48]各々の阿羅漢のため、月や螺貝の表面の如く無垢にして美しき宝石の傘を差し掛けたり。＝王は善逝プシュパサーフヴァヤとその眷族を満足せしむるに、その時、彼はかく誓願せり。＝「貴方の如く我も正覚者として、人天に法を説き明かさん。（…）」

117

三十二相を具うる正覚者ラリタヴィクラマありき。彼はヴァーシシュタの種姓にして、有を駆逐し、煩悩を振り払いたる世尊なり。＝彼自身の体より生じたる光明は三十二由旬に至り、三十倶胝なる阿羅漢が最上なる人の眷族なり。＝その時の人の寿命は八万四千歳なり。さてその時、麗しく魅力あるチャトランガバラ王ありき。＝大地の守護者は、多宝より成る四十倶胝なる楼閣と、最も優れし楼閣を一つ造らしめたり。＝また王は完璧なる臥座具を多く作らしめ、聖仙に相応しき食物や病気を縁とせる〔薬〕を用意せり。＝彼は〔それを〕弟子の僧伽と共なる世尊に布施するや、心喜ばせたる王は、十力者の御前にて誓願せり。＝「十力者は老・死・疑を滅し、無比にして、得難きこと類なし。〔我も〕人・天の最高者となり、悪しき師匠に導かれし輩の言説を滅せん」

三十二相を具うる世尊マハーヤシャスありき。彼はカーシャパの種姓にして、広大なる名声と無量の誉れとを兼備せり。＝福徳具えし彼の身光は五十由旬にして、彼に五十五倶胝なる阿羅漢ありき。＝その時の人の寿量は八万四千歳にして、この四種の人は、その時、八十四〔衆〕なりき。＝その時、ムリガパティスヴァラ王ありき。四洲の王たる彼は、広大なる力の最高者にして、不屈なる輪を保てり。＝その王は、宝石の幹や枝を持ち、最高なる布もて覆わるる、九十六由旬の最勝なる森を造らしめたり。＝また〔彼は〕地表を瑠璃や珠宝もてなし、飾りもて荘厳し、最高なるアグル樹の焼香の香りを漂わせ、芳香を放てる花を地面に撒けり。＝しかして、七日間、その王は、獅子の如く説〔法〕せる雄牛を、美味なる食もて満足せしめ、心を浄めたり。＝その後、浄信を起こせし〔王〕は、最高なる天の森に等しきその森を、日中の休息処として有情の核たる十力者に布施したり。＝弟子の僧伽と共なる〔世尊〕マハーヤシャスに布施するや、心高ぶりし王は、その時、誓願せり。＝「我は数多の人に尊敬せられ、他人に導かれざる者、自在者、一切智者たらん。実にこの我が善〔根〕もて、如来の力の持ち主たらん」

広大なる力と福徳を蔵し、理非理を弁えし勝者ラタナチューダありき。実に黒き瞳の彼は、比類なき徳を積み、勇猛たりき。＝彼の身光は遍く百由旬の広きに至れり。その時、彼はバーラドゥヴァージャの種姓にして、一切見者たりき。＝彼の僧伽は煩悩の塵を払拭せる九十九倶胝なる〔阿羅漢〕より成り、その時の〔人の〕寿命は八万四千歳なりき。＝その時、四洲を持ち、大地の如き力を持てる(49)転輪王ありき。そのマニヴィシャーナと名づけしは、法に基づきて人を統治せり。＝〔世尊〕ラタナジナ（＝ラタナチューダ）のために、王は種々なる外見せる九十二倶胝・那由多なる楼閣を造らせたり。＝最上なる金に等しく、人天の集団《ともがら》に恭敬せられしラタナチューダと〔彼の〕眷族に、彼は十年間倦むことなく食を供せり。＝しかして、初日に弟子の僧伽と共なる善逝に食を供するや、最上なる人は徳を具えし〔仏〕に最高なる楼閣を布施したり。＝最勝王たる彼はそれを偉人たる彼〔仏〕に布施するに、心を浄め、勝者の御前にて誓願せり。＝「我は痴の網を破り、心を浄め、高慢を離れ、輪廻の海に沈潜《しず》める人を皆〔彼岸に〕渡さん」‖まさにかくの如く、第五地なる獅子の如き人は無量にして、独勝、有学無学、更に勝者の子もまた無量なり。‖彼等や他の如来も皆、世尊〔ガウタマ〕に供養せられたり。一切有情のために、善根が積まれたり」

こう言われて、同志マハーカーシャパは、同志マハーカーティヤーヤナに「おお、勝者の子よ、菩提を求めて誓願を立てた菩薩達は、いかなる理由によって、第五地にいながら第六地に進転しないのか」と言った。こう言われて、同志マハーカーティヤーヤナは、同志マハーカーシャパに言った。

「おお、勝者の子よ、頭陀法を遵守する者よ、菩提を求めて誓願を立てた菩薩達は、四つの理由によって、第五地にいながら第六地に進転しない。四つとは何かというと、(1)正等覚者の教えに従って出家したのに、瑜伽行者達と付き合う、(2)預流向〔の段階〕で[50]滅すべき感受を切望し、修習を恐れる、(3)いつも止観の修習を多くしないでずっと時を過ごす、そして(4)〔様々な〕原因により、所縁を把握したという思いを分別する、である。おお、頭陀法を遵守する者よ、菩提を求めて誓願を立て、第五地にいながら第六地に進転しない菩薩達が誰かいるとすれば、彼らはすべて、この四つの理由によって、〔過去に〕進転しなかったのであり、〔現在〕進転せず、あるいは〔未来にも〕進転しないであろう。

友よ、以上にこの第五地が説明され、説示されたり。種々なる種類の福徳を積める菩薩等の〔第五地が〕」

以上、吉祥なる『マハーヴァストゥ・アヴァダーナ』における「第五地」を終わる。

76

1–(6) 第六地

121 しかして、長老カーシャパは〔長老〕カーティヤーヤナに言えり。「第五地の賢き菩薩等に、いかなる心[51]かある」

そこで長老カーティヤーヤナは、頭陀法を遵守する牟尼カーシャパに詩頌で答えた。

〈世間の渦は味わい少なく、厳しきこと甚だし〉との〔思い〕が〔第五地より第六地に進みつつある菩薩等に〕生ず。[52]

122 こう言われて、同志マハーカーシャパは同志マハーカーティヤーヤナに言った。

「〔仏〕国土とは〔どのようなものか〕」

その時、長老カーティヤーヤナはマハーカーシャパに言えり。「真実に依れる世間の導師等の国土のことを聞くべし。‖我は、最高なる論師等の準国土[53]を説明せん。最高なる人よ、その言葉と教えを聞くべし。‖仏国土は三千の六十一倍なりと吟味さる、また準国土はこれより四倍〔多し〕と知るべし」

こう言われて、同志マハーカーシャパは同志マハーカーティヤーヤナに「おお、勝者の子よ、では正等覚者達はあらゆる仏国土に出現するのか、あるいはある〔仏国土〕にのみ出現するのか」と言った。こう言われて、同志マハーカーティヤーヤナは、同志マハーカーシャパに詩頌で答えた。

「さる仏国土には、無比なる姿を具えし諸仏なきにはあらざるも、何倶胝・那由多なる〔仏〕国土には最上なる〔諸仏〕はおらず。‖実に、長時に亘りて覚知を獲得し、最上相を具え、一切法に巧みにして、超越せる威光を放ち、一切有情の安楽を憶持せる有情〔仏〕は得難し」

こう言われて、同志マハーカーシャパは同志マハーカーティヤーヤナに「おお、勝者の子よ、実に、いかなる因やいかなる縁により、一つの〔仏〕国土には二人の正等覚者が出現しないのか」と言った。こう言われて、同志マハーカーティヤーヤナは、同志マハーカーシャパに詩頌で答えた。

「人中の象（仏）のなすべき仏業は実になし難きも、そのすべてを成満するは諸仏の常法なり。═もし具眼者に
して仏法を力《つと》むること能《あた》わずとせば、その時、二人の高貴なる如来が〔世に〕出でん。═しかれども、人は大牡
牛等の能わざる状態《ありさま》を否定《いな》めり。それ故、同一の〔仏〕国土に、牡牛の如き二人の出づることなし。═勝者の子
123 よ、過去世に人中の最高者にして仏の仕事を残せしまま涅槃するを未だ聞かず。═未来・過去・現在にて、人中
の最高者たる正覚者等は、仏の仕事を成し遂ぐるもて般涅槃するなり」

こう言われて、同志マハーカーシャパは同志マハーカーティヤーヤナに「おお、勝者の子よ、正等覚者達が、今、法を説いている仏国土は、現時点で他にどれくらいあるのか」と言った。こう言われて、同志マハーカーティヤーヤナは、同志マハーカーシャパに詩頌で答えた。

「東方に仏国土スニルミタ[54]あり。そこに最高なる勝者ムリガパティスカンダあり。═東方に仏国土クリターガダ
あり。そこに三十二相を具えし勝者シンハハヌあり。═東方に仏国土ヴィブーシタあり。そこに一切見者なる大
牟尼ローカグルあり。═東方に仏国土アカンタカあり。そこに〔大〕師ジュニャーナドゥヴァジャは有情を教導
す。═東方に仏国土アヴェークシタあり。そこに金色なる日の如き光明を放つ勝者スンダラあり。═南方に仏国
土ドゥルマドゥヴァジャあり。そこに天に喜ばれし正覚者アニハタあり。═南方に仏国土マノーラマあり。そこ
124 に正覚者・大牟尼チャールネートラあり。═南方に仏国土アカルダマあり。そこに正覚者・導師マーラーダーリ
ンあり。═西方に仏国土アヴィグラハあり。そこに有を破壊せる正覚者アンバラあり。═北方に仏国土マノーラ
マあり。そこに規範を学べる正覚者プールナチャンドラあり。═下方に仏国土スニシュティタあり。そこに正覚

者・如来ドゥリダバーフあり。＝上方に仏国土アヌッドゥリダあり。そこに敵を滅せし仏マハーバーガあり。

　更に、幾千なる数多の仏国土あり。他の幾千なる仏国土の辺際《きわ》は知られず。＝幾千なる空なる仏国土の内なる辺際は知られず、幾千なる世界の内なる辺際も知られず。＝輪廻の輪の最初の辺際は知られざるが如く、まさにその如く世界の最初の辺際も知られず。＝過去の諸仏の最初の辺際は知られず、覚りを求め誓願を立てし〔諸仏〕の最初の辺際も知られず。＝不退転なる性質《うまれつき》を具えし〔菩薩等〕の最初の辺際は知られず、灌頂の地位を獲得せし〔菩薩等〕の最初の辺際も知られず。＝兜率天に住せし者の最初の辺際は知られず、兜率天より死没しつ
125
つある者の最初の辺際も知られず。＝母の胎内に臥せし者の最初の辺際は知られず、また母の胎内に立ちし者の最初の辺際も知られず。＝生まれつつある勇者の最初の辺際は知られず、〔すでに〕生まれし世間の導師の最初の辺際も知られず。＝〔母の〕膝に抱かれし者の最初の辺際は知られず、歩きはじめし者の最初の辺際も知られず。

　大いなる笑い声を上げし者の最初の辺際は知られず、〔全ての〕方角を見渡せし者の最初の辺際も知られず。＝〔母の〕腰に支えられし者の最初の辺際は知られず、乾闥婆の連れ来たらん者の最初の辺際も知られず。＝出家しつつある者の最初の辺際は知られず、菩提樹の根元《もと》に近づきつつある者の最初の辺際も知られず。＝如来の智を獲得しつつある者の最初の辺際は知られず、法輪を転じつつある者の最初の辺際も知られず。＝何倶胝なる有情を導きつつある者の最初の辺際は知られず、獅子吼せし者の最初の辺際も知られず。＝寿行を捨て(55)つつある
126
者の最初の辺際は知られず、般涅槃しつつある勇者の最初の辺際も知られず。＝涅槃し臥せし者の最初の辺際は知られず、荼毘に付されつつある勇者の最初の辺際も知られず。＝〔大〕師の量はかくの如しと如実に知るべし。正覚者は、方々の仏国土に見らるなり」

こう言われて、同志マハーカーシャパは、同志マハーカーティヤーヤナに「おお、勝者の子よ、もしもそれだけ多

80

くの正等覚者がいて、それぞれの正等覚者が無量の有情を般涅槃させるとすれば、久しからずして、有情すべてを般涅槃させることになるのではないか。そうだとしたら、この世間は有情すべてがいなくなり、全く空になるだろう」と言った。こう言われて、同志マハーカーティヤーヤナは、同志マハーカーシャパに詩頌で答えた。

「『空なる〔場所〕は常に隙間なく、満たさると思うべし。土台や支えなき場所に〔有情は〕常に住めりと思うべし。＝地界は実に多きも、凡夫の有情はそれよりなお多し』と勝〔義〕を〔知〕見せる人は示したり。＝『最上なる人の教えを聞かんと欲する数多の有情の辺際のいかでかあらん』と大聖者は言われたり」

こう言われて、同志マハーカーシャパは、同志マハーカーティヤーヤナに「おお、勝者の子よ、正等菩提を求めて誓願を立てた有情達は、いかなる理由によって、第六地にいながら第七地に進転しないのか」と言った。こう言われて、同志マハーカーティヤーヤナは、同志マハーカーシャパに答えた。

「おお、頭陀法を遵守する者よ、実に二つの理由によって、菩提を求めて誓願を立てた菩薩達は、第六地にいながら第七地に進転しない。二つとは何かというと、(1)彼らが想と受を滅する等至に入った者を羨む[56]、そして(2)有情を熟知する正等覚者達が〔世に〕存在する時に、〈我〔こそ〕は〔世に〕寂静をもたらす大人物なり〉と〔考え〕、恭しく耳を傾けて神々しい人（仏）達〔の所説〕を聞かない[57]、である。頭陀法を遵守する者よ、第六地にいながら第七地に進転しない菩薩達は、誰であっても皆、この二つの理由によって、〔現に〕進転しないのであり、〔過去にも〕進転しなかったのであり、〔未来でも〕進転しないだろう。

かくの如きが、最上なる徳を有し、野獣の主（獅子）に等しく、大聖者にして、〔有情を〕利益せる菩薩等の第六地なり」

以上、吉祥なる『マハーヴァストゥ・アヴァダーナ』における「第六地」を終わる。

1-(7) 第七地

こう言われて、同志マハーカーシャパは同志マハーカーティヤーヤナに「おお、勝者の子よ、[58] 不退転の菩薩が第六地から第七地に進みつつある時、〔その〕中間の、彼らの心はどうなっているのか」と言った。こう言われて、同志マハーカーティヤーヤナは同志マハーカーシャパマに詩頌で答えた。

「数多の人を利益せる最勝なる菩薩等の心は、自己の調御に働かんに、彼等の第七地に進みつつある時、〔二〕地の中間なる心はかくの如し」

こう言われて、同志マハーカーシャパは同志マハーカーティヤーヤナに「おお、勝者の子よ、不退転の菩薩達は、初地以来、いかなる身業を具足し、いかなる語業を具足し、いかなる意業を具足し、〔また〕いかなる性質を具足しているのか」と言った。こう言われて、同志マハーカーティヤーヤナは同志マハーカーシャパに答えた。

「おお、頭陀法を遵守する者よ、不退転の菩薩達には、初地以来、次のような業がある。彼らは、殺生の厭離を説き、殺生の厭離を賞賛する。誰かある悪友と交際していて〔も〕、他の命を奪うことのない、そういう傾向の有情を〔あらゆる〕地において褒め讃える。彼らは、七つの地〔を通過した〕後、嘆き悲しんでいる有情に憐れみを抱き、戒を授かると、王権を捨て、あるいは主権を捨てて、家より家なき状態へと出家し、常に殺生を厭離する法を説く。

おお、頭陀法を遵守する者よ、かつて最上の人は、第七地におられた時、クシャと呼ばれる王だった。[59] 彼の王妃はアプラティマーと呼ばれたが、彼女は〔後の〕ヤショーダラーであり、ラーフラシリの母だった。また今生で闘争好きの男デーヴァダッタは、その時、ジャタラと呼ばれる地方の王だった。彼は王妃アプラティマーのことを耳にすると、欲貪が〔彼の〕意を支配し、クシャ王に使者を送った。

『王妃アプラティマーを与えよ。我が妻とせん。与えずんば、汝と闘う用意あり。軍隊を準備せよ。＝王よ、汝
129 の決意を我に伝えよ。伝えずんば、〔汝は〕王国ともども、我が力に屈するならん』＝クシャ王はこれを聞くや、
妻に言えり。『王妃よ、ジャタラの言葉を聞け。決意を告ぐべし』
すると、王妃は涙を流して、クシャ王に言った。
『ああ、王よ、妾は武器もて〔敵を〕引き裂き砕くに巧みなり。貴方は〔武芸に〕熟達《なれ》し妾を超えざらん。＝王
よ、見給え。妾の撥《は》ねたる、血に塗るるジャタラの自惚れし頭の、貴方の足元に転がるべきを。＝妾は女なるも、
矢を放ちてジャタラの体を射抜き、更に〔その矢〕は大地に突き刺さりて、〔彼の体は〕犬の餌とならん。＝
〔彼の〕馬の背や戦車や象の肩に〔乗らんも〕、また優れし軍人の先頭に〔あらんも〕、妾はジャタラを永遠《とわ》に葬
らん。＝〔彼の〕不死身ならんも、妾は呪文・呪詛・言葉の呪い〔等〕、〔何らかの〕因や縁もて〔彼を〕殺さん。
＝比類なき人よ、妾こそ二つ〔の敵〕より〔貴方を〕解放せん。妾の幻術は実に数えきれず、妾にとりて世間は
草より成るが如し。＝王をして香放てる花環着け、楼閣の屋上を遊歩し、千人の女の膝に身を寄せて、不安なき
130 状態に至らしめん』
おお、その時、頭陀法を遵守する者よ[60]、王妃アプラティマーは、ジャタラ王が怪しむことなくクシャ王の後宮に
入ってくるように方便を講じたので、彼は王妃アプラティマーの策略にはまってしまった。その時、王妃アプラティ
マーはジャタラ王の心臓を右足で踏み、左足を〔王の〕足首に置くと、このような詩頌を唱えた。
『春に花粉もて羽根を汚せる蜂は花の咲きたる森の蔦〔の蜜〕を吸うも、他の蜂はそれ〔蔦〕に興味を示さぬと、
邪悪なる者よ、汝は嘗て聞かざりしや。＝発情期の森の象の泥水中に掻き乱されし蓮華を一度踏みたれば、他の
森の象はそれ〔蓮華〕に興味を示さぬと、邪悪なる者よ、汝は嘗て聞かざりしや。＝夜には諸王に尊敬されし

〔王〕の胸に掛けらるる真珠の首飾りの如く喜び、過失なき体は蓮華〔の如き妾〕に汝は手出しせんとするも、それは地にいながら満月を手に入れんとするが如く〔不可能なり〕』

おお、さてその時、実に、頭陀法を遵守する者よ、ジャタラ王が『王妃よ、御慈悲を！　お助け下さい！』と叫ぶ
131 と、クシャ王は王妃アプラティマーに言った。

『王妃よ、その臆病なる奴の合掌して〔汝に〕助けを求むれば、〔更に〕怖れしむべからず。これぞ善き人の法なり』

おお、頭陀法を遵守する者よ、かつてウグラと呼ばれる龍王だった世尊は、蛇取りの呪文と薬草とで自由を奪われ、窮地に陥られた。しかし〔自分の〕不注意で、その蛇取りの呪文は効力を失ってしまった。その時、龍王ウグラはこう考えられた。〈この臆病な奴を灰にすることは私にとって可能となった。だが、それは法を保護しようと心掛けている我々にとっては相応しいことではない〉と。

彼は詩頌を唱えられた。

『我が自らの炎もて、能く呪文の効力《ちから》を失いし汝を灰にせんも、我は汝に安きを保ち、汝に長寿を与えん[61]』

おお、頭陀法を遵守する者よ、その同じ世尊はかつて〔百〕獣の王である獅子であり、邪悪な男デーヴァダッタは
猟師だった[62]。その時、森の中の獅子に相応しい場所の茂みを徘徊し、独りで歩き、腰を下ろし、〔何も〕怪しまず、
じっとして、〔心を〕落ち着け、〔辺りを〕見渡すことのなかった彼を、猟師は、前世からの意向によって積み上げら
れ、形成されてきた怨みにより、毒矢で射た。射られた彼は不動で、甚深なる落ち着きを具え、自らの力に〔身を〕
132 委ね、〔何も〕恐れず、僅かに頭を上に擡げると、その時、邪悪な男が恐る恐る〔自分の〕住処に近づいて来るのを
見て、〈〔あの〕下劣な奴が山の頂上や洞穴や木の中や地下世界に逃げたとしても、私は〔奴を〕殺すことができるが、
怨みをもって怨みを鎮めることはできぬ[63]〉と考えられた。こう考えられると、このような詩頌を唱えられた。

84

『毒の塗られし矢は、急所を破壊《やぶ》るべく我を射抜きたり。今日と同じきことの、脅えし彼に起こらざらんことを。
汝は恐るるなかれ』

おお、頭陀法を遵守する者よ、その同じ世尊はかつて〔皆から〕認められる隊商主だった。さて、その同じ邪悪な人デーヴァダッタは〔その隊商の〕道案内であったが、隊商を専門に狙う盗賊に買収され、〔その〕隊商を、険しい森へと導く旅路に[64]誘い込んだ。心が前世からの怨みと結びついてしまった彼は、隊商〔を専門に狙う〕盗賊に、そ〔の隊商主〕を殺させようとして〔彼に〕近づいてきた。しかし、隊商主を上首とする商人によって、道案内を始めとする盗賊は捕まえられて、死刑に処せられようとして、拠り所を失った彼らは泣き叫びながら、その隊商主に助けを求めてきた。また罪を犯してしまった道案内は合掌して、隊商主に助けを乞うた。〔その時〕百千生もの間に積み上げられてきた大悲が、大悲に住していた彼に沸き起こり、〔生物の〕命を奪ってきた彼らにさえも〔身の〕安全を保証し、道案内に言った。

『我が放てる煙は、能く風の流るる方の場所を滅ぼさんも、盗賊ともども道案内〔の汝〕の命〔のみ〕は救わん』

おお、頭陀法を遵守する者よ、さらに、その同じ世尊が王であった時、重大な罪を犯して刑場に連れてこられた第一王妃は〔許しを〕乞うたので、〔彼女を〕許された。前世より積み上げてきた温和さと誠実さとを具足した彼は、第一王妃〔の気〕を鎮めてやると、次のような詩頌を唱えられた。

『〔未だ〕窯に入れざる鉢〔の如く柔らかき〕汝の体に、死刑執行人は能く刀を落とさんも、我は汝を許し、先
と同じき地位を保たん[65]』

おお、頭陀法を遵守する者よ、このような百千もの難行を、不退転の菩薩達は、身でそのように、語でそのように、〔そして〕意でそのように行う。輪廻を流転しながら、菩薩達は多種の徳を身に着ける者となる。一方、またその菩

薩達は、業に関して自在を獲得し、徳の集積という賞賛された行為を持つ者となる。〔また〕怯むことのない勇敢さを有し、堅固さを具え、約束に忠実で、誠実で、不正直でない者となる。彼らは下劣ではなく、〔何事にも〕脅えることなく、温和な者となる。慈悲深く、傷害に堪え、不屈の心を持ち、不動の心を持ち、無敵で、征服し難く、有情と結びつき、(66)喜捨を具足し、約束を遂行する者となる。

また彼らは知的で、様々な知性を有し、指導力があり、〔現状に〕満足せず、(67)勝義に専心し、〔四〕摂〔事〕を実践し、行いは浄らかであり、心は不動であり、非常に多くの尊敬を受け、尊敬すべき人や善良な人を敬う〔心〕を具足し、方便に巧みであり、あらゆる活動において〔二つの極端を〕調和するという方法を採用して、政治的な活動に関しては〔二つの極端な〕言葉を調和することに巧みであり、大衆の中でも言葉を口籠もらず、荒々しい言葉に耐え、智の旗を持って多くの人を摂益することに巧みであり、〔常に〕平常心を持って、非のうち所のない暮らし方をし、仕事を成就し、〔他人を〕保護することに巧みであり、他人が苦しんでいれば巧みに力を貸し、楽しい時にも高ぶらず、苦しい時にも落ち込まず、邪悪な〔外道の〕教義に関する過失を根絶することに巧みであり、倦むことなく他人の恥を覆い隠し、(68)〔善〕果の消滅を望まず、貪・瞋・痴より厭離した善根を有し、煩悩を滅し鎮める能力があり、〔それに〕巧みで、どんな奉仕〔に携わる時〕にも疑を捨て、あらゆる事に関して意志を曲げず、この世では深遠なる仏法に従って具足戒を受け、勝義に到達するために身業・語業・意業を清浄に保ち、生涯に亘って正しい生活をしために〔その〕業は汚れず浄らかで、最高の智を有し、〔その〕閃きは汚されず、仏の境界を熱望して〔それを〕拒まないことを目的とし、智の旗を持ち、言葉は倦むことなく、巧みに〔相手の意見に〕同意し、(69)本性は穢されず、軽蔑〔の心〕はなく、罪を除去し、三種の掉挙を離れ、自慢を捨て、(70)欲望の虜とならず、(71)性交に耽らず、一切有情を摂益することに巧みで、世間に入ると〔自分が〕なした決意の力を獲得し、あらゆる行為に関する様々な可・不可に精通し、豊富な善を具えた者となり、(72)彼らはこのような徳を具足した者となる。〔人中の〕最上者〔菩薩〕は無数の徳のために〔心は〕堅固であり、有情の中にいても〔彼らの〕覚知は平穏である。ここで、次のように言われる。

『如何なる鳥も天空の辺際《きわ》に〔飛び〕行くこと能《あた》わざる〔が如く〕、如何なる有情も自在者の徳〔の辺際〕を知ること能わず』

135 おお、頭陀法を遵守する者よ、また、そのすべての優れた呪文や薬は、世間の利益と安楽のために、有情を饒益するために、菩薩達が造り出したのである。有情の利益と安楽のために世間に出回っているすべての薬は、菩薩達が処方したものである。また真実を決定するに相応しい典籍が世間に出回っているが、それらすべては菩薩達がもたらしたものである。また、この世間には数の計算や指を使った計算があるが、そのすべては菩薩達がもたらしたものである。世間における〔書体の〕名前、〔すなわち〕[73]ブラーフミー、プシュカラサーリ、カロースティー、ギリシャ、ブラフマヴァーニー、プシュパー文字、クタ文字、シャカーニー文字[74]、ヴィアティアスタ文字、レーカ文字、ムドラー文字、ウグラ、マドゥラ、ダラダ[75]、中国、フーナ、アーピーラー、ヴァンガ、シンハラ[76]、ドラヴィダ[77]、ダルドゥラ、ラマタ、アバヤ[78]、ヴァイッチェートゥカ、グルマラー、ハスタダー、カスラー[79]、ケートゥカー、クスヴァー、タリカー、ジャジャリデーシュ、〔そして〕アクシャラバッダーは、菩薩達がもたらしたものである。そして金・銀・錫・銅・鉛・珠宝の〔採れる〕これらの土地はすべて菩薩達がもたらしたものである。さらに世間〔の人〕を饒益するために造り出された器具は、どんなものでもすべて菩薩達がもたらしたものである。そこで次のように言われる。

『輪廻を流転せし比類なき最上なる人等は、世間の利益に巧みなり。人天やグフヤカのために、彼等はより善きことを実践す。実に自在者等の全き智は最高なり』

136 こう言われて、同志マハーカーシャパは同志マハーカーティヤーヤナに「おお、勝者の子よ、〔第七地から第八地に進転しつつある時、〕[80]不退転の〔菩薩達〕には、いかなる心が生じるのか」と言った。こう言われて、同志マハーカーティヤーヤナは同志マハーカーシャパに「おお、頭陀法を遵守する者よ、不退転の菩薩達が第七地から第八地に進転しつつある時、大悲と結びついた心が生じる」と言った。以上が菩薩達の第七地であると言われる。

以上、吉祥なる『マハーヴァストゥ・アヴァダーナ』における「第七地」を終わる。

1―(8) 第八地

こう言われて、同志マハーカーシャパは同志マハーカーティヤーヤナに「おお、勝者の子よ、第一・第二・第三・第四・第五・第六・第七地と進転してきた世尊・正等覚者シャーキャムニは、〔様々な〕正等覚者のもとで善根を植えてこられたが、その正等覚者の名前は何というのか」と言った。こう言われて、同志マハーカーティヤーヤナは同志マハーカーシャパに言った。

「おお、頭陀法を遵守する者よ、シャーキャ族の王族に生まれた世尊は〔様々な〕正等覚者のもとで善根を植えてこられたが、広大な力と最上の名声を誇る〔正等覚者〕の名前を聞くがよい。最初から〔言うと〕、サティヤダルマヴィプラキールティ、それからスキールルティ、ローカーヴァラナ、ヴィディウトプラバ、インドラテージャス、ブラフマキールティ、ヴァスンダラ、スパールシュヴァ、アヌパヴァドゥヤ、スジエーシュタ、スリシュタルーパ、プラシャスタグナラーシ、メーガスヴァラ、ヘーマヴァルナ、スンダラヴァルナ、ムリガラージャゴーシャ、アーシャカーリン、ドゥリタラーシュトラガティ、ローカービラーシタ、ジタシャトル、スプージタ、ヤシャラーシ、アミタテージャス、スールヤグプタ、チャンドラバーヌ、ニシュチタールタ、クスマグプタ、パドマーバ、プラバンカラ、ディープタテージャス、サトゥヴァラージャン、ガジャデーヴァ、クンジャラガティ、スゴーシャ、サマブッディ、ヘーマヴァルナランバダーマ、クスマダーマ、ラトナダーマ、アランクリタ、ヴィムクタ、リシャバガーミン、リシャバ、デーヴァシッダヤートラ、スパートラ、サルヴァバンダ、ラトナマクタ、チトラマクタ、スマクタ、ヴァラマクタ、チャラマクタ、ヴィマラマクタ、ローカンダラ、ヴィプロージャス、アパリビンナ、プンダリーカネートラ、サルヴァサハ、ブラフマグプタ、スブラフマ、アマラデーヴァ、アリマルダナ、チャンドラパドマ、チャンドラーバ、チャンドラテージャス、スソーマ、サムドラブッディ、ラタナシュリンガ、スチャンドラドゥリシュティ、ヘーマクローダ、アビンナラーシュトラ、アヴィクシプターンシャ、プランダラ、プンヤダッタ、ハラダラ、リシャバネートラ、バラバーフ、ヤショーダッタ、カマラージュニャ、ドゥリシュタシャクティ、ナランプラヴァーハ、プラナシュタドゥッカ、サマドゥリシュティ、ドゥリダデーヴァ、ヤシャケートゥ、チトラッチャダ、チャールッチャダ、ローカパリトラータル、ドゥッカムクタ、ラーシャトラデーヴァ、ルドラデーヴァ、バドラグプタ、ウダーガタ、アスカリタプラヴァラーグラ、ダヌナーシャ、ダルマグプタ、デーヴァグプタ、シュチガートラ、プラベーミ、[81]〔以上が〕アーリヤの種族に属する最初の百人である。

〔次に〕世尊ダルマダートゥ、グナケートゥ、ジュニャーナケートゥ、サティヤケートゥ、プシュパケートゥ、ヴァジュラサンガータ、ドゥリダハヌ、ドゥリダサンディ、アティウッチャガーミン、ヴィガタシャトル、チトラマーラ、ウルドゥヴァサンディ、グナグプタ、リシグプタ、プラランババーフ、リシデーヴァ、スネートラ、サーガラダラプルシャ、スローチャナ、アジタチャクラ、ウンナタ、アジタプシュヤラ、プラーシャ、マンガルヤ、ムブジャ、シンハテージャス、トリプタヴァサンタガンダ、アヴァドゥヤパラマブッディ、ナクシャトララージャ、バフラーシュトラ、アールヤークシャ、スグプティ、プラカーシャヴァルナ、サムリッダラーシュトラ、キールティニーヤ、ドゥリダシャクティ、ハルシャダッタ、ヤシャダッタ、ナーガバーフ、ヴィガタレーヌ、シャーンタレーヌ、ダーナプラグル、ウダーッタヴァルナ、バラバーフ、アミタウジャス、ドゥリタラーシュトラ、デーヴァローカービ

88

ラーシタ、プラティアグラルーパ、デーヴァラージャグプタ、ダーモーダラ、ダルマラージャ、チャトゥラスラヴァダナ、ヨージャナーバ、パドモーシュニーシャ、スプタヴィクラマ、ラージャハンサガーミン、スヴァラクシャナマンディタ、シティチューダ、マニマクタ、プラシャスタヴァルナ、デーヴァーバラナ、カルパドゥシュヤグプタ、サードゥルーパ、アクシャタブッディ、ローカパドマ、ガンビーラブッディ、シャクラバーヌ、インドラドゥヴァジャ、ダーナヴァクラ、マヌシュヤデーヴァ、マヌシュヤダッタ、ソーマッチャトラ、アーディトヤダッタ、ヤーマグプタ、ナクシャトラグプタ、スミトラルーパ、サティヤバーヌ、プシュヤグプタ、ヴリハスパティグプタ、ガガナガーミン、シュッバナータ、スヴァルナ、カナカークシャ、プラサンナブッディ、アヴィプラナシュタラーシュトラ、ウダグラガーミン、シュバダンタ、スヴィマラダンタ、スヴァダナ、クラナンダナ、ジャナクシャトリヤ、ローカクシャトリヤ、アナンタグプタ、ダルマグプタ、スークシュマヴァストラ、〔以上が〕アーリヤの種族に属する二番目の百人である。

〔次に〕プラティアーサンナブッディ、サトヴァサハ、マヌシュヤナーガ、ウパセーナ、スヴァルナチャーリン、プラブータヴァルナ、スビクシャーカーンタ、ビクシュデーヴァ、プラブッダシーラ、ナヒーナガルバ、アナーランバ、ラタナムドラ、ハーラブーシタ、プラシッダデーヴァナ、スガンディヴァストラ、スヴィジュリンビタ、アミタローチャナ、ウダーッタキールティ、サーガララージャ、ムリガデーヴァ、クスマヘースタ、ラトナシュリンガ、チトラヴァルナ、パドマラジャヴァルナ、サマンタガンダ、ウダーラグプタ、プラシャーンタローガ、プラダクシナールタ、サンクシプタブッディ、アナンタッチャトラ、ヨージャナサハスラダルシン、ウトパラパドマネートラ、アティプシュパ、アニヴァルティカバラ、スヴァグナシャーカ、サンチトーラ、マハーラージャ、チャールチャラナ、プラシッダランガ、トゥリマンガラ、スヴァルナセーナ、ヴァルティタールタ、アサンキールナ、デーヴァガルバ、スプリーティヤラティ、ヴィマーナラージャン、パリマンダナールタ、デーヴァサトヴァ、ヴィプラタラーンシャ、サリーラガジャガーミン、ヴィルーダブーミ、以上である」

以上、吉祥なる『マハーヴァストゥ・アヴァダーナ』における「第八地」を終わる。

1-(9) 第九地

「さらにそれから、頭陀法を遵守する者よ、この直後に、世尊チトラバーヌ、チャールバーヌ、ディープタバーヌ、ルチタバーヌ、アシタバーヌ、ヘーマラタ、チャーミーカラガウラ、ラジャカラタ、スヤクシャ、アクショーブヤ、アパリシュロータヴァーハナ、デーヴァーランクリタ、スブーシタカンダ、シティラクンダラ、マニカルナ、スラクシャナ、スヴィシュッダ、ヴィマラジェーンドラ、デーヴァチューダ、マンダーラヴァガンダ、パタンガチャラ、チャールガンダ、インドラチュールナ、シャイララージャケートゥ、アリマルダナ、マニチャクラ、ヴィマローッタリーヤ、サティヤーバラナ、ドゥリダヴィールヤ、ナンディグプタ、アーナンダマーラ、チャクラヴァーラグプタ、ドゥリダムーラ、アーナンダチャンドラ、ブラフマドゥヴァンサデーヴァ、サウンバヴァトサバーフ、サミークシタヴァダナ、サティヤーヴァターラ、スプラティシュティタブッディ、ハーラシータラーンガ、スカプラバ、ブーリサトヴァ、バドラグプタ、チャンドラシュバ、バドラテージャス、イシュタルーパ、チャクラヴァルティダッタ、スヴィチャクシャナガートラ、ヴァイシュラーヴァナラージャン、サムリッダヤクシャ、サンマタラシュミ、ダルシャナクシャマ、スラジャマーラーダーリン、スヴァルナヴィシャーナ、ブータールタケートゥ、ラトナルディラケートゥ、マハールシャチューダ、テージャグプタ、ヴァルナラージャ、ウダーッタヴァストラ、ヴァジュラグプタ、ダンニャバーヌ、ウッタプタラーシュトラ、ヴィシャーラプラバ、ローカスンダラ、アビルーパ、ヒランニャダンニャシリカ、プラブータデーハカルナ、プラーガジタ、ヴィチトラマクタ、ダーナヴァグプタ、ラーフヴァミン、プンヤラーシ、サリラグプタ、シャミタシャトル、ラトナユーパ、スヴィカルパーンガ、アジタバラ、サティヤナーマ、アヴィラクタラーシュトラ、ヴァイシュヴァーナラグプタ、マドゥラヴァダナ、クスモートパラ、ウッタラクルラージャ、アンジャリマーラーダーリン、ダナパティグプタ、タルナールカバーヌ、アヌルーパガートラ、ラトラカランダケートゥ、マハーコーシャ、バフラケーシャ、プシュパマンジャリマンディタ、アナパヴィッダカルナ、アナーヴィッダカルナ、シターシタローチャナ、アラクタプラヴァーダ、シンホーラスカ、アリシュタネーミ、バフラージャン、〔これらが〕第九地において〔世尊が仕えられた〕アーリヤ種族の最初の百人である。

〔それから、また〕ブーミデーヴァ、プンダリーカークシャ、サードゥプラバ、ジョーティグプタ、バフプラバ、サティヤンヴァチャ、バヴァデーヴァグプタ、サンヴリッタテージャス、ニルパガータ、ジャーヌトラスタ、ラトナシャヤナ、クスマシャヤナ、チトラシャヤナ、ダンタシャヤナ、スプラティシュタチャラナ、サルヴァデーヴァグプタ、アラジョーッタリーヤ、スヴァーヤンバヴェーンドラ、プラサンナヴァルナ、バヴァケートゥ、クシーラプールナーンバ、アナンタブッディ、カナカカナーガラージャテージャス、バンダナーンタカラ、アヌグラヴァルナクシェーマグプタ、ジナカーンタラ、ヴィマラ、マリーチジャーラ、アジタセーナラージャン、カナカラーシ、ガウラ、パドママーラ、ラージャクシェートラグプタ、サマパクシャ、チャートゥルデーヴァ、デーヴァグプタ、プシュカラーンガ、ドゥヴィジャーティラージャ、バフセーナ、クムダガンダ、シャヴァラーシュヴァ、シャドヴィシャーナパータ、スラビチャンダナ、ラージャン、サハスラダートゥリ、アバヤデーヴァ、アリニハントゥリ、ヴィマラシカラ、ドゥーラーローハブッディ、ヤクシャコーティグプタ、ラトナチャンクラマ、ジャーラーンタラ、パリシュッダカルマ、カーマデーヴァ、グルラトナ、シャタサハスラマートゥリ、シュチプラローハ、スティミタラージャン、ヴリッダデーヴァ、グルジャナプージタ、ジャヤンタデーヴァ、スジャータブッディ、サミークシタールタ、ウッジタパラ、デーヴァービカ、アスラデーヴァ、ガンダルヴァギータ、ヴィーナーラヴァゴーシャ、シュッダダンタ、スダンタ、チャールダンタ、アムリタパラ、マールゴードゥヨータイタル、マニクンダラダラ、ヘーマジャーラプラバ、ナーガボーガバーフ、カマラダラ、アショーカサトヴァ、ラクシュミープトラ、スニルミタルーパ、イーシュヴァラグプタ、ローカパーララージャン、スニドゥヤーナ、アグラプルシャ、アニハタヴァルナ、クンダプシュパガンダ、アンクシャ、アールドゥラヴァッリプラティルーパ、カールヤターヴィチャーラ、スヴァテージャディープタ、プラカーシャダルマ、アールヤヴァンシャケートゥ、デーヴァラージャプラバ、プラティアクシャデーヴァ、アヒバーヌラーガ、クスモーッタリーヤ、アヴィラサ、プラタマラージャン、プンダリーカラージャン、スビクシャラージャ、〔これらが〕第九地において〔世尊が仕えられた〕アーリヤ種族の第二〔の百人〕である。

〔また〕スニグタガートラ、パラマールタサトヴァ、アクリンナガートラ、ダルマシューラ、スティールタ、ローカーローカニヒタマッラ、クンダプシュパガンダ、アノータプタガートラ、ウパードゥヤーヤラージャン、プラヴァラーグラマティ、アナビブータヤシャ、アヌパッチンナーランバ、デーヴァグル、ラトナプシュパ、シュッダサトヴァ、ヴァイドゥールヤシカラ、チトラマールヤ、スガンダカーヤ、アナンタコーシャ、サママティタ、サティヤプラバ、アディーナガーミン、スヴィクラーンタ、アサンブラーンタヴァチャナ、グルデーヴァ、ナラデーヴァ、ナラヴァーハナ、ラトナハスタ、ローカプリヤ、パリンディタールタ、アヴィシュシュカムーラ、アパリトゥリシタ、サルヴァシルパラージャ、グラハコーシャ、アヌラクタラーシュトラ、シヴァダッタマーラ、シカラダッタ、チトラマーラ、マハーヴィマーナ、アノータプタガートラ、チトラヘーマジャーラ、シャーンタラジャ、サングリヒータパクシャ、アプラクリシュタ、ラクタチャンダナガンダ、アチャリタスマナス、ウパチタハヌ、ジュヴァリタヤシャス、ラチタマーラ、シラマクタ、テージャグプタラージャン〔にも仕えられた〕

以上、吉祥なる『マハーヴァストゥ・アヴァダーナ』における「第九地」を終わる。

1—(10) 第十地

こう言われて、同志マハーカーシャパは同志マハーカーティヤーヤナに「おお、勝者の子よ、また菩薩達は善根を積み、〔菩薩の〕仕事をなし終え、第九地を越えて第十地を成満し、兜率〔天〕の住居に近づいた後、人の存在を望みつつ、『もう二度と戻ることはない』等と考えて母の胎内に入るが、独覚や阿羅漢や学人〔声聞〕や凡夫等とは共通しない最上なる人々〔菩薩達〕の希有未曾有法を説明されよ」と言った。こう言われて、同志マハーカーティヤーヤナは同志マハーカーシャパに言った。

「正等覚者達は入胎を成就し、胎内の居住を成就し、誕生を成就する。正等覚者達は両親を成就し、正等覚者達は出家を成就し、また正等覚者達は精進を成就し、また正等覚者達は智の獲得を成就する。おお、頭陀法を遵守する者よ、正等覚者達はどのように入胎を成就するのか。

　前世の善根の集積《つみかさね》を有する誉れ高き勇者は、兜率の住居より死没せる際、優雅に〔世間を〕観察す。＝天の群衆の尊師にして、人天に利益をもたらし、利得を運べる偉人は、最上なる諸天に囲繞され、次の如くに考う。＝〈正に今こそ、我が〔人界に〕降りん時なり。大闇に迷い、眼を傷つけられ、眼を穢されたる有情が我を得ば、それもて解脱せん。＝今、如何なる女は戒の律儀や寂静に喜びを感じ、家柄善く、優しき言葉を語り、喜捨を望み、温和なるか。＝また如何なる女は威光を放ち、闇の如き貪の過失を破り、容姿の徳を究め、その行動は全くして、広大なる福徳を具うるや。

いかなる女は、我を十カ月の間〔胎内に〕保たんや。誰か我が母に相応しき幸福を持てるや。誰か我が母たるや。今、我は如何なる女の胎内に入らんや〉＝眺むるに、その時、浄飯王の後宮に、天の妻の如く、稲妻の如き女摩耶を彼は見たり。＝彼は彼女〔こそ我〕が母なりと見て、諸天に告ぐ。『人天を利益せんがため、最後の住処を得て〔彼女の〕胎内に入らん』＝最上なる飾りを付けし天の集団《ともがら》は合掌して彼に言えり。『最上なる人よ、優れし徳と福徳もて、貴方の誓願の花開かんことを。＝世間を利益せる人よ、多くの魅惑せらるる愛欲の喜びを一掃し、非の打ち所なき人を供養せんがため、我等も人界に住まん。＝有情の集団の尊師よ、我等は貴方と離ることを欲せず。また、蓮の如き眼を持つ人よ、貴方は人天の帰依処となるべし』

おお、頭陀法を遵守する者よ、ちょうどこのようにして、正等覚者達は入胎を成就する。おお、では頭陀法を遵守する者よ、正等覚者達はどのようにして胎内の住居を成就するのか。おお、頭陀法を遵守する者よ、実に菩薩達は母の胎内に入ると、母の子宮に依止して住し、母の背後に依止して住し、母の腹に依止して住し、〔また〕母の脇に依止して住する。おお、頭陀法を遵守する者よ、珊瑚や瑠璃の珠を素晴らしい糸に通すと、〔糸〕は〔珠に〕邪魔されてどこにも見えないが、〔珠が存在する〕部分はすべて〔糸の存在する場所として〕存在する。それと同じように、菩薩達は母の胎内に住していない〔ように見える〕が、〔実際は〕住しているのだ[82]。

おお、また実に、頭陀法を遵守する者よ、天の集団は心を喜ばせながら母の胎内に入った菩薩に近づき、合掌して頭を下げると、〔誕生の〕素晴らしき瞬間と素晴らしき日〔がいつか〕を尋ねる。そこで菩薩は右手を挙げて、そのような質問をする、その天の集団を歓迎するが、母を傷つけることはない。おお、頭陀法を遵守する者よ、また菩薩達は母の胎内にあって蹲踞しても、脇〔を下にして横〕になっても、どのような状態で住居しても〔母を傷つけることは〕絶対にない。おお、頭陀法を遵守する者よ、また実に菩薩達は結跏趺坐をして坐るが、母を傷つけることはない。おお、実に頭陀法を遵守する者よ、また善根ゆえに、菩薩達は母の胎内にありながら、〔有情の〕未来を説明する話(83)をする。

おお、実に頭陀法を遵守する者よ、また母の胎内に入った菩薩を供養するために、四六時中、昼も夜も止むことな
145 く天の楽器が演奏される。おお、頭陀法を遵守する者よ、また母の胎内に入った菩薩を供養するため、百千もの天女が天華と天香とを現して雨と降らし、いつまでも止むことがない。菩薩として母の胎内〔に入ること〕を始めとし、十力者として般涅槃するまで、天の沈水香は止むことがない。おお、頭陀法を遵守する者よ、実に菩薩達は母父から生まれたのではなく、実に自らの徳から生まれたのであり、化生なのである。ここで、こう言われる。

その時、蓮の葉の如き眼をし、数多の乾闥婆に伴われし初産の摩耶は、実に甘き〔声もて〕理路整然と浄飯に告げり。＝『妾は不殺生と梵行とを受持せん。しかしてまた、偸盗・飲酒・無駄話より厭離せん。＝最上なる人よ、妾は麁悪なる言葉や、また離間〔語〕より厭離せん。しかして、王よ、妄語より妾は厭離せん。これぞ妾の決意なり。＝更に妾は他人の悦びを妬まず、また害する心を起こさざらん。妾は生物《いきもの》に慈悲の心を抱き、また邪見を打ち破らん。＝王よ、妾は十一種の戒(84)を実践せん。あの夜の間中、かくの如き決意が妾に生じたり。＝しかしてまた、実に王よ、愛欲の思いを抱きて妾を求むべからず。妾が梵行を修せし間、非法あるべからずと考え
146 よ』＝王は妻にかく言えり。『最上なる宮殿に住む者よ、我と王国の者とは、汝の意志に沿い、〔汝の〕望みを叶えん。喜ぶべし』＝随喜せる最高なる千人の女を引き連れて最上なる宮殿に昇るや、彼女は魅力溢れし眷族と共に坐せり。＝彼女は雪の如く白蓮華にも似たる寝台の上にて、寂静と〔自己の〕制御とを楽しみつつ、黙然として暫しの時を過ごしたり。

その時、最上なる花環を着けし数多の天女が好奇の心を起こし、勝者の母に会わんとて近づき、楼閣の美しき屋上に降り立てり。＝近づくや、最上なる稲妻に似たる摩耶の寝台に横たわれるを見て、広大なる喜・楽を生じ、

その時、天に生えたる華を雨降らせり。＝彼女等は暫し〔そこに〕立ちて内〔観〕せり。〈人にしてかくも高貴に希有なる容姿《すがた》は、天女にすら匹敵する者なし。＝ああ、皆の衆、婦人の美がいかに〔王に〕相応しきかを見るべし。寝台上の彼女は、金の〔川の〕流れの如く、輝き、魅力ありて、神々し。＝限りなき布施・自己制御・戒

147 を喜び、一切の漏を滅し、〔煩悩の〕塵を離れたる偉人を彼女は身籠もれり。王妃よ、何ぞ貴女に不足せりや。＝最上なる産毛の生え、種々なる賞賛を得、掌の如く弓なりになれる腹、そこに住処を獲得せし世尊・施恵者は、不浄に穢さるることなし。＝貴女は世尊の母に相応しき女にして最上なる母なり。またその息子こそ最上なる人にして、有を滅せる世尊なり。王妃よ、何ぞ貴女に不足せりや〉と。

おお、実に頭陀法を遵守する者よ、菩薩の母達が最後生の菩薩を孕んだ場合、その麗しき女達の生涯において、清浄にして完全な梵行が成満される。また、その麗しき最上の女達の心には、〔自分の〕夫を始めとし、一切の男に対する貪が生じることはない。おお、頭陀法を遵守する者よ、また菩薩が母の胎内にいる時、菩薩の母達は〔その〕体を天の衣で覆い、天の装飾品を〔身に〕着け、また天女の集団が菩薩の母を充分に沐浴させ、体に香水を擦り込み、按摩し、水を掛けて〔彼女の〕世話をする。〔また〕菩薩が母の胎内にいる時、菩薩の母は、百千もの天女と共に笑い声を上げる。同様に、最高の若さの盛りに到達した天女達は、曼陀羅華のリボンで、眠れる菩薩の母に風を送る。そしてその麗しき最上の女達の胎内に菩薩が入る時、菩薩の母は、他の女のようには、いかなる苦痛も経験すること

148 がない。〔まだ〕仏になってはいないが、兜率〔天〕の住処を始めとして、あらゆる菩薩達の五蓋は遮止されている。そして十カ月が満ちると、[85]すべての菩薩は母の胎内の右脇から現れ出るが、その脇を破ることはない。そしてこの場合、まったく遅れることがない。以上が〔菩薩の〕誕生だが、これについて次のように言われる。

さて十カ月が満ちし時、[86]福徳多き〔菩薩〕の母は、ある望みを抱くや、浄飯に近づきて、かく言えり。＝『王よ、園林に行かんとの思いが妾に生じたり。妾に車と護衛に適《かな》える者とを疾く用意せよ』＝この言葉を聞くや、

149

大地の守護者・浄飯王は大いに心を喜ばせ、愛情の念を抱き、最上なる眷族に告げり。＝『象と馬とを具え、歩兵に満ち、投げ矢・弓矢・槍もて輝く大軍隊を疾く用意して、我に知らすべし。＝また、最上なる金鈴の音の甘美に鳴り響ける四頭立ての馬車を十百千、直ちに繋げ。＝黒き顔料もて固めしが如き、鎧を纏いて充分に武装したる優れし象を十百千、直ちに調達せよ。＝鎧や甲冑を付けて、怯むことなき勇者等を用意せよ。彼等を二万人、直ちに用意すべし。＝最上なる花環と衣とを纏いし麗しき女等と、鈴の鳴り、金の網を被せし妙なる馬車とを王妃に持たせよ。＝すぐにルンビニーの園林より草・塵・〔枯れ〕葉・埃を取り除き、〔そこを〕充分綺麗に心地好くし、王妃に天の〔如き〕世界を作るべし。＝最上なる樹木を各々、細布・冠布・毛織布・絹布もて飾れ。天なる、諸天の最高者〔帝釈天〕の如意樹の如く』

王のこの言葉に『御意に』と同意するや、直ちに『仰せの如くになせり』と王に知らせたり。＝魔王の力を挫く〔世尊〕の母は、気品溢るる愛顔にて、侍女等を伴うや、その魅力ある車に乗れり。＝暴流の如き歩兵と暴流の如き車の群と共に首尾よく出発せる人中の最上者の軍勢は、種々なる飾りもて輝けり。＝勝者の母摩耶は友に囲繞せられてその林に入るや、遊歩すること、喜び方を知れる最上なる天の妻の、チトララタを遊歩するが如し。＝彼女は遊ぶべく無花果の木に近づき、手もて〔その〕枝に寄り掛かり、名声を保てる〔世尊〕を生む時の来たるや、優雅に〔両足を〕拡げたり。[87]

150

さてその時、二万の比類なき天女が両手もて合掌し、摩耶を祝福して言えり。＝『王妃よ、老と〔再〕生を滅し、天上にても地上にても敬われ、人天に利益をなす恩人にして、不死を蔵せる善き王子を、今日、貴女は出産せん。＝王妃よ、気落ちすべからず。我等が貴女の御世話をせん。用事あらば、見よ、すぐになさん。心配すべからず』＝意識を正しく持ち、勝〔義〕を語る麗しき牟尼は、摩耶の右脇より母を傷つくることなく誕生せり。＝人中の最上者が誕生されし時、幾千なる都城や町は[88]種々なる宝石の集積《やま》の如く輝き、また〔その〕光明は無垢なりき。

おお、頭陀法を遵守する者よ、誕生されたばかりの菩薩が最後生であると説明できる有情は、浄居天以外に有情衆の中にはいない。ここで次のように言われる。

151

八千もの最上なる大自在者が布を頭に巻き、婆羅門の衣に〔身を〕纏いて、カピラヴァストゥの町に向かえり。‖最上なる衣を纏い、最上なる装飾品を着けし最上なる有情等は、王宮の門に近づくや、心喜ばせて門衛に告げり。‖『浄飯〔王〕のもとに行きて言え。〝もし貴方が許さば、相の徳や法則を熟知せる八千の者が中に入らんと欲し、〔外に〕立つなり〟と』‖その言葉を聞くや、門衛は最上なる王に近づきて合掌礼拝し、王にかく言えり。

『比類なき力の持ち主よ、光を放つ人よ、敵を滅したる貴方は安楽にして末永き王権を行使されんことを。天に似たる者等が門に立ち、中に入らんと欲す。‖彼等は円満にして無垢なる眼に甘美なる声もちて、歩むこと発情期の象の如し。我は彼等に〈彼等は人にあらず、天の子ならんか〉との疑いを持てり。‖彼等が遊歩せるに、地面の塵は〔彼等の〕最上なる足を汚さず、彼等が遊歩せるに、〔それに〕伴う音は些《いささ》かも聞こえず。‖奥深く魅力ある身振りし、顔つき高貴にして、視線の寂静なる彼等は、見る人に広大なる喜びを生ぜしめん。[89]‖必ずや貴方の最上なる息子を見んとて、最上なる人等は来たるならん。天の集団や人の中にて最上なる人中の獅子を敬礼し、祝福せんがため』‖この言葉を聞くや、王は門衛に言えり。『おお、我は許さん。広大なる宮殿に彼等を入るべし』

152

天空と同じき光を放ち、行い浄らかにして、最上なる天の集団は、高貴なる家系の中にても卓越せる〔王〕の宮殿に入りたり。‖浄飯王は遠く大自在者〔天〕等を見るや、尊敬の念に打たれ、眷族と共に座より立ち上がれり。‖王は皆に挨拶せり。『善来、ようこそ。貴方等の容姿、静寂さ、〔自己〕制御の力もて、我等に喜びは生ず。

＝これらは最上なる形に設え直したる最上なる座なり。我等を饒益せんがため、皆は先ず坐られんことを』＝その時、金銀色に輝く足なる座、高慢・自慢・驕慢を払拭せる彼等はそこに快適に坐れり。＝彼等が坐るや否や、ある者は王に言えり。『我々がここに来たるその所以《わけ》を貴方は聞くべし。＝実に非の打ち所なき体にして、相の全きを得たる御子息は貴方に誕生せり。（…）

我等は相に精通し、相もて過失と徳を見分くるなり。もし貴方に不都合なくば、我等は偉人の相を具えし貴方の御子息を拝見せん』＝彼は言えり。『来たれ。素晴らしき名声と幸福を持ち、[90] 人天中に名誉と賞賛を博し、〔偉人〕相の〔全ての〕要素を成就せる我が息子を御覧あれ！[91]』＝その時、最上なる王は、柔布と毛織物の中にて寝《い》ね、金光を発し、人天に高く賞賛されし〝授かり物〟のもとに〔彼等を〕連れ行けり。＝最上なる人の最上なる足を遠くより拝見せし後、大自在者（天）等は王冠を外し[92]、頭を地に着け〔礼拝せ〕り。＝乳の如く輝き、月にも似たる頭を地面に着くるや、実に長き間、待ち望まれし十力者に歓喜して立てり。

おお、頭陀法を遵守する者よ、実に菩薩は誕生されると、師匠につかずして、あらゆる人の技芸を成就する。おお、頭陀法を遵守する者よ、実に菩薩達は兜率〔天〕の住居を始めとして、欲望の対象に執着することがない」

〔こう言われて、同志マハーカーシャパは同志マハーカーティヤーヤナに言った。〕「おお、勝者の子よ、菩薩達は煩悩を断じていないのに、欲望の対象に執着しないのは、いかなる因縁があるのか。またどうしてラーフラが生まれたのか」と。

こう言われて、同志マハーカーティヤーヤナは同志マハーカーシャパに言った。

「菩薩達は善を集積したために、欲望の対象に執着しない。善き意向のために、最勝なる意向のために、そして優れた意向のために、菩薩達は欲望の対象に執着しない。欲望の対象を切望しないために、智を旗印とするために、それ〔欲望の対象〕に固執しないために、〔そして〕欲望を寄せつけないために、菩薩達は欲望の対象に執着しない。高潔

であるために、低俗でないために、そして善を修習しているために、また『彼は正等覚者になるだろう』と〔言っ
て〕最上なる人として世間〔の人〕に期待されているために、菩薩達は欲望の対象に執着しない。また、ラーフラは
兜率〔天〕衆から死没して、クシャトリヤの娘である母ヤショーダラーの胎内に入った。おお、頭陀法を遵守する者
よ、こう伝説されている。転輪王は化生者として生まれてきた。たとえば、クスマチューダ、ヘーマヴァルナ、ガー
154 ンダルヴァ、スマーラ、ラトナダンダ、スヴィマーナ、アールジァヴァ、マーンダートゥリ、スナヤ、スヴァストラ、
バフパクシャ、トーラグリーヴァ、マニヴィラジャ、パヴァナ、マルデーヴァ、スプリヤ、ティヤーガヴァット、
シュッダヴァンシャ、ドゥラーローハである。彼らを始めとする転輪〔王〕の群衆は化生者として生まれたが、麗し
きラーフラはそうではない」

「おお、勝者の子よ、[93]〔では〕どのようにして菩薩達は出家を成就する者となるのか」

「おお、頭陀法を遵守する者よ、[94]かつて菩薩は出家された。彼は王宮におられた時、〔御者〕チャンダカに詩頌で告げられた。

『チャンダカよ、疾くカンタカを連れ来たれ。手間取るべからず。今日、我は征し難き戦いを勝ち取らん。喜ぶ
べし』＝チャンダカは顔中に涙を湛え、深い溜め息をつくや、憂いを含める声を上ぐ。眠れる王〔家の〕人を目
覚めさせせんがため、涙を流し〔て叫べ〕り。＝『今、何が故に〔侍女等〕は美しき髪の束を緩め、[95]香水の洪水[96]の
如き寝台の中にて愛欲に凌駕さるるや。今こそ悲嘆し、憂い、嘆き悲しまん時にして、眠れる者が目覚む〔べ
き〕時なるに。＝人中の最高者の出家せんとする時に、〔何が故に〕サウダーマニーの如き容姿《すがた》なる王妃は〔今
155 まで〕実に長き間目覚めおりしに、〔今〕最上なる天の町なる天の妻の如く気楽に横たわるや。＝今、人中の自
在者の王妃にして、子への愛情に溢れたる、大いなる愛眼の母は、愛する者との悲しき別離が迫れるに、[97]眠気に
負けて〔我が〕叫びたるに気づかず。＝今、矢・投げ槍・箭・刀・輝ける鎧を身に着け、象と最上なる馬もて武

装せる兵士等の軍隊は何処にあるや。釈迦族の最上者の出家せんとするに気づかざる〔軍隊〕は如何なる徳をかなす。＝我は誰をか起こさん。誰か我を助けん。〔もう〕一日も無駄に〔できぬに〕我は何をかなすべきや。ああ、金や金貨に似たる人を失える王は、親族の者ともどもに、〔その〕身を滅ぼさん！』

天の集団《ともがら》は甘き調子にて彼に語れり。『チャンダカよ、何をか嘆く。汝の嘆き悲しみて如何んせん。訓練《なら》されし兵士すら彼を止むること能わざるに、何が故に汝が〔なしえん〕。＝カピラヴァストゥを目覚まさんとて、誰か太鼓や鼓や千なる螺貝の音を鳴らさんも、繁栄にて満たされし最上なる町は、天主〔帝釈天〕等に眠らされて目覚むることなからん。＝珠宝の冠を着けし天空の諸天の、尊重せられたる人に従順なるを汝は先ず見よ。数多の者は合掌し、〔彼の足を〕頭に戴きて礼拝するや、〝貴方は〔我等の〕親類、貴方は〔我等の〕帰依処なり〟と帰命せり。＝しかれば、乳の如き〔白く輝く〕金の美を具え、〔師と〕同じき〔日に〕生まれし導師の馬カンタカを喜びて連れ来たれ。地上にも天上にも人中の最高者を妨ぐること能わず。汝は最上なる馬を連れ来たれ』

白きこと満開なる蓮の咲き乱れし池のジャスミンの如く、満月の美を有《も》ち、師と同じき〔日に〕生まれしその馬を、偉大なる徳を保てる彼の言葉に負けし彼は、〔天の所言を〕素直に聞き、泣きつつ連れ来たれり。＝『導師よ、最上相もて体は荘厳され、足は素晴らしき稲妻の如く、卓越せる魅力を具えし貴方の〔馬〕を用意せり。最上なる容姿を具えし人よ、広大なる胸と肩とを持てる人よ、今、貴方の決心されしが成就せんことを。＝しかして、力強き人よ、貴方の敵〔煩悩〕は、貴方の最上なる威光に屈伏し、弱く折られし麦〔の如く〕直ちに征服されんことを。人中の最高者よ、大目的と結びつける、金山の如き貴方の願望が成満せんことを。＝貴方を邪魔する者は立ち去るべし。しかるに、より優れしを貴方にもたらす者は、広大なる力を獲得すべし。貴方の目指せるその誓いの究極に、貴方の行かれんことを。発情期の最上なる象の悠然と歩むが如く』

珠宝を敷き詰めし王宮の地面の、カンタカの足もて蹴られて鳴り響くや、前代未聞の甘美なる音は闇夜に木霊せり。＝花環を〔首に〕下げ、王冠を取り外したる四人の世間の守護者は、赤蓮華の如き手をカンタカの足元に差し出だせり。＝前方に、最上なる金剛杵を持ち、髻に珠宝を結べる、千眼具うる三十〔三〕天の尊師・帝釈天は、人中の最上者の前を進めり。＝カンタカが論者の虎〔世尊〕を運ぶとなすは偏《ひとえ》に浅見なり。〔実は〕諸天の、雨の如く最上なる光を放つ人を最上なる手もて摑みて運ぶなり。＝最上なる町より出づるや、人中の獅子は最上なる町を一瞥せり。〈老・死の彼岸に渡るまで、我は再びここに入らず〉と。

おお、頭陀法を遵守する者よ、実に正等覚者達は、このようにして出家を成就する者となられた。おお、頭陀法を遵守する者よ、一劫および残りの劫をかけても、私は菩薩の入胎より始めて出家に至るまで〔の経緯〕を詳しく説くことはできない。

〔諸仏の特性〕

また〔仏の〕徳を完全に理解することもできない。したがって、正等覚者達は多くの徳を成就した者でもある。また彼らは菩提〔樹〕の根元に近づくと、まだ一切相智性を獲得していないが、五眼を具足する者となる」

こう言われて、同志マハーカーシャパは、同志マハーカーティヤーヤナに「おお、勝者の子よ、五眼を詳しく説明されよ。人天に満たされた衆会の者や一切有情の群衆は傾聴している」と言った。こう言われて、同志マハーカーティヤーヤナは、同志マハーカーシャパに言った。

「おお、頭陀法を遵守する者よ、正等覚者達には次の五眼がある。五つとは何かというと、(1)肉眼、(2)天眼、(3)慧眼、(4)法眼、(5)仏眼である。[98] おお、頭陀法を遵守する者よ、これら五眼は、独覚、阿羅漢、有学、〔そして〕一切の愚かな凡夫とは共通しない、正等覚者達〔だけ〕のものである。

おお、頭陀法を遵守する者よ、そのうち如来達の肉眼は、明を具足し、微細なものを見る〔力〕を具足し、真実を見る〔力〕を具足しているが、この肉眼は他の有情の有情身には存在しない。また、菩薩達が一切見性を獲得する時、〔ある〕場所を観察したいと思えば、〔それが〕どんなに遠くても、その視力は妨げられることがない。何故なら、〔彼らが過去世で〕広大な善を積んだからである。それはちょうど、転輪王が神通力で四支より成る軍隊と共に上空を通って洲から洲へと超えて行くのと同じであると見るべきであり、正等覚者達が歩いたり、神通力で不動の大地を越えて行きつつある時、〔それを〕望んでいるわけではないが、〔その大地〕が浮いたり沈んだり、沈んだり浮いたりするのと同じであるとも見るべきである。以上、これらを始めとする相のみによって、正等覚者達の肉眼は説明されるのである。〔一〕劫を経ても、正等覚者達の肉眼の徳を言い尽くすことはできない。何故なら、正等覚者達のいかなる〔徳〕も、世間と等しいものはないからである。また、大聖仙達のすべては実に世間を超越しているが、これと同じように、正等覚者達が達成するものも世間を超越している。しかし正等覚者達の肉眼は、他の有情の有情身にある〔肉眼〕と同じような色をし、〔同じような〕働きをし、〔同じ〕場所〔についているの〕である。

また〔天〕眼は、地上の天、夜叉、羅刹、欲〔界〕繋と色〔界〕繋の天も持っているが、彼らのよりも、正等覚者達の天眼の方が優れており、大きく、澄んでいる。これは、意所成の色に対して働く。

この世では、第八番目を初めとする人々、〔すなわち〕阿羅漢〔果〕に至るまでの人々〔四向四果〕が眼性を観察することでこの慧眼を具足するが、それよりも正等覚者達の慧眼の方が浄らかである。

そのうち、正等覚者達の法眼とは何かというと、それは十力によって意が遍く覆われていることである。では、十力とは何かというと、すなわち、

〔仏〕は理非理を知る、これぞ比類なき覚知を有する者の第一の力なり。彼は〔業の〕進む道をすべて知る、

160

これぞ第二の力なり。＝彼は種々なる要素より成る世間を知る、これぞ第三の力と言わる。彼は勝解の多様性を知る、これぞ第四の力なり。＝彼は他の人等の行いし善を知る、これぞ第五の力なり。彼は浄不浄の業力を知る、これぞ第六の力なり。＝彼は煩悩の浄化を知り、禅定や等至を知る、これぞ第七の力なり。彼は種々なる様相の過去の生涯を知る、これぞ第八の力なり。＝彼は清浄なる天眼を有《も》つ、これぞ第九の力なり。彼は一切の煩悩の滅を獲得す、これぞ第十の力なり。

これが意を遍く覆っている〔十〕力であり、このために、一切見者は天上でも地上でも名声を博して「十力者」と言われる。この十力に関する、意を遍く覆っている智が法眼と言われる。

仏眼とは何か。十八不共仏法がある。すなわち、(1)過去に関する如来の知見は妨げられない、(2)未来に関する〔如来の〕知見は妨げられない、(3)現在に関する〔如来の〕知見は妨げられない、(4)〔如来の〕一切の身業は智を先とし智に随転する、(5)〔如来の〕一切の語業は智を先とし智に随転する、(6)〔如来の〕一切の意業は智を先とし智に随転する、(7)意志を損失しない、(8)精進を損失しない、(9)念を損失しない、(10)三昧を損失しない、(11)智慧を損失しない、(12)解脱を損失しない、(13)躓かない、(14)喧騒がない、(15)念の喪失がない、(16)心が集中しないことがない、(17)熟慮せずに無関心になることがない、(18)〔有情に〕多様性の想を持つことがない、である。この十八不共仏法に関する智が、仏眼と言われる」

161

こう言われると、同志マハーカーシャパは同志マハーカーティヤーヤナに言った。「おお、勝者の子よ、このような諸地の説明は世尊に関して〔のみ〕言われることなのか、あるいは正等覚者達に関してもか」と。

こう言われて、同志マハーカーティヤーヤナは同志マハーカーシャパに言った。

「おお、頭陀法を遵守する者よ、ある時、世尊はヴァーラーナシー郊外にある鹿野苑・リシヴァダナで、二千八百人の阿羅漢に恭敬されていた。そこで世尊は十八〔不共〕仏法を分析し、『正等覚者達には、過去に関する不壊の知見がある』と、十地を明らかにされた。正等覚者シャーキャムニを最初と考えて、十地が説かれたのだ。これに関して、次のように言われる。

久しく輪廻しつつ、具眼者は浄意もて〔己が〕愛しきものをも布施す。故に如来は菩提座にて愛しき最上智に目覚むなり。‖心満たされし彼は、色彩に富む衣や装飾品もてよく飾られし女等を布施す。その業の果報にて、麗しき希有なる智は彼に生ず。‖諸有を輪廻しつつ、彼は有情に槍・矢・投げ槍・棍棒を放ちしことなし。それ 162 故、村や町を通り過ぎし時、彼の道に草・刺・棘なく、危険もなかりき。‖説法者なれば自らの奴隷にも恭しく傾聴し、〔彼の〕話を邪魔することなかりき。故に、彼の大衆に説法せし時、誰一人として喜ばざる者なく、満足せざる者なかりき。‖彼は優れし布施をなし、（…）疑念と共に疑惑をも除けり。故に、光輝の如き光明、涼しき光明は、彼の体より発せらる。

如何なる乞食者の要求も、人中の主なれば実を結ばざるなし。故に、彼の教えは、魔の力の絶滅に実を結ばざるなし。これ希有なり。‖彼は心喜ばせ、魅惑せらるる金のターラ樹を勝者等に布施す。故に、世の親戚は常に 163 笑顔にて[99]世間を（…）。これ希有なり。‖彼は心喜ばせ、宝石もて成る靴や履物を常に布施す。故に、最上なる人は常に大地に触れず、指四本分上を逍遙す。‖他の人等に繰り返し暴言を吐かるるも、主は〔それを〕耐え忍び、〔それに〕気をとらるることなし。故に、彼の歩まば、この山ある大地は隆起し、周囲は盛り上がる。‖彼は悲惨なる者を正しく保護し、〔苦境に〕陥れる大衆を引き上ぐ。故に、彼の〔歩む時〕、宝石もて成り、宝石の積《やま》なす大地は浮き沈みす」

＊　＊　＊　＊　＊[100]

自らの徳を賞賛する正等覚者によって「ブッダ・アヌスムリティ」と呼ばれる法門が説かれたが、その終わりで同志ヴァーギーサは[101]面と向かって正等覚者を褒め讃えた。
「限りなき視力と普遍なる眼を具え、百の福徳もて相とせる仏よ、〔我は〕貴方に帰依す。〔有情の〕利益と憐れ
み具え、勝義に精通せるガウタマよ、我は美声もて貴方に帰依を表明す。＝大仙よ、貴方は〔自ら〕渡りて〔他
164 の〕人を渡らしむ。〔世を〕安穏にする人よ、最上なる人よ、貴方は〔何も〕恐れず。正しく状況を説き明かし、
貴方は数多の人を真の不死へと導く。＝甚深・高貴・広大にして、限りなき視力を持つ大仙の戒は善く説かれた
り。敵を滅し、戒に卓越せる貴方は、この世にもかの世にも善き宗教的実践《ちかい》を具えたり。＝大仙よ、貴方の行い
は非の打ち所なく、過ちも欠くることもなく無漏なり。最高なる清浄さと明浄さに到達せし貴方は、常に輝くこ
と山頂の火の如し。＝麗しき人よ、貴方は心の安定と三昧に自在を得、全き状態に到達せり。貴方は心の自在を
得、最高なる自在力に到達し、虚偽の余地なく光り輝く。＝人天中にて尊敬せらるる人よ、（…）貴方は金の首
輪の如き光沢を放ちつつ、意のままに寂静なる無諍三昧[102]を享受す[103]。真に勇敢なるガウタマよ、貴方に帰依す。
165 　日の天空に大光を発し、また澄める〔夜〕空に満月の〔輝く〕如く、麗しき貴方は三昧に留まり、この世に光
り輝くこと製錬されし金の如し。＝疑いを持ち、意気消沈《しず》める[104]愚かなる有情は、寂静なる無諍三昧を享受せる貴
方の全き努力を知らず。人天に供養せらるる人よ、貴方に帰依す。＝象の如く歩む人よ、慧と念を具うる貴方の
無垢なる意もて〔世間を〕観察する時、また死の彼岸に至れる時、この大地は震動す。＝自ら神通力もて、古来
より伝わる[105]正しき見解を現観し、最上なる人よ、千の眼を持つマガヴァンの如き貴方は光り輝く。その言説を
述べ給え。＝災いと大いなる恐怖は終わりを告げたり。この先、それが生じることなく、それは地に落ちたり[106]。
〔業の〕果報の消え去ること風の音の如し。＝解脱せる心を有する人の解脱せる〔知〕見は不可思議にして、憶
166 測する〔他に〕道〔なし〕。勇者の言説は疑念の余地なく、寂静・温和にして、真理を生ぜしめ、光り輝く。＝
比類なきその言説を明かし給え。貴方は実に人々の前にて（…）。善く説かれ、実に甘美なる貴方の〔言説〕を

聞かば、渇きに苛まれし者の小川の水を飲むが如く、人は〔貴方の言説を吸収せん〕。

貴方は哀れなる有情の中にて、慈に満ち、自在力を持てる、最高なる弁才を考え給え。何が故ならん、貴方は、この世界の誰も〔渡ら〕ざる、最上なる法の彼岸に渡りたればなり。＝牟尼よ、一切の世間にて貴方の智慧は無上・無比なれば、譬えんものなし。全ての有情の中にて貴方の最高者なること、山々の〔最高峰〕たる須弥山の如し。＝貴方と同類・等価・同等なるは存在せず。徳を保持せる貴方を徳にて凌ぐ者の如何んぞ存在せん。諸法の中にて涅槃は不動の安楽なるが如く、貴方こそ〔有情の中の〕最高者にして、勝義の人なり。＝貪・痴・過失・慢・偽善・渇愛・渇望を断じ、〔あらゆる〕過失より心の解放《はな》たれし貴方は、天空に澄める満月の如く光り輝く。＝貴方の直ぐに歩みたる真理は偉大なる橋にして、正しき人こそそれを渡るなり。最上なる人よ、千眼持てるマガヴァンの如き貴方は光り輝く。その言説を述べ給え。＝煩悩より解放たれ、汚れなく、実に寂静にして、有情の帰依処たる三昧を享受し給え。有情を利益せんがため、自在者たる貴方は人天に供養せられて日の如く光り輝く。＝この世にもかの世にも、依存《よ》ることなき貴方は禅定に入り、禅定に留まりて楽しむ。数多の天は集い来たりて合掌し、帰依せる大仙に敬いて礼拝す」

＊　＊　＊　＊　＊

「浄眼[107]を持ち、老死を滅し、調御されざる者を調御せる諸仏の眼は、多種にして多様なり。＝世尊の行は世間を超え、〔世尊の〕善根も世間を超ゆ。牟尼の行住坐臥も世間を超ゆ。＝善逝の体は、有の束縛を滅せるも、ああ、それもまた世間を超ゆ。これに疑いを差し挟むべからず。＝牟尼は衣を保てるも世間を超ゆ。これに疑いなし。善逝の食を摂るもまた全く世間を超ゆ。＝人中の象たる〔諸仏〕の教えは、一切世間を超越すと考うべし。我は最上なる覚りの偉大なるを如実に説かん。＝〔説法すべき〕時と所の自在を得、業の熟して〔この世に〕生まるるや、導師等は吉祥なる真実の法を説く。
　諸仏は世間に行わるる世俗的なる〔習慣〕に随順す。〔しかるに〕世間を超越せる言説に随順する仕方もて。
＝最上なる人等は、四威儀路を明示す。業浄き彼等に、疲れは生ぜず。＝彼等は実に足を洗うも、足は蓮の葉の
如くなれば、そこに塵は着かず。これ世間〔の習慣〕に随順するをもてなり。＝正覚者等は実に沐浴するも、金
の鏡中に〔映りし〕像の如く、彼等に垢の着くにあらず。これ世間〔の習慣〕に随順するをもてなり。＝彼等は
歯を磨き、口を蓮の香で満たし、内衣・上衣・三衣を身に纏う。＝風が衣に吹かんも、それは〔彼等の〕体を掻
169 き乱さず。人中の獅子たる人の〔着〕衣は世間〔の習慣〕に随順するをもてなり。
　彼等は影の中に坐るも、〔日の〕熱の〔彼等を〕苦しめず。これ浄〔業の〕果〔報〕を持ちし諸仏の世間〔の
習慣〕に随順するをもてなり。＝彼等は薬草を服用《の》まんも、彼等に病は見られず。導師等の果は偉大なり。これ
世間〔の習慣〕に随順するをもてなり。＝勝者等は〔自らの〕業を覆い隠さんも業を明示し、〔己が〕自在力を
覆い隠す。これ世間〔の習慣〕に随順するをもてなり。＝彼等は食を摂るも、空腹は彼等を悩まさず。それ人に
布施せしめんがため、世間〔の習慣〕に随順するをもてなり。＝彼等は実に水を飲まんも、渇きは〔彼等を〕悩
まさず。これ大仙等の未曾有なる〔特性〕なり。これ世間〔の習慣〕に随順するをもてなり。＝勝者等は衣を身
に纏わんも、常に〔身は〕覆われ、〔その〕姿は天の如し。これ世間〔の習慣〕に随順するをもてなり。＝また
彼等は髪を剃り落とさんも、剃刀が彼等を傷つくることなし。黒きアンチモンの如き髪を剃るは、世間〔の習
慣〕に随順するをもてなり。
　彼等は〔己が〕老いを示さんも、彼等に老いは見られず。勝者等は勝者の徳を具うればなり。これ世間〔の習
慣〕に随順するをもてなり。＝彼等は無数千万劫の昔に福徳の完成に到達せんも、〔今〕始めて〔到達せるが如
170 く〕示現す。それ世間〔の習慣〕に随順するをもてなり。＝善逝の体は性交にて形成されしにあらざるも、〔己

が〕父母を明示す。これ世間〔の習慣〕に随順するをもてなり。＝ディーパンカラによりて如来は貪を離れしも、彼はラーフラを息子と明示す。これ世間〔の習慣〕に随順するをもてなり。＝彼等は無数千万劫の昔に智慧の完成に到達せんも、愚かなる行いを示す。これ世間〔の習慣〕に随順するをもてなり。＝天を含めるこの世にて邪なる言説を非難するも、また外道を追い求む。これ世間〔の習慣〕に随順するをもてなり。＝一切有情のためにとて、無類なる覚りを覚らんも、彼は関心なきを装うなり。これ世間〔の習慣〕に随順するをもてなり。

一切の正等覚者達は最高の徳を具足し、〔最高の〕言葉を具足している。正等覚者達の言葉は六十の徳を具足しているのである。六十とは何か[108]。

　歌声の如く甘き響きなす最上なる人の言葉は全ての方角に行き渡る。善逝の言葉は、琵琶の音や笛の音、〔また〕白鳥の鳴き声の如し。＝覚知の最上なる仏の声は〔雷〕雲の轟きの如くなるも、甘きこと郭公や車輪の轂《こしき》に似たる音をなし、海の音にも似て、鶴〔の声〕の如き威厳を具う。＝最上相を具うる〔諸仏〕の声は、緊那羅鳥や迦陵頻伽鳥の声、最上なる〔雷〕雲の音声、最上なる象の声、最高なる〔百〕獣の王の雄叫び〔の如く〕なり。＝人天の主《あるじ》なる〔諸仏〕の声は太鼓の音の如く奥深く、森の精霊の起こせる風の吹くが〔如き音〕にして、大地を揺るがす音なり。＝赤き唇に、実に薄き舌なる勝者の話す声は、五支の楽器[109]の音に似て、穏やかなる鵞鳥や孔雀の〔声の〕如く、穏やかに流れ出づ。＝最上・最高なる徳を持つ〔諸仏〕の声は、乾闥婆の歌の如く甘く、水流の滝〔を落つるが〕如き音にして、中身の詰まれる声なり。

　地上や天上にて最高の声なる諸仏の声は、爽快さに満つるが如く、金の網に等しき音をなし、瓔珞の揺るる音に似る。＝最上相を持てる〔諸仏〕の声は、速すぎず、凸凹せず、妨げられず、甘く、流暢なる言葉の集まりもて転ず。＝実に甘き十力者等の声は、たとえ那由多の世界にも、一切衆会に行き渡り、一切衆会に知らしめん。＝スキタイ人・ギリシャ人・中国人・ラマタ人・ペルシャ人・ダラダ人なる無法者の衆会の中に、一種なる言葉

109　B群　十　地

を発するや、それは全ての領域に行き渡る。＝〔全ての方向に〕行き渡る最上人の声は、衆会の人を越え行かず。
172 また十力者の声は〔聴く者の心に〕留まりて、増えもせず減りもせず。＝善逝の声は優れたる音声にして、壊れず、駆り立てられず、煩わされず、〔…〕破られず、ガタガタと音を立つることもなし。＝またその言葉は歪みなく、〔他の〕言葉に打ち消されず、実に整える言葉なり。〔その〕声もて善人も悪人も全ての人を喜ばす。

　徳を保てる〔諸仏〕の声の、実に無垢なる歯を具えし口より発せらるるや、空飛ぶ鳥の群や森なる〔鳥の群〕は魅了さる。＝善逝の演説するに、溢れし言葉は衆会に行き渡り、それは人の望む声となりてその人の願望を満たすなり。＝最上なる声を具うる〔諸仏〕の声は、最上なる香を伴える音の如く〔甘美〕にして、山間の川の音の如く浄らかに、海鷲や鶚の声を導きつつ発せらる。＝勝者の声は、共命鳥の如く、〔また〕金のターラ樹の葉のざわめきの如く、鋭き太鼓の音や心地好き鼓の音に等しき声なり。＝知らるべく識別さるべきは、奥義を究むる最上なる諸仏の声にして、奥深く恐ろしき性質を具えしも、耳に心地好く、常に心に滲み入るなり。＝広大なる善の集積《つみかさね》にして、名声は限りなく、徳を保てる一切〔諸仏〕の声は、琵琶の如く聞かるべく、愛さるべきなり。

173 　ありのままに、〔諸仏〕の声が説明された。正等覚者達は次のように法を説く。『比丘達よ、私は無常なるものを常と説かないし、常なるものを無常と説かない。私は苦なるものを楽と説かないし、楽なるものを苦と説かない。私は無我なるものを我と説かないし、我なるものを無我とも説かない。私は不浄なるものを浄と説かないし、浄なるものを不浄と説かない。私は有色なるものを無色と説かないし、無色なるものを有色と説かない。私は善なるものを不善と説かないし、不善なるものを善と説かない。私は無漏なるものを有漏と説かないし、有漏なるものを無漏と説かない。私は有記なるものを無記と説かないし、無記なるものを有記と説かない。私は劣っているものを優れていると説かないし、優れているものを劣っていると説かない。私は在家的なものを出家的と説かないし、出家的なものを在家的と説かない』と。おお、頭陀法を遵守する者よ、実に正等覚者達は真理を語る者であり、正しき時に語る者であり、真実を語る者であり、意味を語る者であり、如実に語る者であり、誤りなく語る者であり、顛倒なく語る者であり、法を語る者であり、〔そして〕律を語る者である。おお、頭陀法を遵守する者よ、昔、ヴァーラーナシー郊外にある最上の森の中のリシヴァダナにおられた正等覚者が最上の〔法〕輪を転じられた日に、兜率天衆の天子でシカラダラと呼ばれる菩薩は、合掌し、敬重の念を持ち、恭しい心で礼拝すると、世尊に面と向かって申し上げた。

『善き姿せる貴方の声の、無礙なるは善い哉！　意味あり魅力ありて、成就すべき貴方の言葉は善い哉！＝〔貴方の声〕の善き声と調和し、音色《ねいろ》の途切れざる徳を具足されたるは善い哉！　大牟尼よ、貴方の四諦を宣言するは善い哉！＝天や乾闥婆の、貴方の甘き声を飲むは善い哉！　貴方はこの世で不退転の位にありて[110]、無比なる法輪を転ずるは善い哉！＝容姿・美貌・家柄・力量・威儀作法・精進・禅定・智〔心の〕寂静・調御にて、貴方に等しき者はこの世になし。

勇者よ、牟尼よ、今日、歓喜せる十倶胝なる天子は、貴方の最初の教えにて初果に導かれたり。＝自在者よ、勇者よ、第二の教えにて、貴方は三十倶胝なる天子を初果に導けり。＝牟尼よ、更に五十倶胝なる天子は第三の教えにて導かれ、悪趣より解脱せり。＝自在者よ、更に八十倶胝〔なる天子〕は第四の教えにて、悪趣より解脱するや、預流果にて調御せられたり。

故に、最高なる人よ、慈と悲にて貴方に等しき人はなし。雄牛の如き人よ、更に貴方は〔大〕悲の人なり。＝大牟尼よ、幸運にも[111]世に麗しき虎の如き人は生まれたり。彼等は一切有情を利益せんがために行わん。＝雄牛の如き人よ、貴方は王子として誕生し、久しからずして[112]当惑せる人の導師として、悩める人を導くを喜ぶ。＝有情の師よ、如何なる時も導師は消失すべからず。世間の友よ、貴方は限りなく〔この世に〕留まらん。

自在者よ、貴方の威光もて悪趣は縮小し、最高なる人よ、貴方を得て、天界は混雑す。＝人中の〔最高〕者よ、

176 邪性に確定《きま》れる集団《ともがら》に属する人は、貴方を得て、〔正邪〕不定の集団を満たす。＝天に礼拝せらるる人よ、〔正邪〕不定の集団は、高貴なる家に生まれし人よ、正性に確定れる集団に入るを得たり。＝日の如き人よ、不断に闇を滅せる貴方を得て、未曾有なる法の清浄性は得られたり。＝雄牛の如き勝者よ、大牟尼よ、貴方の真実の法を説きたるや、帝釈天を含める世間の者は貴方の言葉に満足せり。＝心喜ばせたる天の集団は、恩恵をもたらし、限りなき徳を具え、賞賛に値せる最高なる人をかく褒め讃えり』

おお、頭陀法を遵守する者よ、正等覚者達は〔有情を〕手助けする手順を具足し、時に関する智に力があり、浄眼を有し、むらのない見を持ち、終始正しい行為を具足し、法旗を高く掲げ、比類なき旗を持ち、争いや戦争を鎮め、[113]弁才に長け、不死に関する智を有し、また時には命を犠牲にし、[114]眼を持たない人を励まし、邪道に落ちた人を非難する。そこで次のように言われる。

一切諸仏はあらゆる様相の徳を具え、全ての意味を決定する導師・教師にして、賢者等に崇められる。＝散乱せざる智と清浄なる意もて、〔夜〕空の満月の如く三界に光り輝く。＝魅力ありて麗しき行もて、正しき善の根源たる有情の導師等は、大〔獅子〕吼をなすなり。＝〔有情の〕救済《すくい》に専心せる勇者等は人に教えを授く。真実を〔知〕見せる者等は、他の有情の口論するを鎮むなり。＝最上なる人等は〔この〕世に生まれ出づるも世俗に汚されず。自在者等よ、奥深き境界を持てる〔諸仏〕は言葉の表現を越ゆるなり。

177 賢者等は重軛を担いしも、落胆せず、もの言わば実に行い、〔彼等の〕行いは全し。＝自在者等は智の火もて、恐ろしき〔邪〕見の毒を焼き尽くし、恐れず脅えず有情に最高なるを与う。＝最勝なる人等は、恐ろしき〔輪廻の〕森を越え、安穏を獲得し、勇敢なる人等は宣言す。『ここ〔涅槃〕のみ恐れなき場所なり。＝老・死・病の生起は、ここにはあらず。ここに苦悩や憂いが生起することなし』＝彼の甘き言葉を聞くや、人天は〔仏の〕教えをそのままに行い、〔涅槃〕の楽を獲得す。＝故に、名声の広大なる〔諸仏〕は三界の最高者なり。善き人に崇拝《あが》めらるる彼等は〔常に〕歩み、決して休むことはなし」

〔幻　影〕

「おお、頭陀法を遵守する者よ、有情を摂益するために、正等覚者達は幻影[115]を化作する。例えば、世尊はカリンガの王と王妃クスマーのために幻影を化作され、〔また〕世尊は組合長ドゥルヴァには言葉の幻影を化作された。

＊　＊　＊　＊

まさにその如く、最高なる町・王舎城に世尊は幻影を化作せり。自らの所作に熟達せる彼は、ウパーリンに言葉の幻影を化作せり。＝また自在者中の自在者たる論者の獅子は、〔そこに〕集い来たれる者のため、別なる幻影を須弥山の斜面に〔化作し〕、大牟尼たる世尊は比丘の僧伽にそれを語れり。

＊　＊　＊　＊

我はこの魅力ある幻影すべてを説明せん。有情の最高者たる彼の遊戯を聞くべし。＝最高なる人の誕生し、法輪の転ぜられし時、カリンガの王は平和にして栄えし国を治めたり。＝名前をアバヤと言えるが、彼の信念は次の如く、〈浄であれ不浄であれ、業の果は存在せず〉と固く信じたり。＝〈来世も同じく存在せず、布施の果報は今世にも〔存在せず〕。離貪せる人、離瞋せる人、離痴せる人も存在せず〉と。＝さて彼はかくの如き信念を持ち、人を集めては、己が見解を説明し、後に翻すことはなかりき。＝〔彼は思う。〕〈もし我が〔亡き〕父の自

ら現に我が面前に近づきて〔我に〕話しかけなば、その時、我はかく〔来世ありと〕信ぜん。＝〔父〕は常に戒
179 を持ち、慈心を持ちたり。もしその果の存在せば、彼は天の町に行きしならん。＝天となりし〔父〕はこの我が
見解を知り、〔それを〕取り除くべし。〔我のもとに来たりて〕「来世あり。邪見を捨てよ」と言いて。＝その存
在の知られざる来世より父の我がもとに来たりて〔我が〕意を喜ばせんことを〉と。
　しかるに、世間を憐れみて、〔大〕悲を持ち、自信に溢れし牟尼は自らカリンガの〔先〕王の姿に変身せり。
＝後宮に入りたる彼は最上なる楼閣に昇り、後宮に〔生前の父王と〕同じ姿を示したり。＝その後、勇敢かつ最
高なる様に化作されし〔父〕王は、空中に留まりてアバヤ王に言えり。＝『汝は己が仕事を抛《なげう》ち、他人の仕事に
関われり。邪見と結びつきたる〔王権〕は名のみの王権にして、〔真の〕王権にあらず。＝実に恐ろしき地獄こ
そ今の汝の行き先にして、また汝に〔かく〕教えし者の行き先も〔地獄なり〕。＝何が故ならん、汝は〔自ら〕
害されて他を害し、〔自ら〕滅せられて他を滅し、また自ら盲目の恥辱を受けて他を盲目にし、＝〔自ら〕欺か
れて他を欺き、〔自ら〕死して他を殺し、意地悪き者よ、汝は幸ある有情を不幸にすればなり。＝愛欲の泥濘に
180 沈み、貪欲にして、欲望《のぞみ》の対象《あいて》に満たされし汝は来世を見んと欲す。王たる者は諸法に対する眼を持つ者なるが
故に。＝〔しかるに〕王よ、それは能《あた》うべからず。汝は欲望の対象に執着すればなり。自在者よ、汝は〔善き〕
来世に行くこと能わず。＝しかるに、欲望の対象の享受と〔その〕過ちとを如実に知らば、欲望の対象の帰依処
ならざるを知る我は、汝の〔生の〕次第を知るなり』
　これを聞くや、アバヤ王は恐怖に打ち震えたり。彼は礼拝するや、空中に〔留まれる〕麗しき姿の彼に言えり。
＝『天よ、我は貴方を信ず。それは実にかくの如くして、それ以外にあらず。導師よ、慈悲を垂れ給え。我を恐
れなき状態《ありさま》に解脱せしめ給え。＝比類なき方は後宮や大臣を引き連れ、我が師としてここに留まり給え。我は貴
方の導きにて自在者たり、他の数多の人もしかならん』＝これ有情を摂益せんがため、最高なる覚知と最上なる

覚知を具うる彼の化作せる幻影なり。

〔また〕クスンバ王の王妃クスマーは、〔王に〕寵愛され、幾千なるクスンバ王の妻の中にて最高なりと名を馳せり。＝彼女の父母は高齢にして、杖なくば歩くこと能わざりき。彼等は娘にかく言えり。『おい、娘クスマーよ、聞くべし。＝我等は老いたるに、汝は若く欲望の対象に搔き乱さる。我等は〔命を〕捨て、己が死を望むなり』

さてこの言葉を聞くや、クスマーは考えり。〈父母を殺すとて、妾に如何なる非難かあらん。＝妾は実に恐ろしき毒入りの食を二人に与えん。食せば、それもて両親は死すること疑いなし〉＝彼女は父母に対し、かような恐ろしき考えを確かにしたる時、師はクスマーに〔大〕悲を起こしたり。＝その時、正覚者たる師はクスマーの父母を去らしむるや、〔両親に〕似たる別の〔幻影〕を化作して立たしめたり。＝クスマーは毒入りの食を作り、化作されし〔両親〕に言えり。『母上、父上、食事を召し上がれ』＝勝者に化作されし〔両親〕は、震えず食するに、それは彼等の体を毫も害さず。しかるは化作されしものなればなり。＝化作されし〔両親〕は、二日、三日、四日、五日と毒入り〔の食〕を食するも、快く暮らしたり。

しかしてクスマーは合掌し、化作されし〔両親〕に言えり。『もし妾を憐愍《あわ》れまば、〔貴方の〕本性を妾に教え給え』＝化作されし両親は、合掌して質問《ただ》せるクスマーに言えり。『汝〔自身〕の罪を知れ。しかして〔次の如く〕せよ。＝獅子の如き人にして、三十二の最上相を持ち、良家の出身にて、一切知の徳を具える仏は〔世に〕出でり。＝論者の獅子たる彼の徳一切は、過去より未来へと〔永遠に〕留まり、知らるなり。これを疑うなかれ。＝後宮の女と共に最上なる楼閣に昇らせ、〝我等は一切の意味を知れる人のお姿を〔拝見せんと〕欲す〟と王に懇願せしめよ。＝その一切の徳を具える人に礼拝し、帰依すべし。さすれば、勝者はまさにその場にて汝の我等に尋ねしに答えん』＝『心得たり』と化作されし〔両親〕に同意するや、かの王は後宮の女を連れ、直ちに楼閣に昇りたり。＝後宮の女を連れたる王は、直ちに合掌して礼拝せり。王はクスマーと共にかくの如き言葉を発せり。＝『一切の徳を具足し、世間に憐れみを垂るる人になされし、合掌を伴う尊敬は最高なり』

その後、師は〔仏の〕教えを喜ぶ声聞等に告げたり。〔即ち〕[116]チャールヴァルナ、シンハハヌ、過失なきドゥリダバーフ、＝キールティマット、マハーナーガ、チャートゥランタ、マハーバラ、ニーラケーシャ、ヴリッダ、シャーンタ、シャーストゥラヴィシャーラダ、＝また、比類なきシャーラサ、過失なきグプタカーマ、シンハナンディ、ヴィシャーラークシャ、無上なるラクシャネーヤに。＝『比丘等よ、我はそこに行かん。師〔我〕に随従すべし。我はクスマー等の数多の人を教導せん』＝『心得たり』と同意するや、自在者たる阿羅漢等は正覚者を取り囲みて、かく言えり。＝『勇者よ、我等の足も鳥の如く〔空〕中を超え行かん。具眼者たる正覚者の行かん所に我等は随行す』＝世尊は弟子等に囲繞せられ、有情を憐《あわ》れまんとて、瞬時に都城クスマーに到着せり。＝導師は帝釈天の姿に変身し、禅定に自信《こころえ》ある彼は、禅定に〔入りて〕心もて天の集団《ともがら》を〔化作せり〕。

また〔世尊〕が十四由旬の光輪を放つや、諸天は覚知の最勝なる〔仏〕の進むを礼拝せり。＝その時、王妃クスマーは頭を垂れて善逝に言えり。『導師よ、妾は合掌して貴方の御足に礼拝せんと欲す』＝しかるに〔大〕師は最上なる楼閣の上に留まれり。しかして名声を誇れる〔世尊〕は光明にて全ての方角を凌駕し、＝その時、王妃クスマーは王と共に勝者の足を礼拝し、また王妃の従者も最勝なる人に〔礼拝せり〕。＝『天に礼拝せられし最勝なる人よ、妾は貴方に帰依す。父母を殺さば、如何なる果をか得る』＝『クスマーよ、父母を殺害する真実の果を聞くべし。〔その者〕は直ちに大阿鼻地獄に生まれ変わるなり』

その後、弁才に長けし師は、仏の神通力もてクスマーに大阿鼻地獄を見しめたり。＝その時、王妃クスマーは恐ろしき地獄に震え、涙を流しつつ、かく言葉を発せり。＝『〔今〕妾は父母に慈心を起こせしも、心汚れし人には如何なる果か来世にある。それを正しく説明し給え』＝『クスマーよ、心汚れし人は、その心を取り除くこと能わず。殺生の果は来世に覿面《てきめん》なり』[117]＝その後、クスマーは法王の前にて残忍なる意を捨て去り、喜と楽とに満たされたり。＝しかして一切に巧みなる〔世尊〕は、欲望《のぞみ》の対象《あいて》の享楽を説明し、また最高なる人は、欲望の対象〔への執着〕の危険も説明せり。＝また不可思議なる[118]勇敢さを持てる世尊は、欲望の対象より厭離せるを説明せり。真実を〔知〕見したる人は、涅槃の未曾有なる徳を説けり。＝牟尼はクスマーを上首とする十二倶胝なる人を教導するに、これぞ幻影と〔言わるるなり〕。

ドゥルヴァと呼ばるる組合長は都城カーシヴァルダナにあり。父母との交わりに、彼はかくの如き邪見を抱けり。＝〈老いて若さを失いし〔我が〕父母を、〔己が〕身内に引き取りて、飲食もて満たし、＝燃え滾《たぎ》る火蘊の中に父母を燃さん人の福徳は限りなし。〔彼には〕贈物を与うべし〉＝導師は幾千なる羅刹を化作するや、〔羅刹〕は最上なる楼閣に眠れるドゥルヴァの前に留まれり。＝彼等は手に棒を持ち、手に鞭を持ち、手に槍を持ち、また手に斧を持ち、手に刀を持ち、手に松明を持ち、また更に、＝手に鉄の棍棒を持ち、幾百なる矢を手にし、また手に槍や金槌を持ちて、組合長の前に立てり。

『汝は下劣なる者にして、実に非難さるべき〔邪〕見を持てり。非難さるべき虚偽を持ちたれば、汝は信ずるに値せず。＝なし難きをなす人、嘗て奉仕せし人、慈心を持てる人の災難に陥りし時、汝は〔彼等の〕死を望めり。＝全財宝を与えん息子も、全くそれに報ゆること能わざる人の死を汝は望む。＝かくの如きは〔正〕見にあらず。正しき人が実践せる見解を非難せる汝には、生くるより死するが相応し。＝今日、妻や親戚や奴隷と共に、汝の命は無に帰せん。死して地獄に堕つべし！＝友よ、この世では汝等に幸あれ。邪見を抱き、愚かにして無知なる心を持ち、＝罪深き〔邪〕見もて他人を誘惑し[119]、聖者の〔正〕見を非難したる組合長ドゥルヴァを我等は殺さん！』

しかるに、この言葉を聞くや、ドゥルヴァは体中に汗をかき、心を沈ませ、心を悩ませて、項垂《うなだ》れたり。＝彼

は周りを見渡すや、心は錯乱し、心は塞ぎ、合掌してかくの如き言葉を発せり。＝『羅刹の集団《ともがら》は我と〔我が〕
眷族に慈悲を垂れ給え。〔我は〕貴方等に帰依し帰命せん。まさに我が帰依処なり。＝今、如何なれば我が恐怖
は消え、また親戚衆と共に我を悪趣に行かざらしむかを教え給え』＝その時、妖怪の集団は空中に留まりて組合
長ドゥルヴァに言えり。『我等に帰依せんも無駄なり。汝はあの人にこそ帰依すべし。＝一切有情の利益を望み、
清浄なる人に崇拝せられ、一切世間を超越せる論者にして釈迦族の獅子たる麗しき仏に』＝『（…）有情の礼拝
せる世尊は何処におわす。我等も人中の最高者たる牟尼に帰依せん』
『あらゆる徳を具うる彼は、ラタナコーラカなる町の、種々なる花に覆われし香酔園にあり、＝そこに九万の阿
187 羅漢に尊敬せられ、勇敢にして〔四梵〕住に巧みなる牟尼は時を過ごせり。＝汝は全ての親戚と共に彼に帰依せ
よ。しかして日の如き彼を見て、その〔邪〕見を捨つべし。＝比喩にて荘厳せられし浄法を説く人を、汝は智慧
もて見るべし。さすれば汝は生き長らえん。＝もし〔そこに〕行かずんば、汝はドゥルヴァ〔堅固〕なるを成就
せず、汝に死は近づかん。〔己が〕信ずるを実践せよ』＝その時、心沈みし組合長は、親戚を引き連れて、最高
なる人のましますす大地に頭を着けたり。＝『あらゆる様相の徳を具え、大悲を持てる牟尼よ、大名声を博する人
よ、我は親戚衆と共に貴方に帰依せん。＝恐れ抱きし者の恐怖をなくす人よ、貴方は無畏を与うるに相応し。あ
あ、偉人よ、我は〔親戚〕衆と共に恐怖に襲わる。＝論者の最上者よ、我は師の御足に礼拝せんと欲す。もし我
等を憐愍《あわ》れまば、我は善き人を拝見せんと欲す』
しかして阿羅漢等に尊敬されし師は〔そこに〕出現す。導師は有情を憐れみて、瞬時に〔そこに〕出現せり。
188 ＝〔自己を〕調御し忍耐強く、〔皆に〕尊敬せられし世尊が空中に留まるを見て、組合長は親戚の者と共に喜べ
り。＝その時、組合長は論者の獅子たる彼に帰依せり。更に組合長は、生まれ善き人の見を完全に理解せり。＝
人中の最高者にして、真実を語る如来・牟尼は、彼の罪を受け入れて、四諦を説き明かせり。＝森に獅子の吼ゆ

るが如く、日の如き人たる自在者は浄不浄業の果を詳《つまび》らかに説けり。＝この獅子吼を聞きて最初の瞬間に、組合長は眷族と共に実に甘き果を獲得せり。＝さて、大仙のなされし行いを、一切法に恐れなき人は『幻影』と言えり。

ある海洋の島にタルと呼ばるる王あり。彼は愚者の好む罪深き見解を抱けり。＝沙門や婆羅門、あるいは他の乞食者を招待するに、彼に食を供することなく、最高なる相を持つ者とも言わざりき。＝彼は奴隷より婆羅門までの大勢の人を招待し、〔彼等を〕牢獄に繋ぎては飢えしめたり。＝その次の生涯に、良家の出身の、高貴にして大名声を博し、数多の衣や飾りを着けて、〔世尊〕はそこに生まれたり。＝かくの如き罪深き心もて、王は人を巻き込めり。彼の言葉を聞くや、多くの人は彼を信用す。＝かくの如き〔彼の邪〕見を知り、天や乾闥婆に崇拝せられし牟尼は、五千人の比丘を瞬時に化作したり。＝その自在者の集団《ともがら》は、タル王のいる島に近づきて、あたりを逍遙しつつ〔その〕王国を見守れり。

しかるに、比丘の姿せる化身を見るや、王は乗物より降り、〔彼等の〕足に礼拝して言えり。＝『実に我は喜悦せり。聖仙方を食事に招待せん。もし我等を憐愍《あわ》れまば、聖仙方は我に同意し給え』＝〔彼等が〕同意したるを知るや、聖仙等の足に礼拝し、己が宮殿に走り戻れり。＝夜の明けたるを知り、彼は家来に言えり。『さあ、汝等は聖仙等のもとに近づきて、〔食事の〕用意は調えりと伝うべし』＝王は聖仙等を実に未曾有なる家に入れたり。そこは非難処にして、綱は張り巡らされ、堅き門もて堅固に閉ざされたり。＝七日の経ちしに、王は彼等を観閲しに行けり。比丘の姿せる〔化身〕は、顔に沈みたる様なく、禅定したり。＝王は、〔その〕化身を置きとどめ、第二週の過ぎし後、再び二度目の観閲に行けり。＝第三、第四、第五、第六、第七、しかして第九・第十週の過ぎし後、彼は次の言葉を発したり。

『貴方等は、〔実には〕天、乾闥婆、夜叉、グフヤカ、あるいは阿修羅にして、聖仙の姿もて我を動揺せしめんがために来たれるか。＝我等を憐愍《あわ》れみ、〔貴方〕等は本性を現し給え。我等を憐愍れむ人よ、本性を現し給え』＝彼等はかくの如き言葉を発せり。『王よ、汝を憐愍れまん。我等の発する言葉もて汝は実践すべし。＝〔首都〕ヴァーラーナシーの町カーシーの浄らなる森に、一切法を究め、全ての疑念を断ぜしむる〔大〕師まします。＝汝は最上なる楼閣に昇り、親戚の者ともどもに頭を垂れて祈願せよ。〝我等は比類なき人・最高なる人を拝見せんと欲す〟と』＝その声を聞くや、『心得たり！』と彼は飛び上がり、師は空中を〔飛び〕その島に近づけり。

191
＝クンジャラ、カラボーガジャ、ヴァーラナ、麗しきマハードゥヤーインの阿羅漢四人が同行せり。

彼等は正覚者の月光の如く輝けるを見るや、合掌して真実の法たる尊師を褒め讃えたり。＝心澄み、満足し、あらゆる様相の徳を具えし彼等は〔賞賛せり〕。『人天の主よ、卓越せる人よ、貴方に帰命す。＝偉大なる有情よ、偉大なる威光と偉大なる威厳を持つ人よ、偉大なる覚知と偉大なる腕を持つ人よ、貴方の誰なるか、如実に説き給え』＝『王族に生まれ、法の国土に安住し、一切有情の帰依処たる我を仏と賢者は〔知るなり〕。＝ 我は人天の主、導師、医者なり。疑念を断じたる我は、天に礼拝さるる正等者なり』

これを聞くや、タル王は正等者にかく言えり。『論者の獅子よ、全ての疑念を断ぜしむる人よ、貴方に帰命す。＝善き人よ、親戚衆と王国ともども、我は最上なる楼閣に昇りて帰依す。我等の帰依処となり給え』＝王は己が〔邪〕見を大仙に説明したり。それを聞くや、人中の獅子は王にかく言えり。＝『王よ、それは汝に利をなさず。

192
汝は悪趣に通ぜる邪道を信ずなり。その〔邪〕見を捨て去るべし』＝その邪見を捨て去るや、王は言葉を発したり。『勇敢なる人よ、苦の遮断せらるる法を我に説き給え』

人中の最高者にして仏法に畏れなき人は、法に相応せる、一切の有情の善を彼に説けり。＝眷族と共にその法を識別するや、王は三結を捨て去りて初果（預流果）を獲得せり。＝また無数の人も初果を獲得せり。優れたる王よ、慈しみの最高なる力を見るべし。＝そこに化作されし比丘等は〔実は〕比丘等とは認められず。〔己が〕

教えに自信《こころえ》持てる勝者等は、それを『幻影』と言うなり。＝勝者の子よ、下地にいる時、如来等がその前に（十地に至る前に）一切智性を獲得するは有り得ず。

諸地を成満するをもて、時を経ずして〔一切智性を獲得す〕。かくの如く論者の獅子たる人中の最高者は示されたり。＝仏法の〔皆に〕尊敬せられし導師は、ヴァーラーナシーの森に行き、十地を詳《つまび》らかに説き明かせり。＝理非理を知り、他者のあらゆる考えを熟知せる正覚者等は、一切有情の意向と将来の生存とを吟味す。＝徳の洞察者の優しく熟練せる導きもて、智慧ある正覚者は数多の人を善く教導す。＝最高なる友に会い、最上なる覚知もて教導せられし人に、生・老・死は決してなし。＝勇敢にして、肢体すべての輝ける一切〔諸仏〕は、互いに甚深なる行と限りなき弁才とを知る」

以上、吉祥なる『マハーヴァストゥ・アヴァダーナ』における、灌頂位と呼ばれる第十地を終わる。グリドゥラクータ(120)山頂での五百人の阿羅漢の集まりで、十地に関する教説の要点が説かれた。

十地を〔説き〕終えた。十地は、仏になりたいと誓願した有情によって教示されるべきであり、〔四〕諦を〔知〕見し、浄信を得た菩薩達に与えられるべきであり、その他の者に〔与えられるべき〕ではない。なぜならば、彼ら（前者）はこれを信用するが、その他の者（後者）は疑いをなすであろうから。

初地より第十〔地〕に至る十地、『マハーヴァストゥ』の「導入部分」を終わる。

C群　燃灯仏物語

1　燃灯仏の歴史[1]

ディーパンカラ事の始まり。――マハーマウドガリヤーヤナ[2]よ、今から無量・無数劫の昔、アルチマットと呼ばれる転輪王がいた。彼は福徳を積み、高貴で、七宝を具足し、四洲を支配し、〔敵を〕征服し、忠実な市民や地方人を持ち、正義の法王であり、十善業道を実践して生活していた。彼には七つの宝があった。すなわち、輪宝・象宝・馬宝・珠宝・女宝・長者宝、そして七番目に大臣宝である。また彼は、勇敢かつ勇猛で、最上の肢分の外見を持ち、敵の軍隊を粉砕する千人の息子に恵まれていた。彼は、海と山を境界とする、このすべての棘《いばら》なき四大洲を、武力を用いず、武器を用いず、圧力を用いず、法によって征服し、そこに安住していた。

また実に、マハーマウドガリヤーヤナよ、アルチマット王には、ディーパヴァティー[3]と呼ばれる王国があった。そこは東西十二ヨージャナの幅と南北七ヨージャナの広さを持っており、また、金から成り、金で覆われた七〔重〕の塁壁で取り囲まれていた[4]。

また実にマハーマウドガリヤーヤナよ、王国ディーパヴァティーは、多彩で見目麗しく、金・銀・真珠・瑠璃・水晶・琥珀・紅玉という七宝から成る七〔重〕のターラ樹の並〔木〕に取り囲まれていた[5]。金から成るターラ樹の枝には銀の葉と実とが付いており、銀から成るターラ樹の枝には真珠の葉と実とが付いており、真珠から成るターラ樹の枝には瑠璃の葉と実とが付いており、瑠璃から成るターラ樹の枝には水晶の葉と実とが付いており、水晶から成るターラ樹の枝には琥珀の葉と実とが付いており、琥珀から成るターラ樹の枝には紅玉の葉と実とが付いており、紅玉から成るターラ樹の枝には[6]金の葉と実とが付いていたのである[7]。

また実にマハーマウドガリヤーヤナよ、これらのターラ樹が風に吹かれ風に動かされると、快適で心地好く、耳に逆らわない音が流れ出た。それはちょうど、五支より成る楽器が、腕のよい音楽家に極めて巧みに演奏される時に、快適で心地好く、耳に逆らわない音が流れ出るのと同じである。

ちょうどこのように、（…）おお、マハーマウドガリヤーヤナよ、その時その折、王国ディーパヴァティーの人は酒を飲んだように、そのターラ樹の葉から出てくる音を聞きながら五欲の対象に満たされ一体化して、遊び、戯れ、快楽に耽るのであった。

また実にマハーマウドガリヤーヤナよ、王国ディーパヴァティーは、多彩で見目麗しく、金・銀・真珠・瑠璃・水晶・琥珀・紅玉という七色から成る七〔重〕の欄楯の網で取り囲まれていた。金の縦棒には銀から成る横棒・支え・土台が付き、銀の縦棒には真珠から成る横棒・支え・土台が付き、真珠の〔縦棒〕には瑠璃から成る〔横棒・支え・土台〕が、瑠璃の〔縦棒〕には水晶から成る〔横棒・支え・土台〕が、水晶の〔縦棒〕には琥珀から成る〔横棒・支え・土台〕が、琥珀の〔縦棒〕には紅玉から成る〔横棒・支え・土台〕が、そして紅玉の縦棒には金から成る横棒・支え・土台が付いていた。

また実にマハーマウドガリヤーヤナよ、欄楯の網は二つの金網で覆われていた。金の金網と銀の〔金網〕によってである。金の金網には銀から成る鈴が付いており[8]、銀の金網[9]には金から成る鈴が付いていたのである。

また実に王国ディーパヴァティーの周囲には、多彩で見目麗しい金・銀・真珠・瑠璃・水晶・琥珀・紅玉という七宝の門がそれぞれ三つあった[10]。また実にマハーマウドガリヤーヤナよ、それらの門には、金・銀二色のアーチ、金・銀二色の梁、金・銀二色の見張り塔、金・銀二色の厚板、金・銀二色の閂、金・銀・真珠・瑠璃という四色の飾りが[11]あった。また実にマハーマウドガリヤーヤナよ、それらの門には、金・銀二色の鴨居が[12]あった。また実にマハーマウドガリヤーヤナよ、それらの門には、金・銀・真珠・瑠璃という四色の敷居、金・銀二色の扉、金・銀二色の閂入れがあったのだ。

また実にマハーマウドガリヤーヤナよ、それらの門の前には、深さ三人分、周囲三人分、高さ十二人分の柱が建てられ、それらは多彩で見目麗しく、金・銀・真珠・瑠璃・水晶・琥珀・紅玉という七色〔の柱〕であった[13]。また実にマハーマウドガリヤーヤナよ、それらの門は、それぞれ二つの金網で覆われていた。金の金網と銀の金網によってである。金の金網には銀から成る鈴が付いており、銀の金網には金から成る鈴が付いていたのだ。また実にマハーマウドガリヤーヤナよ、それらの金網が風に吹かれたり、風に動かされたりすると、快適で心地好く、耳に逆らわない音が流れ出た。（…）ちょうどこのように、マハーマウドガリヤーヤナよ、それらの金網が風に吹かれたり、風に動かされたりすると、快適で心地好く、耳に逆らわない音が流れ出たのである。

おお、また実にマハーマウドガリヤーヤナよ、王国ディーパヴァティーは次のような音で満たされていた。すなわち、象の声、車の音、歩行者の音、太鼓の音、鼓の音、小太鼓の音、法螺貝の音、笛の音、琵琶の音、歌声、楽器の音、〔さらには〕「食べろ、食え、飲め、布施をしろ、福徳を積め、法を実践しろ、沙門やバラモンよ、あなた方に栄《はえ》あれ！」という声によってである[14]。

また実に、王国ディーパヴァティーの中央には、多彩で見目麗しく、金・銀・真珠・瑠璃・水晶・琥珀・紅玉という七色の柱ヴァルグヤーがあり、高さは十二ヨージャナ、直径は四ヨージャナであった。

さて実にマハーマウドガリヤーヤナよ、アルチマット王にはスディーパーと呼ばれる第一王妃がいた。彼女は清楚

197 で、見目麗しく、素晴らしい容姿で、最高に清らかな色の卓越性を具備していた。

〔さて〕マハーマウドガリヤーヤナよ、[15]「十二年後に菩薩ディーパンカラは兜率の住居から死没するだろう。菩薩は死没するだろう。〔各自の〕仏国土を離れよ」と浄居天は独覚達に告げたのである。

「知見は限りなく、名声は有り余る菩薩は兜率の住居より死没す。最上相を具うる〔菩薩〕の（…）仏国土を離るべし」‖最上なる大自在者（浄居天）等の「仏」の声を聞くや、心は解脱し、心の自在を得たる自在者の独覚等は般涅槃せり。

マハーマウドガリヤーヤナよ、[16]「十二年の後、菩薩ディーパンカラは兜率の住居から、死没するだろう」〔と告げると、〕浄居天はバラモンに変装し、菩薩がこの世にやって来た時に授記できるよう、マントラやヴェーダや三十二の偉人相のことをバラモン達に説明した。さて実にマハーマウドガリヤーヤナよ、菩薩が兜率の住居から死没する時、四つのことを観察する。すなわち、(1)〔生まれる〕時を観察し、(2)場所を観察し、(3)洲を観察し、(4)家を観察するのである。マハーマウドガリヤーヤナよ、菩薩達は二つの家に生まれる。クシャトリヤの家かバラモンの家かである。

マハーマウドガリヤーヤナよ、菩薩達が生まれる家は六十支を具足する。[17]いかなる六十支を具足するか。マハーマウドガリヤーヤナよ、(1)その家は著名である、(2)その家は有名である、(3)その家の外見は素晴らしい、(4)生まれを具足する、(5)種姓を具足する、(6)先祖との繋がりを具足する、(7)著名な先祖との繋がりを具足する、(8)名声を博する先祖との繋がりを具足する、(9)女に恵まれる、(10)男に恵まれる、(11)貪欲でない、(12)強欲でない、(13)恐れがない、(14)貧しくない、(15)智慧を有する、(16)戒を有する、(17)〔無闇に〕財を求めない、(18)その家は財を享受する、(19)その家は信頼できる友を持つ、(20)恩を知る、(21)儀軌を知る、(22)欲望を追い求めない、(23)過失を犯さない、(24)痴がない、(25)恐れがない、(26)罪過を恐れる、(27)〔乞食者に〕充分な施食をする、(28)男らしい行動と考えを持つ、(29)堅固な勇気を持つ、(30)塔を供
198 養する、(31)天を供養する、(32)先祖を供養する、(33)義務に熱心である、(34)喜捨に熱心である、(35)禁戒に熱心である、(36)

〔家の〕相続を保有する、[18] (37)天の名声を凌ぐほど有名である、[19] (38)最勝の家である、(39)最高の家である、(40)最上の家である、(41)自在を得た家である、(42)高貴である、(43)広大な従者を持つ、(44)倦むことのない従者を持つ、(45)忠実な従者を持つ、(46)分かち難い従者を持つ、(47)母を知る、(48)父を知る、(49)沙門と、(50)バラモンと、(51)最勝の家を敬う、(52)沢山の財や穀物を有する、(53)沢山の蔵や倉庫を有する、(54)沢山の象・馬・牛・羊を有する、(55)沢山の女奴隷・男奴隷・労働者・召使を有する、そして(56)その家は敵や仇や敵対者に攻められ難い、である。マハーマウドガリヤーヤナよ、菩薩達が生まれる家はこのような六十支を具足している。〔このような〕家を具足した有情達は大悲を獲得するのである。

さて、マハーマウドガリヤーヤナよ、死没に際し、菩薩は偉大な準備をする。〔ある〕天子は何千もの〔他の〕天子に「中国地方にある十六大国中の、クシャトリヤの大家長の家、長者の大家長の家、王の家、王の大臣の家に生まれ変わるだろう。皆さんが教化されたように、〔今度は〕大勢の人が教化されるだろう」と告げる。死没に際して、菩薩は〈私はどこに生まれ変わろうか。転輪王アルチマットは福徳を積み、高貴で四洲の支配者である。彼は我が父に相応しい〉と観察する。〔また〕清楚で、生まれが良く、体が浄らかで、感情の起伏が激しくなく、短命で、余命が十カ月と七日間〔だけ〕残されている母を、彼は探し求めた。

菩薩の母は皆、最高なる人を生むや、最後の七日目に命を捨つるなり。‖何が故に、一切智者の母は、最勝なる人を生みし後、ここに疾く命を捨つるや。‖兜率〔天〕衆に住せし菩薩は、業浄き母を観察し、大念を得たり。‖〈この世にて寿命の十カ月と七日間のみ残さるる女の胎に我は宿らん〉と。‖何が故ならん、我等が如き無上なる人を身籠もりて後、愛欲に耽るは相応しからざればなり。‖しかれども、善逝の母の愛欲に耽るに、天の集団《ともがら》は「父は徳行を破れり」と言うなり。‖また、世尊は愛欲の過失を常に説かれたるに、世間の導師の母の、愛欲に耽ることあらんか。‖勝者の母は王宮の宝石箱にして、最勝なる人〔菩薩〕は〔その中なる〕宝石なり。

マハーマウドガリヤーヤナよ、〔母を〕捜し求めつつ、菩薩は、王国ディーパヴァティーを治めるアルチマット王の王妃スディーパーが清楚で、生まれ良く、体が浄らかで、感情の起伏が激しくなく、短命で、寿命が十カ月と七日間〔だけ〕残されていると見た。

その時、世間を観察せし〔菩薩〕は、アルチマットの後宮に、天の妻の如く、〔また〕稲妻の如き女スディーパーを見たり。＝その女を見るや、彼は諸天に告げり。「我は死没せん。人天の安楽のため、最後の住居たる〔彼女の〕胎に近づかん」＝最上なる飾りを身に纏いし天の集団《ともがら》は、合掌して彼に言えり。「全き徳もて容姿とせる最高なる人よ、貴方の誓願は実を結ばんことを！＝我等も世間の利益のために、魅力ある愛欲の喜びを捨て、天を超越せる人よ、貴方を供養すべく人の世に住まん」＝彼等は心を高揚させ、実に甘き言葉を発しつつ、清浄無垢にして輝ける色の曼陀羅華を虚空に雨降らせり。

「未曾有なり、寂静にして魅力あり、憂と苦なき天の住居を喜ばず、愛欲にも耽らざる貴方は！＝また最高なる天よ、希有なり、金山の如く輝き、天の集団を圧倒し、十方を照らさるる貴方は！＝無量の慧を持つ人よ、希有なり、大自在天やダーナヴァを含める天の集団、魔を含める集団、天空なる星の集団を圧倒せる貴方は！＝有情の集団の師よ、我等は貴方との別れを毫も望まず。蓮の眼したる貴方こそ、人天の帰依処たらん」

さて、百葉具えし浄蓮華の眼を持つ人の死没せし時、喜悦せる天の集団は全ての方角に〔かく〕声を発せり。＝かくの如き言説の兜率の町に響くや、アルチマット王の第一王妃にして、無比なるスディーパーは、王のもとに近づき、かく言えり。＝子鹿の眼をし、清浄なる乾闥婆の妻の如き女スディーパーは、実に甘く筋の通れるをアルチマットに言えり。＝「最高なる王よ、〔妾は〕腕に飾りを着け、最上の衣を身に纏い、今宵は貴方と離れて侍女と共に禁欲せんと欲す。＝最上なる人よ、最上なる楼閣シャタラシュミの屋上に昇り、そこなる蓮華の住居の如き、無垢にして最上なる寝台に妾は横たわらん」＝その王妃の麗しき言葉に喜べる最上なる人アルチマットは、殊勝なる心もて家来に告げたり。＝「シャタラシュミなるを疾く我に知らすべし。〔そこを〕最上なる花もて覆い、開ける花撒き、天なる天の住居の如からしめよ。＝疾くシャタラシュミに布や紐を懸け、最上なる金網もて覆い、須弥山の最上なる頂の如く美しからしめよ。＝槍・矢・投槍もて荘厳されし四支所成の軍隊を、魅力あるシャタラシュミに疾く参列させせよ」

全ては王の命ぜし言葉のまま準備されり。かくなすや、家来は王に近づきて、かく言えり。＝「千年を満たす
202
間、王は〔人の〕寿命[20]を護り給え。準備は完了《ととの》えり。最上なる宮殿の輝くこと、貴方を驚かしめん」＝その時、天の妻の如き王妃は最上なる座より立ち上がり、日の沈むや直ちに最上なる王に言えり。＝「妾[21]は不殺生と梵行とを受持せん。更にまた、偸盗・飲酒・綺語より厭離せん。＝最上なる人よ、また妾は麁語や離間語より厭離せん。王よ、妾は雑穢語より厭離せん。これぞ妾の決意なり。＝他者の欲望に嫉妬を起こさず。生物を害《そこな》わず。顚倒せる考えは捨て去らん。＝王よ、今宵、妾は十一種の戒[22]を実践《おこな》わん。かくの如き決意は妾に生じたり。＝王よ、しかれば〔今宵は〕ゆめ愛欲の念もて妾を求めたもうな。梵行を修する妾に非福をなすなかれ」＝王は言えり。「我は汝の思いを全て叶えん。最上なる宮殿におる者よ、喜ぶべし。我も王国も汝の意のままなり」

麗しき願いの聞き入れらるるや、彼女は忠実にして最上なる女を千人伴いて、その最上なる宮殿に昇りて坐せり。＝彼女は、白睡蓮や白蓮華の如き寝台に、寂静と自制とを喜びとしつつ、黙然として暫し時を過ごせり。＝
203
その時、彼女の、右脇を下にして最上なる体を横たえ、寝台を抱きて臥すこと、華の蔓の最上なる木を〔抱くが〕如し。＝さて、天女の姿に似たる王妃の寝台に臥するを見るや、天の集団《ともがら》は、兜率の住居より死没して楼閣の上空に留まれり。＝喜びし諸天は皆、頭を垂れて合掌するや、福徳の広大なる王妃・勝者の母を寝台の側にて礼拝せり。＝また、数多の天女は大いなる好奇心を生じ、浄き花環を執るや〔彼女を一目〕見んとて勝者の母に近づき、楼閣の頂きに留まれり。＝近づくや、最上なる稲光の如き王妃の寝台に臥したるを見、広大なる喜楽を生じ、天に生えし花を雨降らせり。

暫し〔楼閣に〕留まりて後、内々に[23]〔彼女等は言えり〕。「人にてもかくの如く容姿の善く現れ出づるは希有なり。天の妻も彼女に匹敵《かな》わず。‖さあ皆、この女の美しきを御覧あれ。いかにも〔菩薩の母に〕相応し。寝台の上なる彼女の、魅力ありて神々しく輝けること、金の光線の如し。‖彼女は、布施・調御・戒を甚だ喜び、一切の漏を尽くし、〔煩悩の〕塵を離れたる偉人を身籠もらん。王妃よ、貴方に何の不足かあらん。‖掌の如く弓なりに、最上なる産毛の筋もて美しく輝ける腹、ここに、如何なる時も清浄にして、不浄に汚されざる、慧の限りなき彼は宿らん。‖幾度も長夜に亘り、最高にして広大なる善を積みしこの女は、限りなき徳を持ち、長夜に亘り積まれし福徳の力を具えたる彼を身籠もれり。‖貴方は最上なる女にして〔菩薩の〕母に相応し。またその息子は最上なる人にして、欲望を滅し、塵を離るるなり。王妃よ、貴女に何の不足かあらん」

その時、種々なる姿の羅刹等は命ぜられたり。「おお、最上なる武器を持つ者等よ、疾く天空の随所に立ちて、全ての方角の障害物《さわり》を取り除け」‖彼等の直ぐ後ろには、風の揺るる〔音〕を聞くすら火の如く掻き立てらるる怒りなす蛇の群の、〔菩薩〕を保護せんとて周囲に留まれり。‖彼等の直ぐ後ろには、頭頂の燃え盛る醜き夜叉等は配されたり。「心汚れし者を追い返せ。しかれども、誰も殺すことなかれ」と。‖彼等の直ぐ後ろには、姿浄き数多の乾闥婆の群衆の、浄弓を持ちて、最上なる相と広大なる覚知を持つ人を保護すべく留まれり。‖四人の世間の守護者は、己が眷族と共に天空に留まれり。「今日、世間の利益と安楽を増大せしむる世尊は死せん」

最上なる輪を持てる帝釈天は、三十三〔天〕と空中に留まれり。「比類なき楽を求め、菩薩は久しからずして最後の死没をなさん」‖数多の天の集団は両手もて合掌し、王妃の足に礼をなし、甘き言葉を発しつつ、兜率の勝者を見上げたり。‖「〔煩悩の〕浄化もて積まれし福徳の力を持つ人よ、時間《とき》なり。最後の生存に入り給え。貴方の母の準備は整えり。今、苦しめる人を憐愍《あわ》れみ給え！」「我は死没せん」と声を発し、浄き言葉を述べたり。(…)まさにその瞬間《とき》、勝者の母は異熟果の最上なる彼を夢見たり。‖白銀の如き六本の牙を持ち、善き足と愛らしき鼻を具え、頭は赤く染まれる、最上なる象は、優雅に歩みつつ、全き体を保ちて彼女の胎に入れり。また、実にマハーマウドガリヤーヤナよ、菩薩達は半月の時に母の胎内に入るのではない。そうではなく、プシュヤ〔月〕と星座とが結合するのに適した、〔月の〕満ちる満月〔の日〕に母の胎内に入るのである。布薩を遵守し、背が高く、ふくよかで、明晰で、絶頂にして最高の若さを獲得し、良く躾けられ、博学で、正念正知にして、あらゆる点で優れた心を持ち、あらゆる点で素晴らしい最上の女である母の胎内に〔菩薩達〕は入るのである。マハーマウドガリヤーヤナよ、死没する時、兜率の住居にある菩薩は光明を放ち、その光明で一切の仏国土は照らし出されるのだ」

〔ある〕天子が〔別の〕天子に尋ねた。

「月光よりも涼しくて金の如き浄光の、最高なる天に放たるるや、阿修羅の主の群衆、人の主等、炎の如く燃ゆる地獄の住人の、喜悦せるは何故《なにゆえ》ぞ」

そこで彼は答えた。

「方々にて輪廻の檻に入り、情欲に屈せし者を保護せる人に〔自己の出生を〕告ぐるべく、解脱の因にして大名声を博する過失なき人の、光明を放ちたればなり」

菩薩は言った。

「諸天よ、〔己が〕都を離れよ。〔喜びに〕酔う時にあらずして、智の一撃もて老死の要塞を破壊《やぶ》るべき時なり」

菩薩は、正念正知にして、正しい心を持ったまま、母胎に入った。

死没せし時、人中の獅子たる彼は獅子吼するや、瞬時に〔兜率天より〕消えて王の住居に生まれ変われり。＝天の町より死没せし時、浄き色もて兜率〔天〕衆を照らし出だせる彼は、世間における至高の光となれり。＝梵天を含める世間や、沙門や婆羅門を含める人を皆、世間における至高の光となりし彼は〔己が〕美もて照らしたり。＝大神通力を持てる師が正念正知にして母胎に入りしは、希有未曾有なりと知れ。＝また、最高の相を具えし人中の最上者の、(24)正念正知にして母胎に入るも〔しかるなり〕。

そして、マハーマウドガリヤーヤナよ、菩薩大士が母胎に入った直後、この大地は激しく六種に揺れ、震え、震動する。〔大地が〕揺れると、それは感動を呼び、見目麗しく、興奮に満ち、喜びを生じ、愛しく、楽を生じ、心地よ
207
く、快適で、飽きることがなく、意に叶い、喜ばしく、麗しく、穏やかで、恐怖を引き起こさない。また〔大地〕が震動しても、それが動くもの（動物）であれ不動のもの（植物）であれ、いかなる有情も傷つけはしない。

その後、海や須弥山を保てる全ての大地は六種に震動す。漆黒の闇を取り払う人の威光もて、世間は無垢にして魅力あるものとなれり。＝大神力を持ち、正念を持てる〔菩薩〕は、兜率の住居より死没せし時、白雲の如き六本の〔白〕牙を持つ象の姿もて、＝布薩を行い、浄衣を纏いし〔母〕の宮殿に(25)寝《い》ぬる時、善き人は正念正知にして母胎に入れり。

しかして夜明け時、彼女は愛すべき夫に告げり。「最上なる王よ、白き象王は妾の胎内に入りたり」＝それを聞くや、夫なる王は集い来たれる占い師等に言えり。「汝等は皆、彼女の夢の果報や異熟を如実に説き明かすべし」＝その時、王に問われて、占い師等もまた自ら答えり。「三十二相を具えし〔胎児〕は王妃の胎内に入れり。＝人中の最上者よ、貴方の家系に彼の生まるれば、貴方はさぞや嬉しからん。王よ、彼は最上なる胎児にして、
208
比類なき有情、偉大なる有情なり。＝我自ら古の師匠より学びしによらば、勇敢なる獅子の如き人よ、彼には二の他に〔進む〕道なし。＝もし彼の家に留まらば、財宝に満ち、大権力を誇りて、常に勝利に結びつき、百千なる王を眷族とする王たらん。＝しかるに、彼の出家して大四洲を捨て去らんには、他者の導くこと能《あた》わざる仏にして、人天の導師たらん」

あらん限りの龍王や龍の主等はすべて菩薩を守護し、保護し、警護したいという強い欲望に駆られた。また実にマハーマウドガリヤーヤナよ、菩薩が母の胎内に入った時、スパルナ[26]の王やスパルナの主等はすべて菩薩を守護し、保護し、警護したいという強い欲望に駆られた。また四大王〔天〕も菩薩を守護し、保護し、警護したいという切なる願いに駆られた。

悪心を持てる者の誰も、魔の力を粉砕する人を害《そこな》わざらしめんと、四人の世間の守護者も世間の導師を守護したり[27]。

天主シャクラ、天子スヤーマ、天子サントゥシタ、天子スニルミタ、天子ヴァシャヴァルティン、マハーブラフマン、そして天子シュッダーヴァーサも、母胎に入った菩薩を守護し、保護し、警護したいという切なる願いに駆られた。

幾千なる天は、覚知の最上なる〔菩薩〕を守護すべく、（…）天の町の如きアルチマット〔王〕の町に近づきて、喜びを得たり。‖〔町に〕入り、意のままに歩みて進む天の集団《ともがら》に、魅力ありて最高なる町ディーパヴァティーは光り輝く。‖王妃に仕えて後、八千なる大自在者は天空に留まり、虚空に留まりて、坐したり。‖彼等の後ろに、頭頂の無垢なる帝釈天は実に幾千なる大群にて、徳多き〔菩薩〕を保護すべく坐したり。‖また天主の後ろに、幾千那由多なる欲界繋の天は、何処にも支えなき天空に坐したり。‖その天の集団の後ろに、阿修羅と二枚舌の阿修羅の集団、更に醜き姿の夜叉や羅刹の集団は共に坐したり。‖かくの如く、幾百千なる天に満たされし天空は華やかなり。何が故ならん、実に浄き善の、塵を離れし人に積まれたればなり。

マハーブラフマンは言った[28]。

「夢中に日の天空より胎に入るを見し女は、最上なる相と肢分を具えし〔子〕を生まんに、彼は準転輪王たらん。‖夢中に月の天空より胎に入るを見し女は、人にして天の如き子を生み、彼は最上なる転輪王たらん。‖夢中に白象の胎に入るを見し女は、象の如き有情の核たる子を生まんに、彼は道理と法に目覚めし仏たらん」

「あなたは誰を身籠もられたか」と彼が王妃に尋ねると、「転輪〔王〕です」と彼女は答えた。

「胎内を照らす金の美を持ち、最上相を具え、人中の最上者にして、虎に等しき転輪王を妾は身籠もれり」

諸天が天空で世尊に「仏が生まれるのであって、準転輪王ではない」と声を上げさせると、マハーブラフマンは詩頌を唱えた。

「彼は、象や最高なる宝〔に等しき〕人、世間の光にして、情欲の力や勢力を除かしむる人、暗闇・暗黒の如き痴を除く人なり。徳の蔵にして無量の宝の鉱脈を具え、王仙にして不壊なる輪を持ち、不死なる光明を持てる〔子〕を、貴女は宿すなり」

王妃は言った。

「人王を胎児として宿せる妾を、貪や過ちの圧倒すること能わざれば、〔貴方の〕発せし言葉の如く、彼は寂静の光の持ち主たること疑いなし」

また実にマハーマウドガリヤーヤナよ、菩薩が母胎にいる時、その同じ菩薩の威光により、菩薩の母は安楽に歩み、止まり、坐り、寝床を設える。その同じ菩薩の威光により、刀は〔彼女の〕体に落ちず、毒も火も飛び道具も力を失う。また実にマハーマウドガリヤーヤナよ、菩薩が母胎にいる時、天女達が天界の塗香や按摩や資具で菩薩の母に仕える。その同じ菩薩の威光により、彼女の体は天の衣に包まれ、天の瓔珞を着けるようになる。その同じ菩薩の威光により、天の香、天の花環、天の塗香、天の華やかさを獲得した者となる。

また実にマハーマウドガリヤーヤナよ、菩薩が母胎にいる時、その同じ菩薩の威光により、彼女に一番近い侍女達は、〈彼女には極めて従順かつ忠実でなければならない〉と考える。また実にマハーマウドガリヤーヤナよ、菩薩が母胎にいる時、その同じ菩薩の威光により、菩薩の母を見る者達は彼女に近づき、なすべき仕事に関与している人と共に〔彼女を〕招待する。その同じ菩薩の威光により、いかなるものも、たとえ〔それが〕鳥であっても、〔彼女の〕

上を通り越しては行かないのだ。

また実にマハーマウドガリヤーヤナよ、菩薩が母胎にいる時、その同じ菩薩の威光により、菩薩の母は無病息災である。その同じ菩薩の威光により、季節の変わり目になると、彼女は寒過ぎず暑過ぎない一定した消化吸収力を具える。また実にマハーマウドガリヤーヤナよ、菩薩が母胎にいる時、その同じ菩薩の威光により、彼女は、美味で、最上の味と極上の味を持つ軟食・硬食を口にする[29]。

また実にマハーマウドガリヤーヤナよ、菩薩[30]が母胎にいる時、菩薩の母は離貪し、不壊にして無欠、汚れや染みもなく、清浄にして完全な梵行を修する。この最高の女の心には、あらゆる男に対しては言うまでもなく、アルチマット王に対してさえ、愛欲の念は生じない。また実にマハーマウドガリヤーヤナよ、菩薩[31]が母胎にいる時、菩薩の母は五つの学処を遵守して生活し、これを完全[32]に身につけるのである。

また実にマハーマウドガリヤーヤナよ、菩薩が母胎にいる時、龍王、龍王の主、卵生の者、胎生の者、湿生の者、あるいは化生の者であれ、あらん限りの者が〔彼女の〕住居に近づいて、天の白檀の粉を撒き、同様にアグル樹の粉や開いた花を撒き、まったく完全な礼拝を以て礼拝し、まったく欠けるところのない礼拝を以て礼拝し、まったく清浄なる礼拝を以て礼拝する。彼らは天の白檀の粉を撒き、ケーシャラの粉、粉状のタマーラ樹の葉、それに開いた花を撒くと、まったく完全な礼拝を以て礼拝し、まったく欠けるところのない礼拝を以て礼拝し、まったく清浄なる礼拝を以て礼拝する。まったく欠けるところのない礼拝を以て礼拝し、まったく清浄なる礼拝を以て礼拝した後、天の白檀の粉を撒き、天のアグル樹の粉、ケーシャラの粉、粉状になったタマーラ樹の葉、それに開いた花を撒き、散らし、撒き散らしてから、菩薩の母を三回右繞すると〔自分の〕望む所に退くが、〔これはすべて〕その同じ菩薩の威光によるのである。

また実にマハーマウドガリヤーヤナよ、菩薩が母胎にいる時、スパルナの王、スパルナの支配者、卵生の者、胎生の者、湿生の者、あるいは化生の者であれ、あらん限りの者が〔彼女の〕住居に入ると、天の白檀の粉を撒き、沢山の天の粉を撒き、ケーシャラの粉を撒き、粉状の天のタマーラ樹の葉を撒き、天の花の粉を撒くと、まったく完全な礼拝を以て礼拝し、まったく欠けるところのない礼拝を以て礼拝し、まったく清浄なる礼拝を以て礼拝する。彼らは天の粉を撒き、アグル樹の粉、ケーシャラの粉、粉状になったタマーラ樹の葉を撒き、そして開いた天の花を撒くと、菩薩の母を三回右繞した後、〔自分の〕望む所に退くが、〔これはすべて〕その同じ菩薩の威光によるのである。

また実にマハーマウドガリヤーヤナよ、菩薩が母胎にいる時、四大王衆天、三十三・夜摩・兜率・化楽・他化自在・梵衆・浄居衆の諸天が、菩薩の母の住居に入って、天の白檀の粉を撒き、天のアグル樹の粉、ケーシャラの粉、粉状のタマーラ樹の葉、そして開いた天の花を撒くと、まったく完全な礼拝を以て礼拝し、まったく欠けるところのない礼拝を以て礼拝し、まったく清浄なる礼拝を以て礼拝する。彼らは天の白檀の粉を撒き、天のアグル樹の粉、天のケーシャラの粉、粉状の天のタマーラ樹の葉、〔そして〕開いた天の花を撒くと、まったく完全な礼拝を以て礼拝し、まったく欠けるところのない礼拝を以て礼拝し、まったく清浄なる礼拝を以て礼拝してから、菩薩の母を三回右繞した後、〔自分の〕望む所に退くが、〔これはすべて〕その同じ菩薩の威光によるのである。

また実にマハーマウドガリヤーヤナよ、菩薩は母の胎内にいる時、低過ぎる所にも高過ぎる所にも留まらない。うつ伏せでも仰向けでもない。〔母の〕左脇に留まるのでもないし、しゃがんでいるのでもない。そうではなく、彼は母の右脇に結跏趺坐して留まっている。また実にマハーマウドガリヤーヤナよ、菩薩は母の胎内にいる時、胆汁、粘液、血、あるいは他のいかなる不浄物にも汚されず〔胎内に〕留まっている。というのは、香油を塗ったり沐浴することで清浄に保たれた体を持して、菩薩は母の胎内に留まっているからである。

また実にマハーマウドガリヤーヤナよ、母胎にいる菩薩は母を見、菩薩の母も胎内に宿る菩薩が金のような体をしているのを見る。そして、金のように胎内を照らす〔菩薩の〕体を見てから〔彼女〕は歓喜する。ちょうど瑠璃の珠が水晶の宝石箱に置かれているのとまったく同じように、母は〔自分の〕胎内を照らす金のような体の菩薩を見るのである。また実にマハーマウドガリヤーヤナよ、菩薩が母の胎内にいる時、天の集団は〔母子共に〕安楽に夜を過ごしているか、安楽に昼を過ごしているかを尋ねにやって来る。一方、菩薩は彼らを歓迎して右手を挙げるが、母を傷つけることはない。

また実にマハーマウドガリヤーヤナよ、天・龍・夜叉・ダーナヴァ・羅刹・悪鬼が、母胎に宿った菩薩から昼も夜も眼を離すことはない。そこでは、執着に関する話、欲望の対象と結びついた〔話〕、あるいは真実でない話をする者はいない。姿・有情・威光・顔つき・名声・善根という面から菩薩を賞賛する以外〔の言葉〕はない。母胎に宿った菩薩への供養は終わることがない。天の楽器が鳴り響き、天のアグル樹の香煙が立ち昇り、天の花の雨が降り、天の粉が降り注ぎ、幾千もの天女が歌を歌い、踊りも踊るのである。

また実にマハーマウドガリヤーヤナよ、菩薩が母の胎内にいる時、菩薩の母は幾千もの天女と談笑する。そしてまた菩薩の威光により、天女達は眠りについた菩薩の母に曼陀羅華の花環で風を送るのである。こうして、マハーマウドガリヤーヤナよ、三千大千世界における最上者の入胎が完成したのである。

しかして今、かの天の衆会の、別なる希有〔法〕を見るべし。最高に興奮《たかぶり》を生ぜしむる話の、広大なる〔衆会〕にて先ずなされたり。＝しかるに、それは愛欲の話にも、天女の話にも、また歌の話にもあらず、楽器の話にも、また彼等の飲み食いの話にもあらず。＝一時たりとも瓔珞の話や衣の話は彼等の間に交わされず、乗物や園林の話も彼等の心には生じざりき。＝「善い哉、福徳の力を具えし導師の光は比類なく、天を含める世間を圧倒するは！」。かくの如き話の、そこにてなされたり。＝「善い哉、容姿《すがた》を全くせる人の比類なき入胎は！」。かくの如き種々なる話の、その衆会にてなされたり。＝「善い哉！」と世間を超えたる考えを構築《いだ》きつつ、彼等はその時を過ごせり。覚知の最上なる人の、かくの如き話もまた衆会の中でなされたり。＝しかして天の集団《ともがら》は、かくの如き数多の様相《さま》の話をして楽しめり。塵を離れし人の容姿・顔つき・威光・力を語りつつ。

2　燃灯仏の誕生(33)

――菩薩の母は皆、満十カ月の後に出産する。(34)――

満十カ月が過ぎて、王妃スディーパーはアルチマット王に「王よ、私は園林パドマヴァナに出掛けとうございます」と言うと、王は王妃スディーパーに同意して家来に告げた。

「私は後宮を伴って、園林パドマヴァナへ遊びに出掛けるぞ。

　直ちにパドマヴァナより草・屑・葉を除きて掃き清め、〔そこを〕最高に芳しき華もて満たし、香水もて芳しき香を漂わすべし。‖しかる後、パドマヴァナにタマーラ樹の葉の香りを帯びし優雅なる(35)風の吹き、魅惑せる〔風〕の、甘露の芳香を漂わさんことを。‖最上なる香粉の香りに満ち溢れたるパドマヴァナを覆うべく、直ちにアガル樹の最上なる香煙を含める雲の空より下らんことを。‖各々の最上なる木を、優れし布・麻の布・毛織の布・絹の布もて飾り付け、天界にて天主の〔持てる〕カルパヴリクシャ樹の如くにせよ」

すると天と天女が、香りの花環を手に取り、アルチマットの園林パドマヴァナにやって来た。

　水晶や摩尼の耳飾りを着け、緩き衣を纏い、珠の首飾りを懸け、香りの花環を手に執るや、彼等は空の道を舞い降りたり。‖或る者は曼陀羅華を、或る者は黄白檀を、また或る者はカルパ樹もて作りし衣を沢山(36)持ちて。‖地面や水面に生えし花の環、宝、また瓔珞を手に執りて、心喜ばせし天女等は、閻浮提に向かえり。‖金と宝石もて成り、八万四千にして一すら欠くるなき傘を持ち、天女等は天空より舞い降りたり。‖香油の塗り込まれ、水晶や摩尼もて美しき[37]重閣講堂の如く、高く掲げられし百の更紗もて上空は満たされり。＝蓮華・青蓮華・黄花樹の混ざれる、最高に芳しき花の香を漂わせ、象の鼻に似たる秋雲は〔空に〕[38]湧き立ち輝けり。＝また喜びし蛇王等も、実に芳しき香水を含める雲を天空に撒き散らせり。しかして、他にも幾百なる未曾有〔法〕ありき。

その時、マハーマウドガリヤーヤナよ、アルチマット王は偉大な王の威厳を具え、偉大な王の権力を示し、偉大な華麗さを見せつけながら、後宮の女と共にパドマヴァナに出掛けたのである。

[217]勝者の母たる王妃は眷族に囲繞せられ、最上なる森に入るや、天界なる天の妻の喜び方を知れるが如く、麗しき車にて進めり。

その時、マハーマウドガリヤーヤナよ、従者に取り囲まれた王妃スディーパーは、前や後ろに甲板があり、〔上には〕天蓋が広げられ、様々な布が散りばめられ、紐や帯の束が懸けられ、香油が塗り込まれ、香煙が焚かれ、開いた花が撒かれ、欄楯や網が張り巡らされ、〔そして〕傘・幢・幟が立てられた船に乗って遊んだ。

さて、王妃スディーパーは船に乗って遊んでいた時、〈私は船から降りましょう〉と考えた。すると、菩薩の威神力によって、池の真ん中に、平坦で、凸凹がなく、金の砂が撒かれた中洲が現れ出た。〔そこに〕生えている草は、柔らかくて青く、〔その〕感触は[39]綿に似ており、孔雀の首に似た形をしていて、〔そこに〕足を下ろすと、表面から指四本分が沈んだ。またそこに現れ出た木々は実を付けていて、大変魅力的であったが、王妃はその中洲に立った。

また実にマハーマウドガリヤーヤナよ、菩薩の母は横になったり坐った状態で菩薩を生むことはない。実にマハーマウドガリヤーヤナよ、胆汁、粘液、血、あるいはその他の不浄物で汚された〔菩薩を〕生むのではない。そうではなく、彼女は塗油や沐浴で完全に浄められた体の菩薩を生むのである[40]。

名声を博する人を生む時、体の疲れし彼女は、腕にて木の枝にぶら下がり、優雅に〔両足を〕拡げたり。＝そ[218]の時、二万人なる天女は素早く集い来たりて合掌し、浄き意志を持ちて王妃にかく言えり。＝「今日、老病を粉砕せん不死なる子、素晴らしき王子を王妃は生まん。地上にても天上にても敬われ、人天の利益なす利益者を。＝毫も心配するなかれ。我等ぞ貴女の御世話せん。〔我等の〕なすべきを言い給え。その悉く正しくなされたるかを確認し給え」＝その時、四人の世間の守護者は眷族を伴いて素早く集い来たり、天なる一束の髪を手に執るや、右側より王妃に近づけり。＝天の集団《ともがら》も皆、花環や香を執り、王妃を囲繞し虚空に留まるは、己が眷族故に壮観なりき。

菩薩は、正念正知にして、母を傷つけず、〔母の〕右脇より現れ出た。

　人中の最高者等は、実に右脇より生まれ出づ。虎の如き人は皆、ここ〔右脇〕にて時を過ごすなり。＝勝者の母の人中の最高者を生まん時、その脇は破れず、〔母に〕苦痛の生ぜざるは何故《なにゆえ》ぞ。＝如来等は〔自ら〕思いのままの姿にて現れ出づ。故に〔母の〕脇を破らず、〔母に〕苦痛も生ぜず。＝胎内に住するに疲れし〔菩薩〕は、大地を七歩歩むなり。しかる後、彼は周りを見渡すや、大いに笑い声を挙ぐるなり。＝ここに「七歩歩む」と言わんも、何が故に六〔歩〕や八〔歩〕にあらざるや。この伝説を聞くべし。[41]＝一切世間を利益せる牟尼は、胎内に住するに疲れ、胎内に留まれること〔これもて〕最後〔なるにより〕潑剌と歩めり。＝〔菩薩の〕大地を七歩歩むや、天の集団は舞い降りて、牟尼は突如として〔四人の〕世間の守護者の脇に抱えらる。＝その時、曼陀羅華の粉に混ざり、天なる白檀を多《さわ》に含める天の花は雨降れり。＝高揚せし諸天の長《おさ》等は、長時に亘り、覚知の最高なる彼を荘厳すべく、最上なる焼香を漂わせり。＝比類なき人は、或る目的もて周りを見渡すに、それにつきて我は意に適《かな》いし教えなる伝説を説かん。

　己と同じき入胎や誕生をなす有情を、彼は人天〔界〕に見ざるなり。＝最後の生存に生まれんとする一切知者の生まるるべき、[42]勝者の母の脇は、蛍や金の如く輝く。＝論者の最高峰たる彼の生まるるや、直ちにかくの如き心は起これり。〈我と覚知の等しき者の誰かある。＝我の如く輪廻の鎖に思い悩める者の誰かある〉と。しかれば、日の如き人は一切の方角を見渡すなり。

さて、周りを見渡せる論者の最高者は、何千倶胝なる天を見たり。故に彼は笑い声を挙ぐるなり。＝魔衆の諸天は、生まれて直なる彼に言えり。「汝は大蔵を持ち、四洲を統治《おさ》むる転輪〔王〕たるべし」＝その時、彼は笑い声を挙ぐ。「汝等は我が正体を知らず。我は一切を知り、一切を見る、人中の最高者たり」＝かくの如く、優れし教師等はこれを賞賛す。何が故ならん、獅子の如き人等の教えの明かされし故なり。

＊　＊　＊　＊　＊(43)

花咲く娑羅に体を預け、彼女は立ちて勇者を生みたるが、その最勝なる勝者に我は礼拝す。(44)＝生(45)まれし善逝は平たき足もて大地に立ちて、七歩進むや全方角を見渡せり。＝逍遙せる彼に扇子と傘は自ずと随い行けり。最上智を具えし人の体に、虻蚊の飛来を防ぐべく。＝善逝の生まれし時、最初に諸天は勝者を抱き、しかる後に人はその最勝なる人を膝に抱けり。＝三十二相を具うる善逝を〔先ず〕天は歓迎し、しかる後に人は最勝なる人を膝に抱けり。＝人天のために松明を執りて善逝の生まるるや、人界の灯火は消え失せり。世間は〔その光に〕照らされたればなり。＝善(46)逝の生まれし時、親戚の者は水を求めて奔走せり。その時、〔彼等の〕面前にて井戸は満ち、〔水は〕溢れ出でり。＝二つの水桶は現れり、一つは冷〔水〕、一つは温〔水〕にして、そこに彼等は金の如き体なる善逝を沐浴せしめたり。

善逝が生まれた時、その同じ菩薩の威光により、菩薩の母は怪我したり傷ついたりすることはなかった。また実にマハーマウドガリヤーヤナよ、善逝が生まれた時、その同じ菩薩の威光により、菩薩の母の胎内は無傷であり、損害を被ることはなかった。また実にマハーマウドガリヤーヤナよ、善逝が生まれた時、その同じ菩薩の威光により、中洲に白檀の森が現れ出て、それを菩薩が享受し、受用した。菩薩を供養するために、香や花環を手にした幾百千もの天子が一緒になってそこに集まってきた。〔ある〕天子が〔別の〕天子に「あなたはどこに行こうとしているのだ」と尋ねると、彼は、このような〔詩頌〕を唱えた。

「強力なる魔を破り、地上にて最も尊き最高なる目的を成就し、花開きし最上なる蓮華の蕚の如く浄き最高なる子を、かの王妃は生まん。〔我は〕その勇者に近づかんとす。‖水に生ぜし最高なる蓮の如く、体は胎内の垢に汚されず。美しき体を持つ彼の、暁の日の如き輝きは、梵天を含める諸天を圧倒す。

＊　＊　＊　＊　＊[47]

また、アルチマットの家系に生まれし賢者は、直ちにこの世にて七歩歩み、周りをぐるりと見渡すや、「今、
222 この存在こそ唯一にして最後とならん」と笑い声を挙ぐ。‖しかしてその後、数多の天子は曼陀羅華の花環を揺
り動かしつつ、最高なる摩尼や真珠に輝き、最高なる光もて目映き一つの傘を天空に保てり。‖暁の日に螺貝が
映うるが如き色の最上なる金傘を、彼等は天空に保てり。その後、開ける扇子を手に持ちて揺り動かし、勝者に
風を送りたり。‖しかる後、二つの水瓶は天空に現れ出づ。一方は芳香あり、適温にして沢山あり、心地好くし
て魅力あり、人の役に立ち、他方はめでたく喜ばしく、冷たさを帯びたり。
その後、種々なる〔天〕は上衣を脱ぎ捨て、須弥山頂の周囲に群れを成しつつ、あらゆる香りに薫じられし風
に乗じ、堅固なる大地を六度激しく震動せしむ。[48]‖美しき金・銀・摩尼の天宮におりし諸天は、楽器を鳴らしつ
つ、善生もて生まれし[49]勝者を拝見せんとて、月・日・星を支うる天空を照らし出だせり。‖『かの大仙は天・
223 龍・夜叉を含める大暴流たる世界を超越し、その後、安穏なる唯一の場所〔涅槃〕に至らん』と心喜ばする諸天
は天空にて彼に記を授けたり」

アルチマット王は、王子を連れて行ってその天女[50]の足に礼拝させるよう〔家臣に〕命じた。〈いかなる乗物に王子

を坐らせようか〉と〔王が考えると〕、諸天は宝石造りの駕籠を化作した。〈誰にこの駕籠を運ばせようか〉と〔王が考えると〕、四大王〔天〕が側に立っ〔て言っ〕た。「我々が有情の最高者である菩薩、王妃スディーパー、それから菩薩の乳母を運びましょう」と。

　駕籠に乗った彼らを、天主シャクラとマハーブラフマンが護衛した。こうして菩薩は、見事な厳飾、素晴らしい隆盛、偉大な天の威厳、〔そして〕偉大な王の威厳を誇示しながら、園林パドマヴァナから王都ディーパヴァティーに入り、天女の廟[51]に導かれたのである。

　世間の大導師にして諸王の師たる人は、〔自らの〕意に反して霊廟に入れり。彼等の〔菩薩の〕頭もて〔天女の足に〕礼拝せしめんとせし時、彼の足は露になれり。＝されば、〔ある〕天は〔別なる〕天に言えり。「彼の妾に礼拝するは相応しからず。もし彼の別なる人に礼拝せば、彼の頭は必ずや七つに割れん」
王子が生まれたばかりの時、阿鼻〔地獄〕に至るまで、一切の有情は〔自分の〕目的を成就して安楽となった。そして諸天が〔王子に〕礼拝すると、一切の者は彼に心を喜ばせたのである。

　王子の王宮に入りし時、王は祭官に言えり。「〔人〕相の法則や特徴〔を見る〕に巧みなる婆羅門を直ちに探すべし」＝これを知るや、心の自在を得たる大自在天等は[52]〔考えり〕。〈不得手なる婆羅門の、〔菩薩の〕相を誤りて解釈すべからず〉＝放逸・慢心・高慢を離れし八千なる最上の大自在天は、生まれし〔菩薩〕の天の集団《ともがら》に尊敬せらる所に近づけり。＝最上なる浄き衣を纏いし彼等は、音も立てずに王宮の門に立ち、郭公の囀るが如き実に甘き声もて門番に言えり。＝「王に近づき、伝うべし。『〔人〕相の特徴や法則を熟知せる八千の者が〔門に〕立てり。もし許さば、中に通されよ』と」
「承知せり」と門番は同意して王宮に入るや、心喜ばせし彼は合掌して王に言えり。＝「比類なき力を持つ人よ、輝く名声を持つ人よ、敵を砕ける王は末永く王権を発揮せられんことを。門に天の如き者等の立ちて、中に入ら

225　226

んと欲す。＝眼は大きく無垢にして、甘き声もち、発情期の象の如き足取りなるが故に、我は『彼等は人にあらず、天子ならんか』と彼等を疑えり。＝彼等の逍遥せる時、大地の塵は〔彼等の〕最上なる足に着かず。また我は大地に彼等の足〔跡〕を見ず。これも希有なり。＝身の熟《こな》し奥ゆかしく落ち着きて、顔つき高貴に、視線の寂静なる彼等は、見る者に広大なる喜びを生ぜしめん。

しかるに今、他にも未曾有〔法〕あり。彼等に体の影は見られず、また彼等の逍遥せし時、〔大地と〕触るる音も聞かれず。＝王よ、彼等は貴方の最上なる御子息を拝見しに来たること疑いなし。しかれば、王は胎生ならざる諸天を歓迎し、挨拶し、会い給え。＝最上なる花環と香とを手に持ち、優雅なる身の熟しもて、魅力ある体の彼等は、美しく輝けり。彼等の天なること疑いなし」

その言葉を聞くや、アルチマット王は興奮《たかぶり》もて体を震わせつつ言えり。「さあ、直ちに高貴なる住居に彼等を入れよ。＝何が故ならん、かくの如き様相《さま》は常人にあらず、また汝の申せし、かくの如き威厳も人なるにあらざればなり」＝しかして門番は大自在天に近づき、頭を下げて合掌し礼拝するや、喜悦し心を喜ばせて言えり。＝「王は歓迎す。王は許されたり。皆は天の町に等しき最高なる王の家に入るべし」＝その言葉を聞くや、八千なる大自在天は、断絶なき家系なる上首（王）の王宮に入れり。＝その時、遙かに大自在天を見るや、威厳と力を体に漲らせたるアルチマット王も家来と共に立ち上がれり。

最高なる王は彼等に言えり。「貴方等は善く来たれり、善く来たれり。貴方等皆の姿・寂静・調御・力の故に、我は喜ぶなり。＝ここに我等の〔用意せる〕最勝なる座あり。先ず、皆は我等に憐れみを垂れて坐り給え」＝その時、放逸・慢心・高慢を離れ、罪過《とが》なき業の彼等は多宝もて浄められし美脚の椅子に腰を下ろせり。＝暫し過ぐるに、彼等は王に言えり。「貴方は我等のここに来たれる目的を聞くべし。＝王よ、毫も罪過なき体に〔偉人〕相の〔全ての〕要素を完成《な》せる、世にも美しき息子は貴方に生まれたり。＝我等は相〔を見る〕に巧みにして、能く徳と過ちある相を知る。もし貴方の許さば、偉人の姿を一目見ん」

　彼は言えり。「さあ、素晴らしき名声と幸福を持ち、人天に喜びを生まん、〔偉人〕相の〔全ての〕要素を完成せる我が息子を御覧あれ！」[53] ＝その時、柔布と羊毛に包まれし徳の保持者を腕に抱き、最上なる諸天の論者の月〔息子〕を連れきたれり。＝大自在天は十力者の最上なる足を遙かに見るや歓喜して、王冠を外すや頭を大地に着け〔て礼し〕たり。

そこで彼らは王に告げた。「大王よ、三十二の偉人相を具足した偉人があなたの家系に誕生されたとは、何とあなたは素晴らしい利益を得たことか！　すなわち、

　(1)〔足は〕平坦、(2)〔足〕裏〔に輪の印〕あり、(3)〔指は〕長く、(4)〔踵は〕長く、(5)五番目に〔足は〕弓なりにして、(6)〔脛は〕羚羊の如く、(7)〔体は〕大きく、(8)立ちて〔手は膝に届き〕、(9)〔男根は〕隠れ、(10)十番目に〔体は〕ニャグローダ樹の如し。＝(11)〔手足は〕柔軟にして、(12)〔手足に〕水掻きあり、(13)〔体は〕均整《ととの》い、(14)一〔一の毛は右旋し〕、(15)〔十〕五番目に〔体毛は〕上を〔向き〕、(16)肌は滑らかに、(17)・・・たり[54]、(18)〔足取りは〕白鳥の如く、(19)〔両脇は〕窪まず、(20)〔二〕十番目に〔体の七箇所〕は隆起し、＝(21)〔諸味中、最上なる〕味〔を味わい〕、(22)〔肌は〕金〔色〕にして、(23)〔顎骨は〕獅子の如く、(24)等しき〔歯は四十本〕、(25)〔二十〕五番目に〔歯は〕純白にして、(26)〔肩は〕均等《ひと》しく、＝(27)〔舌は広く〕大きく、(28)〔声は〕梵天の如く、(29)〔眼は〕青く、(30)〔三〕十番目に睫毛は牛の如く、(31)〔眉間に白〕毫あり、(32)〔頭の〕頂きに肉髻あり。〔これぞ〕三十二相を具えし導師なり。

　さてアルチマット王がバラモン達（マヘーシュヴァラ）に「王子に相応しい名前を付けて下され」と言うと、バラモン達は「大王よ、王子が生まれた時、大きな灯火が[55]現れ出て輝いた。よって、王子の名前はディーパンカラがよかろう」と言った。かくして、浄居天は、バラモンに変装した後、王子をディーパンカラと命名し、彼に相応しい乳母

達が王子の世話をし育てた。そして菩薩が青年になった時、王子が戯れ快楽に耽ることができるよう、王は三つの宮殿を造らせ、また後宮も〔それに〕隣接して造らせた。菩薩が、偉大な王の威厳、素晴らしい隆盛、見事な王の厳飾を誇示しながら、後宮の女と共に園林パドマヴァナへ遊びに出掛けると、アルチマット王は後宮の女に「上手に王子を遊ばせてやれ」と命じた。

菩薩は、前と後ろに甲板があり、欄楯や網があり、欄楯や網が張り巡らされ、〔上には〕天蓋が広げられ、様々な布が散りばめられ、紐や帯の束が懸けられ、香煙が焚かれ、開いた花が撒かれ、瓔珞や半瓔珞は月のように大層美しく、傘・幢・幟が立てられた船に乗り、男のいない岸に下り立った。後宮の女は疲れて寝てしまった。ある者は顎を抱え、ある者は太鼓を抱え、ある者は笛を、ある者は琵琶を、ある者は琴を、ある者は竪琴を[56]、ある者は足飾りを、ある者は鼓を、〔また〕ある者は痰壺を〔抱えて〕。〔そんな〕彼女達を見て、菩薩には〝死体遺棄場〟という想いが生じたのであった。

3　燃灯仏の成道[57]

池の真ん中には車輪ほどの大きさの蓮華が現れ出て、他の幾千もの蓮華にぐるりと取り囲まれた。菩薩がその蓮華の中で結跏趺坐すると、その蓮華は閉じ、重閣講堂の所で留まった。菩薩の在家的な特徴はすべて消え去り、〔彼に〕袈裟衣が現れた。

その時、実にマハーマウドガリヤーヤナよ、菩薩ディーパンカラは、欲望より離れ、悪・不善の諸法を離れ、有尋有伺で、遠離より生じた、喜楽なる初静慮を完成して時を過ごした。彼は、尋伺を鎮めて、内的な清浄を得、心を統一させることによって、無尋無伺なる、三昧より生じた、喜楽なる第二静慮を完成して時を過ごした。彼は、喜より離欲して、心の平衡を得、正念正知にして時を過ごし、楽を身を以て被り、聖者達が「彼は心の平衡を得、正念にして、安楽に時を過ごす」と言う、喜のない第三静慮を完成して時を過ごした。彼は、楽をも捨て、苦をも捨て、あらかじめ喜と憂とを止滅させて、不苦不楽の、捨と念とについて清浄なる第四静慮を完成して時を過ごした。(59) また彼は、よく集中し、清浄で、純白であり、汚れがなく、随煩悩を離れ、柔軟で、巧みで、安定し、不動を獲得した心で、初夜には天眼による観察を獲得するための心を造り出し、〔そのように心を〕傾けた。彼は天眼によって、有情が死没したり生まれ変わったり、素晴らしい容姿や醜い容姿をしているのを見、〔また〕業に応じて有情が善趣や悪趣に行くのを知った。

また彼は、よく集中し、清浄で、純白であり、汚れがなく、随煩悩を離れ、柔軟で、巧みで、安定し、不動を獲得した心で、中夜には〔自分の〕様々な過去世の生存を随念した。すなわち、一生、二生、三生、四生、五生、十〔生〕、二十〔生〕、三十〔生〕、四十〔生〕、五十〔生〕、百生、千生、何百生、何千生、また何百千生、壊劫、開劫、あるいは壊開劫、何壊劫、何開劫、あるいは何壊開劫でも〔随念し、また〕〈あの時、私はこのような名前、このような種姓、このような生まれで、このような食物を食べ、これ位の寿命を最後とし、このような楽と苦とを感受した〉というように、〔具体的な〕様相を以て、簡単な説明を付けながら、様々な種類の宿住を随念したのである。

また彼は、よく集中し、清浄で、純白であり、汚れなく、随煩悩を離れ、柔軟で、巧みで、安定し、不動を獲得した心で、朝の太鼓が打ち鳴らされる直前の(60)夜明け時の後夜には、日が昇る頃、理解力を持ち、(61) 念を持ち、堅固で、慧を有する、象の如き人、獅子の如き人、雄牛の如き人、赤蓮華の如き人、白蓮華の如き人、人の重荷を背負う人、善き人、高貴な生まれの人、無上なる人、〔そして〕調御丈夫が、いつでもどこでも、知るべきであり、獲得すべきであり、覚るべきであり、正等覚すべきであるものは、どんなものでもすべて〔獲得し、覚り、正等覚して〕、一心の刹那に結びついた智慧によって無上正等菩提を正等覚した(62)。

するとこの大地は六種に震動し、〔地上の〕諸天が声を上げ、〔その〕声を天〔の諸天〕に聞かせた。「友よ、かの世尊ディーパンカラは、多くの人の利益と多くの人の安楽のために、世間を憐愍せんがために、大勢の人のために、そして人天の利益と安楽のために、無上正等菩提を正等覚されるだろう」と。

地上の諸天の声を聞くと、三十三天、夜摩天、兜率天、化楽天、他化自在天といった空中を浮遊する諸天が、その刹那その瞬間、梵衆天にまで〔聞こえるように〕声を上げた。「友よ、かの世尊ディーパンカラは正等覚者になられるだろう。多くの人の利益と多くの人の安楽のために、世間を憐愍するために、大勢の人のために、そして人天の利益と安楽のために、そうなられるだろう」と。

すると、無量の広大な光明が世間に現れ出た。暗黒にして暗黒に満ちており、暗闇にして暗闇に満ちており、真っ暗で、以前から真っ暗であり、そこでは、これほどの大神通力と大威神力を持つ月や日でさえも、その光を以て光を届けることはできず、〔その〕光明を以て光明を満たすこともできない世間の裂け目をも、それは〔自らの〕光で満たしたのである。そこに生まれ変わっていた有情も〔初めて〕互い〔の存在〕を知った。「おお、実に他の有情もここに生まれ変わっていたのか！　おお、実に他の有情も生まれ変わっていたのか！　おお、実に他の有情も生まれ変わっていたのか！」と。

そしてまた、その刹那その瞬間、一切の有情はひたすら楽に満たされる。阿鼻大地獄に生まれ変わった者でさえ、天の〔持つ〕天の威厳、龍の〔持つ〕龍の威厳、〔そして〕夜叉の〔持つ〕夜叉の威厳を超越した。そしてマーラの住居は陰り、光を失い、威光をなくし、侘しいものとなった。そこ（マーラの住居）は〔一〕クローシャ崩れ落ち、そこは二クローシャ崩れ落ち、そこは三クローシャ崩れ落ち、そこは〔一〕ヨージャナ崩れ落ち、旗の先端も倒れてしまった。そして邪悪なマーラは苦しみ、憂い、後悔し、〔体〕中に苦悩と苦悶とを生じたのである。

またマウドガリヤーヤナよ、その同じ蓮の重閣講堂で、世尊ディーパンカラを、四大王〔天〕、天主シャクラ、天子スヤーマ、天子サントゥシタ、天子ヴァシャヴァルティン、マハーブラフマン、そして多くの天の集団の従者が取り囲み、世尊ディーパンカラに広大な供養を捧げた。天の曼陀羅華、花、大曼陀羅華、カルニカーラ樹の花、ローチャマーナ花、ビーシュマ花、マハービーシュマ花、サマンタガンダ花、マハーサマンタガンダ花、白檀の粉、アグル樹の粉、ケーシャラ花の粉、〔そして〕粉状にしたタマーラ樹の葉を、世尊ディーパンカラに、撒き、散らし、撒き散らし、幾千もの天の楽器〔演奏〕で手厚く供養した後、その同じ場所でマハーブラフマンは無上の法輪を転じてくれるよう〔世尊に〕お願いした。〔すると〕マウドガリヤーヤナよ、世尊ディーパンカラは黙然を以てマハーブラフマンに同意した。諸天は〔世尊が〕同意されたのを知って喜び、満足し、心を喜ばせ、歓悦・歓喜・安楽を生じると、世尊ディーパンカラの足を頭に頂いて礼拝し、〔世尊を〕右繞して、その同じ場所に消えていったのである。

その同じ夜が明けると、世尊は隠遁処から立ち上がり、地方の遊行に出掛けた。

最上なる色の朝日の、〔夜明けの〕空に昇るが如く、ディーパンカラは百由旬を〔自らの〕光明で満たして立てり。

世尊ディーパンカラは遊行しながら、大勢の人、人天にとって役に立つ行為を行いつつ、八万人の比丘と共に父アルチマット〔王〕と親戚の者を憐れんで王都ディーパヴァティーにやって来た。アルチマット王は「世尊ディーパンカラが八万人の比丘と共に親戚の者を憐れんで王都ディーパヴァティーにやって来た」と聞いた。そこで彼らは園林パドマヴァナから〔王都〕ディーパヴァティーに至るまでの十クローシャの道を荘厳した。〔地面を〕碁盤のように、〔また〕掌のように平坦にし、水を撒いて清掃し、天蓋を広げ、美しい布を撒き、紐や帯の束を懸け、焼香を焚き、そして十方は舞子・踊子・闘士(63)・力士・手拍子士(64)で飾り付け、転輪〔王〕の町〔の如く〕にし、またさらに幾百もの乗物で飾り付けた。アルチマット王は沢山の香や花環を手にし、同様に大勢の人は周囲十二ヨージャナに香や花環を用意した。〔そして〕王は八万人の諸侯や他の人と共に世尊ディーパンカラを出迎えたのである。

4　燃灯仏物語

〔昔〕三ヴェーダと音韻学と伝説を五番目とする、語彙や儀礼〔等、ヴェーダの〕六支を究めた、ある賢いバラモン[65]がいた。彼は青年僧達の熟練した師匠であり、バラモンの子供達のうち、五百人の青年僧達にヴェーダの呪文を唱えさせていた。その時、二人の青年僧、〔すなわち〕メーガ[66]とメーガダッタ[67]と呼ばれる青年僧は親友で、仲がよかった。青年僧メーガは賢明かつ聡明であり、頭がよく、鋭い覚知を持っていた。久しからずして、彼はあらゆる呪文を習得した。

さて、彼はヴェーダの学問を習得すると、〈私はヒマラヤ山麓の地方から下り、師匠の財産をもらいに師匠のもとに行こう〉と〔考えた〕。〔彼は〕杖・水器・日傘、そして草履と浴衣を持って出発したが、〔彼が〕その境界を越えた村や都城や町は〔すべて〕青年僧メーガの威光と威神力により安穏[68]で平和になった。進みつつあった彼は〔ある〕人に〔お金を〕乞うと、彼は五百プラーナを〔メーガに〕与えた。その時、彼はこう考えた。〈いざ私は王都ディーパヴァティー[69]に行き、〔その町が〕七宝から成る転輪〔王〕の町のように麗しいのを拝見しよう〉と。

そこで彼は王都ディーパヴァティーに入ると、王都ディーパヴァティーが見事に飾り付けられているのを見た。彼はこう考えた。〈今日、王都ディーパヴァティーでは、どんな祭りがあり、〔どんな舞台が〕上演され、〔どんな〕祝祭があるのだろうか。さてはアルチマット王が「ヴェーダの学問を習得した青年僧メーガがヒマラヤ〔山〕近くの地方から下り、王都ディーパヴァティーにやって来るだろう」と聞いたために、この最上の都城を見事に飾り付けたのだな〉と。

彼は「誰か〔都城に〕入る人に尋ねよう」と前に進んだ。その時、清楚で見目麗しく、落ち着き、控え目で慎み深い、ある少女が、水瓶と七本の蓮華を持って歩いていた。彼が彼女に「今日、都城では祝祭があるのか」と尋ねると、少女プラクリティ[70]は青年僧メーガに詩頌で答えた。

「青年僧よ、さにあらず。貴方は別の町よりここに来たるが故に、世間を利益し、光明を放つ人の、ディーパヴァティーに来たれるを御存知なきや。‖大名声を博する世間の導師・仏たるアルチマットの御子息の、この都城に入り給うに、彼のために都城は飾られたり」

彼が〔また〕彼女に「あなたはいくらでその蓮華を買ったのだ」と質問すると、彼女は彼に「五本の蓮華は五百プラーナで買い、二本は友達からもらいました」と答えた。青年僧メーガは言った。「私はあなたに五百プラーナを上げよう。〔だから〕私にその五本の蓮華をくれないか。私はその五本の蓮華で世尊ディーパンカラを供養しようと思うのだ。あなたは二本で供養すればいい」と。

彼女は言った。「もしもあなたが私を妻として迎えてくれるならば、という条件であなたに五本の蓮華を上げましょう。あなたがどこに生まれ変わっても私はあなたの妻となり、あなたは私の夫になりますように」と。

青年僧メーガは言った。「私は無上正等菩提に心を起こそうとしているのに、どうして〔二人が〕一緒になることに心を起こせようか」と。

彼女は言った。「あなたは〔無上正等菩提に心を〕起こせばいいでしょう。私はあなたの邪魔をするつもりはありません」と。

青年僧メーガは同意した。「この蓮華のために私はあなたを妻として迎えよう。私は世尊ディーパンカラを供養し、そして無上正等菩提に心を起こそう」と。

彼は五百プラーナを与えて五本の蓮華を手に入れると、広大な喜悦と悦楽とが体に沸き起こった。少女プラクリ
234
ティの「仏」という言葉を聞いて。

「もし貴方が麗しき蓮華の花環もて世間の導師を供養せんと欲せば、今日、貴方は妾を妻に迎えられよ。妾は常に愛情に貞節なる〔妻〕とならん。‖青年僧よ、優曇鉢の花は如何なる時にも世間に得難し。かくの如く、大名声を博する仏・如来等の出現は、如何なる時も得難し。‖貴方は麗しき蓮華の花環もて人の調御師たる仏を供養せよ。それ貴方の覚りの因たらん。しかして妾は何処にても貴方の妻たらん」

メーガは言った。

「麗しき蓮華を得んがため、今日、我は汝を妻に迎えん。我は人の調御師たる仏を供養せん。これ我が覚りの因たらん」‖喜びし彼女は〔彼への〕愛情故に彼は愛の虜になれりと錯覚し、蓮華を〔彼に〕与えたり。彼女は彼の行く所に随い行くに、青年僧は四衢に立ちたり。

世尊は、八万人の比丘、アルチマット王、八万人の諸侯、多くのクシャトリヤの大家長、それに沙門・バラモン・
235
外道の者に取り囲まれながら、王都ディーパヴァティーに向かった。

　世尊が行く時、幾千なる天が集い来たれり。七宝より成る幾千なる日傘を持ちて。‖その時、徳の偉大なる〔仏〕の青年僧の前に進み来たること、光線の網に覆われし体せる発情期の象の、軽快に歩むが如し。‖天子等は、清浄なる天〔仏〕がため、猫目石や水晶より成り、金を財とし、金もて巧みに作られし棒つける日傘を差しかけり。‖金鈴の輝き、最上なる喜びの音を立てし〔日傘〕は、暁の日輪の如く、諸天によりて天空に化作されたり。‖また、七宝造りの天の花に飾られし天の日傘、その日傘を三十三〔天の〕王は、世間のために傘持つ人に差しかけり。‖更にまた、金を財とし、金もて巧みに作られし棒つける最上の払子もて、彼等は汚れなき三千世界の主・人王に随い行きつつ風を送れり。

しかして、世尊の〔都城に〕入る時、十力者の威神力もて、高く盛り上がれる大地は沈み、窪める大地は盛り上がりて平坦となれり。‖また世尊の金の蓮華の如き右足を〔都城の〕敷居に下ろすや否や、そこに未曾有なる音は起これり。‖トランペット、太鼓、鼓、法螺貝、シンバル、そして笛は、人中の最上者の〔都城に〕入る時、奏でる者なきに音を立てたり。‖最高なる宝を知る人の〔都城に〕入る時、都城の宝石、箱や容器の中の〔宝石〕も音を立てたり。‖その時、世尊のために、甚だ高価にして柔らかく、色染められ、種々なる素晴らしき絹布の、一対の布は道に広げられたり。

〔翻訳不能〕[71]

しかして園林の前より王の後宮に至るまで、百千なる素晴らしき布が敷かれし王の道は輝けり。‖またその時、少女等は森のある場所に行き、数多の花を採取せり。金山の如き人中の獅子に撒き散らす〔べく〕。‖大威神力の〔大〕悲者がディーパヴァティーに近づくや、彼女等は名声ある世尊に数多の花を撒けり。‖しかして彼女等の手より放たれし芳しき〔花〕は五色の花衣となりて、世間の導師たる世尊〔の体〕に留まれり。‖中に茎持つ芳しき花は、無礙なる虚空に留まりて、〔世尊を〕右繞し礼拝せり。‖世間の光（世尊）の進まば〔花も〕随い行き、彼の止まらば〔花も〕止まれり。それは神通力を持ちて、全てを支配せる人の威儀路を見逃さず。

たとえ壊〔劫の時に吹く〕風の、この三千〔世界〕を運び去らんも、その花衣を毫も揺らすことなからん。況や〔それを〕運び去ることをや。‖砂糖黍の如き色にして、金の如く、最上なる金と言うべき世尊を見、天空なる天の集団《ともがら》は、その時、「ああ、法（仏）よ！」[72]と声を上ぐ。‖しかして空に開きたる花は撒かれ、大地に〔撒かれし〕花の洪水は、膝の高さにありて輝き、花衣は虚空に〔留まれり〕。‖最上なる人の最上なる町に入る時、「ああ、法（仏）よ！」との歓声は楽器〔の音〕に混じりて随所に沸き上がり、鳴り響けり。‖白鳥・迦陵頻伽・孔雀・郭公の甘き囀りと蜂の音の、〔宝石〕箱の宝石の音に混じりて、ディーパヴァティーで聞かれたり。

マハーマウドガリヤーヤナよ、三十二の偉人相を具足し、八十種好で〔その〕体は美しく、十八不共仏法を具足し、如来の十力で力強く、四無畏を具足した世尊ディーパンカラが遠くからやって来るのを青年僧メーガは見た。彼は象の如く、なすべきことをなし終え、諸根は内を向き、意も外に向くことなく留まり、法に安住することを獲得し、諸根は寂静で、意も寂静であり、最高の調御と寂滅との奥義を極め、〔諸根を〕護り、象のように諸根を征服し、池のように清らかで、透き通り、澄み、清浄で、見目麗しく、魅力的で、〔意に〕適い、一ヨージャナにも及ぶ麗しい光明で光り輝いていた。[73] そしてまた〔世尊を〕見ると、彼には〈私も〔この〕世で仏になろう〉という真実の想いが起こった。そして実にマハーマウドガリヤーヤナよ、青年僧メーガは、その時、次のような詩頌を唱えたのである。

「久しぶりにして〔世間の〕眼は世に現れり。久しぶりにして如来が出でたり。久しぶりにして我が誓願は実を結べり。我は仏たらん。これを我は疑わず」

その時、マハーマウドガリヤーヤナよ、広大な興奮と動揺、広大な歓喜と喜悦を生じると、青年僧メーガはその五本の蓮華を世尊ディーパンカラに投げ掛けた。するとそれは、光の網のような〔世尊の〕丸い顔を覆って留まった。少女プラクリティもその二本の蓮華を投げ掛けた。するとそれは空中に留まった。

――諸仏・諸世尊は、神力による神変・説〔法〕による神変・教誡による神変という三つの神変によって有情を教導する。[74]――

さて青年僧メーガが世尊ディーパンカラに投げ掛けた五本の蓮華、少女プラクリティが〔投げ掛けた二本の蓮華〕、そして他の人が投げ掛けた〔蓮華〕は、世尊が加持すると花の天蓋となったが、〔それは〕有情を教導するために、青年僧メーガに歓喜と喜悦を生じさせるためであった。それは美しく、見目麗しく、四本の柱を持ち、四つの入口があり、紐や帯の束が懸けられていた。

その優雅で美しい蓮華が光の輪のような世尊の上にぐるりと留まっているのを見ると、青年僧メーガの体には歓喜と喜悦とが沸き起こり、また広大な心が生じた。彼は水器を一隅に置くと、〔自分の〕毛皮の衣を広げて、世尊ディーパンカラの足元に平伏《ひれふ》し、〔自分の〕髪で〔世尊の〕足の裏を綺麗に拭くと、こう考えた。

〈ああ、私もまた未来世に、今の世尊ディーパンカラのように、如来・阿羅漢・正等覚者・明行足・善逝・世間解・無上士・調御丈夫・天人師になろう。今の世尊ディーパンカラのように、私も三十二の偉人相を具足し、八十種好で〔その〕体は美しく、十八不共仏法を具足し、如来の十力で力強く、四無畏によってまったく恐れのない者となろう。そして、今の世尊ディーパンカラのように、私も無上の法輪を転じよう。〔彼と〕同じように、私は声聞の僧伽を和合させよう。また〔彼と〕同じように、人天が《〔私に〕耳を傾けるべきである、〔私を〕信用すべきである》と考えてくれるようにしよう。今の世尊ディーパンカラのように、〔自ら〕渡って〔他を〕渡らしめ、〔自ら〕解脱して〔他を〕解脱せしめ、〔自ら〕安穏になって〔他を〕安穏ならしめよう。多くの人の利益のために、多くの人の安楽のために、世間を憐愍するために、大勢の人の利益のために、そして人天の利益と安楽とのために、私は〔仏に〕なろう〉

さてマハーマウドガリヤーヤナよ、世尊ディーパンカラは無上の仏智によって青年僧メーガが偉大な〔仏果を〕獲得することを知り、〔彼の〕善根の集積を知り、〔彼の〕心の誓願を知って、完全無欠にして汚れがなく完璧な彼に無上正等菩提を授記したのである。

「青年僧よ、お前は、未来世に、無量無数劫の後、シャーキャ族の都城カピラヴァストゥで、シャーキャムニと呼ばれる如来・阿羅漢・正等覚者・明行足・善逝・世間解・無上士・調御丈夫・天人師になるだろう。また今の私のように、三十二の偉人相を具足し、八十種好で〔その〕体は美しく、十八不共仏法を具足し、如来の十力で力強く、四無畏によってまったく恐れのない者となるだろう。今の私のように汝は〔自ら〕渡って〔他を〕渡らしめ、〔自ら〕解脱して〔他を〕解脱せしめ、〔自ら〕安穏になって〔他を〕安穏ならしめ、〔自ら〕般涅槃して〔他を〕般涅槃せしめるだろう。そして汝は〔私と〕同じように声聞の僧伽を和合させるだろう。また〔私と〕同じように、〔お前のことを〕人天が〈〔彼に〕耳を傾けるべきである、〔彼を〕信用すべきである〉と考えてくれるだろう。また今の私のように、多くの人の利益のために、多くの人の安楽のために、世間を憐愍するために、大勢の人の利益のために、そして人天の利益と安楽とのために、汝は〔仏に〕なるだろう」

さてマハーマウドガリヤーヤナよ、青年僧メーガが世尊ディーパンカラによって無上正等菩提を授記された直後、〔メーガ〕はターラ樹ほどの高さまで上空に舞い上がると、右肩を肌脱いで合掌し、声聞の僧伽ともども、世尊ディーパンカラに礼拝した。すると、その刹那その瞬間、この大地は激しく六種に震動した。そして地上の諸天は声を上げ、〔その〕声を〔空中の諸天に〕聞かせた。

「世尊ディーパンカラによって無上正等菩提を授記された青年僧メーガは、〔世尊ディーパンカラと〕同じように、多くの人の利益のために、多くの人の安楽のために、世間を憐愍するために、大勢の人の利益のために、そして人天の利益と安楽とのために、〔仏〕になられるぞ！」

地上の諸天の声を聞くと、四大王・三十三・夜摩・兜率・化楽・他化自在天といった空中を浮遊する諸天が、その刹那その瞬間、梵衆〔天〕にまで〔届くように〕声を上げた。「友よ、世尊ディーパンカラによって無上正等菩提を授記された青年僧メーガは、〔世尊ディーパンカラと〕同じように、多くの人の利益のために、多くの人の安楽のために、世間を憐愍するために、大勢の人の利益のために、そして人天の利益と安楽とのために、〔仏〕になられるぞ！」と。

すると、無量の広大な光明が世間に現れ出た。暗黒にして暗黒に満ちており、暗闇にして暗闇に満ちており、真っ暗で、以前から真っ暗であり、そこでは、これほどの大神通力と大威神力を持つ月や日でさえも、その光を以て光を届けることはできず、〔その〕光明を以て光明を満たすこともできない世間の裂け目をも、それは〔自らの〕光で満たしたのである。そこに生まれ変わっていた有情も〔初めて〕互い〔の存在〕を知った。「おお、実に他の有情もここに生まれ変わっていたのか！　おお、実に他の有情も生まれ変わっていたのか！」と。

そしてまた、その刹那その瞬間、一切の有情はひたすら楽に満たされる。阿鼻大地獄に生まれ変わった者でさえ、諸天の〔持つ〕天の威厳、龍の〔持つ〕龍の威厳、〔そして〕夜叉の〔持つ〕夜叉の威厳を超越した。そしてマーラの住居は陰り、光を失い、威光をなくし、侘しいものとなった。そこ（マーラの住居）は〔一〕クローシャ崩れ落ち、そこは二クローシャ崩れ落ち、そこは三クローシャ崩れ落ち、そこは〔一〕ヨージャナ崩れ落ち、旗の先端も倒れてしまった。そして邪悪なマーラは苦しみ、憂い、後悔し、〔体〕中に苦悩と苦悶を生じたのである。

〔メーガ〕は水器を一隅に置き、毛皮の衣を敷くや、手にせる蓮華を投げ掛けて、具眼者の最上なる足に平伏《ひれふ》したり。‖しかして彼等の手より放たれし芳しき〔花〕は五色の花衣となりて、世間の導師たる世尊〔の体〕に留まれり。‖中に茎持つ芳しき花は、無礙なる虚空に留まりて、〔世尊を〕右繞し礼拝せり。‖世間の光（世尊）の進まば〔花も〕随い行き、彼の止まらば〔花も〕止まれり。それは神通力を持ちて全てを支配せる人の威儀路を見逃さず。‖たとえ壊〔劫の時に吹く〕風の、この三千〔世界〕を運び去らんも、その花衣を毫も揺らすことなからん。況や〔それを〕運び去ることをや。‖砂糖黍の如き色にして、金の如く、最上なる金と言うべき世尊を見、天空なる天の集団《ともがら》は、その時、「ああ、法（仏）よ！」[75]と声を上ぐ。‖その時、海と空を伴いし大地は震動せり。しかして授記のなされし時、天空なる天の集団の内に未曾有なる声が沸き起これり。‖絶対的に賞賛さるる旗を掲げし牟尼・世尊ディーパンカラは、メーガを授記したり。「汝は勝者たらん。‖汝は梵天や天や阿修羅を含める世間の利益と安楽のために、しかならん。悪趣や地獄は衰退し、天〔界〕は繁栄せん」

242 今より更に無数劫の昔、ディーパンカラと呼ばるる師・世尊あり。彼は、灯明、避難処、保護者、法を善く説く者、人主なりき。＝彼は最高なる意味を理解《さと》れる賢者にして、無畏なる法輪を転じたり。正念にして真理と法とに安住し、大いなる恐怖と険難処より人を救えり。＝沙門衆を率い、最高に美しき相を持つディーパンカラをメーガは見たり。彼は心浄らかに勝者に礼拝し、礼拝しつつ彼は誓願せり。＝「貴方が執着心なく生くるが如く、我もこの世を生きん。人天に供養され、善く洗練されたる比類なき〔法〕輪を転ぜん。＝我は世間のために実践し、人天に法を説示せん。世間の光明たる貴方の如く有情を教導せん」＝勝者は〔彼の〕誓願の執着を離れ、全ての因の整えるを知りて、全く欠くることなくして汚れなく完璧なる彼を、具慧者・義見者は授記せり。＝「青年僧メーガよ、汝は無量劫の未来世に仏たらん。カピラと呼ばるる聖仙の住居にて釈迦族の者たる時に、汝の誓願は成熟せん」

＊　＊　＊　＊　＊[76]

243 さらに五百プラーナを師匠に乞う〔べく〕[77]、彼は〔そこから〕立ち去ると、そのような〔事の次第〕をすべてメーガダッタに話した。「私が世尊ディーパンカラを供養すると、彼は〔私に〕無上正等菩提を授記して下さったぞ。今、我々は世尊ディーパンカラのもとに行き、梵行を修して、その僧伽に加わろう」と。

彼（メーガダッタ）は言った。「私はまだヴェーダ〔の学習〕を終えていないから、そこに行くことはできぬ」と。

大海に棒切れが運び去らるるが如く、愛しき者との結びつきは壊され滅す。

メーガは世尊ディーパンカラのもとに行き、出家した。彼（メーガ）のような人は、善友のお陰で、無上正等菩提を正等覚するまで、声聞の僧伽と共に無量・無数・数千コーティもの諸仏を敬い供養し、また無量の独覚を供養し、人天の繁栄を享受する。調御丈夫に耳を傾ける人は[78]、物質（再生）に近づかず、存在にも執着しないものだが、彼

〔メーガダッタ〕は〔こう〕言った。「メーガは頭による礼拝に、余りにもこだわり過ぎた」と。

彼は青年僧メーガから「仏〔ブッダ〕」という言葉を聞いても感激せず[79]、悪友と交わることで五つの無間〔業〕を犯したのである。

彼は他人の妻に愛情を抱き、昼に夜に彼女のもとを訪れたが、〔彼の〕母は息子に対する愛情から彼を〔彼女に〕近づけないようにした。〔彼女の夫〕が、〈奴は〔妻〕と浮気している〉と考えて〔息子を〕殺してしまわぬように。

愛著せる者は〔真の〕意味を知らず。愛著せる者は法を見ず。貪の人を支配せば、その時、彼は盲目たらん。

〔そこで自分の〕母を殺すと、その女のもとに行き、そこで〔彼女に〕愛欲を抱いた彼は大笑いしながら事の次第を告げた。「私はお前のために〔自分の〕母を殺してしまったが、それ程、私はお前が好きなんだ」と。

その女は驚いて言った。「もう私の所に来ないで！」と。

〔さらに〕彼は義理の母に愛欲を抱くと、義理の母は彼に言った。「さあ、あなたは〔自分の〕父を殺しなさい。そうすればあなたを私の夫にしてあげるわ」と。

そこで彼は自分の父を殺してしまったので、彼はその町で嫌われ者となり、友人や親戚の者も〔彼を〕遠ざけたのである。

彼はその町から別の町に移った。〈ここでは誰も私のことは知らないだろう〉と〔考えて〕。〔しかし〕彼の両親の家に出入りしていた比丘で、大威神力を持った阿羅漢が地方を遊行しながら、その町にやって来た。さて、その比丘は〔自分の〕施主の息子をその町で見掛けた。彼もまたその阿羅漢の比丘を見て恐れをなし、〈この町で〔あの〕比丘に私の邪魔をさせてはならぬ〉と〔考えて〕、その時、彼はその阿羅漢の比丘をも殺してしまったのである。その時、彼は正等覚者の教えに従って出家したものの、〔仏の〕教えに従って出家した後に僧伽を分裂させ、また仏の

〔体から〕血を出したのであった。このような五無間業をなしたために、彼は〔無間〕大地獄に生まれ変わったのであった。

実に永い間、長時に亘り、彼は八大地獄や十六小地獄を流転し輪廻した後、世尊シャーキャムニが無上正等菩提を正等覚して法輪を転じられた時、彼は体長が数百ヨージャナもある怪魚ティミティミンギラとして大海に生を受けていた。〔さて〕船を持っていた長者スタパカルニカが五百人の従者を引き連れて大海を渡っていた時、怪魚となった彼は腹が減り、食物を求めて口を〔大きく〕開けていた。すると、長者スタパカルニカの船がその怪魚の口の方に流されて来た。〔水面から〕口を出すと、〔怪魚〕は言った。「長者よ、この船は海の口に落ちてしまった。今、なすべきことをなすがよい。もうお前達に命はない！」と。

そこで彼らは、それぞれの天や神に祈った。ある者はシヴァに、ある者はヴァイシュラヴァナに、ある者はスカンダに、ある者はヴァルナに、ある者はヤマに、ある者はドゥリタラーシュトラに、ある者はヴィルーダカに、ある者はヴィルーパークシャに、ある者はインドラに、ある者はブラフマンに、〔そして〕ある者は海の神に〔祈った〕。

〔さて〕同志プールナカが精神を集中させると、五百人の従者を引き連れた長者スタパカルニカが窮地に陥っているのを見た。彼はトゥンダトゥリカ山より上空に舞い上がり、大海にあるスタパカルニカの船の上空に留まった。五百人の商人はすべて合掌すると立ち上がり、「世尊よ、世尊よ、我々はあなたに帰依いたします！」と〔叫んだ〕。長老は言った。「私は世尊ではなく、声聞である。皆は声を一にして『仏に帰命す』と叫びなさい！」と。

五百人の商人がすべて「仏に帰命す」と叫ぶと、「仏（ブッダ）」という声がティミティミンギラの耳に届いた。彼はその声を聞くと、無量無数劫の昔、青年僧メーガのもとで「ディーパンカラ仏」という声を聞いた、そ〔の声〕が、大海でティミティミンギラとなった彼に〔再び〕現前してきた。「仏（ブッダ）」という声は無益ではないので、その時、かのティミティミンギラとなった彼はこう考えた。〈仏が世に出現され、我々は悪趣に落ちたのだ〉と。

そこで彼は再びまた恐れをなし、口を閉じた。食物が〔食べられ〕なかった彼は死に、その「仏〔ブッダ〕」という声を随念しながら、直ちに大都城シュラーヴァスティーのバラモンの家に生まれ変わり、その時その折に、少年として生まれた。世尊が「比丘達よ、私は業以外のことは説かない」と言われたように。

さてその少年はダルマルチと命名された。成長して大きくなると、彼は世尊の教えに従って出家した。彼は勤め励み精進して、三明・六通・力の自在性を作証した。[80] 日に三度、彼は、世尊の足を礼拝しに〔世尊のもとに〕近づいた。彼が近づくたびに、世尊は〔彼を〕誡め、〔彼の過去を〕思い出させた。「ダルマルチよ、久し振りである。ダルマルチよ、実に久し振りである」と。

彼も言った。「世尊よ、それはそのとおりでございます。善逝よ、それはそのとおりでございます」と。

疑念を生じた比丘達は世尊に尋ねた。

「日に三度、ダルマルチは世尊のもとに近づきますが、世尊が彼に『ダルマルチよ、久し振りである。ダルマルチよ、実に久し振りである』と言われると、〔彼も〕世尊に『世尊よ、それはそのとおりでございます。善逝よ、それはそのとおりでございます。世尊よ、久し振りでございます。善逝よ、実に久し振りでございます』と答えますが、世尊よ、我々はその言葉の意味がまったく分かりません」

世尊は比丘達にディーパンカラから始まる事の次第を詳しく説明された。

「私は〔昔〕メーガと呼ばれる青年僧であり、かのダルマルチはメーガダッタ[81]〔と呼ばれる青年僧〕であった。比丘達よ、『仏〔ブッダ〕』という声は無益ではなく、苦を滅するまで発動するのである」

その時、長老ダルマルチは師に近づきて、勝者の足に礼するや、〔世尊〕は「ダルマルチよ、実に久し振りなり」と言われたり。=ダルマルチも「世間の導師よ、実に久し振りなり」と〔大〕師に答えり。勝者は知りつつ[82]尋ねり。[83]「何が故に、汝は『実に久し振りなり』と答うるや」=彼は答えり。「昔、我は海の〔怪魚〕ティミティミンギラなりき。我は飢渇と衰弱に悩まされ、食を求めて〔生類の命を〕奪えり。[84]＝その時その折、那由多なる数多の有情の〔すでに〕我が胃袋に[85]入りたるに、五百の商人もまた船もろとも〔我が口に〕入らんとせり。＝その船の〔我が口に〕入らんとする時、救いなき恐怖に戦《おのの》き、窮地に陥れる彼等は皆、声を一にし『十力者たる仏に帰命す！』と申せり。

未だ嘗て聞かざりし[86]『仏（ブッダ）』なる声を聞きて、我は喜びを感じ、感動し、心高まり、[87]急ぎて口を閉じたり。＝畜生〔界〕の那由多なる有情は、〔五〕百の商人の声を聞けり。『十力者（仏）』なる声故に、その時、我は悪趣より出離せり。＝世尊よ、この善により、人〔界〕に救い上げられたり。この善行の果もて、我は『ダルマルチ』と命名せられたり。＝この同じ因もて、自在者よ、我は貴方の教えに従いて出家し、出家してより久しからずして、頭陀に巧みなる阿羅漢となれり。＝倶胝・那由多の多劫の間、終わりなき輪廻を輪廻しつつ、善逝を随念しきたる我は『世間の利益者よ、実に久し振りなり』と言えり。

実に長きに亘り、法眼は浄められ、法への疑念は断たれたり。痴の闇に覆われし我は、長時に亘り、悪趣に留まれり。＝〔しかるに〕この善故に〔痴の〕闇は消え去りて、貪と瞋とは滅したり。有に導く〔輪廻の〕流れは干上がり、この世にてこれぞ〔我が〕無余なる生なり。＝また、かのティミティミンギラには『仏（ブッダ）』なる声を聞く大果あり。世尊よ、今、その不死なる言葉を人の如何でか発せざることあらん。＝それ故、人は心を覆い隠す五蓋を捨離して後、〔それは〕得難き名と知りて、『仏（ブッダ）』なる言葉を聞くべきなり。＝人として生まるは苦なり。実体なき姿の森より出離して、諸仏が〔世に〕出づれば、人は浄信を得て解脱すべきなり」

以上、吉祥なる『マハーヴァストゥ・アヴァダーナ』における「ディーパンカラ事」を終わる。

5 マンガラ物語

マハーマウドガリヤーヤナよ、今の賢劫から無量無辺無数劫の昔、ディーパンカラの直後に、マンガラと呼ばれる如来・阿羅漢・正等覚者が現れた。マハーマウドガリヤーヤナよ、マンガラが正等覚者であった時、人の寿命は百千コーティ歳であった。マハーマウドガリヤーヤナよ、正等覚者マンガラには声聞の集団が三つあった。第一の声聞の集団には百千コーティ〔の声聞〕がいて、〔彼らは〕すべて阿羅漢であり、漏は尽き果て、禁戒を修し、正智によって心はよく解脱し、存在との結合は尽き果て、自らの目的を達成していた。第二の声聞の集団は九十コーティ〔の声聞〕から成り、〔彼らは〕すべて阿羅漢であり、漏は尽き果て、禁戒を修し、正智によって心はよく解脱し、存在との結合は尽き果て、自らの目的を達成していた。第三の声聞の集団は八十コーティ〔の声聞〕から成り、〔彼らは〕すべて阿羅漢であり、漏は尽き果て、禁戒を修し、正智によって心はよく解脱し、存在との結合は尽き果て、自らの目的を達成していた。

また実にマハーマウドガリヤーヤナよ、正等覚者マンガラには、スヴェーダとダルマヴェーダと呼ばれる、二人で一組の声聞がおり、最上の一組であり、吉祥なる一組であった。一人は智慧に関して最上、もう一人は神通力に関して最上であった。

また実にマハーマウドガリヤーヤナよ、正等覚者マンガラには、シーヴァーリーとアショーカーと呼ばれる比丘尼で、最上の声聞女がいた。一人は智慧に関して最上、もう一人は神力に関して〔最上〕であった。また実にマハーマウドガリヤーヤナよ、正等覚者マンガラには、パーリタと呼ばれる侍僧比丘がいた。また実にマハーマウドガリヤーヤナよ、正等覚者マンガラには菩提〔樹〕ナーガヴリクシャがあった。また実にマハーマウドガリヤーヤナよ、正等覚者マンガラには、東西十二ヨージャナの幅で南北七ヨージャナの広さのウッタラと呼ばれる都城があり、覆いの付いた七重の金の壁に取り囲まれ、金・銀・真珠・瑠璃・水晶・瑪瑙・赤珠といった七色から成る、美しくて見目麗しい七重の長い池に取り囲まれていたのである。

また実にマハーマウドガリヤーヤナよ、その長い池には金銀二色の階段が付いており、階段の踏み段は金・銀・真珠・瑠璃の四色から成っていた。その長い池は青蓮華・黄蓮華・赤蓮華・白蓮華といった蓮華の芳香で包まれ、その長い池は次のような樹木、すなわち、マンゴー樹・ジャンブ樹・パナサ樹・ラクチャ樹・バヴィヤ樹・パーレーヴァタ樹によって木陰ができていた。実にまた、その長い池の岸には、次のような陸や水に生息する花、すなわち、アティムクタカ・チャンパカ・ヴァールシカー・ダーヌシュカーリ[88]・インディーヴァラ・ダマナカ、それに天が身に着ける〔花〕が咲いていた。また実にマハーマウドガリヤーヤナよ、都城ウッタラは七重のターラ樹の並木に取り囲まれていたが、詳しくは王都ディーパヴァティーのように説明されるべきである〔から、これ以上詳しくは説かない〕。

また実にマハーマウドガリヤーヤナよ、正等覚者マンガラにはスンダラと呼ばれる父がいて、彼はクシャトリヤの転輪王であった。また実にマハーマウドガリヤーヤナよ、正等覚者マンガラにはシリーと呼ばれる母がいて、彼女は王妃であった。マハーマウドガリヤーヤナよ、その時、私はアトゥラ[89]と呼ばれる龍王であり、福徳をなし、高貴で、数多くの善を積んでいた。それから私は世尊マンガラを声聞の僧伽と共に（…）尊敬し、尊重し、恭敬し、供養し、一対の衣を贈物として布施してから、覚りを求めて誓願すると、彼は私に授記してくれた。「無量無数劫の未来世に、お前はシャーキャムニと呼ばれる如来・阿羅漢・正等覚者となるだろう」と。

ディーパンカラの後には、導師マンガラが世間の闇を打ち破り、法の松明に火を点せり。＝彼の光明は無比にして、他の勝者等〔の光明〕を凌げり。彼は何倶胝なる日光を破り、何千〔もの光線〕もて輝けり。＝また、かの仏が最高なる四諦を明かすや、人はその〔四〕諦の水を飲み、恐ろしき闇を駆逐せり。‖無比なる覚りに目覚めし彼の、最初の説法をするや、百千倶胝なる天は最初〔の聖諦〕を現観せり。‖（…）せし時、仏は最上にして最高なる法の太鼓を打ち鳴らせり。‖しかしてまた、彼が第二の天の集団《ともがら》に向かいて〔四〕諦を明かせし時、九十倶胝〔なる天〕は第二〔の聖諦〕を現観せり。‖転輪王スナンダの、仏法に帰依せし時、正覚者は最上にして最高なる法の太鼓を打ち鳴らせり。‖九十倶胝なる人もて成るスナンダ(90)の眷族は、残らず全て仏の声聞となれり。

251
しかしてまた、彼の第三の天の集団に向かいて〔四〕諦を明かせし時、八十倶胝〔なる天〕は第三〔の聖諦〕を現観せり。‖長者ウッタラの、仏(91)の教えに帰依せし時、正覚者は最上にして最高なる法の太鼓を打ち鳴らせり。‖八十倶胝なる人もて成るウッタラの眷族は、残らず全て仏の声聞となれり。‖大仙マンガラには三つの〔弟子の〕集団あり。彼等は漏の尽き、〔煩悩の〕塵を離れ、寂静なる心もて苦行を行ぜり。‖最初の集団は百千倶胝〔なる弟子〕、第二は九十倶胝、第三は八十倶胝〔なる弟子〕もて成れり。‖その時、我は大神通力の龍王にしてアトゥラと呼ばれ、数多の善を積めり。‖我は龍等の〔奏でし〕天の楽器に合わせ、大仙マンガラを賞賛し、衣を布施して、彼に帰依したり。‖世間の導師たるマンガラ仏は我に授記せり。「今より無量劫の後、汝は世間に仏たらん。麗しく繁栄せるカピラ〔ヴァストゥ〕と呼ばるる釈迦族の都城にて。‖汝を生む母は摩耶と呼ばれ、汝の父は喬答摩・浄飯と呼ばれん。‖コーリタとウパティシュヤは〔汝の〕第一の声聞たり、クシェーマーとウ
252
トパラヴァルナーが〔汝の〕最上の女声聞たらん。‖アーナンダと呼ばるる侍者は〔汝に〕付かん。汝の菩提樹はアシュヴァッタ樹なり」

かの大仙マンガラの授記を聞くや、我は精進し、心を堅固にして実践し、覚りの行を毫も捨つることなかりき。‖大仙マンガラには、ウッタラと呼ばるる都城、スンダラと呼ばるる刹帝利〔の父〕、シリカーと呼ばるる母、

〓スデーヴァとダルマデーヴァと呼ばるる第一の声聞、シーヴァーリーとアショーカーと呼ばるる第一の声聞女ありき。〓大仙マンガラにはパーリタと呼ばるる侍僧あり。彼の菩提樹は、ナーガヴリクシャと呼ばるる、見事に花咲ける菩提樹なり。〓大仙に百千倶胝なる僧伽あり。生存中、大勇者は数多の人を〔彼岸に〕渡せり。〓暁の日の如く、光り輝く火蘊の如き彼は、教えを〔各地に〕流布し、数多の人を〔彼岸に〕渡せり。〓海の波を数うること能《あた》わざるが如く、世尊の子を数うること能わず。〓また、実に高貴なる仏、正法、最高なる群衆、〔これら〕すべては直後に過ぎ去れり。かくの如く諸行は虚しからずや。(92)

以上、『マハーヴァストゥ・アヴァダーナ』における「マンガラ物語」を終わる。

D群　ヴァイシャーリー訪問

1 日傘物語

　さてさて、日傘物語の始まり。——ヒマラヤの近くに、クンダラーと呼ばれる夜叉女が住んでいた。その時、彼女は二年続けて五百人の息子を生み、千人の息子を生むと彼女は死んだが、彼らは〔人の〕精力を奪い去るため、ヴァイシャーリーに送り込まれた。ヴァイシャーリーに行くと、彼らは人の精力を奪い去った。

——〔世間には〕マンダラカとアディヴァーサ[1]という魔力によって生み出される疫病[2]がある。疫病マンダラカは襲った家全員〔の命〕を残りなく奪い去り、疫病アディヴァーサは地域〔全員の命〕を奪い去る。——

　[3]その時、ヴァイシャーリーの住民は疫病アディヴァーサに襲われて死んでいったので、彼らは天という天にお祈りした。彼らは〈一体誰が来れば、ヴァイシャーリーの住民の苦悩は和らげられるのか〉と考えた。そこで彼らは、「来てください。ヴァイシャーリーの住民に悪魔のような疫病が発生しました。あなた方が来てくれたら、それは鎮まるでしょう」と、プーラナ・カーシャパを呼びにやった。プーラナ・カーシャパがヴァイシャーリーにやって来たが、その疫病は鎮まらなかった。彼らはこう考えた。〈カーシャパがやって来たが、ヴァイシャーリーの住民に〔蔓延した〕悪魔のような疫病はまったく鎮まらない〉と。

そこで彼らはマスカリン・ゴーシャーリプトラを呼びにやった。彼もやって来たが、ヴァイシャーリーの住民に〔蔓延した〕悪魔のような疫病は鎮まらなかった。そこで彼らはカクダ・カーティヤーヤナを呼びにやった。彼もやって来たが、ヴァイシャーリーの住民に〔蔓延した〕悪魔のような疫病は鎮まらなかった。そこで彼らはアジタ・ケーシャカンバラを呼びにやった。彼もやって来たが、ヴァイシャーリーの住民に〔蔓延した〕悪魔のような疫病は鎮まらなかった。そこで彼らはサンジャイン・ヴェーラッティプトラを呼びにやった。彼もやって来たが、ヴァイシャーリーの住民に〔蔓延した〕悪魔のような疫病は鎮まらなかった。

ヴァイシャーリーの住民の親戚の者や血縁の者は、死んで天〔界〕に生まれ変わったが、彼らの中のある天はヴァイシャーリーの住民に告げた。「お前達が呼んできた者は師ではなく、師のように語る者でもない。彼らはヴァイシャーリーの住民に〔蔓延した〕悪魔のような疫病を鎮めることはできぬが、無数劫を経て、あの方が仏・世尊・阿羅漢・正等覚者として〔この世に〕出現された。彼は完全な知見を有し、大神通力と大威神力とを具え、一切知者にして一切見者である。彼が村や領地の境界に住めば、そこの疫病や闘争・喧騒・災難・病気はすべて鎮まる。彼を連れ来たれ。彼が来れば、ヴァイシャーリーの住民に〔蔓延した〕悪魔のような疫病は鎮められよう。

最上なる蓮華を胎とせる端正なる青年は王舎城郊外にて時を過ごし、煩悩を征せる彼はあらゆる戦争や闘争を鎮圧せり。〃災難に陥りし村・町・都城に金の如き彼が到着せば、そこなる疫病は鎮められん。水や雨の塵を〔鎮むるが〕如く。〃色白くして金の如き美顔は日に満たされ、最高に芳しき戒の香りを漂わす彼を連れ来たれ。疫病は鎮められん」と。

ヴァイシャーリーには、リッチャヴィ族の長で、大勢の従者を従え、大勢の家来を引き連れた賢者トーマラがいたが、人々は彼を探して懇願した。「ラージャグリハに行って下さい。そこには仏・世尊が住んでいます。彼はシュレーニヤ・ビンビサーラ〔王〕の招聘で〔そこに〕住んでいますが、彼のもとに行き、リッチャヴィ族の言葉で挨拶して下さい。そして、従者と共にある〔世尊〕が恙《つつが》ないか、御不自由がないか、また快適にお過ごしかどうかを尋ねた後、『世尊よ、ヴァイシャーリーの住民とリッチャヴィの住民に悪魔のような疫病が蔓延し、数千もの多くの有情
255
が災いや災難に陥りました。どうか〔有情の〕利を欲し、〔有情の〕益を求める世尊は、憐れみを垂れてヴァイシャーリーにお出で下さいませ』と言って下さい」と。

その時、トーマラはリッチャヴィ族の人に同意すると、言われたとおり、従者と共に素晴らしい乗物に乗って、都城ヴァイシャーリーから出ると、都城ラージャグリハに向かった。ちょうどその時、リッチャヴィ族のトーマラは都城ラージャグリハに行き、都城ラージャグリハに入ると、世尊を拝見し、近づき、仕えるために、ヴェーヌヴァナにあるカランダカニヴァーパに近づいた。また、ちょうどその時、その日は〔月の〕十五日目にあたる満月の布薩日で、世尊は五百人の比丘や他の数千の人の衆会に、初め善く、中善く、終わり善く、内容があり、音節も優れた法を説き、まったく円満で、清浄で、純白な梵行を明らかにされていた。

その時、リッチャヴィ族のトーマラは、車道がある所までは乗物で進んだ後、乗物から降りると徒歩で世尊のもとに近づいた。その時、高貴な衆会は混雑していたため、彼は〔人込みを〕掻き分けて世尊に近づくことができなかった。そこで彼は右肩を肌脱ぎ、世尊に向かって合掌礼拝すると詩頌を唱えた。

「十五日目の浄き布薩日に、聖仙等や三十三天の主たる帝釈天は集い、耐え難きを耐うる人よ、貴方は彼等に尊敬さる。‖光り輝く貴方は最高なる句を説き、大雲の水もて大地を潤すが如く、法もて数多の人を満たす。彼等は貴方の甘き声を聞き[4]、‖大仙よ、浄き〔声〕を〔心に〕留め、合掌礼拝して恭敬し、耐え難きを耐うる人よ、
256
我等は貴方に帰依す。彼等には素晴らしき利益は善く得られたり。‖我はトーマラ家もろとも、貴方に浄信を生じて帰依す。善逝の教えに従いて、放逸なく生死に終わりを告げん」

詩頌が終わると、大勢の人は〔彼に〕道を空けた。ちょうどその時、リッチャヴィ族のトーマラは世尊のもとに近

づくと、世尊の足を頭に頂いて礼拝し、世尊にこう申し上げた。「世尊よ、ヴァイシャーリーのリッチャヴィ族の者は、老いも若きも、ヴァイシャーリーの中に住む者もヴァイシャーリーの外に住む者も、世尊の足を頭に頂いて礼拝いたします。声聞の僧伽と共にある〔世尊〕が快適にお過ごしかどうか、お尋ね申し上げます。そしてこう申し上げます。『世尊よ、ヴァイシャーリーには悪魔のような疫病が発生し、何千もの多くの有情が災いや災難に陥ってしまいました。世尊は天を含む〔世間〕を思いやり、憐れむ人です。どうか世尊はヴァイシャーリーの住民に憐れみを垂れ、ヴァイシャーリーにお越し下さいませ』」と。

　世尊が「トーマラよ、如来〔私〕はシュレーニヤ・ビンビサーラ王の招聘で〔ここに〕住んでいる。行って〔王の〕許可を得るがよい[5]」と言われると、リッチャヴィ族のトーマラは世尊の足を頭に頂いて礼拝し、世尊と比丘の僧伽を三回右繞した後、ラージャグリハに向かった。さてリッチャヴィ族のトーマラは、シュレーニヤ・ビンビサーラ王のもとに近づくと、丁寧かつ丁重にシュレーニヤ・ビンビサーラ王に挨拶した後、こう言った。

「大王よ、ヴァイシャーリーには悪魔のような疫病が発生し、何千もの多くの有情が災いや災難に陥ってしまいました。そこで六人の師を思いつき、招待しました。プーラナ・カーシャパ、マスカリン・ゴーシャーリプトラ、アジタ・ケーシャカンバリン、カクダ・カーティヤーヤナ、サンジャイン・ヴェーラッティカプトラ、そしてニルグランタ・ジュニャーティプトラですが、彼らがやって来ても、ヴァイシャーリーの住民に〔蔓延した〕悪魔のような疫病は鎮まりませんでした。そこで、大王よ、天がリッチャヴィ族の者に告げたのです。『無数〔劫〕を経て、仏・世尊は法の威神力を以て出現された。彼は天を含む世間の休息処、避難処、帰依処、保護処であり、天を超越した天である。彼は天・人・龍・阿修羅・夜叉・羅刹・悪鬼・邪鬼の師である。彼が村や領地の境界に住めば、そこの疫病・闘争・災難はすべて、仏の威神力と法の威神力と僧の威神力により鎮まる。彼を連れ来たれ。彼が来れば、ヴァイシャーリーの住民に〔蔓延した〕悪魔のような疫病は鎮まるだろう』と。大王よ、どうか憐れみを垂れて、世尊がヴァイシャーリーに行くことをお許し下さいませ」

こう言われて、シュレーニヤ・ビンビサーラ王はリッチャヴィ族のトーマラにこう言った。「そなたよ、世尊がラージャグリハからヴァイシャーリーに行かれる時、私が自分の領土〔の境界〕まで〔世尊に〕随行するのと同じように、ヴァイシャーリーに住むリッチャヴィ族の者が自分達の領土〔の境界〕まで〔世尊を〕お迎えに行くというのなら、私は世尊がヴァイシャーリーに行かれることを許そう」と。

ちょうどその時、リッチャヴィ族のトーマラはシュレーニヤ・ビンビサーラ王に同意すると、「皆の者、シュレーニヤ・ビンビサーラ王はこう言われた」とヴァイシャーリーの群衆に使者を送った。その時、使者達はリッチャヴィ族のトーマラに同意すると、ヴァイシャーリーに行って、リッチャヴィ族の群衆に告げた。

「おお、皆の者、シュレーニヤ・ビンビサーラ王はリッチャヴィ族のトーマラにこう言われた。『世尊がラージャグリハからヴァイシャーリーに行かれる時、私が自分の領土〔の境界〕まで〔世尊に〕随行するのと同じように、ヴァイシャーリーに住むリッチャヴィ族の者が自分達の領土〔の境界〕まで〔世尊を〕お迎えに行くというのなら、私は世尊がヴァイシャーリーに行かれることを許そう』と」

こう言われると、ヴァイシャーリーに住むリッチャヴィ族の者は、その使者達に〔言った〕。「おお、皆の者、リッチャヴィ族の群衆の言葉として、シュレーニヤ・ビンビサーラ王に『大王よ、ヴァイシャーリーに住むリッチャヴィ族の者は、リッチャヴィ族の領土〔の境界〕まで世尊をお迎えに参ります』と伝えよ」と。

その時、使者達はリッチャヴィ族の群衆に同意すると、ラージャグリハに行ってトーマラに告げた。その時、リッチャヴィ族のトーマラは使者達の言葉に同意し、シュレーニヤ・ビンビサーラ王のもとに近づくと、シュレーニヤ・ビンビサーラ王にこう言った。「大王よ、ヴァイシャーリーに住むリッチャヴィ族の者は世尊をお迎えに参ります。どうか憐れみを垂れて、世尊がヴァイシャーリーに行かれることをお許し下さいませ」と。

そこでシュレーニヤ・ビンビサーラ王は世尊がヴァイシャーリーに行かれることを許し、大臣に命じた。「お前達は、声聞の僧伽を引き連れた世尊と声聞の僧伽とが快適にラージャグリハからヴァイシャーリーに行かれるよう、ラージャグリハからガンジス川の岸までの道を碁盤のように凸凹をなくして平坦にし、掌のようにし、天蓋を広げ、色とりどりの布を撒き、紐や帯の束を懸け、焼香を焚き、水を撒いて掃除し、開いた花を撒いて飾り付けよ。声聞の僧伽を引き連れてヴァイシャーリーに行かれる世尊がガンジス川を渡れるように船の橋を固定せよ。そして半ヨージャナ毎にテントの準備をせよ。食物や飲物の準備や臥具や座具の準備をせよ。声聞の僧伽を引き連れた世尊を快適にするための資具すべてをな」と。

天の〔望み〕は心にて、王のは言葉にて、金持ちのは瞬時に、〔そして〕貧者のは労働にて〔叶えらる〕(6)。

さて王が命じ、命令通りに大臣がすべての飾り付けを終えると、世尊は比丘の僧伽と共に出発された。シュレーニヤ・ビンビサーラ王は〔馬〕車・戦車を従え、王妃・王子・大臣・家来と共に、紐や帯の束を懸け、旗や幡が付いた、王に相応しい五百の日傘を伴って、偉大な王の威厳、偉大な王の権力、偉大な王の荘厳さを誇示しながら、自分の領土であるガンジス川の岸まで、半ヨージャナ毎に休憩を取りながら、ヴァイシャーリーに行かれる世尊に随行した。

ヴァイシャーリーに住むリッチャヴィ族の者は、シュレーニヤ・ビンビサーラ王がどのような仕方でラージャグリハからヴァイシャーリーに行かれる世尊に随行したかを聞いた。そして聞くと、ヴァイシャーリーからガンジス川の岸に至るまでのリッチャヴィ族の領土内の道路を碁盤のように凸凹をなくして平坦にし、掌のようにし、水を撒いて掃除すると、開いた花を撒き、天蓋を広げ、色とりどりの布を撒き、紐や帯の束を懸け、焼香を焚いて飾り付けた。そしてあちらこちらに舞子・踊子・闘士・力士・手拍子士を配置した(7)。声聞の僧伽を引き連れた世尊のために、半ヨージャナ毎にテントの準備をし、臥具・座具の準備、それに飲物の準備や食物の準備をした。〔彼らは〕ヴァイシャーリーの内部から、旗を具え、心地好い音を立て、素晴らしい花環を有し、日傘・旗・天蓋が取り付けられた八万四千の乗物を繋ぎ留め、〔否〕八万四千の二倍の乗物を繋ぎ留めて、沢山の香や花環を持つと、それぞれ麗しき乗物に乗り、偉大な王の威厳や偉大な王の権力を誇示しながら、大勢の人の拍手喝采や太鼓・鼓・大太鼓・小太鼓・法螺貝が合奏される音に合わせて都城ヴァイシャーリーから出ると、世尊を供養するためにガンジス川の岸まで世尊を迎えに行った。

これが彼らの荘厳の景観であった。あるリッチャヴィ族の者には、青い馬、青い車、青い紐や鞭、青い棒、青い衣、青い飾り、青いターバン、青い日傘、青い刀・摩尼・草履・扇子があった。(8) ここでこう言われる。

青き馬、青き車、青き紐・鞭・ターバン、また五つの青き象徴（日傘・刀・摩尼・草履・扇子）、青き衣、青き飾り。

あるリッチャヴィ族の者には、黄の馬、黄の車、黄の紐・鞭・棒、黄の衣、黄の飾り、黄のターバン、黄の日傘、黄の刀・摩尼・草履〔・扇子〕があった。ここでこう言われる。

黄の馬、黄の車、黄の紐・鞭・ターバン、また五つの黄の象徴、黄の衣、黄の飾り。

あるリッチャヴィ族の者には、紅の馬、紅の車、紅の〔紐〕・鞭・棒、紅の衣、紅の飾り、紅のターバン、紅の日傘、紅の摩尼・草履・扇子があった。ここでこう言われる。

紅の馬・車、紅の紐・鞭・棒、また五つの紅の象徴、紅の衣・飾り。

あるリッチャヴィ族の者には、赤い馬、赤い車、赤い〔紐〕・鞭・棒、赤い衣、赤い飾り、赤いターバン、赤い日傘、赤い刀・摩尼・草履・扇子があった。ここでこう言われる。

赤き馬、赤き車、赤き紐・鞭・棒、また五つの赤き象徴、赤き衣、赤き飾り。

あるリッチャヴィ族の者には、白い馬、白い車、白い〔紐〕・鞭・棒、白い衣、白い飾り、白いターバン、白い日傘、白い刀、白い摩尼・草履・扇子があった。ここでこう言われる。

白き馬、白き車、白き紐・鞭・棒、また五つの白き象徴、白き衣、白き飾り。

あるリッチャヴィ族の者には、緑の馬、緑の車、緑の紐・鞭・棒、緑の衣、緑の飾り、緑のターバン、緑の日傘、緑の刀、緑の摩尼・草履・扇子があった。ここでこう言われる。

緑の馬、緑の車、緑の紐・鞭・棒、また五つの緑の象徴、緑の衣、緑の飾り。

あるリッチャヴィ族の者には、斑[9]の馬、斑の車、斑の紐・鞭・棒、雑色の衣、斑の飾り、斑のターバン、斑の日傘、斑の刀、斑の摩尼・草履・扇子があった。ここでこう言われる。

斑の馬・車、雑色の紐・鞭・棒、また五つの斑の象徴、雑色の衣・飾り。

あるリッチャヴィ族の者は、金の日傘と様々な宝で飾られた象を有していた。あるリッチャヴィ族の者は、あらゆる宝で飾られた金の駕籠を有していた。あるリッチャヴィ族の者は、旗を具え、心地好い音を立て、矢や斧を具え、日傘・旗・天蓋を掲げた、金から成る車を有していた。このような外見、このような品格、このような様式、このような数、このような王の権力、このような隆盛、このような成就、〔そして〕このような装飾を以て、ヴァイシャーリーに住むリッチャヴィ族の者、ゴーシュリンギー〔婦人〕、アームラパーリカー〔婦人〕、要するに大勢の人も、八万四千の二倍の乗物に乗り、カンジス川の岸まで世尊を迎えに行ったのである。

世尊はガンジス川の対岸でシュレーニヤ・ビンビサーラ王やマガダのバラモンを法話を以て教示し、鼓舞し、元気づけてから、八万四千人のマガダのバラモンに法を現観させた後、ヴァイシャーリーに住むリッチャヴィ族の者がいる方を見て、比丘達に告げられた。「比丘達よ、〔お前達は〕三十三天が都城スダルシャナから園林の地へ出掛けるのを今まで見たことはないであろう。今、お前達はヴァイシャーリーに住むリッチャヴィ族の者を見るがよい。それは何故か。比丘達よ、三十三天が都城スダルシャナから園林の地へ出掛けるのと同じような壮麗さを以て〔リッチャヴィ族の者も出掛けるからだ[10]」と。

平和なる親戚の者は繁栄せる王国を築き、正しく王権を発揮す。師はリッチャヴィ族の中にありて、かくの如く彼等を諸天と比較せり。＝〔比丘等は〕三十三〔天〕の園林の地へ出掛くるを嘗て見ざりしも、(11)リッチャヴィ族には彼等に同じき壮麗なることあり。その繁栄したるや、かくの如し。＝さるリッチャヴィ族の者は金の日傘を載せし象や金もて成る駕籠に乗り、また他の者は金もて成る車に乗りて、〔世尊を〕迎えたり。＝親戚や親類は皆、若きも壮《さか》んなるも老いたるも着飾りて、真赤に染めし衣にて集まるや、彼等は種々なる動きもて〔世尊を〕迎えたり。

その時、ガンジス川には、シュレーニヤ・ビンビサーラ王の船橋、ヴァイシャーリーの内部に住む者の船橋、ヴァイシャーリーの外部に住む者の船橋があり、ガンジス川の龍達、〔すなわち〕カンバラ族やアシュヴァスタ族も船橋を形成した。「世尊は我々の船橋をお渡りになりますように」と。

ゴーシュリンギーは〔自分の鸚鵡を対岸に飛ばし、〕鸚鵡の言葉で、声聞の僧伽を引き連れた世尊を、翌日、食事に招待すると、世尊は沈黙を以て〔鸚鵡〕に同意された。仏の威神力により、その鸚鵡は世尊が沈黙を以て同意されたのを知った。〔鸚鵡〕は世尊の足を頭に頂いて礼拝し、世尊と比丘の僧伽とを右繞してから退くと、ゴーシュリンギー婦人のもとに近づいて言った。「あなたの言葉で、かの世尊・如来・阿羅漢・正等覚者を、声聞の僧伽と共に、明日、食事に招待したところ、世尊は沈黙を以て同意されました」と。

世尊は船橋に昇られた。シュレーニヤ・ビンビサーラ王は自分の船橋に世尊がおられるのを見た。またヴァイシャーリーの内部に住む者は自分達の船橋に世尊がおられるのを見た。ヴァイシャーリーの外部に住む者も、自分達の船橋に声聞の僧伽を引き連れた世尊がおられるのを見た。カンジス川の偉大な龍であるカンバラ族やアシュヴァスタ族も自分達の船橋を、声聞の僧伽を引き連れた世尊が渡っておられるのを見たのである。

(12)ガンジス川のカンバラ族とアシュヴァタラ族の者は、シュレーニヤ・ビンビサーラ王の五百の日傘を見、またヴァイシャーリーの住民の五百の日傘を見て、彼らも〔船橋を〕渡っている世尊のために五百の日傘を差し掛けた。夜叉達も五百の日傘を差し掛けた。四大王〔天〕も五百の日傘を差し掛けた。天子スニルミタも、それよりさらに優れた日傘を差し掛けた。他化自在〔天〕と四大王〔天〕も五百の日傘を差し掛けた。三十三天も五百の日傘を差し掛けた。天主シャクラも日傘を差し掛けた。天子スヤーマも日傘を差し掛けた。兜率天も五百の日傘を差し掛けた。天子サントゥシタも、それよりさらに優れた日傘を差し掛けた。梵衆天も五百の日傘を差し掛けた。マハーブラフマンも、それよりさらに優れた日傘を差し掛けた。浄居天も、世尊がガンジス川を渡る時、五百の日傘を差し掛けた。天子マヘーシュヴァラも、世尊がガンジス川を渡る時、日傘を差し掛けた。人天が差し掛けた、幾千というこのすべての日傘を、誰〔の日傘〕が凌げようか。

　家系を成就し、日々の仕事に〔熱心なる〕大地の諸王は〔日傘に〕値す。また極めて高徳なる人中の最上者も日傘に値す。‖外敵の集団《やから》を征し、不壊なる王権を享受せし人も、(…)日傘に値す。‖一切の煩悩やナムチをもその軍勢もろとも、完膚なきまで残りなく征せる世尊の、如何でか百の日傘に値せざらん。‖揺る星の如く輝き、星の如く美しく、無比なる輝きを放ち、瑠璃宝を柄とする五百の日傘を持ちて、‖ビンビサーラ王は十力者の後ろより随い行けり。しかして世尊は〔弟子〕衆と共にヴァッジに向かいたり。‖世尊は船〔橋〕に昇り、有の暴流を渡るや、対岸にてリッチャヴィ族の群衆は、五百の日傘を差し掛けたり。‖その時、大山に数多の住処を持ち、恒河を住居とせる龍も、大地の主を見るや、五百の日傘を差し掛けたり。

　神通力を持ち、光を放ち、数多の住処を持てる夜叉や阿修羅等も、喜びに満ち、大地の道にいながらその場にて五百の日傘を差し掛けたり。‖新鮮なる花環を持ちて、[13]満月の如く美しき丸顔したる諸天も、喜びに満ち、その場にて五百の日傘を差し掛けたり。‖四人の世間の守護者も心喜ばせ、慢心と高慢を取り除き、踊り子の〔巻き上げし〕塵を吹き払いつつ、大地の保持者に等しき〔世尊〕に〔五百の日傘を〕差し掛けたり。‖その時、三十三天の主は、金や摩尼宝もて見事に飾られし最上なる網の掛けられ、赤花を善くあしらえし紐の付ける日傘を、世の最上者に差し掛けたり。＝ヤーマ・ヴァルナ・ナーガの礼拝せる閻魔の主スヤーマは近づきて、秋の雨雲の如き白き日傘を、雲が風に吹かれ行くが如き人に差し掛けたり。(14)

また兜率天の住者も錯乱せず世尊に近づきて、肉もて成る体を現すや、浄信もて日傘を差し掛けたり。＝瑠璃もて善く飾られし柄を持ち、千本の珊瑚の〔傘の〕骨もて美しく、開きたる花の表面に付きし日傘を、化楽〔天〕は差し掛けたり。＝他化自在〔天〕は、三界にて賞賛せらるる人のため、最上なる金の重りもて覆われ、宝の瓔珞の懸けられし紐つける傘を化作したり。＝心浄まりし梵天は、風の道の如く澄み渡りたる心にて、敵の論者を論破せる〔世尊〕に、月の如き日傘を差し掛けたり。＝また、七宝より成る天の花もて作られ、紐にて飾られし日傘を、大自在天は、日傘に値せし人に差し掛けたり。＝かくの如き欲〔界〕繋〔の天〕の大いなる集団《ともがら》は、力の無比なる人を供養すべく、天主たる大自在天に集められたり。

世尊はその日傘〔の数〕に相当する諸仏を化作した。彼らには互いの世尊が見えなかった。彼らはそれぞれこう考えた。〈私の日傘にだけ導師は留まられている。善逝は留まられている。旗〔の保持者〕は留まられている〉と。

仏の威神力で、人天は有頂天に至るまで見ることができた。

その時、月の如き人たる世尊は、神通力もて正覚者等を化作したり。世尊は〔化仏〕を示せるも、彼等に互いの〔仏〕は見えざりき。＝しかるに、十力者たる〔化〕仏等は有頂天や空中に留まりて、宝石もて美しき柱の如く、麗しき天空を輝かせたり。(15)＝〔化仏は〕全て金色にて、全て三十二相を具足し、全て金山の如く、全て最上なる象の如く歩みたり。＝〔化仏は〕全て魅力ある様に行い、全員の光の網は輝き、全て無量の徳を持ち、〔彼等は〕全て〔人に〕喜びをもたらせり。＝人天は十力者等もて天空が輝けるを見るや、喜びに激しく打ち震え、「おお！　おお！」と歓声を上げり。＝喧騒の音に満たされし人等に近づくや、天空に留まりし〔化仏〕は芳しき最上なる粉塵を撒けり。

世尊の神力神変である、このような〔多〕仏の変現を見て、諸天は世尊に多大な供養を捧げた。彼らが、曼陀羅華、
267 大曼陀羅華、カルカーラヴァ華、大カルカーラヴァ華、ローチャマーナ華、大ローチャマーナ華、ビーシュマ華、大ビーシュマ華、サマンタガンダ華、大サマンタガンダ華、パーリヤートラカ樹の華、金の花、銀の花、白銀の花、白檀の粉、アガル樹の粉、そしてケーシャラ樹の粉を世尊に撒き散布すると、周囲六十ヨージャナは天の香粉で膝の高さ程の洪水となった。

比丘達が世尊に「世尊よ、今、この数千の日傘が、天や龍や王によって差し出されましたが、これは天の威神力、龍の威神力、〔あるいは〕夜叉の威神力によるのですか」と申し上げると、世尊は言われた。「比丘達よ、〔これは〕如来が過去より積んできた善法の威神力による。もしも如来が輪廻を流転する中で無上正等菩提を正等覚していなかったならば、世尊に〔差し出された〕この日傘〔の数〕と同じだけの転輪〔王〕の王権を行使していただろう。さて、如来はあらゆる徳によって悪を滅尽してから、般涅槃するだろう」と。

その時、世尊が同志ヴァーギーシャに「ヴァーギーシャよ、過去世で如来と一緒だった時のことが、お前に閃くように」と言われると、「世尊よ、畏まりました」と同志ヴァーギーシャは世尊に同意して、その時、このような詩頌を唱えた。

「かつて毫も恐れを持たざる婆羅門の師ありき。婆羅門は生を滅し、梵行に専心せり。‖有情の苦しみ、苦法に苛まるるを見て、彼は法輪を転じ、無上なる光明を放てり。‖法輪を転じ、無上なる光明を放つや、大仙たる正等者は後生の尽きて般涅槃されたり。‖毫も恐れを持たず、〔自己を〕調御せる最高なる声聞弟子等は、〔師の〕
268 名声がため彼の仏塔を建立せり。‖刹帝利・婆羅門・平民は種々なる花環を付けて集い、踊り・楽器〔演奏〕・歌もて大仙を供養せり。‖また仏の父たる賢き婆羅門は考えり。〈宝石もて飾らるる純白の日傘を作らんは如何〉

＝無垢なる日傘は高く聳えし仏塔の側に立てられたり。父は涙を流しつつ息子を供養せり。＝仏を賞賛する素晴らしき業を為して後、生者の定めもて婆羅門は死せり。

この業もて、八十成壊〔劫〕の間、彼は悪趣を経験せず。これぞ日傘〔の布施〕の果報なり。＝その間、大力を持ち、勝利を得たる転輪〔王〕として、彼は人〔界〕にて法に基づく王権を行使《おこな》い、大地を〔統治せり〕。＝〔この〕刹帝利に美しき国と家来あり。彼は、安楽《やすらぎ》与えしその白き日傘を供養せり。＝しかしてそこよりまた死没するや、天界に再生せり。彼は天の最上者として、天の集団《ともがら》に供養せられたり。＝天の集団に供養せられし彼は自在者の衣を纏い、そこにも留まり生活《くら》せり。これも白き日傘の果報なり。＝彼は天の最高者にして、人中の最高者なりき。彼は、人天の随所にて最高者なりき。＝天の最高者にして人の最高者なる彼は、その生存《いきながらえ》を捨て去りて、最後の生存《いのち》を獲得し、後生尽きたる聖仙・正覚者に生まれたり。＝その道を獲得せし者の、苦を終わらしむ、その苦滅に至る道を、彼は了解せり。＝また過去仏は皆、彼の威厳ある勇者にして、諸仏の中に〔彼に〕同じき戒と慧を持つ者なしと〔知る〕[16]。＝次々にこの世に〔出づる〕正覚者は皆、己が業果に従いて幸福に赴く。

貴方は具眼者たる婆羅門、我は貴方の弟子なりき。勇者よ、我は貴方に促され、過去の生を随念せり」＝「ヴァーギーシャよ、実に汝の言うが如し。その時、我は婆羅門にして、汝は我が弟子なりき。＝汝は我に促され、過去の生を随念せり。それ故、旗や幟、それに白き日傘を〔仏塔に〕捧ぐべし。＝また仏塔の周りには欄楯や五指印を造るべし。広大にして素晴らしき最上の福徳は〔その〕布施者に訪れん。＝かくの如き〔供養〕や、仏になされし他の供養も全て実り多く、〔善なる〕果をもたらし、〔供養者を〕不死へと導くなり。＝〔これに〕同じき供養をこの世に見ず。これより優れたる供養は言うに及ばず。供養して〔我への供養〕より大なる福徳を得しめん人の他に〔誰か〕あらん。＝もしこの世に常に一切の宝もて一切の天を供養する者あらんも、彼には〔我を供養する〕ほどの見返りなし。＝実に名ありて、大悲を持ち、無量の憐愍と利益を持てる正覚者は、優曇鉢樹の華の如く実に見難し。また、三昧・戒・智慧・証得・出家・加行・出生・存在という点から私を賞賛する人は、高貴で、福徳をなし、それぞれの生で歓迎の言葉を受け、多くの人に賞賛されるべき存在となろう。

実にこの善根の成熟せば、それ以降、肉なる外套は彼等を悩ますことなし。＝それ故、人は福徳をなすべし。来世のための〔福徳の〕集積《やま》を。福徳は有情にとりて来世における確かなる拠り所とならん」

世尊はガンジス川を渡り、ヴァイシャーリーの境界に入ると、世尊によって悪魔のような〔疫病〕は退治された。世尊が行かれる時、邪悪なマーラは、リッチャヴィ族の人が開いた花を撒き、水を撒いて掃除し、綺麗に設えた道を有情で一杯にし、クンダラと呼ばれる乞食僧を化作した。彼はその道を進む世尊に言った。「引き返せ。

小者・大者・中者等、数多の有情にて大地は満ち溢る。有情にて満ちたる〔道〕を仏の行かば、その歩みにて彼等は苦しむなり」と。

世尊は言われた。

「如来の触感は柔らかく、〔空より〕急ぎ下れる風の如し。最勝なる仏・如来の体に触るるも、傷つくことは毫もなし。＝世尊は〔他に〕触れずに有情の中を進むが故に、〔有情には〕恐怖心も悩乱もなし。世尊は一切有情に穀物の豊富に実りし緑の畑を化作するなり」

世尊は比丘の僧伽と共に〔町に〕到着された。リッチャヴィ族の者は世尊に尋ねた。「明日、世尊は誰の家で〔食事されることに〕同意されましたか。ヴァイシャーリーの内部の者の〔家〕ですか、あるいはヴァイシャーリーの外部の者の〔家〕ですか」と。

世尊は言われた。「お前達よ、如来が同意したのは、ヴァイシャーリーの内部の者の〔家〕でも、ヴァイシャーリーの外部の者の〔家〕でもない。ゴーシュリンギーは人の言葉を喋る鸚鵡をガンジス川の対岸に寄越《よこ》した。〔鸚鵡〕

は声聞の僧伽と共に如来を、ゴーシュリンギーの言葉として明日食事に招待し、如来は〔それに〕同意したのである」と。

その時、ヴァイシャーリーの内部に住むリッチャヴィ族の人、八万四千の二倍に当たる王、他の大勢の人、クシャトリヤの大家長、〔そして〕長者の大家長は「どうして鸚鵡が喋るのだ!」とすっかり驚いてしまった。世尊は言われた。「ゴーシュリンギーの鸚鵡が人の言葉を喋っても、これに関して何の不思議があろう。おお、お前達よ、〔昔〕他の鳥も〔この鸚鵡に〕最高位を認めたことがある」と。

1-(1) 三羽の鳥本生話

おお、お前達よ、かつて過去世において、カーシ地方のヴァーラーナシーでは、ブラフマダッタと呼ばれる王が国を統治していた。彼は福徳をなし、高貴で、偉大な力を有し、大きな蓄えを持ち、巨大な軍隊を保有していた。そして彼の王国は繁栄し、隆盛し、平和で、食物に恵まれ、人で賑わい、大勢の人で満ち、人は安楽で、暴力や暴動は鎮まり、泥棒は見事に抑制され、商業は盛んであった。(17) 後宮は広大であったが、彼には息子がなかった。王は〈どうして私には息子がいないのであろうか〉と考えた。彼は大臣から聞いた。

「ヒマラヤ〔山〕麓の隠遁処に大威神力を持つ聖仙が住み、五神通を具え、四禅を獲得していますので、息子を授かる方法を彼らに尋ねてはいかがでしょうか」

そこで王は後宮を従え、娘や大臣と共に、軍隊を引き連れて、その聖仙達の隠遁処に向かった。道の途中、軍隊を引き連れ、後宮を従えた王は、〔ある〕家に近づくと、彼はそこで雌梟・雌百舌・雌鸚鵡という三羽の鳥が絹綿樹の窪みから飛び出てきたのを見た。その時〔それを〕見て、王は好奇心を生じた。彼は部下に命じた。「さあ、あの窪みに何があるのか確かめてこい」と。

彼らが〔木に〕昇って覗いてみると、三つの卵が見えた。彼は言った。「王よ、三つの卵がございます」と。「〔卵を〕一つずつ駕籠に入れ、壊さないように下に降ろせ」と王が言うと、部下は〔卵を〕一つずつ駕籠に入れ、壊さぬように下に降ろした。〔王が〕大臣に「これは何の卵であるか」と尋ねると、「それらについては、鳥の猟師にお訊きになるべきです。ここは彼らの領域でございますから」と大臣は答えた。〔そこで〕鳥の猟師が呼ばれると、王は鳥の猟師に尋ねた。王は言った。「おお、これは何の卵であるかを調べよ」と。

鳥の猟師は〔四方を〕歩き回り、あらゆる種類に及ぶ鳥の卵の規定に詳しく、また〔それが〕どんな種類の鳥であるかという鳥の規定にも詳しかった。彼らは言った。「大王よ、これら三つの卵ですが、一つ目は梟の、二つ目は百舌の、三つ目は鸚鵡のものです」と。

「これらの卵を孵化させることは可能か」と王が訊くと、「大王よ、可能です。壊されずに〔木から〕降ろされています〔から〕」と彼らは答えた。「これらの卵を世話するとして、いかなる世話をすれば、首尾よく孵化するのだ」と王が尋ねると、「大王よ、綿を千切って〔卵の〕両側を支えるように敷き詰めて下さい。それから、れらの卵に蜂蜜と酥を塗り込んで、その上に千切った綿を置き、それらを育むのです」と鳥の猟師は答えた。その鳥の猟師の指示通り、それらの卵は〔千切った綿の上に〕置かれた。

王は次第してその聖仙達の隠遁処に近づいた。一隅に軍隊を留まらせると、後宮を従えた〔王〕は聖仙達の隠遁処に近づいた。聖仙達は王を見ると、聖仙達の礼儀として〔王を〕出迎えた。「大王よ、善く来られた。大王よ、善くいらっしゃった。大王はその座に坐られよ」と。

聖仙達の足に礼拝すると、後宮を従えた王は坐った。聖仙達の年長者は家長であったが、彼は王に挨拶して「大王よ、いかなる目的で自ら〔我々〕聖仙達のもとに？」と尋ねると、「私の後宮は広大だが、誰も息子を生まず、私には息子がござらぬ。どうしたら私に息子が生まれるか、それを指示して頂きたいのである」と王は言った。聖仙達の年長者が「大王よ、ある絹綿樹の窪みから降ろされた三つの卵を世話されよ。そうすれば、あなたに息子ができよう」と答えると、王は驚いた。〈非常に尊いこの聖仙達が、これら三つの卵をある絹綿樹の窪みから降ろして下さったのだ。彼らはこの隠遁処に住んでいながら〔それを〕知っていたのだ。この聖仙達は非常に尊いお方だ〉と。

聖仙達の足に礼拝すると、彼は再びヴァーラーナシーに向かい、次第してヴァーラーナシーに入った。時が経ってしばらくすると、その三つの卵は孵化した。一つ目からは梟の雛が生まれ、二つ目からは百舌の雛が生まれ、三つ目からは鸚鵡の雛が生まれた[18]。王の命令により、〔三羽〕は〔大事に〕育てられ、育まれた。成長すると、三羽はすべて賢くて頭がよくなり、人の言葉を喋り、互いに人の言葉で話しかけたり、会話したりした。その時、ブラフマダッタ王は彼らの覚知の力に気づき、それぞれに王の義務を尋ねた。すると〔三羽〕は〔それを〕知っていたので、説明した。その三羽すべての説明を聞いて、ブラフマダッタ王は喜んだ。

ヴァーラーナシーに輝かしきブラフマダッタ王あり。王は、賢き三羽の鳥を息子とす。‖一羽目は梟、二羽目は百舌、しかして三羽目は鸚鵡なり。すべて生まれつき賢し。‖彼等の覚知の力を知りて、人民の主たる王は満足す。「我は王の義務を、一羽一羽の各々に内密に尋ねん。‖先ず梟に尋ねん。梟よ、汝に幸あれ。息子よ、王国を統治しつつある者の義務は何なりや」

梟は答えた。

「ああ、遂に父は王の義務を尋ねり。いざ我は〔父〕に説かん。専ら意を注ぎて聞かれよ。‖怒りの力に負けず、むしろ怒りを遠ざけよ。王よ、怒れる人に利益も正義も近づかず。‖王よ、怒りなき王には、何処ならんも利益・正義・智慧は近づかん。故に怒りを遠ざけよ。‖しかるに、論争の生ずる時は、〔その〕両側に意を用い、両者の言い分を聞きて後、法に則り処すべし。＝また王よ、依怙贔屓・瞋恚・恐怖・無知もて〔判断〕すべからず。両者の言い分を聞きて後、法に則り処すべし。＝さすれば賢者は滅することなし。〔人に〕利益をなすが故に。王よ、彼は名誉や名声を護りつつ、天界を捜し求むなり。＝しかして王よ、非法を避け、王の義務に従いて統治せよ。王よ、さすれば貴方はそこ（天界）に赴かん。＝淫らなる情欲を過度に喜ぶなかれ。敵や仇は、情欲に現《うつつ》を抜かす人を圧倒すればなり。

更に都城のあらゆる出来事や、また地方の出来事も、法に則り行うべし。＝財や物品を布施し、義務を遂行して、市民や地方民や王国を徳もて保つべし。＝また、徳行もて[19]あらゆる従者を保つべし。財や物品の布施もて、不壊なる人たれ。＝王よ、軍隊の指揮官、召使、町民や地方民の中にて、忠実なる〔人〕と忠実ならざる〔人〕全てを把握せよ。＝仕事を詳しく吟味して、人に喜び与うべし。いかなる〔有情〕ならんも殺生を避け、法に従い果を示すべし。＝王よ、昔の諸王の、移住せる数多の人を〔自らの〕王国に入らしめしが如く、〔移民の入国を〕認むべし。＝また王よ、王国に住める貧者を常に摂益し、富者を保護すべし。＝常に財もて遊ぶを喜び、他人の妻に手を出すを喜ぶ王は、王国に嫌われて、直ちに命を落とさん。

しかるに、常に貪らず、賢者にして、邪淫を厭離せる〔王〕は、父よ、王国に愛せられ、実に久しく生き長らえん。＝王よ、仇なす諸王に、敵意もて交わるべからず。王よ、敵は敵意を持つ者に敵意もて応酬《むく》いん。＝王よ、仇なす諸王と友好《よしみ》を結ぶべし。他の人の堅き友情を持つ王を供養すればなり。＝王よ、支離滅裂なる言を発すべからず。あらゆる意味を伴い、因や論証と相応せる言葉を、適時に発すべし。＝しかして王よ、秘さるべきは常に憶持し、秘すべし。最高なる主権者の秘密を露にせば、多大なる災過を被らん。＝秘すべきを憶持せば、広大なる幸運を獲得せん。また敵の力に屈せず、後悔もなからん。＝王よ、言葉に混乱なく、理路整然たる言葉を語るに、目的を持てる人は、蠍の蛇の〔怒りを生ずるが〕如くには、敵に怒りを生ぜしめず。＝秘すべきを秘する人に、敵は恐れなきが故に、奴隷の如くならん。

王よ、法に住せし者を常に保護すべし。法輪に依拠して力輪は転ずればなり。[20] ＝法に住せし者の威光もて、あらゆる疫病は鎮まり、適時に天は雨降らせ、そこに穀物は成長すなり。＝大王よ、具徳者等を利益せんとて為されし〔果報〕は、この世にもあの世にも安楽なり。＝それ故、王よ、王は法もてそれ（具徳者）を護るべし。王よ、その利益は己が王国の利益たればなり。＝王よ、一切の物事をよく吟味すべし。倉庫や蔵に放逸あるべからず。＝これぞ我が有益なる忠告なり。王よ、この全てを受け入れて、その如くに実践せよ。＝かく実践せば、名声と賞賛は貴方にあり、王国は平和にして繁く、栄えて人もて賑わわん」＝法と利益もて編まれし、梟の素晴らしき言葉を聞きて〔かく言えり。〕「同じきを百舌にも尋ねん。我に王の義務を述べよ」

百舌の雛は答えた。

「ああ、遂に父は王の義務を尋ねり。いざ我は〔父〕に説かん。専ら意を注ぎて聞かれよ。＝ああ、父よ、この世は〔次の〕二句もて立てるなり。未だ得ざる〔財〕を得ることと、既に得たる財を護ることとなり。[21] ＝それ故に〔未だ得ざる財を〕得、また既に得たる財を護るため、王よ、法もて堅固なる努力をなすべし。＝王よ、非法もて統治《おさ》むる王の王国は力弱く、欠けたること遍《あまね》し。＝しかるに王よ、法もて統治むる王の王国は、平和にして繁く、栄えて人もて賑わわん。＝処罰すべきは処罰し、寵愛するに値せるは寵愛し、[22] 摂受すべきは摂受して、摂益を喜びとすべし。＝処罰や寵愛、また摂受や摂益を知らざる王は、〔己が〕財を失わん。＝息子や兄弟の無頼漢なる無法者にして下劣者ならば、貴方は彼等を村や地方の自在者にすべからず。

王よ、王たる者は父母のために摂益すべし。遺産に振り回され、〔皆に〕軽蔑せられ、敵となればなり。[23] ＝欺瞞に満ちたる敵に操られし王国は、五国に分裂《わか》たれん。彼等（敵）を信用すべからず。邪道に足を踏み入るることなかれ。＝邪道に足を踏み入れし刹帝利は、〔敵の〕意のままたり、敵の力に屈し、後悔せん。＝自ら力を獲得せんがため、〔また〕王国を憐愍《あわ》れみて、敵に妨害されんも、王よ、〔物事を〕全て判断《わきま》うべし。‖夜も昼も、よく考えて語るべし。人は立ち聞きし、聞きて後に善からざるをなせばなり。‖勇敢〔のみ〕ならば直ちに後退し、富者が力を握るなり。口上手《うま》き者の立腹せば、富もて貴方に害なさん。‖故に、富もてせる婆羅門、富みて口上手き平民、ずる賢き者は、たとえ数少なきも、妻子と共に追放すべし。

王よ、〔王の〕利益を考え、貪りの心なく、賢明にして忠実なる王国の指導者を大臣にすべし。‖大臣の悪智慧を持ち、〔また〕智慧ありと錯覚せば、王国は王国の主と共に苦を増大せんも、‖王よ、大臣の賢明ならば、〔彼等の〕威光もて王国は王国の主と共に楽を増大せん。‖王よ、貪欲にして覚知に乏しき大臣は、王には毫も有益ならずして、王国にも彼は有益ならず。‖故に王よ、貪らず、賢く、助言に忠実なる王国の指導者を〔大臣に〕すべきなり。‖探偵に等しき眼なく、探偵に等しき政策なし。しかれば、王は万事に探偵を雇うべし。‖王よ、眷族・王国・軍曹・召使の全てを、王よ、正邪に照らして掌握すべし。‖しかして王よ、堅実にして用心深き門番を探すべし。さすれば、彼は貴方に安心をもたらさん。

これぞ我が有益なる忠告なり。王よ、この全てを受け入れて、その如くに実践せよ。‖かく実践せば、名声と賞賛は貴方にあり、王国は平和に繁く、栄えて人もて賑わわん」‖「梟にも問い、汝にも問うたに、二羽は我に説明せり。しかして鸚鵡よ、〔二羽と〕同じく王の義務を汝に尋ねん。‖賢明にして〔我が〕利益を考うる者よ、王が望むべき力は、如何なる類《たぐい》なるや。王の義務を〔二羽と〕同じく我に答うべし」

鸚鵡は答えた。

「王よ、王の望むべき力は五種類なり。[24]専ら意を注ぎて聞かれよ。‖王よ、第一は生来の力、第二は息子の力、しかして第三は親戚や友人の力なり。‖更に王よ、第四は四支より成る〔軍隊〕の力にして、第五の力は無上なる智慧の力なり。‖王よ、これら五種の力を持てる〔王〕の王国は、平和で繁く、栄えて人もて賑わわん。‖しかるに、これらの中にて、無上なる智慧の力は〔最も〕強力なり。王よ、智慧の力もて正邪を把握すべし。＝なさざるべきを棄て、なすべきをなすべし。己、親戚や友人、また王国に安楽《やすらぎ》はもたらされん。＝王よ、家柄良きも、王の利益を掠めんとて悪智慧の働く者は、決して王に利をなさず、彼は王国にも好ましからず。＝王よ、しかなるに、王国は直ちに敵なる諸王に滅ぼされん。しかして国民は倦みて、他の君主を求めん。

〔国の〕利益を考うる賢〔王〕は、真に尊敬さるるなり。また勇敢に勇ましく、見識ある最上の人を〔大臣の位に〕就くべし。＝常に非法を棄て法を実践《おこな》わば、この世に名声あり、またかの世に天界あらん。＝[25]大王よ、父母に法を実践うべし。王よ、この世に法を実践わば、王は天界に赴かん。＝大王よ、妻子に法を実践うべし。王よ、この世に法を実践わば、王は天界に赴かん。＝大王よ、友人や大臣に法を実践うべし。王よ、この世に法を実践わば、王は天界に赴かん。＝大王よ、沙門や婆羅門に法を実践うべし。この世に法を実践わば、王は天界に赴かん。＝大王よ、町や国に法を実践うべし。この世に法を実践わば、王は天界に赴かん。＝大王よ、今世と来世に法を実践うべし。この世に法を実践われば、王は天界に赴かん。

これぞ我が有益なる忠告なり。王よ、この全てを受け入れて、その如くに実践われよ。＝かく実践わば、名声と賞賛は貴方にあり、王国は平和にして繁く、栄えて人もて賑わわん」＝輝かしきブラフマダッタ王は彼等に言えり。「汝等は〔我が〕利益を考うる、実に賢明にして聡明なる息子なり。＝汝等全ての言葉や忠告を我は実践わん。汝等の法話もて、〔我は〕来世に何か益あらんを了解せり」

師・世尊は、前世の生活や前世の生まれを随念しつつ、比丘等の面前にて、かくの如き本生話を説かれたり。＝「かつて我は無始無終の輪廻の中に住せしに、その時の鸚鵡は我にして、百舌はシャーリプトラ、梟はアーナンダ、ブラフマダッタは浄飯なりき[26]」＝かくの如く、無量なる数多の過去の苦の浮き沈みせる自らの本生を、苦悩を離れ、恐れを離れ、憂いなき世尊は、比丘僧伽の中にて説かれたり。

以上、吉祥なる『マハーヴァストゥ・アヴァダーナ』における「三羽の鳥」と呼ばれる本生話を終わる。

その鸚鵡の生存を捨て去ると、菩薩は王子となって十善業道を教示された。

日種の仏は勇敢なる菩薩等の十自在[27]を説けり。我が所説を聞くべし。‖自在者にして堅固なる同志は、弁才・再生・業・心・法に自在を獲得す。‖神通力に自在たり、また目的にも自在なり。堅固なる者は時と場所に自在なり。以上が十自在なり。‖恐れなき人中の最高者はこれら十自在に安住し、幾千倶胝なる有情を成熟せられたり。‖しかして、導師たる菩薩等は仏国土を浄めたり。菩薩等は光輝を放ち、大悲を獲得せり。‖ここに本生話の〔説き〕終えらるるや、八万四千なる有情は教化せられ、法を真に尊敬せり。

1―(2) 昔の疫病

仏・世尊がヴァイシャーリーの境界線を越えると、一切の非人は逃げ出した。大勢の人は喜びを感じ、「世尊よ、ご覧下さい。世尊がヴァイシャーリーの境界線を越えると、一切の非人は逃げ出した様を」と世尊に尋ねると、「おお、皆の者よ、最高なる覚りを獲得し、天を超越した天である如来が境界線を越えると、一切の非人が逃げ出したことに、何の不思議があろうか。別の時にも、聖仙であった私が都城カンピッラの境界線を越えると、一切の非人が逃げ出したことがあったのだ」と世尊は言われた。「世尊よ、別の時にもですか」とリッチャヴィ族の人が申し上げると、「皆の者よ、別の時にもだ」と世尊は言われた。

皆の者よ、かつて過去世において、パンチャーラ地方にあった都城カンピッラでは、ブラフマダッタと呼ばれる王が王国を統治していた。彼は従者の面倒見が非常によく、布施や〔財の〕分配を習慣としていた。彼のカンピッラ国は繁栄し、栄え、平和で食物に恵まれ、多くの人で賑わっており、人は幸せで、刑罰や喧騒は鎮められ、泥棒はすぐに捕まり、商業は盛んであった。その時、ブラフマダッタ王にはラクシタと呼ばれる祭官の息子がいたが、彼は高貴で、十善業道を身につけて生活し、欲望の対象に苦悩を見、ヒマラヤ山の近くに行くと、聖仙として出家した。その時、彼は、そのヒマラヤ山〔麓〕に隠遁処を設え、草の庵や葉の庵を造り、根・葉・花・実を食べながら、外道〔の教え〕に従い(28)、初夜から後夜まで徹夜のヨーガを実践しながら時を過ごし、四禅を修し、五神通を証得した。その時、その若者は四禅を獲得し、五神通を具え、十善業道を実践しながら生活し、梵行を修し、自ら隠遁処で結跏趺坐すると、手で月輪と日輪に触れた。彼は厳しい苦行を修した著名な聖仙であり、梵衆天までを支配していたのである。

ある時、大都城カンピッラでは〔その〕地方も含めて、悪魔のような恐ろしい疫病が発生した。幾千もの多くの有情は、その悪魔のような疫病に冒され、苦悩や災難に陥った。ブラフマダッタ王はカンピッラに起こった、この大変な惨状を見ると、ヒマラヤ山の近くに住むラクシタのもとに使者を送った。「カンピッラには、この悪魔のような疫病が発生し、幾千もの多くの有情が苦悩や災難に陥りました。どうか世尊は憐れみを垂れて、カンピッラにお出で下さいませ」と。

聖仙は使者の言葉を聞くと、ヒマラヤ山麓からカンピッラにやって来た。聖仙がカンピッラの境界線を越えると、〔疫病を引き起こした〕そのすべての非人は退散した。聖仙はカンピッラで厄払式を行い、八万四千の有情に十善業道を教示したのである。

今世にも来世にも幸ある道を行く人の、しかるべき時にヴェーダ聖典の何を読誦し、如何なる知識を学習し、

285 如何に行わんに、幸福に護らるるや。[29] ＝魔力ある天・人・親戚・有情・怪物、また〔人生の〕刺や苦悩の一切を常に軽んずるも、有情を憐れむ者は幸福なり、と人は言うなり。＝また暴言を忍び、忍辱の力もて耐え、粗悪にして不快なる言葉を聞くも、それに耐ゆる人は幸福なり、と人は言うなり。＝また暴言を忍び、常に愛情深き慈心を起こし、恐れなく、約束守り、友にも敵にも等しく〔ものを〕分配し、財もて友を憐れむ人は、友の中にて幸福なり、と人は言うなり。＝戒律、智慧、また自在性もて、常時、親戚の中や友人の中にて輝く人は、親戚の中にて幸福なり、と人は言うなり。

286 　大地の主たる王にして浄信を持ちたれば、今も昔も真実と権力にて己に等しき者はなしと知る人は、王の中にて幸福なり、と人は言うなり。＝（…）人に憐れまれ、愛情深く美しき、善戒を保てる母の生む人は、家に居ながら幸福なり、と人は言うなり。＝聖法の故に仏を賞賛し、奉仕もて仕えし人は、多聞にして、〔彼岸に〕渡るを望み、解脱して、阿羅漢の中にて幸福なり、と人は言うなり。＝しかるべき時に、飲食物・絹布・白檀・香・花環を布施し、沙門や婆羅門に信仰心を持つ者は、村の中にて幸福なり、と人は言うなり。＝「両舌・妄語・邪淫・殺生・飲酒を断じ、天界に赴くべし」と村の中にて〔説く〕人は幸福なり、と人は言うなり。

「実にまた、お前達よ、その時その折に、ラクシタと呼ばれる聖仙だったのは他の誰かであろう、という思いがお前達にあるかもしれないが、実はそのように見てはならない。それは何故かというと、お前達よ、その時その折に、ラクシタと呼ばれる聖仙だったのは、この私だったからだ。その時その折に、都城カンピッラでブラフマダッタと呼ばれる王だったのは他の誰か〔であろうと思うかもしれないが〕、実はそのように見てはならない。その時〔その折に〕、都城カンピッラでブラフマダッタと呼ばれる王だったのは、このシュレーニヤ・ビンビサーラ王なのである。その時もまた、私は聖仙となってカンピッラの境界線を越えると、一切の非人は退散してしまったのだ。今生でも私がヴァイシャーリーの境界線を越えると、一切の非人は退散してしまったのだ。そしてまた、私が境界線を越えると、一切の非人が退散してしまったのは、今生だけのことではないのだ」

お前達よ、かつて過去世において、カーシ国にあった都城ヴァーラーナシーで、王が王国を統治していた。彼は福徳をなし、高貴で、偉大な権力を持ち、巨大な蓄えを具え、偉大な軍隊を持ち、従者の面倒見が非常に良く、布施や〔財の〕分配を習慣としていた。彼の都城ヴァーラーナシーとカーシ地方とは繁栄し、栄え、平和で、食物に恵まれ、大勢の人で賑わっていた。その時、その王には象がいたが、〔その象〕は福徳をなし、高貴で、偉大な威光と偉大な威力とを持ち、彼の威光と威力によって、カーシ地方のヴァーラーナシーには疫病や災害がなく、また彼が他の村や地方の境界線を越えると、〔その村や地方の〕疫病や災害はなくなるのであった。

ある時、都城ヴィデーハのミティラーで悪魔のような疫病が発生し、何千もの多くの有情が苦悩や災難に陥った。人々は、「カーシ国王の象は福徳をなし、高貴で、偉大な威光と偉大な威力とを持ち、彼が村や都城の境界線を越えると、その村や都城は疫病や災害がなくなってしまう」と聞いた。そこでヴィデーハの王はあるバラモンに言った。「ヴァーラーナシーに行け。カーシ国王は、あらゆるものを布施し、布施や〔財の〕分配を習慣としている。ここの現状を説明し、その象を頼んでこい。その象がここに来てくれれば、悪魔のような病気はすべて鎮まるだろう」と。

バラモンは王の言葉に同意すると、次第してヴァーラーナシーに到着した。そしてバラモンはヴァーラーナシーに入った。その時、カーシ国王は、偉大なる王の威神力を具え、偉大なる王の権力を誇示しながら、ヴァーラーナシーから都城の外に出てきたが、彼は、あらゆる装飾品で見事に荘厳され、金網で覆われ、吉祥なる光を放つ、その象の前を進んでいた。バラモンはカーシ国王の前に立つと、丁寧に挨拶した。王はバラモンを見ると、立ち止まった。「おお、バラモンよ、お前には何が必要か。お前にどのようなものを布施しようか」と。

バラモンは、ミティラーで起こった、悪魔のような疫病のすべてをカーシ国王に説明した。「大王よ、ミティラーに憐れみを垂れて、その象をお与え下さい」と。

王は慈悲深く、他を摂益することに専心していたので、彼は自分の象をしかるべく荘厳してバラモンに与えた。「バラモンよ、見事に荘厳され、金網で覆われ、王に相応しく、王によって享受されるべきであり、威厳があるこの象を、御者ともどもお前に布施しよう。欲するままに行くがよい」と。

「実にまた、お前達よ、その時その折に、ヴァーラーナシーの王だったのは他の誰かであろう、という思いがお前達にあるかもしれないが、それはそのように見てはならない。その時その折に、カーシ国王だったのは、このシュレーニヤ・ビンビサーラ王である。実にまた、お前達よ、その時その折に、ミティラーの王だったのは他の誰かであろう、という思いがお前達にあるかもしれないが、それはそのように見てはならない。それは何故かというと、その時その折に、〔ミティラーの〕王だったのは、将軍シンハであるからだ。このバラモンは他の誰かであろうか。〔実は〕彼はリッチャヴィ族のトーマラだったのだ。その象は他の誰かであろうか。しかし、実はそのように見るべきではない。その時その折に、王の象だったのは、この私であった。その時もまた私は象となってミティラー〔の境界線を越えると〕、非人はすべて退散してしまった。今生においても、私がヴァイシャーリーの境界線を越えると、非人はすべて退散してしまったのだ。しかしまた、お前達よ、私が境界線を越えると、一切の非人が退散してしまったのは、今生だけのことではないのだ」

お前達よ、かつて過去世において、都城ラージャグリハでは王が王国を統治していた。彼は福徳をなし、高貴で、従者の面倒見が非常に良く、布施や〔財の〕分配を習慣とし、偉大な権力を持ち、巨大な蓄えを具え、偉大な軍隊を持っていた。彼の王国は繁栄し栄え、刑罰や喧騒は鎮められ、泥棒はすぐに捕まり、商業は盛んであったが、〔ある時〕そこに悪魔のような疫病が発生し、何千もの多くの有情が〔その〕悪魔のような疫病のために、苦悩や災難に陥った。さてアンガ国王には、端正で見目麗しく、福徳をなした、高貴な雄牛がいた。そ〔の雄牛〕の威光や威力のために、アンガの全領土には疫病や災害がなかった。ラージャグリハのバラモンや長者は、「アンガ国王には、端正で見目麗しく、福徳をなし、高貴な、そのような雄牛がいて、そ〔の雄牛〕の威光や威力のために、アンガの全領土には疫病や災害がない」と聞いた。彼らは王に告げた。

「大王よ、お聞き下さい。アンガ国王には、端正で見目麗しく、福徳をなし、高貴な雄牛がおりまして、それが村や都城の境界線を越えると、その村や都城は疫病や災害がなくなってしまうのでございます。大王よ、〔その〕雄牛を連れてきて下さい。それが連れてこられたら、ラージャグリハに起こった悪魔のような疫病は鎮められるでしょう」

ラージャグリハの王はアンガ国王にバラモンを送った。「アンガ国王のもとに行き、ラージャグリハに起こった、この苦悩を知らせて、その雄牛を頼んでこい」と。

するとバラモンは「畏まりました」と王に同意すると、ラージャグリハから次第してアンガ王の都城に到着した。彼はアンガ国王に近づくと、アンガ国王に丁寧に挨拶し、ラージャグリハに起こった悪魔のような疫病の一部始終を詳しく説明した後、〔その〕雄牛を乞うた。その王もまた慈悲深く、他を摂益することに専心していたので、そのラージャグリハに起こった大惨事を聞くと、彼はその雄牛をバラモンに布施した。「バラモンよ、行くがよい。〔これで〕ラージャグリハの人も有情も楽になるであろう」と。

バラモンはその雄牛を連れてアンガの領土からマガダの領土に戻ってきた。皆の者よ、〔その〕雄牛がラージャグリハの境界線を越えるや否や、かの非人は退散し、ラージャグリハ地方には疫病や災害がなくなってしまったのである。

〔世尊は言われた。〕「あるいはまた、お前達よ、その時その折に、都城アンガでアンガの王だったのは他の誰かであろう、という思いがお前達にあるかもしれない。しかし実際はそのように見てはならない。それは何故かというと、お前達よ、その時その折に、アンガの王だったのは、このシュレーニヤ・ビンビサーラ王であるからだ。その時その折に、ラージャグリハの王だったのは他の誰かであろうか。これもそのように見てはならない。それは何故かというと、それはシンハ将軍だったからだ。その時その折に、雄牛を連れてきたラージャグリハのバラモンは他の誰かであろうか。それもそのように見てはならない。それは何故かというと、お前達よ、その時その折に、アンガの王のもとから雄牛をラージャグリハに連れてきたラージャグリハのバラモンは、このリッチャヴィ族のトーマラであるからだ。また実にお前達よ、その時その折に、アンガの王の雄牛だったのは他の誰かであろう、という思いがお前達にあるかもしれない。しかし、それはそのように見てはならない。それは何故かというと、お前達よ、その時その折に、アンガの王の雄牛だったのは、この私だったからだ。その時もまた私は雄牛となってラージャグリハの境界線を越えると、一切の非人は退散した。今生においても最高の正覚を獲得した私がヴァイシャーリーの境界線を越えると、一切の非人は退散したのである」と。

以上、吉祥なる『マハーヴァストゥ・アヴァダーナ』における「雄牛本生」を終わる。

2 ヴァイシャーリーでのブッダ

さて世尊は次第してヴァイシャーリーに到着された。その時、世尊はヴァイシャーリーの内外に住む人のために厄
払式を執り行い、厄払の詩頌を唱えられた[30]。
「仏に帰命せよ。菩提に帰命せよ。解脱者に帰命せよ。解脱に帰命せよ。智慧に帰命せよ。智慧者に帰命せよ。
世間にて第一の最高者に帰命せよ。‖ここに集いし地上や天空の魔物は皆、心を喜ばせ、勝者の唱えし厄払〔の
詩頌〕を聞くべし。‖この世やかの世や天界にて、天を超越せし天、人の最高者たる如来に等しき卓越せし宝な
291 し。また、この卓越せし宝は仏の中にあり。この真実〔語〕もて、人や非人より安寧の生ぜんことを！‖（…）
また、この卓越せし宝は法の中にあり。この真実〔語〕もて、人や非人より安寧の生ぜんことを！
最高なる仏の賞賛し、人の無間と言える、清浄なる三昧、この三昧に等しきはなし。また、この卓越せし宝は
法の中にあり。この真実〔語〕もて、人や非人より安寧の生ぜんことを！‖四向四果の八種の人は常に賞賛せら
れ、彼等は供養に値し、〔彼等への〕布施は大果をもたらす、と善逝は言わる。また、この卓越せし宝は僧の中
にあり。この真実〔語〕もて、人や非人より安寧の生ぜんことを！‖全ての見を具足せる〔僧の〕人は、有身
見・疑・戒禁〔取見〕の三法を完全に捨て去れり。また、この卓越せし宝は僧の中にあり。この真実〔語〕もて、
人や非人より安寧の生ぜんことを！‖また身・語・意もて、有学の者の如何なる悪を行わんも、彼のそれ〔悪〕
292 を包み隠すこと能《あた》わず。〔これ〕能わずとは、道を見し人の所言なり。また、この卓越せし宝は僧の中にあり。
この真実〔語〕もて、人や非人より安寧の生ぜんことを！

深遠なる意味を理解《さと》りて、善く教示されたる〔四〕聖諦を見し人は、大地に堅く支えられたる、四つの風に動

揺せざる敷居の如しと我は言う。また、この卓越せし宝は僧の中にあり。この真実〔語〕もて、人や非人より安
293 寧の生ぜんことを！‖深き智慧を持つ者に善く教示されたる四聖諦を把握せし人に、激しく放逸に赴きて八有を
取ることなし。また、この卓越せし宝は僧の中にあり。この真実〔語〕もて、人や非人より安寧の生ぜんこと
を！‖心と意向と相応せる行者にして、ガウタマの教えに従いて出家せし人は、利得を獲得し、不死に通達し、
心は解脱し、涅槃を享受す。また、この卓越せし宝は僧の中にあり。この真実〔語〕もて、人や非人より安寧の
生ぜんことを！‖宿〔業〕は尽き、新〔業〕を積まず、未来の有より解脱し、〔業の〕種子は尽き、生起の法な
き賢者は、油灯の如く消滅す。また、この卓越せし宝は僧の中にあり。この真実〔語〕もて、人や非人より安寧
の生ぜんことを！
真夜中の[31]火の勢いを増して燃え盛るも、薪尽かば消ゆるが如く、入定せる仏子等は、貪と随眠を見極め把握し
294 て、死王に見《まみ》ゆることなし。また、この卓越せし宝は僧の中にあり。この真実〔語〕もて、人や非人より安寧の
生ぜんことを！‖夏の最初の月にチャイトラの森なる木々の先端に花は咲き、風吹かば芳香を放つが如く、入定
せる仏子等は戒を具えて芳香を放つ。また、この卓越せし宝は僧の中にあり。この真実〔語〕もて、人や非人よ
り安寧の生ぜんことを！‖ここに集いし地上や天空の魔物は、人や生物に常に慈心を起こすべし。さすれば、昼
夜に亘り彼等は汝に供物を運ばん。‖それ故に、母の子を慈しむが如く、汝等は放逸なく彼を守護すべし。この
真実〔語〕もて、人や非人より安寧の生ぜんことを！
ヴィパシン、ヴィシュヴァブー、クラクッチャンダ、バーナカナカムニ、[32]カーシャパ、大名声を博するシャー
295 キャムニ・ガウタマ、これら大神通力の諸仏に浄信を抱きし諸天をも堅固に守護すべし。人の末裔に安寧をもた
らすべし。‖それ故に、母の子を慈しむが如く、汝等は放逸なく彼を守護すべし。また、この卓越せし宝は僧の
中にあり。ここの真実〔語〕もて、人や非人より安寧の生ぜんことを！‖世間を超克して法輪を転じ、一切有情

を憐れみ、人天に最高たる仏に我は帰命す。安寧の生ぜんことを！　我は法に帰命す。安寧の生ぜんことを！
我は僧に帰命す。人や非人より安寧の生ぜんことを！

ゴーシュリンギーは、仏を上首とする比丘の僧伽に食事を差し上げた後、サーラ樹の森を布施した。リッチャヴィ族の人はこう考えた。〈我々も一人一人、衣・食事・臥具・座具・病気を縁とする薬といった資具を以て、声聞の僧伽を率いる世尊にお仕えすることはできる。大勢の人が福徳に結びつくように、そうすべきだ。人〔が食べるための〕穀物を徴収しよう〉と。

彼らが人〔が食べるための〕穀物を徴収すると、二十五〔種〕以上の穀物が集められた。かくして七日間、彼らは声聞の僧伽を率いる世尊に仕えたのである。

296

「[33]輝かしく、高貴に、美しく、名声ある正覚者に、彼等の仕えたること、星の群の月に〔仕うるが〕如し。＝花開きしカルニカーラの如く、金の飾りの付ける衣に身を包み、重厚なる腕輪を付けて、彼等は正覚者に仕えたり。＝黄白檀〔の粉〕を肢体に塗り、最上なる絹衣を纏い、（…）[34]＝清浄にして生まれよく、幾百なる福徳を相とせる天の集団や群衆が集いしも、仏はあらゆる威光もてそれらを凌ぐこと、星宿の王の星の集団を凌ぐが如し。＝光線を発する月の、雲一つなき天空に星の集団を照らし出だすが如く、仏はあらゆる威光もて刹帝利の王を凌ぐなり。＝天空の日は日の軌道に留まりて輝くが如く、仏はあらゆる威光もて刹帝利の王を凌ぐなり。

天空の日は日の軌道に留まりて燃え盛るが如く、仏はあらゆる威光もて刹帝利の王を凌ぐなり。＝麗しき満開

297

の赤蓮華の光り輝き、芳香を具うるが如く、仏はあらゆる威光もて刹帝利の王を凌ぐなり。＝千眼持ちし帝釈天は阿修羅の群衆を粉砕して三十三天を凌ぐが如く、仏はあらゆる威光もて刹帝利の王を凌ぐなり。＝梵天は一切の有情を憐愍《あわ》れみ、威光もて天の光明を凌ぐが如く、仏はあらゆる威光もて刹帝利の王を凌ぐなり。＝十支具えし[35]吉祥なる浄〔光〕を放ちて後、仏は〔彼等が〕不死に浄信を抱くを〔知るや〕、掌にあるが如くに法を〔明〕

示して刹帝利の諸王を教導せり」
同志アーナンダはこのように世尊を賞賛したのである。
世尊は、法話を以てヴァイシャーリーのリッチャヴィ族の人に教示し、励まし、鼓舞した後、百千もの多くの有情を教導された。ヴァイシャーリーのリッチャヴィ族の人の布施は、それ（疫病の治癒）への感謝の印として施すべきものであった。

298

蜂の集いて種々なる花の蜜を吸い、口と足もて〔蜜を〕集むるが如く、（…）＝混ぜ合わされて、それは味も香りも〔甘き〕液となり、広げらるるや、それは色・香・味を具える上質の蜜となり、薬や食物に使わる。＝かくの如く、村にも町にも彼（仏）の来たれる所に、数多の人の集いしに、妻子を連れし者も、男も女も、善業に同じき欲望《のぞみ》を起こすなり。＝彼等は僧のために飲食物を集めきて粥を作り、飲物、実に美味なる硬食、アーリヤ人に認められし味〔の食物〕を差し出だすなり。＝浄信に従い、力量に応じ、多劫に亘りて〔飲食物を〕集めては、度々浄心もて布施し、〔彼等の〕福徳は積み上げらる。＝挨拶の合掌を行い、座より[36]立ちて挨拶し、奉仕し、法に随喜して、数多の人は喜びて福徳をなす。

299

身〔業〕もて布施をなし、福業を行い、〔語業もて仏への賞賛の〕言葉を述べて〔善根〕積まば、まさにその業の相通ずるが故に、彼等は皆、天界の住居に赴かん。＝彼等は天の容姿《すがた》を具え、天女の群衆に傅《かしず》かれ、食に恵まれ、最上なる飲食物を口にし、最高なる宮殿に入りて楽しまん。＝彼等の人界に赴く時、彼等は皆、裕福なる家に生まるなり。富み栄え、巨額の財を持ち、沢山の男女で溢れし〔家〕に。＝あらゆる花より集められし蜜は、楽を運びしが故に正しき人に賞賛さる。如何なるも心に願わば、それは全て意のままに成就せん。＝全ての目的を遂げて後、汝等は一切の行に基づく煩悩を滅したる涅槃に至らん。〔さすれば〕世間を利益する大自在者は、妻や子ともども、親戚や親類ともども、汝等を賞賛せん。

その時、リッチャヴィ族の人は世尊に言った。「世尊よ、これは、園林の中でも〔最〕大の園林、すなわち重閣講堂を具えたマハーヴァナですが、我々はこれを声聞の僧伽と共なる世尊に布施し、差し上げます」と。

その時、世尊は比丘達に告げられた。「では、比丘達よ、〔ここを〕園林として、精舎として、宿泊施設として〔使用するのを〕許そう」と。

さて、世尊はマハーヴァナからチャーパーラ霊廟にやって来られた。リッチャヴィ族の人は尋ねた。「世尊はどこですか」と。

比丘達は言った。「皆さん、昼の休息のために、世尊はマハーヴァナからチャーパーラ霊廟に近づかれたところだ」と。

その時、リッチャヴィ族の人は言った。「我々はチャーパーラの霊廟を声聞の僧伽と共なる世尊に布施し、差し上げましょう」と。

別の時、リッチャヴィ族の人は世尊の足を礼拝しにマハーヴァナに行くと、世尊は食事を終え、昼の休息のためにサプタームラ霊廟に行かれていた。リッチャヴィ族の人は尋ねた。「世尊はどこですか」と。

比丘達は言った。「皆さん、世尊は食事を終えられ、昼の休息のためにサプタームラ霊廟に近づかれたところだ」と。

そこでリッチャヴィ族の人はサプタームラ霊廟に近づくと、世尊の足を頭に頂いて礼拝し、世尊にこう申し上げた。「世尊よ、我々はサプタームラ霊廟を声聞の僧伽と共なる世尊に布施し、差し上げましょう」と。

こうして、バフプトラ霊廟、ガウタマカ霊廟、カピナフヤ霊廟が[37]〔布施された〕。さらにまた世尊は食事を終えると、昼の休息のためにマハーヴァナからマルカタフラダティーラ霊廟に近づかれた。リッチャヴィ族の人は、世尊の足を礼拝しにマハーヴァナに行くと、比丘達に尋ねた。「聖者よ、世尊はどこですか」と。

比丘達は言った。「皆さん、世尊は食事を終えると、昼の休息のためにマルカタフラダティーラ霊廟に近づかれたところだ」と。

そこで彼らは、マルカタフラダティーラ霊廟に近づくと、世尊の足を頭に頂いて礼拝し、世尊にこう申し上げた。

「我々はマルカタフラダティーラ霊廟を声聞の僧伽と共なる世尊に布施し、差し上げましょう」と。

アームラパーリーは声聞の僧伽と共なる世尊に食事を差し出すとマンゴー林を布施し、バーリカーは声聞の僧伽と共なる世尊に食事を差し出すとバーリカーチャヴィー〔林〕を布施した。

以上、吉祥なる『マハーヴァストゥ・アヴァダーナ』における「日傘事」を終わる。

無量なる名声を誇りし法王の所有せる、九分教の法蔵を守護せる最上なる集団の、須弥山の如く不動にして、
最上なる吉祥を保ちて末永く〔世に〕留まらんことを！

〔マーリニー物語〕

――諸仏が〔世に〕出現する時、独覚達も世に出現する。彼らは寂静であることに卓越し、大威神力を持ち、独りで遊行し、犀の角の如く、自分独り〔だけ〕を調御して、般涅槃する。[38]――

さて午前中、ある独覚がカーシ国の村へ乞食に入った。彼は、近づいたり遠ざかったり、前を見たり後ろを見たり、〔手を〕出したり引いたり、上衣・鉢・内衣を持ち運んだりすることに落ち着きがあり、ナーガのようで、なすべき

ことをなし終え、諸根は内を向き、心は外に向かわず、安定し、法性を獲得し、一尋先だけを見ていた。[39] 人天が好意を寄せる優しい庄屋が、仕事を検閲するために村から森に急いでいた。独覚はその村を一軒一軒乞食して回ったが〔食物が得られず〕、洗いたての鉢を持って、〈飲み食い（食事）する時間[40]なのに、誰も食物を布施してくれなかったわい〉と、その村から出た。庄屋は仕事を検閲し終わって再び村に入ると、独覚が村から出てくるのを見た。彼は考えた。〈〔今は〕食事の時間だか、ともあれ私はあの出家者がどんな食物を手に入れたのか確かめてみよう〉と。

庄屋は独覚に近づいて、「聖者よ、食物は手に入りましたか」と尋ねると、寂静であることに卓越した独覚は空の鉢を庄屋に見せた。庄屋は独覚の鉢が空なのを見ると、〈こんな〔立派な〕応供者がこんな大きな村から洗いたての鉢を持って出ていくほど、人々は分与が習慣づいていないのか。どうして彼らはあの灯明（独覚）に食を施さんのか！[41]〉と呟き、〔そして〕彼は言った。「世尊よ、来て下さい。私があなたに食物を布施いたします」と。

彼はその独覚を連れてその村に入った。彼は交差点に立ち、「ああ！　ああ！」と叫んだ。庄屋が〔交差点に〕立ち、「ああ！　ああ！」と〔叫ぶ〕声を聞くと、村の男女が集まり、庄屋に近づいて、「一体、何が嬉しいのですか。[42] どうして『ああ！　ああ！』と叫んだのですか」と尋ねると、〔彼は言った。〕

「一人の比丘が、こんな大きな村から洗いたての鉢を持って出ていくほど、人々は分与を楽しみとせず、分与の習慣がないので、私は嘆いておるのだ！」と庄屋が言うと、村の年寄り達がその庄屋〔の言葉〕を聞いて、その独覚を尊敬しなければならぬと考えた。庄屋は独覚を家に入れると、食物でもてなし、命の限り〔独覚〕を招待した。「命の限り、私は一切の楽の元となるもので聖者を招待します」と。

〔彼は〕自分の娘に「お昼になったら、お前は聖者に食物を給仕するのだぞ」と知らせると、娘は「私は、素晴らしい善業を実践いたします」と喜び満足した。さて、お昼になると、優しくて、人天が好意を寄せる彼女は、その独覚に食物を給仕した。独覚は食物に関して正しい知識を持ち、[43] あらゆる不浄は尽き、非常に尊かった。そこで庄屋の娘は、独覚のその動作を見ると、広大な浄信を生じた。同様に他の人々も浄信を生じたのである。

さて独覚は、庄屋の好意により、〔生存に〕執着することなく、その同じ村で般涅槃した。そこで庄屋は独覚を荼毘に付すと、小さすぎず大きすぎない、石膏や粘土で塗った塔を建立した。そして毎日、庄屋の娘は真鍮の鉢〔に入れた食物〕・香・花環・焼香でその塔を供養した。それから後、様々な種類の花環が風で塔から吹き飛ばされた。そこで彼女は、その花環を拾い上げ、侍女達と一緒に、様々な花から成る長い花環の塊を積み上げ、積み重ねた。そこで彼女は〔その〕花環で独覚の塔全体を包んだ。〔すると〕その花環はその塔に留まり、美しさと威光によって〔他の〕どんな花環をも凌ぎ、〔彼女が〕天界で天の寿命を全うした後でも、〔そこに〕留まり輝いているのを見ると、彼女の心には激しい浄信が生じた。そこで、浄らかな心となった彼女は誓願した。「私がどこに生まれ変わっても、この塔で輝いているような花環が私の頭に現れ出ますように！」と。

その時、彼女は善業をなした後、そこから死没して天界に生まれ変わると、宝の花環が〔彼女の頭に〕付いており、百千もの天女がそこに生まれ変わった彼女を取り巻いた。またそこからも死没すると、彼女はヴァーラーナシーのクリキン王の第一王妃の胎内に生まれ変わった。九、十カ月が経過すると、〔頭に〕宝の花環を付けた、清楚で見目麗しい娘を王妃は出産した。(44) 彼女はマーリニーと命名された。(45) 彼女はクリキン王(46)にとってだけではなく、すべての家来にとっても愛しく可愛かったのであり、「娘は〔前世で〕福徳をなしたのだ」と全領土〔の人〕に認められるまでになったのである。

独覚は村に乞食に入るも、洗いたての鉢を持ちてその村より出で来たれり。＝庄屋の彼を見るや、正覚者〔独覚〕にかく言えり。「世尊は恙《つつが》なく、何ぞ施食を得られしや」＝その時、世尊はその庄屋に鉢を低くせり。そこに施食のなきを見て、庄屋は憂いを生じたり。＝〈かくの如き供養に値せる阿羅漢を供養せざるとは、この世間は盲目なれば何時も邪見に悩まさるなり〉と。＝彼は村の端に近づき、四衢に立ちて「ああ、ああ！」と叫ぶや、

304
人は集い来たれり。＝男女を問わず数多の人の集まりて、庄屋に近づくや、何が故に「ああ、ああ！」と叫べるを〔尋ねたり〕。

庄屋は言った。

「汝等は倶胝なる人のいながら、〔誰も〕布施を楽しむ者なきや。この村にて、ただ一人の比丘なるに、〔施食を〕拒否されたればなり」＝庄屋の言葉を聞くや、女も含める村人は皆、度々、正覚者を手厚くもてなせり。＝庄屋は妻子と共に彼に言えり。「我はあらゆる安楽と快適もて如来を招待せん」＝庄屋の娘は自ら浄衣を身に纏い、上質の香水を着けるや、威儀の徳を具えて、如来に侍けり。＝実に徳ある聖仙の正覚者は、庄屋の好意もて、後有の尽くるや、その村にて般涅槃せり。＝般涅槃せし〔仏〕を荼毘に付し、庄屋は塔を建立し、舞踊・音楽・歌もて大仙を供養せり。＝ある時、白花の風に吹き飛ばさるるや、彼女は〔それを〕拾い集め、長き花環に編み込めり。＝「この塔に妾の捧ぐるに同じき美しき花環の、妾の頭に現れんことを。何処に妾の生まれ変わるとも、そこに〔花環〕の成就せんことを」

305
　仏の賞賛せし善業を為して後、彼女は、三十三天の天女に再生せり。＝しかして百千なる天女は〔そこに〕留まりて、彼女を尊敬せり。彼女等の中にて彼女こそ、全ての肢体の美しき、最上にして最高なる女なりき。＝大神通力を持てる天女はそこより死没し、クリキン王の妃の胎に再生せり。＝十二カ月が過ぐるや、マーリニーなる名の、全ての肢体の美しき女児を王妃は出産せり。＝（…）彼女は優れたる容姿《すがた》を持ち、優れたる美を持てり。しかしてカーシ王の娘たる彼女は、王の娘等の中にて最高なりき。＝威儀の徳を具えて、浄衣を身に纏い、上質の香水を着けるや、彼女は合掌して、クリキン王の前に立てり。＝クリキン王は、合掌して立てる彼女にかく言えり。「娘よ、汝は我が婆羅門に根気よく食事を給仕せよ」＝父の言葉を聞くや、マーリニーはあらゆる望みをも満たせる食事を二万人の婆羅門全てに給仕せり。

306

307

天女の如きマーリニーを見るや、婆羅門は情欲に心を焦がし、幾度も愛撫せり。＝彼等の軽薄にして浮足立ち、落ち着きなく諸根の制御されざるを見て、〈彼等は布施に値せず〉とマーリニーは考えたり。＝彼女は楼閣の上に昇り、周囲を遍く見渡すや、吉祥なる世尊・正覚者の弟子を見たり。＝クリキン王の娘は最上なる楼閣に昇るや、カーシ産の最上なる白檀を〔体に〕塗りて、周囲を遍く見渡せり。＝諸悪を捨て去り、最後身を持てる仏の声聞等が落ち着ける足取りにて〔町に〕入れるを彼女は見たり。＝彼女は女奴隷を送れり。「その聖仙等に挨拶せよ。そして挨拶したれば、『大徳よ、中に入りて坐り給え』と言うべし」＝その女奴隷は近づくや、自己を修習せる人等の足を礼拝し、合掌して「大徳よ、中に入りて坐り給え」と言えり。＝仏の声聞等は無畏にして貪より離れ、世間にて第一の賢者にして諸悪を捨て去り、最後身なりき。

見事なる弓形の戸口あり、巧みに造られ、刀や刃物に護られし、王の愛娘の白き後宮に彼等は入れり。＝絹布が敷かれ、実に綺麗な〔布の〕束が懸けられ、摩尼もて美しく、彩れる花の撒かれし座は〔そこに〕設《しつら》えられたり。＝浄光を放ちつつ、水生の蓮の水を弾くが如く、〔煩悩を〕弾く心を持ち、痴を離れたる彼等はそこに腰を下ろしたり。＝彼女は、大徳等を喜ばすべく、種々なる調味料もて味つけされ、黒〔穀物〕の混じらざる米の粥の如きを手ずから差し出せり。＝比丘等は言えり。「おお、師は世間にて第一の賢者なり。彼女の食物は、かの大勇者こそ最初に食すべきなり」＝彼女は、嘗て聞かざる「仏（ブッダ）」なる、世間に最勝なる言葉を聞くや、〈彼は彼等よりも優るなり〉と、一層の浄信を生じたり。＝マーリニーは言えり。「召し上がりて後、師に食事を届け給え。そして妾の言葉にて世間の導師に御挨拶を申し上げ給え」＝翌日、世尊は比丘の僧伽と共に、王の愛娘の後宮の内に食事せんと同意せり。

その時、世尊カーシャパの第一弟子ティシュヤとバーラドヴァージャは、マーリニーの食事を食べ終わると、世尊カーシャパの食物を持ってリシヴァダナへと急いだ。世尊カーシャパの鉢に〔持ち帰った〕食物を入れると、マーリニーの言葉で世尊カーシャパに挨拶した。

「世尊よ、カーシ国王クリキンの娘は声聞の僧伽と共なる世尊の御機嫌を伺い、明日、比丘の僧伽と共にクリキン王の後宮での食事に御招待いたします。世尊は憐れみを垂れて、彼女に同意して下さいませ」

世尊カーシャパは、〔彼女を〕教導するため〔彼女に〕同意した。その大声聞達と共に〔彼女のもとに〕行っていた人々は、世尊カーシャパの意向を携えて、彼らと共に〔そこに〕行くと、マーリニーに知らせた。「世尊カーシャパは、明日、比丘の僧伽と共に〔ここで〕食事されることに同意されました」と。

マーリニーはその男達の〔言葉〕を聞くと、その同じ日の夜に、沢山の軟硬〔二種の〕食物を用意した後、世尊カーシャパに時を告げさせた。

——世尊は、時を知り、時機を知り、折を知り、人を知り、人の優劣を知っている。——

〔世尊カーシャパ〕は朝早く衣を身に着け、衣鉢を持ち、マガダ風の朝食を摂ると遊行に不適切な夕暮れ時になり、(47)二万人の比丘と共に都城ヴァーラーナシーに入った。

——諸仏・諸世尊は白鳥が飛ぶように都城に入る。——

〔世尊カーシャパの〕右側には大声聞ティシュヤ、左側には大声聞バーラドヴァージャがいた。彼らの後ろには四人の偉大な声聞、四人の〔後ろには〕八人、八人の〔後ろには〕十六人、十六人の〔後ろには〕三十二人、三十二人の〔後ろには〕六十四人〔の大声聞〕がいた。このようにして、世尊は二万人の比丘の僧伽に尊敬されて、クリキン王の後宮に入ったのである。

世尊が都城に入ると、凹んでいた地面は浮き上がり、平らな地面となった。不浄物・石・瓦礫・砂利は地中に潜り、〔代わりに〕大地には開いた花が撒き散らされた。花の咲く木々には花が咲き、実の生る木々には実が生った。その道の左右にある池や蓮池は冷水を湛え、青蓮華・赤蓮華・黄蓮華・白蓮華といった蓮華や睡蓮で覆われた。井戸の口からは水が溢れ出た。馬は嘶《いなな》き、雄牛は鳴き、象は叫び声を上げた。〔世尊の〕足が〔城門の〕敷居を越えるや否や、都城全体が震動した。眼の不自由な者は眼が見えるようになり、耳の不自由な者は音が聞こえるようになり、気絶していた者は意識を回復し、病気をしていた者は病気から回復し、妊婦は安産で〔子を〕生み、裸の者には衣服が現れ、手枷足枷に拘束されている者の手枷足枷は外れ、大きな鞄や小さな箱に隠れていた宝石はカタカタと音を立て、食器もガタガタと鳴った。都城にある七弦琵琶・琵琶・笛・胡琴・太鼓・鼓・小太鼓は〔誰も〕演奏していないのに、[48]〔誰も〕弾いていないのに、一斉に鳴り始めた。鸚鵡・鶫・郭公・白鳥・孔雀もそれぞれの声で囀った。[49]〔世尊カーシャパ〕は大地に触れることなく指四本分の高さを歩いているのに、千輻があり一切の様相を満たした足〔裏の〕輪〔相〕が地面についていた。そして天空では、諸天が幾千もの天の楽器を演奏し、天の花の雨を降らせたのである。

　声聞の僧伽を引き連れた世尊カーシャパは、このような様式、このような荘厳、このような群衆、このような素晴らしさ、このような華やかさを以て、人天に敬われながら、声聞の僧伽と共にクリキン王の後宮に入った。声聞の僧伽を引き連れた世尊は、マーリニーの四角い内室に多大な尊敬を以て迎えられ、正しき風味、最上の風味、しっかりとした風味、〔そして〕新鮮な風味をした、沢山の美味なる軟食・硬食で〔もてなされた〕[50]。世尊は声聞の僧伽と共に食事を終えて、手を洗い、鉢を片づけると、法話を以てマーリニーを教示し、励まし、勇気づけ、鼓舞すると、座から立ち上がって退いた[51]。

　カーシ国王クリキンにいつも食事の供養を受けていた二万人のバラモンは、マーリニーが世尊カーシャパを声聞の僧伽と共に多大な尊敬と多大な恭礼とを以て宮殿に入れたことに腹を立てた。そこで、バラモンの衆会、何千人というバラモンが集まってきた。その時その折、〔その〕地はバラモンで一杯になった。集まってきた〔バラモン達〕はマーリニーを殺すことを望んだ。〈彼女はこの宮殿のバラモンにとって刺《とげ》（敵）となった。クリキン王はバラモンに浄信を持っており、彼の二万人のバラモンは、毎日〔そこで〕食事を頂いてきた。彼女は父に「毎日、バラモンに食事を差し上げなさい」と、バラモンの〔食事の世話係〕に命じられた。しかるに、彼女はバラモンを軽蔑し、沙門を宮殿に入れ、彼らをそのように供養し尊敬した。彼女は、沙門を供養し尊敬するために、宮殿からバラモンに捧げられるべき〔食事〕を〔彼らに〕回して恭礼したのだ〉と。

〔このように〕そのバラモン達はマーリニーを殺そうと決心したのである。

さてカーシ国王クリキンは、地方の検閲に出掛けていたので、バラモンはクリキン王に使者を送った。「マーリニーはバラモンをこんなにも酷く軽蔑した。〔彼女は〕カーシャパを声聞の僧伽と共に宮殿に入れると、このように供養し尊敬する一方で、バラモンには見向きもせぬ。彼女は大王が指示したとおりのことをしておらぬ。よって二万人のバラモンが宮殿で〔受けていた〕バラモン用の毎日の食事も〔今や〕受けることはできぬ。マーリニーはバラモンに見向きもせんのだ」と。

王は〔これを〕聞いて直ちに地方からヴァーラーナシーに戻ると、何千ものバラモンが集まっているのを見た。彼はバラモンのもとに行った。バラモンも王を出迎えると、「御機嫌いかがか」と挨拶し、マーリニーの所行のすべてをクリキン王に知らせた。「大王よ、かのマーリニーはバラモンにとって刺（敵）となった。マーリニーを殺さぬかぎり、〔我々〕バラモンは王の〔出される〕毎日の食事を望むことはできぬ。バラモンの衆会全体で、このように決意したのだ。王はバラモンの信奉者であるから、バラモンの衆会のために行動を起こされよ。もしもあなたがバラモンへの信仰を捨てておらぬなら、マーリニーを見捨てられよ。もしもあなたがマーリニーを見捨てないのであれば、あなたはバラモンの信奉者ではない」と。

バラモンの衆会のために行動を起こそうとしていた王はこう考えた。〈この地はバラモンで一杯であり、また多くのバラモンの信奉者もおる。もしも私がマーリニーを見捨てなければ、暴動が起きるであろう。そうなれば、マーリニーも私もこうして〔生きて〕はおられぬわい〉と。

家のためには一人を捨て、村のためには〔一〕家を捨つべし。国のためには村を、自分のためには大地を捨つべし。

そこで、カーシ国王は〈バラモンの衆会の望みを叶えてやろう〉と〔考え〕、マーリニーを見捨てることにした。その時、バラモンは「もしもマーリニーを見捨てたのであれば、王は命令を出されよ」と言い、それから、都城の外でバラモンの縁に立っていた彼は「マーリニーを連れて来い」と使者を送った。使者は王の言葉を携えて宮殿に到着した。「マーリニーよ、来なさい。お前は父に見捨てられ、〔身柄は〕バラモンに委ねられた。バラモンはお前を殺すであろう」と。

マーリニーは母のもとに行くと、後宮中に叫び声を上げた。都城の人は皆、その叫び声を聞いて悲嘆に暮れ、当惑してしまった。悲しみは〔それほど〕大きかったのである。マーリニーは使者にヴァーラーナシーから父の面前へと連れてこられた。その時、使者達に連れてこられた彼女は父のもとに、「大王よ、マーリニーでございます」と〔言って〕近づいた。涙で喉を詰まらせ、涙で顔を濡らした王は、マーリニーを大勢のバラモンに引き渡した。彼女は父に見捨てられたのである。さてマーリニーが父に見捨てられた時、バラモンの命令は遂行されたのである。それからマーリニーは合掌すると、バラモンの衆会に平伏した。「もしもバラモンの衆会の皆さんがお認め下さるのなら、望みが一つございます」と。

彼らが「お前の望みが何か言うてみい」と言うと、彼女は言った。「私は父に見捨てられ、〔身柄は〕バラモンに委ねられました。〔今や〕私はあなた方の支配下にあります。バラモンの衆会の皆さんは、『マーリニーを殺すべきだ』と決心されました。そこで、七日間〔だけ〕命を頂き、布施をして福徳を積むことを、バラモンの衆会の前でお願いいたします。そして私はバラモンに仕えてきましたが、私は父の命令によってバラモンに仕えてきた〔だけな〕のです。よって、七日間が過ぎれば私を殺すなり〔何なり〕、お好きなようになさって下さいませ」と。

そのバラモンの年長者達は考えた。〈それはマーリニーの言うとおりだ。長い間、父の命令ではあったが、彼女はバラモンに仕え、食事の世話をしてきた。後に彼女は誤った心を起こし、バラモンを見捨て、沙門を信仰しはしたが。だからこれ以上〔彼女が〕沙門に布施をすることは相応しくない。彼女を自由にしてやったら、〔我等〕バラモンに、七日間、布施をさせよう。だから彼女を解放し、彼女の願いを叶えてやろう。殺すのは七日間が過ぎてからでよい〉と。

バラモンの衆会で取り決められた〔彼女を殺すという〕決定の因は、マーリニーを生かす原因となったのである。彼女の願いは、かのバラモンによって叶えられた。

〔彼女は考えた。〕〈七日間、大勢のバラモンのもとから自由になった私は放逸なく、〔この〕七日間を無駄にせぬようにせねば！〉と。

さて自由になった彼女は、〔以前と〕まったく同じように、大勢の人と共に〔彼らに〕取り囲まれながら再び宮殿に入り、「この七日間、私は布施をし、私の願いである福徳を積みとうございます」と父に知らせると、王は「そうせよ。娘よ、お前が望んでいる福徳を積むがよい」と言った。「世尊・正等覚者カーシャパを声聞の僧伽と共に、七日間、この宮殿に招きたいのです」と彼女が言うと、「お前の好きなようにしなさい」と王は答えた。〔こうして〕世尊カーシャパは声聞の僧伽と共に、七日間、宮殿で食事の招待を受けた。憐れみを垂れて、世尊カーシャパは〔有情を〕教導するために、〈大勢の人を教導しよう〉と〔考えて、その招待に〕同意された。バラモンは怒って、生きている彼女を殺そうとした。マーリニーは合掌した。「私が布施をするまでの七日間は〔死刑執行を〕お待ち下さいませ！　バラモン方よ、布施者〔私〕は、〔すぐに〕あなた達の望みを叶えますから」と。

最初の日、彼女は両親と共に、後宮の中で〔弟子〕衆と共なる〔大〕師に食事を出した。そして〔大〕師は啓発的な話を王に語った。そして王は後宮の女と共に無蓋なる法を現観した。二日目に〔世尊カーシャパ〕は五百人の〔王〕

子を教導した。三日目に彼ら〔王子達〕の従者を、四日目に正覚者は王の大臣を教導した。そして五日目に〔大〕師は将軍を初果〔預流果〕に導き入れた。六日目に正覚者は王の教師を教導した。そして七〔日〕目に彼は町民を預流果に導き入れた。王も正覚者を見ると心を喜ばせ、〔弟子〕衆と共に世尊カーシャパを最上の食事に招待した。七日目、マーリニーは世尊カーシャパが食事を終えて鉢を片づけたのを知ると、誓願を立てた。「私は直ちに苦を終わらせることができますように。人天を利益する行を実践する世尊カーシャパのような息子が私にできますように〔あなたと〕同じように、私の息子も無上正等菩提を正等覚した後、人天を利益する行を実践しますように」と。

マーリニーにはアニヤヴァンタと呼ばれる王子の弟がいたが、彼もまた誓願した。「私は今の世尊カーシャパのような父を持つことができますように。そしてそこで私は苦を終わらせることができますように」と。

こうして世尊カーシャパは、カーシ国王クリキン、後宮の女、五百人の王子、大臣、将軍、そして大部分の町民すべてを、聖法によって教導した。彼らはこう考えた。〈マーリニーのお陰で、我々の法眼は一切法に関して浄められたのだから、マーリニーは我々にとって善き友である。〔だが〕バラモンは彼女の命を奪おうとしている。何としても我々はマーリニーの代わりに〔我々〕自身を犠牲にしよう〉と。

彼らは、バラモンに言った。「我々はマーリニーと行動を共にするつもりだ。マーリニーは我々にとって善き友である。我々が生きているかぎり、お前達はマーリニーの命を奪うことはできないぞ。我々を全員殺すことができたら、お前達は彼女の命を奪ってもよいがな」と。

その時、彼らは従者を引き連れ、軍隊と共にマーリニーを先頭にしてヴァーラーナシーから出ると、バラモンのもとに向かった。その長々と続く軍隊がマーリニーと共にやって来るのを見て、バラモンは恐れ戦《おのの》いた。彼らは王に使者を送った。「今日限り、マーリニーを自由にし、彼女に下された刑罰[52]を解除せよ。彼女を解放し、父に会わせてやれ。刑罰は免除だ。我々の邪魔をしてきたのはマーリニーではない。カーシャパが従者と共に我々を邪魔してきた。

我々は彼に制裁を加えるだろう」と。

そこで彼らは武装し、鎧を纏った十人の男に千の策略を授け、「声聞の僧伽と共なる沙門カーシャパの命を奪え！」と〔命じて彼らを〕リシヴァダナに送り込んだ。世尊カーシャパは彼らを慈しみの心で満たし、聖法に安住せしめた。バラモンは武装し、鎧を纏った別の二十人の男に「声聞の僧伽と共なる沙門カーシャパの命を奪え！」と〔命じた〕。男は武装し、武器を持ってリシヴァダナに行ったが、世尊は彼らをもまた慈しみの心で満たし、聖法に安住せしめた。314 こうして三十人、四十人、五十人もの男が送り込まれたが、世尊カーシャパは〔彼らを〕慈しみの心で満たし、聖法に安住せしめたのである。これが諸仏の引接力というものである。世尊は、教導すべき有情を引接する力があるために、バラモンに送り込まれた、仏に教導されるべき一切の者を聖法によって教導したが、邪〔見〕に陥った幾千もの有情は取り残されたままであった。聖法によって教導された者は考えた。〈あのバラモン達は仏の寛容さを知らない。もしも彼らが世尊カーシャパに近づけば、大いなる利益と結びつくであろう〉と。

彼らはバラモン達に使者を送った。「世尊・正等覚者カーシャパは寛容で、大悲を有し、世間の摂益に専心しておられる。お前達は世尊カーシャパや、比丘の僧伽までも[53]害するという罪を犯してはならぬ。お前達は皆、高慢と慢心とを捨て去って、世尊カーシャパの足を礼拝しに行き、大いなる利益と結びつくがよい」と。

仏の柔和なる言説は、真実にして暴言なきを特徴《しるし》とし、清浄にして意味あり、聞ける者には[54]甘美に、明晰なり。‖仏の柔和なる言説は、満足を与え、軽蔑を離れ、如何なる時も〔邪論の〕火を滅し、純粋なるを特徴とし、安楽なるを特徴とす。‖仏の柔和なる言説は、口籠もらず、欠くるなく、嘘なく誤謬なく、全く真実にして、虚妄に分別さるるなし。‖覚知の無量なる人の言葉は、所知の智を伴い、無始無終にして、比類なく、人に影響力を持ち、極めて理に叶えり。‖遍く他者に慈心を持つ[55]彼は、両舌なく真実を語るなり。

315 〔有情の〕利益に〔資し〕、勝義と結びつき、善説せられし〔言葉〕は最高なり。‖溢れ出づる[56]彼の言葉は、高低中〔音〕もて〔人の心に〕浸透す。句と語は清浄にして、善説せられし〔言葉〕は最高なり。＝最高なる悲と喜に結びつき、十果[57]と相応し、八支[58]を具え、四つの様相ある言説を彼は語る。善説せられし〔言葉〕は最高なり。＝五つの福徳ありて、善く決定し、疑念を断ぜし言葉を彼は語り、悪業を積むことなし。かくの如きは、最高なる人の特徴《しるし》なり。＝かくして彼は、最上相を具うる偉大なる光輝の集団《ともがら》を支配し、最上なる親戚や宝石を捨て去りて、大いなる喜びへと出離す。＝最上なる香を放つ最高なる木の髄の如き彼の、不死なる住居を獲得せんとして変貌したるを見るや、ナンダの娘は彼のために粥を煮たり。

316
巧みに言葉を説き、非難せらるところなく、罪を犯さざる貴人・大聖カーシャパを、この世の智慧乏しき人はかくの如く非難す。＝寂静にして過福を捨て去り、生存《いきながらえ》との結合を滅するを喜び、静謐にして無垢なる、よく調いし心を持つ彼を、人は非難す。＝数多の比丘や優婆塞は、カーシャパの教えを喜べり。「燃え盛りて供物を食する火の如きカーシャパを、我等は共に礼拝しに行かん。＝彼は人中の最高者なり。彼は〔法〕眼を与うる〔世間の〕導師なり。高慢と慢心を捨て去りて、我等は共にカーシャパを礼拝しに行かん」

バラモンは皆、邪性[59]に決定せる集団に属し、たとえ千仏が法を説いたとしても、彼らは法を理解できないし、仏法僧に浄信を起こすこともできなかった。そこで彼らは棒や棍棒を手にし、世尊カーシャパのもとに走っていった。世尊は大地の天に話しかけた。すると〔天〕はターラ樹ほどの体となって世尊の前に立った。「あそこにいる、あのバラモン達は誰なのだ」と世尊が大地の天に訊くと、「彼らは、大地に依止する私[60]の奴隷でございます」と彼女は答えた。世尊は言われた。「では、奴隷を追い払うように〔彼らを〕追い払いなさい」と。

317
その時、彼女は大きなターラ樹の幹を根本から折ると、バラモンのもとに向かった。そのターラ樹の幹を大地の上にどすんと落とすと、バラモンは戦いて完全に破滅してしまったのである。

以上、吉祥なる『マハーヴァストゥ・アヴァダーナ』における「マーリニー物語」を終わる。

E1群　降兜率〜マーラの誘惑

1 ジョーティパーラ経

このように私は聞いた。――ある時、世尊はコーシャラ国を遊行しながら、五百人の比丘という偉大な比丘の僧伽と共に、コーシャラ国にあるマーラカランダの町[1]に向かい、そこに到着すると、その同じ場所の、ある森で時を過ごしておられた。さて夕暮れ時、世尊は独居より立ち上がって精舎から出ると、上を見上げ、〔あちらこちらの〕方角を見渡し、そして下を見ると、大地と同じ〔高さ〕に視線を遣り、微笑を示して、長い散歩に出掛けられた。

さて同志アーナンダは、夕暮れ時、世尊が独居より立ち上がって精舎から出ると、上を見上げ、〔あちらこちらの〕方角を見渡し、そして下を見ると、大地と同じ〔高さ〕に視線を遣り、微笑を示して、長い散歩に出掛けられたのを見た。そして見ると、沢山の比丘達のもとに近づき、比丘達にこう言った。「夕暮れ時、仏・世尊は独居より立ち上がって精舎から出ると、上を見上げ、〔あちらこちらの〕方角を見渡し、そして下を見ると、大地と同じ〔高さ〕に視線を遣り、微笑を示して、長い散歩に出掛けられた。友よ、如来・阿羅漢・正等覚者たるものは、因なく縁なくして微笑を示されることはない。友よ、我々は世尊のもとに近づき、世尊にその意味を尋ねてみてはどうだろうか。我々は世尊の説明通りにそ〔の意味〕を憶持しよう」と。

「同志よ、そうしよう」と、比丘達は同志アーナンダに同意した。そこで同志アーナンダは比丘達と共に世尊のもとに近づき、世尊の両足を頭に頂いて礼拝すると、一隅に立った。一隅に立った同志アーナンダは、世尊にこう申し上げた。「先程、夕暮れ時、世尊が独居より立ち上がって精舎より出ると、上を見上げ、〔あちらこちらの〕方角を見渡し、そして下を見ると、大地と同じ〔高さ〕に視線を遣り、微笑を示して、長い散歩に出掛けられるのを私は拝見しました。しかし、如来・阿羅漢・正等覚者たるものは、因なく縁なくして微笑を示されることはございません。世尊よ、微笑を示されたのは、いかなる因いかなる縁があるのですか」と。

こう言われて、世尊は同志アーナンダにこう言われた。

「アーナンダよ、お前は大地のその部分が見えるか」

「世尊よ、確かに見えます」

「アーナンダよ、大地のその部分には、世尊カーシャパの園林が(2)あったのだ。アーナンダよ、大地のあの場所が見えるか」

「世尊よ、確かに見えます」

「アーナンダよ、大地のあの場所には、世尊カーシャパの小屋があったのだ。アーナンダよ、大地のあの場所が見えるか」

「世尊よ、確かに見えます」

「アーナンダよ、大地のあの場所には、世尊カーシャパが散歩する堂が(3)あったのだ。アーナンダよ、大地のあの場所が見えるか」

「世尊よ、確かに見えます」

「アーナンダよ、大地のあの場所には、世尊クラクッチャンダ、世尊カナカムニ、そして世尊カーシャパという三人の如来・阿羅漢・正等覚者(4)の座があったのだ」

その時、同志アーナンダは、希有未曾有なることにギョッとして身の毛が逆立ち、慌てた形相で疾く疾く大地のその場所に近づくと、大地のその場所に四つに折り畳んだ上衣を設《しつら》え、世尊のもとに向かって合掌礼拝して、世尊にこう申し上げた。「世尊は〔私が〕設えた、まさにこの座にお坐り下さいませ。大地のこの場所は、世尊クラクッチャンダ、世尊カナカムニ、世尊カーシャパ、そして現在の世尊という四人の如来・阿羅漢・正等覚者に享受されたことになりますので。よって、世尊は〔私が〕設えた、まさにこの座にお坐り下さいませ」と。

また同志アーナンダは世尊の足を頭に頂いて礼拝し、一隅に坐った。比丘達も世尊の足を頭に頂いて礼拝し、一隅に坐った。一隅に坐った同志アーナンダに、世尊はこう言われた。「ではアーナンダよ、お前は〔世尊カーシャパの〕宿住と結びついた、マーラカランダの町に関する法話を如来が説くのを聞きたいか」と。

「世尊よ、今こそ世尊が比丘達にその意味をお説きになる時です。善逝よ、今こそその時です。比丘達は世尊の面前で〔それを〕聞き、執持し、真実として憶持するでしょう」と言われて、世尊は同志アーナンダにこう言われた。

アーナンダよ、かつてカーシャパが世尊だった時、このマーラカランダの町はヴェールディンガ(5)と呼ばれるバラモンの町だった。アーナンダよ、実にヴェールディンガというバラモンの町にはガティカーラ(6)と呼ばれる陶師(7)がいて、世尊カーシャパの侍者であった。またアーナンダよ、実に陶師ガティカーラにはジョーティパーラ(8)と呼ばれる青年僧がいた。彼は〔ガティカーラと〕幼友達で、一緒に泥遊びをした仲であり、〔彼と〕親しく、愛しく、身分の低い(9)バラモンの息子だった。

さて実にアーナンダよ、世尊カーシャパは七千人の比丘という比丘の大僧伽と共にコーシャラを遊行しつつ、コーシャラのヴェールディンガというバラモンの町に向かい、そこに到着すると、この同じ森で時を過ごしていた。実にアーナンダよ、陶師ガティカーラは、世尊カーシャパがコーシャラのヴェールディンガという バラモンの町に向かい、そこに到着すると、この同じ〔町の〕ある森で時を過ごしておられるらしいと聞いた。その時、実にアーナンダよ、陶師ガティカーラは、青年僧ジョーティパーラのもとに近づき、青年僧ジョーティパーラにこう言った。

「親友[10]ジョーティパーラよ、世尊カーシャパは七千人の比丘という比丘の大僧伽と共にコーシャラを遊行しつつ、コーシャラのヴェールディンガというバラモンの町に向かい、そこに到着すると、この同じ〔町の〕ある森で時を過ごしておられるらしいと聞いた。親友ジョーティパーラよ、我々は、世尊カーシャパを拝見し、礼拝し、お仕えするために、世尊カーシャパのもとに行かないか」

こう言われて、青年僧ジョーティパーラは陶師ガティカーラに「いいか、ガティカーラよ、あの禿げ頭の沙門を拝見し、〔彼に〕近づき仕えることが私にとって何になるというのだ」と言った。アーナンダよ、陶師ガティカーラは二度も三度も青年僧ジョーティパーラにそう言ったが、〔青年僧ジョーティパーラは陶師ガティカーラにこう言った。[11]〕「いいか、ガティカーラよ、あの禿げ頭の沙門を拝見し、〔彼に〕近づき仕えることが私にとって何になるというのだ」と。

その時、実にアーナンダよ、陶師ガティカーラは、〈青年僧ジョーティパーラが世尊カーシャパを拝見し、〔彼に〕近づき、仕えてくれるような手立ては何かないだろうか〉と考えた。その時、実にアーナンダよ、陶師ガティカーラはこう考えた。〈その同じ森から遠くない所にスムカーと呼ばれる蓮池があるが、いざ私は青年僧ジョーティパーラと共にスムカーと呼ばれる蓮池へ頭を洗いに行こう〉と。

その時、実にアーナンダよ、陶師ガティカーラは青年僧ジョーティパーラのもとに近づき、青年僧ジョーティパーラに、「親友ジョーティパーラよ、我々は、スムカーと呼ばれる蓮池へ頭を洗いに行こうではないか」と言った。

アーナンダよ、こう言われると、青年僧ジョーティパーラは陶師ガティカーラにこう言った。「ではガティカーラよ、そうしよう。いまがその時であると考えるがよい」と。

その時、実にアーナンダよ、陶師ガティカーラは頭を洗うための衣を持って、青年僧ジョーティパーラと共にその蓮池に沐浴しに行った。その時、実にアーナンダよ、青年僧ジョーティパーラは頭を洗うと、水辺に立って髪を整えていた。その時、実にアーナンダよ、陶師ガティカーラは青年僧ジョーティパーラにこう言った。「親友ジョーティパーラよ、かの世尊カーシャパは、この同じ森におられる。親友ジョーティパーラよ、我々は世尊カーシャパを拝見し、仕えるために、世尊カーシャパのもとに近づいてはどうだろうか」と。

こう言われて、青年僧ジョーティパーラは陶師ガティカーラに「いいか、ガティカーラよ、あの禿げ頭の沙門を拝見し、〔彼に〕近づき、仕えることが私にとって何になるというのだ」と言った。その時、実にアーナンダよ、陶師ガティカーラは青年僧ジョーティパーラの首を摑まえて、こう言った。「親友ジョーティパーラよ、かの世尊カーシャパは、この同じ森にいらっしゃる。親友ジョーティパーラよ、我々は世尊カーシャパを拝見し、仕えるために、世尊カーシャパのもとに近づいてはどうだろうか」と。

その時、実にアーナンダよ、青年僧ジョーティパーラは陶師ガティカーラを振り払って歩き出した。そこで陶師ガティカーラは彼の後を追い掛け、〔彼の〕弁髪を摑むと、「親友ジョーティパーラよ、かの世尊カーシャパは、この同じ森で時を過ごしておられる。親友ジョーティパーラよ、我々は世尊カーシャパを拝見し、仕えるために、世尊カーシャパのもとに近づいてはどうだろうか」と言った。その時、実にアーナンダよ、青年僧ジョーティパーラはこう考えた。〈卑しい生まれに等しい陶師ガティカーラは、〔私が〕拒否しているのに、頭を洗った私の頭髪を摑んだのには、理由がないわけではなさそうだ〉と。

「ではガティカーラよ、そうしよう。いまがその時であると考えるがよい」

さて実にアーナンダよ、陶師ガティカーラは青年僧ジョーティパーラと共に世尊カーシャパのもとに近づくと、世尊カーシャパの両足に礼拝し、一隅に立った。アーナンダよ、一隅に立った陶師ガティカーラは世尊カーシャパにこう申し上げた。「世尊よ、これは青年僧ジョーティパーラであります。彼は私の幼友達であり、一緒に泥遊びをした仲であり、〔私とは〕親しく、愛しく、身分の低いバラモンの息子です。世尊は彼に教えを授け、〔彼を〕教育して下さいませ」と。

その時、実にアーナンダよ、世尊カーシャパは青年僧ジョーティパーラに、三帰依と五学処とを身につけさせ〔ようとし〕た。その時、実にアーナンダよ、青年僧ジョーティパーラは世尊カーシャパに、「世尊よ、まだ私は五学処を身につけるつもりはありません。先ず私は、〔私を〕傷つけ〔私に〕腹を立てている一人の男の命を奪わなければなりません」と言ったのだ。こう言われると、世尊は青年僧ジョーティパーラにこう言った。「ジョーティパーラよ、〔お前を〕傷つけ〔お前に〕腹を立てている一人の男の命を奪わなければならないとは誰のことだね」と。

アーナンダよ、こう言われて、青年僧ジョーティパーラは世尊カーシャパにこう言った。「世尊よ、それは、その時、頭を洗った私の頭髪を摑んだ陶師のガティカーラです。その時、私はこう言ったのです。『我々は、世尊カーシャパを拝見し、仕えるために、世尊カーシャパのもとに近づこう』と（…）」と。「そしてまた、世尊はこの陶師ガティカーラが〔望むとおりに〕なさって下さい。私はそのような五学処すべてを身につけようと思います」

その時、実にアーナンダよ、世尊カーシャパは、陶師ガティカーラと青年僧ジョーティパーラとを、法話を以て教示し、〔五学処を〕身につけさせ、励まし、元気づけ、鼓舞した。(12) その時、実にアーナンダよ、ガティカーラと青年僧ジョーティパーラとは、世尊カーシャパの両足を頭に頂いて礼拝すると、退いたのである。

さて、実にアーナンダよ、青年僧ジョーティパーラは退いてから久しからずして陶師ガティカーラに、「おい、ガティカーラよ、お前も私とまったく同じように世尊カーシャパが示された正法を理解したな」と言った。アーナンダよ、こう言われて、陶師ガティカーラは青年僧ジョーティパーラにこう言った。「親友ジョーティパーラよ、それはそのとおりだ。私もお前とまったく同じように世尊カーシャパが示された正法を理解したよ」と。

アーナンダよ、こう言われて、青年僧ジョーティパーラは陶師ガティカーラに「ではガティカーラよ、どうしてお前は世尊カーシャパのもとで家持ちの生活から家なき状態へと出家しなかったのだ」と言った。アーナンダよ、こう言われて、陶師ガティカーラは青年僧ジョーティパーラにこう言った。「親友ジョーティパーラよ、私には歳を取って老いぼれた両親がいて、視力も弱っているが、彼らの世話をする人が他にいないんだ。だから私は世尊カーシャパのもとで家持ちの生活から家なき状態へと出家しなかったんだよ」と。

さて、実にアーナンダよ、青年僧ジョーティパーラは家での生活に喜びを感じていなかったので、心を出家に向けた。その時、実にアーナンダよ、青年僧ジョーティパーラは陶師ガティカーラのもとに近づき、「親友ガティカーラよ、ちょっと来てくれ。私は世尊カーシャパのもとで出家を誓い、家持ちの生活から家なき状態へと出家するつもりだ」と陶師ガティカーラに言った。その時、実にアーナンダよ、陶師ガティカーラは青年僧ジョーティパーラを連れて世尊カーシャパのもとに近づき、世尊カーシャパの両足を頭に頂いて礼拝すると、一隅に立った。アーナンダよ、一隅に立った陶師ガティカーラは世尊カーシャパにこう言った。「世尊よ、これは青年僧ジョーティパーラであります。彼は私の幼友達であり、一緒に泥遊びをした仲であり、〔私とは〕親しく、愛しく、身分の低いバラモンの息子です。世尊は彼を出家させ、そして具足戒を授けて下さいませ」と。

その時、実にアーナンダよ、世尊カーシャパは比丘達に「比丘達よ、青年僧ジョーティパーラを出家させ、具足戒を授けてやりなさい」と告げた。その時、実にアーナンダよ、比丘達は青年僧ジョーティパーラを出家させた。その時、実にアーナンダよ、世尊カーシャパは、比丘のジョーティパーラが具足戒を授かってから久しからずして、コーシャラからカーシに遊行に出掛けたのである。

さて、実にアーナンダよ、世尊カーシャパは七千人の比丘という比丘の大僧伽と共にカーシを遊行しつつ、カーシにある都城ヴァーラーナシーに向かい、そこに到着すると、その同じ〔都城〕にある鹿野苑・リシヴァダナで時を過ごしていた。すると、アーナンダよ、クリキン王は、世尊カーシャパが七千人の比丘という比丘の大僧伽と共にカーシを遊行しつつ、カーシにある都城ヴァーラーナシーに向かい、そこに到着すると、その同じ〔都城〕にある鹿野苑・リシヴァダナで時を過ごしておられるらしいと聞いた。その時、実にアーナンダよ、カーシ王クリキンはある男に告げた。

「おい、お前、ちょっと来い。お前は世尊カーシャパのもとに近づき、私の言葉として世尊カーシャパに挨拶せよ。『カーシ王クリキンが世尊カーシャパの両足を頭に頂いて礼拝し、恙《つつが》なく、健康で、壮健にして、安楽で、快適に過ごしておられるかどうかをお尋ねいたします。そして、もしも世尊が〔王〕に御同意頂けるのでしたら、明日、宮殿にて〔世尊を〕比丘の僧伽と共に食事に招待いたします』と」

アーナンダよ、こう言われて、世尊カーシャパ(13)はその男に、「王子や従者を従えたカーシ王クリキンの望むままにするがよかろう。今がその時であると考えよ」と言った。その時、実にアーナンダよ、その男は世尊が同意されたのを知ると、都城ヴァーラーナシーに向かった。その時、実にアーナンダよ、その男はカーシ王クリキンのもとに近づき、カーシ王クリキンにこう言った。「大王よ、私は貴殿の言葉として世尊カーシャパに挨拶申し上げました。『恙なく、健康で、安楽で、壮健にして、快適に過ごしておられるかどうかをお尋ねいたします。そして、明日、宮殿にて〔世尊を〕比丘の僧伽と共に食事に招待いたします』と。すると世尊カーシャパは同意され、『今がその時であると考えよ』と」と。

さて実にアーナンダよ、カーシ王クリキンは、その同じ〔日の〕夜、沢山の美味なる硬食と軟食とを用意し、その夜が明けると、ある男に「おい、お前、ちょっと来い。お前は世尊カーシャパのもとに近づき、世尊カーシャパにこう言うのだ。『世尊よ、お時間です。〔今が〕カーシ王クリキンの宮殿で食事される時とお考え下さいませ』とな」と告げた。「大王よ、畏まりました」と男はカーシ王クリキンに同意すると、都城ヴァーラーナシーから出て、鹿野苑・リシヴァダナに向かった。その時、実にアーナンダよ、その男は世尊カーシャパのもとに近づき、世尊カーシャパの両足を頭に頂いて礼拝すると、世尊カーシャパにこう言った。「世尊よ、お時間です。〔今が〕カーシ王クリキンの宮殿で食事される時とお考え下さいませ」と。

さて、実にアーナンダよ、世尊カーシャパはその男に同意すると、朝早く衣を身に着け、衣鉢を持つと、比丘の僧伽に取り囲まれ、比丘の僧伽に敬われながら、都城ヴァーラーナシーに向かった。その時、実にまたアーナンダよ、カーシ王クリキンは、王子や大臣に取り囲まれながら、自分の宮殿の小門に立ち、声聞の僧伽と共なる世尊カーシャパを待っていた。実にアーナンダよ、カーシ王クリキンは、世尊カーシャパが声聞の僧伽と共にやって来るのを遠くから見た。そして見ると、声聞の僧伽と共なる世尊カーシャパのもとに近づき、声聞の僧伽と共なる世尊カーシャパの両足を頭に頂いて礼拝すると、声聞の僧伽と共なる世尊カーシャパを敬った後、自分の宮殿に入れた。

さて、ちょうどその時、カーシ王クリキンの宮殿にはコーカナダと呼ばれる新しい楼閣があった。それは建てられたばかりで、これまでいかなる沙門やバラモンも使ったことがなかった。その時、実にアーナンダよ、カーシ王クリキンは世尊カーシャパにこう言った。「世尊よ、これは私の宮殿にある、コーカナダと呼ばれる新しい楼閣で、建てられたばかりでございますが、これまでいかなる沙門やバラモンも使ったことがありません。世尊が最初にこれをお使い下さいませ。世尊がお使いになれば、その後で我々が使うことにいたします」と。

こう言われて、世尊カーシャパはカーシ王クリキンに「では、大王よ、そうしよう。今がその時であると考えよ」と言った。そこで実に、カーシ王クリキンは楼閣コーカナダに座を設え、硬食と軟食とを用意した。その時、世尊は楼閣コーカナダに昇ると、設えられた座に着き、比丘の僧伽も〔指示〕通りの座に〔着いた〕。その時、実にアーナンダよ、カーシ王クリキンは世尊カーシャパを手ずから硬食と軟食とで満足させ、喜ばせた。〔比丘〕一人一人に各々七人の者が、それぞれ七つの食物、カレーライス、[14] そして粥を〔給仕した〕。

実にその時、カーシ王クリキンは、世尊カーシャパが食べ終わって手を洗い、鉢を片づけたのを知って、ある一段低い座具を持つと、世尊カーシャパのもとに近づき、世尊カーシャパの両足を頭に頂いて礼拝してから、一隅に坐った。[15] アーナンダよ、一隅に坐ったカーシ王クリキンは、世尊カーシャパにこう言った。「世尊は都城ヴァーラーナシーで雨期をお過ごしになることに同意下さいませ。世尊よ、私は園林を造らせます。そしてそこに七千の重閣講堂、七千の椅子、七千の道、七千の馬を〔用意し〕、それぞれの比丘の僧伽に奉仕する七千の侍者たちに奉仕させましょう。彼らはこのような奉仕を以て、世尊と比丘の僧伽とに奉仕するでしょう」と。

アーナンダよ、こう言われて、世尊カーシャパはカーシ王クリキンにこう言った。「大王よ、私はヴァッジ族の中で雨期を過ごすことはできない」と。―二度三度、これとまったく同じことを繰り返すべし―

さて、実にアーナンダよ、カーシ王クリキンは、世尊カーシャパが都城ヴァーラーナシーで雨期を過ごすことに同意されなかったので、悲しくなり、涙を流した。その時、実にアーナンダよ、カーシ王クリキンは、世尊カーシャパにこう言った。「では、世尊には、私と同じような侍者が他にいらっしゃるのですか」と。

アーナンダよ、こう言われて、世尊カーシャパはカーシ王クリキンにこう言った。「大王よ、お前は私にとって完全な侍者ではないのだ」と。

アーナンダよ、こう言われて、カーシ王クリキンは世尊カーシャパにこう言った。「では、私よりも円満で完全な侍者というのは一体誰なのですか」と。

アーナンダよ、こう言われて、世尊カーシャパはカーシ王クリキンにこう言った。「大王よ、ちょうどお前の領土にヴェールディガと呼ばれるバラモンの町があるが、そこに私の侍者ガティカーラがいるのだ」と。

アーナンダよ、こう言われて、カーシ王クリキンは世尊カーシャパにこう言った。「では、世尊よ、ガティカーラはどれくらいの財産を以て世尊と僧伽とに奉仕したのでしょうか」と。

アーナンダよ、こう言われて、世尊カーシャパはカーシ王クリキンにこう言った。


大王よ[16]、陶師ガティカーラは、⑴命ある限り殺生より厭離し、⑵命ある限り偸盗より厭離し、⑶命ある限り非梵行より厭離し、⑷命ある限り妄語より厭離し、⑸命ある限り飲酒より厭離し、⑹命ある限り踊りや歌や伎楽より厭離し、⑺命ある限り香や花環や化粧を身に着けることより厭離し、⑻命ある限り高い寝台や大きな寝台〔で寝ること〕より厭離し、⑼命ある限り非時に[17]食事〔を摂ること〕より厭離し、〔そして〕⑽命ある限り金や銀を所持することより厭離している[18]。実に、大王よ、陶師ガティカーラは〔殺生を避けるために〕自分で大地を掘り起こすことはなく、鼠が掘り起こしたり、水が洗い流したり、水が崩した粘土があれば、そこから粘土を持ち帰って器を作り、〔それを〕大きな交差点に置いた。器を求める人は、その器を大豆・小豆・穀粒で一杯にし、〔そして〕空にしてから、〔その器に〕入っただけの大豆・小豆・穀粒を代金として支払い、〕無頓着にその器を持つと去っていった。大王よ、陶師ガティカーラはこのような財産を以て、世尊と僧伽とに奉仕したのである。

また両親は歳を取って老いぼれており、視力も弱っていた。大王よ、それは私がヴェールディガと呼ばれるバラモンの町で時を過ごしていた時のことだった。大王よ、私は朝早く衣を身に着け、衣鉢を持って、乞食しにバラモンの町ヴェールディガに向かった。大王よ、私はバラモンの町ヴェールディンガで一軒一軒順番に乞食しながら、陶師ガティカーラの家に近づき、〔その〕場所に立った。ちょうどその時、陶師ガティカーラは自分の家から出てい〔て留守だっ〕た。その時、実に大王よ、陶師ガティカーラの両親は如来にこう言った。「世尊よ、あなたの侍者〔である私達の息子〕は外出しております。蔵の上にはスープと御飯がありますから、世尊は〔それを〕お召し上がり下さいませ」と。

大王よ、私は諸天に蔵の上からスープと御飯を持ってこさせて食べると、立ち去った。ちょうどその後、大王よ、陶師ガティカーラが自分の家に戻ってきた。大王よ、陶師ガティカーラは、蔵の上にあったスープと御飯が食べられているのを見て、両親にこう言った。「父さん、蔵の上にあったガティカーラのスープと御飯を食べたのは誰ですか」と。

大王よ、こう言われて、陶師ガティカーラの両親は陶師ガティカーラに「息子よ、世尊カーシャパですよ」と言った。大王よ、ちょうどその時、陶師ガティカーラは〈すると、私は〔大きな〕利益を獲得し、見事に獲得したことになる。世尊カーシャパは〔私の〕留守中でさえも、(19) この私に非常に懇意にして下さったのだ！〉と考えた。こうして彼の体からは半月間、また歳を取って老いぼれ、視力も弱っていた両親の体からは一週間、喜と楽とが離れることはなかったのである。

大王よ、それは、森にあった如来の庵を〔藁で〕覆っていると、藁が〔充分に〕得られない時のことだった。大王よ、私は比丘達に「さあ、比丘達よ、陶師ガティカーラの家に行って、藁を持って来なさい」と告げた。実にその時、比丘達が陶師ガティカーラの家に近づいた。大王よ、ちょうどその時も陶師ガティカーラは自分の家から外出して〔留守だっ〕た。彼らはそこで藁を見つけられなかったが、〔彼の〕仕事場の新しい覆い（屋根）を見た。大王よ、その時、比丘達は如来のもとに近づき、如来の両足を頭に頂いて礼拝すると、如来にこう言った。「世尊よ、あなたの侍者は外出してそこにはおらず、藁もまったくありませんでしたが、そこにある仕事場には新しい屋根がございました」と。

大王よ、こう言われて、私はその比丘達に「さあ、比丘達よ、陶師ガティカーラの仕事場にある新しい屋根から藁を外し、〔その〕藁を持って来なさい」と言った。大王よ、そこで比丘達は陶師ガティカーラの家に近づき、陶師ガティカーラの仕事場にある新しい屋根から藁を外した。大王よ、その時、陶師ガティカーラの両親はその比丘達に、「陶師ガティカーラの仕事場にある新しい屋根から藁を外し、〔その〕藁を持ち去るのは一体誰ですか」と言った。大王よ、こう言われて、その比丘達は陶師ガティカーラの両親にこう言った。「御老人よ、世尊カーシャパと比丘達の森の庵を〔藁で〕覆っていると、そこでは藁が〔充分に〕手に入らなかったので、この藁を持って行こうとしているのだ」と。

大王よ、こう言われて、陶師ガティカーラの両親はその比丘達にこう言った。「持っていって下さい。あなた方で〔自由に〕持っていって下さい」と。

さて、大王よ、陶師ガティカーラが自分の家に戻ってきた。大王よ、陶師ガティカーラは〔自分の〕仕事場にある新しい屋根から藁が外され、〔その〕藁が持ち去られているのを見た。そして見ると、「父さん、陶師ガティカーラの仕事場にある新しい屋根から藁を外し、〔その〕藁を持ち去ったのは誰ですか」と両親に訊いた。こう訊かれて、陶師ガティカーラの両親は陶師ガティカーラにこう言った。「息子よ、世尊カーシャパの森の庵〔を造るの〕に、そこでは藁が〔充分〕手に入らなかったので、比丘達が、その藁を持っていかれたのだよ」と。

その時、大王よ、陶師ガティカーラは〈私は〔大きな〕利益を獲得し、見事に獲得したことになる。またもや、世尊カーシャパは〔私の〕留守中でさえも、この私に非常に懇意にして下さったのだ！〉と考えた。こうして彼の体からは一カ月間、また歳を取って老いぼれ、視力も弱っていた両親の体からは半月間、喜と楽とが離れることはなかったのである。

また大王よ、〔あなたのように〕〈世尊カーシャパは都城ヴァーラーナシーで雨期を過ごされることを、大王である私に同意して下さらなかった〉というような憂悩を陶師ガティカーラが起こしたところなど、私は見たことがない。

そこで[20]、アーナンダよ、カーシ王クリキンは〈この私の領土にそのような梵行者が住んでいるなんて、私は〔大きな〕利益を獲得し、見事に獲得したものだ。〔仏とは〕二本の足を持った福田である〉と考えた。そこでアーナンダよ、カーシ王クリキンは陶師ガティカーラに、カレーと御飯を〔積んだ〕車百台、新鮮な水、胡麻油、塩、そして火を通した食物を送った。そこで、アーナンダよ、〔世尊〕カーシャパはカーシ王クリキンを、法話を以て教示し、励まし、激励し、勇気づけ、鼓舞した[21]。

その時、アーナンダよ、世尊カーシャパは食事を終えると、鉢を片づけ、比丘達に「比丘達よ、集まりなさい。比丘達よ、坐りなさい。結跏趺坐しなさい。私は結跏趺坐するが、こうしてこの座に坐っている七千人の比丘の心が〔生存に〕執着せず、漏から解脱するまで、私は〔この結跏趺坐〕を解かないだろう」と告げた。「世尊よ、畏まりました」と比丘達は世尊カーシャパに同意すると、彼らは集まってきて坐り、結跏趺坐した。アーナンダよ、その時、比丘ジョーティパーラは、ある隠静処で独坐していると、こう考えた。

〈ああ、未来世に、私は如来・阿羅漢・正等覚者・明行足・善逝・世間解・無上士・調御丈夫・天人師になろう。私は、この世間や、天を含め、マーラを含め、ブラフマンを含め、沙門を含めた世間を知り、人天を含めた有情を〔知った後〕、この同じヴァーラーナシー郊外にある鹿野苑・リシヴァダナで、どんな沙門やバラモンや天やマーラによっても転じられたことのない〔三転〕十二行相の法輪を転じよう。再び〔この〕世に法と共に〔生まれ〕、そして今の世尊カーシャパのように、一切の様相を具足し、一切の様相を成満した法を説こう。また今の世尊カーシャパのように、人天が〔私に〕耳を傾けるべきである、信用すべきであると考えてくれるようにしよう。私は、大勢の人の利益のために、大勢の人の安楽のために、世間を憐愍するために、大勢の人の利益のために、人天の利益と安楽のた

めに、そうしよう。阿修羅の集団が減少し、天の集団が増大するように〉

その時、アーナンダよ、世尊カーシャパはそのような比丘ジョーティパーラの心を〔自らの〕心で知ると、ある比丘に「比丘よ、来なさい。お前は比丘ジョーティパーラのもとに近づき、比丘ジョーティパーラに『同志よ、師があなたをお呼びだ。如来のもとに行きなさい』と言うのだ」と告げた。彼は世尊カーシャパに同意すると、比丘ジョーティパーラのもとに近づき、比丘ジョーティパーラに「同志ジョーティパーラよ、師がお呼びだ。世尊のもとに行きなさい」と言うと、「同志よ、畏まりました」と同志ジョーティパーラはその比丘に同意すると、世尊カーシャパのもとに近づき、世尊カーシャパの両足を頭に頂いて礼拝して一隅に坐った。一隅に坐った同志の比丘ジョーティパーラに世尊カーシャパはこう言った。

「ジョーティパーラよ、ある隠静処でジョーティパーラは一人独坐していると、このように考えなかったか。〈ああ、未来世に、私は如来・阿羅漢・正等覚者・明行足・善逝・世間解・無上士・調御丈夫・天人師になろう。そして私は、この世間やかの世間、天を含め、マーラを含め、沙門やブラフマンを含めた世間を知り、〔また〕人天を含めた有情を〔知った後〕、この同じヴァーラーナシー郊外にある鹿野苑・リシヴァダナで、どんな沙門やバラモンやマーラやブラフマンによっても転じられることのない三転十二行相の法輪を転じよう。再び〔この〕世に法と共に〔生まれ〕、そして今の世尊カーシャパのように、一切の様相を具足し、一切の様相を成満した法を説こう。また今の世尊カーシャパのように、僧伽を和合させよう。また今の世尊カーシャパのように、人天が〔私に〕耳を傾けるべきである、信用すべきであると考えてくれるようにしよう。私は、大勢の人の利益のために、大勢の人の安楽のために、世間を憐愍するために、大勢の人の利益のために、人天の利益と安楽のために、そうしよう。阿修羅の集団が減少し、天の集団が増大するように〉と」

こう言われて、アーナンダよ、比丘ジョーティパーラは世尊カーシャパに「世尊よ、それはそのとおりです」と言った。こう言われて、アーナンダよ、世尊カーシャパは比丘ジョーティパーラにこう言った。「ジョーティパーラよ、それならば、お前は仏を上首とする比丘の僧伽に、金の座と一対の衣とを布施せよ。人天は、福徳を積んだ[22]お前に耳を傾けるべきである、信用すべきである、と考えるだろう」と。

アーナンダよ、比丘ジョーティパーラは、仏を上首とする比丘の僧伽に、金の座と一対の衣とを布施した。その時、アーナンダよ、世尊カーシャパは微笑を現して比丘ジョーティパーラに記別を授けた。

「ジョーティパーラよ、未来世に、お前は如来・阿羅漢・正等覚者・明行足・善逝・世間解・無上士・調御丈夫・天人師になるだろう。そしてお前は、この世間やかの世間、天を含め、マーラを含め、沙門やブラフマンを含めた世間を知り、〔また〕人天を含めた有情を〔知った後〕、この同じヴァーラーナシー郊外にある鹿野苑・リシヴァダナで、どんな沙門やバラモンや天やマーラやどんな者によっても転じられることのない[23]三転十二行相の法輪を転じるだろう。再び〔この〕世に法と共に〔生まれ〕、そして今の世尊カーシャパのように、一切の様相を具足し、一切の様相を成満した法を説くだろう。また今の世尊カーシャパのように、僧伽を和合させるだろう。また今の世尊カーシャパのように、人天が〔お前に〕耳を傾けるべきである、信用すべきであると考えるだろう。私は、大勢の人の利益のために、大勢の人の安楽のために、世間を憐愍するために、大勢の人の利益のために、人天の利益と安楽のために、そうなるだろう。阿修羅の集団が減少し、天の集団が増大するだろう」

さてアーナンダよ、世尊カーシャパがジョーティパーラに記別を授けた時、地上の諸天が声を上げた。「皆の者、世尊カーシャパがジョーティパーラと呼ばれる比丘に記別を授けられたぞ！『未来世に、彼は如来・阿羅漢・正等覚者・明行足・善逝・世間解・無上士・調御丈夫・天人師になるだろう。そして彼は、この世間やかの世間を知り、天を含め、マーラを含め、ブラフマンを含め、沙門やバラモンを含めた世間を知り、〔また〕人天を含めた有情を知った後、この同じヴァーラーナシー郊外にある鹿野苑・リシヴァダナで、どんな沙門やバラモンや天やマーラやブ

333 ラフマンによっても転じられることのない[24]三転十二行相の法輪を転じるだろう。再び〔この〕世に法と共に〔生まれ〕、そして今の世尊カーシャパのように、一切の様相を具足し、一切の様相を成満した法を説くだろう。彼は、大勢の人の利益のために、大勢の人の安楽のために、世間を憐愍するために、大勢の人の利益のために、人天の利益と安楽のために、そうなるであろう。阿修羅の集団が減少し、天の集団が増大するであろう』と」と。

地上の諸天の声を聞いて、四大王衆・三十三・夜摩・兜率・化楽・他化自在の諸天が、その瞬間、梵衆天衆にまで〔届くように〕声を上げた。「皆の者、世尊カーシャパがジョーティパーラと呼ばれる比丘に記別を授けられたぞ！『未来世に、彼は如来・阿羅漢・正等覚者・明行足・善逝・世間解・無上士・調御丈夫・天人師になるだろう。そして彼は、この世間やかの世間を知り、天を含め、ブラフマンを含め、沙門やバラモンを含めた世間を知り、〔また〕人天を含めた有情を知った後、この同じヴァーラーナシー郊外にある鹿野苑・リシヴァダナで、どんな沙門やバラモンや天やマーラやブラフマンによっても転じられることのない三転十二行相の法輪を転じるだろう。再び〔この〕世に法と共に〔生まれ〕、そして今の世尊カーシャパのように、一切の様相を具足し、一切の様相を成満した法を説くだろう。また今の世尊カーシャパのように、人天が〔彼に〕耳を傾けるべきである、信用すべきである、と考えるだろう。彼は、大勢の人の利益のために、大勢の人の安楽のために、世間を憐愍するために、大勢の人の利益のために、人天の利益と安楽のために、そうなるだろう。阿修羅の集団が減少し、天の集団が増大するだろう』と」と。

334 その時、アーナンダよ、その声が消えると、世尊カーシャパは法話で比丘達を教示し、励まし、激励し、元気づけた。「比丘達よ、こう考えよ。そう考えてはならぬ。こう作意せよ。そう作意してはならぬ。比丘達よ、他のものを島とせずに自らを島とし、他のものを帰依処とせずに自らを帰依処とし、他のものを島とせずに法を島とし、他のものを帰依処とせずに法を帰依処として時を過ごせ」と。

それから、アーナンダよ、世尊は、燃え、燃え盛り、燃え滾《たぎ》る体と共に、ターラ樹一本分、上空に飛び上がると、法話で比丘達を教示し、励まし、激励し、元気づけた。「おお、比丘達よ、こう考えよ。そう考えてはならぬ。こう作意せよ。そう作意してはならぬ。比丘達よ、他のものを島とせずに自らを島とし、他のものを帰依処とせずに自らを帰依処とし、他のものを島とせずに法を島とし、他のものを帰依処とせずに法を帰依処として時を過ごせ」と。

また、アーナンダよ、世尊カーシャパは、ターラ樹一本分からターラ樹二本分、ターラ樹二本分からターラ樹三本分、ターラ樹三本分からターラ樹四本分、ターラ樹四本分からターラ樹五本分、ターラ樹五本分からターラ樹六本分、ターラ樹六本分からターラ樹七本分、上空に飛び上がると、ターラ樹七本分の高さに留まり、法話を以て比丘達を教示し、励まし、激励し、元気づけた。「比丘達よ、こう考えよ。そう考えてはならぬ。こう作意せよ。そう作意してはならぬ。比丘達よ、他を島とせずに自らを島とし、他を帰依処とせずに自らを帰依処とし、他を島とせずに法を島とし、他を帰依処とせずに法を帰依処として時を過ごせ」と。

その時、アーナンダよ、世尊カーシャパは、ターラ樹七本分からターラ樹六本分の所に留まり、ターラ樹六本分からターラ樹五本分、ターラ樹五本分からターラ樹四本分、ターラ樹四本分からターラ樹三本分、ターラ樹三本分からターラ樹二本分、ターラ樹二本分からターラ樹一本分、ターラ樹一本分から〔地上にある〕自分の座に着くと、法話を以て比丘達を教示し、励まし、激励し、元気づけた。「比丘達よ、こう考えよ。そう考えてはならぬ。こう作意せよ。そう作意してはならぬ。比丘達よ、他のものを島とせずに自らを島とし、他のものを帰依処とせずに自らを帰依処とし、他のものを島とせずに法を島とし、他のものを帰依処とせずに法を帰依処として時を過ごせ」と。

その後、アーナンダよ、世尊カーシャパは結跏趺坐を解くと、比丘達に告げた。「比丘達よ、私は結跏趺坐を解く。比丘ジョーティパーラを除いて、この座に着いている七千人の比丘すべての心は〔生存に〕執着せず、漏から解脱した。私は彼にも無上正等菩提の記別を授けたのだ」と。

「さて、アーナンダよ、その時その折に、ジョーティパーラと呼ばれる比丘だったのは他の誰かであろう、という〔思い〕がお前にあるかもしれないが、それはそう見られるべきではない。その時その折に、ジョーティパーラと呼ばれる比丘だったのは、この私だったからだ[25]」

世尊がこう言われると、同志アーナンダとその七千人の比丘は心を喜ばせ、世尊の説かれたことに歓喜したのである。

以上、吉祥なる『マハーヴァストゥ・アヴァダーナ』における「ジョーティパーラ経」を終わる。

2　ジョーティパーラの授記

比丘[26]ジョーティパーラは声聞の僧伽と共なる世尊カーシャパのために粥を作り、百千〔金〕でケーシャラの粉香を買い求めると、僧伽と共なる世尊カーシャパに〔それを〕撒き、金の座と一対の衣とを世尊カーシャパに布施した。そして彼はこのような誓願を立てた。

「世尊・正等覚者カーシャパは三十二の偉人の相を具足し、八十種好で体は美しく、十八不共仏法を具足し、如来の十力で力強く、四無畏によって恐れがない。ああ、私もまた、今の世尊カーシャパのように、未来世に如来・阿羅漢・正等覚者・明行足・善逝・世間解・無上士・調御丈夫・天人師になろう。そして今の世尊カーシャパのように、三転十二行相の無上なる法輪を転じよう。また今の世尊カーシャパのように、声聞の僧伽を〔和合〕させよう。さらに今の世尊カーシャパのように、人天が、私に耳を傾けるべきである、信用すべきである、と考えるようにしよう。

336 今の世尊カーシャパのように、〔自ら〕渡って〔他を〕渡らしめ、〔自ら〕解脱して〔他を〕解脱せしめ、〔自ら〕安穏になって〔他を〕安穏ならしめ、〔自ら〕般涅槃して〔他を〕般涅槃せしめよう。私は、多くの人の利益のために、多くの人の安楽のために、世間を憐愍するために、大勢の人の利益のために、そして人天の利益と安楽のために、そうなろう」

カーシャパは、ジョーティパーラに無上正等菩提の記別を授けた。「ジョーティパーラよ、未来世に、お前は如来・阿羅漢・正等覚者・明行足・善逝・世間解・無上士・調御丈夫・天人師となるだろう。そしてこの賢劫において、直ちに三十二の偉人の相を具足し、八十種好で体は美しく、十八不共仏法を具足し、如来の十力で力強く、四無畏によって恐れなき者と〔なるだろう〕。今の私のように、〔自ら〕渡って〔他を〕渡らしめ、〔自ら〕解脱して〔他を〕解脱せしめ、〔自ら〕安穏になって〔他を〕安穏ならしめ、〔自ら〕般涅槃して〔他を〕般涅槃せしめるだろう。お前は、多くの人の利益のために、多くの人の安楽のために、世間を憐愍するために、大勢の人の利益のために、そして人天の利益と安楽のために、そうなるだろう」と。

さて世尊・正等覚者カーシャパが比丘ジョーティパーラに記別を授けるや否や、この大地は六種に揺れ、震え、震動した。そして地上の諸天が声を上げ、その声が〔皆に〕聞こえるようにした。

——この世尊の誓願のように、他の授記に関しても詳説すべきである。——

菩薩ジョーティパーラはカーシャパに従って出家すると、園林を浄め、飲物を〔世尊に〕給仕し、正覚者に教えを受けた。

　有の滅を求めし菩薩ジョーティパーラは、粥・金座・双衣を布施したり。‖それを布施するや、彼は誓願せり。
「我は世間の導師・天人師たりて、聖法を説き明かさん。
337 私はこのように法を説き、このように多くの有情を聖法に導き入れよう。このように私の言葉を人天に聞かせよう。

大勢の人の利益のために、このような法輪を転じよう。法の松明を灯そう。幡の付いた法の太鼓を打ち鳴らそう。法の旗を高く掲げよう。法のラッパを吹き鳴らそう。悪趣に落ちて困難に陥り、生と老に押し潰され、死を定めとし、肉眼〔しか〕持たぬ人に、慧眼をもたらそう。等活・黒縄・衆合・叫喚・阿鼻〔地獄〕、あるいは六趣に散らばった者を生存の輪廻から解脱させよう。地獄で煮られ、炙られ、悪趣で押し潰され、死を定めとし、楽少なく苦多き者を生存の輪廻から解脱させよう。世間のためになることを実践し、人天に法を説こう。この世間の光（世尊）のように、有情を教導しよう」と。

「将来、この賢劫に、カピラと呼ばるる〔都城〕のリシヴァダナにて、釈迦族に生まれ、汝は世間の導師・仏たらん。その時に、汝の誓願は成熟せん」

完全無欠にして汚れなく円満で清浄なる梵行を修して、死んだ後、兜率天衆で、シュヴェータケートゥと呼ばれる、大神通力と大威神力とを持つ天子となり、十の天の状態によって他の諸天を凌ぐだろう。(1)天の寿命、(2)天の色、(3)天の楽、(4)天の自在力、(5)天の従者、(6)天の形、(7)天の声、(8)天の香り、(9)天の味、(10)天の触、によってである。天子シュヴェータケートゥは賢く、〔頭脳〕明晰であり、恐れなく、熟練し、聡明で、八万四千の仏のもとで出家し、八万五千の仏に供養の業を捧げた。九十六コーティの独覚や高貴な声聞に対しては言うに及ばぬ。[27]

四万の仏・世間の導師の涅槃せしに、彼等のもとにて勝者は有の滅を求めつつ梵行を修せり。‖五万の仏・世間の導師の涅槃せしに、彼等のもとにて勝者は有の滅を求めつつ臨終を迎えたり。‖六万倶胝の独覚・自在者の涅槃せしに、彼等のもとにて勝者は有の滅を求めつつ臨終を迎えたり。‖無量倶胝の阿羅漢の涅槃せしに、その偉大なる学を修めし彼等のもとにて勝者は有の滅を求めつつ臨終を迎えたり。

彼らのもとで〔なされた〕十力者の加行が賞賛され、賛嘆された。勝者は彼らのもとで有の滅を求めつつ臨終を迎えたが、〔そのうち、ここで〕説かれた〔仏〕は少なく、説かれなかった〔仏〕は多いのである。

以上、吉祥なる『マハーヴァストゥ・アヴァダーナ』における「ジョーティパーラの授記」を終わる。

3　コーリヤ族の起源

王の系譜の始まり。[28]——比丘達よ、長い時間を経過した後、この世が破滅する時、時間がある。そしてまた比丘達よ、世間が破滅しつつある時、大部分の有情は光音天衆に生まれ変わる。比丘達よ、長い時間を経過した後、この世が転成する時がある。実に比丘達よ、世間が再び転成し、安定し、世間として確立すると、ある有情は寿命を滅尽し、そして業を滅尽するために、光音天衆より死没してこの世に戻って来る。その有情は自ら輝き、空中を歩き、意から成り、喜を食物とし、快適に住し、欲する所に行く。また比丘達よ、その有情が自ら輝き、空中を歩き、意から成り、喜を食物とし、快適に住し、欲する所に行くのは、自然の道理である。

339

〔世間の始めは〕月も日も〔まだ〕世に知られていなかった。月も日も世に知られていなかったので、星の形も世に知られていなかった。星の形も世に知られていなかったので、星宿の道筋も世に知られていなかった。星宿の道筋も世に知られていなかったので、昼も夜も世に知られていなかった。昼も夜も世に知られていなかったので、月や半月も世に知られていなかった。月や半月も世に知られていなかったので、季節や年も世に知られていなかった。実に、比丘達よ、その有情が自ら輝き、空中を歩き、—乃至— 欲する所に行くのは、自然の道理である。

またこの大地は湖のような状態になった。そしてそれ（大地）は色を具足し、味を具足し、風味はあたかも純粋な蜂蜜のように甘かった。〔また〕色や外見は、あたかも牛乳が広がるようで、澄んだ牛酪が広がるようであった。その時、比丘達よ、気まぐれで、生まれつき貪欲な、ある有情が、指で大地のエキスを味わった。彼は、その色・香・味を楽しんだ。また他の有情がその有情を見て、〔彼のしたことを〕真似てみた。彼らも指で大地のエキスを味わったのである。彼らも、〔その色〕―乃至― 味を楽しんだ。さて比丘達よ、その有情は、別の時、その大地のエキスを一口大の食物として食べた。他の有情もその有情を見て、〔彼のしたことを〕真似てみた。彼らもその大地のエキスを一口大の食物として食べたのである。そして比丘達よ、その有情はその大地のエキスを一口大の食物として食べたので、彼らの体は重くて堅い固体になった。〔こうして〕かつて彼らが持っていた、自ら輝き、空中を歩き、意から成り、喜を食物とし、快適に住し、欲する所に行くという性質は消失してしまったのである。

　自ら輝き、空中を歩き、意から成り、喜を食物とし、快適に住し、欲する所に行くという性質が消失すると、月と日とが世に知られるようになった。月と日とが世に知られるようになったので、星の形も世に知られるようになった。星の形が世に知られるようになったので、星宿の道筋も世に知られるようになった。星宿の道筋が世に知られるようになったので、昼と夜とが世に知られるようになった。昼と夜とが世に知られるようになったので、月と半月とが世に知られるようになった。月と半月とが世に知られるようになったので、季節と年とが知られるようになったのである。

　さて比丘達よ、有情はその大地のエキスを食物として食べつつ、それを外見〔の糧〕とし[29]、それを食物とし、それを食事として、長く久しい時間〔この世に〕留まった。〔それを〕食事として沢山食べた者は醜くなり、少ししか食べなかった者は美しくなった。美しくなった者は醜くなった有情を軽蔑した。「我々は美しく、あの有情は醜い」と。〔しかし〕彼らが〔自分たちの〕美しさや過度の美しさを縁とし、高慢や過度の高慢を本性として時を過ごしていると、大地のエキスは消失してしまい、〔代わって〕あたかも茸[30]のような色や外見をした大地の餅が現れた。それは色を具足し、香を具足し、風味はあたかも純粋な蜂蜜のように甘かった。その時、比丘達よ、その大地のエキスは消失していたので、有情は喜びの声を上げた。「おお、〔何という〕味だ！　〔何という〕味だ！」と。

比丘達よ、ちょうど今の人が素晴らしい食物を食べて幸せを感じ、食べ終わった後、「おお、〔何という〕味だ！〔何という〕味だ！」と、喜びの言葉を上げるのと同じである。このような昔からの原始的[31]な決まり文句がちょうど〔今でも〕発せられるが、〔今の人〕はその起源[32]を知らない。

さて比丘達よ、有情は、その大地の餅を食物として食べつつ、それを外見〔の糧〕とし、それを食事として、長く久しい時間〔この世に〕留まった。〔それを〕食事として沢山食べた者は醜くなり、少ししか食べなかった者は美しくなった。美しくなった者は醜くなった有情を軽蔑した。「我々は美しく、あの有情は醜い」と。

〔しかし〕彼らが〔自分たちの〕美しさや過度の美しさを縁とし、高慢や過度の高慢を本性として時を過ごしていると、大地の餅は消失してしまい、〔代わって〕あたかも朝顔のような色や外見の森の蔦が現れ出た。それは色を具足し、香を具足し、味を具足し、風味は、あたかも純粋な蜂蜜のように甘かった。その時、比丘達よ、大地の餅は消失していたので、有情は嘆いて言った。「ああ、何ということだ！　ああ、何ということだ！」と。

比丘達よ、ちょうど今の有情が何らかの苦法に見舞われた時に、「ああ、何ということだ！　ああ、何ということだ！」と嘆いて言うように、そのような昔からの原始的な決まり文句がちょうど〔今でも〕発せられるが、〔今の人〕はその起源を知らない。比丘達よ、その大地の餅が消失した時、有情は嘆いて言った。「ああ、何ということだ！ああ、何ということだ！」と。

さて比丘達よ、かの有情は、その大地の餅が消失していたので、森の蔦を食物として食べつつ、それを外見〔の糧〕とし、それを食物とし、それを食事として、長く久しい時間〔この世に〕留まった。〔それを〕食事として沢山食べた者は醜くなり、少ししか食べなかった者は美しくなった。彼らは醜くなった有情を軽蔑した。「我々は美しく、あの有情は醜い」と。

〔しかし〕彼らが〔自分たちの〕美しさや過度の美しさを縁とし、高慢や過度の高慢を本性として〔時を過ごして〕いると、森の蔦は消失し、〔代わって〕糠や籾殻がなく、芳しい米粒が現れ出た。夕暮れ時に刈り入れられると、それは朝には芽を出し、熟し、成長し、その刈られた跡も分からなかった。〔一方〕朝に刈り入れられると、夕暮れ時には芽を出し、熟し、成長し、その刈られた跡も分からなかったのである。

さて、比丘達よ、その森の蔦が消失した時、かの有情は嘆いて言った。「ああ、何ということだ！　ああ、何ということだ！」と。

比丘達よ、ちょうど今の有情が何らかの苦法に見舞われた時に、「ああ、何ということだ！　ああ、何ということだ！」と嘆いて言うように、そのような昔からの原始的な決まり文句がちょうど〔今でも〕発せられるが、〔今の人〕はその起源を知らない。その時、比丘達よ、森の蔦は消失していたので、有情は、糠や籾殻がなく、芳しい米粒を食物として食べつつ、長く久しい時間〔この世に〕留まった。そして比丘達よ、有情は、糠や籾殻がなくて、芳しいその米粒の実を食物として食べたので、彼らのうち、女には女の性器が現れ出、男には男の性器が現れ出た。〔男女〕は愛欲の心を以て過度に互いのことを考えた。彼らは互いに愛欲の心を以て互いのことを考え、互いに愛着し合い、愛着して互いに性交に及んだのである。

また実に、比丘達よ、有情が性交しているのを見た者は、彼らに棒を投げ、土塊を投げ、泥を投げつけた。皆の者よ、〔こうして〕世に非法が現れ出、皆の者よ、世に非正法が現れ出、そのために有情が有情を害し始めたのだ。比丘達よ、ちょうど今、花嫁が〔花婿の家に〕運ばれていく時、人々は棒を投げ、土塊を投げつけるように、そのような昔からの原始的な習慣[33]がちょうど〔今でも〕行われているが、人はその起源を知らない。

また、比丘達よ、その時に法でないと考えられ、祭式でないと考えられ、戒律でないと考えられていたものが、比丘達よ、今は法と考えられ、祭式と考えられ、戒律と考えられている。また実に、比丘達よ、有情は、この非法のために、傷つき、愛想を尽かされ、自分の非法を覆い隠すために、一日〔家から〕離れ、二日も離れ、三日も離れ、四日も離れ、五日も離れ、半月も、一カ月も〔家から〕離れ、その間に〔自分の〕家の仕事を〔他人に〕させるのである。

さて比丘達よ、米を収穫しに行った、ある有情はこう考えた。〈何故、私は〔こんな〕疲れることをするのだ。どうして今まで、夕方には夕食のために、朝方には朝食のために〔別々に米を収穫するというような〕疲れることをしてきたのだ。いざ私は夕食と朝食との一日分の米を一度に収穫しよう〉と。

その時、比丘達よ、別の有情がその有情に「おい君、ちょっと来い。米を収穫しに行こう」と言った。こう言われて、比丘達よ、その有情はかの有情に「君、君は〔独りで〕行くがよい。私は夕食と朝食の一日分の米を一度に収穫してきたのだ」と言った。その時、比丘達よ、その有情も〈〔彼が〕そうしたことは素晴らしい。いざ私も二三日分の米を一度に収穫しよう〉と考えた。比丘達よ、その有情も二三日分の米を一度に収穫した。その時、比丘達よ、別の有情がその有情に「おい君、ちょっと来い。米を収穫しに行こう」と言った。こう言われて、比丘達よ、その有情はかの有情に「君、君は〔独りで〕行くがよい。私は二三日分の米を一度に収穫してきたのだ」と言った。その時、比丘達よ、その有情も〈今〔彼が〕そうしたことは素晴らしい。いざ私も四五日分の米を〔一度に〕収穫しよう〉と考えた。比丘達よ、その有情も四五日分の米を一度に収穫した。そして、比丘達よ、その有情は、糠や籾殻がなく、芳しいその米粒の実を貯蔵して食べていた。ちょうどその頃、その米に糠や籾殻が現れ出て、またそれは夕暮れ時に刈り入れられても、それは朝には芽を出すこともなく、熟すこともなく、成長することもなく、その刈られた跡も〔はっきり〕分かるようになってしまったのである。

さて比丘達よ、有情は走り回った。走り回ると、集まって協議を始めた。

「皆さん、我々は〔昔〕自ら輝き、空中を歩き、意から成り、喜を食物とし、快適に住し、欲する所に行けた。その我々が、自ら輝き、空中を歩き、意から成り、喜を食物とし、快適に住し、欲する所に行けた頃、月や日は知られていなかった。月も日も世に知られていなかったので、星の形も世に知られていなかった。星の形も世に知られていなかったので、星宿の道筋も世に知られていなかった。星宿の道筋も世に知られていなかったので、昼も夜も世に知られていなかった。昼も夜も世に知られていなかったので、月や半月も世に知られていなかった。月や半月も世に知られていなかったので、季節や年も世に知られていなかった。

またこの大地は湖のような状態になった。〔その〕色や外見は、あたかも牛酪が広がるようで、澄んだ牛乳が広がるようであって、色を具足し、香を具足し、味を具足し、風味はあたかも純粋な蜂蜜のように甘かった。その時、皆さん、気まぐれで、生まれつき貪欲な、ある有情が、指でこの大地のエキスを味わった。彼は、その色、香り、味を楽しんだ。その時、皆さん方よ、その有情は、別の時、その大地のエキスを一口大の食物として食べた。我々はその有情を見て、〔彼のしたことを〕真似し、その大地のエキスを一口大の食物として食べたのである。そして皆さん、我々はその大地のエキスを一口大の食物として食べたので、我々の体は重くて堅い固体になった。

〔こうして〕かつて〔我々が持っていた〕自ら輝き、空中を歩き、意から成り、喜を食物とし、快適に住し、欲する所に行くという性質は消失したのである。皆さん、〔我々の〕自ら輝き、空中を歩き、意から成り、喜を食物とし、快適に住し、欲する所に行くという性質が消失すると、月と日とが世に知られるようになった。月と日とが世に知られるようになったので、星の形も世に知られるようになった。星の形が世に知られるようになったので、星宿の道筋も世に知られるようになった。星宿の道筋が世に知られるようになったので、昼と夜とが世に知られるようになった。昼と夜とが世に知られるようになったので、月と半月とが世に知られるようになった。月と半月とが世に知られるようになったので、季節と年とが知られるようになったのである。

皆さん、我々はこの大地のエキスを食物として食べつつ、それを外見〔の糧〕とし、それを食物とし、それを食事として、長く久しい時間〔この世に〕留まった。そして人に何らかの不善なる悪法が知られるようになったために、

そして皆さん、我々に何らかの不善なる悪法が知られるようになったために、この大地のエキスは消失し、〔代わりに〕大地に餅が現れ出た。それはあかたも茸のような色や外見であり、色を具足し、香を具足し、風味はあたかも純粋な蜂蜜のように甘かった。皆さん、我々は大地の餅を食物として食べつつ、それを外見〔の糧〕とし、それを食物とし、それを食事として、長く久しい時間〔この世に〕留まったのである。

人に何らかの不善なる悪法が知られるようになったために、この大地の餅は消失し、〔代わって〕ちょうど朝顔のような色や外見の森の蔦が現れ出た。色を具足し、香を具足し、味を具足し、風味はあたかも純粋な蜂蜜のように甘かった。皆さん、この我々は森の蔦を食物として食べつつ、それを外見とし、それを食物とし、それを食事として、長く久しい時間〔この世に〕留まったのである。

そして人に何らかの不善なる悪法が知られるようになったために、また我々に何らかの不善なる悪法が知られるようになったために、この森の蔦は消失し、〔代わって〕糠や籾殻がなく、芳しい米粒の実が現れ出た。それは夕暮れ時に刈り入れられると、朝には芽を出し、熟し、成長し、その刈られた跡も分からなかった。皆さん、我々は、糠や籾殻がなく、芳しいその米粒の実を食物として食べつつ、それを外見とし、それを食物とし、それを食事として、長く久しい時間〔この世に〕留まったのである。

そして人に何らかの不善なる悪法が知られるようになったために、糠や籾殻がその米に付くようになった。そして夕暮れ時に刈り入れられても、それは朝には芽を出さず、熟さず、成長せず、その刈られた跡も〔はっきり〕分かるようになった。また朝に刈り入れられても、それは夕方に芽を出さず、熟さず、成長せず、その刈られた跡も〔はっきり〕分かるようになったのである。「いざ我々は田圃を分割して境界線を引こうではないか。この田圃はあなた方のもの、あ〔の田圃〕は我々のもの、というように区分しよう」と。

こうして、比丘達よ、この田圃はあなた方のもの、あ〔の田圃〕は我々のものと、有情は田圃に境界線を引いた。

さて、比丘達よ、米を収穫しに行った、ある有情は、〈もしも自分に分け与えられた田圃が不作だったら、私はどうなるのだ。どうして生計を立てていったらよいのだ。いざ私は自分のものでない他人の米を奪い取ろう〉と考えた。その時、比丘達よ、その有情は自分に分け与えられた田圃を護りながらも、自分のものでない他人の米を奪い取ってしまった。〔すると〕比丘達よ、その有情が自分のものでない他人の米を奪い取るのを、他の有情が見ていた。そして見ると、その有情はかの有情のもとに近づき、彼に言った。「おい、お前、お前は自分のものでない他人の米を奪い取ったな！」と。

こう言われて、比丘達よ、その有情はかの有情に、「じゃあ君、もう二度とそうしないよ」と言った。比丘達よ、米を収穫しに行ったその有情は、〈もしも自分に分け与えられた田圃が不作だったら、私はどうなるのだ。どうして生計を立てていったらよいのだ。いざ私は自分のものでない他人の米を奪い取ろう〉と考えた。比丘達よ、またもやその有情は自分に分け与えられた田圃を護りながらも、自分のものでない他人の米を奪い取ってしまった。〔すると〕比丘達よ、その有情が自分のものでない他人の米を奪い取るのを、またもやその有情が見ていた。そして見ると、その有情はかの有情のもとに近づき、彼に言った。「こら、お前、お前は二度まで自分のものでない他人の米を奪い取ったな！」と。

比丘達よ、またしてもその有情はかの有情に、「じゃあ君、もう二度とそうしないよ」と言った。比丘達よ、米を収穫しに行ったその有情は、三度目も〈もしも自分に分け与えられた田圃が不作だったら、私はどうなるのだ。どうして生計を立てていったらよいのだ。いざ私は自分のものでない他人の米を奪い取ろう〉と考えた。比丘達よ、三度その有情は自分に分け与えられた田圃を護りながらも、自分のものでない他人の米を奪い取った。〔すると〕比丘達よ、その有情が自分のものでない他人の米を奪い取るのを、三度目もその有情が見ていた。そして見ると、その有情はかの有情のもとに近づき、棒で彼を叩きながらこう言った。「おい、貴様、お前は三度に及んで自分のものでない他人の米を奪い取ったな！」と。

その時、比丘達よ、その有情は両腕を差し出して、「君、非法が世に現れ出たのだ。君、非正法が世に現れ出たのだ。そのために暴力が世に知られるようになったのだ」と嘆き悲しんだ。すると、比丘達よ、その有情は大地に棒を投げ出すと、両腕を差し出して、「君、非法が世に現れ出たのだ。君、非正法が世に現れ出たのだ。そのために不与取〔偸盗〕と妄語とが世に知られるようになったのだ」と嘆き悲しんだ。そして、比丘達よ、ちょうどこのようにして、この三つの悪不善法、すなわち、不与取・妄語・暴力が最初に世に現れ出たのである。

さて比丘達よ、有情は走り回って集まった。走り回って集まると、協議を始めた。「皆さん、いざ我々は我々の中で最も慈悲深く高貴なる者を〔我々の長として〕承認しよう。彼が我々の中で処罰するに値する者を処罰すべきであり、受け入れられるに値する者を受け入れるべきである。我々は各々の田圃における米の取り分を〔その人に〕与えよう[34]」と。

こうして、比丘達よ、有情は彼らの中で最も慈悲深く高貴であった者を〔彼らの長として〕承認した。「あなたは、我々の中で処罰するに値する有情を処罰して下さい。そして受け入れられるに値する〔有情〕を受け入れて下さい。我々はあなたを一切有情の中で第一人者として承認します。各々の田圃における米の取り分の中から六分の一を〔あなたに〕与えます」と。

「大勢（mahā）の人に承認された（saṃmata）」というわけで「マハーサンマタ（mahāsammata）」という名前が生じた。〔また〕「田圃における米の取り分に値する（arahati）」というわけで「王（rājan）」という名前が生じた。「正しく守り（rakṣati）守護する」というわけで「〔クシャトリヤ（kṣatriya）[35]〕の灌頂」という名前が生じた。両親と同じように町や国の人に〔接する〕ので、「国を確固たるものとした人[36]」という名前が生じた[37]。こういうわけで「私はクシャトリヤの灌頂王であり、国を確固たるものとした人」というのである。

[38]サンマタ王にはカルヤーナという息子がいた。カルヤーナにはラヴァという息子が、ラヴァにはウポーシャダという息子が、〔そして〕ウポーシャダにはマーンダータという息子の王がいた。[39]マーンダータ王には、何千という沢山の息子・息子の息子・孫・孫の孫が王となった。最後に、大都城シャーケータにはスジャータと呼ばれるイクシュヴァークの王がいた。[40]イクシュヴァークの王スジャータには、オープラ・ニプラ・カラカンダカ・ウルカームカ・ハスティカシールシャという五人の息子がいた。また〔彼には〕シュッダー・ヴィマラー・ヴィジター・ジャラー・ジャリーという五人の王女たる娘がいた。〔彼の〕妾にはジェーンタと呼ばれる息子がいた。彼の母はジェーンティーと呼ばれていた。彼女は肉欲でスジャータ王の機嫌を取ったので、王は彼女に優しくするようになった。優しくなった王はジェーンティーの願望を叶えてやった。「ジェーンテーィよ、願望を叶えてやろう。お前が私に求める願望を叶えてやるぞ」と。

その時、彼女は「大王よ、〔先ず〕両親に相談してから、王に願望を叶えて頂くようにします」と言った。〔そこで〕彼女は両親に「王は私の願望を叶えて下さることになったの。そこで、〔父さんと母さん〕はどんな願望がいいと思いますか。どんな願望を王に叶えて頂こうかしら」と相談した。そこで〔両親〕は「願望として村をお願いしなさい」と考えを述べた。そこには、賢く聡明で頭の切れる、ある女出家者がいたが、彼女は言った。

「ジェーンティーよ、あなたは妾の娘であり、あなたの息子には父の持ち物に対して何ら権利はありません。王国に関してなど言うに及びませんよ。クシャトリヤの娘〔が生んだ〕五人の息子である王子に父の持ち物と王国に対して権利があるのです。しかし、王はあなたの願望を叶えて下さると言うのだし、スジャータ王は約束を破ることはなく、真実を語る人であり、有言実行の人ですから、あなたは次のような願望を王に叶えてもらうといいでしょう。『あの五人の王子を王国から追放し、私の息子で王子のジェーンタを皇太子の位に任命して下さいませ。王がお亡くなりになれば、大都城シャーケータで彼が王になるでしょう』と。そうなれば、すべてはあなたのものになるでしょう」

彼女はスジャータ王にそのような願望を叶えてくれるように、「大王よ、王が亡くなられた後、大都城シャーケータで〔我が息子〕が王になれるよう、あの五人の王子を王国から追放し、私の息子で王子のジェーンタを皇太子の位に就けて下さいませ」とお願いした。スジャータ〔王〕は〔それを〕聞くと、王子に対する愛情から憂鬱になってしまった。しかし〔王は彼女の〕願望を叶え〔ると約束してい〕たので、他にどうすることもできなかった。王は王妃ジェーンティーに「そうしよう。その願望を叶えよう」と言った。都城の人や国の人は〔彼女の〕願望が叶えられ、五人の王子が追放され、妾の子ジェーンタ王子が皇太子の位に就いたと聞いた。王子達の徳は偉大だったので、「王子達が行かれる所に我々も行こう」という悲しみが人の間に生じた。

大勢の人が王子達と共にシャーケータ国から退去するとスジャータ王は聞いたので、彼は大都城シャーケータに鐘〔を鳴らして〕布告した。「王子達と共にシャーケータから退去せん者には、〔その者〕が所望するものを、王の築いた蔵から与えん。[41] 象、馬、車、荷車、乗物、馬車、荷馬車、牛、羊、[42] 山羊、野羊、財産、また他にも衣、装飾品、奴隷や女奴隷が欲しければ、そのすべてを王の築いた蔵から与えん」と。

王の命令により、大臣は王子達と共に〔国から〕退出しようとしていた者に蔵や倉庫を解放し、乞う者に〔乞う〕物を与えた。そうしているうちに、王子達は何千もの多くの国の人を連れ、大軍隊と共に何千もの多くの馬車・荷車・乗物に乗って都城シャーケータから出て行き、北に向けて出発した。カーシとコーシャラの王は彼らを味方にした。王子達は福徳をなし、高貴で、優しく、接し易く、福徳を具え、公正であったからである。カーシとコーシャラの人は、「ああ、何と王子達は善良で、公正なのだ！」と彼らのことを根から気に入った。

『シャクラ・プラシュナ（帝釈天の質問）経』[43] では、「天・人・阿修羅・ガルダ・ガンダルヴァ・夜叉・羅刹・悪鬼・邪鬼、また他にも多くの種類〔の有情〕が、嫉妬と妬みに結びついてしまった」[44] と世尊が説かれていることが、その王に起こった。そのカーシとコーシャラの王は〈あの者達が王子達の徳に魅了されたということは、彼ら〔民衆〕

が私の命を奪ってから、王子達を王位に就けることは充分に考えられる〉と嫉妬〔心〕を起こした。そこでカーシとコーシャラの王も彼らを追放してしまったのである。

〔さて〕ヒマラヤ山麓にカピラと呼ばれる聖仙が住んでいた。彼は五神通を具え、四禅を獲得し、大神通力と大威神力を具え持っていた。彼のその隠遁処は非常に広大で、魅力的で、根や花を具え、葉を具え、実を具え、水を具え、幾千もの根で美しく、そしてそこには大きなシャーコータ樹の森があった。その時、王子達はそのシャーコータ樹の森に留まったが、〔ある時〕カーシ〔国〕とコーシャラ国に向かう商人達がそこを通過しようとしていた。その商人達が人に「どこから来られたのか」と尋ねられると、彼らは「あのシャーコータ樹の森からだ。コーシャラ出身のシャーケータの商人達も、そのシャーコータ樹の森に行く」と答えた。彼らもまた「どこに行かれるのか」と尋ねられると、彼らも「ヒマラヤ山麓にあるシャーコータ樹の森にだ」と答えた。(45)

その時、王子達は〈我々の血統が汚染されてはならない〉と血統の汚染を恐れ、各々〔自分と〕同じ母から(46)〔生まれた〕姉妹を互い〔に別の王子〕に嫁がせた。スジャータ王が大臣達に「おい大臣達よ、王子達はどこに住んでおる」と尋ねると、大臣達は「大王よ、ヒマラヤ山麓に大きなシャーコータ樹の森がありますが、そこに王子達は住んでおいでです」と答えた。スジャータ王が大臣達に「王子達はどこから嫁を貰ったのだ」と尋ねると、大臣達は「大王よ、王子達は〈我々の血統が汚染されてはならない〉と血統の汚染を恐れ、各々〔自分と〕同じ母から〔生まれた〕姉妹を互い〔に別の王子〕に嫁がせたと我々は聞いております」と答えた。

その時、スジャータ王は祭官や他のバラモンの賢者達に「王子達がしたようなこと〔兄妹婚〕をすることは可能か」と尋ねると、祭官を筆頭とするバラモンの賢者達は「大王よ、可能でございます。それを原因として、王子達が過失に染まることはございません」と答えた。スジャータ王はバラモンの賢者達の言うことを聞いて、喜び、満足し、心を喜ばせ、このような喜びの言葉を発した。「皆の者、〔我が〕王子達は有能なり！」と。

その王子達は有能（sakya）であったため、「シャーキャ」という名前・名称・呼称が生じた。その時、王子達は〈こんなにも大勢の人がやって来た。我々はこのシャーコータ樹の森にどれほどの住居を設《しつら》えたらよいのか。いざ我々は〔ここに〕都城を造立しよう〉と考えた。そこで王子達はカピラ仙のもとに行った。彼らは聖仙の足を礼拝し、「もしも世尊カピラがお許し下さるのなら、聖仙の名前に因んで、我々はここにカピラヴァストゥという都城を造立しようと思います」と申し出た。聖仙が「もしもこの私の隠遁処を宮殿とした後に都城を造立するのであれば、私は許そう」と言うと、王子達は聖仙に「我々は聖仙の意向通りにいたします。我々は〔先ず〕この隠遁処を宮殿にした後に、都城を造立いたします」と答えた。

聖仙は水の入った瓶を手にして、〔自分の〕財産を王子達に与えた。王子達もその聖仙の隠遁処を宮殿にした後に都城を造立した。「カピラ（kapila）仙が与えた財産（vastu）」というわけで「カピラヴァストゥ」という名称が生じた。こうしてカピラヴァストゥは、繁栄し、栄え、平和で、食物に恵まれ、人で賑わい、沢山の人が〔住み〕、人は快適に〔暮らし〕、広大な人が〔その町を〕取り囲むようになり、祭りや縁日も多く開かれ、商人に親しまれ、商業も発達したのである。

さて、オープラ・ニプラ・カラ〔カ〕ンダカ・ウルカームカ・ハスティカシールシャという彼ら五人の王子のうち、最年長であったオープラ王子がカピラヴァストゥの王位に就いた。オープラ王の息子はニプラ、ニプラ王の息子はカランダカ、カランダカ王の息子はウルカームカ、ウルカームカの息子はハスティカシールシャ、ハスティカシールシャの息子はシンハハヌであった。(47) シンハハヌ王には、シュッドーダナ・ダウトーダナ・シュクローダナ・アムリトーダナという四人の息子と、アミターと呼ばれる娘がいた。(48)

その時、そこに〔住んでいた〕シャーキャ族の、ある長老には娘がいた。彼女は清楚で、見目麗しく、素晴らしい容姿をし、最高の蓮華の如き美を具足していたが、その娘に癩病が生じた。その時、彼女は癩病に罹ったのである。

医者達は懸命になってあらゆる治療を試みたが、彼女は回復しなかった。膏薬や反膏薬、それに嘔吐剤や下剤を試してみたが、癩病は鎮まらなかった。全身は痛むばかりであった。すべての人は彼女を見て、可愛そうに思った。

そこで兄弟は彼女を乗物に載せて、ヒマラヤ山麓に連れて行った。その山の斜面に穴を掘って〔そこに〕その娘を入れ、そして沢山の硬食や軟食、水、敷布と懸布とを置き、〔その〕穴の入口を上手く塞ぐと、〔そこに〕大きな土の塊を作り、都城カピラヴァストゥに戻った。その時、その穴は風が遮断され、密閉されていて、温かくなったので、娘がその穴に住している間に癩病は〔彼女の体から〕抜け出て〔彼女の〕体は綺麗になり、痛みもなくなって、最高の容姿が蘇っていた。〔よって、誰も〕彼女が人であるとは思わなかった。その時、虎がうろうろしながら、その場所にやって来た。

獣は鼻もて〔ものを〕知り、婆羅門はヴェーダもて知る。王は探偵もて、〔普通の〕人は眼もて知る。

その時、虎は人の臭いを嗅ぎつけた。〔虎〕は人の臭いを嗅ぎつけると、手でその大きな土の塊を掘り起こした。さて、そこから遠くない所に、五神通を具え、四禅を獲得したコーラと呼ばれる王仙(49)が住んでいた。その彼の隠遁処は、根を具え、葉を具え、花を具え、実を具え、水を具え、様々な樹木が茂って美しかった。その聖仙が散歩し、逍遙しながら、シャーキャ族の娘が穴に埋められている場所にやって来た時には、その虎が足でその土の塊を掘り起こしており、木の切れ端が残ってい〔るだけだっ〕た。その時、虎は聖仙を見ると、その聖仙のために後ずさりした。虎がその土を掘り起こしたのを見ると、聖仙は好奇心を起こした。そこで聖仙はその木の切れ端を取り除き、その穴の入口を開けた。聖仙はシャーキャ族の娘を見ると、〈最高の輝きを持っているので、彼女は人とは思えない〉と〔考えて〕尋ねた。「娘さん、あなたは一体誰かね」と。

人である彼女が「私はカピラヴァストゥの斯《か》く斯く然々《しかじか》というシャーキャ族の娘でございます。私は癩病に冒され、ここにこうして生きたまま捨てられたのです」と答えると、彼は最高の容姿を持ったシャーキャ族の娘を見て、激し

354
い情欲を起こした。

　久しき間、梵行を修せし人なるも、彼に潜める情欲は取り除かれず、再び情欲の毒は増大す。恰も薪に潜める
　火[50]の取り除かれざるが如く。

その時、王仙はそのシャーキャ族の娘と性交し、〔四〕禅と〔五〕神通は消失してしまった。こうしてシャーキャ
族の娘はその隠遁処で王仙コーラと共に生活し、十六組の双子の息子を生んだ。三十二人の聖仙の息子は男前で、見
目麗しく、毛皮を纏い、弁髪を結っていた。聖仙の息子達が大きくなった時、母は彼らをカピラヴァストゥに送った。
「息子達よ、大都城カピラヴァストゥに行きなさい。あるシャーキャ族の者が私の父であり、母方の祖父です。その
人（父）の息子達があなた達の母方の伯父で、大抵のシャーキャ族の長老は親戚なのです。あなた達の家系は大きい
のですよ。彼らがあなた達の生活の面倒を見てくれましょう」と。
　彼女は〔彼らに〕シャーキャ族としての振る舞い方（礼儀作法）を教えて、「あなた達はシャーキャ族の衆会にこ
のように近づき、このように挨拶し、このように坐るのですよ」と言った。シャーキャ族の作法をすべて指示してか
ら、彼らを送り出した。彼らは両親に〔別れの〕挨拶をし、右遶すると立ち去り、次第してカピラヴァストゥに到着
した。彼らはすべて年齢順にカピラヴァストゥに入ったが、その聖仙の息子達を見ると、大勢の人は〔彼らに〕敬意
を表して言った。「おお、毛皮を纏い、弁髪を結っている聖仙の息子達は何と男前で、見目麗しいことか！」と。
　その時、彼らは大勢の人に取り囲まれながら、シャーキャ族の者の集会堂に近づいた。集会堂には五百人ほどの
シャーキャ族の者が一緒に坐っていた。何かの仕事のことで寄り集まっていたのである。その時、彼らは母に指示さ
れたとおりの作法でシャーキャ族の衆会に近づいた。シャーキャ族の衆会は、聖仙の息子達の〔する〕シャーキャ族
355 の作法を見て驚いた。その時、シャーキャ族の者は聖仙の息子達に「あなた達はどこの出身か」と尋ねると、彼らは
母の指示通りに、一部始終、事の次第を説明した。「我々は、ヒマラヤ山麓の、ある隠遁処に〔住む〕王仙コーラの

息子であり、あるシャーキャ族の娘が我々の母なのです」と。

どうしてシャーキャ族の娘がそんな場所に捨て去られたのかについて、母から聞いたことすべてを彼らはシャーキャ族の者に説明した。シャーキャ族の者は〔それを〕聞いて喜んだ。彼らの母方の祖父でシャーキャ族の長老も〔まだ〕生きていたし、大きな家系も〔まだ存続していた〕。さらに、ヴァーラーナシー出身だった王仙コーラも長男の王子を王位に就けると、遊行する聖仙となり、大人格者の王仙として、あちこちで有名になったのである。

さて、シャーキャ族の者は、彼らが王仙の子であって、凡夫の子でないことを喜んだ。シャーキャ族の者は〈この王子達は我々の血統を受け継いで生まれてきたのだ。彼らにはシャーキャ族の娘を与えて、生活の面倒を見よう〉と考えた。彼らは王子達にシャーキャ族の娘と、また農夫と共に耕地も与えた。すなわち、アーシュラマ・ニガマ・スムクタ・カルカラバドラと呼ばれる〔耕地〕であり、また農夫を付けて他の耕地や財産も〔彼らに与えたのである〕。聖仙コーラから生まれた、というわけで「コーリヤ」という名前が、また虎の通り道、というわけで「ヴィアーグラパディヤー（虎道）」という名前が付いたのである。

以上、吉祥なる『マハーヴァストゥ・アヴァダーナ』における「コーリヤ族の起源[51]」を終わる。

4 鹿野苑の歴史

その時、シャーキャ族にはデーヴァダハ[52]と呼ばれる町があった。そこにはスブーティ[53]と呼ばれるシャーキャ族の長老がいたが、彼はある町からコーリヤ族の娘を妻に迎えた。彼には、マーヤー・マハーマーヤー・アティマーヤー・

アナンタマーヤー・チューリーヤー・コーリーソーヴァー・マハープラジャーパティーという七人の娘[54]が生まれた。

マーヤーの出生――シャーキャ族の王であるシンハハヌ王には四人の息子と一人の娘があった。〔息子は〕シュッドーダナ・シュクローダナ・ダウトーダナ・アムリトーダナ、娘はアミターである。シンハハヌ王が死ぬと、シュッドーダナが王位を継承した。シュッドーダナ王は大臣達に「清楚で、生まれ良く、私に相応しい娘を連れてまいれ」と命令した。大臣達は、賢く博学で、女の相・男の相・娘の相の規定に通じたバラモン達を、「さあ、シュッドーダナ王に相応しい娘を見つけてくるように」と四方八方に遣った。バラモン達が村・町・都城・地方を歩き回っているうちに、シャーキャ族の町デーヴァダハでシャーキャ族のスブーティの七人の娘を見ると、その七人の娘の中でマーヤーが最勝であり、全閻浮提の中でも彼女のような娘は実に得難い〔と考え〕、彼らは王に知らせた。「デーヴァダハの町に〔住む〕シャーキャ族のスブーティには清楚で見目麗しき七人の娘がおりますが、その七人の娘すべての中でも、マーヤーと呼ばれる〔娘〕は、容姿・威光・智慧のどれをとっても最勝であり、一切の徳を具足しております。我々は、村・都城・町・地方にいたるまで探し回りましたが、シャーキャ族のスブーティの娘マーヤーのような女を、我々は今までにまったく見たことがありません」

シュッドーダナがスブーティに「娘のマーヤーを私の嫁として与えよ。そうすれば、彼女を第一王妃にしよう」と〔使者を〕送ると、スブーティは使者達に「マーヤーには六人の姉がいるので、彼女達が〔皆〕嫁いだ後に、マーヤーを大王に嫁がせよう」と言った。〔そこで〕使者達がシュッドーダナ王に「大王よ、シャーキャ族のスブーティはこう申しました。『六人の姉が〔皆〕嫁いだ後に、マーヤーを大王に嫁がせよう』と」と知らせると、シュッドーダナ王は「〔では〕七人の娘を皆、私に嫁がせよ」と再びシャーキャ族のスブーティに使者を送った。使者達がシャーキャ族のスブーティに「シュッドーダナ王は『〔では〕七人の娘を皆、私に嫁がせよ』と申しております」と告げると、シャーキャ族のスブーティはシュッドーダナ王に「大王よ、〔皆〕あなたに嫁がせよう」と同意した。その時、シュッドーダナ王は、偉大な王の威厳、偉大な王の権力、偉大な王の隆盛を誇示しつつ、デーヴァダハの町からカピラヴァストゥに七人の娘すべてを連れてきた。シュッドーダナ王は、マーヤーとマハープラジャーパティーという二人の娘を自分の後宮に入れ、〔他の〕五人の娘は五人の兄弟に与えたのである。[55]

＊　＊　＊　＊　＊

浄居天は閻浮提の独覚達に告げた。「十二年後に菩薩は兜率天から死没される。菩薩は死没されるから、あなた達は仏国土から立ち退くように。

　卓越せる名声ありて、智見の限りなき〔菩薩〕は兜率天より死没す。最上相を持てる（…）[56]仏国土より立ち退くべし」と。‖最上なる大自在天の「仏」なる声を聞き、心の解脱せる独覚は、心の自在を得たる自在者として涅槃せり。

その時、独覚達は各々授記してから般涅槃した。ヴァーラーナシーから一ヨージャナ半の所にある大きな森で五百人の独覚が般涅槃したが、彼らも各々授記してから般涅槃したのである。

　彼等は、精進し、常に行に従い、広大なる心を持ち、怠りなく実践し、堅固なる勇猛さを持ち、精進力を具え、犀の角の如く独りにて歩めり。

天空に飛び上がると火界〔定〕に入り、〔生存に〕執着せず般涅槃した。彼らは自らの火界〔定〕で肉と血とを焼き尽くすと、骨が〔地上に〕落ちてきた。

　（…）[57]人は然るべき時に捨と悲を修習し、優しさを涵養《やしな》い、慈心ゆえに〔世間〕を利益し、憐愍《あわ》れみ、犀の角の如く独り歩むべし。‖全ての有情を害《そこな》わず[58]、彼等の誰をも傷つけず、動植物に暴力を振るわず[59]、犀の角の如く独り歩むべし。‖パーリパートラ樹の葉を全て落とすが如く、在家の相を捨て去り、出家し袈裟衣を纏い、犀の角の如く独り歩むべし。＝在家の相を棄て、出家し袈裟衣を纏い、火の灰より離るるが[60]如く、犀の角の如く独り歩むべし。＝近親者に過ぎたる愛あらば、愛に従うは苦たらん。〔人との〕交わりに嫌悪を抱き、犀の角の如く独り歩むべし。＝近親者に過ぎたる愛あらば、愛に従うは苦たらん。愛しき人への過ぎたる愛に嫌悪を抱き、犀の角の如く独り歩むべし。

　近親者に過ぎたる愛あらば、愛に従うは苦たらん。愛しき人との別離に嫌悪を抱き、犀の角の如く独り歩むべし。＝近親者に過ぎたる愛あらば、愛に従うは苦たらん。友との諍《いさか》いを払拭し、犀の角の如く独り歩むべし。＝近親者に過ぎたる愛あらば、愛に従うは苦たらん。子との諍いを払拭し、犀の角の如く独り歩むべし。＝子や友を見る人の心は束縛され、〔真の〕目的を失わん。子を望むべからず。況や友をや。犀の角の如く独り歩むべし。＝親戚や友を見る人の心は束縛され、〔真の〕目的を失わん。親戚を望むべからず。況や友をや。犀の角の如く独り歩むべし。

――すべての「犀の角」偈[61]が詳しく〔ここで〕説かれるべきである。五百人の独覚に一つずつの偈が〔説かれるべきである〕。――

　ここに聖仙〔リシ〕が落ちた〔パティタ〕〔というわけで〕リシパタナ[62]〔という名前が生じた〕。

＊　＊　＊　＊

　その森にはローハカと呼ばれる鹿の王がおり、一千頭の鹿の群れの面倒を見ていた。彼にはニャグローダ[63]とヴィシャーカ[64]と呼ばれる二人の息子がいたが、その時、鹿の王は、一人の息子に五百頭の鹿を与え、もう一人にも五百頭の鹿を与えた。カーシ〔国〕王ブラフマダッタは狩りをしながら、いつもその森の隅々を走り回り、そこで鹿を殺していたが、〔王〕は〔射た鹿のすべて〕を自ら〔食用の肉に〕利用したのではなく、傷を負った鹿のほとんどは、森の茂み、森の深み、クシャ草の茂み、葦の茂み、そして棘《いばら》の茂みに入って死に、そこで烏や〔他の〕猛禽類に食べられた。鹿の王ニャグローダは、弟のヴィシャーカに言った。「ヴィシャーカよ、カーシ〔国〕王に、『あなたは〔射た鹿のすべて〕を自ら〔食用の肉に〕利用しているのではなく、傷を負った鹿のほとんどは、〔森の〕深みといった場所に入って死に、烏や〔他の〕猛禽類に食べられています。我々は、自ずとあなたの台所に〔食用の鹿〕が入るよう、毎日一頭の鹿を王に献上します。そうすれば、この鹿の群れは絶滅や破滅に陥らずにすむでしょう』と知らせよ」と。

彼の弟ヴィシャーカは言った。「そうしよう。我々は〔王に〕知らせよう」と。

さて、王は狩りのために〔森を〕走り回っていた。その群れの頭《かしら》である鹿の王は、王が軍隊と共に剣・弓・槍・投槍を持った者達に取り囲まれながらやって来るのを遠くから見た。その時、彼らはその王を見ると、恐れず怖がらず、自らを捨てて王の方に向かうと〔王を〕出迎えた。その時、かのカーシ〔国〕王は二頭の鹿の王が〔自分に〕向かってやって来るのを遠くから見た。彼は自分の軍隊に、「誰もあの〔こちらに〕やって来る鹿を害してはならぬぞ。彼らは軍隊を見ても、逃げ出さずに私に向かってやって来るが、これにはいかなる事情があるのか、誰も分からぬからな」と命令した。軍隊はその鹿に道を開けた。その軍隊は左右に別れたのである。その〔二頭の〕鹿は王のもとに近づき、王に跪いた。王はその〔二頭の〕鹿の王に尋ねた。「お前達の言いたいことは何だ。お前達のしたいことを〔私に〕知らせてみよ」と。

その時、彼らは人の言葉で王に知らせた。

「大王よ、お知らせいたします。このあなたの王国にあるこの森で、我々は生まれ育ちました。他の何百という多くの鹿もです。我々二人は兄弟で、この鹿の群れを統率し、大王の領土に住んでいます。ちょうど、大王の都城・町・村・国が、人や雄牛や雌牛や他の何千もの有情、そして二本足や四本足〔の有情〕によって美しく飾られているのと同じように、この森や〔聖仙の〕隠遁処や川や泉は、この鹿の群れによって美しく飾られています。大王よ、こうしてこの領域は飾り付けられています。大王よ、大王の領土に住んでいる限りの、この一切の二本足や四本足〔の有情〕は、村に住むものであれ、荒野に住むものであれ、あるいは山に住むものであれ、大王の庇護のもとに生活していますが、大王よ、彼らは皆〔あなたに〕慮られ、保護されるべきです。また彼らを支配するのは大王であり、他の王ではありません。

大王が狩りをして〔森から〕出ていかれる時、何百もの多くの鹿が災難や不幸に陥ってしまいます。矢に射られても、あなたの食卓に登らなかった〔鹿〕は、この森の深み、葦の深み、クシャ草の深み、そして草の茂みに入って死に、鳥や猛禽類に食べられてしまいます。大王は非法に汚されています。もしも大王が賛成して下さるのなら、群れを統率する我々二頭は自ずとあなたの台所に〔食用の鹿〕が入るよう、毎日一頭の鹿を大王に献上しましょう。ある日は一つの群れから、次の日は別の群れから、〔毎日〕一頭の鹿を献上しましょう。そうすれば、大王は鹿肉に不自由しないし、そうなればこの鹿〔の群れ〕は絶滅や破滅に陥ることはないでしょう」

その時、王はその鹿の群れの頭達に、「お前達の意向通りにしよう。さあ、恐れず怖がらずに暮らすがよい。その代わり、毎日、私に一頭の鹿を献上するのだぞ」と知らせた。王は彼らに〔そう〕知らせると、大臣に「誰も鹿を害してはならないぞ」と命じた。こう命じてから、〔王〕は都城に戻ったのである。

その群れの頭達はすべての鹿を呼び集めて、「安心しろ。我々は王に『王は二度と狩りのために〔この森を〕走り回らないで下さい。〔この森の〕どこでも鹿を害さないで下さい。その代わり、ある日は一つの群れから、次の日は別の群れから、毎日、一頭の鹿を王に献上しましょう』と知らせておいたからな」と元気づけた。両方の群れの鹿〔の頭〕達は〔己の群れの〕鹿をすべて勘定し、群れ毎に〔献上される〕順番を決めた。ある日は一つの群れから、次の日は別の群れから鹿が王の台所に行ったのである。

ある時、ヴィシャーカの群れの順番の時、妊娠した雌鹿が王の台所に行く番になった。その時、命令を下す鹿が雌鹿に「今日はお前の番だ。王の台所に行け」と言うと、彼女は言った。「私は妊娠しており、私の胎内には二頭の子供が宿っています。先ずは他〔の鹿〕に命じて下さい。私は出産を済ませてから参ります。今〔私が行けば〕一頭のために、三頭が動くことになりますからね。〔私が〕その二頭の子供を生んでからであれば、あなた達の順番も〔その分〕延期されることになるでしょうし」と。

命令を下す鹿がその事情を群れの頭に告げると、群れの頭は「その雌鹿の次に〔行く〕他の鹿に命令せよ。その雌鹿は出産した後で行かせればよい」と言った。命令を下す鹿はその雌鹿を飛ばし、雌鹿の次の〔鹿〕に「王の台所に行け」と命じると、彼も言った。「今日は私の番ではありません。今日は、ある雌鹿の番でしょう。だからその間、私は死ぬつもりなんてありませんよ」と。

こうして次々と〔後の鹿に〕も命じたが、順番ではないので〔誰も〕行かなかった。〔彼らは〕皆、口を揃えて「ある雌鹿の番でしょう。彼女が行くべきですよ」と言うので、その雌鹿は「御婦人よ、順番ではないので誰も行かぬ。あなたの番なのだから、あなたこそ王の台所に行くべきだ」と言われた。その時、雌鹿は〔順番から〕逃れることができなくなると、子に対する愛情から、〈私が〔命を〕落とせば、この子達も死んでしまうに違いない〉と、もう一方の鹿の群れのもとに行った。行くと、その群れの頭に平伏した。その鹿の頭は彼女に言った。「御婦人よ、一体何事だ。何の用だ。〔用件が〕何かを申してみよ」と。

彼女は言った。「今日、あの群れからは私が王の台所に行く番なのですが、私の胎内には二頭の子が宿っておりますので、私は群れの頭ヴィシャーカに『今日は私の番ですが、胎内には二頭の子が宿っておりますので、他の〔鹿〕を遣って下さいませ。私は出産してから参ります』と知らせました。すると鹿の頭は他の〔鹿達〕に命じられましたが、彼らもまた『我々の番ではない。ある雌鹿の順番なのだから、彼女が行くべきだ』と行きたがりません。彼らはこの私を順番から外してくれず、『お前の番なのだから、お前が行くべきだ』と私に言うのです。ですから、私は、鹿の王（あなた）にこちらから他の鹿を遣って頂きたいのです。私は出産してから参りますから」と。

363 鹿の王は「とにかく、安心せよ。別の〔鹿〕を行かせよう」と言った。鹿の王は、命令を下す鹿に、「この群れから〔次の〕番の鹿に命ぜよ。私はこの雌鹿の安全を保障した」と命じた。命令を下す〔鹿〕は、〔次に行く〕番の鹿に「王の台所に行け」と命じたが、彼も言った。「今日は我々の群れの番ではありません。今日はヴィシャーカの群れの順番でしょう」と。

命令を下す鹿は言った。「今日、ヴィシャーカの群れから〔行く〕順番に当たっている雌鹿は妊娠し、胎内に二頭の子を宿しているが、彼らは『お前の番なのだから、お前が行くべきだ』と〔順番から〕外してくれないそうだ。そこで〔順番を〕外してもらえなかった雌鹿はこの群れにやって来て、〔我が〕群れの頭ニャグローダに知らせると、群れの頭ニャグローダはその雌鹿に安全を保障され、『この群れから〔次の〕番の〔鹿〕に行かせよ』と鹿の頭は命じられたというわけだ。この群れからはお前が〔次の〕番だ。お前が行け」と。

〔しかし〕彼は「今日は別〔の群れ〕の番だ。順番でもないのに私は行かぬ」と言い張った。こうして、どの鹿も、順番ではないので、命令されても行きたがらなかった。命令を下す鹿が鹿の頭ニャグローダに「誰も順番ではないので行きたがらず、『今日は我々の番ではない。今日は別の鹿の群れの番だ』と言うのです」と告げると、鹿の王は言った。「彼女は逃がしてやれ。私はあの雌鹿に安全を保障してやったのだ。もう彼女はあの台所に行かせるわけにはいかぬ。私自身が行こう」と。

その森から道に降り、鹿の王はヴァーラーナシーに向かった。鹿の王が歩いているのを見た人は誰でも彼に随行した。〔その〕鹿は、姿が見目麗しく、赤い蹄や、黒い顔料を塗り、キラキラと輝く、見目麗しい眼のために、美しく麗しかった。大勢の人は、都城の中に入るまで〔その鹿を〕先頭にして進んだ。都城の人は〔それを〕見ると、大勢
364 の人に彼が鹿の王であることはすぐに分かった。彼らは鹿の王を見ると、彼を憐れに思った。何故なら、鹿の群れが

すべていなくなり、この群れの頭が自らやって来た〔と思った〕からである。「我々は王のもとに行って、鹿の王を解放して殺さないように知らせよう。彼はこの領域の飾りであり、彼が林や沼地を走る姿は見るからに楽しい。人がその鹿を見れば、〔その〕眼は喜ばされる」と。

その彼（鹿の王）が廷臣を連れて宮殿に入ると、大勢の人が鹿の王の後ろに付き従った。そして鹿の王が台所に入ると、その町の人は裁定所に入った王に知らせた。「大王よ、鹿の群れはすべていなくなりました。彼らは〔何にも〕危害を加えず、萎びた生姜や草を食べ、誰も害することがなかったのに、彼らは全滅し、いなくなってしまったので、この群れの頭が自らやって来たのです。大王よ、このように男前で、見目麗しく、人の眼を楽しませる鹿は滅多におりません。人が都城の外に出て、林・沼地・園林・蓮池を走り回っていると、彼らもまたその鹿の王を見て、〔彼が〕都城や付近の森の飾りであることに喜びを感じるのです。大王よ、もしもお許し頂けるのなら、この鹿の王を生きたまま逃がしてやって下さいませ」と。

王は大臣達に「さあ、その鹿の王を台所から連れて参れ」と命じた。大臣達が行くと、台所から彼を王の面前に連れて来た。王がその鹿の王に「お前はどうして自らやって来たのだ。お前が自らやって来たということは、もう鹿は一頭もいないのか」と尋ねると、鹿の王は言った。

「大王よ、他に鹿がいないわけではありません。そうではなく、今日は別の鹿の群れの番なのですが、そこで〔今日の〕順番に当たっていた雌鹿は妊娠しており、胎内には二頭の子を宿しております。その雌鹿は『台所に行け。今日はお前の番だ』と言われました。別の鹿の群れにはヴィシャーカという群れの頭がおりますが、彼女は彼の所に行って、『今日は私が王の台所に行く番ですが、私は妊娠し、私の胎内には二頭の子が宿っております。他の〔鹿〕に行って欲しいのです。私は出産してから行くことにしますから』と言いました。そこで他の鹿が命じられましたが、彼は行きたがらず、『あの雌鹿の番だから、彼女が行くべきだ』と言って、その鹿達は〔順番から〕外してやりませんでした。『今日はお前の番だ。お前が行くべきだ』と〔順番から〕外してもらえなかった彼女は私のもとに来たのです。

彼女は私に『今日は私の群れから〔行く〕番であり、私の胎内には二頭の子が宿っているのですが、彼らは私を〔順番から〕外してくれませんでした。ですから、私は、鹿の王〔あなた〕にここから他の〔鹿〕を〔私の代わりに〕王の台所に行かせて頂きたいのです。私は出産した後に行くことにしますから』と知らせました。私はその雌鹿に安全を保障してやったのですが、私が命じた鹿も『我々の番ではない。別の群れの番だ』と〔行き〕たがらないのです。こうして命じられた〔鹿〕は皆、順番ではないので、ここに来たがりませんでした。私はその雌鹿に安全を保障していたことを私自身知っていたので、〈自分が行こう〉と私が自ら〔ここに〕やって来たのです」

王は鹿の王〔の所言〕を聞いてドキッとし、また一切の人は、「おお、鹿の王は何と正義感が強いのだ！」と〔感激した〕。カーシ王は考えた。〈他者のために自らを放棄し、法を知悉したこの鹿は畜生ではない。このように〔他者を〕害することのない宝の如き有情を害する我々こそ、法を知らぬ畜生だ！〉と。

彼は鹿の王に言った。「お前の前に居れて余は満足じゃ。鹿でありながら、自分の眷族である雌鹿に安全を保障してやったお前は、慈悲〔の心〕を持ち、大人格者である。お前の御陰で、お前の言葉を聞いて、私もすべての鹿に安全を保障しよう。今日からは、この地方に〔棲む〕一切の鹿に安全を保障しよう。さあ、恐れず怖がらずに棲むがよい」と。

王は都城に鐘〔を鳴らして〕「王はこの鹿達に安全を保障された。我が領土内では、誰も鹿を傷つけてはならぬ」と布告した。〔この〕声は諸天に至るまで届いた。天主シャクラは王を試そうとして、多くの何百という鹿、何千という鹿を化作した。カーシ国全土に鹿が群がり、鹿のいない土地はなかった。国の人は〔それを〕王に知らせた。一方、鹿の王ニャグローダが雌鹿に「御婦人よ、ヴィシャーカの群れに戻りなさい」と言うと、彼女は「鹿の王よ、私は戻りません。ヴィシャーカのもとで生きるよりは、あなたのもとで死にとうございます」と答えた。その時、雌鹿は詩頌を唱えた。

「人はニャグローダにこそ仕え、ヴィシャーカを望むべらかず。ヴィシャーカのもとに生きんより、なおニャグローダのもとに死するをよしとせん[65]」

国の人は王に知らせた。

「国は滅びん。豊穣なる王国は滅びん。王よ、鹿は穀物を食い荒らさんに、それを阻止されよ」

「国は破滅すべし。豊穣なる王国は滅ぶべし。鹿の王に恩恵を与えし後に、前言を翻さんことなし」

鹿に〔安全という〕施物が与えられたので、リシパッタナ[66]は「ムリガダーヤ（鹿への施物）[67]」〔とも言う〕[68]。

「十二年後に、菩薩は兜率天から死没されるだろう」と〔言って〕浄居天はバラモンに変装すると、ヴェーダ、呪文、三十二の偉人の相、そしてブラーフマナを説明し、「菩薩がこの世にやって来る」と授記したのである。

5　ガウタマ降誕[69]

さて兜率天から死没する時、菩薩は四つのことを観察する。すなわち、(1)〔自分が生まれる〕時を観察し、(2)場所を観察し、(3)洲を観察し、(4)家を観察するのである。菩薩達は二つの家柄に生まれる。クシャトリヤの家かバラモンの家かである。大地がクシャトリヤによって治められている時、彼らはクシャトリヤの家に生まれ、大地がバラモンによって治められている時、彼らはバラモンの家に生まれるのである。

比丘達よ、菩薩達が生まれる家は、六十の支分を具足する。[70] 六十とは何か。〔その家は〕(1)有名である、(2)素晴らしい領域を持つ、[71] (3)生まれを具足する、(4)種族を具足する、(5)先祖との繋がりを具足する、(6)有名な先祖との繋がりを具足する、(7)女に恵まれる、(8)男に恵まれる、(9)貪欲でない、(10)劣っていない、(11)下劣でない、(12)貧しくない、(13)智慧を有する、(14)戒を有する、(15)尊敬を希求しない、(16)その家は財を享受する、(17)その家は信頼できる友を持つ、(18)恩を知る、(19)儀軌を知る、(20)その家は欲望を追い求めない、(21)過失を犯さない、(22)痴がない、(23)恐れがない、(24)罪過を恐れる、[72] (25)〔乞食者に〕充分な施食をする、(26)男らしい行動と考えを持つ、(27)堅固な勇気を持つ、(28)最上の勇気を持つ、(29)最高の勇気を持つ、(30)塔を供養する、(31)天を供養する、(32)先祖を供養する、(33)義務に熱心である、(34)喜捨に熱心である、(35)その家は相続を保有する、[73] (36)〔その家の〕名声は鳴り響く、(37)天の名声を凌ぐほど有名である、(38)最勝の家である、(39)最高の家である、(40)その家は最上の家である、(41)自在を得た家である、(42)高貴である、(43)広大な従者を持つ、(44)倦むことのない従者を持つ、(45)忠実な従者を持つ、(46)分かち難い従者を持つ、(47)母を知る、(48)父を知る、(49)沙門と、(50)バラモンと、(51)最勝の家を敬う、(52)沢山の財や穀物を有する、(53)沢山の蔵や倉庫を有する、(54)沢山の象・馬・山羊・羊を有する、(55)沢山の女奴隷・男奴隷・労働者・召使を有する、そして(56)その家は敵や仇や敵対者に攻められない、である。菩薩達が生まれる家はこのような六十の支分を具足している。[74]〔このような〕家を具足した有情達は大悲を獲得するのである。

* * * * *[75]

菩薩は、兜率天から死没される時、偉大な準備をされた。菩薩が死没される時、四大王天衆を始めとする、何千という欲〔界〕繋の天は皆、兜率天に集合した。ビンビサーラ〔王になるべき天〕が最初に言われた。「お前はラージャグリハに生まれ変わるのだ。お前が律せられた如く、大勢の人は律の道を歩むだろう」と。
こうして、隊商主アバヤと同様に、他にも長者の大家長やバラモンの大家長〔に生まれ変わるべき諸天〕は、兜率天から離れ〔て人界に生まれ変わっ〕た。〔次に〕ウダヤナ・ヴァッツァ王〔になるべき天〕は言われた。「カウシャンビーに生まれ変わるのだ。お前が律せられた如く、大勢の人は律の道を歩むだろう」と。

長者ゴーシラと同様に、他にも長者の大家長やバラモンの大家長〔に生まれ変わるべき諸天〕は〔兜率天から離れて人界に生まれ変わることになった〕。このような仕方で、何千もの天子は、世尊が輪廻を彷徨《さまよ》っている時、彼に同行しながら、クシャトリヤの大家長の家、バラモンの大家長の家、〔そして〕長者の大家長の家がある十六大国を有する閻浮提に生まれ変わった。「お前達は〔すでに〕律せられたのだから、大勢の人〔も〕律の道を歩むであろうことは間違いない」と。

3

菩薩は〈私はどこに生まれ変わろうか。あのシュッドーダナ王は私の父に相応しい〉と熟慮された。〔次に〕彼は、清楚で家柄がよく、清らかな体を持ち、貪が少なく、寿命が短く、十カ月と七日間の寿量が残されている母を探された。

菩薩の母は皆、最上なる人を生むや、最後の七日目に命を捨つるなり。＝何が故に、一切智者の母は、最勝なる人を生みし後、ここに疾く命を捨つるや。＝兜率〔天〕衆に住せし菩薩は、業浄き母を観察し、かくの如き念を得たり。＝〈この世にて寿命の十カ月と七日間のみ残さるる女の胎に我は宿らん〉と。＝何が故ならん、我等が如き無上なる人を身籠もりて後、愛欲に耽るは相応しからざればなり。＝しかれども、善逝の母の愛欲に耽るに、天の集団《ともがら》は〈父は徳行を破れり〉と思わん。＝また、世尊は愛欲の過失を常に説かれたるに、世間の導師の母の、愛欲に耽ることあらんか。＝菩〔薩〕の母は王宮の宝石箱にして、最勝なる人（菩薩）は〔その中なる〕宝石なり。

カピラヴァストゥに住むシュッドーダナ〔王〕の第一王妃は、地上での寿命が短く、清楚で、家柄よく、体は清ら
かで、貪は少なく、寿命は短いと菩薩は見た。彼女には十カ月と七日間の寿量しか残されていなかった。菩薩は〈彼
女は私の母に相応しい〉と考えた。
4 世間を観察せし〔菩薩〕は、浄飯の後宮に、天の妻の如く、〔また〕稲妻の如き女摩耶を見たり。＝その女を
見るや、彼は諸天に告げり。「我は死没せん。人天の安楽のため、最後の住居たる〔彼女の〕胎に近づかん」＝
最上なる飾りを身に纏いし天の集団《ともがら》は、合掌して彼に言えり。「全き徳もて容姿とせる最高なる人よ、貴方の誓
願が実を結ばんことを！＝我等も世間を利益し、魅力ある数多の愛欲の喜びを捨て、潔白なる人よ、貴方を供養
すべく人の世に住まん」＝彼等は心を高揚させ、広大にして輝ける色の曼陀羅華を虚空に雨降らせ、甘き言葉も
て〔菩薩を〕賞賛せり。
「未曾有なり、寂静にして魅力あり、憂と苦なき天の住居を求めず、愛欲にも耽らざる貴方は。＝また最高なる
天よ、希有なり、金山の如く輝き、天の集団を圧倒し、十方を照らさるる貴方は！＝無量の慧を持つ人よ、希有
なり、大自在天やダーナヴァを含める天の集団、魔を含める集団、天空なる星の集団を圧倒せる貴方は。＝有情
の集団の師よ、我等は貴方との別離を毫も望まず。蓮華の眼したる貴方こそ、人天の帰依処たらん」
さて、百葉具えし浄蓮華の眼を持つ人の死没せし時、喜悦せる天の集団は全ての方角に〔かく〕声を発せり。
5 ＝かくの如き言説の兜率の町に響くや、浄飯の第一王妃にして、比類なき摩耶は王に近づき、かく言えり。＝子
鹿の眼をし、清浄なる乾闥婆の妻の如き女摩耶は、実に甘く筋の通れるを浄飯に言えり。＝「釈迦族を喜ばする
人よ、〔妾は〕腕に飾りを着け、最上の衣を身に纏い、今宵は貴方と離れて侍女と共に禁欲せんと欲す。＝最上
なる人よ、最上なる楼閣ドゥリタラーシュトラの屋上に昇り、そこなる蓮華の住居の如き、無垢にして最上なる
寝台に妾は横たわらん」＝その王妃の麗しき言葉に喜べる最上なる人浄飯は、殊勝なる心もて家来に告げたり。

＝「ドゥリタラーシュトラなるを疾く我に知らすべし。〔そこを〕最上なる花もて覆い、開ける花撒き、天なる
天の住居の如からしめよ。＝疾くドゥリタラーシュトラに布や紐を懸け、最上なる金網もて覆い、須弥山の最上
なる頂の如く美しからしめよ。＝槍・矢・投槍もて荘厳せられし四支所成の軍隊に、魅力あるドゥリタラーシュ
トラ〔宮殿〕を疾く護らせよ」
　全ては王の命ぜし言葉のまま準備せられり。かくなすや、家来は(76)王に近づきてかく言えり。＝「ああ、千年を
満たす間、王は人を護り給え。準備は完了《ととの》えり。最上なる宮殿の輝くこと、貴方を驚かしめん」＝その時、天の
6 妻の如き摩耶は最上なる座より立ち上がり、日の沈むや直ちに王に言えり。＝「(77)妾は不殺生と梵行とを受持せん。
更にまた、偸盗・飲酒・綺語より厭離せん。＝最上なる人よ、また妾は麁語や離間語より厭離せん。王よ、妾は
雑穢語より厭離せん。これぞ妾の決意なり。＝他者の欲望に嫉妬を起こさず。生物を害《そこな》わず。顚倒せる考えは捨
て去らん。＝王よ、今宵、妾は十一種の戒を実践《おこな》わん。今夜、かくの如き決意は妾に生じたり。＝王よ、〔今宵
は〕ゆめ愛欲の念もて妾を求め(78)たもうな。梵行を修する妾に非福をなすなかれ」＝王は言えり。「我は汝の望み
を全て叶えん。最上なる宮殿におる者よ、喜ぶべし。我も王国も汝の意のままなり」
　麗しき願いの聞き入れらるるや、彼女は直ちに最上なる女を千人伴いて、その最上なる宮殿に昇りて坐せり。
＝彼女は、白睡蓮や白蓮華の如き寝台に、寂静と自制とを喜びとしつつ、黙然として暫し時を過ごせり。＝その
時、彼女の、右脇を下にして最上なる体を横たえ、寝台を抱きて臥すこと、華の蔓の最上なる木を〔抱くが〕如
し。＝さて、天女の姿に似たる王妃の寝台に臥するを見るや、天の集団《ともがら》は、兜率の住居より死没して楼閣の上空
に留まれり。＝喜びし諸天は皆、合掌し頭を垂るるや、福徳の広大なる勝者の母摩耶を寝台の側にて礼拝せり。
7 ＝また、数多の天女は大いなる好奇心を生じ、浄き花環を執るや〔彼女を一目〕見んとて勝者の母に近づき、楼
閣の頂きに留まれり。＝近づくや、最上なる稲光の如き摩耶の寝台に臥したるを見、広大なる喜楽を生じ、天に

生えし花を雨降らせり。

暫し〔楼閣に〕留まりて後、〔彼女等は言えり〕。「人にてもかくの如く容姿の善く現れ出づるは希有なり。天の妻も彼女に匹敵《かな》わず。＝さあ皆、この女の美しきを御覧あれ。いかにも〔勝者の母に〕相応し。寝台の上なる彼女の、魅力ありて神々しく輝けること、金の光線(79)の如し。＝彼女は、布施・調御・戒を甚だ喜び、一切の漏を尽くし、〔煩悩の〕塵を離れたる偉人を身籠もらん。王妃よ、貴方に何の不足かあらん。＝掌の如く弓なりに、最上なる産毛の筋もて美しく輝ける腹、ここに、如何なる時も清浄にして、不浄に汚されざる、慧の限りなき彼は宿らん。＝幾度も長夜に亘り、最高にして広大なる善を積みしこの女は、限りなき徳を持ち、長夜に亘り積まれし福徳の力を具えたる彼を身籠もれり。＝貴方は最上なる女にして〔菩薩の〕母に相応し。またその息子は最上なる人にして、欲望を滅し、塵を離るなり。王妃よ、貴女に何の不足かあらん」

その時、種々なる姿の羅刹等は命ぜられたり。「おお、最上なる武器を持つ者等よ、疾く天空の随所に立ちて、全ての方角の障害物《さわり》を取り除け」＝彼等の直ぐ後ろには、風の揺るる〔音〕を聞くすら火の如く掻き立てらるる怒りなす蛇の群の、〔菩薩〕を保護せんとて周囲に留まれり。＝彼等の直ぐ後ろには、頭頂の燃え盛る醜き夜叉等は配されたり。「心汚れし者を追い返せ。しかれども、誰も殺すことなかれ」と。＝彼等の直ぐ後ろには、姿浄き数多の乾闥婆の群衆の、浄弓を持ちて、覚知の無垢なる人の死没する瞬間《とき》、〔菩薩を〕護るべく留まれり。＝四人の世間の守護者は、己が眷族と共に天空に留まれり。「今日、世間の利益と安楽を増大せしむる世尊は死没せん」

最上なる輪を持てる帝釈天は、三十三〔天〕と空中に留まれり。「比類なき楽を求め、菩薩は久しからずして最後の死没をなさん」＝数多の天の集団は両手もて合掌し、摩耶の足に礼をなし、甘き言葉を発しつつ、兜率の勝者を見上げたり。＝「〔煩悩の〕浄化もて積まれし福徳の力を持つ人よ、時間《とき》なり。最後の生存に入り給え(80)。

貴方の母の準備は整えり。今、苦しめる人を憐愍《あわ》れみ給え！」＝「我は死没せん」と声を発し、浄き言葉を述べたり。（…）まさにその瞬間《とき》、勝者の母は異熟果の最上なる彼を夢見たり。＝白銀の如き六本の牙を持ち、善き足と愛らしき鼻を具え、頭は赤く染まれる、最上の象は、優雅に歩みつつ、全き体を保ちて彼女の(81)胎に入れり。

9
実に菩薩達は半月の時に母の胎内に入るのではない。そうではなく、プシュヤ〔月〕と星座とが結合するのに適した、〔月の〕満ちる満月〔の日〕に母の胎内に入るのである。布薩を遵守し、女の中で最上であり、喜びを持ち、悩まされることはなく、活動範囲は矮小でなく、清楚で、清らかな体を持ち、貪を和らげ、〔高貴な〕生まれを具足し、〔高貴な〕家柄を具足し、優れた容姿を具足し、〔優れた〕色を具足し、〔優れた〕名前を具足し、身長を具足し、身幅を具足し、賢明で、若さの只中にあり、博学で、正念正知にして、優れた心を持ち、一切の様相を具足し、一切の様相を成満し、女の中で最上なる母の胎内に、菩薩達は入るのである。菩薩は光明を放ち、その光明で一切の仏国土は照らし出された。〔ある〕天子は〔別の〕天子に尋ねた。

「月光よりも涼しくして金の如き浄光の、最高なる天に放たるるや、阿修羅の主の群衆、人の主等、火の如く燃ゆる地獄の住人の、喜悦せるは何故《なにゆえ》ぞ」

そこで彼は答えた。

「方々にて輪廻の檻に入り、情欲に屈せし者を保護せる人に〔自己の出生を〕告ぐるべく、解脱の因にして大名声を博する過失なき人の、光明を放ちたればなり」

菩薩は言った。

「諸天よ、〔己が〕都を離れよ。〔喜びに〕酔う時にあらずして、智の一撃もて老死の要塞を破壊《やぶ》るべき時なり」

菩薩は、正念正知にして、正しい心を持ったまま、母胎に入った。

死没せし時、人中の獅子たる彼は獅子吼するや、瞬間に〔兜率天より〕消えて王の住居に生まれ変われり。＝
10 天の町より死没せし時、浄き色もて兜率〔天〕衆を照らし出だせる最高の勝者に、我は礼拝す。＝梵天を含める
世間や、沙門や婆羅門を含める人を皆、世間における至高の光となりし彼は〔己が〕美もて照らしたり。＝大神
力を持てる師の、正念正知にして母の胎に入りしは、希有未曾有なりと知れ。＝また、最高の相を具えし人中の
最上者の、正念正知にして母胎に入るも〔しかるなり〕。

そして菩薩が〔母胎に〕入った直後、この大地は激しく六種に揺れ、震え、震動した。〔大地が〕揺れると、それは感動を呼び、喜びを生じ、楽を生じ、心地好く、快適で、飽きることがなく、意に叶い、喜ばしく、麗しく、穏やかで、恐怖を引き起こさなかった。また〔大地〕が震動しても、それが動くもの〔動物〕であれ不動のもの〔植物〕であれ、いかなる有情も傷つけはしなかった。

その後、海や須弥山を保てる全ての大地は六種に震動す。漆黒の闇を取り払う人の威光もて、世間は無垢にして魅力あるものとなれり。

あらん限りの龍王や龍の主は〔菩薩を〕守護し、保護し、警護したいという切なる願いに駆られた。

悪心を持てる者の誰も、魔の力を粉砕する人を害《そこな》わざらしめんと、四人の世間の守護者も世間の導師を守護したり。[82]

11 天主シャクラ、天子スヤーマ、天子サントゥシタ、天子スニルミタ、天子ヴァシャヴァルティン、マハーブラフマン、そして浄居天も、母胎に入った菩薩を守護し、保護し、警護したいという切なる願いに駆られた。

しかして、何千倶胝なる天は、覚知の最上なる人を守護すべく、心踊らせ、カピラと呼ばるる〔町〕に赴けり。
＝天の都城の如くに飾られし最高なる町カピラは、思いのままの歩幅もて進む天の集団《ともがら》の〔そこに〕入るや、光
り輝けり。＝実に汚れなき幾千なる大自在天は、摩耶を囲繞して、素早く虚空に留まりて坐れり。＝その時、彼

等の後ろに、頂は無垢にして、実に多き幾千なる帝釈天は、数多の徳を持てる人を守護すべく坐れり。＝また、その天主等の背後には、何千那由多なる欲〔界〕繋の天は、無礙なる天空に坐れり。＝天の集団の背後には、阿修羅と、阿修羅の中にて二枚舌を持てる者の群衆、醜き姿の夜叉と、羅刹の集団は坐れり。＝かくして、天空は百千なる天に満たされて輝き、極めて清浄なりき。恵みを与うる者は善を積めるが故に。＝大神力を持ち、正念を保てる〔菩薩〕は、兜率の住居より死没せし時、白雲の如き六本の〔白〕牙を持つ象の姿もて、＝布薩を行い、浄衣を纏いし〔母〕の宮殿[83]に寝《い》ぬる時、善き人は正念正知にして母胎に入れり。

しかして夜明け時、彼女は愛すべき夫に告げり。「最上なる王よ、白き象王は妾の胎に入りたり」＝それを聞くや、王は集い来たれる占い師等に言えり。「汝等は皆、彼女の夢の果報や異熟を如実に説き明かすべし」＝その時、王に問われて、占い師等もまた自ら答えり。「三十二相を具えし〔胎児〕は王妃の胎に入れり。＝人中の最上者よ、貴方の家系に彼の生まるれば、貴方はさぞや嬉しからん。王よ、彼は最上の胎児にして、比類なき有情、偉大なる有情なり。＝我自ら古《いにしえ》の師匠等より学びしによらば、勇敢なる獅子の如き人よ、彼には二つの他に〔進む〕道なし。＝もし彼の家に留まらば、財宝に満ち、大権力を誇りて、常に勝利に結びつき、百千なる王を眷族とせる王たらん。＝しかるに、もし彼の出家して大四洲を捨て去らんには、他者の導くこと能《あた》わざる仏にして、人天の導師たらん」

＊　＊　＊　＊　＊[84]

釈迦族の女〔摩耶〕は愛しき夫に〔己が〕夢を告げり。「白象の導師の、妾の胎を割りて入れり」と。＝それを聞くや、王は集い来たる占い師等に言えり。「汝等は皆、彼女の夢の果報や異熟を如実に説明すべし」＝その時、王に問われて、占い師等もまた自ら答えたり。「三十二相を具えし〔胎児〕は王妃の胎内に入れり。＝もし

13
彼の家に留まらば、全ての大地を征服し、かくの如く勇敢なる勇ましき千人の息子に恵まれん。＝しかるに、宝石を無限に蔵し、〔宝石に〕満たさるる大地を捨てて出家せば、彼は世間にて、仏・一切知者・一切見者たらん」と。

マハーブラフマンは言った[85]。

「夢中に日の天空より胎に入るを見し女は、素晴らしき幸運を持てる女宝を生み、彼女の夫は転輪王たらん。＝夢中に月の天空より胎に入るを見し女は、人にして天の如き子を生み、彼は準転輪王たらん。＝夢中に日の天空より胎に入れるを見し女は、最上に際立てる肢体を具えし〔子〕を生み、彼は準転輪王たらん。＝夢中に白象の胎に入れるを見し女は、象の如き有情の核たる子を生まんに、彼は道理と法とに目覚めし仏たらん[86]」

「あなたは誰を身籠もられたか」と尋ねられると、「転輪〔王〕です」と王妃は答えた。

14
「胎内を照らす金の美を持ち、最上相を具え、人中の最上者にして、虎に等しき転輪王を妾は身籠もれり」

諸天が天空で世尊に「仏が生まれるのであって、準転輪王ではない」と声を上げさせると、マハーブラフマンは詩頌を唱えた。

「彼は象や最高なる宝〔に等しき〕人たり、世間の光にして、情欲の力や勢力を除かしむる人、暗闇・暗黒の如き痴を除く人なり。徳の蔵にして無量の宝の鉱脈を具え、王仙にして不壊なる輪を持ち、不死なる光明を持てる[87]〔子〕を、貴女は宿すなり」

王妃は言った。

「人王を胎児として宿せる妾を、貪や過ちの圧倒すること能わざれば、〔貴方の〕発せし言葉の如く、彼の寂静なる光の持ち主たること疑いなし」

[88]また実に、菩薩が母胎にいる時、その同じ菩薩の威光により、〔菩薩の〕母は安楽に歩み、止まり、坐り、寝床を

設える。菩薩が母胎にいる時、その同じ菩薩の威光により、刀は菩薩の母の体に落ちず、毒も火も飛び道具も力を失う。また実に、菩薩が母胎にいる時、その同じ菩薩の威光により、天女達が天界の塗香や按摩や資具で[89]菩薩の母に仕える。また実に、菩薩が母胎にいる時、その同じ菩薩の威光により、菩薩の母の体は天の衣に包まれ、天の瓔珞を着けるようになる。また実に、菩薩が母胎にいる時、その同じ菩薩の威光により、天の香、天の花環、天の塗香、天の華やかさを獲得した者となる。

また実にマハーマウドガリヤーヤナよ[90]、菩薩が母胎にいる時、その同じ菩薩の威光により、菩薩の母に一番近い侍女達は、〈彼女には極めて従順かつ忠実でなければならない〉と考える。〔菩薩が母胎にいる時、〕その同じ菩薩の威光により、〔菩薩の母を見る者達は彼女に近づき、〕なすべき仕事に関与している人と共に〔彼女を〕招待する。菩薩が母胎にいる時、菩薩は菩薩の母を見る。また実に菩薩が母の胎内にある時、たとえ〔それが〕鳥であっても、〔彼女の〕上を通り越しては行かないのだ。

〔菩薩が母胎にいる時、その同じ菩薩の威光により、菩薩の母〕は無病息災である。〔菩薩が母胎にいる時、〕その同じ菩薩の威光により、彼女は季節の変わり目になると、寒過ぎず暑過ぎない一定した消化吸収力を具える。また実に、菩薩が母胎にいる時、その同じ菩薩の威光により、彼女は、美味で、最上の味、極上の味、究極の味、至高の味を持つ軟硬の〔二〕食を口にする。

また実に、菩薩が母胎にいる時、その同じ菩薩の威光により、菩薩[91]の母は離貪し、不壊にして無欠、汚れや染みもなく、清浄にして完全な梵行を修す。この最高の女の心には、あらゆる男に対しては言うまでもなく、シュッドーダナ王に対してさえ、愛欲の念は生じない。また実に、菩薩[92]が母胎にいる時、その同じ菩薩の威光により、菩薩の母は五学処[93]を遵守して生活し、これを完全に身につけるのである[94]。

また実に、菩薩が母胎にいる時、龍王、龍王の主、卵生の者、胎生の者、湿生の者、あるいは化生の者であれ、あらん限りのすべての者が〔彼女の〕住居に近づいて、天の白檀の粉、粉状の天のタマーラ樹の葉、アグル樹の粉を撒き、天の花粉を撒き、天の花を撒き、まったく完全な礼拝を以て礼拝し、まったく欠けるところのない礼拝を以て礼拝する。彼らは、天の白檀の粉を撒き、天のアグル樹の粉を撒き、天の花粉、そして粉状の天のタマーラ樹、それに開いた天の花を撒くと、まったく完全な礼拝を以て礼拝し、まったく欠けるところのない礼拝を以て礼拝した後、菩薩の母を三回右繞してから〔自分の〕望む所に退くが、〔これはすべて〕その同じ菩薩の威光によるのである。

16 また実に、菩薩が母胎にいる時、スパルナの王[95]、スパルナの支配者、同様に四大王〔天〕衆、三十三天、夜摩天、兜率天、化楽天、他化自在天、梵衆天〔等〕あらん限りの天が〔彼女の〕住居に入ると、天の白檀の粉を撒き、天のアグル樹の粉を撒き、粉状の天のタマーラ樹の葉や開いた天の花を撒くと、まったく完全な礼拝を以て礼拝し、まったく欠けるところのない礼拝を以て礼拝してから、菩薩の母を三回右繞した後、〔自分の〕望む所に退くが、〔これはすべて〕その同じ菩薩の威光によるのである。

また実に、菩薩が母胎にいる時、彼は低過ぎる所に留まらず、高過ぎる所にも留まらない。うつ伏せでもなく、仰向けでもない。〔母の〕左脇に留まるのでもなく、しゃがんでいるのでもない。そうではなく、彼は母の右脇に結跏趺坐して留まっている。また実に、菩薩が母胎にいる時、彼は、胆汁・粘液・血、あるいは他のいかなる不浄物にも汚されず、汚染されずに〔胎内に〕留まるのである。というのは、香油を塗ったり沐浴することで清浄に保たれた体を持して、菩薩は母の胎内に留まるからである。また実に、〔菩薩が母胎にいる時、〕母胎にいる菩薩は母を見、菩薩の母も胎内に宿る菩薩が金のような体をしているのを見る。そして、金のように胎内を照らす〔菩薩の〕体を見てから、彼女は歓喜する。母は〔自分の〕胎内を照らす金のような体〔の菩薩〕を見るのである。

　瑠璃の珠の、水晶の宝石箱に置かるるが如く、母は己が胎内を照らす金の如き体の菩薩を見る。[96]

17 天の集団は〔母子共に〕安楽に夜を過ごしているか、安楽に昼を過ごしているかを尋ねようとして、心喜ばせながら菩薩のもとにやって来る。一方、菩薩はその天の集団が尋ねるのを歓迎して右手を挙げるが、母を傷つけることはない。天・龍・夜叉・ダーナヴァ（悪魔）・羅刹・悪鬼が、母胎に宿った菩薩から昼も夜も眼を離すことはない。そこでは、執着に関する話、欲望の対象と結びついた〔話〕、あるいは真実でない話をする者はいない。姿・有情・威光・顔つき・名声・善根という面から菩薩を賞賛する以外〔の言葉〕はない。母胎に宿った菩薩への供養は終わることがない。天の楽器が〔鳴り響き〕、天の花の雨が〔降り〕、天の粉の雨が〔降り注ぎ〕、そして幾千もの天女が歌を歌い、踊りも踊る。菩薩の母は幾千もの天女と談笑する。そしてまた菩薩の威光により、天女達は眠りについた菩薩の母に曼陀羅華の花環で素早く風を送る。こうして、三千大千世界における最上者の入胎が完成したのである。

しかして今、かの天の衆会の、別なる希有〔法〕を見るべし。最高に興奮《たかぶり》を生ぜしむる話の、広大なる〔衆会〕にて先ずなされたり。＝しかるに、それは愛欲の話にも、天女の話にも、また歌の話にもあらず、楽器の話にも、また彼等の飲み食いの話にもあらず。＝一時たりとも瓔珞の話や衣の話は彼等の間に交わされず、乗物や園林の話も彼等の心に生じざりき。＝「善い哉、福徳の力を具えし導師の光は比類なく、天を含める世間を圧倒せんとは！」。かくの如き話の、そこにてなされしなり。＝「善い哉、彼岸に渡れる人の入胎と業との相応しきことは！」。かくの如き種々なる話の、その衆会にてなされたり。＝「善い哉！」と世間を超えたる考えを構築《いだ》きつつ、彼等はその時を過ごせり。覚知の最上なる人の、かくの如き話もまた衆会にてなされしなり。＝しかして、天の集団《ともがら》は、かくの如き数多の様相《さま》の話をして楽しめり。塵を離れし人の容姿・相貌・威光、また最上なる勇行を語りつつ。

――菩薩の母達は皆、満十カ月の後に出産する。[97]――

シャーキャ族のスブーティが王に「王妃をこちらに寄越して下さい。彼女は〔間もなく〕出産されるでしょう」と〔使者を〕送ると、王は「彼女に行かせよう。そうすれば、彼女はサーラ樹[98]を折るだろう」と知らせた。

直ちにルンビニー園より草・屑・葉を除きて掃き清め、〔そこを〕最高に芳しき華もて満たし、香水もて芳香を漂わすべし。＝しかる後、ルンビニー園にタマーラ樹の葉の香りを帯びし優雅なる[99]風の吹き、魅惑せる〔風〕の、甘露の芳香を漂わさんことを。＝最上なる香粉の香りに溢れたるルンビニー園を覆うべく、直ちに[100]アガル樹の最上なる香煙を含める雲の空より下らんことを。＝各々の散歩道を、優れし布・麻の布・毛織の布・絹の布もて飾り付け、天界にて天主の〔持てる〕カルパヴリクシャ樹の如くにせよ。

するると、天と天女が、香りの花環を手に執って、ルンビニー園にやって来た。

19
水晶や摩尼の耳飾りを着け、緩き衣を纏い、珠の首飾りを懸け、香りの花環を手に執るや、彼等は空の道を舞い降りたり。＝或る者は曼陀羅華を、或る者は黄白檀を、また或る者はカルパ樹もて作りし衣を沢山[101]持ちて。＝地面や水面に生えし花の環、宝また瓔珞を手に執りて、心喜ばせし天女等は、閻浮提に向かえり。＝金と宝石もて成り、八万四千にして一すら欠くるなき傘を持ち、天女等は天空より舞い降りたり。＝水晶・摩尼・碼碯にて美しき重閣講堂の如く、高く掲げられし百の更紗もて上空は満たされり。＝蓮華・青蓮華・黄花樹の混ざれる、最高に芳しき花の香りを漂わせ、象の鼻に似たる秋雲は空に湧き立ち輝けり。＝また喜びし蛇王等も、実に芳しき香水を含める雲を天空[102]に撒き散らせり。しかして、他にも幾百なる未曾有〔法〕ありき。

勝者の母たる摩耶は眷族に囲繞せられ、最上の森に入るや、天空なる天の妻の喜び方を知れるが如く、麗しき[103]車にて進めり。＝彼女は遊ぶべく〔そこに〕赴き、ピラクシャ樹に腕もて懸かるや、名声ある人を生まん時に、彼女は優雅に〔両足を〕拡げり。＝その時、九万なる天女は素早く集い来たりて合掌し、浄き意志もて王妃にか
20
く言えり。＝「今日、老病を粉砕せん不死なる子、素晴らしき王子を、王妃は生まん。地上にても天上にても敬われ、人天の利益なす利益者を。＝毫も心配するなかれ。我等ぞ貴女の御世話せん。〔我等の〕なすべきを言い給え。その悉く正しくなされたるかを確認し給え[104]」＝その時、四人の世間の守護者は眷族を伴いて素早く集い来

たり、天なる一束の髪を手に執るや、右側より王妃に近づけり。＝天の集団《ともがら》も皆、花環や香を執り、摩耶を囲繞し虚空に留まるは、己が眷族故に壮観なりき。

また実に、菩薩の母は、他の女のように寝たり坐ったりして菩薩を生むことはない。そうではなく、菩薩の母はこのように立ったままで菩薩を生むのである。[105] 菩薩は、正念正知にして、母を傷つけることなく、右脇から現れ出る。

人中の最高者等は、実に右脇より生まれ出づ。虎の如き人は皆、ここ〔右脇〕にて時を過ごすなり。＝勝者の母の、人中の最高者を生まん時、その脇は破れず、〔母に〕苦痛の生ぜざるは何故《なにゆえ》ぞ。＝如来等は〔自ら〕思いのままの姿もて現れ出づ。故に〔母の〕脇を破らず、〔母に〕苦痛も生ぜず。

胎内に留まっていたことで疲れていながらも、菩薩は七歩歩む。

しかして、生まれて直に〔菩薩〕は大地を七歩歩むなり。しかる後、彼は周りを見渡すや、大いに笑い声を挙ぐるなり。[106] ＝ここに「七歩歩む」と言わんも、何が故に六〔歩〕や八〔歩〕にあらざるや。この伝説を聞くべし。[107] ＝一切世間を利益せる牟尼は、胎内に住するに疲れ、胎内に留まれること〔これもて〕最後〔なるにより〕潑剌と歩めり。＝しかるに、〔菩薩の〕七歩歩むや、天の集団《ともがら》は舞い降りて、牟尼は突如として〔四人の〕世間の守護者の脇に抱えらる。＝その時、曼陀羅華の粉に混ざり、天なる白檀を多《さわ》に含める天の花は雨降れり。＝高揚せし諸天の長《おさ》等は、長時に亘り、覚知の最高なる彼を荘厳すべく、最上なる焼香を漂わせり。＝比類なき人は、或る目的もて周りを見渡すに、それにつきて我は意に適《かな》いし教えなる伝説を説かん。

己と同じき入胎や誕生をなす有情を、彼は人天〔界〕に見ざるなり。＝最後の生存に生まれんとする一切知者の生まるるべき、[108] 勝者の母の脇は、蛍や金の如く輝く。＝論者の最高峰たる彼の生まるるや、直ちにかくの如き心は起これり。〈我と覚知の等しき者の誰かある。＝我が如く輪廻の牢獄に思い悩める者の誰かある〉と。しか

22

れば、日の如き人は一切の方角を見渡すなり。

さて、周りを見渡せる論者の最高者は、何千倶胝なる天を見たり。故に彼は笑い声を挙ぐるなり。＝魔衆の諸天は、生まれて直なる彼に[109]言えり。「汝は大蔵を持ち、四洲を統治《おさ》むる転輪〔王〕たるべし」＝その時、彼は笑い声を挙ぐ。「汝等は我が正体を知らず。我は一切を知り、一切を見る、人中の最高者たり」＝かくの如く、教師等はこの異熟を賞賛す。何が故ならん、獅子の如き人等の教えの明かされし故なり。

＊　＊　＊　＊　＊[110]

23

花咲く娑羅に体を預け、彼女は立ちて勇者を生みたるが、その最勝なる勝者に我は礼拝す。＝生まれし善逝は平たき足もて大地に立ちて、七歩歩むや全ての方角を見渡せり。＝逍遙せる彼に扇子と傘は自ずと[111]随い行けり。最上智を具えし人の体に、虻蚊の飛来を防ぐべく。＝善逝の生まれし時、最初に諸天は勝者を抱き、しかる後に人はその最勝なる人を膝に抱けり。＝三十二相を具うる善逝を〔先ず〕諸天は歓迎し、しかる後に人はその最勝なる人を膝に抱けり。＝人天のために松明を執りて善逝の生まるるや、人界の灯火は消失せり。世間は〔その光に〕照らされたればなり。＝善逝の生まれし時、親戚の者は水を求めて奔走せり。その時、〔彼等の〕面前にて井戸は満ち、〔水は〕溢れ出でり。＝二つの水桶は現れり、一つは冷〔水〕、一つは温〔水〕にして、そこに彼等は金の如き体なる善逝を沐浴せしめたり。

また実に、善逝[112]が生まれた時、その同じ菩薩の威光により、菩薩の母は怪我したり傷ついたりすることはなかった。〔善逝が生まれた時、その同じ菩薩の威光により〕菩薩の母の胎内は無傷であり、損害を被ることはなかった。[113]また実に、菩薩が生まれた時、四百コーティもの洲[114]の真ん中に、無花果の〔木の〕柱を持つ、優れた円盤状の大地が現れ出た。〔善逝が生まれた時、〕その同じ菩薩の威光により、中洲に白檀の森が現れ出て、それを菩薩が享受し、受用した。菩薩を供養するために、香や花環を手にした幾千もの天子と幾千もの天女とが一緒になってそこに集まってきた。〔ある〕天子が〔別の〕天子に「あなたはどこに行こうとしているのだ」と尋ねると、彼は言った。

24

「強力なる魔を破り、地上にて最も尊き最高なる目的を成就し、花開きし最上なる蓮華の蕚の如く浄き最高なる子を、かの王妃は生まん。〔我は〕その勇者に近づかんとす。＝水に生ぜし最高なる蓮の如く、体は胎内の垢に汚されず。美しき体を持つ彼の、暁の日の如き輝きは、梵天を含める諸天を圧倒す。

＊　＊　＊　＊　＊[115]

また、釈迦族の家系に生まれし賢者は、直ちにこの世にて七歩歩み、周りをぐるりと見渡すや、「今、この存在こそ唯一にして最後たらん」と笑い声を挙ぐ。＝数多の天子は曼陀羅華の花環を天空にて揺り動かしつつ、最高なる摩尼や真珠に輝き、最高なる光もて目映き傘を天空に保てり。＝暁の日に螺貝の映うるが如き色の最上なる金傘を、彼等は天空に保てり。その後、開ける扇子を手に持ちて揺り動かし、勝者に風を送りたり。＝しかる後、二つの水瓶は天空に現れ出づ。一方は芳香あり、適温にして沢山あり、心地好くして魅力あり、人の役に立ち、他方はめでたく喜ばしく、冷たさを帯びたり。

25

その後、種々なる〔天〕は上衣を脱ぎ捨て、須弥山頂の周囲に群れを成しつつ、あらゆる香に薫じられし風に乗り、堅固なる大地を六度激しく震動せしむ。＝美しき金・銀・摩尼の天宮におりし諸天は、楽器を鳴らしつつ、善生もて生まれし勝者を拝見せんとて、月・日・星を支うる天空を照らし出だせり。＝「かの大仙は天・龍・夜叉を含める大暴流たる世界を超越し、その後、安穏なる唯一の場所〔涅槃〕に至らん」と心喜ばする諸天は天空にて彼に記を授けたり。

菩薩が生まれた時、シャーキャ族には、スンダラナンダを始めとする五百人の王子、ヤショーダラーを始めとする五百人の少女、チャンダカを始めとする五百人の奴隷、カンタカを始めとする五百頭の馬、小象のチャンダナを始めとする五百頭の象、〔そして〕五百の蔵が現れ出た。五百人の王は〔シュッドーダナ王に〕挨拶するために〔使者を〕送った。シュッドーダナ王は「ここに王妃を連れ戻して参れ」と命じたが、〔その後〕〈どのように菩薩を運ぶべきか〉と〔王は思案すると〕、天子ヴィシュヴァカルマンは宝石から成る駕籠を化作した。〈誰にその駕籠を運ばせようか〉と〔王が思案すると〕、「我々が有情の核〔となる菩薩〕を運びましょう」と四大王が姿を現した。かくして菩薩は母マーヤーと共に駕籠に乗ると、天主シャクラとマハーブラフマンが護衛した。

シュッドーダナ王は大臣達に、「天女アバヤー[116]の足に礼拝させるために、シャーキャ族を繁栄させる王子をここから天の廟に連れていけ」と命じた。王の命を受け、天女アバヤーの足に礼拝させるために、大臣達はシャーキャ族を繁栄させる王子をそこから天の廟に連れていった。その時、彼らは〈〔王子に〕天女アバヤーの足を頭に頂いて礼拝させよう〉と天女アバヤーに〔近づくと〕、王子の足が露になり、〔逆に〕天女アバヤーが王子の足を頭に頂いて礼拝した。

世間の大導師にして諸王の師たる人は、〔自らの〕意に反して霊廟に入れり。彼等の〔菩薩の〕頭もて〔天女の足に〕礼拝せしめんとせし時、彼の足は露になれり。‖されば、天女アバヤーは言えり。「彼の妾に礼拝するは相応しからず。もし彼の別なる人に礼拝せば、彼の頭は必ずや七つに割れん」

王子が生まれたばかりの時、阿鼻〔地獄〕に至るまで、一切の有情は〔自分の〕目的を成就して安楽となった。[117]そして天女アバヤーが〔王子に〕礼拝した。天女は喜んで彼に礼拝したのである。

結びの詩頌。

人中の最上者の生まれし時、王の目的は悉く成就せり。故に、卓越せる人の[118]名は「サルヴァールタシッダ（一

27 切の目的を成就した人〕」なり。[119] ＝王子の王宮に入りし時、王は祭官に言えり。「〔人〕相の法則や特徴〔を見る〕に巧みなる婆羅門等を直ちに探すべし」＝これを知るや、心の自在を得たる大自在天と呼ばるる諸天は〔考えたり〕。〈不得手なる婆羅門の、〔菩薩の〕相を誤りて解釈すべからず〉＝放逸・慢心・高慢を離れし八千なる最上の大自在天は、生まれし〔菩薩〕の人天に尊重せられ、合掌せられたる所に近づけり。＝浄き衣や着物を纏いし彼等は、音も立てずに王宮の門に立ち、郭公の囀るが如き実に甘き声もて門番に言えり。＝「浄飯に近づき、伝うべし『〔人〕相の特徴や法則を熟知せる八千の者は〔門に〕立てり。もし許さば、中に通されよ』と」

28 「承知せり」と門番は同意して王宮に入るや、心喜ばせし彼は合掌して王に言えり。＝「比類なき力を持つ人よ、輝く名声を持つ人よ、敵を打ち砕ける王は末永く王権を発揮せられんことを。門に天の如き者等の立ちて、中に入らんと欲す。＝眼は大きく無垢にして、甘き声もち、発情期の象の如き足取りなるが故に、我は『彼等は人にあらず、天子ならんか』と彼等を疑えり。＝彼等の逍遙せる時、大地の塵は〔彼等の〕最上なる足に付かず。また我は大地に彼等の足〔跡〕を見ず。これも希有なり。＝身の熟《こな》し奥ゆかしく落ち着きて、顔つき高貴に、視線の寂静なる彼等は、[120] 見る人に広大なる喜びを生ぜしめん。[121]

しかして今、他にも未曾有〔法〕あり。彼等に体の影は見えず、また彼等の逍遙せる時、〔大地と〕触るる音も聞かれず。＝王よ、彼等は最上なる御子息を拝見しに来たること疑いなし。しかれば、王は胎生ならざる諸天を歓迎し、挨拶し、会い給え。＝最上なる花環と香とを手に持ち、優雅なる身の熟しもて、魅力ある体の彼等は、美しく輝けり。彼等の天たること疑いなし」

その言葉を聞くや、浄飯は興奮《たかぶり》もて体を震わせつつ言えり。「さあ、直ちに高貴なる住居に彼等を入れよ。＝何が故ならん、かくの如き様相《さま》は常人にあらず、また汝の申せし、かくの如き威厳も人なるにあらざればなり」

＝しかして門番は大自在天に近づき、頭を下げて合掌し礼拝するや、喜悦し心喜ばせて言えり。＝「王は歓迎す。
王は許されたり。皆は天の町に等しき最高なる王の家に入るべし」＝その言葉を聞くや、八千なる大自在天は、
断絶なき家系なる上首の王宮に入れり。＝その時、遙かに大自在天を見るや、威厳と力を体に漲らせたる浄飯王
も家来と共に立ち上がれり。
　最高なる王は彼等に言えり。「貴方等は[122]善く来たれり、善く来たれり。貴方等皆の姿・寂静・調御・力の故に、
29 我は喜ぶなり。＝ここに我等の〔用意せる〕最勝なる座あり。先ず、皆様は我等に憐れみを垂れて坐り給え」＝
その時、放逸・慢心・高慢を離れ、罪過《とが》なき業の彼等は、多宝もて浄められし美脚の椅子に腰を下ろせり。＝暫
し過ぐるに、彼等は王に言えり。「貴方は我等のここに来たれる目的を聞くべし。＝王よ、毫も罪過なき体に
〔偉人〕相の〔全ての〕要素を完成《な》せる、世にも美しき息子は貴方に生まれたり。＝我等は相〔を見る〕に巧み
にして、能く徳と過ちある相を知る。もし貴方の許さば、偉人の姿を一目見ん」
　彼は言えり。「さあ、素晴らしき名声と幸福を持ち、[123]人天に喜びを生まん、〔偉人〕相の〔全ての〕要素を完成
せる我が息子を御覧あれ！」＝その時、柔布と羊毛に包まれし徳の保持者を腕に抱き、最上なる諸天の論者の月
〔息子〕を連れきたれり。＝大自在天は十力者の最上なる足を遙かに見るや歓喜して、王冠を外すや頭を付け〔て
礼し〕たり。
　そこで彼らは王に告げた。「大王よ、三十二の偉人相を具足した偉人があなたの家系に生まれたとは、あなたは何
と素晴らしい利益を獲得したことか！　すなわち、[124]
　(1)〔足は〕平坦、(2)〔足の〕裏〔に輪印〕あり、(3)〔指〕長く、(4)〔踵は〕長く、(5)五番目に〔足は〕弓なり
30 にして、(6)〔脛は〕羚羊の如く、(7)〔体は〕大きく、(8)立ちて〔手は膝に届き〕、(9)〔男根は〕隠れ、(10)十番目
に〔体〕ニャグローダ樹の如し。＝(11)〔手足は〕柔軟にして、(12)〔手足に〕水掻きあり、(13)〔体は〕均整《ととの》い、(14)

一〔一の毛は右旋し〕、(15)〔十〕五番目に〔体毛は〕上を〔向き〕、(16)〔肌は〕滑らかに、(17)・・・たり、(18)〔足取りは〕白鳥の如く、(19)〔両方の間は〕窪まず、(20)〔二〕十番目に〔体の七箇所〕は隆起し、=(21)〔諸味中、最上なる〕味〔を味わい〕、(22)〔肌〕金〔色〕にして、(23)〔顎骨は〕獅子の如く、(24)等しき〔歯は四十本〕、(25)〔二十〕五番目に〔歯は〕純白にして、(26)〔肩は〕均等《ひと》しく、(27)〔舌は広く〕大きく、(28)〔声は〕梵天の如く、(29)〔眼は〕青く、(30)〔三〕十番目に睫毛は牛の如く、(31)〔眉間に白〕毫あり、(32)〔頭の〕頂きに肉髻あり。〔これぞ〕三十二相を具えし導師なり」

6 アシタ仙の占相

南路には、色は黒く、賢明で聡明で博学のアシタがいた。彼はバラモンの青年で、ウッジェーニーのバラモンの大家長の息子であった。彼は師匠の家でヴェーダ・マントラ・聖典を学んだ。その時、ヴェーダの学問を修めた彼は家を出てヴィンディヤ山に行くと、聖仙として出家し、根・実・葉を食べ、苦行生活に入った。彼はそのヴィンドゥヤ山に隠棲処を設えると、外道の道に従って努力し専心し精励して、四禅を修得し、五神通を証得した。四禅を獲得し、五神通を具え、多聞で、ヴェーダの究極を究めた聖仙アシタは、随所で有名になり、その名が知れ渡った。聖仙アシタは天界に〔もその名が〕鳴り響いていた。彼は空中を飛び、大神通力と大威神力とを具え、五百人の弟子やナーラカ(125)と共にその隠棲処に住んでいた。

菩薩が生まれたばかりの時、彼は大地が震動するのを見、広大な光明を見、魅力的でこの世のものとは思えない歌や楽器の音を聞き、天の花が雨と降るのを見、天の花環や香を手にした何千コーティもの天や何千もの天女が空中か

31

ら前や後ろに降りてきたり、他にも何百という未曾有なることを見ると、鳥肌が立った。〈今日、閻浮提で何があったのだ。今日、誰の威神力でこの大地が震動し、何百もの未曾有なることが現れ出たのか〉と。

その時、〈誰の威光や威神力で、このような魅力的な歌や楽器の音が流れ出、何百もの天の楽器〔の音〕が聞かれ、天や天女が見られ、天の花が雨と降り、何千もの月や日が見られ、何千もの地獄では火が燃えなくなり、また有情がひたすら楽に満たされたのか〉と聖仙は天眼で閻浮提全土を観察した。彼は天眼でこう見た。〈東方にある都城カピラヴァストゥでは、シュッドーダナ王に息子が生まれた。彼は福徳を積み、高貴で、大威神力を持っているが、彼の威光や威神力で閻浮提にはこのような何百もの未曾有なることが現れ出たのだ。私は〔相応しい〕時に〔相応しい〕場所で王子を拝見しよう〉と。

その時、彼は、今こそ正しい時であると知ると、王子に会うため、実に多くの弟子に取り囲まれながら、神通力で空中を通り、カピラヴァストゥにあるシュッドーダナ王の後宮の門に到着した。大臣や門番は聖仙を見て出迎えた。「世尊よ、御用は何ですか。目的は何なのですか。何のために来られたのですか」と。

「アシタ仙が会いたがっているとシュッドーダナに告げよ」と聖仙が言うと、シュッドーダナ王は、有名で、名声を博する、徳高きアシタ仙がやって来たと聞き、門番に「聖仙を中にお通しなさい」と告げた。門番は走って外に出、「世尊は中にお入り下さいませ」と聖仙に知らせると、聖仙は中に入った。王は後宮の女と共に聖仙を見ると出迎えた。「我々は世尊を歓迎いたします。世尊はお座り下さいませ」と。

聖仙は王に挨拶してから坐った。「世尊よ、いかなる目的で〔ここに〕やって来られたのですか」と王が尋ねると、「あなたの王子を見たいのだ」と聖仙は答えた。その時、王子はある寂静の三昧に入っていたが、〈王子はよく眠っている〉と彼らは考えた。そこで王が聖仙に「世尊よ、しばらくお待ちを。王子はちょうど眠っております」と言うと、

32

「大王よ、王子は眠っているのではない」と聖仙は言った。王が王子のもとに近づくと、王子が目覚めているのを見

た。王は聖仙に驚いた。〈聖仙は高徳に違いない〉と〔考えると〕王は命令した。「王子を聖仙の所に連れて来い」と。

王子は柔らかい毛皮にくるまれて、聖仙のもとに連れて来られた。聖仙は遠くから王子の体に具わる偉人相を見ると、頭上で合掌して〔王子に〕近づいた。聖仙は王子に礼拝し、〔王子を〕手に取った。聖仙は王子が持つ三十二の偉人相を観察した。

聖仙はその宮殿で王子が転輪〔王〕になるとの噂を聞いた。王子は転輪王になるだろうと占い師達が授記したというのである。聖仙は〈彼は転輪〔王〕になるのではない。彼は〔この〕世で仏になるのだ〉と考えた。聖仙はその相を見た後、〈それらは転輪王の相ではなく諸仏の相である。彼は〔この〕世で仏になるのだ。しかし私は久しからずして臨終を迎えることになろう。私はこのような宝を見ず、彼の法も聞かず、最高の群衆（僧伽）も見られないのだ〉と〔考え〕、聖仙は泣き崩れて涙を流した。シュッドーダナ王はアシタ仙が泣いているのを見ると、後宮の女と共に悲嘆にくれた。

「世尊よ、何故あなたは王子を見て泣かれるのか。どうか、あなたが、王子の中に、どのような不吉〔な前兆〕をも見ておられぬように。王子が生まれたばかりの時、大地は六種に震動し、光明が世に現れ出て、何千もの天が〔王子を〕供養し、天の花の雨が降り、何千という天の楽器の音が流れ出た。王子が生まれたばかりの時、カピラヴァストゥには五百人の男の子、五百人の女の子、五百人の男奴隷、五百人の女奴隷、五百頭の子象、五百頭の馬が生まれ、五百の埋蔵宝が姿を現した。〔さらに〕五百人の王が〔私に〕挨拶するために〔使者を〕遣わして来たし、他にも希有未曾有なることがあった。なのに聖仙は王子を見て泣いておられる。世尊よ、どうか王子の中に、どのような不吉〔な前兆〕をも見ておられぬように！」

聖仙は言った。「大王よ、私は王子の中に何も不吉〔な前兆〕を見ているわけではない。大王よ、このような偉人相が現れ出る人は、ある時、ある世に出現する。このような偉人相の現れ出た人は世間において仏になるが、〔この〕仏を私は見ることができぬのだ。また彼は〔有情の心を〕静め、〔有情を〕涅槃に導く聖法を説くだろうが、それを私は聞くことができぬのだ。私は彼の最上の群衆を見ることもできぬし、仏の奇瑞を見ることもできぬ。大王よ、このような我が身の大損失を見て、私は泣いているのだ」と。

聖仙はそれぞれ四つの理由を挙げて、「彼は世間で仏になるだろう」と菩薩に記別を授けると退いた。

蓋障を取り去り、意を注ぎて、我に耳を傾けよ。釈迦族の王子の生まれし時、何が故にアシタは泣きしや。‖ヴィンディヤ地方に住める聖仙アシタは確《しか》と〔福徳を〕積める人格者にして、大〔仙〕カピラの頭より生まれ出でたり。‖彼は阿蘭若の典籍に通達し、五神通を獲得して、グフヤカの主クベーラの如く、カイラーサ〔山〕の頂きに住めり。‖彼は弟子のナーラカのみならず、数多の〔弟子〕と共に、野の根や実を〔食べて〕苦行の生活をし、森の頂に住めり。‖聖仙は十善業〔道〕を実践《おこな》い、寂静と調御とを楽しみ、他者を教授し、[126]徳を悉く究め、最高なる戒を具足せり。

実に広大なる光明の発せらるるや、世間の最上なる喜は確と感ぜられ、有情は専ら楽を享受し、大地は震動せり。‖彼はそこに〔弟子と〕共に坐り、曼陀羅華や天のカルパ〔樹〕の花の地に落つるを見たり。‖しかしてアシタは、天空に幾百なる瓔珞の散りばめられ、〔また〕空中に幾千もの天女の走り回るを見たり。‖また彼は山の洞穴にキンナリーの甘き歌声を聞けり。それは、花を一杯に湛えたる水流にして、岸を流るる山の小川〔の音〕をも静めたり。‖また彼の十方の随所に見えし広大なる光明は、昇れる日の力強く光線を発するが如きなり。‖また他にも多くの希有なるを見るや、アシタは鳥肌立てて思案せり。

〈何が故に大地は震動し、天空に太鼓は鳴り響き、世間は〔光に〕照らし出だされ、花の雨は降れるや。‖月も日も照らず[127]、黒き水を湛えたる海は揺れ動き、花を一杯に湛えたる水流は蓮華の覆いの如く見ゆ。‖最上なる

35

木々は皆、時ならざる花に覆われ、今や花と実もて芳しく、芳香を放つなり。＝今日、日中に幾千なる地獄に火は燃えず、また世間の裂け目に落ちし者も苦を感受せず。＝また、以前の如くに飢渇の体に生ずることなし。しかして我が心は喜びを感ずなり。今日、何ごとかある。＝実に大いなる笑い声が東方に沸き起こり、天女は白檀の粉を持ちて奔走す。＝今日、閻浮提に誰か大威神力を具えて生まる。如何なる名声ある人の名声もてか、かくの如き大威神力は現るる。＝かくの如き世間の相は、誰か他の人のものたらん。かくの如き様相こそ、諸仏の誕生せる時に〔のみ〕現る〉

彼は天の集団《ともがら》の虚空より大地に降りるを聞けり。「世間の導師は誕生す。彼は不動の仏たらん」[128]＝その時、「今日、勇士の子たる仏は世に誕生す」との天の集団の〔声〕を天空に聞くや、彼は心を喜ばせり。＝かの聖仙の閻浮提全土を天眼もて観察するや、釈迦族の家系に浄飯の息子の誕生せるを見たり。＝かく見るに、彼こそ覚りを得んとの噂は随所に生じ、[129]「仏」なる声は響き渡れり。「我は相応しき時に彼を見に行かん」＝しかして斧を手にせる彼等[130]は、黒き毛皮や善く作られし上着を纏い、黒き外套や着物や衣服を着るや、実と水を持ちて来たれり。＝聖仙は、（…）風の道にして障礙なき虚空を通りて進めり。神通力を起こすや、瞬時にカピラヴァストゥに到着す。＝雪山の麓にて、日種の家系に守られし、麗わしの都城を彼は見たり。外敵や怨敵に征圧され難く、また三十三天の如く実に麗しきその町に聖仙は入れり。釈迦族の者に会うべく。

36

市にて商品を買うに忙しく、光り輝き、喜ぶ人や、歓喜せる馬軍・象軍・車軍・歩兵軍の集団にて賑わう〔町〕に彼は入れり。＝実に浄き門に彼は（…）[131]心もて近づき入れり。天王の如き浄飯の家々に。＝最上なる丸窓や私室や格子ある垣〔等〕にて際立てる楼閣の塔屋は、天空に山頂の際立ち光り輝けるが如く、彼には見えたり。＝その天宮の前には銀に映えたる重閣講堂あり。〔その四〕隅は献火の炎の如く光り輝けり。[132]＝内室は澄める螺貝の首飾りの如く清浄にして、垢れなき日〔形の飾り〕の如く、また月〔形の飾り〕の如く輝けり。＝そこに、

形よき猫眼石の板と、家〔を支うる〕横木の列ともて布置されし、稲妻の閃光の如き景観は見えり。＝金作りの
玄関は火炎の如く見え、垢れなき日の如く、また月〔形の飾り〕の如く輝けり。
　水を放つ〔雲の〕如き黒雲[133]に似たる発情期の〔象〕は、日光を〔体に〕固定せるが如く星〔形の飾り〕を付け
て随所に出現せり。＝突如として子猫も随所に〔高所より〕飛び降りたり。辺りに飛来せる孔雀に驚けばなり。
＝鳥籠の中の郭公は随所に甘く囀りたり。鸚鵡や鶫も随所に瓔珞の紐の如く揺れ飛べり。＝十方に、清浄にして、
37 四角き、善く設計《しつら》えられし[134]〔城壁〕は化作されり。それは敵には破り難く、経典を手にせし者に敬われたり。＝
多種《あまた》なる宝石の積まれ、数多の美しき〔宝石の〕集積《やま》より成る大地に獅子は坐り、姿を現したる[135]暁の日に恐れを
抱けり。
　車や乗物なくして、女奴隷や妾を具え、宦官に満ちたる、紅白色の〔宮殿〕に〔アシタ〕は入れり。＝使者や
幾百なる乗物に満ち、聖人に溢れ、浄き上香の漂う宮殿の門に、弁髪者〔アシタ〕は到着し、妨ぐる者なき〔門〕
に入れり。＝入口に、実に数多なる女の立ち〔また〕動き回りて、剣〔の飾り〕を手に執り、容姿《すがた》美しき男の噂
をするを彼は見たり。＝その時、頭脳明晰にして、〔智慧〕深く、全ての聖典の儀軌を知れるアシタは、門番に
告げり。「釈迦族の王に知らすべし。＝我はカーラ[136]〔アシタ〕と申す。種族はバーラドゥヴァージャなり。我は
聖者の生まれにして、ヴィンディヤ〔山〕頂の領域にて時を過ごす者なり」＝「善い哉、聖者よ」と記憶《おぼえ》力よき
彼は同意して、王のもとに近づけり。〔王は〕彼の言葉を漏れなく聞きて導き入れんとし、＝彼をシンハハヌの
天界の如き住居に呼び入れたるに、彼は天女の群衆に満ち溢れたるナンダナ〔園〕に行く帝釈天の如くなり。
38 　アシタと呼ばるる〔聖仙〕は、〔王に〕挨拶して後、〔彼に〕果実を与うるや、王は〔それを〕受け取りて、世
尊に「善く来たれり」と言えり。＝その時、足の八本にして、実に美しき敷物の敷かれたる、珠宝もて色彩豊か
なる金の椅子は用意され、指示せらるるままに彼はその最上なる座に坐れり。＝五神通と大威神力とを具えし聖

仙は、結跏趺坐して坐りたり。浄飯王は自ら〔彼を〕食事に招待せり。‖沢山の食事の終わりて後、〔アシタ〕「お聞き下され」〔王〕「世尊よ」〔アシタ〕「もし許さるれば、我は貴方の子を拝見せんと欲す」‖〔王〕「歓迎す。貴方の意のままに。しかれども、王子は愛らしき顔にて眠るなり。貴方は王子の目覚めて後に、金の如き体の王子を御覧あれ」

雲の切れ目より覗く日の如く、目覚めし王子を、〔王〕は母より〔取り上げて〕八つの吉祥に飾られし弁髪者に差し出だせり。‖最上なる聖仙は、絹布や毛布の上に置かれたる耳飾りの如き彼を見るや、直ちに立ち上がりて王子を膝に抱けり。‖膝に抱きし後、三十二相と〔八十〕種好を具えし彼を見て、彼は涙もて喉を詰まらせんが如く[137]泣き崩れたり。

浄飯王は、眼に涙を一杯溜めたる彼にかく言えり。「今、王子を見て後、何が故に貴方は悲嘆に暮るるや。‖婆羅門よ、誕生せしその日に、彼は北に向かいて七歩歩みたるに、何が故に彼を見て貴方は泣くや。〔所以を〕我は聞かんと欲す。‖婆羅門よ、彼の誕生せしその日に、〔諸天〕は傘と扇子とを持ちて空中に留まりたるに、何が故に〔彼を〕見て貴方は泣くや。‖婆羅門よ、彼の誕生せしその日、一切世間は照り輝きたるに、何が故に彼を見て貴方は泣くや。〔所以を〕我は聞かんと欲す。‖婆羅門よ、彼の誕生せしその日に、二つの泉は空中に湧き出でたるに、何が故に彼を見て貴方は泣くや。〔所以を〕我は聞かんと欲す。‖婆羅門よ、彼の誕生せしその日に、諸天は空中にて傘を持ちたるに、何が故に彼を見て貴方は泣くや。〔所以を〕我は聞かんと欲す。

婆羅門よ、彼の誕生せしその日に、諸天は曼陀羅華を撒きたるに、何が故に彼を見て貴方は泣くや。〔所以を〕我は聞かんと欲す。‖婆羅門よ、彼の誕生せしその日に、不動なる大地は震動したるに、何が故に彼を見て貴方は泣くや。〔所以を〕我は聞かんと欲す。‖婆羅門よ、彼の誕生せしその日に、黒き水を湛えたる海は揺れたるに、何が故に彼を見て貴方は泣くや。〔所以を〕我は聞かんと欲す。‖婆羅門よ、彼の誕生せしその日に、空中にありし太鼓の鳴り響きたるに、何が故に彼を見て貴方は泣くや。〔所以を〕我は聞かんと欲す。
婆羅門よ、彼の誕生せしその日に、釈迦族に五百人の息子は生まれたるに、何が故に彼を見て貴方は泣くや。
〔所以を〕我は聞かんと欲す。＝婆羅門よ、彼の誕生せしその日に、釈迦族に五百人の娘は生まれたるに、何が
故に彼を見て貴方は泣くや。〔所以を〕我は聞かんと欲す。＝婆羅門よ、彼の誕生せしその日に、我に五百人の
40 男奴隷は生まれたるに、何が故に彼を見て貴方は泣くや。〔所以を〕我は聞かんと欲す。＝婆羅門よ、彼の誕生
せしその日に、我に五百人の女奴隷は生まれたるに、何が故に彼を見て貴方は泣くや。〔所以を〕我は聞かんと
欲す。＝婆羅門よ、彼の誕生せしその日に、我に五百頭の馬は生まれたるに、何が故に彼を見て貴方は泣くや。
〔所以を〕我は聞かんと欲す。
婆羅門よ、彼の誕生せしその日に、五百頭の象の子は生まれたるに、何が故に彼を見て貴方は泣くや。〔所以
を〕我は聞かんと欲す。＝婆羅門よ、彼の誕生せしその日に、五百の財宝は現れたるに、何が故に彼を見て貴方
は泣くや。〔所以を〕我は聞かんと欲す。＝婆羅門よ、彼の誕生せしその日に、近隣の五百人の王は我に挨拶せ
んとて来たるに、何が故に彼を見て貴方は泣くや。〔所以を〕我は聞かんと欲す。＝婆羅門よ、王の師匠等は彼
に会わんとて来たるに、何が故に彼を見て貴方は泣くや。〔所以を〕我は聞かんと欲す。＝婆羅門よ、人は彼を
見て歓喜し、安楽《やすら》ぎ、高揚したるに、何が故に彼を見て貴方は泣くや。〔所以を〕我は聞かんと欲す。＝婆羅門
よ、憂いを取り除き、心喜ばせ、安楽ぎ給え。彼は七宝を具える大地の守護者・王たればなり」
かく言われ、アシタは涙を拭うや、かくも明白なる言葉を語りたり。[138]「(…)[139] 彼は聖仙等に授記せられたり。
＝歓喜の火に富む、暁の日に等しき人中の獅子は、人主たる王にあらずして、〔誰も〕征すること能《あた》わざる師た
41 らん。＝何が故ならん、三歩もて三界を余りなく越え、吉祥・不死にして、障礙なき最上法を彼は理解すればな
り。＝我は老いて若きを失うも、最上なる人は生まれてほどなく若々し。王子の覚りを得ん時、我はすでに死せ

るならん。＝一切を知り、善説せられし法と律とに従いて、彼は一切法に自在を得たる仏たらん。しかれども、我は老いたれば、泣くなり。＝我に死の恐怖なし。何が故に生まれし人の死せざることあらん。しかるに、我は無比なる仏を見ること能わざるが故に泣くなり。＝我に死の恐怖なし。何が故に、生まれし人の死なざることあらん。しかれども、我は〔人を〕寂静に導く法を聞くこと能わざるが故に泣くなり。＝我に死の恐怖なし。何が故に、生まれし人の死せざることあらん。しかれども、我は徳の海たる僧伽[140]を見ること能わざるが故に泣くなり。

〔自ら〕目覚め、享楽もて久しく眠れる人を目覚めしめん人の〔世に〕現れたるに、我は老いたり。故に泣くなり。＝〔自ら〕解脱し、貪の束縛に縛られし人を解脱せしめん人の〔世に〕現れたるに、我は老いたり。故に泣くなり。＝〔自ら〕[141]解脱し、痴の束縛に縛られし人を解脱せしめん人の〔世に〕現れたるに、我は老いたり。故に泣くなり。＝〔自ら〕解脱し、貪・瞋・痴に〔縛られし〕人を解脱せしめん人の〔世に〕現れたるに、我は老いたり。故に泣くなり。＝自ら無病となり、他をも無病ならしめん人の〔世に〕現れたるに、我は老いたり。故に泣くなり。＝自ら無憂となり、他をも無憂ならしめん人の〔世に〕現れたるに、我は老いたり。故に泣くなり。＝自ら無憂となり、他をも無憂ならしめん人の〔世に〕現れたるに、我は老いたり。故に泣くなり。

自ら苦痛を取り除き、他の苦痛をも取り除かん人の〔世に〕現れたるに、我は老いたり。故に泣くなり。＝幸ある人天はカーシの町に〔法〕輪を転ずる法王を見んに、我は老いたり。故に泣くなり。＝幸ある人天は〔仏〕の最上なる群衆の中にて不死を分与せるを見んに、我は老いたり。故に泣くなり。＝数多の人に障礙たる病・老・死を安穏ならしめん人の〔世に〕現れたるに、我は安穏ならず。故に泣くなり」＝かく聖仙は悲しみつつ多くを語るや、〔悲しみに〕震えつつ、〔王の〕讃辞のうちに、人中の最上なる調御者を見て、＝言えり。「我は最高なる人を探し求めて東方よりここに来たり。調御せられざる者を調御せる諸仏の出現は実に得難し」＝その時、彼は菩薩を幾度も右遶して王に告げり。「我は行かん。貴方は〔我が〕安寧を祈念し給え[142]」

〔アシタ仙は隠棲処に戻ると、ナーラダに告げた[143]。〕
43 「『仏』なる声を聞きて、汝は導師のもとに赴き、梵行を修すべし。彼の言葉に従う者たるべし」＝「善い哉」と彼はアシタの言葉に同意するや、出家して煩悩を振り払い、群衆の中にて最高なる阿羅漢となれり。＝
[144]カーティヤーヤナに同じき種姓にして名をナーラダといい、勝者の息子にして森に住み、般涅槃したる長老を礼拝すべし。＝執着なき涅槃に入り、一切の執着を滅尽して解脱し、一切の戯論を超越して般涅槃したる長老を礼拝すべし。

アシタは、それぞれ四つの理由で、菩薩が仏になるだろうと授記した。四つとは何か。〔彼の〕相が(1)明瞭である、(2)見事に均整が取れている、(3)深遠である、(4)完璧なまでに優れている、である。

諸仏・諸世尊には八十種好がある[145]。諸仏・諸世尊の(1)爪は長く、(2)爪は赤く、(3)爪は潤い、(4)指は丸く、(5)指は色
とりどりで、(6)指は秩序だって美しく、(7)頭は毛がなく、(8)頭は覆われ、(9)足首は覆われ、(10)関節はしっかりと結び
つき、(11)足は凸凹がなく平坦である。諸仏・諸世尊は、(12)完全な性器を有し、(13)遍く〔光り輝く〕光明を有し、(14)体
が柔らかく、(15)体が清浄で、(16)豊満な体格で、(17)関節に従属した体をし、(18)ぎっしりと詰まった体をし、(19)均整のと
れた肢分や小部分を持ち、(20)完全で汚れなき体をし、(21)黒子のない[146]体をしている。また諸仏・諸世尊は、(22)掌が綿の
ように柔らかく、(23)掌の皺は深く、(24)掌の皺は曲がらず[147]、(25)掌の皺は破れず、(26)掌の皺は整然とし、(27)唇は赤く、(28)
声は適正な範囲に届き[148]、(29)舌は柔らかくて細く赤く、(30)声は象の鳴き声のようである。諸仏・諸世尊は、(31)素晴らし
い声や最上の言葉を有し、(32)吉祥なる音声を持ち、(33)象のように勇ましく歩み、(34)雄牛のように勇ましく歩み、(35)獅
44 子のように勇ましく歩み、(36)右方向に歩み、(37)隆起平坦で、(38)どこを取っても素晴らしく、(39)行いは浄らかであり、
(40)体毛は最高に浄らかで清浄であり、(41)周りの暗闇を滅する光明を有している。諸仏・諸世尊は、(42)体が真っ直ぐで
あり、(43)体が柔軟であり、(44)体が整然とし、(45)腹は弓のようで、(46)腹は美しく大きくて曲がらず[149]、(47)臍は深く、(48)臍

は壊れず、(49)臍は破れず、(50)臍は右に旋回しており、(51)膝の皿は円い。諸仏・諸世尊は、(52)歯が丸く、(53)歯が鋭く、(54)歯が堅く、[150] (55)歯が折れず、(56)歯が平坦であり、(57)鼻は高く、(58)鼻は大き過ぎず、(59)眼は黒く、(60)眼〔の瞳孔〕は黒く、〔眼球は〕白い蓮華のようである。諸仏・諸世尊は、(61)眉が黒く、(62)眉毛が潤い、(63)耳は小さくなく、(64)耳は凸凹しておらず、(65)耳の疾患はなく、(66)感官は損なわれず、(67)汚されず、(68)寂静である。諸仏・諸世尊は、(69)顔と額は最高かつ最勝に均整がとれ、(70)髪は黒く、(71)髪は滑らかで、(72)髪はつやつやし、(73)髪は渦巻き、(74)髪は切れず、(75)髪は壊れず、(76)髪はごわごわせず、(77)髪はしっとりとし、(78)髪は芳香を漂わせ、(79)髪の先端はカールし、[151] (80)頭の形はよい。また諸仏・諸世尊の髪はスヴァスティカ・ナンディヤーヴァルタ・ムクティカ〔等〕の形をしている。

これぞ、覚知の無量なる仏の身に具わる八十種好なり。天を超えたる天にして、人中の最上者の体は常にこれらにて荘厳せらる。＝その人の体の三十二〔相〕八十種好は賞賛され、一尋の光明の〔体〕中より出でし勝者に、何が故に賢者は信を起こさざるや。＝人にして全ての有情の百倍の福徳を持たんとも、それもて最上相の一つすら彼の体に現れず。[152]

7 青年期のガウタマ

シュッドーダナ王は後宮の女を連れ、王子と共に園地に出掛けた。菩薩は園地を逍遥しながら農村にやって来た。そこで彼は鋤が曳かれているのを見た。その鋤で蛇と蛙とが掘り起こされた。〔鋤を引く〕少年は食用に蛙を拾い上げたが、蛇は投げ捨てた。菩薩は、それを見ていた。[153] そして見ると、菩薩に大きな衝撃が走った。

欲望《のぞみ》の対象《あいて》・体・生命は、等しく焼え尽きん。今、我は有より解脱したる不死〔の境地〕を獲得せん。海水の勢いよく海岸に押し寄するが如き〔強き〕精進〔力〕に、我は抗すること能わざれば。
午前中、菩薩は閻浮樹の影に坐っていたが、日が転回しても、〔その〕影は菩薩を離れなかった。〔菩薩〕は有尋有伺なる初禅に入って時を過ごしていた。〔その時、〕ヒマラヤ山麓から五人の聖仙が空中を飛んでヴィンディヤ〔山〕に行ったが、彼らはそこにいた菩薩の上空を越え行くことはできなかった。

46 「我等は、珠宝や金剛の頂を持ち、縦横極めて広大なる須弥山を飛び越えたり。[154] 枝にマンゴーの実を多《さわ》に付けし木の群れを、象の幾度も掻き分け、走り回るが如く。＝我等は天や乾闥婆の住居の上空を飛び越えて天の町にさえ行きたるに、〔今〕我等は森の茂みに近づくや、〔地上に〕落ちたり。誰の威徳か〔我等の〕神力を遮る」

諸天は詩頌を唱えた。

「王族に生まれ出でし釈迦族の王子は、瑠璃の光沢を放つ賢者にして、朝焼けの日光を越ゆる色光と最上相に特徴《しるし》づけらるる肢体を持てり。＝その王子は、（・・・）この森に依止して禅定に専心す。何百或いは何倶胝なる徳を育める彼の威徳は〔汝等の〕神通力を遮れり。＝実に彼は漆黒の闇に現れ出でし灯明なり。彼は有情を安穏ならしむる法を体得せん。＝煩悩の火に焼かれたる世間に、大牟尼は現れ出でたり。彼は有情を喜ばする法を体得せん。＝憂の海なる険難処に最高なる船は用意されり。彼は有情を〔彼岸に〕渡らしむる法を体得せん。＝三界は、大いなる輪廻の険難処に埋没せるも、かの具眼者は最高にして最上なる道を〔世間に〕示さん。＝長夜に亘り、人は輪廻の牢獄に繋がれたるも、かの法王は〔その〕束縛より〔人を〕解き放たん。＝非難せられれば勇者を、
47 政策には〔政策に〕巧みなる者を探し求め、飲食には実に仲良き友を探し求むるは、人の常なり[155]」

＊　＊　＊　＊　＊

食事時、王は「王子はどこで食事をするつもりか」と王子を探した。王の〔言葉〕を聞くと、侍従・宦官・馬丁・

小人が四方八方を走り回り、王子を探した。王子は閻浮樹の影の下で入定していたが、日が転回しているのに閻浮樹の影が菩薩を離れずにいるのを侍従が見た。侍従は見ると、〈王子は高徳であるために、意識を持たぬ影も彼を離れようとせぬのか！〉と驚いた。侍従はシュッドーダナ王に知らせた。

「王よ、日輪の転回するに、閻浮樹〔の影〕は、清浄にして最上なる相の頂点を極め、山の如く動ぜずして影の下にて入定せるシッダールタを離れず[156]」

王は侍従の〔言葉〕を聞くと、王子のもとに近づき、その閻浮樹の影を見た。王は驚いて言った。

「〔影に〕見守られつつ禅定せる彼は、山頂の献火の如く、星の群に取り巻かれたる月の如く、また油燈の如く、〔我が全〕身を喜ばす」

「彼は高徳であるために、意識を持たぬ影でも彼を離れようとせんのだ」と王は言った。シュッドーダナ王は、閻浮樹の影の下にいる菩薩の足に礼拝した。シュッドーダナ王は〈王子の心は寂静なる禅定を楽しんでいるので、アシタ仙の予言は実現するであろう〉と考えた。王は、王子が宮中で楽しめるように、王子を広大な後宮に入れ、花嫁のために、王は種々多様な種類の「幸運の箱」を贈り物として作らせた。そして都城カピラヴァストゥに「女は皆、王の園林に急げ。あらゆる目的を成就した王子が、女のために装飾品を贈るであろう」と布告した。王の命令により、カピラヴァストゥから何千もの多くの女がその園林に駆けつけた。ヤショーダラーと呼ばれるシャーキャ族のマハーナーマンの娘は、優れた気品を漂わせながら〔そこに〕駆けつけ、恥じらいながら王子に近づいたのである。

7-(1) 吝嗇家本生話[157]

世尊が出家して無上正等菩提を正等覚し、最上の法輪を転じられた時、比丘達は「世尊が王子だった時、園林の森にやって来た女に装飾品を贈っていると、ヤショーダラーが恥じらいながら王子に近づいてきた」と聞いた。「世尊よ、どのようにしてヤショーダラーは恥じらいながら王子であった世尊に近づいてきたのでしょうか」と比丘達が世尊に尋ねると、「比丘達よ、ヤショーダラーが恥じらいながら私に近づいたのは今だけではない。別〔の時〕にも彼女は恥じらいながら私に近づいてきたのだ」と世尊は言われた。「世尊よ、別〔の時〕にもですか」と比丘達が申し上げると、「比丘達よ、別〔の時〕にもだ」と世尊は言われた。

比丘達よ、かつて過去世において、カーシ地方の都城ヴァーラーナシーには、カウシカ[158]種姓のバラモンがいた。彼は欲望の対象に過失を見、ヒマラヤ山麓で聖仙として出家した。そのヒマラヤ山麓にあったガンジス川の岸に隠棲処を設えた後、彼は初夜から後夜にかけて覚醒の修行に専念しつつ時を過ごし、外道によって四禅を獲得し、五神通を
49 証得した。彼は月や日をも拭い去ることができるような大神通力や大威神力を持つ聖仙になったものの、分与が習慣づいていなかった。

ある時、彼の親類の者が死んでガンダルヴァ天衆に生まれ変わり、パンチャシカと呼ばれるガンダルヴァの息子となった。天となった彼は〈カウシカはどこの場所で生活しているのか、あるいはもう死んでしまったのか〉とカウシカを念じた。精神を集中すると、彼はカウシカが聖仙として出家し、ヒマラヤ山麓にあるガンジス川の岸辺近くの隠棲処に住んでいるが、分与が習慣づいていないと見た。彼は天主シャクラに告げた。「人だった時、私には愛しくて

可愛らしい親戚の者がおりました。彼は聖仙として出家し、ヒマラヤ山麓にあるガンジス川の岸辺近くの隠棲処に住んでいますが、分与が習慣づいておりません。我々は彼を摂益するために〔彼に〕近づき、〔彼の心を〕分与に向けさせましょう」と。

その時、聖仙カウシカを摂益するために、シャクラは〔彼が〕食事をする場所と時間を見計らい、チャンドラマ・スールヤ・御者マータリ・天子パンチャシカ[159]と共にバラモンに変装し、〔…〕〔彼が〕食事をする場所と時間を見計らって、聖仙カウシカの隠棲処に一人ずつ近づいた。そして〔パンチャシカ〕は様々な変態を経ると、[160]犬に変身した。

カウシカは言った。

「我は売買せず、また我に蓄えは毫もなし。我が食事は貧相にして、〔一〕プラスタの穀物のみなれば、二者には充分ならず[161]」

犬は答えた。

「人は、少量にては少量を、中量にては中量を与うべく、大量にては大量を与うべし。〔何も〕与えざるは有り得ず。＝カウシカよ、我はかく言う[162]、分与して後に食すべし、と。〔さもなくば〕聖道に入らんも、至高の楽は見つからず[163]」

チャンドラも〔彼に〕近づくと、カウシカは言った。

「我は売買せず、また我に蓄えは毫もなし。我が食事は貧相にして、〔一〕プラスタの穀物のみなれば、三者には充分ならず」

チャンドラは言った。

「着座せる客に分与せず、〔己のみ〕食事せる者は、長き糸〔の先に付けられし〕鉄の釣針を飲み込むが〔如し〕。＝カウシカよ、我は言う、分与して後に食すべし、と。〔さもなくば〕聖道に入りても、至高の楽は見つからず」

スールヤも〔彼に〕近づくと、カウシカは言った。

「我は売買せず、また我に蓄えは毫もなし。我が食事は貧相にして、〔一〕プラスタの穀物のみなれば、四者には充分ならず」

スールヤは言った。

51 「着座せる客に分与せず、〔己のみ〕食事せる者の献供は虚しく、また〔彼の〕願い(164)も虚し。＝カウシカよ、我は言う、分与して後に食すべし、と。〔さもなくば〕聖道に入らんも、至高の楽は見つからず」

マータリも〔彼に〕近づくと、カウシカは言った。

「我は売買せず、また我に蓄えは毫もなし。我が食事は貧相にして、〔一〕プラスタの穀物のみなれば、五者には充分ならず」

マータリは言った。

「着座せる客に分与して後、〔己が〕食事をせし者の献供は真実にして、〔彼の〕願いも真実なり。＝カウシカよ、我は言う、分与して後に食すべし、と。〔さもなくば〕聖道に入らんも、至高の楽は見つからず」

シャクラも〔彼に〕近づくと、カウシカは言った。

「我は売買せず、また我に蓄えは毫もなし。我が食事は貧相にして、〔一〕プラスタの穀物のみなれば、六者には充分ならず」

シャクラは言った。

52 「着座せる客に分与して後、〔己が〕食事をせし者は、サラスヴァティーやガヤーにもしばしば献供す(165)。＝カウシカよ、我は言う、分与して後に食すべし、と。〔さもなくば〕聖道に入らんも、至高の楽は見つからず」

カウシカは[166]言った。

「貴方等は高貴なる姿の婆羅門なり。しかるに、何が故に、この犬は種々なる姿形を現ずるや。我に語るべし、貴方等は誰なるや」

シャクラは言った。

「ここに来たるは、チャンドラ、スールヤ、諸天の御者マータリなり、我は三十三〔天〕の主たる帝釈天、そして彼は（…）パンチャシカなり。＝手鈴・大太鼓・小太鼓の音の眠れる人を目覚めしめ[167]、目覚めし彼は喜びを感ずるに、カウシカよ、かの人の飲食物を〔パンチャシカ〕は持つなり。＝[168]汝は前世に我等の親戚なりしが、カウシカよ、汝は吝嗇の悪法に身を染めり。我等は汝を憐愍《あわ》れみて、悪法者として地獄に堕ちざらんがため、ここに来たり。＝吝嗇家にして瞋の悪法の身に染み、沙門や婆羅門を憎み、悪業を犯してこ〔の世〕より死没せる人は地獄に赴かん。＝しかるに、この世にて布施せる賢者は、沙門や婆羅門に心を浄め、この世間に福徳を積み、こ〔の世〕より死没せる人は善趣に赴かん」

カウシカは言った。

「今日、我はかくの如く福徳を積み、沙門や婆羅門に布施せん。我は彼等に飲食物を与えん。布施せずば甘露も飲まじ。＝しかれども、かくの如く常に我の布施せば、我が財産は悉く尽きん。しかなれば、我はかくの如き強力なる欲望を捨て去りて、その後、帝釈天よ、出家せん[169]」

＊　＊　＊　＊　＊[170]

最上の山なる香酔山の頂に、諸天の最上なる主の娘等の楽しみたるに、随所にて供養せられし最上なる聖仙（ナーラダ）は[171]、見事に花咲く最上なる木枝を持ちて〔そこに〕来たれり。＝「聖者よ、清浄にして香りよく、

54

見事に花咲き、十三なる最上の諸天の恭敬し仕えし〔その〕枝を〔我等に〕与え給え[172]。さすれば、貴方は我等にとりて帝釈天に等しき者たり」＝婆羅門は〔枝を〕求むる彼女を見るや[173]、喧嘩を仕掛けんとて言えり。「この世に我は花を要《もち》いず。最も優れし女こそ〔これを〕身に着くべし[174]」＝「婆羅門よ、貴方はそれを考え給え。聖者よ、我等の中にて最も優れし女にそれを与え給え。聖者よ、その女こそ最も優れし女たらん」

「容姿優れし女等よ、かくの如き言葉は適《かな》わず。如何なる婆羅門か[175]〔女の〕怒りを買う言葉を発せん。有情の主〔帝釈天〕のもとに行きて尋ぬべし。彼こそ誰か最も優れし女なるを御存知ならん」＝その時、勝義を知見し[176]、高揚し、最上なる容姿求めし彼女等は、三十三天の主のもとに行きて尋ねたり。「聖者よ、我等の中にて誰か最も優れし女なるを教え給え」＝熱心なる[177]彼女等を見るや、要塞の破壊者（帝釈天）は心喜ばせて言えり。「汝等は（…）共に優れし容姿なり。果たして誰か先に喧嘩を仕掛けたる」＝「一切世間を徘徊《さまよ》い、真に勇敢なる大牟尼ナーラダは、香酔山にて言えり。『有情の主のもとに行きて尋ぬべし』と」

55

〔シャクラはマータリに言った[178]。〕

「ここより北方なる、恒河の岸に広がれる雪山麓に、カウシカは飲食を得ること難きなり。諸天の御者よ、彼に甘露を得しめよ[179]」

〔マータリがそこに行くと、カウシカは彼に言った[180]。〕

「我がアグニに献供するもて、光明を放つ日の世に出で世間の闇を破るが如く、貴方は〔そこに〕立てるや。貴方は如何なる天にして、何処より来たれる。＝白きこと無比なる螺貝の如く、魅力ある香りを放ち、素晴らしき姿形たる、かくの如き〔甘露〕を、我が眼に未だ嘗て見ず。貴方は如何なる天にして、何が故にそれを我に与うや」

〔マータリは答えた。〕

「大仙よ、我は大帝釈天の遣いなり。我は急ぎて汝のもとに来たれり。我を諸天の御者マータリと知れ。最高なる享楽（甘露）を所望し、享受せよ。＝食して後、十二の過失、〔即ち〕飢え、渇き、不喜、悩熱、老い、疲労、怒り、憎悪、論争〔を引き起こす〕離間語、寒さ、暑さ、倦怠を滅すべし。[181]〔甘露〕は最高なる妙薬なり」

〔カウシカは言った。〕

「マータリよ、我〔独り〕のみ〔それを〕食するは相応しからず。嘗ては分与せず〔食するが〕最高なりと言えるも、〔今〕我は独りにて食するを[182]賞賛せず。分与せざる人は〔如何なる〕楽をも見出さざればなり。＝友を裏切る者[183]、強盗、女を殺す者、また〔他人の〕利益を奪う者は[184]皆、吝嗇家に同じと見なさる。得し物を分与せずば、我は甘露を口にせじ」＝諸天の王は、金に等しき〔己が〕娘四人、シュラッダー、アーシャー、シュリー、フリーを[185]、カウシカの住まう隠棲処に送りたり。＝しかして、聡明なる義見者〔帝釈天〕は、空中に留まりて光を放てる四人の女が四方に立てるを見るや、彼女等に言えり。＝「東方に留まれる天女よ、汝は最上なる薬の星の如く〔体を〕荘厳す。金の欄楯の〔如く細き〕腰を持つ者よ、汝に尋ねん。汝の如何なる天女なるを我に言うべし」

〔シュリーは言った。〕

「妾は人の間にシュリーとして知られ、常に立派なる有情に仕うるなり。妾は甘露を求めて貴方のもとに来たれり。最上なる慧を持つ人よ、その甘露を妾に分与し給え」

〔カウシカは答えた。〕

「戒・行・覚知を具え、巧みなる業を具えし有情は、汝に捨てられ、何も得ず。汝の所行は不善なり[186]。＝しかるにシュリーよ、怠慢にして不器用なる奴隷や、醜く近づき難き人は、汝故に、裕福かつ安楽にして、吉祥なる生まれの人を[187]奴隷の如くに遣うなり」

〔次に、カウシカはシュラッダー[188]に告げた。〕
「金の欄楯の〔如く細き〕腰を持つ者よ、名声にて光り輝き、名有り魅力ある北東[189]に向かいし汝に尋ねん。汝の如何なる天女なるを我に言うべし」
〔シュラッダーは言った。〕
「妾は人の間にシュラッダーとして知られ、常に立派なる有情に仕うるなり。妾は甘露を求めて貴方のもとに来たれり。慧の最上なる人よ、その甘露を妾に分与し給え」
〔カウシカは答えた。〕
「彼の妻[190]は〔彼の家柄に〕相応しく尊敬され、徳ありて貞節なるに、彼は家柄よき娘[191]を捨て去りて、〔己が〕信を壺運びの奴隷女に[192]寄するなり。＝或る時、人は戒・〔多〕聞[193]・自制に信を置きて実践するも（…）[194]、それ（信）の誤たば、殺人者の姿を取らざるべきや。汝の所行は不善なり。＝汝は我がもとにて〔かく〕言うも、我は汝の愚者にして賭博に溺るるを知るなり。しかる奴に座も水も相応しからず。如何が甘露〔の相応しき〕や。立ち去るべし。我は汝を嘉《よみ》せず」
〔カウシカはアーシャーに言った。〕
「夜の明け[195]、日の昇る頃、汝は最上なる薬の星の如くに留まれり。金の祭壇の〔如く細き腰せる〕体を持つ者よ、汝に尋ねん。汝の如何なる天女なるを我に言うべし。＝〔群れより〕離れて見捨てられ、〔猟師の〕矢に脅えて[196]徘徊《さまよ》う鹿の如く、汝は怯えし眼もて我を見る。体の柔らかき者よ、汝に如何なる友か見ゆ。天女よ、汝は独りにて怖れなきや」
〔アーシャーは言った。〕
「カウシカよ、妾の友はここに来たらず。妾はマサッカサーラ出身[197]の天女アーシャーなり。妾は甘露を求めて貴方のもとに来たり。慧の最上なる人よ、その甘露を妾に分与し給え」

〔カウシカは答えた。〕

「農夫は妻子を伴いて一所に集い、希望《のぞみ》もて大地を耕すも、雨や雷の起こりて彼等を妨ぐ。汝の所行は不善なり。＝人は希望を抱きて船に乗り、財を求めてただ独り〔海を〕渡るも、その船の沈み、或いは商に失敗《そこな》いて苦しまん。＝汝は我がもとにて〔かく〕言うも、我は汝が愚者にして賭博に溺るるを知るなり。しかる奴に座も水も相応しからず。如何が甘露〔の相応しき〕や。立ち去るべし。我は汝を嘉せず」

〔カウシカはフリーに言った。〕

「〔(…)〕蕾を身に着け、獅子の腕輪をし、洗い浄められし帯を纏い、[198] 吉祥草の火に染まるが如き〔色の髪〕にて、[199] 耳輪を巧みに着くるが如くに見ゆる汝は誰なるや。ウシーラの色の如く光を放ちて輝くなり。＝〔汝〕は雨期や秋に赤葉の花環を持てる〔植物〕の[200]風に揺らるるが如く此処に来たるに、[201] 金の欄楯の〔如く細き〕腰を持つ者よ、汝に尋ねん。汝の如何なる天女なるを我に言うべし」

〔フリーは言った。〕

「妾は人の間にてフリーとして知られ、常に立派なる有情に仕うるなり。妾は甘露を求めて[202]貴方のもとに来たれり。しかるに大仙よ、妾は貴方に〔それを〕求むること能わず」

〔カウシカは言った。〕

「ここに容姿や素性の悪しき女なきを了解す。体の優れし者よ、汝は正当に〔何をか〕得ん。たとえ汝の〔甘露を〕求めざるも、我はそれを作り、甘露を汝に与えん。＝金の祭壇の〔如く細き腰せる〕体を持つ者よ、我は汝のみを招待し、〔我が〕隠棲処に迎え入れん。我はあらゆる徳もて汝のみを供養せん。嘗て〔誰にも〕与えざれば、甘露は我等〔二人〕に充分なり」＝その隠棲処には多彩なる花の撒かれ、声の甘美なる鳥の囀り、水を具え、果実や根もて麗しきに、その隠棲処に顔色よき彼女は入れり。＝サーラ樹、プリヤーラ樹、パナサ樹、ティンドゥカ樹、ショーバーンジャナ樹、ロードゥラ樹、（…）パータラ樹、また実に優れたる香を放つムチリンディカ樹の木々の先端に数多の花は咲き乱る。＝その入口には、数多のクヴァラ樹、タマーラ樹、アシュヴァッタ樹、ニャグローダ樹、ウドゥンバラ樹、ティラカ樹、カダンバ樹、チャンパカ樹、更にプラサーティカ稲やシュヤーマカ草や穀物は育てり。

61
そこにまた、実に優れし香を薫じ、クシャ草もて成り、獣皮に覆われたる〔座〕が設《しつら》えられ用意されしに、カウシカはフリーに言えり。[203]「快適かつ安楽に、〔その〕座に坐るべし」＝その時、草座に坐れる彼女に、[204]弁髪結い獣皮を纏える[205]カウシカは、〔彼女の〕望む[206]甘露を新鮮なる葉の器に移し自ら与えり。大仙は疾く甘露を運びたり。[207]＝彼女は心喜ばせ、直ちにそれを受け取るや、弁髪を結える彼に歓喜して言えり。「カウシカよ、貴方は私を供養せり。されば、妾は三十三〔天〕に仕えに行かん」＝カウシカに受け入れられし彼女は、〔他の三人に〕勝たんとて、威厳もて三十三〔天〕に近づけり。彼女は〔そこに〕赴くや、千の眼を持つ〔シャクラ〕に言えり。「ヴァーサヴァよ、これぞ妾の勝ち得し甘露なり」＝〔一足先に〕そこに戻りしマータリは、天の集会堂の前にて〔皆に〕囲繞せられたるに、〔彼に帝釈天〕は言えり。「汝は何が故にフリー〔のみ〕甘露を獲得せるを再び訊くべし」

62
彼は車に乗りて引き返せり。[208]〔その車〕は善く精錬されし金の如く光を放ち、日光の如く、荘厳され、金の鏡の如く美し。＝また、瑠璃製の象・猿・虎・豹・鹿は動き、走り回る〔如くなり〕。その多くはジョーティーラサ石もて成り、麗しく、またそれは珠宝や瑠璃もて成れり。＝車の下にはマネーシー、[209]上にはクプサラの[210]付けること、金の月の近づくが如し。その最高なる車にマータリは乗りて、大地の十方を喜ばしめたり。＝龍・岩・樹木・海を保てる大地は震動し、彼はカウシカの住める隠棲処に疾く近づけり。＝マータリは〔言えり。[211]〕「我は使

63

者なり。帝釈天は汝に尋ねり。如何なる徳もてフリーの、シュリー・シュラッダー・アーシャーより優れりと汝は考えたるや」と。＝〔カウシカは答えり[212]。〕「(…)マータリよ、シュリーは我には浮気女の如く[213]、また諸天の御者よ、シュラッダーは移り気なり、アーシャーは嘘つきの如く我には見ゆ。＝フリーは愛らしく、全く清浄なり。戦の先陣に身を委ねたる人の前進し[214]、矢に[215]襲われて死する〔時[216]〕、フリーは自ら己が心を覆い隠すなり。

マータリよ、人中にフリーは最勝にして、老いも若きも〔彼女を〕求め、彼女は敵の怒りを愛に変えん。フリーは自ら己が心を覆い隠すなり」と。＝「カウシカよ、誰か汝に〔かくの如き〕見解[217]を確立せる。強力なる帝釈天なるや、はたサハーンパティなるや。帝釈天に同じき種姓の者よ、彼に同じき存在の繋がりを持つ弟よ[218]、帝釈天は汝を望むなり」＝その体を捨て去るや、戒を具え、無双なるカウシカは、隠棲処にて広大なる福徳を為し、体の滅びて後、天界に楽しめり。

64

〔世尊は言われた。〕「実に比丘達よ、その時その折に、カウシカ種姓でナーラダと呼ばれる聖仙[219]だったのは他の誰かであろうという〔思い〕がお前達にあるかもしれない。しかし、それはそのように見てはならない。それは何故かというと、比丘達よ、私こそが、その時その折に、カウシカと同じ種姓でナーラダと呼ばれる聖仙だったからだ。また比丘達よ、その時その折に、フリーと呼ばれる、天主シャクラの娘だったのは、他の誰かであろうという〔思い〕がお前達にあるかもしれない。しかし、それはそのように見てはならない。それは何故かというと、比丘達よ、ヤショーダラーこそが、その時その折に、フリーと呼ばれる、天主シャクラの娘だったからだ。その時も彼女は恥じらいながら私に近づいてきたし、今生でも彼女は恥じらいながら私に近づいてきたのである」と。

「吝嗇家本生話」を終わる。

7―(2) 蜥蜴本生話(220)

「世尊よ、ヤショーダラーはどうして満足することができなかったのですか。〔と言いますのも〕王子であった世尊が少女達に装飾品を贈られた時、ヤショーダラーには百千〔金〕の値打ちがある首飾りを与えられると、彼女は『私はそれだけの価値しかないのですか』と言われました。王子はさらに百千〔金〕の値打ちがある指輪を与えられましたが、それでも彼女は満足されませんでした。ヤショーダラーはどうして満足せず、喜ばなかったのですか」と(221)比丘達が(222)世尊に申し上げると、「比丘達よ、ヤショーダラーが満足しなかったのは、今だけのことではない。他の時にも彼女は満足しなかったのだ」と世尊は言われた。

比丘達よ、かつて過去世において、カーシ地方にあった都城ヴァーラーナシーで、スプラバ王が王国を統治していた。彼にはステージャスと呼ばれる王子がいた。彼は福徳を積み、高貴で、〔よく〕庇護され、快適に暮らし、でしゃばって喋らず、優しく語りかけ、大臣、軍人、組合長、村人〔等〕、すべての人に好かれ、尊敬されていた。王は考えた。〈一切の者は王子の徳に魅了されている。いつか彼らは私の命を奪って王子を王位に就けるだろう〉と。〔こうして〕王は王子を追放してしまった。その時、王子は妻と共に、ヒマラヤ山麓の、とある森に草の庵と葉の庵とを作って住み、根・葉・実・水を以て〔自らの体を〕養い、運良く鹿や猪が手に入れば〔その〕肉を食べていた。ある時、彼が隠棲処から外出していた時、猫が太った蜴を殺し、彼の妻の前に投げ捨てて立ち去った。彼女はその蜴に手も触れなかった。王子は、根・葉・実を持って隠棲処に戻ると、太って恐ろしげな蜴が隠棲処にいるのを見た。

彼が姫に「その蝎はどこから来たのだ」と尋ねると、「猫がそれを持ってきたのです」と彼女は答えた。「今、その蝎は料理してあるのか」と王子が訊くと、「〔それは〕牛糞〔と同じ燃料〕と考えましたので、〔食糧として〕料理していません」と彼女は彼に答えた。王子は言った。「その蝎は食べられぬものではない。人はそれを食べるのだよ」と。

その時、王子はその蝎の皮を剝《む》いて料理した。料理すると、木の枝に吊るした。そして彼の妻は壺を持つと、「私は水を汲みに行きます。それから食事を作りましょう」と〔言い残し〕、水を汲みに行った。彼女は、その料理された蝎が、色も香も同じように素晴らしく、美味しそうで、新鮮なのを見ると、欲を起こした。しかし王子は自分の妻のことをこう考えた。〈この蝎が料理されていない時、姫は手でも触ろうとしなかった。しかし料理してあれば、食べたいと思うだろう。もしも彼女が私を〔心〕底愛しているなら、私が実を取りに行っている間に、その蝎を料理していたであろう。だから私は彼女に蝎をまったく分け与えずに、〔一人で全部〕食べてしまおう〉と。

彼は、その姫が水を汲みに行っている間に、その蝎を食べてしまったが、〔そこに〕姫が水壺を持って戻ってきた。その時、彼女は彼に「あなた、あの蝎はどこにあるのですか」と言うと、「逃げてしまったよ」と王子は答えた。彼女は〈料理されて、木の枝に結び付けてあった蝎がどうして逃げたりしようか〉と考えた。〔さらに〕姫は〈王子は私のことが、もう好きではないのだ〉と考えると、彼女は憂鬱な心持ちになってしまった。

有情は全て〔何時か〕死す。生は死もて終わればなり。〔己の〕業に応じて、人は福徳や罪過の果報を具え行く。[223]＝悪業を犯せる者は地獄に、福業をなせる者は天界に、また別なる者は〔仏〕道を修めて無漏となり、般涅槃す。[224]

さてスプラバ王は死の定めと結びついたので、大臣達は王子を森から連れ戻し、ヴァーラーナシーの王として灌頂した。ステージャス王はどんなものでも王妃のもとに置かないものはなかった。その王国の中で宝と認められるものは何でも〔王妃のもとに置かないものは〕なかったのである。彼は、高貴な衣装・装飾品・瓔珞・半瓔珞といったあらゆるものを王妃に贈ったが、〔彼女を〕喜ばせることはできなかった。というのも、彼女には、あの蝪のことが〔まだ〕心に蟠《わだかま》っていたからである。ステージャス王はこう考えた。〈私は王妃に対してなさなかった徳の類など何もないし、〔彼女に〕示さなかった愛情など何もないのに、私は〔彼女を〕満足させられぬ〉と。

彼が彼女に「王妃よ、私はお前に対してなさなかった徳の類など何もないし、〔お前に〕示さなかった愛情など何もないのに、私は〔お前を〕満足させられぬ。それが何故なのか私には分からん。王妃よ、〔わけを〕話しておくれ」と言うと、その時、王妃はステージャス王に詩頌を以て答えた。

「王よ、今だに貴方の森で〔なせしこと〕は忘るるを得ず。貴方は手に弓を持ち、〔腰に〕箭筒を結えたるに、料理され、木の枝に結えし蝪を逃がせり(225)」

王は言った。

「〔汝に〕礼拝せる人を礼拝し、〔汝に〕分与せる人に分与せよ。〔汝に〕なすべきことをなす人を利益せよ。〔汝に〕分与せざる人に分与すべからず。〔汝の〕不利益を望む人を利益すべからず。＝〔汝を〕見捨つる人を見捨つべし。〔彼とは〕親交すべからず(226)。〔汝への〕愛を捨てし人と共に暮らすなかれ。鳥は木に果実なきを知り、別〔の木〕を捜し求む。世間は広きが故に」

〔世尊は言われた。〕「また実に比丘達よ、その時その折に、ステージャスと呼ばれた王は他の誰かであろう、という思いがお前達にはあるかもしれない。しかしそう見るべきではない。それは何故かというと、私こそが、その時その折に、ヴァーラーナシーでステージャスと呼ばれる王だったからだ。ステージャス王の第一婦人である王妃は他の誰かであろうと〔思うかもしれないが〕、それもそう見るべきではない。比丘達よ、ヤショーダラーこそがステージャス王の第一婦人である王妃だったからだ。その時も彼女は満足せず、〔何事も彼女を〕満足させることはできなかったし、今生でも彼女は満足せず、〔何事も彼女を〕満足させることはできなかったのだ」と。(227)

以上、吉祥なる「蜥蜴本生話」を終わる。

7―(3) ヤショーダラーの首飾り布施本生話

「王子であった世尊が遊園にいた娘達に装飾品を与えられた時、ヤショーダラーにだけは多くをお与えになりましたね」と比丘達が世尊に申し上げると、「比丘達よ、私がヤショーダラーに多くを与えたのは、今だけのことではない」と世尊は言われた。「世尊よ、他の時にもですか」と比丘達が申し上げると、「比丘達よ、他の時にもだ」と世尊は言われた。

比丘達よ、かつて過去世において、カーシ地方の都城ヴァーラーナシーで、〔ある〕王が王国を統治していた。彼は福徳を積み、高貴で、忠実な従者を従え、布施や分配を習慣とし、偉大な力を持ち、広大な財産と沢山の乗物を所有していた。彼の王国は栄え、繁栄し、平和で、食物に富み、人で賑わい、人は非常に快適に過ごし、暴力や暴動は鎮まり、盗賊はすぐに捕まり、商業は盛んであった。その時、王には五百人の後宮があった。彼の第一王妃は、あらゆる後宮の中でとりわけ清楚であり、見目麗しく、賢明で、儀軌に詳しく、一切の技芸を具足していた。その王は後宮の女にいつも衣装や装飾品を与えていた。

さて王は百千〔金〕の値打ちがある首飾りを身に着けていたが、その首飾りの真ん中には、南贍部・東勝身・西牛貨・北倶盧といった四大洲と、山の王スメールが描かれた珠宝がはめ込まれており、その大きな首飾りの真ん中にある珠宝には数百千〔金〕の値打ちがあった。装飾品を与えていた〔王〕は王妃に「王妃よ、お前は我が心を強烈に引きつける。一体どうして王妃は我が心を〔かくも〕引きつけるのか」と尋ねた。その時、王妃は[228]王に詩頌を以て答えた。

「仕草、妖艶なる振る舞い、好奇心もて〔女の〕相貌を把握すること。王よ、軽薄なる男は〔この〕三つもて興奮す」

〔世尊は言われた。〕「また実に比丘達よ、その時その折に、カーシの王だったのは他の誰かであろう、という思いがお前達にあるかもしれないが、決してそれはそのように見られるべきではない。それは何故かというと、比丘達よ、私こそが、その時その折に、カーシ〔地方の〕王だったからだ。その時その折に、カーシ〔地方の〕王の第一王妃だったのは他の誰かであろう〔という思いがお前達にあるかもしれない〕が、決してそれはそのように見られるべきではない。それは何故かというと、比丘達よ、幸運なヤショーダラーこそが、その時その折に、カーシの王の第一王妃だったからだ。その時も、私は彼女に沢山のものを与えたのである」と。

以上、吉祥なる「ヤショーダラーに首飾りを与えた本生話」を終わる。

7-(4)　ヤショーダラーの雌虎本生話

〔息子の出家に〕反対し、涙で喉を詰まらせながら悲しんでいる両親の保護と、手中に〔収めると〕言われていた転輪〔王〕の王権[229]を捨て去り、また快適な家庭生活をも捨て去って、菩薩が家持ちの状態から家なき状態へと出家された時、ヤショーダラーはデーヴァダッタに「私の兄は出家した。さあ、おいで。私の第一王妃にしてやろう」と言われた。その時、彼女は〔彼を〕望まず、菩薩だけを求めていた。スンダラナンダにも「私の兄は出家した。さあ、おいで。私の第一王妃にしてやるよ」と言われた。彼女は彼も望まず、菩薩だけを求めていたのである。

世尊が法輪を転じられた時、これが比丘達の耳に入った。「世尊よ、ヤショーダラーはスンダラナンダとデーヴァダッタに求められたのに、どうして〔彼らを〕望まず、世尊だけを求められたのですか」と比丘達が[230]世尊に申し上げると、「比丘達よ、スンダラナンダとデーヴァダッタに求められたのに、ヤショーダラーが私だけを求めたのは、今だけのことではない。別の時にも彼女は彼らに求められたが、私だけを求めたのである」と世尊は言われた。

比丘達よ、かつて過去世において、ヒマラヤ山麓に四足獣がすべて集まり、「我々には王がいない。〔我々〕四足獣の王を選ぼうではないか」と〔協議した〕。〈四足獣の王を選ぶのが一番よい〉と彼らは考えると、「では、四足獣の王として誰を選んだらよいであろうか」と言った。その時、彼らは考えた。〈今日から七日後、我々の中で山の王ヒマラヤに真っ先に登ったものが四足獣の王となろう〉と。

彼らはそう取り決めをし、その場所から山の王ヒマラヤまで走ると、雌虎が彼らすべてを追い越して、山の王ヒマラヤに到着した。雌虎は山の王ヒマラヤに行くと、〔他の〕四足獣を待っていた。四足獣が皆、山の王ヒマラヤに到

70 着した。その時、その四足獣はその雌虎を見ると、困惑し、憂鬱になった。〈我々は雌〔虎〕に負けた。しかしどこにも女の王はいない。王はどこだって男なのだ。我々は〔取り決めに〕違わないようにして、雄を王にしよう〉と。
彼らは雌虎に「娘さん、お前が夫に望む者を四足獣の王にしよう」と言った。雄牛がその雌虎に「娘さん、私を夫に選べ。私は世間で吉祥なる動物であり、人は私の糞を天廟に塗り込み、天への義務を果たしている」と近づくと、その時、雌虎は「私はあなたを夫に望みません。だって、あなたはいつも鋤や荷車に繋がれ、結ばれているんですもの」と答えた。〔次に〕象がその雌虎に近づいて「娘さん、私は力が強く、体も大きく、戦争では無敵だ。私を選べ」と言うと、雌虎は「滅相もない！　獅子が吼えると、あなたは排便している時でも逃げ出すでしょ」と答えた。〔最後に〕百獣の王である獅子も「娘さん、私を夫に選べ。どんな動物の集団でも私を恐れている」と近づくと、雌虎は「百獣の王よ、頭を地に付けてでもあなたを切望いたします」と答えたのであった。

71 全ての四足獣の大集会あり。「我等には王なし[231]。ここに、誰か王たるべき」‖今日より七日の後、我等の中にて山王たる雪山に最初に行ける者こそ王たらん」‖獅子・虎・鹿・象・雄牛・狼等は、最初に山に辿り着くこと能《あた》わざりき。‖美しく麗しき最高の山なる雪山は、雌虎の最初に到着し、〔他の〕四足獣〔の来たる〕を眺めたり。‖四足獣の皆そこに行くや、雌虎を見たり。見るや、雌〔虎〕に負けりと困惑す。‖「女の王たるを得ず。しかれども〔約束に〕違うべからず。雌虎の夫として望む者を王となさん」‖雄牛は言えり。「人は我が糞もて天への義務を適切に果たすなり。娘よ、我を夫に選ぶべし[232]」
雌虎は言った。

「人の世にあるに、常に立ちて、休みなく鋤や荷車もて疲労せる者を夫に望まず[233]」

象は言った。

「我は眷族を従え、戦争には無敵なる、力強き象なり。故に、娘よ、我を夫に選ぶべし[234]」

72

雌虎は言った。

「獅子の吼うるや、汝は恐れて逃げ出づるなり。たとえ排便の途中にても。しかる者を夫に望まず[235]」

獅子は言った。

「我は均整とれし美肩を持ち、山を住処とせし獅子にして、獣の集団《ともがら》は皆〔我を〕恐るなり。娘よ、汝は我を夫に選ぶべし[236]」

雌虎は言った。

「優れたる様相を悉く具え、自ら発生したる山の如きお方、しかる者は、頭〔を地に付けて〕さえ夫に望まん[237]」

「また実に比丘達よ、その時その折に、百獣の王である獅子だったのは他の誰かであろう、という思いがお前たちにあるかもしれないが、それはそのように見られるべきではない。それは何故かというと、比丘達よ、私こそが、その時その折に、百獣の王である獅子だったからだ。その時その折に、雄牛だったのは他の誰かであろう、とこのように見られるべきではない。それは何故かというと、比丘達よ、スンダラナンダこそが、その時その折に、雄牛だったからだ。また実に比丘達よ、その時その折に、象だったのは他の誰かであろう、という思いがお前たちにあるかもしれないが、それはそのように見られるべきではない。それは何故かというと、比丘達よ、デーヴァダッタこそが、その時その折に、象だったからだ。また実に比丘達よ、その時その折に、雌虎だったのは他の誰かであろう、という思いがお前たちにあるかもしれないが、それはヤショーダラーだったのである。その時も彼女は彼らに求められたが、〔彼らを〕望まず、私だけを求めたのである。今生においても、彼女は彼らに求められたが、〔彼らを〕望まず、私だけを求めたのであった[238]」

以上、吉祥なる「雌虎ヤショーダラーの本生話」を終わる。

8 武勇に秀でたガウタマ[239]

菩薩が遊園にいる娘達に宝石を与えていた時、ヤショーダラーは一番最後にやって来たので、装飾品は全部なくなっていた。王子[240]がヤショーダラーを見た時、〔彼の〕眼は彼女に釘付けになった。王子は付けていた、百千〔金〕の値打ちがある高価な首飾りを外すと、ヤショーダラーに与えた。彼女は笑いながら言った。「私はこれだけの価値しかないのですか」と。

王子は笑いながら百千〔金〕の値打ちがある指輪を指から外すと、〔彼女に〕与えた。こうして王子は宝石を娘達に与えると、宮殿に戻った。「どの娘に王子の眼は釘付けになったか」と王が大臣達に尋ねると、「大王よ、ヤショーダラーと呼ばれる、シャーキャ族のマハーナーマンの娘がおりましたが、彼女に王子の眼は釘付けになりました」と大臣達は答えた。王はマハーナーマンに「娘のヤショーダラーを我が息子のサルヴァールタシッダ王子に嫁がせて欲しい」と使者を送ると、マハーナーマンはシュッドーダナ王に「ヤショーダラーを王子に嫁がせることはできません。王子は後宮の中で成長されたので、技芸、弓術、〔乗〕象、弓や刀、それに王としての規範、どれ一つ取っても成就されておりません」と使者を送った。シュッドーダナ王は〔それを〕聞くと、〈それは、まったくマハーナーマンの言うとおりだ〉と憂鬱になってしまった。〈私は可愛がり過ぎたために、王子に何一つ技芸を習わせなかった〉と。

その時、王は落胆し、宮殿に閉じ籠もってしまった。王子は父を見た。「父上、どうして〔そんなに〕落胆されているのですか」と王子が父に尋ねると、「そっとしておいてくれ。それがお前に何になろうか」と王は答えた。「駄目です、父上、必ずお話し下さい」と王子は言い張った。王子が引き下がらないのを知り、また彼が次から次へと質問してくるので、彼は〔わけを〕話した。「お前にヤショーダラーを貰おうとすると、シャーキャ族のマハーナーマンはこんなことを言ってきたのだ。『あなたの息子は後宮の中で成長されたので、技芸、弓術、〔乗〕象、〔乗〕車、それに弓、どれ一つ取っても習得されておりません。私は彼に娘を嫁がせるつもりはありません』と」と。

王子は〔それを〕聞いて、父に言った。「父上、心配ご無用。都城や地方に鐘を鳴らして『七日後、王子は展覧〔試合〕を披露するだろう。技芸の知識であれ、弓術の知識であれ、相撲、格闘技、〔瓦〕割り、短距離走、拳闘、[241]〔乗〕象、〔乗〕馬、〔乗〕車、弓、刀、あるいは討論〔等〕であれ、それらを習得した者は来るがよい』と布告して下さい」と。

シュッドーダナ王は〔それを〕聞いて喜んだ。彼は都城カピラヴァストゥや〔周辺の〕地方に鈴を鳴らし、「七日後、王子は展覧〔試合〕を披露する。もしも技芸の知識であれ、弓術の知識であれ、それらを習得した者は、来るがよい」と〔布告〕した。他の地方にも使者を送った。「七日後、サルヴァールタシッダ王子は展覧〔試合〕を披露する。それらを習得した者は来るがよい」と。

カピラヴァストゥから人の群れが出てきて、地方の人もやって来た。また他の地域からも好奇心を抱いた人が〈我々はシャーキャ族の王子達の力をみよう。また我々はサルヴァールタシッダ王子の腕前を拝見するとしよう〉とやって来た。そこに何千もの多くの人が集まってくると、王子達もカピラヴァストゥから出てきた。また都城の外でうろついていた象がカピラヴァストゥに入ったが、それは齢六十で、最高の力を具えていた。そしてデーヴァダッタも象の肩という最上〔の乗物〕に乗って、カピラヴァストゥからその見物処に出掛けると、〔都城の外を〕うろついていた象が彼に向かって突進してきた。怒ったデーヴァダッタは〈一撃で殺してしまおう〉と考えて、その齢六十の

75

象を平手打ちにし、その同じ都城の門の所で殺してしまった。彼はその象を殺すと、その門を出ていったのである。

大勢の人の群れやスンダラナンダ王子もそこに到着した。〔スンダラナンダ〕が「おお、何事だ。その群衆は都城の門の付近で何をしているのだ」と尋ねると、〔ある人〕が言った。「〔都城を〕出ようとしていたデーヴァダッタが象を平手の一撃で殺したのですが、その象がこのように都城の門を塞いでしまい、デーヴァダッタはこの都城の門からそ〔の象〕を引き離すことができなかったので、〔その上に〕昇り、〔門を〕越えていったのでございます」と。

その時、スンダラナンダは乗物から降りると、その門から象を七歩分引き離した。大勢の人は〔それを〕見て、「おお、〔何という〕スンダラナンダ王子の力だ！」と叫び声を上げた。その象を門から七歩分引き離すと、スンダラナンダも〔門を〕越えていった。[242]

菩薩は見事な荘厳さを以て〔そこに〕到着した。「その群衆は都城の門の付近で何をしていたのだ」と菩薩が尋ねると、彼らは言った。「王子よ、デーヴァダッタがカピラヴァストゥから出ようとすると、〔都城の外を〕うろついていた象が都城の門を潜り、デーヴァダッタに向かって突進したのです。怒った彼はその象を平手の一撃で殺しましたが、その象は都城の門を塞いで倒れてしまったのです。デーヴァダッタは、この都城の門から〔その象を〕引き離すことができなかったので、〔その上に〕昇り、〔門を〕越えていったのです。〔そこで〕スンダラナンダは七歩分〔象を門から〕引き離しました。このように人が密集してしまった〔今〕、どうして彼らは外に出ることができましょうや」と。

——その時その折、カピラヴァストゥは七つの壁に取り囲まれていた。——

菩薩は乗物から降りると、生まれつきの〔強い〕力で、その象をその都城から七つの壁よりさらに遠くへ運んだ。その菩薩の力を見て、何千もの多くの人天は「菩薩も〔門から〕出られたぞ！」と叫び声を上げた。シャーキャ族の群衆に取り囲まれたシュッドーダナ王もまた、シャーキャ族のマハーナーマンも〔門から〕出たのである。そこで菩薩サルヴァールタシッダは展覧〔試合〕を催し、あらゆる技芸における業《わざ》や領域を披露した。シッダールタ王子に等しい者は誰もおらず、同様に相撲や格闘技に関しても、王子に等しい者は誰もいなかった。

最後の展覧〔試合〕では、矢が射られた。十クローシャの距離に七本のターラ樹が立っていた。七本のターラ樹は一クローシャ毎に立てられ、七本のターラ樹の前には、太鼓が懸けられていた。彼らのうち、ある者は〔矢で〕一本のターラ樹の幹を打ち落とした。別の者は二本のターラ樹の幹を打ち落とした。デーヴァダッタの矢は二本のターラ樹の幹を打ち落としたが、三本目のターラ樹の幹に突き刺さってしまった。スンダラナンダの矢は三本目のターラ樹の幹を打ち落としたが、四本目のターラ樹へ届く前に、大地に落ちてしまった。

菩薩は天廟から祖父シンハハヌ王の弓をそこへ持ってこさせた。彼はその闘技場の中央に「この弓を引くことができる者は〔この弓を〕手にせよ」と弓を置いた。群衆はその弓を〔自分の〕手で確かめようとしたが、誰も〔その弓を〕引くことはできなかった。シャーキャ族の王子達も皆、確かめようとしたが、誰も〔その弓を〕引くことはできなかった。コーリヤ族の王子達も確かめようとし、リッチャヴィ族の王子達も確かめようとし、他の王子達も確かめようとしたが、〔結局〕誰も〔その弓を〕引くことはできなかった。

最後に菩薩が〔その弓を〕手にした。香や花環で恭しくその祖父の弓を供養すると、菩薩は〔弓を〕引いた。その弓が引かれると、カピラヴァストゥ全土で〔歓〕声が沸き上がった。人天は「おお！」と声を上げた。こうして菩薩は七本のターラ樹を一本の矢で〔見事に〕撃ち抜くと、その太鼓も撃ち抜いた。太鼓を撃ち抜くと、〔その矢〕は地面に突き刺さった。人天は「おお！」と声を上げた。そして幾千もの天は、天空より天の花の雨を降らせたのである。

王子の力の勇猛さや覚知の力を見ると、人は〔王子が〕力・能力・知識〔等〕すべてにおいて奥義を極めている〔と知り〕、シャーキャ族の国土〔の住民〕や同じく他の王達もすべて喜んだ。シャーキャ族のシュッドーダナ王に、このような偉人が誕生したが、それは〔最上の〕利益が見事に獲得されたということである。[243]

＊　＊　＊　＊　＊

8-(1) ダルマパーラ本生話

77 菩薩が出家して無上正等菩提を正等覚され、最上の法輪を転じられた時、比丘達はこの出来事を聞いた。「永い間、失われていたシャーキャ族の拳を世尊は発見されましたね」と比丘達が世尊に申し上げると、「比丘達よ、久しく失われていたシャーキャ族の拳を私が見つけ出したのは、今だけのことではない。別の時にも、久しく失われていたシャーキャ族の拳を私は見つけだしたのである」と世尊は言われ、世尊は〔その時の〕話をされた。

比丘達よ、かつて過去世において、カーシ地方の都城ヴァーラーナシーではブラフマダッタと呼ばれる王が王国を統治していた。彼は競争相手を制圧し、敵を制圧し、〔彼の治める〕地方はよく統治され、布施と分配とを習慣とし、福徳をなし、高貴で、強大な力と膨大な富と沢山の乗物とを具え持っていた。彼の王国は栄え、繁栄し、平和で、食物に恵まれ、沢山の人で賑わっていた[244]。その王にはブラフマーユスと呼ばれる祭官がいたが、彼は三ヴェーダの奥義を極め、辞典学や儀軌を含めた、叙事詩を五番目とする〔学問〕の字句の説明に精通していた。師匠である彼はブラーフマナやヴェーダといった典籍にも詳しく、布施と分配とを習慣とし、十善業道を実践して生活していた。

彼にはダルマパーラと呼ばれる青年僧の息子がいた。ブラフマーユスは考えた。〈我が息子のダルマパーラはヴェーダを学習すべき時だ。しかし〔息子〕が〔父である〕私のもとでヴェーダを学習するのはよくない。父に頼りきって勉強しないだろう。尊師の家に彼を預けよう。彼もバラモンであり、ヴェーダの奥義を極め、ヒマラヤ山麓にある隠棲処で五百人の少年にヴェーダを唱えさせている。だから、ダルマパーラもそのバラモンに預け、〔彼に〕ヴェーダを学習させせよう〉と。

その時、その隠棲処から遠くない所に大きな湖があった。その湖には水の羅刹が住んでおり、〔湖で〕沐浴している人を何度も何度も殺していた。〔バラモンに預けられた〕青年僧ダルマパーラは、その湖でしばしば沐浴していた。バラモンは考えた。〈この湖には水の羅刹が住んでいて、何度も何度も人を殺しているが、祭官の息子ダルマパーラはその湖で〔よく〕沐浴している。もしも今、そこで沐浴している〔彼の息子〕が水の羅刹に食べられてしまったら、祭官は我々に腹を立て、「どうしてお前達は〔息子を〕湖から遠ざけなかったのだ！」と〔言うだろう〕〉と。

そこで、その師匠は青年僧ダルマパーラを呼んで、「この湖で沐浴してはならない。この湖には残忍な羅刹が住んでいるのだ。その水の羅刹に食べられてはならぬぞよ」と言った。またその湖には、高貴で、多くの従者を従えた龍が住んでいた。そして、龍王の息子は青年僧ダルマパーラと仲よしで、話をしたり会話をしたりして楽しんでいた。〔龍王の息子〕はその青年僧を龍宮に連れていった。龍の王子はその青年僧と共に話をしたり会話をしたりして楽しんだ。そしてその龍宮で青年僧ダルマパーラは十善業道を教示した。

さて別の青年僧で、ダルマパーラとそっくりで同じ青年がその道を通って村に行く途中、その湖の水で沐浴していたが、彼はその水の羅刹に殺され、その湖に半分食べられた〔死体〕が浮いているのを、別の青年僧が見つけた。彼は隠棲処に行くと、師匠に告げた。「ダルマパーラが水の羅刹に食べられました！」と。

バラモンが五百人の青年僧全員と一緒にその湖に行くと、その青年僧が水の羅刹に半分食べられて浮いているのを見た。彼らは皆、彼を見ると、叫び声を上げた。彼らは水から〔死体を〕引き上げると、火葬用の薪を拾い集めて荼毘に付した。〔師匠〕はその骨を壺に入れると、従者を引き連れて、ヴァーラーナシーにいるブラフマーユスのもとに行った。彼は涙で喉を詰まらせ、泣き顔でブラフマーユスに近づき、「ダルマパーラは水の羅刹に殺されてしまいました。これが〔遺〕骨です」と言うと、バラモンのブラフマーユスは「いや違う。ダルマパーラは若い少年であった。我が家系では、歳若くして死んだ者はかつて〔誰も〕いない」と答えた。その時、バラモンのブラフマーユスはダルマパーラの師匠に詩頌を以て言った。

79 「[245]生物を殺さず、与えられざるを取りもせず。心中にも悪業を犯さず、一切の邪悪を遠ざけり。故に我等の〔家系の〕少年は〔若〕死せず。‖我等には如何なる時も怒りなし。我等は如何なる時も怒らず。〔仮に〕怒るも、激怒せず。故に我等の〔家系の〕少年は〔若〕死せず。‖我等は善悪法に耳を傾けんも、悪法に喜びを見出さず。悪を廃して善を喜ぶなり。[246]故に我等の〔家系の〕少年は〔若〕死せず。‖我等は幾度も沢山の布施をせり。物乞いが我等に好かれざることなし。布施せし後に後悔せず。故に我等の〔家系の〕少年は〔若〕死せず。‖声を上げて物乞いに来たる婆羅門や戒を具足せる沙門に、[247]我等は優しく耳を傾け会見す。故に我等の〔家系の〕少年は〔若〕死せず。

80 声を上げて物乞いに来たる婆羅門や戒を具足せる沙門を、飲食もて満足せしむ。故に我等の〔家系の〕少年は〔若〕死せず。‖物乞い・盲者・身寄りなき者・貧者・主なき者も我等のもとに来るや、飲食もて満足せしむ。故に我等の〔家系の〕少年は〔若〕死せず。‖我等は妻を捨てず、妻も我等を捨てず。それ故に我等は梵行[248]を修す。故に我等の〔家系の〕少年は〔若〕死せず。‖〔我が家系に〕生まれし者は気立てよく、善く〔自己を〕制御し、善く誓戒を守り、実直にして、教師たり、詩頌を究む。故に我等の〔家系の〕少年は〔若〕死せず。

81 母も父も、姉妹も兄弟も、また親戚も他宗派に加わらず、我等は来世のために法を行う。故に我等の〔家系の〕少年は〔若〕死せず。‖母も父も、姉妹も兄弟も、〔我が〕家〔系〕の下僕たりて、来世を見通す我等は法を行う。故に我等の〔家系の〕少年は〔若〕死せず。‖実に法は法の実践者を守護すること、雨期の大傘の〔人を護る〕が如し。法を善く行ぜば、かくの如き幸福あり。法の実践者は悪趣に赴かず。(249)〟放逸なる人は非法の実践者なり。非法の実践者は如何なる趣にも赴けども、その犯したる非法の彼を滅ぼすこと、黒蛇の〔己を〕摑みし人を〔滅ぼす〕が如し。〟法と非法の二つは、同じき異熟をもたらさず。非法は〔人を〕地獄に導き、法は〔人に〕天界を約束す。〟実に法は法の実践者を守護すること、雨期の大傘の〔人を護る〕が如し。我がダルマパーラは法に守護せらるなり。これは別人の骨にして、息子は元気なり」

バラモンは従者と共に食事を御馳走され、バラモンのブラフマーユスに見送られた。そしてバラモンが隠棲処に戻ってみると、青年僧ダルマパーラがその隠棲処にいるのを見た。その時、彼らは皆、驚いた。祭官が正しく〔息子のことを〕知っていたからである。

世尊は言われた。「実にまた比丘達よ、その時その折に、ブラフマーユスと呼ばれるバラモンだったのは他の誰かであろう、という思いがあるかもしれないが、それはそのように見られるべきではない。それは何故かというと、比丘達よ、私〔こそ〕が、その時その折に、ブラフマーユスと呼ばれるバラモンだったからだ。実にまた比丘達よ、その時その折に、バラモンであるブラフマーユスの息子でダルマパーラと呼ばていたのは、他の誰かであろう、という思いがあるかもしれないが、それはそのように見られるべきではない。ラーフラこそが、その時その折に、ブラフマーユスの息子でダルマパーラと呼ばていたからだ。(250)その時も私は見つけ出したし、今生においても私は久しく失われていたシャーキャ族の拳を見つけだしたのである」と。

以上、吉祥なる「ダルマパーラの本生話」を終わる。

8-(2) 放矢本生話

「世尊は矢を遠くに放たれましたね」と比丘達が世尊に申し上げると、「比丘達よ、私が矢を遠くに放ったのは今だけのことではない」と世尊は言われた。「世尊よ、他の時にもですか」〔と比丘達が申し上げると、〕「比丘達よ、他の時にもだ」と世尊は言われた。

比丘達よ、かつて過去世において、カーシ地方にあった都城ヴァーラーナシーでは、王が王国を統治していた。彼は巨大な力、巨額の財産、そして沢山の乗物を有し、福徳をなし、高貴であった。その時、彼の王国は広大で、その命令はタクシャシラーにまで及んだ。彼は弟を王位に就けると、ヴァーラーナシーからタクシャシラーにやって来た。そして彼はタクシャシラーに住んだのである。

さて、別の王が四支より成る軍隊を率い、ヴァーラーナシーに侵入した。その弟はヴァーラーナシーからタクシャシラーにいる彼に「戻られよ。私は敵軍に包囲された！」と使者を送った。タクシャシラーに住していた王は使者から〔その話を〕聞くと、ヴァーラーナシーを包囲した王の名前を樺〔皮〕に書き記し、その樺を矢の軸に巻き付けると、紐でしっかりと結び付け、ヴァーラーナシーに向けて放った。その矢は、その王の足元に落ちると、鐙《あぶみ》を粉々に砕いた。その王は〔矢を放った〕男に驚いた。「おお、なんという力、なんという矢の握り方だ！　ヴァーラーナシーにいる者がこんな所まで矢を放つとは！　この矢はこんなに遠くまで飛んできて、私を殺すことはなかったが、私の足元の鐙に落ちたぞ！」と。

王がその矢の軸からその樺を取り外すと、その樺にはこう書き記され、〔こう〕言っていた。

タクシャシラーに住するも、汝の鐙を打ち砕けり。もし死するを欲せざれば、我が王国より立ち去るべし。

その時、彼はさらに「私はこの矢がヴァーラーナシーから放たれたと思っていた。[251] だから私は驚いていたのだが、これはタクシャシラーにいる者が放ったというのか！」と恐れ戦《おのの》いた。彼はその同じ場所に神々しい矢を〔祭る〕天廟を建立し、その矢を天廟に安置すると、供養し手厚く敬ってから退いた。

世尊は言われた。「また実に比丘達よ、その時その折に、カーシの王でタクシャシラーに住していながらヴァーラーナシーに矢を放ったのは他の誰かであろう、という思いがあるかもしれないが、それはそのように見られるべきではない。それは何故かというと、比丘達よ、私こそが、その時その折に、カーシの王だったからだ。その時も、私は遠くに矢を放ち、今生でも私は遠くに矢を放ったのである」と。

以上、吉祥なる「放矢本生話」を終わる。

8-(3) 鍛冶屋の娘アマラー本生話

「世尊はいかなる技能でヤショーダラーを手に入れられたのですか」と比丘達[252]が世尊に申し上げると、「比丘達よ、私が技能でヤショーダラーを手に入れたのは、今だけのことではない。別の時にも私は技能でヤショーダラーを手に入れたことがある」と世尊は言われた。「世尊よ、別の時にもですか」と比丘達が申し上げると、「比丘達よ、別の時にもだ」と世尊は言われた。

比丘達よ、かつて過去世において、ミティラーから半ヨージャナ離れた所にヤヴァカッチャカと呼ばれる村があり、そのヤヴァカッチャカの外には鍛冶屋の村があったが、その鍛冶屋〔村〕の村長にはアマラーと呼ばれる娘がいた。彼女は清楚で、見目麗しく、聡明で、弁舌に長けていた。〔また〕ヤヴァカッチャカ〔村〕の村長には、マハウシャダと呼ばれる息子がいた。(253) 彼は凛々しくて、見目麗しく、福徳をなし、高貴であった。彼が大地の広々した所を歩いていると、鍛冶屋の娘アマラーが食物を手にして、やって来るのを見た。

マハウシャダが彼女に「娘さん、あなたは誰だ。あなたの名前は何か」と尋ねると、「〔私の〕名前は、如来がおられる所です」とアマラーは答えた。マハウシャダが「娘さん、あなたの両親は誰か」と訊くと、「・・・です(254)」と彼女は答えた。マハウシャダが「娘さん、あなたはどこに行くのか」と訊くと、「私は・・・に行くのです(255)」と彼女は答えた。マハウシャダが「娘さん、どの方向か」と訊くと、「・・・(256)」とアマラーは答えた。その時、最上の賢者マハウシャダは、鍛冶屋の娘アマラーに詩頌で語った。

「汝の名はアマラーに違いなし。鍛冶屋の娘にして、汝の住処は南方なり。我は心中に真実を知るなり(257)」

その時、その娘は、頭と両目の三箇所に〔油や練香を〕塗り、衣装は浄らかで、手には少量の粥が入った壺を持っていた。そこで、最上の賢者マハウシャダは鍛冶屋の娘アマラーに詩頌で語った。

「汝の頭には何か塗られ、また汝の両眼には何か塗られたる。何が故に汝の衣装は浄く、何が故に汝の粥は粗悪なる」

その時、鍛冶屋の娘アマラーは大智慧者マハウシャダに詩頌で語った。

「頭に上質の油の塗られて、(258)〔眼に〕軟膏の光るなり。(259) 水なきが故に衣装も裸体も浄らにして、粥は粗悪なり」

その時、実に比丘達よ、大智慧者マハウシャダは、鍛冶屋の娘アマラーに詩頌で語った。

「もし汝の油と眼膏の光り、[260]汝の衣装のよそ行きなること確かならば、他の人に[261]雨は降るべし！」

その[262]時、雨が降ったので、鍛冶屋の娘は液状の食物が入った壺を白布で覆いながら、〔それを〕持って歩いた。その時、大智慧者マハウシャダは、鍛冶屋の娘アマラーに詩頌で語った。

「汝は雪の如く白き〔布〕もて覆われし壺を誰のためにか運ぶ。魅力あるアマラーよ、[263]その意味を汝に問わん。
その食物を誰にか運ぶ」

その時、実に比丘達よ、鍛冶屋の娘アマラーは大智慧者マハウシャダに詩頌で語った。

「〔…〕[264]妾は樹木に食物を運ぶなり」

その時、実に比丘達よ、大智慧者マハウシャダは、鍛冶屋の娘アマラーに詩頌で語った。

「汝の父は齢三十にして、祖父は齢・・・[265]なり。汝は生まれて十歳なり。娘よ、我はかく記憶す」

〔さらに〕マハウシャダは言った。

「〔汝の父〕のおらぬもて、汝の母は悲しみ沈めり。汝の母は『アマラーよ、彼（父）は何処にか行く』と彼を探すなり」

その時、実に比丘達よ、鍛冶屋の娘アマラーは大智慧者マハウシャダに詩頌で語った。

「死者の息し、焼かれし者のまた焼かれ、親族の親族に殺さるる所に、妾の父は赴けり」

その時、実に比丘達よ、大智慧者マハウシャダは、鍛冶屋の娘アマラーに詩頌で語った。

「鍛冶屋の鞴《ふいご》は鳴り、炭はまた焼かれ、金属は金属もて打たる。父は鍛冶小屋に赴けり。＝〔汝に〕問わん。
安全《やす》く、直《なお》く、歩き易き真の道を教うべし。娘よ、我はヤヴァカッチャカに行かんと欲す」

その時、実に比丘達よ、鍛冶屋の娘は大智慧者マハウシャダに詩頌で語った。

「麦粉と粥あり、[266]二枚葉のパラーシャ樹ある所、右に向かいて行き給え。[267]左に向かいて行くなかれ。[268]それぞヤヴァカッチャカへの道なり。もし貴方の賢者ならば、判えん[269]」

その時、実に比丘達よ、大智慧者マハウシャダは、鍛冶屋の娘アマラーに詩頌で語った。

「麦は僅かにて、黒檀の木の花咲く所、そこよりこの[270]道を通りて我はヤヴァカッチャカへ行かん」

その時、実に比丘達よ、鍛冶屋の娘アマラーは大智慧者マハウシャダに詩頌で語った。

「婆羅門よ、〔その〕道を行き給え。貴方はこの食物を[271]食し給え。子は父もて成就す。〔貴方は〕彼等の肉を食せん」

その時、実に比丘達よ、大智慧者マハウシャダは、鍛冶屋の娘アマラーに詩頌で語った。

「乾ける薪に過ぎざる筍も、竹もて成就す。我は彼等の肉を食せん。我は汝の家に行かん[272]」

その時、実に比丘達よ、鍛冶屋の娘アマラーは大智慧者マハウシャダに詩頌で語った。

「婆羅門よ、妾の家に泊まり給え。そこに祭祀あるなり。妾の母は天王（帝釈天）に[273]盛大なる祭祀を行わん」

その時、実に比丘達よ、大智慧者マハウシャダは、鍛冶屋の娘アマラーに詩頌で語った。

「汝の母の天王に行う祭祀に我も列せん。我は汝の家に参らん」

こうして、比丘達よ、大智慧者マハウシャダは鍛冶屋の娘アマラーの両親のもとに〔行き、アマラーを自分の〕嫁にしたいと懇願すると、アマラーの両親は言った。「我々は鍛冶屋でない男に娘はやれぬ」と。

さて比丘達よ、大智慧者マハウシャダは、あらゆる技能に通達していた。彼は考えた。〈鍛冶屋にとって最も細かい仕事は何か。針だ。針を作れる鍛冶屋は〔鍛冶屋の〕師匠だ〉と。

マハウシャダは針を作って〔針の形をした〕鞘に入れた。一つの鞘には七本の針が入れられた。その八本すべての針は一本の針になった。その一本の針は八本の針にもなったのである。マハウシャダはその針を持って鍛冶屋の村へ売りに行った。鍛冶屋〔村〕の村長の〔家がある〕通りに行くと、「針を販売しています。御入り用の方はお買い求め下さい」と声を上げた。

「縁堅く(274)、仕上げ善く、先端鋭く、丸き穴持つ針(275)を、我は鍛冶屋の村にて販売す。我が〔針〕を買うべし(276)」

その娘はマハウシャダの声を聞くと、外に飛び出して来た。彼女はマハウシャダに詩頌で語った。

「ここにて槍も矢も銛も作り、今(277)、この同じき場所にて針も魚釣針も作るなり。＝貴方、貴方は酔えるか。或いは、ちょいとお馬鹿さん。鍛冶屋の村にて針を売らんとは(278)！」

その時、実に大智慧者マハウシャダは、鍛冶屋の娘アマラーに詩頌で語った。

「鍛冶屋の村にて、技ある者にあらずば針を売ること能わず。師匠のみ〔その〕仕事の巧拙を判断《わきま》う(279)。＝娘よ、汝の父の我が作りし針を見ば、汝の父は彼の家にある〔全て〕(280)と汝とを我に与えん(281)(282)」

その時、比丘達よ、鍛冶屋の娘アマラーは父に詩頌で語った。

「父よ、腕よき男の言を聞き給え。彼は鍛冶屋の息子にして、腕よく巧みなる針細工なり」

その時、実に比丘達よ、鍛冶屋の娘アマラーの父はその針を見ると、驚いてしまった。彼は自分の娘を連れて、大智慧者マハウシャダに詩頌で語った。

「我はかくの如き針を未だ嘗て見聞せず。我はこの業《わざ》を嘉《よみ》す。この娘を汝に与えん(283)」

世尊は言われた。「また実に比丘達よ、その時その折に、大智慧者マハウシャダだったのは他の誰かであろうという思いがお前達にあるかもしれないが、実はそのように見られるべきではない。それは何故かというと、比丘達よ、私こそが、その時その折に、マハウシャダと呼ばれていたからだ。また実に比丘達よ、その時その折に、鍛冶屋〔村〕の村長だったのは他の誰かであろうという思いがお前達にあるかもしれないが、それはそのように見られるべきではない。それは何故かというと、比丘達よ、シャーキャ族のマハーナーマンこそが、その時その折に、鍛冶屋〔村〕の村長だったからだ。また実に比丘達よ、その時その折に、アマラーと呼ばれる、鍛冶屋〔村〕の村長の娘だったのは他の誰かであろうという思いがお前達にあるかもしれないが、それはそのように見られるべきではない。それは何故かというと、比丘達よ、ヤショーダラーこそが、その時その折に、鍛冶屋の娘だったからだ。その時も私は技能で彼女を獲得したのであり、今生においても私は技能で彼女を獲得したのである」と。[284]

「鍛冶屋の娘アマラーの本生話」を終わる。

8-(4) シリ本生話

「世尊は精進によってヤショーダラーを獲得されましたね」と比丘達が世尊に申し上げると、「比丘達よ、私が精進によってヤショーダラーを獲得したのは、今生だけのことではない。別の時にも私は精進によって彼女を獲得したことがある」と世尊は言われた。「世尊よ、別の時にもですか」と比丘達が申し上げると、「比丘達よ、別の時にもだ」と世尊は言われた。

比丘達よ、かつて過去世において、都城ヴァーラヴァーリにいたバラモンは、三ヴェーダを究め、語彙学と儀軌とを含んだ、叙事詩を五番目とする〔学問〕の語句の説明に精通していた。彼はヴェーダやブラーフマナ〔文献〕に関して師匠であり、五百人の青年僧にヴェーダや呪文を唱えさせていた。その時、そのバラモンにはシリと呼ばれる娘がいた。彼女は清楚で、見目麗しく、最高に清らかな蓮華のような容姿を具足していた。さて、この教師であったバラモンのもとに、海の向こうの町で犠牲祭を挙行しようとしている祭主が〔使者を〕送った。「ご自分でお出で下さるか、あるいは誰かを寄越して下さい。お礼は差し上げます」と。

彼は五百人の弟子に「お前達の中で、海の向こうの町にいる、ある隊商主のもとに行ける者は誰かおるか。行ける者には娘のシリカーをやろう」と言った。そこには、聡明であり、努力家で頑張家の青年僧がいたが、彼はそのシリを深く愛していた。彼には〔その〕能力があった。

「師匠、私が参ります」〔と答えた〕彼は、師匠から手紙を貰うと、船に乗って出発した。次第して彼は海の向こうの町に行くと、その手紙を隊商主に手渡した。その隊商主は師匠からの手紙を〔家来に〕読ませると、〔彼に〕宝石と金とを与えて帰らせた。また、彼はその海の向こうの町からヴァーラヴァーリに向かう船で出発した。次第して彼はその船でヴァーラヴァーリに到着した。さて彼がその船から上陸用の船に乗ろうとして〔船同士〕が擦れるや否や、その荷物が海に落ちてしまった。その青年僧は考えた。〈私はこんなに苦労して、海の向こうの町からこれを持ち運んできたのに、ここで渡し船に乗ろうとした途端に、落としてしまった。この財を取り戻すにはどうしたらよいであろうか。海水を汲み出す以外に別の方法はない〉と。

彼は〔海水を汲み出すのに〕充分大きな銅の桶を持つと、海岸にやって来た。彼は海岸に桶を置くと、衣の裾をたくし上げた。すると海の神がバラモンの姿で〔彼に〕近づいて「何のためにそんなことを」と言うと、青年僧は「大〔海の〕水を汲み出しているのです」と答えた。バラモンが「大〔海の〕水を汲み出すことはできぬ」と言うと、青年僧は言った。

「梵天よ、[285]日も夜も長く、銅の桶も充分なる大きさなり。能力ありて放逸なき者に、シリを手に入るるは難からず」‖最高なる人〔菩薩〕に精進・力・勢力・勇猛ありて、更に前世に青年僧たりし〔菩薩〕の、如何なる目的もて海を渡るを聞くべし。‖その時、彼の珠宝は失われたり。彼曰く「海〔水〕を汲み出ださん」。〔神曰く〕

「珠宝を取り戻すべく努力せよ。〔しかるに、海中の有情を〕慮らざるべからず。〔海水を悉く汲み出ださば〕彼等は苦しまん」＝海中の金翅鳥・龍・阿修羅・夜叉・羅刹の脅えること、集積《つも》れる〔雷〕雲の音声を立つるが如し。＝その時、脅えし天女の海より出でて四方を見渡すや、威勢よき青年僧の〔海水を〕汲み出だして、海を滅ぼさんとするを見たり。

彼女は〔海より〕出で、彼の前にて言えり。「青年僧よ、海より何をか探し出ださんとするを我等に言うべし。我等は〔それを〕差し出ださん。我等が災難に陥り、殺さるる[286]ことなからんことを」＝「神よ、我は珠宝をここに失えり。我は〔それを〕海中に探すなり。水を汲み出だし、珠宝を取り戻さんとす。故に大海〔の水〕を汲み出だすなり」＝「世間には利益と法との区別のつかざる愚者多し。ああ、覚知の最高なる青年僧よ、貴方も世間にて得難きを求むなり。＝八十四プーガの水を汲み出ださんとも、それもて〔如何なる違い〕も知られざらん。水の下には無限の水あり[287]。如何ぞ貴方の〔全て海水を〕能く汲み出ださんや。＝数多の川はそこに流れ込み、無限の雨は海に降り注ぐ。〔海は〕大神力を持つ者の住処となれり。しかるに、如何ぞ法の掟〔殺生〕の犯されんや[288]。＝非業を行う貴方は覚知劣れる人にして、直ちに体は疲労せん。貴方は池の〔水〕すら汲み出だすこと能《あた》わず。青年僧よ、その〔所行〕は貴方に相応しからず」

「神よ、貴方の我を叱り諭す意は然らんも、海なしとせば、水流は〔土を〕穿たず、〔木々を〕根こそぎにせず、彼岸に渡るに障礙なし[289]。＝我は怠け心もて己の珠宝を放棄せず。我は〔一旦〕財を獲得して後も、努力を惜しまず。ここに住む有情は我が言葉に従うべし。かくの如く宣言し、他は更に宣言せず。『我は燃え盛る火にも屈せず、星月ある〔天空〕や大地をも覆さん』と」＝しかして神は〈彼の海を滅ぼさざらんがため、我はその珠宝を青年僧に返さん〉と考えたり。「この優れたる珠宝を取り給え。青年僧よ、行き給え。航海は成就せり」＝精進せる者は何処にても成功し、怠け者は苦しみつつ生活す。精進力を具えし者は、財を手に行く。

師たる世尊は宿住と宿生を随念し、比丘等の前にてこの本生話を語れり。＝〔五〕蘊・〔十二〕処・〔十八〕界・自我につきて、世尊はその意を説き明かせり。(290)「昔、我が無始無終の輪廻に住せし時、我は青年僧、ヤショーダラーはシリなりき。その意を理解《さと》りて、かく本生話を憶持すべし」

＊　＊　＊　＊　＊

〔煩悩の〕炎を厭離し、恐れを厭離し、憂いなき世尊は、比丘の僧伽の真ん中で、そのような計り知れない多くの苦を経験し、高貴な〔行〕や下劣な行を積まれた、自分の過去物語である本生話を説かれたのである。

＊　＊　＊　＊　＊

世尊は言われた。「実にまた比丘達よ、その時その折に、大海に財を落とした青年僧は他の誰かであろう、という思いがお前達にあるかもしれないが、それはそのように見られるべきではない。それは何故かというと、比丘達よ、私こそが、その時その折に、青年僧であったからだ。実にまた比丘達よ、その時その折に、都城ヴァーラヴァーリでシリと呼ばれるバラモンの娘だったのは他の誰かであろう、という思いがお前達にあるかもしれないが、それはそのように見られるべきではない。それは何故かというと、比丘達よ、ヤショーダラーこそが、その時その折に、都城ヴァーラヴァーリでシリと呼ばれるバラモンの娘だったからだ。その時も私は精進によって彼女を獲得したのであり、今生においても私は精進によって彼女を獲得したのである」と。

以上、吉祥なる「シリの本生話」を終わる。

8―(5) キンナリー本生話

「世尊は御苦労の末、ヤショーダラーを獲得されましたね」と比丘達が世尊に申し上げると、「比丘達よ、苦労の末、ヤショーダラーを獲得したのは今生だけのことではない。別の時にも私は大変な苦労の末、大変な疲労の末、大変な努力の末、彼女を獲得したことがある」と世尊は言われた。「世尊よ、別の時にもですか」と比丘達が申し上げると、「別の時にもだ」と世尊は言われた。

　比丘達よ、かつて過去世において、ハスティナープラではスバーフ[291]と呼ばれる王が王国を統治していた。彼は福徳をなし、高貴で、強大な力と広大な財産とを具え、沢山の乗物を所有し、六万の都城を手中に収めていた。彼にはスダヌ[292]と呼ばれる一人息子の王子がいた。彼は凛々しく、見目麗しく、男前で、福徳をなし、高貴で、徳を具え、母を敬い、父を尊敬し、父のスバーフは彼を皇太子の地位に就けた。彼は大臣と共に、何千という父の都城を護っていた。スバーフ王は王の責務から〔退き〕、重荷を降ろして、宮殿にある最上の楼閣の屋上で隠居していた。

　その時、スバーフ王にはスチャンドリマ[293]と呼ばれる隣〔国の〕王がいた。彼は〔スバーフ王と〕同年で〔彼と〕親しく、都城シンハプラ[294]で王国を統治していた。彼は福徳をなし、高貴で、強大な力と広大な財産とを具え、沢山の乗物を所有していた。その時、スチャンドリマ王には大犠牲祭〔の日〕が近づいていた。〈私はあらゆる生物を捧げて犠牲祭を挙行しよう〉と彼は〔自分の〕領土に住む限りの猟師に、「私はあらゆる生物を捧げて犠牲祭を挙行するつもりだ。陸上の生物、無足〔生物〕、二足〔動物〕、四足〔動物〕、あるいは多足〔動物等〕、それらすべての動物や生物を連れてこい」と命令を下し、漁師にも「水中の生物はどんなものでも持ってこい。私は全生物を捧げて犠牲祭を挙行するつもりだ」と指示した。

天の〔望み〕は心もて、王のは言葉もて、金持ちのは瞬時に、〔そして〕貧者のは労働もて〔叶えらる〕(295)。

王が命令するだけで、猟師や漁師は陸上や水中の動物・生物を持ってきた。そして大きな囲いをこしらえると、そこにその陸上の動物や生物を閉じ込めた。また水中の〔動物や生物〕は纏めて池に拘留した。キンナリー以外のすべての動物や生物が一箇所に集められたのである。こうしてスチャンドリマ王は犠牲祭の祭場があらゆる資具で準備されると、頭を洗い浄め、衣と下着を脱いで最上の楼閣の屋上に行き、香・花・焼香によってお祈りを始め、四方に向かって合掌礼拝した。「東南西北の方角にまします世尊で、四禅を獲得し、五神通を具え、大神通力と大威神力とを兼備し、空中を飛べる聖仙方を、私は犠牲祭の祭場に招待いたします」と。

すると、四禅を獲得し、五神通を具え、大神通力と大威神力を具えた聖仙達は、心を集中すると神通力で天空に飛び上がり、その犠牲祭の祭場にやって来た。その時、スチャンドリマ王は、聖仙達が犠牲祭の祭場にやって来るのを見ると、嬉しくなり、喜びと喜悦とを生じ、〔彼らの〕足に礼拝すると、「世尊方よ、犠牲祭の祭場に欠けているものはないかどうか、お調べ下さい」と言った。すると聖仙達は〔祭場を〕調べて、スチャンドリマ王にこう言った。
「大王よ、祭場は完全だが、一つだけ欠けているものがある」と。
「いかなるものが欠けているのでしょうか」と王が言うと、「王よ、キンナリーが欠けているのだ」と聖仙達は答えた。そこでスチャンドリマ王は猟師に「この世にも尊き聖仙方の犠牲祭の祭場には、キンナリーが必要だ。さあ、私のもとにキンナリーを連れてくるよう努力せよ」と言った。その時、努力・力・勇敢さのどれをとっても、その何千人もの猟師の中で一番優れた者が、その猟師達や一切の集団に励まされた。「有能なお前なら、キンナリーを連れて来ることができる」と。

その猟師は皆に、また同時にスチャンドリマ王にも励まされると、弓と箙とを持って、ヒマラヤ山麓に入った。ヒマラヤ山麓で彼は、根・葉・実を伴った、美しい聖仙の隠棲処を見つけた。彼はその聖仙に近づくと、聖仙の足に礼拝し、〔そこに〕立った。聖仙は「こちらにお出でなさい。よくいらっしゃった。あなたはよくいらっしゃった。この駕籠に坐るがよい」と、その猟師を手厚くもてなした。聖仙のもてなし方に従って、〔彼は猟師に〕実と水とを与えたのである。そこで彼は実を食べて水を飲むと、そこに坐った。

そしてその聖仙のもとで、いままで聞いたことのない甘美な歌声を聞いた。彼がその聖仙に「世尊よ、この魅力的な歌声は誰のものですか。天の娘のものですか、それとも龍の娘のものですか」と尋ねると、「これは天の娘の歌声でもなければ、龍の娘の歌声でもない。これはキンナリーの歌声なのだよ」と聖仙は答えた。また、彼が聖仙に「世尊よ、その歌声は聞こえるのですが、その姿が見えません。どこで歌っているのでしょうか」と尋ねると、聖仙は言った。「この隠棲処の北側に大きな蓮池があり、そこに、一年中どんな季節でも、青蓮華・黄蓮華・赤蓮華・白蓮華といったよい香り〔の蓮華〕が咲いている。そこにあるカイラーサ山から、キンナラ王ドゥルマ(296)の、マノーハラー(297)と呼ばれる娘が、沢山のキンナラやキンナリーに取り囲まれて、その蓮池に遊びにやって来るのじゃ」と。

聡明な猟師が巧みに聖仙に尋ねて「世尊よ、ある男がキンナリー達と遊び戯れたと聞いたことがあります。どのようにすればキンナリー達は人の思うままになるのですか」と言うと、「彼女達は真実語にかけられると、姿を消すことができんのじゃよ」と聖仙は答えた。優しくて正直者の聖仙はうっかりと口を滑らせてしまった。彼がキンナリーを探しているとは知らなかったからである。

そこで猟師は聖仙に挨拶してからその蓮池に行くと、そこではキンナラ王ドゥルマの娘マノーハラーが遊んでいた。その時、キンナリー達は歌を歌うことや水笛に夢中になり、その猟師が目に入らなかった。さてその中でマノーハラーは、容姿の点でも声の点でも一番優れていた。猟師は〔歌声が〕聞こえる範囲に立って、マノーハラーを真実語にかけた。

332

「汝は緊那羅王ドゥルマの誉れ高き娘なり。動くべからず。キンナリーよ、汝はこの真実語にて縛られたり。＝汝がドゥルマ王の娘にして、ドゥルマ王に育てられしなら、愛しきマノーハラーよ、〔この〕真実語にて〔一〕歩も歩けまい！」

その時、マノーハラーはその猟師の真実語にかけられて、姿を消せなかったが、他のキンナラ達やキンナリー達はすべて姿を消したのであった。

さてマノーハラーはその猟師にシンハプラへ連れて行かれ、その犠牲祭の祭場に入れられた。キンナリーを見ると、スチャンドリマ王と大勢の人とはその猟師に喜びを生じ、猟師は莫大な褒美を貰った。縄で縛られた彼女は、今やバラモンの町と化したスチャンドリマ王のシンハプラに連れていかれ、犠牲祭の祭場へと導かれたのである。スチャンドリマ王は犠牲祭のための資具を準備し終えると、スバーフ王のハスティナープラに使者を送った。「私は一切の生物を捧げて、大犠牲祭を挙行いたします。どうかお出で下さい。ここで楽しんで下さい」と。

スバーフ王は息子のスダヌ王子を「シンハプラに行け。スチャンドリマ王が犠牲祭を挙行するだろう。それを楽しむがよい」と派遣した。スダヌ王子や他にも何百という多くの王がシンハプラにやって来たが、彼らの中で、容姿・威光・従者・香りの点でも、スダヌ王子が一番優れていた。スダヌ王子はその犠牲祭の祭場に入ると、何百という多くの王に取り囲まれた。その犠牲祭の祭場で、彼は何千もの陸上や水中に〔棲息する〕多くの生物を見、またそのキンナリーも見た。スダヌ王子が〔彼女を〕見るや、キンナリーに対する大きな愛情が芽生え、キンナリーもまたスダヌに愛情を抱いた。

――世尊が経典の言葉の中で説かれているように、

過去世にて共に生活し、現世にて好意を示さば、水中の蓮華の如く、愛は芽生ゆるなり。(298)――

こうして二人は〔一目〕見ただけで恋に落ちた。スダヌ王子がスチャンドリマ王に「どうして、何千というこんな

に多くの生物が、犠牲祭の祭場に閉じ込められているのですか」と尋ねると、「私は、これら〔の生物〕と、この多
99 くの軟食硬食を捧げて、犠牲祭を挙行するのだ」と王は答えた。〔また〕王子が「この犠牲祭にはどのような果報が
あり、どのような徳が成就するのですか。これによってどれほどの犠牲祭の徳が成就するのでしょうか。こんなにも
沢山の生物を殺して」と尋ねると、「この犠牲祭で殺される動物や生物は皆、天界に行く。そして私もこの犠牲祭で
殺した生物と同じ数だけ、天界に生まれ変わるのだ」と王は答えた。

王子は言った。「大王よ、それは邪見ではありませんか。不殺生〔こそ〕が最高の法です。(1)生物を殺すことは非法であり、殺生より厭離することが法です。(2)不与取は非法であり、不与取より厭離することが法です。(3)愛欲の対象に淫らに耽ることは非法であり、愛欲の対象に淫らに耽ることより厭離することが法なのです。(4)醸造酒・糖酒・蒸留酒を飲むことは非法であり、醸造酒・糖酒・蒸留酒を飲むことより厭離することが法です。(5)妄語は非法であり、妄語より厭離することが法です。(6)悪口は非法であり、悪口より厭離することが法です。(7)綺語は非法であり、綺語より厭離することが法です。(8)無明は非法であり、無明より厭離することが法です。(9)瞋は非法であり、瞋より厭離することが法です。(10)邪見は非法であり、邪見より厭離することが法です。〔この〕十善業道〔こそ〕が法です[299]。大王よ、十不善業道を具足する有情は地獄に生まれ変わり、十善業道を具足する有情は天界に生まれ変わります。ですから、王は天界への道を執られたのではなく、地獄に通ずる道を執られたことになるのです！」と。

このようなスダヌ王子の説法を聞いて、スチャンドリマ王、一切の王、それに大群集は皆、大喜びした。スチャンドリマ王はスダヌ王子の説法を聞くと、その陸上や水中の動物や生物をすべて解放したのである。

100 キンナリーのマノーハラーはスダヌ王子に抱きついた。彼女はスダヌに対する愛ゆえに、キンナラの世界にはまったく心を向けなかった。スダヌもマノーハラーに対する愛ゆえに、他の遊びの喜びには心を向けなかった。スチャンドリマ王も、スダヌ王子の指示通りに、〔有情の命を〕抑制しない[300]、非の打ち所なき犠牲祭を〔挙行し〕、何千人もの

多くの沙門・バラモン・貧人・乞食を、飲食物で満足させ、衣を着せた。犠牲祭が終了すると、スダヌ王子はマノーハラーと共に最上の象の背に乗ると、大勢の従者を連れ、大いなる繁栄と大いなる隆盛とを誇示し、優れた装飾品を輝かせながら、シンハプラからハスティナープラに戻ったのである。

王子がハスティナープラに入ろうとした時、都城ハスティナープラは荘厳され、天幕が広げられ、多彩な更紗が撒かれ、布や紐の束が懸けられ、水が撒かれて掃除され、香を焚き、開いた花が撒かれ、〔町の〕あちこちには舞子・踊子・闘士・力士・手拍子士・鼓手がいた。[301] こうして、スダヌ王子は大いなる繁栄と大いなる隆盛とを誇示しながら、マノーハラーと共に最上の象の背に乗って、ハスティナープラに入ったのである。

王子は王宮の娘をすべて立ち去らせ、マノーハラー〔一人〕と遊んでいたので、スバーフ王の六万の都城では、何千もの〔王の〕職務は手つかずで、何千もの多くの職務は滞ってしまった。[302] 町人や村人がスバーフ王に、「大王よ、スダヌ王子はキンナリーのマノーハラーに御執心で、仕事という仕事は〔部下に〕指示されず、六万の都城では王の職務は手つかずで、何千もの多くの〔職務〕は滞ってしまいました」と知らせると、スバーフ王はスダヌ王子に告げた。「息子よ、国の者が抗議しているぞ。お前は以前のように仕事という仕事を〔部下に〕指示せず、キンナリーのマノーハラーに執心して時を過ごしているそうではないか。息子よ、あのキンナリーを立ち去らせよ。彼女に暇を出せ」と。

〔しかし〕王子はマノーハラーに対する渇愛の網に囚われて、彼女に暇を出さなかった。父は何度も何度も「息子よ、あのキンナリーを立ち去らせよ。他の王宮の娘達も、お前が言う〔数〕だけ連れてこようではないか」と告げた。王子は何度も何度も父に言われたが、立ち去らせなかった。また大臣達もスバーフ王に何度も何度も「大王よ、スダヌ王子はキンナリーのマノーハラーに御執心で、王の職務を遂行せず、多くの王の職務が手つかずでございます」と知らせた。〔そこで〕王は王子を幽閉するよう大臣達に命じた。王の命令で大臣達は彼を幽閉したが、王子が幽閉されると、〔王〕家は不運に見舞われ、繁栄は消え去ってしまった。[303] スバーフは自らマノーハラーにキンナラの都城ニラティ[304]へ戻るように命じた。「マノーハラーよ、お前に暇をやる。快適で涼しい森がある、両親のもとに帰るがよい」と。

その時、彼女はあらゆる装飾品で飾り付け、その楼閣から降りた。彼女が降りると、何千もの多くのスダヌの女達がマノーハラーを憂いて泣いた。マノーハラーがハスティナープラから出ていこうとした時、ハスティナープラでは、左も右も〔一〕ハスタの隙間がないほど〔ぎっしりと〕人がいた。左も右も、何千もの人が合掌して彼女に別れを告げ、香や花環で供養し、また何千もの女や多くの人が彼女に随行した。こうして彼女はハスティナープラから出ると、人を〔都城に〕帰らせ、山の王ヒマラヤがある所で北に向かって曲がった。北に向かって進んでも、スダヌのいるハスティナープラの方を〔振り返っては〕眺めていた。

さてヒマラヤ山麓にあるシャタドゥル川の岸辺では、二人の猟師の息子が狩をしていた。一人目の猟師の息子はウトパラカ、二人目の猟師の息子はマーラカといった。[305] 彼らは、キンナリーのマノーハラーがあらゆる装飾品で飾り付け、高価な油を塗り、〔香りの〕薄れていない香と萎れていない花環とを身に着けて、何度も何度も後ろを〔振り返っては〕眺めながらやって来るのを、遠くから見た。彼らは彼女がキンナリーであることに気づいた。彼らは合掌して平伏すと、尋ねた。

「貴女は進みては〔後ろを〕眺め、〔後ろを〕眺めては進むなり。娘よ、貴女は何が故に〔後ろを〕眺むるや、また何処にか行く」

マノーハラーは言った。

「妾は二つを求むなり。〔夫と〕[306] 矮人の都城なり。妾はスダヌを眺め、ニラティに行かんとす」

その時、猟師の息子達は言った。

103

「スダヌ王子にはクル家とパンチャーラ家の娘あり。彼は彼女等と楽しみ、貴女のことを憶せざらん」

マノーハラーは言った。

「妾は、眼差し〔一つ〕、微笑み〔一つ〕もてスダヌを魅了す。誰ぞ象の如く〔大きく〕ならんも、彼は〔妾の〕意のままなり」

彼女は手にはめていた何百千〔金〕に値する指輪とターリーサーの花環を猟師の息子達に渡した。「もしスダヌ王子が私を追い掛け、私を求めてやって来たら、この証拠の品を与え、私の言葉として挨拶し、『ここから引き返して下さい。この先に人が進むことは困難です。人との別離は私の定めなのです』と言うのですよ」と。

猟師の息子達にこう指示すると、マノーハラーは、足の裏で水に触れることなく、シャタドゥル川を渡ったのであった。

スバーフ王はマノーハラーが立ち去ったことを知ると、スダヌ王子を連れ戻し、両親は彼を膝に抱き抱えた。「息子よ、キンナリーのことは思い出すな。お前には広大な後宮があるし、他にも何千という多くの娘をお前に連れてきてやる。お前は彼女達と遊び、戯れ、快楽に耽るがよい。キンナリーがお前にとって何になる。お前は人なんだぞ」と。

王は王子を慰めると、大臣達に「王子の家を荘厳せよ」と命じ、後宮の女には「王子がマノーハラーを思い出さぬよう、上手に王子を楽しませるのだぞ」と指示した。王が命じるや否や、王子の家はどこをとっても天宮[307]のように荘厳された。七つの門の広間には、上質の〔香〕粉が入った壺が置かれ、籾殻のついた米や他にも世間で吉祥と認められているものは皆〔そこに〕置かれた。何千ものバラモンが王子の門の所に立ち、同じく他の人も王子を待っていた。

一方、父〔王〕は息子を慰めてから帰した。

「家に帰って礼拝し、沐浴してから香油を塗るのだ。花環や飾りを〔体に〕着けて、遊び、戯れ、快楽に耽るがよい。

そして王の職務を遂行するのだぞ」と指示すると、父〔王〕は王子を帰らせた。さて王子は宮殿から出ると、献身的な一人の従者ヴァサンタカ[308]を連れて都城ハスティナープラの外に出て、マノーハラーを探すべく山の王ヒマラヤがある方に曲がった。〔その時〕町や村を含めた父の六万の都城が繁栄していることや、〔自分には〕広大な後宮があることなど、王子の心にはなかった。キンナリーのマノーハラーのことだけを悲しみ、思い出していたのである。

　王の嘆きを見たる時、〔王子〕は王国全土を捨て去りて、洗われざる汚衣を纏いて出でにけり。＝忠誠にして献身せる一人の眷族を伴いて、山王たる雪山に向かいて出発せり。＝間もなく、スダヌは麗しの山の斜面に赴くや、そこに二人の猟師ウッパラカ[309]とマーラカに出会いたり。＝また如何なる時も浄く汚れなく、水晶の如く輝けるシャタドゥル川を見たり。（…）＝柔軟にして新鮮に、美しく清浄にして、実に冷たき水の流れ、〔両岸〕に草の茂れるシャタドゥル〔川〕は激しく波立ち、無尽に[310]〔水を〕運ぶなり。＝スダヌは言えり。「猟師よ、高価なる香油を塗りし女を誰か見ざるや。強き香と新鮮なる花環とを身に着けて歩む女を見ざるや」

　猟師の息子等は答えり。「貴方の尋ねし女は、今より遥か前に川を越えて行きたれば、今、彼女は雪山にあらん。＝彼女は言えり。『もしスダヌなる人の、妾の後を追い来たらば、猟師の息子よ、この証拠の品を渡すべし。＝猟師の息子よ、この妾の指輪とターリーサの香の付ける花環とを渡すべし。彼は妾の夫にして主人なり。＝猟師よ、妾の言葉として主人に挨拶すべし。〝ハスティナープラに戻り給え。別離は〔妾の〕定めにして運命なり〟と』」＝喜びし〔王子〕は花環を執り、指輪を執れり。「我は死するか、はたマノーハラーと共にあるか、いずれかならん」＝彼等は彼に言えり。「スダヌよ、貴方はここより戻るべし。都城ハスティナープラに住む女にして、誰か貴方に尽くさざる[311]」

　彼は心にかくの如き〔思い〕をつゆ持たず、彼は彼等の言葉を聞かざりき。彼は何事のあらんも行かんと決心し、広きシャタドゥル川を渡れり。＝猟師等も〔考えり〕。〈もし我等の〔ここに〕留まりて、かくの如き危険なる状態にスダヌを放置せば、必ずや王の怒りを買わん〉と。‖虎の群れや獅子や象の鳴き叫び、鹿や鳥の駆け回り、魅力ある赤鶩鳥の囀る〔その〕川を、彼等も渡れり。‖水の流れ落つる[312]麗しき大河を彼等の渡れるその瞬間《とき》、ハンサ鳥やサーサス鳥は囀り、蛇や緊那羅等は〔音を立てり〕。

そこでその時、王子と従者ヴァサンタカ、それに猟師の息子ウトパラカと猟師の息子マーラカとは、マノーハラー探しに必死になり、徒歩で山王ヒマラヤに入っていった。マノーハラーも様々な色をした最上の花を〔木に〕懸けたり、結び付けたりしながら進んだ。その時、彼らは〔その〕花を見つけては、後ろから〔その花に〕従って進んだ。〈ここで彼女は休憩し、ここから〔また〕進んだのだな。しばらくここに彼女はいたのだ。彼女の〔積んだ〕花の集まりがあるから〉と。

彼らは、ここに、そしてあちこちに、最上の花の耳飾りを着けた彼女が作った、無垢で浄い花環を見た。このようにして、彼らは彼女がここから立ち去ったと確認しながら、進んでいったのである。

彼らは様々な種類の装飾品が道に落ちているのを見つけ、また森の〔木の〕枝に懸けられているのを見つけ、他にも〔様々な〕目印を見つけた。ヒマラヤ山へと徐々に入っていくにつれ、沢山の宝石を見た。彼らは金の峰を持つ山を見、銀の峰を持つ山を見、銅から成る〔山〕を見、鉄から成る〔山〕を見、真鍮から成る〔山〕を見、亜鉛から成る〔山〕を見、アンチモンの山を見、赤砒素の山を見た。

彼らはキンナラの夫婦が遊んでいるのを見、他にも何百という沢山の希有未曾有なるものを見た。そこかしこでキンナリーの歌声が聞かれ、獅子の咆哮も聞かれ、虎の咆哮も聞かれ、熊の咆哮も聞かれ、様々な音色の動物の声も聞かれた。また夜叉や羅刹の声も聞かれ、悪鬼や邪鬼の声も聞かれた。そして何千もの様々の種類に及ぶ薬草も見られ、妖精も見られた。

彼らが進んでいくと、聖仙カーシャパ[313]の隠棲処が見えた。そこは多くの根・葉・花・実を具え、何千もの木々に覆われ、水が豊富であった。その時、彼らは隠棲処に入ると、その隠棲処に、長老で非常に高徳の聖仙カーシャパが従者と共に坐っているのが見えた。そこで彼らは従者を引き連れた聖仙に挨拶し、前に立つと、聖仙は考えた。〈この隠棲処に入るとは、この王子は必ずや福徳をなし、福徳を具えた偉人に相違ない。ここはそう簡単に到達できる所ではないからな〉と。

彼が王子に「王子よ、よく来られた。坐るがよい。そこに椅子がある」と挨拶すると、王子は従者と共に腰を下ろした。聖仙は蜂蜜の甘さに匹敵する実と水とを持ってきた。王子が実を食べ終わり、水を飲み干すと、聖仙は彼に尋ねた。「何一つ不自由なく育った王子が何のためにこんな所へ来たのか」と。

「世尊よ、このような女が誰か通り過ぎるのを、あなたは御覧になりませんでしたか」と王子が言うと、聖仙は答えた。「確かに見たぞ。彼女はこの隠棲処にやって来て、私の両足に礼拝すると、最上の山〔ヒマラヤ〕の山腹を通って行った。だから、王子はこの隠棲処から引き返すがよい。こんな場所までやって来るとは、王子はなし難きことをなしたのだ。ここから先、人が足を踏み入れたことのない所に踏み入って何になろう。だから、ここから引き返すがよい」と。

「世尊よ、引き返せません。あのマノーハラーが進んだ、その同じ道を我が道として進みます。私はその同じ道を行くつもりです」と王子が言うと、聖仙は言った。「キンナリーと人の道は違うんじゃ。鳥でさえもキンナラの道を行くことはできぬのに、どうして人に〔できよう〕ぞ。鳥も何とかこの場所まではやって来るが、キンナラが喜んで進み、快適な生活を享受する場所は、王子よ、人の道では行くことができぬ。よって、この隠棲処より引き返せ。そなたの父は六万の都城の主権者であろうが。広大な資財を使って、王子は遊び、戯れ、〔楽しみを〕享受しておればよい。そんな到達不可能な場所に行くことはできぬ」と。

「世尊よ、死ぬか、あるいは彼女に会うかのどちらかです」と王子が言うと、高徳で、大慈に住し、〔大〕悲を有する聖仙は、〈もしも王子が到達不可能な場所に行こうとすれば、〔彼の〕身は滅んでしまうだろう〉と考えた。聖仙は言った。「王子よ、この場に猿がやって来るまで、今晩はこの隠棲処に泊まるがよい。その群れの頭《かしら》は私に浄信を抱き、蜜と同じくらい甘い実を手にすると、いつも私の足を礼拝しにやって来るが、私はその猿の王に頼んでみよう。彼がそなたを、キンナラ王ドゥルマのキンナラの都城ニラティに連れていってくれよう」と。

聖仙の言葉に従い、その夜、王子はその隠棲処に泊まった。夜明け頃、王子は獅子が走ってくるような音を聞いた。王子が聖仙の弟子達に「あれは誰が走ってくる音なのですか」と尋ねると、聖仙の弟子が答えた。「猿の王が走ってくる時、あのような音を立てる。いつもこの時間になると、彼は蜜と同じくらい甘い実を手に〔大地〕を走り、木から木へと飛び移りながら、我々の師匠の足を礼拝しにやって来るのだ」と。

すると彼は好奇心を抱いて立ち上がり、どこから猿の走ってくる音がするかに神経を集中した。彼は猿の王が木から木へと飛び移りながらやって来るのを見た。猿の王はその隠棲処にやって来て、蜜と同じくらい甘い実を聖仙の前に置くと、腰を下ろした。聖仙が「猿の王よ、私のために仕事をしてくれぬか」と言うと、「世尊よ、いたしましょう。お命じ下さい」と猿の王は言った。「キンナラ王ドゥルマにはニラティと呼ばれるキンナラの都城があるが、そこにこの王子と他の三人とをお連れしなさい」と聖仙が言うと、「世尊よ、お連れいたしましょう」と猿は答えた。

そこで猿の王はその同じ隠棲処から王子と他の三人とを〔自分の〕背中に乗せて、山々の頂から頂へ、木から木へと飛び移りながら、久しからずしてカイラーサ山の頂にあるキンナラ王ドゥルマの都城に到着した。そしてカイラーサ山の頂に、キンナラ王ドゥルマの、ニラティと呼ばれる都城があるのを〔王子〕は見た。そこはすべて金による見事な業《わざ》で仕上げられ、何千もの園林に取り囲まれ、すべてが宝石から成る蓮の池や湖に取り囲まれていたが、そこは、すべてが宝石から成るエメラルドの台の階段があり、七宝の手すりが巡らされ、芳香を発する青蓮華・黄蓮華・赤蓮華・白蓮華が〔その表面を〕覆い、岸は宝石から成り、様々な宝石でキラキラ輝く船が浮かんでいたし、また他にも春のようにキラキラして、種類も様々な小舟が浮かんでいた。

〔その都城〕は様々な種類の花・葉・実を付けた木々に覆われ、アティムクタカ・チャンパカ・ヴァールシカ・マッリカー・スマナー・ナヴァ・マーリカー・ユーティカ〔の花〕で美しかった。彼らは、何千ものキンナラの夫婦があちこちで遊んでいるのを見た。ある者は水笛を鳴らし、ある者は様々な種類の楽器を演奏し、またある者は甘い声でマノーハラーのことを歌っていた。そして都城の中では、何百もの楽器の音が聞こえ、甘い歌声が聞こえたのである。

さてその時、キンナラの都城の外にある園林に立っていた彼らは、清楚で見目麗しく、〔体を〕荘厳し飾り付けた大勢のキンナリーが金壺を手にして、スダヌが立つ、その蓮池に水を汲みにやって来るのを見た。スダヌが彼女達に「皆がこんなに喜んでいるなんて、この都城では何かお祭でもあるのですか」と尋ねると、彼女達は答えた。「今日はお祭でも休日でもありません。そうではなく、キンナラ王ドゥルマの、マノーハラーという娘が人に連れ去られていたのですが、何年も経った〔今日〕、戻ってきたのです！　彼女が戻ってきたので、キンナラ王ドゥルマも都城の者も皆、喜んでいるのです。だからこんなに喜んでいるのですよ」と。

スダヌが「この水はどこに持っていくのですか」と言うと、「そのマノーハラーが〔これで〕沐浴されるのです。彼女の〔体に付いた〕人の臭いを消すのですよ」と彼女達は答えた。王子は、キンナリー達に見られぬよう〔自分の〕指輪を最後の水瓶に放り込んだ。マノーハラーが沐浴していると、その〔水〕瓶から沐浴している彼女の膝の上に指輪が落ちた。その指輪を見て、マノーハラーは気づいた。彼女はこう考えたのである。〈スダヌ王子が私のためにやって来てくれたのだわ。王子は非常に華奢なのに、こんな到達不可能な場所にどうやって来たのかしら〉と。

そこで彼女は大急ぎで衣を身に纏い、涙で喉を詰まらせ、顔を泣き腫らし、両親に平伏《ひれふ》すと、「閻浮提で私の夫だった人がやって来ました。スバーフ王の一人息子でスダヌという王子です！」と言った。キンナラ王ドゥルマは

「娘よ、人がこんな場所まで来ることはできぬ」と〔言って〕信じなかったが、マノーハラーが「いいえ、父上、彼は確かにやって来たのです！」と言うと、キンナラ王ドゥルマが「お前は自分の眼で見たのか、あるいは他人から聞いたのか」と訊くので、彼女は答えた。「私は自分の眼で見たのでも、他人から聞いたのでもありません。そうではなく、私が沐浴をしていると、スダヌの指輪が膝に落ちてきたのです」と。

キンナラ王ドゥルマは、水汲みの女達を呼びつけた。そして彼女達を呼びつけて、「どこかに水を汲みに行った時、お前達は男を見掛けたか」と尋ねると、彼女達は「大王よ、凛々しくて見目麗しいキンナラの王子、それに他にも三人の男を、蓮池の岸辺で見掛けました」と答えた。彼は〈〔もしも〕そうなら、彼は明らかにマノーハラーの王子だ。どうして彼はこんな場所に来ることができたのか〉と考えた。そこで彼が娘に「マノーハラーよ、スダヌ王子にこの宮殿に入ってもらうか[314]」と尋ねると、彼女は答えた。「父上、彼をお入れ下さい。彼は私に対する愛ゆえにここへやって来たのですから。彼は私のために父〔王〕の気に入らぬことや無礼なことをしたので、〔父王〕のために彼は牢獄に幽閉されるという苦を味わいましたが、彼は片時も私を見捨てることはなかったのです。それから、父〔王〕スバーフはスダヌ王子を牢獄に幽閉した後、私は暇を出されたのです。その彼が解放されると同時に、私の後を追って来てくれたのですわ！」と。

キンナラ王ドゥルマは大臣達に命じた。「すぐに都城を荘厳せよ。宮殿から蓮池アスラカー[315]まで天幕を広げ、多彩な花を撒き、布や紐の束を懸け、水を撒いて掃除し、開いた花を撒き、あらゆる香水を撒け。我が都城の要人、四支より成る軍隊のすべては、日傘や旗や幟を持って、我が婿を出迎えよ！」と。

命令一下、大臣達はすべてを荘厳し、歓迎〔の準備〕が壮麗に整えられた。マノーハラーも高価な衣装に身を包み、あらゆる装飾品で飾り付け、何千もの多くのキンナラ達に取り囲まれ、何千もの楽器が演奏される中、〔王子を〕出迎えた。その時、彼女はスダヌを見て、〔彼の〕足に頭と顔とを付けると、〔自分の〕髪で〔彼の〕足を拭った。こうして、非常な荘厳さと非常な壮麗さの中、スダヌはキンナラ王ドゥルマの都城に入り、宮殿に〔到着すると〕、キンナラ王ドゥルマに歓待され、膝に抱き抱えられ、元気づけられた。「すべて金から成り、何千もの園林に取り囲まれ、限りなく素晴らしいこの都城はそなたのものだ。ここで我が娘マノーハラーと遊び、戯れ、快楽に耽るがよい」と。

さてスダヌはキンナラの都城で何年も暮らし、遊び、戯れ、快楽に耽り、すべての園林に相応しい〔楽〕を〔皆〕経験すると、[316]マノーハラーに告げた。「マノーハラーよ、お前も知っているように、私は両親にとって可愛く大切な一人息子だ。私はお前に対する愛ゆえに、両親の許しを得ることなく、すべてを抛ち、自らを犠牲にして、ここまでやって来たが、私がここで暮らし始めてから今日まで、かなりの年が流れた。私がハスティナープラに戻るということを〔お前の〕両親に告げてくれないか」と。

マノーハラーは両親に告げると、キンナラ王ドゥルマはスダヌに「王子よ、両親のもとに帰るつもりか」と尋ねた。「父上、もしも許して頂けるのなら、帰るつもりです」と王子が言うと、「帰してやろう」とドゥルマは答えた。ヤンバカと呼ばれる夜叉はキンナラの命令を実践する者であった。王は夜叉ヤンバカに命じた。「従者を引き連れた我が婿を、マノーハラーと共にハスティナープラへ送り届けよ。沢山の宝石を付けてな」と。

彼らは従者を引き連れた王子と寝ていたマノーハラーを抱え上げると、沢山の宝石と共にキンナラの都城からハスティナープラに運び、王宮の遊園に降ろした。夜が明けてスダヌ王子が目覚めると、太鼓の音や人の声を聞いた。彼は〈私はどうやってハスティナープラに運ばれたのだろうか〉と考えた。彼はその王宮の遊園を見ると、まるで〔特別に〕設《しつら》えられたような宝石から成る駕籠、マノーハラー、三人の従者、そして沢山の宝石があった。王子は希望通り自分の都城に戻り、喜んだ。

王子がハスティナープラを去った後、スバーフ王は必死で〔王子を〕探させた。王子の消息が摑めなかった時、

〈王子はマノーハラーを探しにいって、死んでしまったに違いない〉と王は考えた。そこで王はスダヌ王子の葬儀を行わせた。〔王国〕全土に住む者も〈スダヌはお亡くなりになられたのだ〉と考えた。その時、王宮の遊園にある前門に立って遊園を警護している者達は、〔毎朝〕遊園に旗を立てることになっていた。遊園にやって来ると、彼らは、スダヌ、マノーハラー、三人の従者、宝石から成る駕籠、そして大きな宝の山を見た。そして見ると、走ってハスティナープラに入った。大勢の人が「大丈夫ですか」と尋ねると、「大丈夫です。スダヌ王子が戻ってこられました！」と彼らは答えたので、人は喜んだ。その遊園の警備員達は宮殿に行くと、スバーフ王に「大王よ、お喜び下さい！　スダヌ王子が戻ってこられました！」と告げた。王や宮殿の者は皆、聞いた瞬間に喜びを生じた。その遊園の警備員達には大量の褒美が与えられたのである。

大臣や家来を引き連れたスバーフ王、スダヌの母である王妃、それに後宮の女全員、また都城の人も皆、スダヌ王子とマノーハラーとが戻ってきたという声を聞くと、王子に会うため遊園に出掛けた。王子とマノーハラーに会うために、ハスティナープラから王の遊園に駆けつけた人には隙間がない〔ほど、沢山の人が彼に会いに行った〕。スダヌは両親を見ると、頭を下げ、またマノーハラーも義母と義父とを見ると、頭を下げた。王子はスバーフ王と共に、金で飾り立て、金網で覆われた象に乗り、素晴らしい王の威厳、素晴らしい王の隆盛、素晴らしい荘厳さ、素晴らしい壮麗さを誇示しながら、ハスティナープラに入っていった。

かくの如く、無知を滅したる有情は、全ての優しき人と値遇《あ》うべきこと、その時、スダヌのキンナリー〔のマノーハラー〕に出会えるが如し。

世尊は言われた。

「また実に比丘達よ、その時その折に、スダヌと呼ばれる王子だったのは、他の誰かであろう、という思いがお前達にあるかもしれないが、それはそのように見られるべきではない。それは何故かというと、比丘達よ、私こそが、その時その折に、スダヌと呼ばれる王子だったからだ。

その時その折に、スバーフと呼ばれる王だったのは他〔の誰か〕であろう〔という思いがお前達にあるかもしれないが〕、それはそのように見られるべきではない。それは何故かというと、比丘達よ、シュッドーダナ王こそが、その時その折に、スバーフと呼ばれる王だったからだ。その時その折に、スダヌの母だったのは他〔の誰か〕であろう〔という思いがお前達にあるかもしれないが〕、それはそのように見られるべきではない。それは何故かというと、比丘達よ、王妃マーヤーこそが、その時その折に、スダヌの母だったからだ。

また実に比丘達よ、その時その折に、ヴァサンタカと呼ばれる、スダヌの従者だったのは、他の誰かであろう、という思いがお前達にあるかもしれないが、それはそのように見られるべきではない。それは何故かというと、比丘達よ、チャンダカこそが、その時その折に、スダヌの従者だったからだ。

その時その折に、ウッパラカと呼ばれる猟師の息子だったのは他〔の誰か〕であろう〔という思いがお前達にあるかもしれないが〕、それはそのように見られるべきではない。それは何故かというと、比丘達よ、ラーフラこそが、その時その折に、ウッパラカと呼ばれる猟師の息子だったのは他〔の誰か〕であろう〔という思いがお前達にあるかもしれないが〕、それはそのように見られるべきではない。それは何故かというと、比丘達よ、アーナンダ長老こそが、その時その折に、マーラカと呼ばれる猟師の息子だったからだ。

その時その折に、カーシャパと呼ばれる聖仙だったのは他〔の誰か〕であろう〔という思いがお前達にあるかもしれないが〕、それはそのように見られるべきではない。それは何故かというと、比丘達よ、マハーカーシャパ長老こそが、その時その折に、ヒマラヤ山麓のカーシャパの種姓である聖仙だったからだ。その時その折に、猿の王だったのは他〔の誰か〕であろう〔という思いがお前達にあるかもしれないが〕、それはそのように見られるべきではない。それは何故かというと、比丘達よ、馬の王カンタカこそが、その時その折に、ヒマラヤ山麓の猿の王だったからだ。

その時その折に、カイラーサの山頂でドゥルマと呼ばれるキンナラ王だったのは他〔の誰か〕であろう〔という思いがお前達にあるかもしれないが〕、それはそのように見られるべきではない。それは何故かというと、比丘達よ、シャーキャ族のマハーナーマンこそが、その時その折に、キンナラ王ドゥルマだったからだ。その時その折に、マノーハラーの母だったのは他〔の誰か〕であろう〔という思いがお前達にあるかもしれないが〕、それはそのように見られるべきではない。それは何故かというと、比丘達よ、ヤショーダラーの母こそが、その時その折に、マノーハラーの母だったからだ。

その時その折に、キンナリーのマノーハラーだったのは他〔の誰か〕であろう〔という思いがお前達にあるかもしれないが〕、それはそのように見られるべきではない。それは何故かというと、比丘達よ、ヤショーダラーこそが、その時その折に、キンナリーのマノーハラーだったからだ。

その時も私は彼女を〔大変な〕苦労の末、獲得したのである[317]」

115
〔種類も〕種々にして深遠なるを語り、多聞にして、煩悩を滅し、敵を論破する比丘は、自在者の教えに輝くこと、天空の満月の如し。

以上、吉祥なる「キンナリーの本生話」を終わる。

〔9 偉大なる出家〕[318]

世尊・正等覚者は念願であった目的を成就すると、[319] 天人師としてシュラーヴァスティーで時を過ごされ、〔以下の〕出来事を詳しく比丘達に告げられた。

比丘達よ、私は非常に華奢で、最高に華奢であった。比丘達よ、華奢であった私のために、シャーキャ族の父は、冬・夏・雨期用という三つの楼閣を造らせた。私が遊び、戯れ、快楽に耽るためである。比丘達よ、私は非常に華奢で、最高に華奢であった。比丘達よ、非常に華奢で、最高に華奢であった私のために、シャーキャ族の父は、その楼閣の中に、重閣講堂を造らせた。それは内も外も〔綺麗に〕塗り付けられ、隙間風は入らず、門はしっかりと閉められ、[320] 円窓が取りつけられ、焼香が焚かれ、布や紐の束が懸けられ、開いた花が撒かれていた。私が遊び、戯れ、快楽に耽るためである。

比丘達よ、私は非常に華奢で、最高に華奢であった。比丘達よ、非常に華奢で、最高に華奢であった私のために、シャーキャ族の父は、重閣講堂の中に寝台を造らせた。それは金から成り、銀から成り、宝石から成り、十六の毛布が掛けられ、布の掛布[321]が掛けられ、多彩な掛布が掛けられ、羊毛の掛布[322]が掛けられ、その両側に枕や赤いクッションがあり、それに白い覆いがあった。私が遊び、戯れ、快楽に耽るためである。比丘達よ、私は非常に華奢で、最高に華奢であった。比丘達よ、非常に華奢で、最高に華奢であった私のために、シャーキャ族の父は、塵や光を遮断するために寝台の上に天蓋を造らせた。私が遊び、戯れ、快楽に耽るためである。

比丘達よ、私は非常に華奢で、最高に華奢であった。比丘達よ、非常に華奢で、最高に華奢であった私のために、シャーキャ族の父は、たとえば、アグル香・白檀香・安息香・ターマラ樹の葉〔の粉末〕といった様々な塗香を用意してくれた。私が遊び、戯れ、快楽に耽るためである。比丘達よ、私は非常に華奢で、最高に華奢であった。比丘達よ、非常に華奢で、最高に華奢であった私のために、シャーキャ族の父は、たとえば、細柔な絹や細柔な毛織物といった様々な衣を用意してくれた。私が遊び、戯れ、快楽に耽るためである。比丘達よ、私は非常に華奢で、最高に華奢であった。比丘達よ、非常に華奢で、最高に華奢であった私のために、シャーキャ族の父は、たとえば、アティムクタカ・チャンパカ・ヴァールシカ・ヴァートゥシュカーリン・インディーヴァラ・ダマナカ・天が身に着ける〔花〕といった様々な花環を用意してくれた。この私が遊び、戯れ、快楽に耽るためである。

比丘達よ、私は非常に華奢で、最高に華奢であった。比丘達よ、私のために、シャーキャ族の父は、黒穀を選り分け、[323]多くのスープ・味・調味料で味付けされた〔白〕米〔等〕、様々な食事を用意してくれた。この私が遊び、戯れ、快楽に耽るためである。比丘達よ、私は非常に華奢で、最高に華奢であった。比丘達よ、非常に華奢で、最高に華奢であった私のために、シャーキャ族の父は、私が食事を終えるや否や、転輪王に相応しい花環をくれた。この私が遊び、戯れ、快楽に耽るためである。

比丘達よ、私は非常に華奢で、最高に華奢であった。比丘達よ、非常に華奢で、最高に華奢であった私のために、シャーキャ族の父は、たとえば、踊り・歌・音楽・伎楽・女といった五欲の対象を用意してくれた。私が遊び、戯れ、快楽に耽るためである。比丘達よ、私は非常に華奢で、最高に華奢であった。比丘達よ、非常に華奢で、最高に華奢であった私のために、シャーキャ族の父は、たとえば、象の乗物・馬の乗物・船の乗物・駕籠の乗物といった様々な乗物を用意してくれた。この私が遊び、戯れ、快楽に耽るためである。

比丘達よ、私は非常に華奢で、最高に華奢であった。比丘達よ、非常に華奢で、最高に華奢であった私のために、シャーキャ族の父は、たとえば、獅子皮の覆い・虎皮の覆い・豹皮の覆い・白い毛織物に覆われ、鈴が付けられた旗といった〔乗物に敷く〕多彩な敷物を用意してくれた。私が遊び、戯れ、快楽に耽るためである。比丘達よ、私は非常に華奢で、最高に華奢であった。比丘達よ、非常に華奢で、最高に華奢であった私のために、シャーキャ族の父は、〈王子の体が〔日〕焼けしたり、塵や日光が〔王子の体を〕痛めつけないように〉と、私が外出する時、日傘を〔誰かに〕持たせせた。この私が遊び、戯れ、快楽に耽るためである。

比丘達よ、私は非常に華奢で、最高に華奢であった。比丘達よ、非常に華奢で、最高に華奢であった私のために、〔シャーキャ族の父〕は、四方に遊園を造らせた。この私が遊び、戯れ、快楽に耽るためである。

比丘達よ、私は非常に華奢で、最高に華奢であった。比丘達よ、非常に華奢で、最高に華奢であった私のために、シャーキャ族の父は、その遊園の四方に、芳香を放つ青蓮華・赤蓮華・睡蓮に覆われた蓮池を造らせた。私が遊び、戯れ、快楽に耽るためである。比丘達よ、私は非常に華奢で、最高に華奢であった。比丘達よ、非常に華奢で、最高に華奢であった私のために、シャーキャ族の父は、その遊園の四方に、高くて大きく聳え立つ楼閣を造らせた。私が遊び、戯れ、快楽に耽るためである。

比丘達よ、私は非常に華奢で、最高に華奢であった。比丘達よ、非常に華奢で、最高に華奢であった私は、〈家での生活には束縛が多いが、出家は虚空〔の如く自由〕である。完全に制御され[324]、まったく非の打ち所がなく、清浄で、純白なる梵行を、家に留まったままで修することは不可能だ。いざ私は家持ちの生活から家なき状態へと出家しよう〉と考えた。実に[325]比丘達よ、涙で喉を詰まらせた泣き顔の両親の意に反し、私は快適な家の生活と〔出家することがなければ〕手中に〔収める〕と言われていた[326]転輪王の位とを捨て去って、家持ちの生活から家なき状態へと出家すると、都城ヴァイシャーリーに下り、そこに到着した。

さてちょうどその時、大都城ヴァイシャーリーには、三百人の声聞に尊敬され、恭敬され、崇拝され、供養されていたアーラーダ・カーラーマが住んでいた。彼はジャイナ教の声聞に無所有処[327]に関する法を説いた。彼はジャイナ教の声聞達に「見よ、見よ、捨て去れ、捨て去れ」と言うと、声聞達も彼に「我々も他の者も見ます、見ます、捨て去ります、捨て去ります」と言った。比丘達よ、私は〈いざ私はアーラーダのもとで梵行を修しよう〉と考えた。

実に比丘達よ、私はアーラーダ・カーラーマのもとに近づくと、アーラーダ・カーラーマに「世尊アーラーダのもとで、私は梵行を修したいのです」と言った。比丘達よ、こう言われると、アーラーダ・カーラーマは「おお、ガウタマよ、修するがよい。信仰心ある善男子が梵行を修し、そしてまた修しつつ、善法を獲得するような法と律とがこれである」と言った。比丘達よ、私は〈実に私には意欲があり、力があり、精進がある。いざ私はその同じ法を獲得し、証得しよう〉と考えた。

私は独りで放逸なく苦行し(328)、自分自身で努力し、独居して時を過ごしていると、久しからずして〔その〕法を獲得し、証得した。実に比丘達よ、私はアーラーダ・カーラーマのもとに近づくと、アーラーダ・カーラーマに「世尊アーラーダが獲得し、証得し、〔人に〕説示し、〔世に〕知らしめた法は、このようなものですか」と言った。比丘達よ、こう言われると、アーラーダ・カーラーマは「ガウタマよ、いかにも。私が獲得し、証得し、〔人に〕説示し、〔世に〕知らしめた法は、そのようなものである」と言った。比丘達よ、こう言われると、私はアーラーダ・カーラーマに「おお、アーラーダよ、それならば、私もその法を獲得し、証得しました」と言った。

比丘達よ、こう言われると、アーラーダ・カーラーマは私に「おお、ガウタマよ、それでは私が知っている法を汝ガウタマが知り、汝ガウタマが知っている法を私が知ったことになる。それなら、我々二人で声聞の僧伽を守護していこうではないか」と言った。こうして比丘達よ、アーラーダ・カーラーマは私を最高の供養を以て供養し、最高の賞賛を以て賞賛した。〈そのような見解は〔自分と〕同じだ〉と彼は〔自分と〕同じ地位に〔私を〕就けたのである。比丘達よ、私はこう考えた。〈このアーラーダの法は、正しく苦を滅しようとする人には役に立たぬ。いざ私はもっと優れた〔師〕を探そう〉と。

またちょうどその時、ラージャグリハには、七百人の声聞に尊敬され、恭敬され、崇拝され、供養されていたウドラカ・ラーマプトラが住んでいた。彼はジャイナ教の声聞達に非想非非想処に関する法を説いていた。彼はジャイナ教の声聞達に「見よ、見よ、捨て去れ、捨て去れ」と言った。その声聞達も彼にこう言った。「我々も他の者達も見ます、見ます、捨て去ります、捨て去ります」と。

比丘達よ、私は〈いざ私はウドラカ・ラーマプトラのもとで梵行を修しよう〉と考えた。実に比丘達よ、私はウドラカ・ラーマプトラのもとに近づくと、ウドラカ・ラーマプトラに「ああ、世尊ウドラカのもとで、私は梵行を修したいのです。汝ウドラカは私の〔願い〕をお許し下さいますか」と言った。比丘達よ、こう言われると、ウドラカ・ラーマプトラはこう言った。「おお、ガウタマよ、では修するがよい。〔ここに〕留まれ。信仰心ある善男子が梵行を修し、そしてまた修しつつ、善法を獲得するような法と律とがこれである」と。

比丘達よ、私はこう考えた。〈実に私には意欲があり、力があり、精進がある。いざ私はその同じ法を獲得し、証得しよう。私は独りで放逸なく苦行し、自分自身で努力し、独居して時を過ごそう〉と。

実に比丘達よ、私はその同じ法を獲得し、証得するために、独りで放逸なく苦行し、自分自身で努力し、独居して時を過ごしていると、久しからずしてその法を獲得し、証得した。実に比丘達よ、私がウドラカ・ラーマプトラのもとに近づき、「おお、世尊ウドラカ・ラーマが獲得し、証得し、〔人に〕説示し、〔世に〕知らしめた法、すなわち非想非非想処は、このようなものですか」と言った。比丘達よ、こう言われると、ウドラカ・ラーマプトラは「おお、ガウタマよ、尊者ラーマが獲得し、証得し、〔世に〕知らしめた法、すなわち非想非非想処は、そのようなものである」と言った。

実に比丘達よ、私はウドラカ・ラーマプトラに「おお、ウドラカよ、(329) それならば、私もその法を獲得し、証得しました」と言った。比丘達よ、こう言われると、ウドラカ・ラーマプトラは私に「おお、ガウタマよ、それでは尊者ラーマが知っている法を尊者ガウタマが知ったことになる。それなら、尊者ガウタマこそが声聞の僧伽を守護すべきだ」と言った。こうして比丘達よ、ウドラカ・ラーマプトラはこの私を最高の供養を以て供養し、最高の賞賛を以て賞賛した。〈そのような見解は〔自分と〕同じだ〉と彼は師匠の地位に〔私を〕就けたのであった。比丘達よ、私はこう考えた。〈このラーマの法は、正しく苦を滅しようとする人には役に立たぬ。いざ私はもっと優れた〔師〕を探そう〉と。

こうして比丘達よ、私はそのような見解には傾倒せず、都城ガヤーに下って行き、そこに到着すると、その同じ場所で時を過ごしていた。ガヤーシールシャ山で時を過ごしていると、かつて聞いたことがなく、以前に耳にしたこともなく、またまったく知らず、かつてまったく知らなかった三つの譬喩が〔突然〕閃いたのである。三つとは何か。

(1)〔比丘達よ、私はこう考えた。〕〈誰であれ、欲望の対象から身心を遠ざけることなく時を過ごし、欲望の対象に思いを抱くこと、欲望の対象を欲すること、欲望の対象に強い欲望を持つこと、〔そして〕欲望の対象を〔得ようと〕努力することをまったく取り除こうとしない沙門やバラモンは、自身を害し〔自身の〕体を痛めつける、辛くて辛辣で厳しい苦の感受を感受しなくても、[330] 実に彼らは知識・知見・正覚に関して上人法の価値がまったくない。たとえば、火を探し、火を求め、火を捜し求めている人がここにやって来て、水分を含んだ湿り気のある薪を[331]湿った摩擦木に水中で擦りつけても、火が起こったり、火が着いたりすることがないのとまったく同じように、沙門やバラモンは、自身を害し〔自身の〕体を痛めつける、辛くて辛辣で厳しい苦の感受を感受したとしても、実に彼らは知識・知見・正覚に関して上人法の価値がまったくない〉と。

実に比丘達よ、これが、ガヤーシールシャ山で時を過ごしている私に閃いた最初の譬喩であり、これはかつて聞いたことがなく、以前に耳にしたこともなく、またまったく知らず、かつてまったく知らなかったのである。

(2)比丘達よ、私はこう考えた。〈誰であれ、欲望の対象から身心を遠ざけることなく時を過ごし、欲望の対象に思いを抱くこと、欲望の対象を欲すること、欲望の対象に強い欲望を持つこと、〔そして〕欲望の対象を〔得ようと〕

努力することをまったく取り除こうとしない沙門やバラモンは、自らを害し、〔自分の〕体を痛めつける、辛くて辛辣で厳しい苦の感受を感受したとしても、実に彼らは知識・知見・正覚に関して上人法の価値がまったくない。たとえば、火を探し、火を求め、火を捜し求めている人がここにやって来て、水分を含んだ湿り気のある薪を湿った摩擦木に陸の上で擦りつけたとしても、火が起こったり、火が着いたりすることがないのとまったく同じように、誰であれ、欲望の対象から身心を遠ざけることなく時を過ごし、欲望の対象に思いを抱くこと、欲望の対象を欲すること、欲望の対象に強い欲望を持つこと、〔そして〕欲望の対象を〔得ようと〕努力することをまったく取り除こうとしない沙門やバラモンは、自らを害し、〔自分の〕体を痛めつける、辛くて辛辣で厳しい苦の感受を感受しなくても、[332] また実に彼らは知識・知見・正覚に関して上人法の価値がまったくない〉と。

実に比丘達よ、これが、ガヤーシールシャ山で時を過ごしている私に閃いた二番目の譬喩であり、これはかつて聞いたことがなく、以前に耳にしたこともなく、またまったく知らず、かつてまったく知らなかったのである。

(3)比丘達よ、私はこう考えた。〈誰であれ、欲望の対象から身心を遠ざけることなく時を過ごし、欲望の対象に思いを抱くこと、欲望の対象を欲すること、欲望の対象に強い欲望を持つこと、〔そして〕欲望の対象を〔得ようと〕努力することをまったく取り除こうとしない沙門やバラモンは、自らを害し、〔自分の〕体を痛めつける、辛くて辛辣で厳しい苦の感受を感受したとしても、また実に彼らは知識・知見・正覚に関して上人法の価値がまったくない。たとえば、火を探し、火を求め、火を捜し求めている人がここにやって来て、乾燥して水分のない〔薪〕に乾燥した摩擦木を陸の上で擦りつければ、火は起こり、火が着いたりすることがあるのとまったく同じように、誰であれ、欲望の対象から身心を遠ざけて時を過ごし、欲望の対象に思いを抱くこと、欲望の対象を欲すること、欲望の対象に強い欲望を持つこと、〔そして〕欲望の対象を〔得ようと〕努力することを取り除いた沙門やバラモンは、自身を害し〔自身の〕体を痛めつける、辛くて辛辣で厳しい苦の感受を感受したとしても、実に彼らは知識・知見・正覚に関して上人法の価値がある〉と。

実に比丘達よ、これが、ガヤーシールシャ山で時を過ごしている私に閃いた三番目の譬喩であり、これはかつて聞いたことがなく、以前に耳にしたこともなかった。実に比丘達よ、これが、ガヤーシールシャ山で時を過ごしている私に閃いた三つの譬喩であり、これはかつて聞いたことがなく、以前に耳にしたこともなく、またまったく知らず、かつてまったく知らなかったのである。

比丘達よ、私はこう考えた。〈私は欲望の対象から身心を遠ざけて時を過ごし、欲望の対象に思いを抱くこと、欲望の対象を欲すること、欲望の対象に強い欲望を持つこと、〔そして〕欲望の対象を〔得ようと〕努力することを取り除いたので、自らを害し、〔自分の〕体を痛めつける、辛くて辛辣で厳しい苦の感受を感受したとしても、実に私は知識・知見・正覚に関して上人法の価値がある〉と。

実に比丘達よ、私はそのような見解を抱きつつ、ウルヴィルヴァーというセーナーパティの村に下り、そこに到着した。そこで私は木の根を見たが、それらは、愛らしく、見目麗しく、〔村の〕境界に近く、閑静で、災いがなく、人里を離れ、魅力的な池は寝床を提供し、独居するには最適の場所だった。そして周囲には、施食を得られる村がさほど遠くも近くもない所にあり、往来するには絶好であった。また、地面と同じ高さにナイランジャナー川があり、〔川〕岸も〔両方〕同じ〔高さ〕で、〔私の〕目的を成就させてくれそうな、浄らかさという点では完璧な水が流れているのを見て、私の心は非常に落ち着いた。〈出家した善男子の私は〔これ以上〕努力して〔他の師匠に〕信を置くことは止めよう。いざ私はこの同じ場所で〔他の師匠に寄ることなく、自分独りで〕努力しよう〉と。

実に比丘達よ、私はこの身心を意によって押さえつけ、締めつけた。比丘達よ、この私の身心が意によって押さえつけられ、締めつけられると、腋の下から汗が出てきて、大地に落ち、熱を放って、湯気を立てた。顔や額からも汗が出てきて、大地に落ち、熱を放って、湯気を立てた。比丘達よ、あたかも力の強い男が力の弱い男の首を摑まえて、押さえつけ、締めつけるのとまったく同じように、比丘達よ、この身心が意によって押さえつけられ、締めつけられると、腋の下から汗が出てきて、大地に落ち、熱を放ち、顔や額からも汗が出てきて、大地に落ち、熱を放って、湯気を立てたのである。

比丘達よ、その時、私は〈いざ私は止息〔禅〕に[333]心を集中しよう〉と考えた。実に比丘達よ、私は口や鼻から息の出し入れを止めた。比丘達よ、私が口や鼻から息の出し入れを止めると、両方の耳の穴から、高音や大音が出てきた。あたかも、鍛冶屋の鞴《ふいご》が吹かれると、高音や大音がするのとまったく同じように、比丘達よ、口や鼻から息の出し入れを止めると、両方の耳の穴から、高音や大音が出てきたのである。

比丘達よ、その時、私は〈いざ私は、今以上に止息〔禅〕に[334]心を集中しよう〉と考えた。実に比丘達よ、私は、口や鼻、それに両耳からも息の出し入れを止めた。比丘達よ、この私が、口や鼻、それに両耳からも息の出し入れを止めると、風が頭蓋骨の上部を切り裂き、破壊した[335]。比丘達よ、あたかも、牛の屠殺者や牛の屠殺者の弟子が鋭利な牛切り包丁で牛の頭蓋骨を割り、かち割り、切り裂き、切断し、寸断するのとまったく同じように、口や鼻、それに両耳からも息の出し入れを止めると、風が頭蓋骨の上部を切り裂き、破壊したのである[336]。

比丘達よ、その時、私はこう考えた。〈この同じ〔世間〕には、〔ナツメを食することの〕清浄さを教えている者が誰かいよう。彼らはナツメの実を食物として食べ、ナツメの樹皮をも食物として食べ、またナツメの汁を飲み、様々なナツメの加工物で生活している。いざ私は一つのナツメ〔だけ〕を食物として食べ、第二の〔ナツメ〕は〔食べる〕まい〉と。

実に比丘達よ、私は一つのナツメ〔だけ〕を食物として食べ、第二の〔ナツメ〕は〔食べ〕なかった。すると、私のこの体は極度に衰弱し、極限まで衰弱してしまったのである。私の肢体はあたかも蔓の節のようになり、私の臀部は[337]あたかも羊の足や駱駝の足のようになってしまった。あたかも、両側が朽ち果てた車庫の桷《たるき》と〔その〕内部が[338]曝《さら》されて光を通し、〔そこから〕光が入ってくるのとまったく同じように、肋骨と肋骨の内部は隙間を見せて光を通し、〔そこから〕光が入ってきたのである。あたかも、数珠の紐が凸凹になるのとまったく同じように、背骨も凸凹になってしまった。あたかも、夏の最後の月になると、〔水が減るために〕井戸の水面に移った星が遠く深い所で輝いて、見にくくなるのとまったく同じように、私の眼に映った星も遠く深い所で輝いて、見にくくなってしまった。あたかも、秋の瓢箪が緑〔の蔓〕から切り離されると、萎れ、枯れて、丸い鉢のようになるのとまったく同じように、私の頭蓋骨も萎れ、枯れて、丸い鉢のようになってしまったのである。

実に比丘達よ、私は体の前を支えようとしたら、〔体の〕後ろを摑んでいたし、立ち上がろうとしたら、その同じ場所にかがみ込んでしまい、前に倒れしてしまった。実に比丘達よ、私は細心の注意を払ってきちんと正しく立ち上がると、埃塗れになった体〔の埃〕を手で払い落とした。比丘達よ、私が埃塗れになった体〔の埃〕を手で払い落としていると、その根本が腐っていた体毛が抜け落ちてしまった。地方にある村の男女は「何と、[339]沙門ガウタマは今や真っ黒だ。沙門ガウタマは今や色黒になってしまった。沙門ガウタマは今や顔色が悪い！」と言った。このような厳しい断〔食〕により、私の体からは輝きが消えてしまったのである。

比丘達よ、私はこう考えた。〈穀粒を食することの清浄さを教えている、ある高徳な沙門やバラモンがいる。彼らは穀粒を食物として食べ、穀粒の粉末や穀粒の汁を飲み、また様々な穀粒の加工物で生活している。いざ私は一つの穀粒〔だけ〕を食物として食べ、第二の〔穀粒〕は〔食べる〕まい〉と。

実に比丘達よ、この私は一つの穀粒〔だけ〕を食物として食べ、第二の〔穀粒〕は〔食べ〕なかった。すると、私のこの体は極度に衰弱してしまった。私の肢体と〔体の〕小さな部分は、あたかも蔓の節のように、あるいはアシータカ〔植物の一種〕の節のようになってしまった。あたかも、両側が朽ち果てた車庫の桷と〔その〕内部が曝されて光を通し、〔そこから〕光が入ってくるのとまったく同じように、肋骨と肋骨の内部は隙間を見せて光を通し、〔そこから〕光が入ってきたのである。腋や胸は、至る所、あたかも羊の足や駱駝の足のように、この上なく堅くなってしまった。数珠の紐が曲がるのとまったく同じように、背骨も曲がってしまった。あたかも、夏の最後の月になると、〔水が減るために〕井戸の水面に映った星が遠く深い所で輝いて、見にくくなるのとまったく同じように、私の眼に映った星も遠く深い所で輝いて、見にくくなってしまった。あたかも、秋の瓢箪が緑〔の蔓〕から切り離されると、萎れ、枯れて、丸い鉢のようになるのとまったく同じように、私の頭蓋骨も萎れ、枯れて、丸い鉢のようになってしまったのである。

実に比丘達よ、この私は体の前を支えようとしたら、背骨を掴んでいたし、立ち上がろうとしたら、その同じ場所にかがみ込んでしまい、前に倒れしてしまった。実に比丘達よ、私は細心の注意を払ってきちんと正しく立ち上がると、埃塗れになった体〔の埃〕を手で払い落とした。比丘達よ、この私が埃塗れになった体〔の埃〕を手で払い落としていると、その根本が腐っていた体毛が抜け落ちてしまった。地方にある村の男女は「何と、沙門ガウタマは今や真っ黒だ。沙門ガウタマは今や色黒になってしまった。沙門ガウタマは今や顔色が悪い！」と言った。このような厳しい断〔食〕により、輝かんばかりの色は私から消えてしまったのであった。

比丘達よ、私はこう考えた。〈実にこの同じ〔世間〕には、胡麻粒を食することの清浄さを教えている高徳な沙門やバラモンがいる。彼らは胡麻粒を食物として食べ、胡麻粒の粉末や胡麻粒の汁を飲み、また様々な胡麻粒の加工物で生活している。いざ私は一つの胡麻粒〔だけ〕を食物として食べ、第二の〔胡麻粒〕は〔食べる〕まい〉と。

実に比丘達よ、この私は一つの胡麻粒〔だけ〕を食物として食べ、第二の〔胡麻粒〕は〔食べ〕なかった。この私が一つの胡麻粒〔だけ〕を食物として食べ、第二の〔胡麻粒〕を〔食べ〕ずにいると、この体は極度に衰弱してしまった。私の肢体と〔体の〕小さな部分は、あたかも蔓の節のように、あるいはアシータカ〔植物〕の節のようになってしまった。私の顎は、あたかも羊の足や駱駝の足のようになってしまった。あたかも、両側が朽ち果てた車庫の桷と〔その〕内部が曝されて光を通し、〔そこから〕光が入ってくるのとまったく同じように、肋骨と肋骨の内部は隙間を見せて、光を通してしまった。数珠の紐が曲がるのとまったく同じように、背骨も曲がってしまった。あたかも、夏の最後の月になると、〔水が減るために〕井戸の水面に映った星が遠く深い所で輝いて、見にくくなるのとまったく同じように、私の眼に映った星も遠く深い所で輝いて、見にくくなってしまった。あたかも、秋の瓢箪が緑〔の蔓〕から切り離されると、萎れ、枯れて、丸い鉢のようになるのとまったく同じように、私の頭蓋骨も萎れ、枯れて、丸い鉢のようになってしまった。

実に比丘達よ、私は体の前を支えようとしたら、背骨を摑んでいたし、立ち上がろうとしたら、その同じ場所にかがみ込んでしまい、前に倒れしてしまった。実に比丘達よ、私は細心の注意を払ってきちんと正しく立ち上がると、埃塗れになった体〔の埃〕を手で払い落とした。比丘達よ、この私が埃塗れになった体〔の埃〕を手で払い落としていると、その根本が腐っていた体毛が抜け落ちてしまった。地方にある村の男女は「何と、沙門ガウタマは今や真っ黒だ。沙門ガウタマは今や色黒になってしまった。沙門ガウタマは今や顔色が悪い！」と言った。このような厳しい断〔食〕により、輝かんばたりの色は私から消えてしまったのである。

比丘達よ、私はこう考えた。〈実にこの〔世間〕には、まったく食物を取らないことの清浄さを教えている高徳な沙門やバラモンがいる。いざ私は一切の食物を絶つことを実践しよう〉と。

比丘達よ、私が一切の食物を絶つことを実践していると、この体は極度に衰弱してしまった。私の肢体と〔体の〕小さな部分は、あたかも蔓の節のように、あるいはアシータカの節のようになってしまった。私の顎は、あたかも羊の足や駱駝の足のようになってしまった。あたかも、両側が朽ち果てた車庫の桷《たるき》と〔その〕内部が曝されて光を通し、〔そこから〕光が入ってくるのとまったく同じように、肋骨と肋骨の内部は隙間を見せて光を通し、〔そこから〕光が入ってきたのである。数珠の紐が曲がるのとまったく同じように、背骨も曲がってしまった。あたかも、夏の最後の

130

月になると、〔水が減るために〕井戸の水面に映った星が遠く深い所で輝いて、見にくくなるのとまったく同じように、私の眼に映った星も遠く深い所で輝いて、見にくくなってしまった。あたかも、秋の瓢箪が緑〔の蔓〕から切り離されると、萎れ、枯れて、丸い鉢のようになるのとまったく同じように、私の頭蓋骨も萎れ、枯れて、丸い鉢のようになってしまった。

実に比丘達よ、この私は体の前を支えようとしたら、背骨を摑んでいたし、立ち上がろうとしたら、その同じ場所にかがみ込んでしまい、前に倒れしてしまった。実に比丘達よ、私は細心の注意を払ってきちんと正しく立ち上がると、埃塗れになった体〔の埃〕を手で払い落とした。比丘達よ、この私が埃塗れになった体〔の埃〕を手で払い落としていると、その根本が腐っていた体毛が抜け落ちてしまった。地方にある村の男女は「何と、沙門ガウタマは今や真っ黒だ。沙門ガウタマは今や色黒になってしまった。沙門ガウタマは今や顔色が悪い！」と言った。このような厳しい断〔食〕により、輝かんばたりの色は私から消えてしまったのである。

比丘達よ、私はこう考えた。〈ある高徳な沙門やバラモンは、〔人格の〕完成を目的として、自分を傷つけ、体を痛めつけるような、辛くて辛辣で厳しい苦の感受を感受していながら、誰もそれに見合った〔人格の完成〕を享受していない。比丘達よ[340]、過去世でもこの現世でも、ある高徳な沙門やバラモンは、〔人格の〕完成を目的として、自己を傷つけ、体を痛めつけるような、辛くて辛辣で厳しい苦の感受を感受していながら、誰もそれに見合った〔人格の完成〕を享受していない。しかし私もこのような為し難い〔苦行〕によって、上人法のかけらも了解することはなかった。〔苦行では〕特別な獲得とも言うべき聖なる知見を証得することはできぬ。これは覚りへの道ではない。また出家する以前、出家者の生活をしていなかった時、私はシャーキャ族の父の遊園の地にあった涼しい閻浮樹の影で結跏趺坐し、諸欲を厭離し、悪〔法〕や不善法を厭離し、有尋有伺にして、厭離より生じた、喜楽なる初静慮を完成して、時を過ごしていたのを覚えている。ひょっとしたら、それが覚りへの道かもしれぬ〉と。

比丘達よ、私が〔こう〕念じていると、[341]次のような智が閃いた。〈これぞ覚りへの道である。だがこの道は、〔体が〕虚弱であったり、力が弱っていたり、体が傷ついていたり、あるいは断食の実践によっては獲得されない。いざ私はしっかりとした食物〔である米粥[342]〕を食べることにしよう〉と。

〔諸天が〕私を訪問して〔こう言った[343]〕。「そのような厳しい断〔食〕をしても、あなたは意思をしっかりと持って生き長らえるよう、我々はあなたの毛孔に天の精気を送り込もう」と。

比丘達よ、私は〈実に私は完全な断食を約束してきたのだから、私に食を施してくれる周囲の村の女や男は《沙門ガウタマは断食者で、厳しい〔苦行〕に専心していたが、厳しい〔苦行〕に浄信を抱く諸天が〔彼の〕毛孔に天の精気を送り込んでいたのだ》と思うだろう。それは私が故意に嘘をついたことになる〉と考えた。実に比丘達よ、私は故意に嘘をつくことの恐怖に戦《おのの》き、故意に嘘をつくことを避け、厭い離れようと思い、その諸天を追い払うと、好きなだけしっかりとした食物を食べた。実に比丘達よ、私は、隠元豆のスープや加工物、豌豆のスープ、また豆のスープを食べたのである。

実に比丘達よ、私には徐々に体力や気力が湧いてきて、村娘スジャーターから美味しい乳粥を受け取った後、龍の川（ナイランジャナー川）で〔沐浴する〕時間になると、[344]ナイランジャナー川に近づき、ナイランジャナー川で体を冷やしてから、〔売草人〕スヴァスティカ・ヤーヴァシカのもとに近づいて、一握りの草を乞い、菩提樹のもとに近づくと、菩提樹の前にあった草の先端で寝床を設えた後、菩提樹を三回右繞して坐った。

結跏趺坐して坐ると、東に正しく顔を向け、〔菩提樹の〕前で背筋を伸ばし、念を目の当たりに留めると、実に比丘達よ、私は、諸欲を離れ、悪・不善の諸法を離れ、有尋有伺で、厭離より生じた、喜楽なる初静慮を完成して時を過ごした。〔その後〕尋伺を鎮めて、内的な清浄を得、心を統一させることにより、無尋無伺で、三昧より生じた、喜楽なる第二静慮を完成して時を過ごした。〔それから〕喜より離欲して、心の平衡を得、正念正知にして時を過ごし、楽を身によって被り、聖者達が「彼は心の平衡を得、正念にして、安楽に時を過ごす」と言う第三静慮を完成して時を過ごした。〔さらに〕私は、楽をも捨て、苦をも捨て、あらかじめ喜と憂とを止滅させて、不苦不楽の、捨と念とについて清浄なる第四静慮を完成して時を過ごしていたのである。

実に比丘達よ、〔初夜になると、〕そのように集中した心が、〔清浄で、純白で、汚れがなく、煩悩を離れ、柔軟で、巧みで、安定し、不動性を獲得すると、私は天眼の獲得に心を向け、〕(345)傾けた。清浄で超人的な天眼によって、有情が〔自分の〕業に従って、死没したり生まれ変わったり、優れた容姿になったり見にくい容姿になったり、善趣に行ったり悪趣に行ったり、劣ったり優れたりするのを私は見た。〔また〕私は有情を覚知した。〈この有情は、悪なる身業を具足し、聖者達を誹謗し、邪見を持つ者である。彼らは邪見に基づく業に手を染めたために、それを因とし、それを縁として、身が滅んで死んだ後、悪処・悪趣・悪道や地獄に生まれ変わったのだ。一方この有情は、善なる身業を具足し、善なる意業を具足し、聖者達を誹謗することなく、正見を持つ者である。彼らは正見に基づく業を実践したために、それを因とし、それを縁として、身が滅んで死んだ後、善趣・天界・天衆に生まれ変わったのだ〉

実に比丘達よ、中夜になると、そのように集中した心が、清浄で、純白で、汚れがなく、煩悩を離れ、柔軟で、巧みで、安定し、不動性を獲得すると、私は宿住に関する随念や知見の獲得に心を向け、傾けて、様々な種類の宿住を随念した。すなわち、一生、二生、三生、四生、五生、十生、二十生、三十生、四十生、五十生、百生、千生、多くの壊劫、多くの成〔劫〕、また多くの壊〔劫〕・成劫を。〔また〕〈そこで私は、このような名前、このような種姓、このような生まれであり、このような食物を食べ、これくらいの寿命を一期とし、このような楽や苦を経験した。彼はそこから死没してかの場所に生まれ変わり、そこから〔また〕死没してこの世にやって来た〉と〔具体的〕様相と簡単な説明を伴って、多くの種類の宿住を随念したのである。

実に比丘達よ、後夜になって日が昇り、朝の太鼓が打ち鳴らされる夜〔明け〕頃、そのように集中した心が、清浄で、純白で、汚れがなく、煩悩を離れ、柔軟で、巧みで、安定し、不動性を獲得すると、象のような人、獅子のような人、雄牛のような人、ダウラ（動物の一種）のような人、知らるべき人、蓮華のような人、白蓮華のような人、正しい人、偉大な人、無上なる人、調御丈夫、理解力がある人、記憶力のよい人、智慧ある人、堅固な人、〔そして〕輝ける人が、いつでもどこでも知るべき、獲得すべき、そして正等覚すべきそのすべてを〔知り、獲得し、そして正等覚すると〕、一〔瞬〕の心を〔起こす〕瞬間と結びついた智慧によって、無上正等菩提を正等覚したのである。(346)

世尊がこう言われると、心喜ばせた比丘達は世尊の説かれたことに歓喜した。

10 シュッドーダナ王の五大夢

さてシュッドーダナは夢を見た。(347)

「倅よ、珠宝の網に覆われし最上なる象を、我は夢に見たり。それは宝石の沐浴場より現れ、町の中央の道に留まりしも、夜には走り回り、最上なる町を揺り動かせり。(348)＝それを見て、我は夢中にて大いに笑うも、〔床より〕起き上がるや、号泣せり。我が体は震え、痛みを覚え、〈今日あるいは何ぞある〉と内なる苦悩は甚だし」＝その時、世間の守護者は人中の最上者に告げり。「王よ、恐るるに足らず。歓喜せよ。いざ、その夢の真の果報を聞くべし。数多の人を覚ましむべく、〔仏〕は〔世に〕現る。＝偉大なる徳の保持者は、〔己が〕王国、四人の身内、裕福なる一族を捨て去りて、疑うべからざる最上の権力を顧みず、最上なる町より出で行かん。かく知るべし。‖もし彼の出〔家〕せば、多種なる苦を征服せん。これぞ、夢中に〔汝の〕笑いたる真〔意〕なり。その時、汝の夢中に泣けるは、敵の集団《ともがら》を征せし勝者のことを聞きて、限りなき楽の〔世に〕現る〔との意なり〕」

135

叔母（マハープラジャーパティー）も夢を見た[349]。

叔母は言えり。「息子よ、金山の如き姿せる、高貴なる雄牛を妾は夢に見たり。〔体〕は白く、〔肩の〕隆肉は[350]実に美しく、角は多く、動きは艶めかしく、体は豊満なり。‖それは実に甘美なる声にて啼き、心の視界もてカピラ城より出でたるに、誰もその啼き声に勝る声にて啼くこと能《あた》わず。それは花山の如く高貴なり」‖諸天の王は悲しげに泣く〔王〕に言えり。「釈迦族の家に息子を生ぜしめたる愛情を持つ者よ、泣くなかれ。我は偽りなく真実の言葉を語らん。汝は歓喜より生ずる楽を起こすべし。‖雄牛の如き人よ、その行いは極めて浄く、善を具足し[351]、理解力と記憶力を具え[352]、儀軌を知れる、最上なる獅子の如き人は、町と人を捨て去りて〔故郷を〕出で、雄牛の如き人の位を求むなり。‖また、浄き眼を持つ大仙は、不死・不動・不失・不震なる、比類なき涅槃を示すや、獅子の如き人の叫びを聞きて、外道の輩は方々に退散せん」

136

ヤショーダラーも夢を見た。

その時、慈しみを超ゆる愛欲に心の束縛されしラーフラの母は、かく言えり。「王よ、聞き給え。今日、妾も意に叶いし夢を見たり。妾の〔夢〕にはかくの如き果報あらん。‖王よ、瞬く間に雲は浄飯王の宮殿の周囲を囲繞し、強烈なる雲は轟音響かせ、雷光を灯としつつ、三界を幾度も照らし出だしたり。‖それは、涼しく、無垢にして、比類なく、澄みたる〔雨〕水を降らすに、甘美なる音を立てたり。海〔水〕を含める雲は、夏期にも雨[353]

を降らせたり。サハーンパティ(354)も内〔心〕に喜べり(355)」＝しかるに、梵天の近づきて、ラーフラの母にかく言えり。「落胆せずして聞くべし。重大なる意味を持つ汝のその夢は直ちに実現されん。その果報は望まし。喜ぶべし。＝愛眼持てる浄飯の息子は、三界に雨を降らせる雲の如く、猛烈なる〔煩悩の〕熱に焼かるる人を喜ばせん。堅固なる法と無比なる〔大〕悲とを起こしつつ」

菩薩も五つの大夢を見られたが、〔菩薩〕は最高の正〔等〕菩提を獲得してから、シュラーヴァスティーの比丘達に〔その夢を〕説明されたのである。

比丘達よ、かつて如来がまだ正〔等〕菩提を正〔等〕覚していなかった時、五つの大夢を見た。如来の五〔夢〕とは何か。

(1)比丘達よ、かつて如来がまだ正〔等〕菩提を正〔等〕覚していなかった時、〔私にとって〕この大地は高い寝床であり、大きな寝床であった。山王スメールは枕であった。左手は東の大海に横たわり、右手は西の大海に横たわり、また南の大海には両足の裏が横たわっていた。比丘達よ、これが、如来がまだ正〔等〕覚していなかった時に見た最初の夢である。

(2)比丘達よ、かつて如来がまだ正〔等〕菩提を正〔等〕覚していなかった時、クシーリカーと呼ばれる草が〔私の〕丸い臍から芽を出して、天空にまで届いた。比丘達よ、これが、如来がまだ正〔等〕菩提を正〔等〕覚していなかった時に見た第二の夢である。

(3)比丘達よ、かつて如来がまだ正〔等〕菩提を正〔等〕覚していなかった時、〔体が〕赤くて頭の黒い生き物が、〔私の〕足の裏から膝小僧まで覆っていた。比丘達よ、これが、如来がまだ正〔等〕菩提を正〔等〕覚していなかった時に見た第三の夢である。

(4)比丘達よ、かつて如来がまだ正〔等〕菩提を正〔等〕覚していなかった時、多彩で、多くの色を持った四羽の鷲が四方の空から飛んで来て、如来の足の裏に接吻すると、〔足の裏〕は真っ白になった。比丘達よ、これが、如来がまだ正〔等〕菩提を正〔等〕覚していなかった時に見た第四の夢である。

(5)比丘達よ、かつて如来がまだ正〔等〕菩提を正〔等〕覚していなかった時、大きな糞山の上を、〔糞で足を〕汚すことなく、経行していた。比丘達よ、これが、如来がまだ正〔等〕菩提を正〔等〕覚していなかった時に見た第五の夢である。[356]

また比丘達よ、かつて如来がまだ正〔等〕菩提を正〔等〕覚していなかった時、〔私にとって〕この大地は高い寝床であり、大きな寝床であったし、山の王スメールは枕であり、左手は東の大海に横たわり、右手は西の大海に横たわり、また南の大海には両足の裏が横たわっていた〔という夢を見た〕が、比丘達よ、この夢は如来が無上正等菩提を正等覚した時に〔その〕果報をもたらしたのである。

また比丘達よ、かつて如来がまだ正〔等〕菩提を正〔等〕覚していなかった時、クシーリカーと呼ばれる草が〔私の〕丸い臍から芽を出して、天空にまで届いた〔という夢を見た〕が、比丘達よ、如来がこの世を了解し、あの世を了解し、天・マーラ・ブラフマンを含めた世間や、沙門・バラモン・天・人を含めた有情を〔了解した後〕、ヴァーラーナシー郊外にある鹿野苑・リシパタナにおいて、三転十二行相なる無上の法輪、すなわち四聖諦を転じたが、それは法に随順した、いかなる沙門、バラモン、天、あるいはマーラも〔この〕世で転じたことのないものであった。すなわち、苦という聖諦、苦の原因という聖諦、苦の滅という聖諦、苦滅に至る道という聖諦である。

また比丘達よ、このような如来の説法を聞いて、地上の諸天が声を上げた。「皆さん、世尊はヴァーラーナシー郊外にある鹿野苑・リシパタナで、三転十二行相なる無上の法輪、すなわち四聖諦を転じられたが、それは法に随順した、いかなる沙門・バラモン・天・マーラも〔この〕世で転じたことのないものである。これは苦、これは苦の原因、これは苦の滅、そしてこれは苦の滅に至る道である、というものである。これは、多くの人の利益のために、多くの人の安楽のために、世間を憐愍するために、人の利益のために、人天の利益と安楽に資するであろう」と。

地上の諸天の声を聞いて、四大王・三十三・夜摩・兜率・化楽・他化自在という空中の諸天が、その瞬間その刹那に、そこから梵世にまで届くよう声を上げた。「皆さん、世尊はヴァーラーナシー郊外にある鹿野苑・リシパタナで、三転十二行相なる無上の法輪を転じられたが、それは法に随順した、いかなる沙門、バラモン、天、あるいはマーラも〔この〕世で転じたことのないものである。これは苦、これは苦の原因、これは苦の滅、そしてこれは苦の滅に至る道である、というものである」と。

これがその大夢(クシーリカー草の夢)の果報である。

比丘達よ、かつて如来がまだ正〔等〕菩提を正〔等〕覚していなかった時、〔体が〕赤くて頭の黒い生き物が、〔私の〕足の裏から膝小僧まで覆った〔夢を見た〕。比丘達よ、この世で多くの人が如来に対して恭しく仕えるという行為をなしてから、身が滅んで死んだ後、善趣に行き、天衆の天に生まれ変わるが、これがその大夢の果報である。

比丘達よ、かつて如来がまだ正〔等〕菩提を正〔等〕覚していなかった時、様々な色をした四羽の鷲が四方の空から飛び集まって来て、如来の足の裏に接吻すると、〔足の裏〕は真っ白になる〔夢を見た〕。比丘達よ、この四つの色は何かというと、クシャトリヤ・バラモン・ヴァイシャ・シュードラの四〔姓〕である。彼らは如来のもとでしっかり梵行を修して心解脱と慧解脱を証得するが、これがその大夢の果報である。

比丘達よ、かつて如来がまだ正〔等〕菩提を正〔等〕覚していなかった時、大きな糞山の上を、〔糞で足を〕汚すことなく、経行している〔夢を見た〕。さて比丘達よ、如来が東方で時を過ごしていた時、私はそこでも尊敬され、尊重され、恭敬され、供養され、崇拝され、衣・施食・寝具・座具・病気を縁とする薬といった資具を獲得してはいたが、〔それらに〕執着したり貪着することはなく、心が〔それらに〕染着することもなかった。

そしてまた比丘達よ、如来が南方で時を過ごしていた時、私はそこでも尊敬され、尊重され、恭敬され、供養され、崇拝され、衣・施食・寝具・座具・病気を縁とする薬といった資具を獲得してはいたが、〔それらに〕執着したり貪着することはなく、心が〔それらに〕染着することもなかった。

そしてまた比丘達よ、如来が西方で時を過ごしていた時、私はそこでも尊敬され、尊重され、恭敬され、供養され、崇拝され、衣・施食・寝具・座具・病気を縁とする薬といった資具を獲得してはいたが、〔それらに〕執着したり貪着することはなく、心が〔それらに〕染着することもなかった。

そしてまた比丘達よ、如来が北方で時を過ごしていた時、私はそこでも尊敬され、尊重され、恭敬され、供養され、崇拝され、衣・施食・寝具・座具・病気を縁とする薬といった資具を獲得してはいたが、〔それらに〕執着したり貪着することはなく、心が〔それらに〕染着することもなかった。

これがその大夢の果報である。比丘達よ、かつて如来がまだ正〔等〕菩提を正〔等〕覚していなかった時に見た五つの大夢である。

こう世尊が言われると、心喜ばせた〔比丘達〕は世尊の言われたことに歓喜した。

以上、吉祥なる『マハーヴァストゥ・アヴァダーナ』における「シュッドーダナの五つの夢(357)」を終わる。

11 偉大なる出家

その時、菩薩は〈家の中に住んでいながら、完全に制御され[358]、まったく非の打ち所がなく、完全に清浄で純白なる梵行を修することは難しい。いざ私は家持ちの状態から家なき状態へと出家しよう〉と考えた。菩薩が〔父〕王に「私は出家いたします」と告げると、王は言った。

「止めよ、止めよ、蓮華の眼をし、愛らしき姿の〔倅〕よ。汝なければ、我は実に大いなる憂いを得ん。〔汝の〕母も我も忌まわしき死に赴かん。それ（出家）故に汝は自身の王国や自身の〔国〕民を捨てんとす。それ（出家）にて如何が稀なる楽あらん。別離は実に苦なり。＝何処の地方も実に険しく[359]、寒く暑く、蚊虻の群れ飛ぶ場所もあり、獣や象に荒らされ、狐の恐ろしき声響き、恐ろしき恐怖に満ちたる森にて汝は恐れ戦《おのの》かん。＝倅よ、常に心中〔のみ〕にて解脱の思いを為し、我と〔母〕の命あらん限り、この同じき場所にて我〔と同じき〕道を進み、〔家なる生活に〕満足すべし。汝の出〔家〕を見れば、我が体の滅ぶこと必定なり」

その時、王は五百人の王に「来たれ。王子が出家しようとしている！」と使者を送った。こうして彼らがやって来ると、手を替え品を替えて「出家してはなりませぬ」と懇願した。その時、菩薩が〔父〕王と諸王に「大王達よ、もし四つ〔の願い〕を叶えてくれたら、王よ、私はこの最上の町から出ていかぬとあなたに約束します」と言うと、「お前の四つ〔の願い〕を叶えてやろう。息子よ、早く言え。〔さもなくば〕直ちに〔我が〕息は絶えてしまおう！」と王が言うので、王子は言った。

「若さを謳《うた》歌える我に、老いの訪るることなからしめよ。健康を謳歌える我に、病いの訪るることなからしめよ。＝生命を謳歌える我に、死の訪るることなからしめよ。繁栄を享受せる我に、厄難の訪るることなからしめよ」

＝その時、天の集団《ともがら》は欣喜たる歓声を上げり。「偉大なる有情よ、善い哉、善い哉。無比なる人よ、善い哉！」と。＝梵天とその衆会は皆、善説せられし〔言葉〕に、喜び、心喜ばせ、喜と楽とに満たされたり。＝しかるに、浄飯王は苦の矢に射抜かれ、眼に涙を一杯溜めて菩薩にかく言えり。＝「倅よ、人にして誰にもその有り得ざるは、〔汝〕自身のよく知るところなり。老・病・死や厄難は、我が〔支配の〕領域にあらず」

王子は言った。

「いざ大王よ、〔別なる〕三つ〔の願い〕を叶え給え。さすれば、我は決して貴方より離れず」

王は言った。

「倅よ、我はそれを汝に叶えん。よりて考え直すべし。今、語りし我の元に居よ」

王子は言った。

「天なる欲望《のぞみ》の対象《あいて》の我にあらしめよ。また如何なる時も貴方に安楽あれかし。如何なる時も貴方に慶事あれかし。この我が〔願い〕を叶え給え。＝最上なる足飾り・装飾品・瓔珞を着けたる天女等は、甘美に、最も賢く、高貴に、優雅に、心地好く、天空にて共に歌を歌うべし」＝〔自らの〕思いのままには、正しき人の心は陶酔の内に満足せず。数多の利や財の積まれ、金のビンバ〔樹の実〕の如き大地を、彼は捨て去らんとす。＝さて、かく苦しめる王は王子にかく言えり。「倅よ、満足すべし。〔他に〕安楽や欲望の対象の〔汝と〕同じく素晴らしきこと誰にかあらん」

王子は言った。

「いざ王よ、他に二つ〔の願い〕を述べん。望みのままに、同じくそれを我に叶え給え」

王は言った。

「必ず約束す。我は汝に保障せん。二つを述べよ。よりて我を捨つべからず」

〔王子は言った。[360]〕

「王よ、多少にかかわらず、自我意識と所有意識の我に生ずることなからしめよ！　〔いざ〕我が〔願い〕を叶え給え」

その時、大自在天は天空に留まりて声を発せり。「実に貴方は一切の束縛を断ぜる正覚者たらん。＝何が故ならん、具眼者の説かるが如き言葉の発せらるるは、天を含める世間に未だ嘗てあらざればなり」＝しかれば、浄飯王は苦の矢に射抜かれ、眼に涙を一杯溜めて菩薩にかく言えり。＝「最高なる人よ、我は汝の賞賛せし句の名すら知らず。我はそれを叶うること能わず」

王子は言った。

「時間《とき》を置くことなかれ。〔されば〕一つ〔の願い〕を叶え給え。さすれば、まさにこの麗しきカピラヴァストゥに留まらん」

〔王は言った。[361]〕

「倅よ、さらば一つ〔の願い〕を我は汝に叶えん。疾く語れ。我と共に居よ」

王子は言った。

「我がこの同じき最上の楼閣なる俗処に留まるに、我が力もて、一切の蓋障を取り除きたる心の〔我に〕働かしめよ！」＝しかるに、天・夜叉・乾闥婆やダーナヴァと共に、龍や羅刹の集団《ともがら》も叫べり。「おお、法よ！＝おお、勝義を求むる最高なる論者の、申し分なき言葉は、突如として露にされたり！」＝その時、意気消沈せる王は王子に「これに〔我が〕力は及ばず[362]」と言いて、涙を流せり。＝その後、人天に喜びを生ぜしむる言葉を発しつつ、菩薩は父〔王〕に告げり。＝「最高なる王よ、老・病・死なく、災難・恐怖より解《はな》放たれし無為を、我は手に入れんと欲す。＝王よ、常住・安楽・清浄なるを我は自ら獲得せん。〔これに〕迷い〔毫も〕なし。〔我を〕手放さんとも、気を確かに持ち給え」

その時、王子が閻浮樹の影の下で禅定しているのを見て、シュッドーダナ王は憂慮の〔深い〕海に入ってしまった。〈もしも王子の心が寂静なる禅定に喜びを感じているのなら、アシタ仙の予言が実現せぬようにしなければならん。いざ私は王子を広大な後宮に入れ、王子が遊び、戯れ、快楽に耽り、そして出家に心を向けぬような、様々な種類の遊園を造るぞ〉と。

そこでシュッドーダナは王子を広大な後宮に入れ、〔そこに〕何千という多くの女を〔置き〕、様々な種類で様々な様相の無憂なる庵を造らせ、〔そこに〕布や紐の束を懸け、開いた花を撒いた。そこで王子が遊び、戯れ、快楽に耽り、そして出家に心を向けないようにするためである。その時、シュッドーダナ王は、後宮の女に指示した。「王子が出家に心を向けぬよう、踊りや歌や音楽で上手に王子を楽しませるのだぞ」と。

一方、その時、王子は欲望の対象に災いを見出し、どんな欲望の対象を享受することにも無関心だったし、そのような天の住居に等しい遊園や、天女に等しい後宮の女に〔いかなる〕喜びも見出さなかった。菩薩は出家することに心を喜ばせ、輪廻は苦であると誰かに諌められる必要はなかった。彼は一切法に自在を獲得し、自分自身の努力で離貪し、〔輪廻に〕心を脅えさせた彼は、〔輪廻に〕自分の心を脅えさせて、「ああ、本来、輪廻は無量の苦であり、何百もの災い〔の元〕である」と明示した。その時、王子は楼閣の屋上に行き、〔そこに〕入ると、自分が閻浮樹の影で獲得したのと同じ禅定に心を向けながら坐り、歌声にも踊りの音声にも麗しき乙女の群衆にも喜びを感じなかった。それほど彼は〔心を〕集中して坐っていたのである。

さてシュッドーダナ王はある男に、「おい、お前、後宮にいる王子に、歌声や舞踊、それに太鼓・小鼓・琵琶・笛・小太鼓の音声が聞こえておらぬのか。王子の憂鬱な心の具合はどうなのだ」と尋ねると、ルンビニー園に住んでいた天が天空に留まり、シュッドーダナ王にこう言った。「大王よ、王子に思いを巡らせ。あなたの息子はあらゆる欲望の対象に由来する喜びから離れ、久しからずして一切の渇愛からの束縛を余すところなく断ち切り、苦行林に行くと、避難処[363]を作り出すだろう。王よ、今、最上の楼閣にいる王族のシッダールタは、乙女の群衆に取り囲まれ、『体は無常・苦・無我なり』と説いている」と。

実にその時、シュッドーダナ王は天のもとからそれを聞くと、すっかり顔色を悪くし、憂いにうちひしがれ、王子のもとに近づいて、「息子よ、どうしてお前は浮かぬ顔をし、憂いにうちひしがれて〔ここに〕入ったのだ。何か体の悩みでもあるのか、財産が尽き果ててしまうと思ったのか、あるいは敵の軍隊への恐れが見られるのか。息子よ、早くそのわけを私に聞かせよ」と言った。

王子は言った。「父上、そのとおりです。私には体に関する悩みの種が見られます。病気は健康を損ない、死は生命を損ないます。父上、老人は死人の別〔の様態〕と私は考えます。一切の有為〔法〕は〔いつかは〕滅し、山や川の水は揺れ動き、最高の鉄、季節や年〔月〕、寿命も〔いつかは〕尽き果て、〔やがて〕死が訪れます。父上、このように私には体に関する悩みの種が見えるのです。父上、そのとおりです。私には財産の尽き果てるのが見えます。一切法は空虚で、虚しく、中身がなく、幻のようであり、人を欺き、当てにならないものであり、財産が永続することはありません。それは損なわれ、次から次へと移り変わります。父上、このように私には財産の尽き果てるのが見えるのです。父上、そのとおりです。敵の軍隊への恐れ、肉体に対する[364]損傷や恐怖が見られます。手を切断され、耳を千切られ、頭を撥ねられるという、種々様々な様相の苦が色々な仕方でこの身に襲いかかります。父上、このように私には敵の軍隊への恐れが見えるのです」と。

シュッドーダナ王は言った。「息子よ、もうたくさんだ！　そんなことを考えるのはよせ。今、お前は若く、青春の真っ只中にいるのだぞ。王としての務めを学べ。お前には若い乙女で華やぐ広大な後宮があるのだから、彼女達と共に遊び、戯れ、快楽に耽るがよい。ゆめゆめ出家などに心を向けてはならぬ！」と。

「父上、もし私に八つの願いを叶えてくれれば、私はもうそんなことを考えないようにしましょう」と王子が申し出ると、王は言った。「息子よ、お前が望んでいる、その八つの願いがどんなものか、早く私に言え。もしそれが〔私の〕能力や力〔の範疇に〕あれば、お前に叶えてやれる。だが、息子よ、私がお前の望みを叶えられなかったら、私は王国を捨ててもよいぞ」と。

〔そこで〕王子は言った。「父上、この八つの願いを私に叶えて下さい。(1)もし老いが私の若さを滅しないならば、(2)もし病いが私の健康を滅しないならば、(3)もし死が私の生命を奪い去らなければ、(4)もし私があなたと〔永遠に〕別離することがなければ、(5)このように天女のような後宮の女と広大な親戚の集まりとが〔永遠に〕消失しなければ[365]、(6)〔この〕王権や主権が落ちぶれたり、他者に煩わされることがなければ、(7)生まれたばかりの時、私が不死なる安楽を以て招待した人全員の煩悩が鎮まるならば、(8)私の老・病・死に終わりが訪れるならば」と。

シュッドーダナ王は言った。「息子よ、そのような八つの願いを叶えられる能力や力が、どうして私にあろうか。息子よ、マハーサンマタ王、マハーテージャス〔王〕、ドゥリダダヌ〔王〕、シャタダヌ〔王〕、ニシャーンターユス〔王〕、ユガンダラ〔王〕等の、長寿を誇ったかつての諸王は高貴な王の家系に属していたが、息子よ、彼らもすべて無常の力によって終焉を迎え、〔今となっては〕名前だけしか残っておらぬ。息子よ、そのようなお前の八つの願いを叶えられる能力や力がどうして私にあろうか」と。

「父上、もしあなたがこの私の八つの願いを叶えられぬなら、私はあなたを老・死の終わった状態に招待しましょう[366]」と王子が言うと、「私は年を取り、老いぼれ、若さはすっかり失った。だから、出家するなら私が死んだ後にしてくれぬか」と王は言った。「父上、元気を出して下さい。生きていれば、またこの世で私に会えます。一切の趣より解脱し、一切の渇愛を断じ、一切の苦を離れ、一切の燃え盛る煩悩を鎮め、一切の覚支という宝石を修習した私にね[367]」と王子が言うと、その時、王は彼に乙女の群衆を見せた。「息子よ、お前には広大な〔後宮〕がある。〔そこでは〕最上で無垢なる眼は珠宝のように光り、豊満な胸で、体は白く輝き、多彩な装飾品を着け、堅くて浄く香の焚き込められた麻布を纏い、実に柔らかくて最上なる、蜂や眼膏のような〔黒〕髪をし、染めた布から作った上衣や腕飾・珠宝・真珠の瓔珞を懸け、踝飾・腕飾・足飾を着けた女達が、五支より成る楽器を演奏しておる。息子よ、彼女達と共に楽しむがよい。ゆめゆめ出家を望んではならぬ」と。

王子が「いいですか、父上、女への想いを持った男は、それに魅了され、振り回され[368]、夢中になるでしょう」と言うので、「お前にはいかなる想いがあるのだ」と王が訊くと、「私には、それ（女）に〔世間の人とは〕逆の想いがあります」と王子は答えた。「息子よ、お前には〔世間の人とは〕逆の、いかなる想いがあるのだ」と王が聞くと、王子は答えた。「父上、私には〔世間の人とは〕逆の、このような想いがあります。この〔女の〕体は、繋がれている所に行き来し、立っている所に坐り、活発な所では静かで、外的な所では空虚で活動せず、力が強まったり弱まったりします。そして〔女体〕は幻の如く虚妄です。これが〔女の〕全身の状態であると人は言います[369]」と。

「息子よ、もしお前が〔女の〕美貌に魅了されぬなら、男として女〔自身〕にも魅了されぬのか[370]。一体、お前は〔女に〕いかなる見解を持っておる」とシュッドーダナ王が訊くと、王子は答えた。「父上、輪廻は劇であると私は思います。それは、識を機械とし感受を俳優として、幻影（劇の場面）を生み出します。三界はそれぞれ違った六趣にいる有情にとって舞台であり、渇愛と潤愛、それに深く根ざした何百もの煩悩がその舞台に入って行きます。こうして、その最初の辺際は知られることなく、劇は次から次へと〔演じられては〕有情を欺き、捕らえ、引き裂きます。有為〔法〕の中にあって、あるいは別の尊敬すべき人々の中にあって[371]、欺かれず、騙されなかった有情や有情の体など存在しません。だから、父上、元気を出して下さい。私は輪廻という劇を終わらせ、老や死が〔人を〕損なわない寂静なる涅槃の里に入ろうと思います。昔にも、過去の如来・阿羅漢・正等覚者達が捜し求めた足跡を、私も捜し求めるつもりです[372]」と。

「息子よ、お前には天の住居に等しい宮殿があり、お前の後宮は華やかだ[373]。息子よ、お前は男前で、最上の相や何千もの福徳が具わっておる。息子よ、どうしてお前は〔世俗に〕喜びを見出さず、都城や町を捨て去って、出家だけを求めようとする」と王が訊くと、王子は答えた。

149 「〔六〕趣にて心脅かさる者は聞くべし。父よ、我に喜びなし。老や病、更に三には死なる敵の我を押し潰さんとする故に、我に喜びなし。＝もし常住なる楽の〔我〕自身にあり、もし苦の力なく、もし有為なる縁なしとせば、如何が我に喜びなからん。＝体は竹の如くに〔中身なく〕、体は蛇〔の脱皮〕の如くに見ゆるなり[374]。〔五〕蘊は敵に等しく思わる。何が故に我に喜びあらん。

もし体の竹の如からず、もしそれ（体）の蛇〔の抜けし皮〕の如からず、もし〔五〕蘊の敵に等しからずとせば、その時、如何ぞ我に喜びなからん。＝もし（…）苦の働きなく、もし生・老・死なしとせば、その時、如何ぞ輪廻を喜ばざらん。＝もし空の村や家なく[375]、もし離貪を破壊するものなく、有為の〔世〕界の恐れを伴わざるものならば、その時、如何ぞ我に喜びなからん。＝もし怒りの突棒なく、もし宮殿への恐れなく、もし三有に一切の恐れなしとせば、我は出家を喜ばざらん」

さて、シュッドーダナ王が、あらゆる手段を講じても、王子の心を翻らせることができなかった時、王はこう考えた。〈もし、どんな手段を講じても王子の心を翻らせることができぬのなら、私は都城カピラヴァストゥに住む限りの乙女を皆、王子に見せよう。〔そうすれば〕王子の心はどの女かに夢中にならぬだろうか[376]〉と。

＊　＊　＊　＊　＊

150 菩薩[377]が父に「私は園林に出掛けようと思います」と告げると、シュッドーダナ王は大臣達に命じた。「お前達は、王宮から園林までにずっと水を撒き、掃き浄め、天蓋を広げ、多彩な布を広げ、絹の束を懸け、香を焚き、開いた花を撒いて荘厳せよ。随所に香の設え、花環の設え、舞子・踊子・闘士・力士・手拍子士・鼓演手〔等〕、心地好い光景・音声・香りを用意しろ。(378) 園林に出向いた王子が、どんなものでも不快なものを目にせぬように不快なものは始末しろ！」と。

こう王が言うや否や、大臣達は命じられたとおりに王宮とその王子の園林との間の道を飾り付けた。そして王子の前には、いかなる老人、年寄り、病人、片目の人、足の不自由な人、らい病に罹った人、皮膚病に罹った人、皮膚の病に罹った人、あるいは皮癬病に罹った人、その他いかなる不快な者も、園林に出掛けようとしている王子の前に立つことがないよう、随所に人を立たせたのである。

かくして、非常に価値があり、七宝に輝く乗物に乗り、偉大な王族の威厳、偉大な王族の隆盛、偉大な威光を誇示しながら、王子が園林に出掛けた時、王子が不快な者を何も目にせぬように、王家の番人達は〔王子の〕左右で〔そういう者を〕追い払いながら進んだ。こうして、王子が心地好い光景を見、心地好い音声を聞き、心地好い香りを嗅ぎ、右左の両脇から百千もの人の合掌を受け、また様々な粉の雨を受けながら、カピラヴァストゥから園林に向かっていた時、浄居〔天〕の天子となった陶工ガティカーラと他の浄居〔天〕衆の天子達は〔王子の〕前に老人を化作した。彼は老い、年をとり、老いぼれ、若さはなくなり、頭は白く、体は染みに覆われ、ガタがきており、〔腰は〕梁のように曲がり、〔体は〕前方に傾いて杖に凭れ掛かり、体をふらつかせながら歩いた。菩薩は彼を見て、御者に尋ねた。

「あのように忌まわしく、老い、年をとり、老いぼれ、若さはなくなり、頭は白くなり、体は染みに覆われ、ガタがきており、〔腰は〕梁のように曲がり、〔体は〕前方に傾いて杖に凭れ掛かり、体をふらつかせながら歩いている者は、一体誰だ」

「王子よ、(379)〔今〕お尋ねのあ奴が、あなたにとって何だというのです。あの男は、老人と呼ばれる、体から若さが失われた者でございますよ。我々は園林に参りましょう。そこで王子は五欲の対象で遊び、楽しみ、お戯れあそばせ」と御者が答えると、王子は言った。「おい、御者よ、我々も老いの定めを持ち、老いの定めを超えることはできぬ。実に生まれた者は老いると分かった時、賢者にいかなる楽があろうか」と。「御者よ、車を引き返せ。園林に行くなどもうたくさんだ！」と王子は言うと、王子は〔途中で〕引き返して家に入った。シュッドーダナ王が大臣達に「おい、どうして王子は〔途中で〕引き返し、園林に行かなかったのだ」と尋ねると、大臣達は「大王よ、王子は老人を御覧になると〔途中で〕引き返し、もう園林には行かれなかったのです」と答えた。王は考えた。〈ああ、王子がアシタ仙に予言されたとおりになったらどうしよう！〉と。

王は王子の後宮を見て、「お前達は王子が家の中で喜びを感じるように、踊りや歌や音楽によって王子を上手に遊ばせ、楽しませ、戯れさせよ」と〔言った〕ので、王子のために天界であるかのような宴が後宮で催されたが、王子は宴に心を引かれなかった。あの老人のことしか頭になかったからである。

別の時、「私は園林に出掛けようと思います」と王子が言うと、「王子が園林に出掛けている時に、不快なものを何も目にせぬよう、心地好い光景や音声を用意しろ」と王は命じた。こう王が言うや否や、大臣達は命じられたとおりに王宮とその王子の園林との間の道を荘厳した。そして園林に出向こうとしている〔王子〕の前には、どこにも老人、年寄り、病人、片目の人、足の不自由な人、らい病に罹った人、皮膚病に罹った人、皮膚の病に罹った人、あるいは皮癬病に罹った人、その他いかなる不快な者も、園林に出向きつつある〔王子〕の前に立たぬよう、随所に番人を立たせたのである。

こうして、非常に価値があり、七宝に輝く乗物に乗り、偉大な王族の威厳、偉大な王族の隆盛、偉大な威光を誇示しつつ、王子が園林に向かっていた時、王の番人達は、王子が不快なものを何も目にせぬように、左右で〔そういう者を〕追い払いながら進んだ。こうして、王子が心地好い光景を見、心地好い音声を聞き、心地好い香りを嗅ぎ、右左の両脇から百千もの〔人の〕合掌を受け、また様々な花の雨を受けながら、カピラヴァストゥから園林に向かっていた時、浄居〔天〕の天子となった陶工のガティカーラと他の浄居〔天〕衆の天子達は、〔王子の〕前に病人を化作した。彼は腫れた手足をし、顔も腫れ、黄疸が出、水腫症で、水が滲み出ている臍には数千匹の蠅がたかり、醜く、嫌悪感を抱かせた。菩薩は彼を見て、御者に尋ねた。「おい御者よ、あのように忌まわしく、黄疸が出て、髪は白く、手足は腫れ、顔色は優れず、水が垂れている臍には数千匹の蠅がたかる者は、一体誰だ」と。

「王子よ、〔今〕お尋ねのあ奴が、あなたにとって何だというのです。あの男は、体が病気に冒された者でございますよ。我々は園林に参りましょう。そこで遊び、楽しみ、お戯れあそばせ」と御者が答えると、王子は言った。「おい、御者よ、我々も病いの定めを持ち、病いの定めを超えることはできぬ。実に生まれた者が老いると分かり、また病むと分かった時、賢者にいかなる楽があろうか。〔病とは〕容姿の損失、力の衰退、あらゆる器官の減退、憂いの根源、楽の止息、心と依身の損失[380]、存在の止息、体に住みついた〔悪の〕巣窟である[381]。世間を知り尽くし〔事の〕本質を咀嚼した者で[382]、病を恐れぬ者が誰かいるだろうか」と。

「御者よ、車を引き返せ。園林に行くなどもうたくさんだ！」と王子は言うと、王子は再び〔途中で〕引き返して家に入った。シュッドーダナ王は大臣達に「おい、どうして王子はまた〔途中で〕引き返し、園林に行かなかったのだ」と尋ねると、大臣達は「大王よ、王子は病人を御覧になると〔途中で〕引き返し、もう園林には行かれなかったのです」と答えた。王は考えた。〈ああ、王子がアシタ仙に予言されたとおりになったらどうしよう！〉と。

王は王子の後宮を見て、「お前達は王子が王宮の中で喜びを感じるように、踊りや歌や音楽によって王子を上手に遊ばせ、楽しませよ」と〔言った〕ので、王子のために天界であるかのような宴が後宮で催されたが、王子は宴に心を引かれなかった。あの老人と病人とのことしか頭になかったからである。

別の時、王子はまた父に「父上、私は園林を見物しに出掛けようと思います」とせがむと、王は大臣達に「王子は園林に出掛けようとしている。園林を荘厳し、道を飾り、都城を飾り付けよ。そして王宮から王子の園林の間に水を撒き、掃き浄め、天蓋を広げ、多彩な布を広げ、絹の束を懸け、香を焚き、開いた花を撒き、そして随所に花を設《しつら》え、舞子・踊子・闘士・力士・手拍子士・鼓手〔等〕、心地好い光景・音声・香りを用意しろ。[383] 園林に出向いた王子が、老人、病人、片目の人、足の不自由な人、らい病に罹った人、皮膚病に罹った人、皮膚の病に罹った人、盲人、衰弱した人〔等〕、不快な者はどんな者でも目にせぬようにな。王子が何も不快な者を目にせぬように、設えさせるのだぞ！」と命じた。さてこう王が言うや否や、大臣達は命じられたとおりに荘厳した。そして〔道の〕左右に〔不快な〕者を追い払う番人を立たせた。園林に出掛けた王子が不快なものはどんなものでも目にせぬようにである。

こうして王子は、七宝に輝き、天蓋を広げ、絹の束を懸け、金網に覆われ、旗を立て、鈴が付き、防御具を備え、[384] 幡や幟を立てた乗物に乗り、大臣や従者を従えて、偉大な王族の威厳、偉大な王族の隆盛、偉大な威光、偉大な栄華を誇示しながら、左右の両側から百千もの合掌を受けつつ、カピラヴァストゥから園林に出掛けた。すると、浄居〔天〕の天子となった陶工のガティカーラと他の浄居〔天〕衆の天子達は、〔王子の〕前に死人を化作した。彼は、涙声を出し、泣き顔で、髪を振り乱し、胸を叩き、悲しみに沈んで嘆いている親戚の者に担架に乗せられ、運ばれていた。王子は彼を見て御者に尋ねた。「おい、御者よ、涙で喉を詰まらせ、顔を泣き腫らし、髪を振り乱し、胸を押さえた親戚の者に担架に乗せられ、運ばれている者は、一体誰だ」と。

「王子よ、あの者は死人でございますよ。彼は、涙声を出し、泣き顔で、髪を振り乱し、胸を叩いている親戚の者に担架に乗せられ、墓場に運ばれているのです」と御者が答えると、王子は言った。「おい、御者よ、あの者はもう二度と、母や父、兄弟や姉妹、友人・親戚・血縁の者、あるいは麗しき閻浮提を目にすることはないのか」

「王子よ、いかにも。あの者はもう二度と、父や母、兄弟や妻、友人・親戚・血縁の者、あるいは麗しき閻浮提を目にすることはございません」と御者が言うと王子は言った。「実に死とは、

死は、汝にも我にも等しく〔訪れ〕、敵と見方〔の区別〕なし。巡り来たれる季節の如く、それは打ち勝ち難く、取り除き難し。それは家の貴賤をも主の有無[385]をも斟酌せず、日の如く大胆に、軌道に乗りて来たるなり」と。

菩薩は言われた。

「欲望《のぞみ》の対象《あいて》、成功、王族の繁栄、性の悦び、王権、かくの如き一切世間の主要なるを尋ね給え。病と苦悩の根源にして、人を滅し去る、恐ろしき死を見て、それぞ貴方に何をかなす」

御者は言った。

「老人・病人・死人を見て後に、輪廻に恐怖を抱かぬ者は、愚者や道に迷える盲者の如く、嘆かわし」

「おい、御者よ、我々も死の定めを持ち、死の定めを超えることはできぬ。実に生まれた者は病むと分かり、老いると分かり、また死ぬると分かった時、賢者にいかなる楽があろうか。車を引き返せ。私は園林に行くなどもうたくさんだ！」と王子は言うと、王子は再びそこから〔前と〕同様に引き返して再び家に戻った。シュッドーダナ王は大臣達に「おい、どうして王子はまた〔途中で〕引き返し、園林には行かなかったのだ」と尋ねると、大臣達は答えた。

「大王よ、王子は、涙声を出し、泣き顔で、髪を振り乱し、胸を押さえ、悲痛な叫び声を上げている親戚の者に担架に乗せられ、墓場に運ばれている死人を御覧になったのです。〔死人〕を御覧になると〔王子〕に〔激しい心の〕動揺が起こり、まさにこういうわけで〔王子〕は引き戻されたのです」と。

シュッドーダナ王は〈占い師のバラモン達は、「王子は出家されるでしょう」と言っていたが、彼らの〔予〕言が的中したらどうしよう！〉と考えた。すぐさま、王は王子の後宮に「宦官達よ、侍者達よ、お前達は王子が楽しめるように、踊り・歌・楽器を使って王子を上手に遊ばせよ」と使者を送った。すぐさま、後宮の侍者達は踊り・歌・楽器を使って王子を上手に楽しませたが、王子の心や思いはここにもあらず、また他の所にもなかった。あの老人・病人・死人のことしか頭になかったからである。

また別の時、王子は父に「父さん、〔私〕は園林を見に出掛けようと思います」とねだると、「王子よ、〔今が〕その時と考えよ」と王は答えた。王は大臣達に命じた。「ナンダナ園のように園林を荘厳せよ。そして天王の都城を荘厳せよ。さらに、王宮から王子の園林に至るまで、水を撒いて掃き浄め、天蓋を広げ、多彩な布を広げ、絹の束を懸け、香を焚き、開いた花を撒き、そして随所に花を設え、香を設え、舞子・踊子・闘士・力士・手拍子士・鼓手〔等〕を配置させよ。[386] そしてまた、心地好い光景・音声・香りを用意しろ。カピラヴァストゥから園林に出向いた王子が、老人、病人、死人、盲人、片目の人、足の不自由な人、らい病に罹った人、皮膚病に罹った人、皮膚の病に罹った人、皮癬に罹った人〔等〕、不快な者はどんな者でも目にせぬようにしろ！」と。

命令一下、直ちに大臣達は王の指示通りにすべてを設えた。カピラヴァストゥから園林に出掛けた王子が不快なものはどんなものでも目にせぬよう、随所に番人を立たせたのである。その時、王子は、七宝に輝き、金網に覆われ、見事に荘厳され、見事に飾り付けられ、旗を立て、鈴が付き、防御具を備え、幡や幟を立てた乗物に乗り、大臣や従者を従えて、偉大な王族の威厳、偉大な王族の隆盛、偉大な威容、偉大な栄華、偉大な威光を誇示しながら、カピラヴァストゥから園林に出掛けた時、浄居〔天〕の天子となった陶工のガティカーラと、他の浄居〔天〕衆の天子達は、〔王子の〕前に出家者を化作した。彼は、袈裟衣を身に纏い、諸根は鎮まり、威儀正しく、カピラヴァストゥの王道で数千もの人の中で一尋〔先〕を眺めていた。その時、王子はその出家者を見た。そして見ると、彼の心は落ち着いた。〈おお、出家者のしるしだ〉と。

王子はその出家者を見て「聖者よ、何のために出家者となられたのか」と尋ねると、「王子よ、私は自己を調御し、寂静にし、涅槃に至らんがために出家した」と出家者は答えた。王子は出家者のその言葉を聞いて、喜びが込み上げてきた。王子は言った。「出家者というものは、袈裟衣を纏い、一際目立ちて、人の込み合う帝釈天の〔町の〕如き道を横断し、多くの塵垢に塗れたる体せる、葦の森に住む一羽の鴛鴦の如くなり」と。[387]

ムリギーはシャーキャ族の女で、アーナンダの母であったが、彼女は、王子がそのような威厳を持ち、そのような威光を具えて、カピラヴァストゥより出ていくのを見ると、詩頌で王子を賞賛した。

「貴方の母も幸いなり。貴方の父も幸いなり。貴方を夫に持つ女も幸いなり」[388]

「涅槃」という言葉を聞くと、菩薩の心は〔その〕涅槃においてのみ落ち着き、留まり、熱望の気持ちが湧いてきた。

「涅槃」なる声を聞きて後、〔菩薩〕は涅槃に耳を傾けり。涅槃こそ無上なりと知りたるや、〔菩薩〕は何も恐れず、〔涅槃のみを〕禅思せり。

その涅槃を禅思していたので、王子はシャーキャ族の女ムリギーに目もくれず、話しかけもしなかった。そこでシャーキャ族の女ムリギーは落胆した。〈こんなに多くの人衆の真っ只中で私は王子を賞賛したのに、彼は私に見向きもしてくれなかった〉と。

シュッドーダナ〔王〕は、王子〔が外に出られぬよう〕に、五百人の男が〔やっとのことで〕開けられる、シャドヴァーラカと呼ばれる門を作らせたが、それが開けられる時は、周囲〔一〕ヨージャナに音が響き渡った。〔王〕は五百人の王を都城の囲りに立たせた。王は灌頂式のための容器を作らせた。〈私はプシュヤの星宿に王子を〔王に〕即位させよう〉と。

〈プシュヤの星宿に出家しよう〉と菩薩も考えた。浄居天は菩薩に言った。「偉人よ、あなたは然るべき時に兜率天衆より死没し、然るべき時に母胎に入り、然るべき時に誕生されました。そして〔今こそ〕あなたが出家されるに相応しい時です。偉人よ、あなたにぴったりの時がやってきたのです。[389]農夫が水を当てにして大きな〔雨〕雲を〔求める〕ように、多くの人があなた〔の出家〕を望んでいます」と。

〔諸天の〕自在者である天子が詩頌を唱えた。

「菩薩よ、賢者の思慮するが如く正しく思慮し給え。智慧者よ、貴方の思慮せらる如くに、貴方に善根の生ずればなり[390]」

〔諸天の〕大自在者が詩頌を唱えた。

「大勇者よ、出家し給え。大牟尼よ、出家し給え。一切世間のために、不死なる章句を覚知せられんことを」

マハーブラフマンは言った。「偉人よ、もし今日、出家しなければ、七日後、七宝が現れ出て、あなたは正義の法王である転輪王になって四洲を征服し、七宝を具足するでしょう。この七宝、すなわち、輪宝・象宝・馬宝・珠宝・女宝・長者宝、そして七番目に大臣宝が、天空より現れ出るのです。またあなたは、勇敢で、勇ましく、最上の肢体で美しく、敵の軍隊を粉砕する千人の息子に満たされるでしょう。あなたは、この四大洲、すなわち、海と山とを限りとする南贍部・東勝身・西牛貨・北倶盧を、刑罰や武力や圧政に訴えることなく、法によって征覇し、君臨するでしょう」と。

＊　＊　＊　＊　＊

兜率天衆から死没すると、ラーフラは夜半過ぎに母の胎内に入った。目覚めていた菩薩は、後宮の女が眠っているのを見た。ある者は琵琶を、ある者は笛を、ある者はナクラ[391]を、ある者はスゴーシャを、ある者はトゥーナカを、ある者はチャンディーサカを、ある者はサンバーリカーを、ある者はマハティーを、ある者はヴィパンチカーを、ある者はダッカパタハを、ある者はヴァッラキを、ある者はムリダンガを、ある者はムクンダを、ある者はパナヴァを、ある者はジャルジャラカを、ある者はアーリンガを、〔そして〕ある者はパリヴァーディニーを持ち、〔また〕ある者は喉に手を置き、ある者は太鼓の上に頭を置き、ある者は互いの膝に頭を置き、ある者は互いの肩に腕を置き、ある者は互いに抱き合い、ある者は左や右に体を放り出し、〔そして〕ある者は口から涎を垂らしていた。

菩薩は、後宮の女がそのように床に寝そべっているのを一人一人見て、後宮が死体遺棄場のように思えてきた。寝床から起き上がると、繊細な絹衣を箱から取り出し、「チャンダカよ、私のもとに〔駿〕馬カンタカを連れてこい」と従者のチャンダカを呼び寄せた。チャンダカは言った。「王子よ、今は真夜中ですよ。こんな時間、こんな場所で、馬が何の役に立ちましょう。毘沙門天の住居に等しい家をお楽しみ下さい。こんな時間、こんな場所で、あなたに馬が何の役に立ちましょう。天女の群衆に等しい後宮の女とお楽しみ下さい。あなた様に馬が何の役に立ちましょう」と。

その時、チャンダカは、このように様々な手段で〔王子を〕諫めた。「王子よ、今は馬の出る幕ではありません。王子よ、今は王に相応しい寝床でお休みになる時間です。今、馬が何の役に立ちましょう」と。

「チャンダカよ、今、私には馬が必要なのだ。私のもとにカンタカを連れてこい」と王子が言うと、チャンダカは〈こんな時間、こんな場所で、王子がカンタカを必要とされているということは、人がすやすやと眠っている間に、きっと王子は出家されるおつもりなのだ〉と考えた。そこで彼はカンタカに馬具を取りつけている[392]隙に、王やカピラヴァストゥの人を目覚めさせようとして、甲高い声で叫び声を上げた。しかし、そのチャンダカの声で目を覚ました者は誰もいなかった。諸天が〔都城の〕内外に住んでいる一切の人を深い眠りに誘い込んでいたからである。カンタカも、菩薩のもとに連れてこられる時、甲高い声で嘶《いなな》いた。〈私の嘶く声でシュッドーダナ王や人が目を覚ますであろう〉と。

その声は周囲一ヨージャナに響きわたったが、目を覚ました者は誰もいなかった。何千コーティもの天は、香や花環を持ち、菩薩が出家するのを供養するためにカピラヴァストゥにやって来た。

菩薩が馬王カンタカに乗ると、天空にいた何千もの天が花の雨を降らせた。マンダラヴァ、大マンダラヴァ、カルカーラヴァ、大カルカーラヴァ、ローチャマーナ、大ローチャマーナ、マンジューシャカ、大マンジューシャカ、ビーシュマ、大ビーシュマ、サマンタガンダ、大サマンタガンダ、パーリジャータカ、天の金花、天の銀花、天の宝石花、天の白檀の粉香、天のアグル樹の粉香、天のケーシャラ樹の粉香、天のターマラ樹の葉の粉香、〔それに〕冷たい天の香水であった。カピラヴァストゥは、周囲六ヨージャナに亘り膝の高さまで天の花の洪水となり、周囲六ヨージャナに亘り天の香水で泥濘んだ。[393] そして何千コーティ・ナユタもの天の〔鳥の〕囀りが聞かれ、天の合唱が聞かれた。また何千もの天女が声を上げて歌った。

四大王天がカンタカの足を持つと、〔カンタカと〕呼応するように、[394] カンタカと共に生まれた侍〔馬〕ペーラヴァカが[395]〈私は〔カンタカ〕と同じ速さではないなら[396]〉と飛び出してきた。〔また〕チャンダカと同じ時に生まれた、スプラティシュタと呼ばれる夜叉は、五百人の従者を引き連れ、音が聞こえないようにシャドヴァーラカの門を開けた。

その時、巨大な象軍を捨て去って、菩薩は家から家なき状態へと出家した。巨大な馬軍を捨て去って、巨大な車軍を捨て去って、巨大な歩兵軍を捨て去って、広大な財産の集積を捨て去って、強大な主権を捨て去って、広範囲に及ぶ親戚の者を捨て去って、菩薩は家から家なき状態へと出家したのである。菩薩は生に悩まされ、生を超える道を獲得するために、家から家なき状態へと出家した。菩薩は死に悩まされ、死を超える道を獲得するために、家から家なき状態へと出家した。〔菩薩〕は、憂いに悩まされ、苦悩に悩まされ、〔憂いや〕苦悩を越える道を獲得するために、家から家なき状態へと出家したのである。

＊　＊　＊　＊　＊↓

実[397]に比丘達よ、菩薩が家から家なき状態へと出家したのは、〔老いという〕損失に悩まされた[398]からではない。そうではなく、実に比丘達よ、菩薩は最上にして最高の若さを具足していた時に、家から家なき状態へと出家したのである。実に比丘達よ、菩薩が家から家なき状態へと出家したのは、病という損失に悩まされたからではない。そうではなく、実に比丘達よ、菩薩は最上にして最高の健康を具足していた時に、家から家なき状態へと出家したのである。

また実に比丘達よ、〔菩薩〕が家から家なき状態へと出家したのは、財産の損失に悩まされたからではない。そうではなく、実に比丘達よ、菩薩は巨大な財産の集積を捨て去って、家から家なき状態へと出家したのである。また実に比丘達よ、菩薩が家から家なき状態へと出家したのは、親戚の者の衰退に悩まされたからではない。そうではなく、実に比丘達よ、菩薩は広大な親戚の者を捨て去って、家から家なき状態へと出家したのである。

↑＊　＊　＊　＊　＊

〔すると〕山が揺れ、水が波うち、そして穏やかだった海が震えた。また諸天が天の白檀の粉香を撒き、天のアグル樹の粉香、天のケーシャラ樹の粉香、天のターマラ樹の葉の粉香、そして開いた花の雨を降らせた。その同じ菩薩の威光により、この大地は激しく六種に揺れ、震え、震動した。

また、無量の広大な光明が世間に現れ出た。暗黒にして暗黒に満ちており、暗闇にして暗闇に満ちており、真っ暗で、かつて見られたこともなく、そこでは、これほどの大神通力と大威神力を持つ月や日でさえも、その光を以て光を届けることはできず、〔その〕光明を以て光明を満たすこともできない世間の裂け目をも、それは〔自らの〕光で満たしたのである。そこに生まれ変わっていた有情も〔初めて〕互い〔の存在〕を知った。「おお、実に他の有情もここに生まれ変わっていたのか！」と。

そしてまた、その刹那その瞬間、一切の有情はひたすら楽に満たされる。阿鼻大地獄に生まれ変わった者でさえ、諸天の〔持つ〕天の威厳、龍の〔持つ〕龍の威厳、〔そして〕夜叉の〔持つ〕夜叉の威厳を超越した。そしてマーラ

163

388

の住居は陰り、光を失い、威光をなくして、侘しいものとなった。そこ（マーラの住居）は〔一〕クローシャ崩れ落ち、二クローシャ崩れ落ち、三クローシャ崩れ落ち、〔一〕ヨージャナ崩れ落ち、旗の先端も倒れてしまった。そして邪悪なマーラは苦しみ、憂い、後悔し、〔体〕中に苦悩と苦悶を生じたのである。

＊　＊　＊　＊　＊↓

[400]また実に比丘達よ、菩薩が出家した時、東方が極めて清浄で純白になり、南方も極めて清浄で純白になり、西方も極めて清浄で純白になり、北方も極めて清浄で純白になり、下方も上方も極めて清浄で純白になった。月や日が昇るのも極めて清浄で純白になり、沈むのも極めて清浄で純白になり、星座も極めて清浄で純白になり、星の色も極めて清浄で純白になった。四大王天の住居も極めて清浄で純白になり、三十三・夜摩・兜率・化楽・他化自在の諸天の住居も極めて清浄で純白になった。〔一方〕マーラの住居は影をひそめ、マーラ衆の諸天の旗の先端は醜くなり、光を失った。そして邪悪なマーラは苦しみ、憂い、悔しがり、顔色が悪くなり、心の矢という苦悩を生じた。梵衆天の住居は清浄で純白になり、浄居天の住居も清浄で純白になった。こうして、限られた光明を持つ正等覚者達[401]が行住坐臥する浄居天の場所も極めて清浄で純白になると、浄居天は非常に歓喜し、踊躍し、喜び、喜悦を生じたのである。

また実に比丘達よ、菩薩が出家した時、龍の主や龍王、〔それに〕卵生であれ、水生であれ、湿生であれ、化生で

164

あれ、あらん限りの〔有情〕が、四支より成る巨大な軍隊を化作し、巨大な象軍・馬軍・車軍・歩兵軍を化作して、家から家なき状態へと出家しようとしている菩薩を護衛した。また実に比丘達よ、菩薩が出家した時、スパルナの主やスパルナの王、〔それに〕卵生であれ、水生であれ、湿生であれ、化生であれ、あらん限りの〔有情〕が、四支より成る巨大な軍隊を化作し、巨大な象軍・馬軍・車軍・歩兵軍を化作して、その菩薩を護衛すると、都城の神が進みつつあった菩薩の前に立ち、心を沈ませて言った。

「象よ、象よ、我を見給え。獅子よ、獅子よ、我を見給え。有情の核たる人よ、我を見給え。隊商主よ、我を見給え」

カピラヴァストゥから出ていく時、シャーキャ族に喜びをもたらす獅子のような人は最上の町を見渡して、このような声を上げた。

「たとえ地獄に落つとも、食事のために毒を喰らうとも、老死の彼岸に達せずば、再びここには入らじ！」

比丘達よ、このように菩薩は出家を成就したのである。

↑＊　＊　＊　＊　＊

何千もの天や四大王〔天〕は菩薩を迎え入れ、カピラヴァストゥから南に十二ヨージャナの所へ連れていった。そこはマッラ族の領域でアノーミヤと呼ばれる地方であり、聖仙ヴァシシュタの隠遁処の麓から遠くない所であった。菩薩とチャンダカとはそこに留まった。菩薩はチャンダカの手に、瓔珞・〔駿〕馬カンタカ・日傘・宝石を渡して指示した。「父シュッドーダナ、ガウタミー・マハープラジャーパティー、それに親類には『なすべきことをなし終え、最上の法輪を転じたら、私は戻ってきます』と宜しく伝えてくれ」と。

チャンダカが「あなたが御両親を恋しく思われませんように」と言うと、菩薩は言った。「チャンダカよ、

　察するに、汝に過失ありと我は見る。解脱を意図し、解脱を目指して我は身内を捨つるなり。如何ぞ息子の生活[402]に愛しき親類との別離の再びあらん。‖もし我等に生老病死等なくば、もし愛別離〔苦〕・怨憎会〔苦〕なく、もし我等の願望の〔悉く〕叶い、楽の常住ならば、人の種々なる感覚の対象は喜びたらん」

チャンダカは言った。「聖子よ、あなたが『四洲〔を統治する〕運命にある』[403]とあらゆる典籍に通じた者は予言しました。それは真実ではないのですか」と。

菩薩は答えた。「おお、チャンダカよ、占相に通じた者達は他に何と予言したか申してみよ。もしお前が私を尊重しているなら、今こそ真実〔を述べる〕時だ」と。チャンダカは言った。「では申し上げます。『あるいは大地を捨て去って出家し、有貪を滅して〔一切を〕遍く見る者となる』が、もう一つ〔の予言〕です」と。

菩薩は〈髻を残したままで、どうして出家できようぞ〉と考えた。菩薩は刀で髻を切り落とすと、天主シャクラがその髻を受け取り、三十三天の住居で供養され、髻祭りが催された。〔それと〕同時にカンタカが菩薩の足を舐めたが、菩薩は〔それを〕気に止めることなく出ていったのである。

具眼者が出家したる、〔その〕出家の仕方を我は賞賛す。老死を見て、牟尼は動揺せり。＝大智慧者にして〔一切〕見者たる〔菩薩〕は心の底から動揺し、世間の過患を察知して、家なき状態へと出家せり。＝〔菩薩〕は、両親や親類との交わりを断ち、〔駿〕馬カンタカに乗るや、カピラ城より出でたり。＝〔菩薩〕は馬とチャンダカとを見捨つるや、家への束縛を断ち切りて、その全てを抛つや、毫も未練を残さずに出でたり。

さて菩薩が出家すると、チャンダカとカンタカは、聖仙ヴァシシュタの隠遁処からそう遠くないアノーミヤ地方から引き返した。そして彼は〔王子の〕瓔珞を返し、シュッドーダナ王、ガウタミー・マハープラジャーパティー、同じく他の親類に〔王子の言葉を〕上手く伝えたが、ヤショーダラーには伝えなかった。

11-(1) シュヤーマー本生話

世尊が最上の法輪を転じられた時、比丘達はそれを聞いた。「どうして〔世尊〕はヤショーダラーに未練を残さずに出ていかれたのですか」と比丘達が世尊に申し上げると、「比丘達よ、私が〔彼女に〕未練を残さなかったのは、今生だけのことではない。他の時にも私はヤショーダラーに未練を残すことなく、出ていったことがある」と世尊は言われた。「世尊よ、他の時にもですか」と比丘達が申し上げると、「比丘達よ、他の時にもだ」と世尊は言われた。

比丘達よ、かつて過去世において、北路にタクシャシラーという都城があった。そこではヴァジュラセーナ[404]という組合長の息子がいたが、彼は馬で商売するために、馬という商品を携えて、タクシャシラーからヴァーラーナシーに行った。その時、進みつつあった彼と、他のヴァーラーナシーの隊商とが泥棒に襲われた。商人は皆殺しにされ、馬はすべて奪われた。その時、その隊商主〔組合長の息子〕は〔他者の〕死体で自分自身を覆いながら臥していたので、殺されなかった。

泥棒は〈隊商主の息の根を完全に止めた〉と考え、〈商品を〉鷲掴みにして立ち去ったが、馬商人ヴァジュラセーナは排水溝を伝って[405]都城ヴァーラーナシーに入り、空き家で一夜を明かした。その同じ夜、都城ヴァーラーナシーでは、宮殿に泥棒が穴を開け、多くの物品を奪い去った。夜が明けると、大臣達は宮殿に穴が開けられているのを見た。大臣達彼らが王に「大王よ、宮殿に穴が開けられました！」と知らせると、王は「宮殿の中を調べよ！」と命じた。大臣達が調べていると、多くの物品が奪い去られているのが分かった。王は大臣達に「その泥棒を追え！」と命じた。

王が命令したその瞬間、ヴァーラーナシーの泥棒は指名手配され、天廟や空き家も含めて、家という家が捜索された。王の軍人達は追跡しながら空き家に入ると、そこでは泥棒に襲われた馬商人ヴァジュラセーナが寝ていた。その時、彼は旅の疲れや、夜一睡もせずに心配していたために憔悴しきっており、〔一旦〕眠ると日が昇っても眼を覚まさなかった。追跡していた王の軍人達は、彼が衣や体を血で真っ赤に染め、また物品を側において寝ていたのを見た。そこで王の軍人達は〈奴が宮殿に押し入った泥棒だ！〉と考え、王の軍人が彼を足で蹴って立たせた。

「立て、悪い泥棒め！　お前が宮殿に押し入ったに違いない」と。
すると、馬商人は恐れ戦《おのの》きながら「これは一体何事ですか」と立ち上がった。そこで王の軍人達は「悪い泥棒め、お前が宮殿に押し入ったに違いない」と言った。その時、「皆さん、落ち着いて下さい。私は泥棒ではありません。私は馬商人なのです」と彼が言うと、王の軍人達は「馬商人とは斯《か》く斯く然々《しかじか》の恰好をした者だ。お前のような恰好をした者は、邪悪な泥棒だ！」と言った。彼らは、抗議する彼を後ろ手に縛り、王のもとに連れてきた。「王よ、奴が空き家で寝ていたところを、このように捕まえました」と。

王は激怒し、恐ろしい刑罰を言い渡した。「さあ、奴を死体遺棄場アティムクタカに連れていき、生きたまま串刺しにしろ！」と彼は命じたのである。その時、後ろ手に縛られていた彼は、酒を飲まされ、死刑用の首縄を掛けられ、激しい音で[406]太鼓が打ち鳴らされる中、刀・槍・投槍を手にした死刑執行人達や何千もの人に取り囲まれて死体遺棄場アティムクタカに向かう途中、遊女街にやって来た。そしてそこにはシュヤーマー[407]と呼ばれる第一の遊女がいたが、彼女は裕福で、巨大な財産と広大な貯蓄とを持っており、沢山の金銀を資産とし、沢山の女奴隷・男奴隷・日雇い人夫・召使を持っていた。さて、その隊商主が死刑〔場〕に連れていかれるところを、その第一遊女シュヤーマーが見た。見た途端、遊女は隊商主に一目惚れしてしまった。

――世尊も説いておられるように、

過去世にて住居を共にし、現世にて好意を示さば、水中の蓮の如く、愛は芽生ゆるなり。＝共に暮らし生活せば、眼差しや微笑み〔一つ〕もて、人にも動物にも愛は芽生ゆなり。＝意のそこ〔愛〕に入りて、心の満たされし時は如何なる時も、賢者さえ性交す。嘗て〔二人は〕仲睦まじければなり。[408]――

その時、遊女は、一千生もの間、その馬商人に愛情を抱いていたので、彼女には彼への激しい愛が生じた。その時、彼女は〈もしもあの男を手に入れられなければ、死んでしまおう〉と考えると、次の瞬間、侍女に言った。「さあ、お前、私の言葉として、あの死刑執行人達に言うのです。『私はあなた方にこれだけの金や金貨を差し上げましょう。ですからその男を殺さないで下さい。〔代わりに〕彼とそっくりの顔つきで、彼とそっくりの容姿をした別の男を行かせます。彼を捕まえて殺して下さいな』と言うのですよ。〔その〕別の男は〔何も〕知りませんからね」と。

こうして、その侍女は〔そこに〕行くと、指示されたとおり死刑執行人達に告げた。死刑執行人達は彼女に「宜しい。そうしよう」と答えた。そこで彼らは死体遺棄場に[409]行った。

さて、組合長の一人息子は、十二年分の金を払ってその遊廓に入り浸っていたが、十年がすでに経過し、残すところは二年であった。

――次のように言われる。

刹帝利には百の術、婆羅門には二百〔の術〕、王には千の術あらんも、実に女の術には際限なし。――

さて遊女シュヤーマーは、その組合長の息子の前にあった食物と香辛料とを取り上げた。組合長の息子が「シュヤーマーよ、これは一体何事だい」と尋ねると、「旦那様、あの死刑囚を見て、私に憐れみの情が起こりました。私は〈この食事を自ら〔彼のもとに〕運んであげよう〉と思ったのです」と彼女は答えた。

「お前は自分で行ってはならない。侍女を遣りなさい」と組合長の息子が言うと、「〔でも〕侍女が〔ちゃんと〕渡すかどうか分からないでしょう。私が自分で運び、〔彼に〕恵んでやることにします」と彼女は答えた。すると、組合長の息子は言った。「寄越しなさい。私が行こう。お前は自分で行ってはならぬ」と。

その時、彼女がさらに大袈裟な芝居をして、「いいえ、いけません。旦那様が行かれてはなりません。私が参ります！」と言うと、組合長の息子も「駄目だ！　お前は行ってはならぬ。私が行く」と言うので、遊女は言った。「旦那様のお好きなようになさって下さいませ。私か旦那様が行けばよいことなのですから」と。

こうして、組合長の息子は食事を持って出掛けた。その時、遊女は侍女に「さあ、あの組合長の息子が殺されたら、日が沈むまでその男を匿っておき、その後、誰にも見つからないように連れてくるのですよ」と言った。人は皆、もう引き返しており、死刑執行人達は墓場に到着した。そしてその組合長の息子も食事を持って〔そこに〕辿り着いた。彼は食事を死刑囚に手渡した。その時、死刑執行人達は組合長の息子を殺し、馬商人を解放したのである。こうして彼はその侍女に匿われ、その遊廓に入った。それから馬商人はすぐさま香水を塗り込まれ、沐浴させられ、高価な衣を着せられ、高価な椅子に坐らされ、香と花環とが持ってこられ、食事が運ばれた。彼は五欲の対象を具足し、完全に具え持ち、二人は、遊び、戯れ、快楽に耽ったのであった。

さて最初の商人の息子は、十年間〔そこに〕入り浸っており、彼が殺された時でも二年分の料金は全額、両親のもとから支払われていた。その時、馬商人はその事情をありのままに知ると、悲しみで一杯になり、顔面蒼白になった。食物も喉を通らず、〈私も、あの前の組合長の息子とまったく同じように、殺されてしまうのだ!〉と、食べたものは吐き出す有り様だった。すると、遊女は馬商人に尋ねた。「旦那様、あなたがここにいらっしゃってから、一度たりとも私はあなたが喜んだり楽しんだりするところを見たことがありません。何が足らないのですか。何をお望みですか。あなたのお望みのものを何でも手に入れて差し上げましょう」と。

すると、馬商人は言った。「我々の都城タクシャシラーは、遊園や蓮池で麗しく、人はしばしばそこで遊ぶために遊園まで行列を作って出掛けるのだ。その遊園、その遊園での遊び、それに〔そこでの〕水遊びを思い出しているのだよ」と。

遊女は言った。「旦那様、このヴァーラーナシーにも、花や実を具えた、麗しく楽しい遊園や蓮池がございます。もし旦那様が遊園にお出掛けになりたいのでしたら、私は〔あなたと共に〕遊園地へ遊びに出掛けましょう」と。「宜しい。出掛けるとしよう」と彼は言った。そこで、遊女はある遊園地に水を撒いて掃除させた。〔そして〕馬商人を覆いの付いた駕籠に乗せ、軟食硬食や飲物、それに香や花環を持つと、侍女達に敬われながら出掛けた。その時、組合長の息子ヴァジュラセーナは遊女に言った。「誰にも見られず遠慮もせず、水遊びができるよう、この蓮池に幕を張り巡らしなさい」と。

遊女は〈旦那様の言うとおり。そうすれば、誰にも見られず遠慮せずに遊べるわ〉と考えた。こうして遊女は蓮池に幕を張り巡らせた。そして、彼らは二人だけで水遊びをしながら、遊び、戯れ、快楽に耽った。その時、馬商人は〈もしも、今日、逃げ出さなければ、私はもう二度と逃げ出すことはできぬ〉と考えた。そこで彼は酒を前に置かせて、〈彼女が酔っぱらってしまえば、私は逃げることができる〉と〔考えて〕遊女に飲ませた。彼女も〈旦那様は〔私を〕愛しているから、私に酒を勧められるのだわ〉と考えた。こうして彼女は〔酒を〕飲み、酔っぱらってしまった。その時、馬商人は侍女達に言った。「さあ、お前達はバーンダ樹の根元に坐れ。我々〔二人〕は遠慮なく水遊びをするから」と。

そこで侍女達は隅にあったバーンダ樹の根元に坐った。その後、二人は水遊びをするために蓮池の中に降りていった。そこで馬商人はシュヤーマーの喉を抱えて〔水中に〕沈め、一瞬〔手で彼女の口を〕塞いだ後に引き上げた。シュヤーマーは〈旦那様は水遊びをされているのね〉と考えた。こうして馬商人ヴァジュラセーナは何度も何度も、さらに長い時間〔彼女を水中に〕沈めたため、シュヤーマーは呼吸ができなくなり、もがき苦しんだ。そしてヴァジュラセーナは水中に〔彼女を〕沈め、呼吸ができないようにした。ヴァジュラセーナは〈シュヤーマーは死んだ。今こそ私の逃げる時だ！〉と考えた。その時、彼はシュヤーマーが死んだと思い、蓮池の階段に〔彼女を〕放置すると、あちこちを見回してから、誰にも見られないように逃げ出した。

侍女達は〈旦那様と奥様はこの蓮池で遊ぶために〔水を〕バチャバチャとされているはずなのに、彼らが遊んでいる音が全然聞こえない。行って確かめましょう〉と考えた。こうして彼女達が蓮池に近づいてみると、シュヤーマーが蓮池の階段で死んだように横たわっているのを見た。彼女達は何とかして〔彼女を〕蘇生させた。その後、侍女達は、一瞬、頭を下にしてシュヤーマーを吊り下げた。すると〔飲んだ〕水がすべて口から出てきた。こうしてシュヤーマーが息を吹き返した時、侍女達に「旦那様はどこですか」と尋ねると、「奥様、旦那様はどこにも見当たりません。きっと逃げ出されたのです」と侍女達は言った。「急いで都城を探しましょう」と彼女が言うと、彼女達は都城に入っていった。

それから遊女シュヤーマーは直ちにチャンダーラ達を呼んで、「私はお前達に、生活費として沢山の金をこれだけ上げるから、死んだばかりで、まだ〔獣に〕食い千切られていない男の死体を運んできてちょうだい」と言うと、「宜しい。運んできましょう」と彼らは言った。彼らは墓場に行くと、誰にも見つからないように、死んだばかりで、まだ〔獣に〕食い千切られていない男の死体を運んできた。そこで〔彼女は〕彼らに生活費を与えて返した。その後、シュヤーマーはその男の死体を香水で沐浴させ、香料を塗り付け、立派な衣で〔死体を〕覆い、柩[410]に入れると、しっかりと蓋をし、侍女達に言った。「声を合わせて、全員で叫び声を上げるのです。そしてこう言いなさい。『旦那様がお亡くなりになった、旦那様がお亡くなりになった！』と」と。

シュヤーマーが指示したとおりに、侍女達は叫び声を上げた。大勢の人は遊女シュヤーマーの家で「組合長の息子が亡くなった」という叫び声が上がったのを聞き、またその組合長の息子の両親も〔それを〕聞いて、〈我々の一人息子が亡くなってしまった〉と〔考えた〕。そこで〔両親〕と親戚一同は皆、泣きながらその遊女の家に行った。遊廓街の人も集まってきた。〔両親〕は言った。「この柩を開けてくれ。最後に一目〔だけ〕息子を見たいのだ」と。

その時、遊女は〈もしも柩を開けたら、〔嘘が〕ばれてしまう。そうなれば、私は八つ裂きにされてしまうわ〉と考え、「あなた方は柩を開けてはなりません」と彼らに言った。彼らが「どうしてだ」と言うと、彼女は答えた。「旦那様が病気になられた時、私は『旦那様、御両親の家にお帰り下さいませ』と申し上げました。すると〔旦那様〉は『随分の間、〔家には〕帰っていないし、今、帰るつもりもない。回復してから、両親に会いに行こう』とおっしゃったのです。しかし回復することなく、病で危篤状態になられると、『私が死んでも両親や親戚の者には見せないでおくれ。私の〔最後の〕お願いだ』と私に遺言されたのです。そこで私は旦那様に『旦那様、あなたがお亡くなりになられても、〔あなたの〕御両親や親類の誰にもお見せいたしません』とお約束いたしましたの。旦那様の亡骸をお見せするくらいなら、死んだ方がましです。ですから、もしもあなた方がそのように柩をお開けになるのでしたら、私は死にます。旦那様がお亡くなりになる時、私はそのようにお約束したのですから」

組合長は考えた。〈それは彼女の言うとおりだ。死にかけている時でも我が息子は彼女を見捨てなかったのは、彼女が我が息子をそれほどまでに愛し、慕ってくれていたということだ。そしてまた彼女は息子の愛に染まり、優しくしようとしてくれた。もう我が息子は死んだのであり、取り戻すことはできない。もしも我々が死んだ息子を取り戻せないならば、柩を開けて何になろう〉と。

「柩を開けるな。私の息子が今際の際で望んでいたとおりにしてやれ」と組合長は命じた。それから彼は実に厳かに都城から出ると、人里離れた所で瞑想した。一方、遊女は大層悲しんでいるように泣き崩れ、憂いの表情を浮かべ、悲嘆にくれる〔等〕数々の演技を見せた。引き止められても火葬用の薪に向かって走り寄り、薪の中に飛び込もうとして皆に引き止められ、〔それでもなお〕薪の中に飛び込もうとした。その時、その組合長の息子の両親はこう考えた。〈遊女シュヤーマーを我が息子は愛し慕っていたし、彼女も我が息子を愛し慕っていた。いざ我々もシュヤーマーを家に連れ帰り[41]、彼女を我が息子の形見としよう〉と。

こうして組合長は宮殿から許しを得て、〔自分の〕家に連れ帰った。その後、彼女は珠宝や金〔の飾り〕を取り外し、白い衣服を着て、髪を一つに束ねると、馬商人ヴァジュラセーナのことを嘆き悲しんでいた。そして組合長の息子の両親は〈彼女は我が一人息子のことを嘆き悲しんでいるのだ〉と考えた。そこで組合長は妻ともども、〔実の〕

息子の如くシュヤーマーに接したのであった。

[412]さてある時、役者達がタクシャシラーからヴァーラーナシーにやって来た。そして役者の少年達が施食を求め、その組合長の家に入った。その時、シュヤーマーは役者の少年達の北部訛に気づいた。「あなた達はどこから来たの」と彼女が役者の少年達に尋ねると、「我々は北路を通ってきました」と彼らは答えた。「どの地方からなの」と彼女が訊くと、「タクシャシラーからです」と彼らは答えた。「じゃあ、あなた達は彼を[413]ご存知かしら。タクシャシラーの組合長の息子で、ヴァジュラセーナと呼ばれる馬商人なんだけど」と彼女が訊くと、「はい、知っていますとも」と役者の少年達は答えた。「私のために一肌脱いでもらえないかしら」と彼女が言うと、「はい、いいですよ。何をすればいいですか」と彼らが訊くので、彼女は言った。「組合長の息子ヴァジュラセーナの前で、次の詩頌を唱えて下さいまし。

　花咲くサーラ樹の中にて[414]、貴方の脇腹[415]に堅く押さえつけし、絹衣を纏いたるシュヤーマーは、貴方の安否を尋ぬなり」と。

やがて役者の少年達は次第してタクシャシラーに戻ると、馬商人ヴァジュラセーナに近づいて言った。

「花[416]咲くサーラ樹の中にて、貴方の脇腹に堅く押さえつけし、絹衣を纏いたるシュヤーマーは、貴方の安否を尋ぬなり」

その時、その詩頌を聞くと、組合長の息子ヴァジュラセーナは役者の少年達に詩頌を以て答えた。

「貪欲に支配さるる人や報復を望む人は安眠せず。恩を知る人は安眠せず、敵意に満ちたる人も安眠せず。＝風の山を吹き飛ばせり〔との言を信ぜざる〕が如く、我は汝の言を信ぜず。如何ぞ、あの死せる女の我が安否を尋ねん」

その時、役者の少年達は言った。

「その女は死せずして、〔貴方の〕他に誰も望まず。彼女は髪を一つに束ね、貴方一人を望むなり」

組合長の息子ヴァジュラセーナは言った。

「永きに亘り親しき者と親しからざる我とを、〔また〕堅固なる者と堅固ならざる〔我〕とを[417]取り替う[418]べからず。我はここより更なる僻地へ逃げん。彼女の我を他者とすり替えざらんがため」

〔世尊は言われた。〕「実に比丘達よ、その時その折に、ヴァジュラセーナと呼ばれる馬商人だったのは他の誰かであろうという思いがお前達にあるかもしれないが、それはそのように見られるべきではない。それは何故かというと、比丘達よ、私こそが、その時その折に、ヴァジュラセーナと呼ばれる馬商人だったからだ。その時その折に、都城ヴァーラーナシーでシュヤーマーと呼ばれる遊女だったのは他の誰かであろう〔という思いがお前達にあるかもしれないが〕、それはそのように見られるべきではない。それは何故かというと、比丘達よ、かのヤショーダラーこそが、その時その折に、都城ヴァーラーナシーで、シュヤーマーと呼ばれる第一の遊女だったからだ。その時も私は彼女を気に止めることがなかったのであり、今生でも彼女を気に止めることがなかったのだ」と[419]。

「シュヤーマーの本生話」を終わる。

11-1-① 龍王チャンパカ本生話

その時、比丘達が「世尊が殺されかかった時、ヤショーダラーに助けられ、救われました。菩薩として輪廻を彷徨《さまよ》っておられた世尊に、ヤショーダラーは多くのことをされたのですね」と申し上げると、「そうだ、比丘達よ。輪廻を彷徨っていた如来に、ヤショーダラーは多くのことをしてきたのだ。別の時にも敵の手に落ちた私をヤショーダラーは護ってくれたことがある」と　世尊は言われた。「世尊よ、別の時にもですか」と比丘達が申し上げると、「比丘達よ、別の時にもだ」と世尊は言われた。

比丘達よ、かつて過去世において、カーシ地方にあった都城ヴァーラーナシーでは、ウグラセーナと呼ばれる王が王国を統治していた。彼は福徳をなし、高貴で、上手く人を摂益し、布施を分け与えることを習慣とし、巨大な財産と沢山の乗物とを保有していた。その彼の王国は栄え、繁栄し、平和で、食物に恵まれ、人で賑わい、人は快適に暮らし、暴力や暴動も鎮圧され、泥棒はいとも簡単に捕まえられ、商売は繁盛していたのである。

さてこの彼の地方には、チャンパカ[420]と呼ばれる龍王が住んでいた。彼は福徳をなし、卓越した善を積み、何百千という多くの龍を従者としていた。その時、龍王チャンパカの住居は、天の住居に等しく、七宝から成る宮殿であり、いつでもどこでも〔木々には〕花や実が生《な》っており、宝石から成る蓮池は、青蓮華・黄蓮華・赤蓮華・白蓮華で覆われていた。その蓮池からそう遠くない所に、宝石から成り、碼碯を地面とし、瑠璃を柱とした楼閣があった。そして王には一万六千の龍の娘がいる後宮があった。その時、彼はその龍宮で天王のように楽しんでいた。彼は、八日目・十四日目・十五日目という半月の三日間、四辻で斎戒を実践した。彼は八〔斎戒〕を具足し、体をリラックスさせて時を過ごしていたのである。

さて、龍王が四辻で斎戒を実践しているのを蛇捕り人が見つけた。龍王チャンパカは四辻から蛇捕り人に拾い上げられると、蛇駕籠に入れられ、〔そこで〕じっとしていた。しかし彼はその蛇捕り人に腹を立てなかったし、〔駕籠に〕入れられても、恐ろしい力と恐ろしい威光を持つ龍王は、人もろともヴァーラーナシーを灰燼に帰してやりたいとは思わなかった。彼は蛇駕籠の中でじっとしたまま、誓戒を遵守していたのである。

ところで龍王は従者に〔次のような〕相を教えていた。「もしも四辻で斎戒を実践している私を誰かが傷つけたならば、龍宮には〔次のような〕相が現れる。もしも龍宮にあるこれらの木々やこれらの青蓮華・黄蓮華・赤蓮華・白蓮華といった芳しい〔蓮華〕が萎れたら、それは龍王が〔誰かに〕捕らえられた〔相〕と知れ。もしもこれら一切の木々や一切の葉が枯れてしまい、また蓮池が干上がってしまったら、それは龍王が殺された〔相〕と知れ」と。

その時、蛇捕り人は龍王チャンパカを蛇駕籠に閉じ込めていたので、龍宮にそのような相が現れ出た。そこで龍の娘は、そのような龍宮の相を見ると、全員「龍王が捕らえられてしまった！」と心を傷めた。それからどうしたか。彼ら一匹一匹は、その蛇捕り人の手から龍王を救出する力を持ってはいたが、龍王を救出しなかった。その理由は、かつて龍王が従者に指示していたからである。「もしも誓戒を遵守している時に誰かが私を奪い去ったり捕らえたりしても、お前達はその者に少しでも酷いことや嫌なことをしてはならぬ。何故かというと、それが私の最高の誓戒であるからだ」と。

そこで龍王の第一王妃が一万六千の女を連れて、（…）ヴァーラーナシーに行くと、最上の楼閣の屋上にいたウグラセーナ王に、龍王が捕まった〔経緯〕を始めから彼女は話した。龍の娘が龍王チャンパカの徳を賞賛しているのを聞いて、ウグラセーナ王は喜んだ。王は龍の娘に言った。「信頼できる使者が龍王を探して戻ってくるまで、〔ここに〕居るなり、自分の住居に戻るなりしていなさい」と。

龍の娘が「大王よ、最上の村を与えるなり、金や金貨を与えるなりして蛇捕り人を満足させ、龍王を救出して下さい。王の命令によって〔救出されて〕はなりません」と言うと、「龍の娘よ、そうしよう。私は、最上の村を与えるなり、金や金貨を与えるなりして蛇捕り人を満足させ、龍王チャンパカを救出しよう」と王は言った。すると、龍の娘はカーシ〔国〕王ウグラセーナに「大王よ、一万六千の女と共に、チャンパカ王はあなた様を頼りにしています」

と言った。〔そして〕こう言うと、龍の娘は消えた。ウグラセーナ王は四方八方に使者を送った。「誓戒を遵守している龍王チャンパカが蛇捕り人に捕まった。彼を連れ戻せ」と。

天の〔望み〕は心もて、王のは言葉もて、金持ちのは瞬時に、〔そして〕貧者のは労働もて〔叶えらる〕[421]。

ウグラセーナ王が命令するや否や、王の使者達は龍王と共に蛇捕り人を連れてきた。最上の村と金や金貨とで蛇捕り人を満足させ、王は龍王チャンパカを救出した。龍王チャンパカが救出されるや否や、龍宮は天王の領域のようになり、以前と同じように天の住居のようになった。すると龍王の従者は住居が元通りになったのを見て喜び、「龍王が救出された！」と満足した。

さて龍王はカーシ〔国〕王ウグラセーナと共に同じ椅子に坐っていた。彼がカーシ〔国〕王に「大王よ、あなたは従者と共に私どもの住居を御覧になって下さい」と告げると、「お前達龍は猛毒を持ち、怒りっぽいではないか。龍宮には行けぬ」と王が答えたので、龍王は彼に言った。「大王よ、あなたが我々に〔してくれた〕このような御恩を仇で返せば、体を持ったまま大地獄に落ち、生きたまま[422]地獄に落ちるし、月や星と共に天が大地に落ち、川も逆流するでしょう。『あなたのして下さったことなんか知りません』などと私は決して嘘は申しません」と。「龍王の好きにせよ。私はお前の住居を拝見するとしよう」と王が言ったので、ウグラセーナ王は大臣達に「車、象、馬〔等〕、様々な乗物を用意せよ。我々は龍王の住居を見に行くぞ」と命じた。王が命令するや否や、大臣達は準備した。大臣達を従者とし、戦車と軍隊とを引き連れた王は、龍王チャンパカと同じ乗物に乗り込み、偉大な王の権力と偉大な王の繁栄とを誇示しながら、大群衆の歓声や歓喜の声、それに天の太鼓や法螺貝の合奏される中、都城ヴァーラーナシーから出ていき、龍王チャンパカの住居に向かった。車道がある間は乗物で進み、〔後は〕徒歩で龍王チャンパカの住居に、従者を引き連れて入っていった。

龍王チャンパカのその住居が、天の住居に等しく、花や実を具えた木々で麗しく、様々な様相の花環で飾られ、青蓮華・黄蓮華・赤蓮華・白蓮華といった芳しい〔蓮華〕で覆われた宝石造りの蓮華で麗しく、また柱は瑠璃で、碼碯を地面とする、種々で様々な宝石造りの重閣講堂や楼閣で〔麗しい〕のを彼は見た。龍王チャンパカはカーシ〔国〕王を宝石から成る椅子に坐らせた。一万六千の龍の女は、龍王チャンパカに近づくと、尋ねた。「どうしてあなた様は敵の中に留まることになったのですか。どのようにして飢えと渇きとを癒されたのですか。またどのようにしてそこから逃げ出されたのですか」と。

龍王が「私は適当な飲食物を手に入れていたし、またこのカーシ〔国〕王が〔私を〕救出して下さったのだ」と答えると、一万六千の龍王の女は、ウグラセーナ王に喜び、満足し、車五百台分の真珠を瑠璃と混ぜて差し出した。〔一方〕龍王チャンパカは、ウグラセーナ王の住居があらゆる面で天の住居に等しいのを見た。龍王チャンパカは〔ウグラセーナ王の〕宮殿を守護し、火事が起これば〔それを〕消し止めたのである。

以上、吉祥なる「龍王チャンパカの散文〔話〕」を終わる。[423]

さて、[424]

「稲妻の如く、池に映ゆる星の如く、森の中に花咲くタームラ樹の枝の如く輝く汝は誰ぞ。[425] ‖汝はナンダナ〔園〕で生まれしや、チトララタ園で生まれしや。汝は天なるや、乾闥婆なるや。汝は人にあらざれば」

龍の娘は言った。

「大王よ、妾は天にも乾闥婆にも人にもあらず。妾は龍の娘なり。貴方に幸あれ。願いありて[426]ここに参れり」

王は言った。

「心は動揺し、諸根は乱れ、目より涙は流るなり。汝は如何がするや。何をかなくし、〔何を〕求めてここに来たる。手短に言うべし」

龍の娘は言った。

「王よ、人の恐ろしき威光を持つ蛇と言い、龍と言うを、男は生くるまま捕らえたり。王よ、我が夫を束縛より
182 救い給え。＝龍は都城さえ灰にする力を持つなり。しかるに、法を敬える[427]龍は乞食の手に落ちぬ」
王は言った。
「如何んぞ理解《わきま》うべき。恐ろしき威光持ち、能力と勢力を具えし龍の捕らえられ、近づき難く、征服し難き蛇の
乞食の手に落ちたるを」
龍の娘は言った。
「八日目、十四日目、十五日目に、龍王は四辻に赴く。防備《そなえ》なき体にて彷徨《さまよ》える龍〔王〕は乞食の手に落ちぬ。
＝かくの如く、恐ろしき威光持ち、能力と勢力を具えし龍の捕らえられ、近づき難く、征服し難き蛇は乞食の手
に落ちぬと理解え給え」
王は言った。
「龍の娘よ、坐るなり、立つなり、己の家に戻るなり、汝の〔よきに〕計らえ。『連れ戻せ』と遣れる[428]使者等の
誉れ高き龍王を捜し当つるまで」
183 龍の娘は言った。
「正しく、暴力もてせず、村や金貨や牛の百頭を与えて、解放《はな》たしめ給え。防備なき体にて捕まえられたる龍王、
福徳を求めたる龍王の解放たれんことを」
王は言った。
「正しく、暴力もてせず、村や金貨や牛の百頭を与えて、解放たしめん。防備なき体の蛇を連れ戻さん。龍王を

喜ばさん」

龍の娘は言った。

「王よ、真珠や珠宝の耳飾りを着け、水中の住居に身を寄する一万六千の女は、貴方を頼れり」

王の使者達が蛇捕り人と龍王とを連れてくると、ウグラセーナ王は言った。

「猟師よ[429]、金貨百枚、珠宝の大耳飾り、環状の花の如く四隅の隆起せる寝台[430]、更に天女の如き妻を与えん。龍王を解放つべし」

蛇捕り人は言った。

「王よ、何の与えられずとも、命令〔一つ〕もて彼を解放たん。龍王は正義を愛し、大威神力を持ち、来世を見据え、大力を具えたれば、彼は〔誰をも〕傷つけず」

解放された龍〔王〕チャンパカは、カーシ王に言った。

「カーシ王よ、貴方に帰命す。カーシを繁栄せしむる方よ、貴方に帰命す。貴方に合掌す。王よ、我等の住居を御覧あれ」

ウグラセーナ王は言った。

「龍よ、汝が為、我はなし難きをなせり。困れる汝を束縛より解放ちたり。世に生まれし者は恩知らずなるも、龍王よ、我のなすを忘るべからず」

龍王は言った。

「嘗て〔恩を〕なせし王を傷つけ、我等になされし[431]、かくの如き貴方の恩を忘るとせば、地獄に久しく留まりて、体もてする欲望《のぞみ》の対象《あいて》は何れか一つすら得られざらん」

王は言った。

「汝は猛毒を持ち、力は強大にして、直きに腹を立つる大龍なり。龍よ、人ならざる汝は人なる我等に腹を立つると我は信ずなり」

龍王は言った。

「嘗て〔恩を〕なせし王を傷つけ、我等になされし、かくの如き貴方の恩を忘るとせば、足を上に頭を下にして、
185 地に針ある地獄に落つべし。‖風の山を吹き飛ばし、月や日の地に落ち、川の逆流すとも、王よ、我は嘘を申さ
じ」

王は言った。

「龍の主よ、龍王のよきに計らえ。汝の望み通り、我は汝の住居を拝見せん」

ウグラセーナ王は大臣達に言った。

「実に鮮やかなる王の戦車と、善く御されたるカンボージャ産の最上なる馬を用意せよ。また金の日傘を付けたる象を用意せよ。我は龍宮を見に行かん」

大臣達は言った。

「実に鮮やかなる馬車と、善く御されたるカンボージャ産の最上なる馬を用意せり。また金の日傘を付けたる象も用意せり。王は大軍隊と共にお出ましあれ」

しかして、王は四支より成る軍隊と共に出掛けたり。友や大臣を従者とし、親類に敬われつつ。‖大太鼓・小
186 太鼓・鼓・法螺貝・笛は、ウグラセーナ王が為に演奏されたり。王は大軍隊と共に女の集団《ともがら》の只中にて敬われつつ出掛けたり。‖龍王の住処に赴くや、カーシ王は龍王の住居の恰も天〔の住居〕の如きを知れり。‖カーシ王は、マンゴー樹や閻浮樹に覆われ、コーキラ鳥が住む龍王の住居を見たり。

あらゆる季節の森の木々は随所に花を付け、龍王の住居に芳香を漂わせたり。‖赤蓮華や青蓮華に覆われ、

種々なる鳥は住み、金銀の階段を具えし蓮池は化作されたり。＝カーシ王は、瑠璃を柱とし、床に碼碯の敷かれたる楼閣を、龍王の住居に見たり。＝カーシ王は龍王の住居に入るや、金銀より成る、目映き椅子に腰を下ろしたり。＝龍王チャンパカのカーシ王と共に戻れるを見るや、合掌礼拝し、＝龍の娘等は「敵の手に落ちたる時、そこにて飢渇を如何ぞ癒されたる」と尋ねたり。

187

龍王は言った。

「飢渇を癒さんがため、適せる飲食を手に入れり。しかしてカーシ王は我を束縛より直ちに解放てり」

すると、一万六千の龍の娘はカーシ王ウグラセーナを賞賛した。

「今日、我等の龍王を見て喜べるが如く、カーシ王よ、貴方も親類ともどもに喜び給え。＝今日、我等の皆、王と共に喜べるが如く、王よ、貴方は全ての親類ともどもに、喜び給え。＝我は瑠璃を混ぜたる真珠を車五百台分、王に献上す。[432] 後宮の床に遍く敷かば、土は姿を消し、塵もなからん。[433] ＝いざ、天の宮殿の如き後宮を見て、女衆に囲繞せらるる王は、繁栄せるカーシの町を治め給え」

ウグラセーナ王は言った。

「汝は胴衣と上衣を身に纏い、妙衣を着て、無比なる美貌を具えてここに住み、天なる欲望の対象を我がものとす。[434] 龍よ、何が故に汝は大地を彷徨《さまよ》えるや」

188

龍王は言った。

「有情は他処にては人たるを得ず。〈他者〉は天との合一を思慮するも、[435] 人の住処を求めし我は、それ故〈人たるべく〉苦行を修すなり」

ウグラセーナ王は考えた。

〈龍の男女すら人の領域を求むるを見るに、悪処を超越すべく、我は如何なる浄業を為すべきや〉

師たる世尊は宿住と宿生を随念し、比丘等の前にてこの本生話を語れり。＝〔五〕蘊・〔十二〕処・〔十八〕界・自我につきて、世尊はその意を説き明かせり。[436]＝「嘗て我が無始無終なる輪廻に住せし時、我は大神通力を持つ龍王チャンパカたり、ヤショーダラーは龍の娘なりき。かく〔この〕本生話を憶持せよ」＝苦悩を離れ、恐れを離れ、憂いを離れたる〔世尊〕は、比丘僧伽の中にて、かくも夥しき無量の苦や過去の貴行と蛮行に関する己が本生話を説けり。

世尊は言われた。「比丘達よ、龍であった私は〔蛇〕肉を求めていた蛇捕り人に捕まったが、その時もヤショーダラーに救われたのだ。ヴァーラーナシーで馬商人として生まれた時も、私は〔彼女に〕救われたのである」と。

以上、吉祥なる「龍王チャンパカの本生話」を終わる。

12　出家後のガウタマ

出家しつつあった菩薩はアノーミヤという場所からチャンダカを返し、チャンダカとカンタカはカピラヴァストゥに戻った。シュッドーダナ王はチャンダカがカンタカを連れ、日傘と瓔珞とを持って帰って来たと聞くと、後宮の女を伴って宮殿から門の外側にある部屋へ走って行き、ヤショーダラーもカンタカの首を抱き締め、泣きながら言った。「カンタカよ、お前は王子をどこに連れていったの。お前達は、私がすやすやと眠っている間に、王子を連れていってしまうなんて、私はお前やチャンダカに何か悪いことでもしましたか。私と六万人の後宮の女とは、未亡人になってしまったではありませんか!」と。

チャンダカは言った。「我々がどんな悪いことをしたとおっしゃるのです! 王子が出家されようとしていた時、私も大声で叫びましたし、カンタカも大声で嘶《いなな》きましたが、あなた方の誰も目を覚まさず、何千コーティもの天が天空に集まって来ていたのです。マッラ〔族〕の地の、アノーミヤと呼ばれる場所に〔王子〕をお連れしました。ヴァシシュタ仙の隠遁処からそう遠くない所にあります。王子は猟師に絹衣を与えると、〔彼から〕袈裟を受け取り、自ら刀形をした葉で髻を切り落とし、天王シャクラがその髻を持ち去りました。それから、王子は我々に瓔珞を渡し、〔我々を〕返されたのですが、私にこう言い付けられました。『お前は私になり代わって、父や叔母、それに親戚全員の安否を尋ねておくれ。なすべきことをなし終えて所願を成満すれば、私は戻ってくるだろう』と」と。

すると、ヤショーダラーや六万人の後宮の女、それにシャーキャ族の者は皆、泣いたり嘆いたりしながら、各々の家に帰った。(437)

チャンダカは宮殿に入ると、王に出されるような素晴らしい飲食物、軟硬〔二種の〕食物が出された。カンタカにも、蜂蜜を塗った肉が与えられ、他にも王に出されるような軟硬〔二種の〕食物や肉の類がカンタカの前に山積みにされたが、カンタカは食べなかった。菩薩のことを思い出しては、四六時中、涙をながしていたのである。ある後宮の女は、布、美麗な布、絹や毛織の布、それに高価で王が着るような衣でカンタカの涙を拭い、別の者は頭を拭い、別の者は首を拭い、別の者は背中を拭い、別の者は肩を拭い、別の者は腕を拭い、別の者は関節を拭い、別の者は尻尾を拭い、別の者は足を拭い、別の者は蜂蜜を塗った一口大の〔肉〕を口に運び、別の者は様々な種類の硬食を〔口に〕運び、別の者は甘い肉を〔口に〕運び、別の者は肉を〔口に〕運び、王が飲むような飲物を宝石で輝く金銀製の器に入れて運んだが、カンタカは〔どんな〕食事も取らなかった。菩薩を憂いて食事をしなかったカンタカは、菩薩を〔再び〕見ることなく死んだ。〔カンタカ〕が死ぬと、シュッドーダナ王は、大いなる王の威厳を以て〔カンタカの〕遺骨供養を行ったのである。
〔カンタカ〕は死ぬと直ちに三十三天に生まれ変わり、天子シカンディンの息子となり、カンタカと呼ばれる天子となった。彼は大神通力と大威神力を持ち、十項目に関して、〔彼より〕先に〔そこへ〕生まれ変わっていた他の何千という天や天子を凌いでいた。すなわち、(1)天界の寿命、(2)天界の容姿、(3)天界の楽、(4)天界の自在、(5)天界の従者、(6)天界の色、(7)天界の声、(8)〔天界の〕香、(9)〔天界の〕味、そして(10)天界の触である。

＊　＊　＊　＊　＊

世尊が最上の法輪を転じて教えが広く行き渡った時、同志マハーマウドガリヤーヤナが天界を遊行していると、天子カンタカを見つけた。そして見つけると、詩頌で告げた。

191

「星に囲繞せらるる、十五日目の月（満月）の全方角を照らし出だし、星は天空より姿を消すが如く、‖その如く、天の町なる汝の天の家は、美しきが故に光を放ち、日の如く輝く。‖碼碯や真珠、また珠宝や赤珠もて床は美しく荘厳せられ、ここに塵は舞い立たず。‖重閣講堂なる浄き敷地を具えし汝の麗しき楼閣は、瑠璃・金・水晶・銀より成れり。‖楼閣より遠からざるに、表面に瑠璃の階段を具え、金砂の敷かれし蓮池は善く化作せられたり。‖大枝の突き出でて、空より梵天の町に届かんほどの大木は、その岸に善く成長し、風に吹かるるに、全方角に(438)芳香を放つ。‖またその岸には大枝の突き出でたる大木は善く成長し、四方に花の咲き乱れ、鳥は妙なる声もて囀れり。‖辺りは、白蓮華・赤蓮華・青蓮華や種々なる色の花に覆われ、全方角に芳香を放てり。

192

六十の天女はそれぞれ楽器を執りて踊り、その天女等の森にて踊るや、雌鳥の群れにおけるが如き天なる声は流れ出づ。‖天界の家にては、宝石もて成り、善く作られ、善く荘厳せられたる、金脚の浄き椅子に汝は楽しむ。

＝宝石もて成り、化作せられたる、金脚の椅子にて、全方角を見渡す梵天の如く、汝は光り輝くなり。＝綿の座
蒲団を敷きたるその椅子に腰掛けし汝に、着飾りし天女等は扇子もて風を送るなり。＝金の網もて飾りし天女の
群衆は、腕を延ばしつつ、巧みに奏でられし演奏に合わせ、汝の為に歌い踊るなり。＝そのうち、或る天女は歌
を歌い、楽器を演奏し、また或る者は巧みに奏でられし音楽や歌に合わせて踊るなり。＝或る者は〔体の〕部分
より妙音を出だし、或る者の全身の毛穴よりは天の香りの流れ出づるなり。＝蓮華より素晴らしき汝の住居は、
天の娘を具うなり。ああ、住居は金の布もて飾られ、天女にて荘厳せらるるなり。

汝は昔、他の生涯にて如何なる業をか為し、如何なる善根もてか、三十三天に生まれ変われる。＝汝は昔、人
193 の生存にて、如何なる業をか為し、如何なる善根もてか、〔その〕異熟を享受せる。＝如何なる〔善根〕もてか、
かくの如き寿命・自在力・名声・力を汝は獲得せる。また〔かくの如き〕天界の神通力や従者を享受せる。＝他
の生涯にて、汝は如何なる善業をか為し、如何なる善根もてか〔その〕異熟を享受せる。＝汝は、如何なる梵
行・制御・調御もてか、如何なる善業もてか、天衆にて楽しめる。＝かくの如き汝の光り輝く威神力と容姿《すがた》は何《なに》
故《ゆえ》ぞ。如何なる善業もてか、汝は全方角を照らしたる。天子よ、質問を受けし汝は、そも如何なる業の果報なる
かを言うべし」

天子はマウドガリヤーヤナ自身に問われて、問われし彼は長老に説明せり。我は〔かく〕聞けり。＝「釈迦族
の最高なる町カピラヴァストゥには見張塔や要塞あり、更に堅固なる塁壁や塔門あり。＝釈迦族の主の住居は、
蜴の顔の付ける小尖塔あり、堅固なる門や扉を具うる塔門あり。馬・象・車に満ち、＝都城は人もて満ち溢れ、
善く化作せられたるに、我は〔その都城の〕浄飯の息子と同じき時に生まるる〔馬〕カンタカなりき。＝人中の
194 最上者の〔その町を〕出で出家せられし時、彼は数多の正しき言葉や言説を説かれ、話されり。＝その言葉を聞
くや否や、心に喜びを生じ、感動を覚えし我は、最高なる人を恭敬しつつ運べり。＝他国に行きて、日の昇る頃、

彼は我とチャンダカを捨て、気にも止めずに進めり。＝我は彼の暗赤色の爪の尽きたる足を舌で舐め、泣きつつ最高なる人の行くを見上げり。

吉祥なる釈迦族の息子に既に逢うを得ずと思うや、蹄に激痛の走り、それもて我は死せり。＝この故に、最上なる女の群衆に満ちたる、重閣講堂なる最高の天宮に我は住めり。＝大徳よ、もし釈迦族の獅子のもとに行くとせば、『カンタカはかく申したり』と最高なる人に言い給え。＝しかして我も最高なる人に礼拝せんと欲す。かくの如き大聖仙を拝見するは実に素晴らしきなり。＝我が〔天の〕寿命・容姿・名声・力を獲得し、天の神通力や従者を享受したるに、＝かくの如き超越せる天の神通力は、この梵行・制御・調御の実践もて我に具われり。＝かくの如き善業を為し、過去に積み上げし善業の故に、我は〔この〕異熟を享受するなり。＝心に望む受用物は如何ならんも我がものたり、諸天は我を恭礼す。我は彼等に恭敬せらるなり[439]」＝あの人の如き応供者に心を浄むべし。馬なりしものすら[440]、浄業を積めるは確認されればなり。

以上、吉祥なる『マハーヴァストゥ・アヴァダーナ』の「カンタカの説明」を終わる[441]。

＊　＊　＊　＊

浄居天は森の住処に袈裟衣を着た猟師を化作した。すると、菩薩が彼を見た。

〔菩薩〕は森に袈裟衣を着たる猟師を見たり。彼はそこに近づくや、かく言葉を発したり。＝「この絹衣を二枚与えん。我に汝の袈裟を与えよ」と。猟師は絹衣を取るや、〔代わりに〕袈裟を与えたり。＝かくして袈裟衣を執りて、〔菩薩〕は満足し、心喜ばせり。「これは、最高なる目的を獲得するための、最上にして堅固なる道なり」と。

菩薩は、法の森[442]であるヴァシシュタ仙[443]の隠遁処に入った。ヴァシシュタ仙もまた菩薩を見て、〈身光にてこの苦行林全域を照らし出すとは、あの者は一体誰じゃ。人か、天か、インドラか、あるいはブラフマンか!?〉と驚いた。青年僧達も皆、菩薩を見ると、大急ぎで各々の庵に走っていき、様々な種類の実や水を持って、菩薩のもとに近づいた。

ヴァシシュタの種姓なる、大智慧者にして、苦行を行える最上の長老を見るや、〔菩薩〕は〔彼に〕近づけり。＝＝〔菩薩〕は、暗赤色の煙の如く赤く燃ゆる弁髪を持ち、凪ぎたる海の如く、落ち着き坐れる牟尼を見たり。＝法を本質とせる[444]釈迦族の英雄は、その牟尼に近づくや、中に入るを許されて、〔その〕地に入れり。＝海の如く深遠にして、雪〔山〕の如く力強き大聖仙は、釈迦族の王子を見るや、驚けり。＝〈彼は誰ぞ。麗しく、吉祥にして、無比なる光の輝くなり。〔一点の〕曇りなき金の如く、燃ゆる火の如し。＝胸は広く、腕は太く、手の指は賞賛に値し、腹は引き締まり、身は細く、身のこなしは羚羊の如く、腰も立派なり。[445]＝彼は、金の柱の如く、眼は牡牛の如く、大光を放ち、肩は牡虎の如く、手足は蓮華の如くなり。[446]＝彼の体の、何百生を経し徳もて覆わるる体の特徴《しるし》に輝くこと、月の星もて〔輝く〕が如し。＝〔王族に〕相応しき装飾品は体に具わらず、体の特徴〔のみ〕、大人格者なる彼の体を飾るなり。

象の歩むが如く、須弥山なる円の中心〔菩薩〕の進まば、大地は突如として、その足取りに合わせて地響きを立つるなり。＝優しく深く反響《ひび》ける音声もて、彼は能く三界全土に力強く命令す。＝〔三十二〕相・〔八十〕種好の認めらるる人は、一切有情の自在者にして三界の主に相応し。＝昇れる日の如く、己が体より立ち昇る光明にて、彼はこの苦行林を悉く満たすなり。＝八十種好を具え、三十二の最上相を持てる王子は、サナトクマーラの如く、〔世間に〕光明をもたらすなり〉＝全ての相を成就して一切有情を魅了せる王子に、大仙は近づきて〔言えり〕。「我は彼に問わん。[447]＝乾闥婆や月に等しく、天の子なるが如き青年なる貴方の、何が故に、また如何なる所以もて苦行林に近づけるや」

王の息子にして、全ての存在者の息子たる彼は、[448]真理に随順し、温和に、優しき声もて答えり。＝「我はイクシュヴァークの家系に生まれし浄飯王の息子にして、大地を捨て、王位を放棄して、解脱を志す者なり。＝世間は、かくも生・老・病や数多の苦に見舞われたるを見て後、解脱を求めて出家せり。＝全て生ぜず、全て滅し、全て鎮められたる場所を我は求むなり」＝かく言わるるや、大智慧者、大人格者、真実を語る聖仙は、釈迦族の王家に生まれし論者の最高者に言えり。＝「〔三十二〕相を成就せる所行や行為もて、また智慧の故に極めて吉祥なる貴方に、得られざるは何もなからん」

198 すると菩薩はヴァイシャーリーに行き、アーラーダ・カーラーマのもとに近づいたが、これは解脱への道ではないと知ると、ラージャグリハに行った。

　最上相に満たされし彼は王舎城に行きて、マガダの山奥に〔住し〕、乞食に出掛けたり。＝マガダ王シュレーニヤは、楼閣より彼を見たり。しかして見るや、心を浄め、大臣等にかく言えり。＝「汝等、最上の相に満ちたる彼を見よ。身長は、一尋を具うること明らかなり。＝上目遣いなる彼は、賢者にして卑しき家の生まれにあらず。彼の何処の住居に近づくや、王室の使者等に後を追わしむべし」＝しかして、指示を受けし使者等は、彼の後を追えり。〈比丘は何処に行き、何処の住居に近づくや〉と。

　乞食し歩くや、牟尼は都城より出でり。〈パーンダヴァ〔丘〕に向かいたれば、そこに〔彼の〕住居あらん〉と。＝一人の使者は、彼の住居に近づけるを知りて、〔そこに〕入れり。その時、別なる者は直ちに引き返し、王に告げり。＝「大王よ、比丘はここより東のパーンダヴァにあり。木の根元に坐り、善く一境に〔心を〕定めり。＝彼は豹の如く実に繊細に、心は山頂の虎の如く、また山の難処に立つ獅子の如く〔孤高に〕、彼は百獣の
199 王たる大獅子なり」＝その後、王は急ぎて大臣等に告げり。「疾く道を浄むべし。我等は最高なる人を見に行かん」

しかして、誉れ高き高官たる王の使者等は、〈王自らここにお出ましなり〉と直ちに道を浄めたり。＝その後、誉れ高き高官たる王の使者等は、王のもとに行き知らせり。「王よ、パーンダヴァ〔への道〕を浄めり」と。＝かくして、王は四支より成る軍隊を率いて出発せり。友や大臣に囲繞せられ、親戚衆に尊敬せられつつ。＝〔王〕は乗物より降り、徒歩にて〔そこに〕近づけり。丁重なる言葉を掛くるや、一隅に坐れり。＝坐りて〔彼と〕正対したる王は菩薩に言えり。「貴方は高貴なる王の騎手、あるいはセーラカならん。[449] 我は受用物を与えん。享受せよ。質問せんには、〔貴方の〕生まれを述べ給え」

菩薩は言った。

「王よ、我が国は雪山麓にあり。財と力を具え、コーシャラ〔国の領内〕に位置するなり。種姓は日種、生まれは釈迦と申すなり。＝我はその家より出家して、欲望《のぞみ》の対象《あいて》を求めず、宝石所成の住居を放棄し、捨て去りて、〔ここに〕来たれり」＝「しかされよ、解脱を体得し給え。しかして覚りを獲得して後、再び〔ここに〕来たり給え。ガウタマよ、我はそれを聞くに、天界に行くべき法を我に説き給え」

菩薩は言った。

「大王よ、かくなさん。我は覚りを求めんに、これに疑い毫もなし。しかして覚りを得ば、再び〔ここに〕戻り来たりて、貴方に法を説示せんを約束す」

菩薩はウドラカ・ラーマプトラに近づいたが、これも解脱への道ではないと〔知った〕。それから〔そこを〕去ると、ガヤーに行った。ガヤーシールシャ山では、三つの譬喩が〔彼に〕閃いた。それからウルヴィルヴァーに行くと、乞食しに〔町に〕入った。プーラナ・カーシャパも乞食しにウルヴィルヴァーへ入った。

＊　＊　＊　＊　＊↓

皆、蓋障を取り除き、専ら意を注ぎて聞くべし。誉れ高き菩薩の、如何にして過去の勝者と関われるかを。＝出家して、森にてアーラーダ〔仙〕とウドラカ〔仙〕に師事せしも満足せず、過去の勝者等の住せし南方に向かえり。＝乞食しつつ、金の飾りに似たる〔菩薩〕はウルヴィルヴァーに到着するや、その時、男女の群がる村長の家に来たれり。＝その時、賢く育ちよき村長の娘スジャーターは、王子を見るや、喜びの衝撃に打ち震えたり。＝涙を流しつつ、恭しく尊重の念もて〔菩薩の〕前に立ち、王子に言えり。「最上なる人よ、今日、貴方は引き返すことなかれ。＝満月の如きお顔の人よ、〔この〕町より永久《とわ》に何処へも出づるなかれ。勇者よ、我が眼は貴方を見つめて飽くことなし。＝実に軽妙なる足取りにて、妙相を具え、最上なる飾りを着けたる人よ、[450]我が心は満たされぬ〔愛〕の故に全く盲目ならんに、何が故に貴方は出で行くや」

彼女は天空なる天女等の発する声を聞けり。[451]「実に彼はカピラヴァストゥ出身の、浄飯王の最上なる息子なり」と。＝彼女は彼に会うべく、〔家より〕走り出で、幾百なる徳を持つ彼を賞賛せり。「最上なる人よ、如何ぞ己が親戚に捨てらるる」＝娘衆に囲繞せられ、金の容姿《すがた》せる〔菩薩〕に泣きつつ随い行きて、森の入口に入りつつある〔菩薩〕を、彼女は悲しげに嘆き悲しめり。＝「森に住むマングース、鹿、森の精霊、更に森の王〔木々〕は楽しげなり。白鳥の王の歩むが如く、森を歩む勇者を見ればなり。＝実に繊細なる花の如き体し、蓮華の葉にも似、宝石の如き足もて、雑草やクシャ草に覆われし、歩み難き大地を貴方は如何にか歩む。＝清浄なる食もて育てられ、種々なる味の御馳走もて体の養われし貴方の、奥に滝ある森にて如何ぞ根・実・葉を食らう。

金や象牙の足の付き、最上なる覆いの掛けられ、花を撒き散らせる寝台に眠りたるに、如何ぞ雑草やクシャ草に覆われし地面に寝らるる。＝最上なる主よ、貴方は宮殿にて太鼓や鼓の音や音楽を聞きたるに、〔今後は〕荒々しく恐ろしき、怒れる象の咆哮を聞かん。＝貴方の〔住〕処に根や実や葉や葉を具えし〔木〕の茂り、優しき獣の群れの生息せんことを。森の歩行人よ、飢え渇ける貴方の体を岩もて傷つくることなかれ。＝中に池ある涼しき森の、夏の暑さに焼かれし貴方にあれかし。寒き時には、山の洞穴に雲一つなき日の照れかし。＝天子の如く実に繊細にして、心と眼とを喜ばすこと月星に勝る貴方の体の、羅刹・夜叉・蛇を眷族とせんことを」

ヴィンディヤ〔山〕麓に近く、最上なる象の蓮華を求むるが如く、彼はその苦行林に入れり。〔その〕最上なる森の種々なる様子を聞くべし。＝花房付けし若木の茂る森は、或いは赤き新芽を付けし蔓あり、或いは森の精霊に焼かれ、或いは走り来たる象にて地割れせり。＝或いは、大きく分厚き葉の中にて垂れ下がり、手の届かざる実もて木々は飾られ、曲がりたる老木のその根元は森の〔低〕木の茂みに覆われたり。＝皆の衆[452]、或いは実に美しき蓮池、或いは山より水の流れ込む林、或いは苦行者の庵や隠遁処ありて、郭公・鸚鵡・孔雀の囀るなり。＝或いは穴の開き、草の生えて荒れ放題、或いは（…）葦の芽の真赤に染まり、或いは鹿・ヤク・水牛あり、或いは虎や獅子の群あり。＝或いは芽の赤く染まりし種々なる蔓ありて、若木に絡むこと、遊園を歩き疲れたる女等の眠れるが如し。＝或いは、クラヴァカ樹の頂に花の咲き、見事なる花の善く開くこと、眠りより覚めて直なる女の眼の虚ろなるが如し。

或いは、種々なる木の花もて美しき森の梢の、そよ風に靡くこと、女等の巫山戯《ふざけ》て互いに抱き合うが如し。＝或いは、花盛りのクプヤカ〔樹〕[453]の森の梢の重荷に耐え兼ね〔曲が〕ること、子を慈しむ奔放なる雌牛の腹の（…）〔胎児の重みに〕撓むが如し。＝或いは、木々の立ち並ぶ森の中にキンシュカ樹の満開なること、恰も赤く染まれる上衣を着たる女や円《つぶ》らなる眼の女の、師の家にあるが如し。＝或いは、大地のある部分《ところ》の、花咲く森の花に覆われしこと、瓔珞を一杯散りばめたる衣着て、新婚の乙女の優雅に寝台に横たわるが如し。＝或いは、堅き刺《とげ》ある蔓の、鹿・水牛・野猪の足形をし、野蛮人の矢に射られたる獣の血に染まりたり。＝或いは、大量の象の頭蓋骨もて地表に[454]白布を広げたるが如く、或いは人・象・野猪の虎や獅子に殺され倒るなり。＝或いは、羅刹の話し声や悪鬼や邪鬼の恐ろしき声〔聞かれ〕、或いは夜にグフヤカの声の風に乗りて流るなり。＝或いは、夜に雲の音を立つるや、獰猛なる象は喜ぶ。恐怖をかき立つるものは、種々なる形を取るなり。

一切世間の利益を望み、凶暴なる野獣や羅刹より得たる数々の尊敬に喜ぶ彼は、木の〔繁りたる〕この森にて時を過ごしたり。‖百獣の王は己自身と全ての獣との利益を平等に求むるが如く、有情の核（菩薩）の〔自己と〕有情のそれ（利益）とを〔平等に求むる〕も希有なり。‖「各々の有情を解脱せしめんがため、無数劫の間、一切有情の苦を味わわんも、一切有情の苦を〔彼岸に〕渡さん。これぞ〔我が〕決意なり」‖業を滅尽せしめんがため、六年の間、森にてなし難き苦行を行いて後、有情の核に〈我が進みたるこの道は、解脱への道にあらず〉との想いは生じたり。‖彼は考えり。〈嘗て釈迦族の王の遊園なる閻浮樹の元にて我は初禅に入りたるに、それこそ菩提への道ならん。‖力も弱まり、痩せ細り、血も肉も干上がりし我は、菩提に到達するを得ず。いざ我は再び食を摂らん〉

諸天は言えり。「食すべからず。貴方の名声を壊すことなかれ。我等は貴方の体の精力を元に戻さん」‖彼は考えり。〈我が何処にても常に断食したること〔皆の〕知るところなるに、彼等の我が精力を元に戻さば、我は〔人を〕欺くならん〉‖彼は妄語を恐れ、〔妄語は〕なさじと考えて、諸天を撥ねのけるや、隠元豆や大豆や小豆、また糖蜜の汁を口にせり。‖次第に勢力と気力は体に生じ、彼はウルヴィルヴァーに食を求めて首尾よく近づけり。‖その時、前世は〔彼の〕母にして、育ちよき賢女スジャーターは、甘き乳粥を持ちて、ニャグローダ樹の〔根〕元に立てり。‖「梵行者よ、何が故に貴方の体は痩せ衰え、疲れ果つるや」と彼女は言いて乳粥を王子に与うるや、〔彼を〕賞賛せり。[455]

しかして、王仙（ブッダ）は考えり。〈そこに善く生じたる乳粥[456]あり〉と。王子は彼女に言えり。「何が故にそれを〔我に〕布施するや」‖百生の間、清浄なる有情の母たりし彼女は甘く囁けり。「妾の〔願〕の成就せんことを願えばなり。‖雪山麓にカピラと呼ばるる名有る都城あり、〔その〕名声は〔四〕方〔四〕維に聞こえ、歓喜せる男女にて一杯なり。＝その都城に〔生まれし〕釈迦族の浄飯の息子・王子は、親戚を捨て去り、王国を見捨てて、森に入れり。＝六年の間、恐ろしき恐怖の林たる苦行林に籠もりし彼への布施もて、妾の誓願は成満せり。[457]＝最上なる人の求めたる苦行もて、妾の目的の成就せんことを！　偉大にして最上なる人と共に、妾もこの道を進まん」

その時、天空より天なる言葉は聞こえたり。「スジャーターよ、彼こそは釈迦族の王家に誕生せし賢者なり。＝彼は苦行林にて身の毛もよだつ難行苦行を種々に行い、血も肉も干上がれり。＝無益なる〔苦行〕を抛《なげう》ちて、最上なる〔菩提〕樹に近づけり。そこは、過去の正覚者等の最高なる正覚を獲得されし〔場所〕なり」＝しかして、感激の余り、彼女は涙を流して震えつつ、虎の如き人に合掌して言えり。＝「蓮の如き眼を持てる人よ、恐ろしき苦行林の過酷なる苦行より出でし貴方を見たり。見るや、憂いに打たれし妾の心は喜びを味わえり。＝六年の間、先の如く妾は寝台にて安眠せず。貴方の苦行を想うや、憂いの矢に射抜かれたればなり。＝しかるに、貴方の王国、父、最愛の人、また叔母は、貴方の苦行の終われるを聞き、喜び嬉しく思わん。

都城カピラには、家々に幾百なる楽器は鳴り響き、男女の集団《ともがら》は笑い声を上げて、喜び嬉しく思うなり。＝美味なる乳粥を食し、過去世よりの渇愛を滅せる人たり、菩提樹のある地や森にて[458]憂いなき状態《ありさま》の不死を獲得し給え」＝人の灯火たる人は授記せられたり。「五百生の間、我が母となりし汝は、未来世に独覚[459]となりて、勝者の活動をなすべし」

以上、吉祥なる『マハーヴァストゥ・アヴァダーナ』の「スジャーターの授記」を終わる。

↑＊　＊　＊　＊　＊

420 その時、菩薩は乞食し終えると、様々な菓子が一杯入った鉢を持って、ウルヴィルヴァーのセーナーパティ村から出た。一方、プーラナ・カーシャパは鉢がまったく空のまま[460]〔その村から〕出てきた。菩薩が彼に「同志カーシャパよ、施食は得られたか」と尋ねると、その時、カーシャパは、菩薩に詩頌で答えた。

「プラスカンダ、バラーカルパ、ウッジャンガラ、更にジャンガラ、これらの邪悪なる村にて、一すら施食は得られざりき」

その時、菩薩はプーラナ・カーシャパに詩頌で答えた。

「プラスカンダ、バラーカルパ、ウッジャンガラ、更にジャンガラ、これらの善良なる村にて、〔我が〕鉢の満てるを見るべし」

* * * * *

涙で喉を詰まらせた、泣き顔の両親の望みに反し、菩薩が出家した時、シュッドーダナ王は「王子の毎日の消息を欠かさず伝えよ」と男達を送った。こうして菩薩がアノーミヤにあるヴァシシュタ仙の隠遁処に行った時、そこから〔彼の〕消息が伝えられた。また、彼がヴァシシュタ仙の隠遁処からヴァイシャーリーに行くと、そこからシュッドーダナ王のもとに〔彼の〕消息が伝えられた。また彼がヴァイシャーリーにいたアーラーダ・カーラーマ仙に近づいた時、そこからも消息が伝えられた。また彼がヴァイシャーリーからラージャグリハに行くと、そこからも消息が伝えられた。

また彼がラージャグリハにいたウドラカ[461]・ラーマプトラ仙に近づいた時、そこからも消息が伝えられた。シュレーニヤ・ビンビサーラ王が彼に広大な財を与えた時、そこからも消息が伝えられた。彼がラージャグリハからガヤーシールシャ山へ行った時、そこからも消息が伝えられた。また彼がガヤーシールシャ山からウルヴィルヴァーに行き、ナイランジャナー川の岸辺にあるウルヴィルヴァーの森に行った時、そこからシュッドーダナ王のもとに消息が伝えられた。また彼がウルヴィルヴァーの森で過酷な苦行を実践し、努力していた時、そこから消息が伝えられたのである。

さて菩薩が止息禅に入り、苦行のために、鼻と耳、そして両耳の穴の内部で、息の出し入れを菩薩が遮断した時、その男達は〈王子は死んでしまったから、息を出したり息を吸ったりしないのだ〉(462)と考えると、彼らはカピラヴァストゥに行き、シュッドーダナ王に「大王よ、王子はお亡くなりになりました！」と知らせた。しかし王は信じず、その男達に「王子が死んだということが、どうしてお前達に分かるのだ」と尋ねると、彼らは言った。「大王よ、過酷な苦行と粗末な食事のため、彼は亡くなられ、息の出し入れもされず、枯木のようになってしまわれました。だから我々は〈王子は息の出し入れをされず、衰弱され、体の力も弱まって、亡くなられた〉と考えたのです」と。

その時、シュッドーダナ王はこう考えた。〈王子が胎内に入り(463)、胎内を経行していた時、何千もの天があんなにも〔彼を〕供養し、ルンビニーの森の遊園ではあのような仕方で王子は生まれ、生まれるとすぐに大地を七歩歩み、〔四〕方を見渡すと大声で笑い、「私は世間で最上であり、最高であり、最も優れており、人天に供養されるべきである」と宣言し、王子が生まれてすぐに、このような希有未曾有〔法〕が起こり、不動の大地が震動し、何千もの天が〔彼を〕供養し、あのような出家を成就したが、そんな偉人が短命であるはずがない。王子は、かつて出家する前、涼しい閻浮樹の陰に結跏趺坐し、寂静なる三昧に入っていたが、〔今回も〕そうしているに相違ない。だから彼らは王子が死んでしまったと考えたのだ〉と。

そこで彼は男達に「王子のもとに行け。王子は死んではおらぬ。寂静なる三昧に入っているのだ。王子の日々の消息を私に伝えよ」と言った。そこで男達は再びウルヴィルヴァーに行って苦行林に入ると、王子が元気で何の問題もなく三昧から起き上がるのを見た。その時、男達は〈なんとシュッドーダナ王は賢いことか！〉と驚いてしまったのである。

12―(1) シュヤーマカ本生話(464)

世尊が最上の法輪を転じられた時、比丘達はその出来事を聞いた。「世尊よ、シュッドーダナ王は〔王の〕質問を受けた男達の言うことを聞いても、どうして王子が死んだとは信じなかったのですか」と比丘達が世尊に尋ねると、「比丘達よ、シュッドーダナ王が『私が死んだ』と聞かされても信じなかったのは、実に今世だけのことではない。別の時にも彼は『私が死んだ』と聞かされても信じなかったことがある」と世尊は言われた。「世尊よ、別の時にもですか」と比丘達が申し上げると、「比丘達よ、別の時にもだ」と世尊は言われた。

比丘達よ、かつて過去世において、カーシ地方にあった都城ヴァーラーナシーに、あるバラモンがいた。四十八年間、彼は青年期の梵行を修し、ヴェーダを学習した。その時、彼は青年期の梵行を修し、ヴェーダを学習し終えると、〈世間において子を持たぬ者に徳はない〉と〔考えて〕妻を娶り、子を設けた。バラモンは〈人としての欲望は〔充分〕享受した。今や私に出家すべき時がやって来た〉と考えると、バラモンは自分の妻に告げた。「愛しい妻よ、〔お前に〕言っておく。私は出家する」と。

「誰がバラモンの息子の面倒を見てくれるのですか。誰が私の面倒を見てくれるのですか。もしもあなたが出家するなら、私も出家いたします。私も苦行を実践し、私も梵行を修します。あなたが苦行を実践されるように、私も苦行を実践します」と彼女が彼に言うと、「そうせよ。お前も出家するがいい」とバラモンは言ったので、彼らはヴァーラーナシーから出ていったのである。

ヒマラヤ山麓にはサーハンジャニーと呼ばれる隠遁処があり、そこにはガウタマと呼ばれる大仙が住んでいた。彼は五百人の従者を従え、四禅を獲得し、五神通を具えていた。バラモンは自分の妻と共に、その隠遁処サーハンジャニーに行くと、大仙ガウタマのもとで出家し、バラモンの妻も出家した。その後、彼はその隠遁処からそう遠くない所に〔別の〕隠遁処を設《しつら》え、草の庵と葉の庵を作った。女苦行者となったパーラガーは〔その〕一隅に草の庵を作った。その時、彼らはその隠遁処で暮らしながら、外道の道に従って専心し、専念し、努力して、〔四〕禅と〔五〕神通とを証得し、四禅を獲得した者となり、五神通を具えた者となり、優れた者となり、過酷な苦行に身を委ね、梵行を修する者となった。

聖仙は、〔自分が〕持ち帰って来た、根のようなものや実のようなもの、あるいはコードラヴァカ・シュヤーマーカ・プリヤング・バンガ・プラーサーディカ[465]〔といった穀物〕、それに野菜や根菜を、妊娠していたパーラガーと分け合った。〔子供が生まれると、〕彼らは〈この子にはいかなる名前を付けようか〉と思案した末、〈この子は色黒だから、この子にはシュヤーマカという名前がよい〉と彼らは考えた。こうして、両親はその子をシュヤーマカ[466]と命名した。その子はその隠遁処で育てられた。こうしてその子は次第に成長し、両足で歩けるようになると、動物の子供とじゃれ合った。大いに祝福されていた聖仙達は慈悲深くて鳥獣は彼らのことを恐れなかったので、その隠遁処は何千もの鳥獣で麗しかった。動物の子供が〔自分の〕母の乳を吸えば、シュヤーマカも同じようにその動物の子供と一緒にその〔動物の〕母の乳を吸った。彼がどんな〔動物の〕母に近づいても、〔動物の母〕は、自分の子供に乳を飲ませるように、シュヤーマカにも乳を飲ませたのである。

こうして聖仙の子シュヤーマカはその隠遁処で動物の子供や鳥と共に成長した。動物の子供や鳥がどこに行こうとも、聖仙の子シュヤーマカは、その鳥獣に取り囲まれてそこに行き、その鳥獣は聖仙の子と楽しんでいた。聖仙の子が小屋で寝ていると、種類も様々な多くの動物の子供や鳥は、聖仙の子シュヤーマカがその小屋から出てくるまで、小屋の入口の所でじっと待っていた。それから彼らは隠遁処の回りをぐるりと一周した。シュヤーマカはその鳥獣と共に隠遁処で楽しんでいたし、鳥獣もシュヤーマカと共にその隠遁処で楽しんでいた。聖仙の子が隠遁処で寝ていても、動物の子供、動物、それに鳥は〔隠遁処の〕回りを取り囲んで、〔彼を〕じっと待っていた。動物の子供や鳥達は〔遊びに〕行きたくなると、口や鼻で〔つついて〕聖仙の子シュヤーマカを起こした。こうして、聖仙の子は、鳥獣と共に隠遁処で成長したのである。

　聖仙の子は大きくなると、動物の皮を着せられ、身に纏わされた。彼は、その隠遁処にあった、根のようなものや実のようなもの、あるいは、コードラヴァカ、シュヤーマーカ、チンナカ、プリヤング、バンガ、プラーサーディカ〔といった穀物〕、それに野菜や根菜を取ってきては、両親に与えた。彼は〔両親に〕水を運び、薪を運び、草の庵や葉の庵を建て、隠遁処に水を撒いて掃除した。彼は最高の敬意を払ってその両親に仕えた。彼は先ず両親の世話をし、後から自分の食事をした。聖仙の子は思慮分別のある年齢に達して[467]からというもの、どんな時でも両親に食事を差し出す前に自分の食事をするということはまったくなかった。このように、聖仙の子シュヤーマカは隠遁処で両親に仕えた。聖仙の子が両親に仕えているうちに、望ましく、気持ちよく、快適に、心地好く、時が過ぎていった。

　両親も隠遁処で暮らすうちに、歳を取り、体の力は弱くなり、視力も落ち、他人の介添えがなければ、自分で食事の支度をすることも、水を汲みに行くことも、あるいは草の庵や葉の庵に入ることもできなくなった。聖仙の子シュヤーマカは、歳を取って老いぼれ、体の力は弱くなり、視力も落ちた両親に、あらゆる世話と奉仕とを以て仕え、十善業道を実践して生活した。聖仙の子は男前で、美しく、見目麗しく、浄業を成就し、両親思いで、青年期の梵行を修し、過酷な苦行に身を委ね、辺境地で寝たり坐ったりして時を過ごし、誉れ高く、天・龍・夜叉・羅刹・悪鬼・邪鬼・キンナラ・動物・鳥に愛され、一切の生物に愛されていた。聖仙の子が、どんな所へ根を取りに、葉を取りに、花を取りに、あるいは実を取りに行こうとも、彼は、鳥獣、天や龍、キンナラやキンナリーに取り囲まれて行った。ある時、鳥獣、天や龍、キンナラやキンナリーに取り囲まれた彼は、瓶を持ち、水を汲みに山の小川へ降りて行き、そこで水瓶を一杯にした。

ペーリヤクシャ[468]と呼ばれるカーシ〔国〕王は強大な力を持ち、巨額の財産と多くの乗物とを有していた。彼は狩りに出掛け、風と同じ速さの馬に乗って動物を追い掛け回していたので、軍隊を置き去りにし、その場所には誰も〔先に〕到着していなかった。

――世尊が『ダルマパダ』[469]の中で説いておられるように、

「鹿の道は森、鳥の道は虚空なり。分別論者[470]の道は法、阿羅漢の道は涅槃なり」と[471]。――

〔王は〕鹿をその同じ森で見失ってしまった。王はその森でシュヤーマカ[472]が山の小川から水瓶を運んでいる音を聞いた。彼は〈あれは鹿の音だ。この森に人が出入りするはずがない〉と考えた。そこで、彼はシュヤーマカが水瓶を運んでいる音のする方向に矢を放った。するとその矢は聖仙の子の心臓に突き刺さり、毒が体に回った。鳥獣は、毒の塗られた矢の〔飛ぶ〕音を聞くと、音だけを頼りにして眼に見えない〔シュヤーマカ〕を射当てた〔王〕の臭いを嗅ぎ、十方に逃げ去った。

聖仙シュヤーマカは川岸に水瓶を置くと、悲しそうに嘆いた。「鹿や豚は肉ゆえに殺される。獅子や虎や豹は毛皮ゆえに殺される。ヤクは尾ゆえに殺される。象は象牙ゆえに殺される。鶉や鷓鴣は薬ゆえに殺される。しかし我々の肉や皮や髪や歯はまったく何の役にも立たぬ。どうして我々三人は何ら危害を加えず、悪いこともせず、過失もないのに、一本の矢で殺されてしまうのだ。おお、何と不正〔の火〕が燃え盛っていることか！」と。

さて、聖仙の子シュヤーマカはそのように嘆いていたが、カーシ〔国〕王が嘆いている彼のもとにやって来ると、獣皮を纏い、弁髪を結い、樹皮〔の衣〕を持った、誉れ高き聖仙の子が涙を流しているのを見た。王は聖仙の子が

〔自分の放った〕矢に射られているのを見ると、震え上がり、〈ああ、〔彼の〕呪いで、都城や地方を有する我が〔王国〕を灰と化してしまったらどうしよう!〉と恐怖に見舞われた。そこで彼は馬から降り、聖仙の子シュヤーマカ〔の足元〕に頭を着けて平伏した。「世尊よ、私は〔それが〕鹿だと思い、知らずにこの矢を放ってしまった。世尊に謝罪いたす。大地に落ちた、この涙の滴は、我々の如き愚者は言うに及ばず、(473)閻浮提全土を焼き尽くすだろう。さて世尊は『一本の矢で三人が殺されてしまった』と言われたが、そ〔の意〕が私には分からぬ。世尊は一人であり、三人ではない。どうして一本の矢で三人が殺されたことになるのか」と。

聖仙の子は言った。「大王よ、私の両親は誉れ高く、天を含めた世間の人に尊敬されてはいますが、歳を取って老いぼれ、体の力は弱まり、視力も衰え、他人の介添えが必要です。だから私は彼らの世話をしています。私は先ず最初に彼らの食事の用意をし、その後で自分の〔食事をし〕、彼らの世話は余すところなくすべて行ってきました。彼らには他に誰も彼らの世話をする人はいません。だから私が殺されれば、彼らも殺されたことになるのです。私が死ねば、彼らの命はありません。こういうわけで、『一本の矢で三人が殺された』と言ったのです」と。

カーシ〔国〕王は吉祥なる聖仙の子シュヤーマカに言った。「知らぬこととはいいながら、私は猛毒を塗った矢で〔あなたの〕心臓を射抜いてしまった。あなたの命が〔幾ばくも〕ないことは分かっている。私は命に賭けて次のことを約束し、それを実行いたそう。繁栄し、栄える王国を捨て去って、私はあなたの師である両親の御世話をいたす。あなたがなさったように、私も御世話をいたそう」と。

聖仙の子は言った。「大王よ、我が憂いの矢は、あなたによって心臓から引き抜かれました。その約束を守り、命に賭けて約束したとおりに、私の師に接して下さい。王よ、〔そうすれば〕あなたに大きな善が生じるでしょう。大王よ、誉れ高き彼らの世話をし、面倒を見て下さるなら、この水瓶を持ち、この小道を通って、私の両親の隠遁処に行き、私の言葉として挨拶して下さい。『吉祥なるシュヤーマカが御挨拶申し上げます。さて彼はこう申しておりました。一人息子は死にましたが、それを憂いたり、嘆いてはなりません。生物の世間に生まれてきた者に死は必定です。〔永遠に〕留まることは無理であり、不可能です。嘆き悲しんでも、自らなした業から逃れられないのです。[474] 私一人が死ぬのではありません。一切有情は死を定めとするのです。だから憂いたり、嘆いてはなりません。愛しく可愛い人とはすべて別れたり、離れ離れになったりするものです』と。大王よ、あなたが命に賭けて約束したとおりに、私の師に接して下さい」と。

　こう指示すると、聖仙の子は体が滅び、死んだ。聖仙の子が死んだことを知って嘆き悲しんだ後、王は涙を拭い、その水瓶を持つと、その小道を通って、吉祥なるシュヤーマカの指示通り、その隠遁処に行った。さてカーシ〔国〕王が吉祥なるシュヤーマカのもとから立ち去るや否や、何百もの鳥獣、何千もの鳥獣、天・龍・夜叉・キンナラ・キンナリー、同様に他の生物が吉祥なるシュヤーマカを取り囲んだ。聖仙の子を取り囲むと、大きな鳴き声や叫び声を上げた。「いかなる危害も加えず、悪事も働かず、過失なき者を害する悪法者は、闇から闇へ行き、悪趣から悪趣へと行くだろう！」と。

　森全体、山や谷、そして隠遁処に生物の叫び声が木霊し、鳥獣の泣き声が鳴り響いた。吉祥なるシュヤーマカの両親はその生物〔の声〕を聞き、鳥獣の泣き声を聞いて、〈今日は何があるというのだ。我々はかつて一度も生物がこんな声で鳴くのを聞いたことがないし、鳥獣のこのような叫び声をかつて聞いたこともない。吉祥なるシュヤーマカが、獅子や虎や他の猛獣に害されていたらどうしよう。これらは何の兆しだ。我々の眼が動揺するのと同じように、我々の心臓は浮ついている〉と考え込んだ。こうして彼らは身も心も落ち着かないまま、吉祥なるシュヤーマカのことを考えていたのである。

　さてカーシ〔国〕王はその隠遁処に到着した。すると何百もの鳥獣は恐ろしい叫び声を上げながら、その隠遁処から逃げて行った。聖仙達は今まで以上に恐れた。カーシ〔国〕王は一隅にあった木の枝に馬を繋ぎ止めると、その水瓶を持って、吉祥なるシュヤーマカの両親のもとに、「世尊よ、御挨拶申し上げます」と近づいた。喜んだ彼らが「あなたは誰ですか」と尋ねると、王は言った。「世尊よ、私はペーリヤクシャというカーシ〔国〕の王である。世尊よ、猛獣がうろうろし、人里離れたこの苦行林にどんな楽しみがあるのか。根や実は育っているか。コードラヴァ、シュヤーマカ、それに野菜や根菜は簡単に手に入るか。体は病知らずで、蚊や虻や蛇に体を噛まれることはないか」と。

すると、彼らは言った。「大王よ、猛獣が彷徨《さまよ》い、人里離れたこの森の隠遁処で、我々は楽しく暮らしている。根や葉や実、コードラヴァ、シュヤーマカ、それに根菜は簡単に手に入り、体は病知らずで、蚊や虻や蛇に体を噛まれることもない。大王よ、あなたの後宮、王子や大臣、軍隊や倉庫や蔵に関しても、平和で、季節の災害もなく、災いもなく、町人や村人も〔あなたの命令に〕従って暮らしているか。敵の王が〔あなたを〕害することはないか。また天が適時に雨を降らし、穀物は順調に育っているか。またあなたの王国は食物に恵まれ、災難はないか」と。

そこで、彼が「世尊よ、後宮、王子や大臣、軍隊や倉庫や蔵に関しても、平和で、季節の災害もなく、災いもなく、町人や村人も〔私の命令に〕従って暮らし、敵の王が〔私を〕害することなく、また天が適時に雨を降らすので、穀物は順調に育ち、また〔私の〕王国は食物に恵まれ、災難もない」と言うと、彼らは言った。「大王よ、吉祥なるシュヤーマカが戻ってくるまで、その椅子にお坐りを。〔息子〕は水を汲みに行っているが、〔戻れば〕あなたに果実と水とを差し上げるだろう」と。

聖仙達がそう言うと、王は泣き出した。彼らが「大王よ、どうして泣かれるのか」と尋ねると、王は言った。「世尊よ、『〔ここに〕戻って来て〔私に〕果実と水とを差し上げる』とあなた方が言われた吉祥なるシュヤーマカは死んだのだ。そして彼は私の手にこの水瓶を渡し、あなた方に挨拶するように頼むと、『憂いたり、嘆いてはなりません。憂い、悲しんでも、何の役にも立ちません。生まれた者は皆、必ず死ぬのです。私一人が死ぬのではありません。一

428

切有情は死を定めとし、死没を定めとし、自分の為した業からは逃れられません』と指示したのだ」と。

「大王よ、吉祥なるシュヤーマカはどのように死んだのか」と彼らが尋ねると、王は言った。「私が狩りに出掛け、風と同じ速さの馬に乗って鹿を追い掛けていると、吉祥なるシュヤーマカが〔水で〕瓶を満たしている水辺に近い場所へとやって来た。そしてその森の奥深い所で、その鹿を見失ってしまったが、私はその吉祥なるシュヤーマカが水瓶を運んでいる音を聞いた。そして私はこう考えた。〈その同じ鹿が水を飲みに〔水辺に〕行ったのだ〉と。その動く音を聞くと、私は音がする方向に毒を塗った矢を放ったが、それは吉祥なるシュヤーマカの心臓に命中し、その聖仙の子は死んでしまった」と。

すると彼らはその王の言葉を聞いて、泣き、涙で喉を詰まらせ、泣き顔で、泣き崩れた。「大王よ、鹿や豚は肉ゆえに殺される。獅子や虎や豹は毛皮ゆえに殺される。象は象牙ゆえに殺される。鶉や鷓鴣は薬ゆえに殺される。しかし、大王よ、我々の肉や皮や髪や歯はまったく何の役にも立たぬ。どうして我々三人は何も危害を加えず、悪事も働かず、過失もないのに、一本の矢で殺されてしまうのか！」と。

カーシ〔国〕王は聖仙達に平伏《ひれふ》し、許しを乞うた。「世尊よ、大地に落ちたあなた方の涙は、我々のような愚者は言うに及ばず、[475]閻浮提全土を焼き尽くすだろう。私は身内や親戚の者と共に王国を捨て去り、ここであなた方の御世話をいたす。吉祥なるシュヤーマカが世話したように、私もあなた方の御世話をいたす」と。

すると、彼らは言った。「大王よ、我々は視力が減退して盲目となったので、道案内がなければ、その場所に行くことはできぬ。大王よ、吉祥なるシュヤーマカがいる場所に我々を連れていって下され。我々は、その聖仙の子を真実語で蘇らせ、真実語で鹿〔を殺す〕毒を抜こう」と。

王は〈〔死んだ〕彼を蘇らせることができるほど、この聖仙達は誉れ高き方なのだ〉と考えると、「私が吉祥なるシュヤーマカがいる場所に、あなた方世尊をお連れいたそう」と言った。こうして彼らは王の肩に手を置いて、その場所に行った。吉祥なるシュヤーマカの母パーラガーは、吉祥なるシュヤーマカの頭を膝に抱くと、手で顔を撫でながら、様々な仕方で嘆き悲しんだ。「吉祥なるシュヤーマカがいなくなれば、隠遁処は空しくなってしまう！　森の精霊も悲しみ嘆きながら、〔森から〕立ち去るでしょう。鳥獣も吉祥なるシュヤーマカが見えないから、悲しみ嘆きながら、隠遁処から立ち去るでしょう」と。

聖仙は言った。「パーラガーよ、嘆くな。憂いてはならぬ。嘆き憂いても、何の役にも立たんのだ。我々も過酷な苦行を行じ、実践してきたし、梵行も修してきたから、我々は真実語で彼を蘇らせることができる。我々は真実語を使って、彼の〔体に入った〕鹿〔を殺す〕毒を抜き、〔息子を〕生き返らせよう」と。

こうして彼らは彼の〔体に入った〕鹿〔を殺す〕毒を消した。「息子よ、お前は決して誰のことも悪く考えず、一切の有情に慈心を持っていたので、お前の〔体に入った〕鹿〔を殺す〕毒が消えるように！　お前は決して両親に〔食事を〕差し出す前に自分自身の食事をしたことがなかったので、お前の〔体に入った〕鹿〔を殺す〕毒が消えるように！　息子よ、お前の両親はいつも清浄なる戒律を護ったので、お前の〔体に入った〕鹿〔を殺す〕毒が消えるように！」と。

すると、聖仙の子は、両親の威光と威神力により、真実語により、そして自分自身の善行威力により、寝ていた人が目覚めるように、あくびしながら起き上がったのであった。

世尊は言われた。「実にまた比丘達よ、その時その折に、聖仙の子シュヤーマカだったのは、他の誰かであろうという思いがお前達にあるかもしれないが、それはそのように見られるべきではない。それは何故かというと、比丘達よ、私こそが、その時その折に、シュヤーマカと呼ばれる聖仙の子だったからだ。シュヤーマカの父である聖仙は他の誰かであろう〔と考えてはならない〕。シュッドーダナ王こそが、その時〔その折〕に、シュヤーマカの父であったからだ。その時その折に、聖仙の子シュヤーマカの母でパーラガーと呼ばれる〔女〕だったのは他の誰かであろう〔と考えてはならない〕。王妃マーヤーこそが彼女であったからだ。ペーリヤクシャと呼ばれるカーシ〔国〕王だったのは他の誰かであろう、とこのように見られるべきではない。それは何故かというと、比丘達よ、アーナンダ長老こそが、その時その折に、ペーリヤクシャと呼ばれるカーシ〔国〕王だったからだ。比丘達よ、その時もまたシュッドーダナ王は、私に関して私が死んだと聞かされても信じず、『大王よ、吉祥なるシュヤーマカは死んでおらぬ。彼は鹿〔を殺す〕毒で気を失っているのだ。[476] あなたは我々をその場所に連れていって下され。我々は真実語でその鹿〔を殺す〕毒を抜き、吉祥なるシュヤーマカを蘇らせよう』〔と言ったのである〕。今世においても、シュッドーダナ王は私に関して私が死んだと聞かされても、信じなかったのである」と。[477]

「シュヤーマカの本生話」の散文部分を終わる。

世間にて名声の無量なる世間の超越者・世間の導師にして、徳を具えし世尊の過去世の行いを語らん。＝天や乾闥婆や人を含める世間において、誰も菩薩の行を超ゆること能《あた》わず。故に十力者は不屈なり。＝如来等の力を思い起こすに、如何なる生存においても、慈と悲あるが故に、世間を憐愍《あわ》れむなり。＝百千劫なる間、積み上げられし浄〔業〕を具うる世尊の善行を、我は語らん。恭しく耳を傾くべし。＝その時、覚知を具えし世尊は森に赴き、実に浄き苦行者の家にて師に弟子入りせり。＝彼の両親は年老い、盲目たり。彼等を利益せんがため、世間を超越せる人は誕生せり。＝実にその時、非の打ち所なき体の、神通力持ち、美しく、眼の大いなる彼の名はシュヤーマなり。[478] ＝人にあれ、天にあれ、希有なる聖仙を見し者は、姿と徳とを成就せる彼に〔如何に〕思いを凝らすとも、飽くることなかりき。

221

222

菩薩は自ら善の何たるを求め、獲得せり。彼は浄き善法を獲得して生活せり。＝欠点なく汚れなく、清浄にして、怠惰なる者に行い難き最高の梵行を、彼は自ら修し、それに専心せり。＝勇者は両親を世話し、献身して面倒を見たり。梵行者は自ら梵行者たらんとの誓いを〔立て〕、梵行を修せり。＝愛しく最愛なる両親の為に、彼は決心せり。〈盲目にして介添えを要《もち》うる〔両親〕の荷物になる[479]べからず。＝病み、老いぼれ、年老いし師匠に、根や実を取り来たり、愛情と尊敬の念もて恭しく仕えん。＝食物、飲物、病の為の薬、贈物、衣、臥座具もて両親に仕えん〉

しかして、菩薩は両親に言えり。「かくあるべからず[480]。ゆめ憂うるべからず。我が貴方方の御世話をせん」＝樹皮の衣を纏いたるクリシュナは[481]彼に言えり。「汝に罪あるべからず。違《たが》える道を行く汝の、生物を怖れしむることなかれ。＝肉血を求むる〔百〕獣の王にあれ、力強き象にあれ、生物を汝は道より追い払い、怖れしむることなかれ」＝聖仙の子の、獣の子と共に、麗しき隠遁処にて暮らすこと、獣の獣と共に森に住むが如し。＝その隠遁処に、辛抱強く、〔自己を〕調御し、〔欲望を〕断じて暮らせる時、慈と悲あるが故に、彼は世間を憐愍《あわ》れめり。＝〔そこに〕数多の乗物を持てる、高貴なる人主カーシ〔国〕王は現れり。彼はその隠遁処の鳥獣を怖れしめたり。＝王は森の中にて羚羊や鹿の群れを見る。見るや、疾く弓を引き、矢を固定せり。＝彼は風と〔同じき〕速さの馬に乗りて鹿の前に近づけり。あらゆる馬の中にて最高なる〔馬〕は疾く走り、鬣を靡かせたり。

しかしてその時、聖仙の子は瓶を持ちて水〔辺〕に立てり。〔彼の〕山の小川に降り来たるや、鳥獣は驚けり。＝その時、王は最高に熱狂しつつ弓を引き、鹿を追いたれば、熱狂せし〔王〕に聖仙の子は見えざりき。＝鹿を狙いし矢はシュヤーマに中《あ》たれり。優しき彼は、毒を塗れる矢に中たり倒れたり。＝死に瀕しつつ、彼は言えり。「罪なき我と両親との三人を、一本の矢もて殺すは誰ぞ。非法〔の火〕は燃え盛るなり。＝象は牙の故に、鹿は肉の故に殺さる。ヤクは尾の故に、豹は毛皮の故に〔殺さる〕。＝しかれども、我は歯も皮も髪も肉も持たぬに、

何が故に〔誰も〕害せざる我は殺さるるや」＝その声を聞きて、王は聖仙の子に近づき、〔彼を〕宥めて許しを
乞えり。「我は知らずして世尊を害《そこな》えり。＝この矢は〔貴方に〕向けしにあらず。我は知らずして貴方を傷つけ
223 たり。知らずして傷つけたる我を許せ。＝『一本の矢にて三人は害されたり』と貴方は泣きつつ言いたるに、梵
行者はそれを説明せよ。その意を述ぶべし」
菩薩は彼に言えり。愛しく最愛なる両親に憐れみ感じ、[482]かく言葉を発したり。＝「久しき間、梵行を修せし我
が両親は歳を取り、年老いたり。我のみ盲目の彼等の寄る辺にて〔彼等の〕導き手なり。＝悲惨なる死の彼等に
近づくが故に、王よ、我は憂うなり。我の世話せずんば、彼等は悲惨なる死を迎えん。＝かくして、我は『一本
の矢にて三人は殺されたり』と言えり。貴方に僅かばかりの配慮あらば、（…）我等は死なずにすめるを[483]」
覚知鋭きカーシ〔国〕王はその意を察知し、聖仙の子の足を頭に頂きて礼拝しつつ、彼に言えり。＝「罪なき
聖仙の子を害《そこな》いたれば、我は地獄に堕ちん。かくの如き人を殺せるに、地獄より逃るること能わざらん。＝実に
浄き有情たる貴方の涙の滴は、世間をも焼き尽くさん。況や我等の如き愚者をや。＝真実を申し上げん。もし我
が死もて貴方の生き返らば、我が命を差し出さんも、それは実に能うべからず。＝聖仙の子よ、猛毒塗りし〔矢〕
は貴方の心臓に中《あ》たれり。貴方に命なきを了知せり。それぞ我は辛きなり。＝誉れ高き人よ、我は貴方にかく約
224 束せん。我を信ぜよ。真実は生物の世間に確立せる最高の目的なればなり。[484]＝豊かなる王国を捨て去り、女も
欲望《のぞみ》の対象《あいて》も抛ちて、我は根や実を運び、貴方の師匠の世話をせん」
菩薩は彼に言えり。「象の如き王よ、貴方がかく言いたるもて、燃え盛れる、我が心の憂いの矢は取り除かれ
たり。＝この水瓶を持ち、この小道を通りて、我等が隠遁処に行き、我が言葉として〔両親に〕伝うべし。＝貴
方は幾度なりとも両親に挨拶し給え。
『貴方方の息子は死せり。彼は貴方方に挨拶せり。＝〝ゆめ憂うるなかれ。嘆き憂えんも、何をか得ん。生まれ

し者は皆、生物の世間にて、必ず死を迎うるなり。＝これ実に定めなり、人命はかく長からず。富者も貧者も死
もて終わるなり。＝己が行いし業の果報より逃るること能わず。〔輪廻の〕輪を経巡る人に、苦楽は降りかかる。
＝賢者の〔言う〕刹那にして儚き諸行の無常なるを、我は聞かざらんや、我は知らざらんや。＝〔我は〕（…）
死を〔恐れ〕ず。それ我に苦にあらず。世間に〔死〕は避けられざる、その意を〔我は〕学びたり〟と』
225 我が憂いの矢は、年老ゆる盲目の〔両親〕なるも、貴方の話を聞きて、憂いの多くは失せり。＝いざ、カーシ
を繁栄させし王よ、今、シュヤーマに心より約束せるが如く、我が師匠の世話をし給え。＝賢者は、力弱き者や
年老いたる者の世話を大いなる利益として賞賛す。実に王よ、〔かく為す〕人には三支〔の徳〕あり。＝名声・
名誉・善根の徳なり。カーシの王よ、行きて〔彼等の〕所言を聞き、世話をし給え」
「承知せり」と約束するも、彼は悲しみ、涙を拭えり。カーシ王はシュヤーマの死を知るや、〔そこより〕立ち
去れり。＝カーシ王の立ち去るや、幾百なる数多の鳥獣の群れも諸天も、シュヤーマを囲繞せり。＝シュヤーマ
の川岸に気を失い倒れたるを見て、諸天や幾百なる数多の鳥獣も嘆けり。＝「何の罪なき貴方に悪意を抱き、悪
業を犯せる者は、必ずや闇より闇へ、悪趣より悪趣へ赴かん！」＝生物の叫び声は虚空や大地に響き渡り、〔そ
れを〕風は運べり。聖仙（父）は考えり。〈ああ、不吉なり！＝かくも悲しげなる叫び声や、かくも沢山の泣き
声・叫び声の聞かるるに、聖仙の子に何ぞありしや、如何せん。＝風は悪しき〔報せ〕を運び、鳥は荒ぶり囀る
なり。心臓は〔元の〕場所《ところ》より飛び出づる〔如く〕[485]、体中不安に満つるなり〉
226 心にかく思いの生ぜし時、ペーリヤクシャ[486]の隠遁処に来たるや、鳥獣の群れは脅えたり。＝恐怖に襲われ、脅
えたる〔獣〕の方々に逃げ出だすを知りて、諸天も更に憂いを生じ、希望を失いて〔辺りを〕見渡せり。＝〈人
も非人もこちらの方角に来たらず、鳥獣の群れは聖仙の子を見るも、恐るることなし。＝身の毛もよだつ、実に
恐ろしき有情あらんに、獣の群れや鳥の群れは、彼を見て脅うること疑いなし〉＝〔王〕は、帰らざる〔息子〕

を案ずる両親に近づくや、脅ゆる〔二人〕に、人を殺《あや》めたるも、優しき言葉もて話しかけり。＝彼等は言えり。「善く来たれり。貴方は何処より〔来たり〕、貴方は誰の使者なりや。我等は盲目の故に眼は見えず。シュヤーマは水を汲みに行けるなり」

王は言えり。「我は狩りせんとカーシの町より軍隊率いて来たれり。名をペーリヤクシャと言い、鹿を追い行けり」＝「最高なる王よ、貴方の〔国〕に雨は降るや。穀物は育つや[487]」。「後宮の女も我が息子も軍隊も恙《つつが》なし。＝都城や地方も平和にして、大臣も我に忠実なり。敵は栄えず、蔵は悉く増大す。＝国にては、沙門や婆羅門への保護の如法に行われ、〔彼等の保護〕は増えんとも減ることなし。我は恭しく布施するなり。＝泥棒や虎や数多の猛獣の徘徊せし貴方の森には、道より外れたる生物の如く危害を加うる者は何ぞなきや」＝「花や実も多《さわ》にして、穀物や野菜や根菜も豊富なるが故に、それらは入手し易く、体は病を知らず。＝息子は直に戻らん。その木の葉の椅子に坐り給え。善良にして正しく、実に心優しき〔息子〕の〔椅子〕なり」

その時、王は涙を流しつつ、その苦行者の家に好ましからぬ、毒の如く命を奪える言葉を発したり。＝「『梵行を修し、法を行い、徳を行ず』と貴方方の言わるる聖仙の息子は、つい今し方、亡くなれり。彼は貴方方に伝言せり。＝『如何なることあらんも憂うべからず。嘆きや憂いもて何をか得ん。生物の世間に生まれし者は、決して死を免れず』と」＝不快にて忌まわしく、不快なる言葉を聞きて、「仰せのとおりとせば、我等が命を奪うべし」と彼等は言えり。＝彼は言えり。「〔彼とは〕知らずに我が過ちを犯せし時、この事はかくして不運にも起こりたり。天の如き人よ、何とぞ我を許し給え。＝聖仙の子の背負える荷を背負うべく、我はここに来たれり。天の如き人よ、我は〔二人の〕世話をせん」

青蓮華なる妙花の色せる彼の母は、嘗て愛しき息子の微笑みて語れるを聞かずして泣けり。＝「愛しく最愛なるシュヤーマよ、先に汝を失わば〔妾に〕死〔神〕現れて、妾の心臓を焼き尽くさんこと、火の乾草や薪を〔焼く」が如し。‖善良にして正しく、高貴なる聖仙のなかりせば、この隠遁処は空しく、恐怖もて恐ろしく、魅力なきものたらん。‖彼は我等の力や希みの全てにして、彼が故に平和なり。妾には、かくの如き苦より甚だしきは決してなし。‖我等が行いし種々様々なる苦行は全からずと思えり。その果の異熟として我等は愛しき息子に取り残されたればなり」‖二人は悲しみや憂いに更に激しく悩まされ、心沈めり。善良にして正しき〔息子〕の幾百なる徳を憶《おも》い出だしつつ。

彼等はカーシ王にかく言えり。「何とぞそこに連れ行き給え。我等は盲目なれば眼は見えず、〔独りにては〕そこに行けず」‖彼は言えり。「鹿〔を殺す〕毒に命を奪われし、若き聖仙の子の居るその場所に連れ行かん」‖カーシ王は来たる道を直ちに引き返し、間もなく、聖仙の子の居るその場所に赴けり。‖川岸に気を失い倒れて臥せる彼を見るや、母は泣きつつ、宝石の如き彼の顔を手もて撫でたり。‖「愛しき一人息子よ、汝は、貧しく哀れなる身寄りなき我等の身内なり。息子よ、汝は如何ぞ傷つきたる。‖森の精霊も、実に閻魔・人・魔物には全く役に立たざるなり。毫も防備《そなえ》なき息子のシュヤーマを〔黙然と〕見たればなり。[488]‖幾百なる葉や食物あらんも、(…)善良にして正しく、愛しき息子なき場所《もり》に〔暮らすは〕耐え難きなり。‖吉祥なるシュヤーマの見えざるが故に、隠遁処の鳥獣に喜びなく、実に悲しげに鳴くなり」

「パーラガーよ、汝は憂うべからず。嘆きや憂いもて何をか得ん。生物の世に生まれし者に、死は必定なり。‖我等も梵行を修し、性交や同衾を久しく抑制したり。我等は真実語を唱え、それもて彼の毒を消し去らん。‖愛しきシュヤーマよ、汝の心は如何なる時も悪に染まることなきが故に、汝の鹿の毒は消えり。この真実語もて立ち上がるべし！‖汝の両親は常に浄き戒律を護りたるが故に、汝の鹿の毒は消えり。この真実語もて立ち上がるべし！‖汝に欲望・高慢・放逸・偽善なきが故に、汝の鹿の毒は消えり。この真実語もて立ち上がるべし！」

その時、両親の威光と己が善行の威光ともて、鹿の毒は消え、彼は欠伸《あくび》しつつ起き上がれり。‖その真実語もて、彼の起き上がれるを見て、鳥肌立ちたる王は、〔彼の〕足に平伏《ひれふ》して許しを乞えり。＝菩薩は彼に言えり。「大王よ、乗物や軍隊や戦車や王妃、また都城や町や地方の人ともども、貴方に幸《さち》あらんことを！＝カーシを繁栄させし人よ、これぞ両親を敬いし〔行為〕の果なり。己が善行の威光もて、如何にして鹿の毒の消えたるを御覧あれ。＝カーシを繁栄させし人よ、もし天界に赴かんと欲せば[489]、己が両親によく耳を傾け、合掌し、礼拝すべきなり。＝この閻浮提の宝石を悉く持ち来たりて、両親を供養すべし。両親に逆らうべからず。＝かくして、大王よ、我は両親に逆らいて物言わず。世間の古《いにしえ》の師匠の如く、彼等〔両親〕を憐《あわ》愍れむべきなり[490]。＝天の如き人を、天なるが如くに礼拝すべし。両親を供養せる人に憂いなし」

その時その折に、〔我が〕母なりしは摩耶なり。その時、世尊の父なりしは浄飯王なり。＝その真実語もて起き上がれる大威神力の持ち主は、菩薩なりき。その時のシュヤーマは世尊なりしが故に。＝その時の〔カーシ国〕王は、アーナンダなりき。彼は幾千なる多生に亘り、世尊の親族にして使者なりき。＝〔その時、世尊〕は正覚者にも、自ら束縛を断じたる者にもあらざれど、実に、前世における世尊の善行の〔異〕熟は真実なりき。

「シュヤーマカの本生話」を終わる。

13 苦行者ガウタマ

菩薩はウルヴィルヴァーの苦行林で難行を実践していた。彼は一日に一つのナツメの実で生活し、ナツメを食べて、十八カ月が過ぎ去った。彼は一日に一つの胡麻粒で生活し、胡麻粒を食べて、十八カ月が過ぎ去った。彼は一日に一つの米粒で生活し、米粒を食べて、十八カ月が過ぎ去った。彼はまったくの断食状態で十八カ月を過ごした。

彼の食は、ナツメの実一つ、胡麻一粒、米一粒なりしに、彼の精進するも、彼の(491)体の何処にも正覚者の知は生ぜざりき。＝かくして彼の肢体は蔓やアシータカ（植物）の節(492)の如く、その時、彼の顎は支柱に〔繋がれたる〕水牛の如かりき。＝肋骨は古〔家〕の朽ち果つる椽《たるき》の如くして、(493)大仙の体は苦行の故に枯渇せり。＝編まれし長髪の捻れつつ上下に曲がれるが如く、彼の背骨も上下に曲がりたり。＝彼の眼は池に映《は》ゆる星の如く輝き、その時の彼の息は、鍛冶屋の鞴《ふいご》の如く深かりき。＝熟せざるに切り取られし秋の瓢箪の萎る如く、大仙の頭も苦行の故に萎るなり。＝寂静なる体の大勇者は、自らの心に耳を傾けず、一切有情のため、過酷なる苦行に身を投じたり。

苦の有情を見て後、勇者の行える難行は、如何なる言葉もて語らんも、語り尽くすこと能わず。＝虚空の辺際《きわ》に鳥の至ること能わざるが如く、広大なる水の容器たる海の水は量り知ること能わざるが如く、＝世間の灯明にして日種の末裔たる諸仏の徳の辺際は、如何なる言葉もても語り尽くすこと能わず。＝油分の抜けし肌は彼の背中に張り付き、全身は衰弱するも、精進〔力〕は衰えず(494)。＝体の前を摑まんとするや、摑みたるは体の後ろなり。牟尼の立ち上がるや、〔その〕勢いもて顔より倒れたり。＝四〔大王〕天は、勇者の体の弱れるを見て言えり。「精進〔力〕の衰えざるまま、牟尼は死せり！」＝かくの如き過酷なる苦行を行える最上の人に、天・阿修羅・人を含める世間は驚けり。

〔王の〕質問を受けた人から、このような過酷な王子の苦行を聞くと、シュッドーダナ王、ガウタミー・マハープラジャーパティー、ヤショーダラー、そしてシャーキャ族の王国の人は切望した。〈幸運にも王子は過酷な苦行を止められたのだ！〉と。

ヤショーダラーも考えた。〈あの方が、難行を実践し、草を敷いて寝、粗末なものを食べていらっしゃるのに、私が宮殿で高価な食事を食べ、高価な飲物を飲み、高価な衣装を身に着け、高価な寝床を設《しつら》えるのは、私にとって正しいことではないし、相応しいことでもない。いざ私も粗末な食物を食べ、見すぼらしい衣装を身に着け、草を敷いた上に寝床を設えましょう〉と。

こうして、彼女は粗末な食物を食べ、見すぼらしい衣装を身に着け、草を敷いた上に寝床も設えたのである。

＊　＊　＊　＊　＊

さて世尊が最上の法輪を転じられ、ラージャグリハで千二百五十人の比丘に取り囲まれて時を過ごしておられた時、シュッドーダナ王はチャンダカとカーローダイン[495]を使者としてラージャグリハの世尊のもとに送った。「『世尊は人天を憐愍れまれた。世尊は親戚をも憐愍れまれんことを』と〔伝えよ〕。お前達は世尊が言われるとおりにするのだぞ」と。

彼らはカピラヴァストゥからラージャグリハに到着し、世尊に近づくと、シュッドーダナ王と親戚衆一同の伝言すべてを世尊に告げた。時を心得、機会を心得、時節を心得た世尊は〔今こそ〕故郷へ帰る時であり、機会であり、時節であると理解された。世尊がチャンダカとカーローダインに「チャンダカとカーローダインよ、お前達は出家せよ」と告げられると、「シュッドーダナ王は、『お前達は世尊が言われるとおりにするのだぞ』と命令されました」と彼らは言った。出家する時に着る袈裟はどこにも見当たらなかったが、彼らは世尊に導かれて言った。「世尊よ、我々は出家いたします」と。

「来たれ、比丘達よ。チャンダカとカーローダインよ、お前達は如来のもとで梵行を修すべし」

その時、世尊が「来たれ、比丘達よ」という〔出家を許可する言葉〕をかけられると、在家の形相、在家の特徴、在家の姿[496]、在家の服装が消え、三衣が現れ出た。そして鉢が用意され、髪は自然に本来の〔剃り落とされた〕状態となり、彼らの立ち居振る舞いも〔比丘に〕相応しいものとなった。すなわち、同志チャンダカとカーローダインとが出家して具足戒を受け、比丘となった時、彼らは百年を成就した比丘達と同じだったのである。

同志ウダーインは世尊に言った。「世尊よ、ヤショーダラーは世尊に献身的であり、世尊が苦行林で難行を実践されていた時、ヤショーダラーも粗末な食物を食べ、見すぼらしい衣装を身に着け、高価な寝床を捨て去って、草を敷きつめた上に寝床を設えられたのですね」と。

13-(1) 鹿王シリプラバ本生話

「世尊よ、ヤショーダラーはどんな風に世尊に献身的だったのですか」と比丘達が世尊に尋ねると、「比丘達よ、ヤショーダラーが私に献身的だったのは今世だけのことではない。他の時にもヤショーダラーは私に献身的だったことがある」と世尊は言われた。「世尊よ、他の時にもですか」と比丘達が申し上げると、「比丘達よ、他の時にもだ」と世尊は言われた。

比丘達よ、かつて過去世において、ある森にシリプラバ(497)と呼ばれる鹿が住んでいた。彼は男前で、見目麗しく、非常に均整のとれた体をし、蹄は赤く、足も赤く、眼は輝き、五百頭の群れを率いていた。この鹿の王には第一王妃がいたが、彼女は彼に非常に忠実であり、また献身的であって、一瞬たりともその鹿から離れることはなかったのである。

さてニーラカ(498)と呼ばれる猟師がいた。彼はその森の住居に鹿の罠を仕掛けた。シリプラバは鹿の大群に取り囲まれてその森を徘徊していると、〔その罠に〕掛かった。鹿の王が〔罠に〕掛かったのを見ると、雄鹿も雌鹿もすべて逃げ出してしまったが、この一頭の雌鹿は、鹿の王に忠実で、献身的であり、〔そこに〕じっとして逃げ出さなかった。そして雌鹿はシリプラバに詩頌で語った。

「シリプラバよ、頑張り給え、鹿王よ、頑張り給え！　この罠を仕掛けし猟師が来たらん前に、革紐を断ち切り給え。妾は貴方なくして楽しめず[499]」

すると比丘達よ、鹿王シリプラバはその雌鹿に詩頌で答えた。

「頑張るも、駄目ならん。直に地面に倒るなり。革紐は丈夫にして、罠は我が足に食い込めり[500]。＝麗しの森や山や林を、汝は別の男と楽しむべし[501]」

すると比丘達よ、雌鹿は鹿王に詩頌で答えた。

「麗しの森や山や林を、妾は貴方と共に楽しまん。たとえ〔その〕来世ならんも」＝彼等が泣きわめくを聞くや、実に残忍にして、悪業を犯せる猟師はそこに来たれり。

その時、色黒で歯は白く、人を食う赤眼の〔鬼〕のようで、青服を着た猟師が遠くからやって来るのを、鹿王は見た。そして見ると、詩頌で答えた。

「青服を纏い、色の黒き猟師の来たるなり。彼は我が皮と肉とを引き裂きて、我を殺さん[502]」

彼とはそう遠くない所にいた雌鹿は、猟師のもとに近づき、その猟師に詩頌で語りかけた。

「猟師よ、葉を敷きて刀を抜け。先に我を殺し、鹿王を殺すは後にせよ[503]」

その時、実に比丘達よ、猟師は考えた。〈鹿どもは私を遠くから見て逃げ去り、姿を消したが、この雌鹿はまったく怖じ気づかず、自らを犠牲にして〔私に〕向かって来る。彼女は恐れもせず、逃げ出さぬぞ！〉と。

そこで猟師は雌鹿の所作を見て驚き、不思議な気持ちになった。〈これは何という雌鹿だ！　我々にこんな徳はない。こんなにも偉大な徳があり、こんなに心は堅固で、こんなに恩を知り、こんなに献身的なものは、口で食物を探していても、畜生ではない。このような優れた鹿に近づいて危害を加える我々の方〔こそ〕が畜生だ。〔そうであってては〕ならぬ。この鹿を罠から解放しよう〉と。

こうして、猟師は雌鹿に詩頌で語りかけた。

「人〔語〕を喋る鹿を、我は未だ嘗て聞かず。愛しき〔鹿〕よ、汝は安心すべし。汝が為に偉大なる鹿を解放《はな》たん[504]」

こうして猟師は、罠に掛かっていた鹿王シリプラバを解放した。その時、雌鹿は、鹿王が解放されたのを見て、心喜ばせ、喜び、喜と楽とを生じ、猟師に詩頌で答えた。

「今日、偉大なる鹿の放たるるを見て、猟師よ、妾の喜べるが如く〔貴方も〕親戚の者と共に喜ぶべし[505]」＝師たる世尊は宿住と宿生を随念し、比丘等の前にてこの本生話を語れり。＝〔五〕蘊・〔十二〕処・〔十八〕界・自我につきて、世尊はその意を説き明かせり[506]。＝「嘗て我は無始無終なる輪廻に留まりし時、我こそシリプラバなり、ヤショーダラーは雌鹿にして、アーナンダは猟師なり。かく〔この〕本生話を憶持すべし[507]」＝かくの如く限りなき数多の苦ありて、貴行や蛮行を含める、かくの如き己が過去の本生話を、〔煩悩の〕炎を離れ、恐れを離れ、憂いなき〔世尊〕は、比丘僧伽の只中にて語れり。

以上、「鹿王シリプラバの本生話」を終わる。

14 マーラの誘惑[508]

その時、菩薩がウルヴィルヴァー郊外にある苦行林の近くにあったナイランジャナー川の岸で、難行を実践していると、邪悪なマーラが近づいて言った。「〔苦行に〕励んで何になる。〔王〕宮の中に住め。転輪王になれよう。盛大な祭式、〔すなわち〕馬祠祭、人祠祭、投釘祭[509]、開門祭、赤蓮華祭、白蓮華祭[510]を挙行せよ。このような盛大な祭式を挙行すれば、天界に行って楽しみ、多くの福徳を生じるだろう。〔苦行の〕努力はなし難く、得難い[511]。梵行の生活は過失なき福徳を損なうものであるぞ[512]」と。

菩薩は言った。「邪悪な者よ、私に福徳は必要ない。

ウルヴィルヴァーの郊外なる麗しき森や林や木々を見て、我は〔苦行に〕励みたり。＝〔己が〕最高なる目的に至らんと努むるに、ナムチは悲しげなる言葉を発して、ここに来たれり。＝『汝は窶《やつ》れ、〔顔〕色悪し。汝は死の一歩手前なり。懸命なる努力は止むべし。汝に生くる望みなし。＝命〔こそ〕汝の最高なる利得なり。生きなば福徳も行えん。死して後に憂いなからんがため、福徳を行ずべし。＝梵行を修し、火神への献供もて、限りなき福徳は生ずなり。〔苦行に〕励まんも如何ならん。＝〔生の〕望みは〔苦行の〕精励の遙か彼方なり。〔苦行〕はなし難く、得難し』と」。魔は菩薩の前にて、かく言葉を発したり。

その時、菩薩は魔にかく言えり[513]。「邪悪なる暗黒の縁者よ、我は福徳を求めてここに来たるにあらず。＝魔よ、我は毫も福徳を目的とせず。魔よ、汝は如何ぞ福徳を目的とせる人に〔かく〕言わざる。＝我は不死なりと思わず。生は死もて終わるなり。我は梵行に打ち込みて、不退転の境地に達せん。＝この風は川の流れさえ乾かすなり。何が故に自ら〔苦行に〕励める我が血の乾かざることあらん。＝体は干上がり、胆汁、粘液、体液〔も枯渇す〕。今や、血肉も衰弱すべし。＝肉衰えば、更に心は鎮まりて、念・精進・三昧も落ち着かん。＝かく時を過ごし、最高なる目的に至れる人の体は滅せず。見よ、〔この〕有情の浄きを！

我に意欲・精進・智慧あり。能く〔苦行の〕精励より〔我を〕遠ざくる者は世にあらず。＝（…）悲しい哉、〔何なりと〕整える在家の生活に命なからん！＝それ故、正念正知にして、正しく、煩悩なく、（…）＝〔魔との〕戦いに、我は心を最高に修習し、〔己が〕力もて欲望の森を壊し[514]、なすべきをなし終えたり[515]。＝不死なる目標に未だ達せざりし時、菩提樹の下より[516]武装せるナムチの軍勢の旗を高く掲げたるを見て、我は言えり。＝『我は戦に行かん。〔魔の〕領域を求めて入るにあらず[517]。我は漸次、汝の軍勢を駆逐せん。＝汝の最初の軍勢は愛欲なり、二番目は憂愁[518]と言われ、三番目は飢渇なり、また四番目は渇愛と言わる。＝五番目は昏沈睡眠なり、六番目は恐怖と言われ、七番目は疑にして、八番目は高慢なり。更に貪欲、誤りて得られし評判・誉れ・名声なり。

ナムチの軍勢の武装し旗を上げたるに、そこに埋没せる、或る沙門や婆羅門の見ゆるなり[519]。＝欲望ある勇者は〔その軍勢に〕勝つこと能わず、勝たんも憂いを生ずなり[520]。我はそれを把握して汝を打ち破らんこと、焼かれざる土器を水もて〔壊す〕が如し[521]。＝汝の矢を封じ[522]、念をよく凝らし、精進を得て時を過ごし、〔汝の〕弟子をも滅ぼさん。＝愚かにして痴なる人は放逸に耽る。汝のおらんとも、我は苦の滅する所に行かん[523]』と」＝憂いに破れし〔魔〕の琴は腋より滑り落ち[524]、また憂いを生ぜし夜叉はその同じ場所《ところ》に消えたり。

14-(1) 鳥本生話

菩薩が故意に嘘をつくことを恐れ、故意に嘘をつくことを嫌悪し、「もう沢山だ！」と言って、その諸天を追い払い、好きなだけしっかりした食物を食べた時、五人の優れた[525]仲間は〔彼に〕愛想を尽かし、〔彼を〕見捨てた。「沙門ガウタマは精神の集中をなくして、怠慢になり、奢侈に堕し、しっかりとした食物を食べてしまったぞ！」と。

邪悪なマーラは、六年間、苦行を実践していた菩薩の背後に背後にと付き従い、〔彼に〕取り憑こうと、取り憑く機会を伺っていた。彼は、六年間、菩薩に付き従っていたが、取り憑けず、近づけず、つけいる隙もなく、嫌気がさして退散した。

　如何なる時も、天を含める世間の供養する、死なる王の駆逐者を、能く魔の圧倒せざること、風の雪山におけるが如し。

＊　＊　＊　＊　＊

「解脱を目的として、世尊は苦行を実践されたのですね」と比丘達が世尊に申し上げると、「比丘達よ、私が解脱を目的として苦行を実践したのは、その時だけではない」と世尊は言われた。「世尊よ、他の時にもですか」と比丘達が申し上げると、「比丘達よ、他の時にもだ」と世尊は言われた。

比丘達よ、かつて過去世において、カーシ地方の都城ヴァーラーナシーにいた捕鳥者は、森の中で網や紐で鳥を捕まえては駕籠に入れ、〔その鳥に〕穀物や水を充分に与え、丸々と太らせてから、〔客の〕望む値段で売っていた。

そ〔の森〕で、ある鳥が捕まえられ、駕籠に入れられた。その時、その鳥は生まれつき賢かったので、それまでに駕籠に入れられていた鳥が穀物を与えられて丸々と太らされ、駕籠から出されて人に売られるのを見ていた。生まれつき賢かった鳥は考えた。〈あの捕鳥者は我々のためを思って穀物や水をくれるのではない。あいつは〔己の〕利益 242 のために我々に穀物や水を与えている〔だけ〕で、〔鳥〕が丸々と太れば、〔客の〕望む値段で売っている。だったら、私は、誰も私を買わないように、〔誰も〕私を買う気にならないように、誰も私を選ばないようにしよう。命を支えるのに必要最少限度の食事だけを摂り、決して太らぬようにしよう〉と。

こうして彼は命を支えるのに必要最少限度の食事だけを摂ったり水を飲んだりして、太らないようにしたのである。〔ある時〕男が鳥を買いにやって来た。そこで、その鳥は駕籠の入口の前に立った。鳥を買いにきた男は手を駕籠に入れてその鳥を触り、手でその肉〔の重さ〕を計ってみたが、重くはなかった。そこで彼は〔それを〕駕籠の隅に置き、丸々と太った重たい別の鳥を〔選ぶと〕、そこから家に持ち帰った。〈あの萎びた鳥は病気だと考えて、誰もあれを選ばないだろう〉と。

その捕鳥人も考えた。〈あの鳥は病気に違いない。病気になったこいつを自由にしてやれば、もっと多くの穀物を食べ、もっと多くの水を飲むだろう。そうすれば、〔他の鳥達と〕同じように太り、売れるに違いない。こいつに接触して他の鳥にも病気を感染させるようなことがあってはならない。駕籠から取り出し、駕籠の外へ出して、別個に穀物をやり、別個に水をやって、太れば売り飛ばそう〉と。

その賢い鳥も捕鳥人を信用した。捕鳥人が〔他の〕鳥達に穀物を与えたり、水を与えたりするのに駕籠の入口を開 243 けると、気づかれないように、その鳥も駕籠に入った。彼がいない時も、自分で駕籠に入ったし、駕籠から出たい時も、自分でそこから出た。〈こいつは病気だ〉と考えて、誰も彼の邪魔をしなかった。その鳥は体が衰弱しているふりをして、その駕籠の出入口でない所から出入りしても、〔他の鳥〕は〈あいつは病気だ〉と考えて、気にも止めなかったのである。

さて、そ〔の鳥〕は〈捕鳥人は私のことを〔完全に〕信用した〉と知ると、遠くまで飛んで逃げられるだけの穀物を沢山食べ、水を沢山飲んだ。そして体力を回復し、〈今こそ私が脱出を決行すべき時だ！〉と彼は駕籠の上に立ち、その時、〔他〕の鳥達の前で次のような詩頌を説いた。

「頭を使わざる者の〔他に〕勝ることなし。見よ、卓抜せる思慮もて、己が束縛より我の解脱したるを」

その鳥はこのような詩頌を説くと、捕鳥人の家から飛び立ち、再び森に戻ったのである。

世尊は言われた。「実にまた比丘達よ、その時その折に、生まれつき頭のよかった鳥は他の誰かであろう、という思いがあるかもしれないが、それはそのように見られるべきではない。それは何故かというと、比丘達よ、この私が、その時その折に、生まれつき頭のよかった鳥だったからだ。その時その折に、捕鳥人だったのは他の誰かであろう、〔という思いがあるかもしれないが、〕それはそのように見られるべきではない。それは何故かというと、比丘達よ、邪悪なマーラこそが、その時その折に、捕鳥人だったからだ。その時も、私はそのマーラの〔前生である〕捕鳥人の駕籠から解脱することを目的として、難行を実践したのである」と。(526)

「鳥の本生話」を終わる。

14―(2) 亀本生話[527]

「世尊が鳥だった時、マーラの手に落ち、支配下にあり、駕籠に閉じ込められながら、優れた覚知で脱出されたのですね」と比丘達が世尊に申し上げると、「他の時にもまた、マーラの手に落ち、支配下にあり、駕籠に閉じ込められながら、優れた覚知で解脱したことがある」と世尊は言われた。「世尊よ、他の時にもですか」と比丘達が申し上げると、「比丘達よ、他の時にもだ」と世尊は言われた。

比丘達よ、かつて過去世において、カーシ地方の都城ヴァーラーナシーにパリパートリカー[528]と呼ばれる川があり、その岸にはある花環職人の野生の花環園があった。さてある時、その花環職人[529]は花環園にやって来ると、花環を作るための花を摘み、花駕籠を手にして〔そこから〕出ると、村に向けて出発した。

その時、その川から亀が出てくると、花環職人からそう遠くない所で牛糞を食べた。花環職人は、それを見つけると、〈これはついているぞ！　今、あの亀を我が〔家〕の杓《ひしゃく》として使おう〉と考えた。そこで彼は花駕籠を隅に置くと、その亀を捕まえた。彼がそれを花駕籠に入れると、亀は彼に人の言葉で言った。「私は泥塗れになっていますから、私は泥でその花を汚すかも知れません。私を水で洗ってから、駕籠に入れて下さいませ。そうすれば、その花は汚れずにすむでしょう」と。

その時、花環職人は〈実にこの亀は素晴らしい。水〔辺〕に行って、こいつを洗おう。そうすればその花は泥で汚れる心配がない〉と考えた。〔亀〕は〔自分の〕生まれ故郷に戻ると、首を五番目とする〔四本の手足〕を延ばして、その花環職人の手から滑り落ちた。その水中に飛び込むと、その川岸からそう遠くない所で顔を出し、その花環職人に詩頌で語りかけた。

「パリパートリカー[530]は浄らかなるも、我は精一杯岸を掘り起こしたれば、泥に塗れたり。花環職人よ、洗いて後に我を駕籠に入れ給え[531]」

比丘達よ、ちょうどその時、花環職人は詩頌で亀に語った。

「王は我に多〔財〕を築き、〔財〕は三倍に増大す[532]。素晴らしき亀よ、汝は花環より成るこの駕籠にて楽しむべし[533]」

比丘達よ、ちょうどその時、亀は花環職人に詩頌で語りかけた。

「王は汝に多〔財〕を築き、〔財〕は三倍に増大するも、花環職人よ、汝は泥酔せし人の如き話し方をす。素晴らしき亀とやらを油もて〔料理し〕喰らうべし[534]」

世尊は言われた。「実にまた比丘達よ、その時その折に、素晴らしい亀だったのは他の誰かであろう、という思いがお前達にあるかもしれないが、それはそのように見られるべきではない。それは何故かというと、比丘達よ、私こそが、その時その折に、亀だったからだ。その時その折に、花環職人だったのは、他の誰かだろう〔という思いがお前達にあるかもしれないが,〕それはそのように見られるべきではない。それは何故かというと、比丘達よ、邪悪なマーラこそが、その時その折に、花環職人だったからだ。その時も、私は花環職人の手から優れた覚知で脱出し、今世においても私はそのマーラの領域から優れた覚知で脱出したのである」と[535]。

「亀の本生話」を終わる。

246

「そしてまた比丘達よ、〔マーラ〕の領域から逃れたのは、今世だけのことではない。他の時も、彼の手に落ちていた私は〔彼の〕領域から逃れたことがある」

「世尊よ、他の時にもですか」と比丘達が申し上げると、「比丘達よ、他の時にもだ」と世尊は言われた。

14-(3) 猿本生話

比丘達よ、かつて過去世において、海岸の側に大きな森の茂みがあり、様々な〔小さい〕森の茂みや、花や実の生《な》る様々な色の木や、沢山の無花果で麗しかった。そこには猿の大群を率いる猿の王がおり、彼はその林で群れと共に住んでいた。そこは静かで、人里離れ、何百という多くの鳥獣が住み、人がうろつくことはなかった。さてその海岸の側には、枝や葉が鬱蒼と茂った無花果の木があり、猿の王が〔そこで〕無花果を食べていると、海から鰐がその場所にやって来て、その海岸に佇んでいた。猿の王は〔鰐〕を見た。彼は鰐を見ると哀れに思った。〈水中に住む〔生物〕は海中のどこで花や実を〔手に入れるのだろう〕〉。いざ私はここから彼に無花果の実を投げてやろう〉と。

こうして彼が無花果の木から丸々と太ってよく熟し、色着いて味のよくなった無花果を〔鰐〕の前に落とすと、次から次へと落ちてくる無花果を〔鰐〕は食べた。こうして鰐は、猿の近くの、その場所に何度も何度も足を運んだ。猿の王は何度も何度もやって来る〔鰐〕に、木から無花果を落とした。こうして、猿と鰐の二匹は互いに好意を抱いた。その時、鰐の妻は自分の夫の姿が見えなかったので、〈きっと私の夫は別の女と一緒になったんだわ！　だから彼は私のもとを離れて、彼女と一緒に住んでいるのよ〉と心配した。そこで彼女が夫に「あなたは私のもとを離れて、どこに行くの」と尋ねると、彼は彼女に言った。「海岸のある場所に大きな林があり、そこに私の友人である猿がいるが、私は彼と話をしたり、喋ったりしているのだ」と。

その時、鰐の妻は〈その猿が生きている限り、私の夫はそこに行って猿と語り合いながら、〔そこに〕留まるつもりだわ。それなら、猿を殺してしまいましょう。彼が死ねば、私の夫がもうそこに行くことはないでしょう〉と考えた。そこで雌鰐は病気のふりをして寝ていた。鰐が彼女に「妻よ、お前はどうして欲しいのか、お前は何を苦しんでいるのか、お前の望みは何なのか、言いなさい。何が欲しいのか、言ってごらん」と尋ねると、彼女は彼に言った。

「あなた、私が欲しいのは猿の心臓です。もしも猿の心臓が手に入れば、私は生き長らえるでしょうが、もしも手に入らなければ、私の命はないでしょう」と。

「落ち着け。どうしてこの海に猿がうろついていようか。もし水中に棲んでいる他の〔生物〕がお望みなら、お前に取ってきてやるぞ」と彼が彼女に言うと、「私は他のものは欲しくありません。私が欲しいのは猿の心臓です！　もし私に生きていて欲しいのならば、それを私に持ってきて！」と彼女は言った。彼は彼女に何度も何度も「妻よ、落ち着け。どうしてこの水中に猿がいようか」と言って聞かせると、彼女は〔言った〕。「海岸にはあなたの友である猿がいるではありませんか。その友の心臓を持ってきて」と。

「落ち着け。あの猿は私の友であり、仲間である。どうして私に彼の心臓を引き抜くことができようぞ」と彼が言うと、「もし私に猿の心臓を持ってきてくれないのならば、私の命はないでしょう」と彼女は言った。こうして、雌鰐に上手く牛耳られてしまった鰐は言った。「私は水中に棲み、猿は陸に棲み、私が行けない森を走り回っている。なのにどうして私にその猿の心臓を持ってくることができようぞ」

――賢者の言うように、

刹帝利には百の術、婆羅門には二百の〔術〕、王には千の術あらんも、実に女の術には際限なし、と。――

その時、彼女は鰐に言った。「猿は果実を食べ、果実に眼がありません。猿に言うのです。『友よ、この海の向こう側には、色も様々で種類も様々な木があり、花や果実の塊の重みでたわわになっている。マンゴー樹、ジャンブ樹、パナサ樹、バヴィヤ樹、パーレーヴァタ樹、クシーラカ樹、ティンドゥカ樹、そしてピッパラ樹があるのだ。そこに行きなさい。私が連れて行こう。〔そこで〕様々な種類の果実を食べるといい』と。こうして彼があなたの手に落ちたら、彼を殺し、心臓を持ってきて」と。

こうして、鰐は「その猿の心臓を持ってきてやろう。喜べ。もう心配する必要はない。思い煩うことはないぞ」と承知した。そして鰐は雌鰐を宥めると、猿の王が住んでいる、森の中の、その場所に行った。その時、猿の王は鰐を見た。そして猿が鰐を見ると喜んで、「友よ、どうしてそんなに長い間、君は我々に会いに来てくれなかったの。元気だったかい。体の調子が悪かったんじゃないだろうね」と尋ねた。そこで、彼は言った。「友よ、元気だとも。決して体の調子が悪かったのではない。そうではなく、私は海の向こう側に行ってから、戻ってきたのだ」と。

〔猿〕が〔鰐〕に「海の向こう側はどうだったかい」と尋ねると、鰐は言った。「友よ、海の向こう側は、花や実を付けた、何千という様々な種類の木で麗しく、美しい。また、マンゴー樹、ジャンブ樹、パナサ樹、バヴィヤ樹、それにパーレーヴァタ樹で美しく、マートゥルンガ樹、ティンドゥカ樹、ピヤーラ樹、マドゥカ樹、クシーリカ樹、それに、ここには生息していないような実の生る木々が茂っていた。もしも君がお望みなら、行くとよい。そこでは様々な種類の果実を食べることができるよ[536]」と。

すると、〔普段から〕果実を食べ、果実に眼がなかった彼は、様々な種類の果実のことを聞くと、海の向こう側に行く気を起こした。そこで彼が鰐に「陸に棲んでいる私がどうして海の向こう側に行けようか」と言うと、「私が君を連れていって上げよう。私の首に昇って横になり、両手で頭の瘤に捕まるとよい」と鰐は答えた。そこで猿が「そうしよう。君が〔そう〕考えているのなら[537]、行くとするか」と言うと、「〔木から〕降りて来れば。私が君を連れていって上げよう」と鰐は言った。こうして猿は無花果の木から降りてくると、鰐の首に昇り、両手で〔頭の〕瘤に捉まった。その時、鰐は猿を捕まえると、海を渡ろうとしたが、〔岸から〕そう遠くない所で、猿を水中に振り落とした。その猿は彼に言った。「友よ、今どうして私を水中に振り落とすのだ！」と。

「友よ、何のために私が君を連れ出したのか知らないのか。私の妻の望みは、猿の心臓なのだ。だから、猿の心臓のために、私は君を連れ出したのだ。友よ、私の妻は君の心臓を食べるつもりなのだよ。こういうわけで、私は君を連れ出したのだ」と〔鰐〕が〔猿〕に言うと、猿は言った。「友よ、私は心臓が心配で、無花果の木にぶら下げてきたのだ。身軽にし、余分な重みがかからないように海を渡ろうと思ってね。だから、もし君がどうしても猿の心臓を手に入れたいのなら、引き返そう。無花果の木から猿の心臓を降ろしてきて、〔君に〕上げるから」と。

そこで鰐は猿の言うことを信じた。その時、鰐は彼を連れてそこに引き返し、すぐに森のその場所に到着した。それから猿は鰐の首から飛び下り、無花果の木に逃げた。その時、「友よ、無花果の木から心臓を持って降りて来てくれ」と鰐が言うと、比丘達よ、猿は鰐に詩頌で語りかけた。

「丸々と太れるも、汝に智慧なし。愚者よ、心臓を持たぬ者など何処にもあらざるを汝は知らざるや。(538)

＊　＊　＊　＊　＊↓

事の〔全く〕終わるまで、秘せる目的を明かすべからず。賢者の覚知を獲得すること、水中の猿の如し。(539)

↑＊　＊　＊　＊　＊

海の対岸にあらんマンゴー樹、ジャンブ樹、パナサ樹〔の果実〕はもう沢山。この熟せる無花果〔にて充分〕なり(540)」

世尊は言われた。「また実に比丘達よ、その時その折に、海岸の側にある林に住んでいた猿は、他の誰かであろう、という思いがお前達にあるかもしれないが、それはそのように見られるべきではない。それは何故かというと、比丘達よ、私こそが、その時その折に、海岸の側にある林に住んでいた猿だったからだ。その時その折に、大海の鰐だったのは他の誰かであろう、という思いがお前達にあるかもしれない、それはそのように見られるべきではない。それは何故かというと、比丘達よ、邪悪なマーラこそが、その時その折に、大海の鰐だったからだ。その時も私は彼の手に落ち、彼の支配下にありながら、優れた覚知で〔彼の〕領域から逃れたのであり、今生においても、私は邪悪なマーラの領域から逃れたのである」と。(541)

「猿の本生話」を終わる。

14-(4) 鳥本生話

「世尊、御覧下さい。苦行林で苦行されていた世尊の背後に付き従い、とり憑くことを目的とし、とり憑こうとしても、とり憑くことはできず、嫌気がさして退いた邪悪なマーラの様を！」と比丘達が世尊に申し上げると、「比丘達よ、邪悪なマーラが〔私の〕後ろに付き従い、とり憑くことを目的とし、とり憑こうとしても、とり憑くことはできず、嫌気がさして退いたのは、今生だけのことではない」と世尊は言われた。「世尊よ、他の時にもですか」と比丘達が申し上げると、「比丘達よ、他の時にもだ」と世尊は言われた。

251

比丘達よ、かつて過去世において、カーシ地方の都城ヴァーラーナシーにいた捕鳥人は、森で鳥を捕まえようとして罠を仕掛け、〔餌として〕穀物を撒いた。それから隅に隠れて、その罠が見える場所でじっとしていた。さてその森には生まれつき賢い鳥がいて、鳥の大群を率いていた。鳥の群れの主の優れた覚知の御陰で、その鳥の群れは繁栄し、衰えることはなかった。彼は鳥達を、捕鳥人からも、チャンダーラからも、猟師からも、猫やジャッカルからも、マングースやイタチからも、[542]保護していたのである。

さて捕鳥人が隠れていると、彼は鳥の群れと共にその森で時を過ごしながら、その捕鳥人が罠を仕掛け、〔餌として〕穀物を撒いた場所にやって来た。鳥達がその辺りを飛び回っていると、胡麻・米・コードラヴァ・シュヤーマといった〔穀物〕の臭いを嗅いだ。その時、彼らはその穀物の臭いを嗅ぐと、あちこちを探し回り、その場所でその穀物を見つけた。〔穀物〕は至る所に見られた。鳥達は群れの主に告げた。「群れの王よ、この場所には胡麻や米、それにコードラヴァやシュヤーマが〔沢山〕あります。食べに行きましょう」と。

鳥〔の頭〕は鳥達に言った。「行ってはならぬ。ここは森だぞ。こんな場所に、米やコードラヴァやシュヤーマといった穀物が育つはずがない。大体それら〔の穀物〕にせよ、他の種類〔の穀物〕にせよ、畑に〔育つもの〕であり、それらのうちのどれ一つとして森に〔育つもの〕ではない。きっと鳥を捕まえようとして、捕鳥人どもがこの場所に罠を仕掛け、〔餌として〕穀物を撒いたに違いない。そこに近づいてはならぬ。お前達は私が行く場所に〔だけ〕行くのだぞ」と。

捕鳥人はその森でその鳥の大群を見つけた。そこで毎日、捕鳥人は違った場所に〔移動した〕。鳥達が進み、飛

252

び回る場所に行っては、毎日、罠を仕掛け、〔餌として〕穀物を撒いた。こうして鳥の群れの主は、どこに行っても、その罠や〔餌の〕穀物に鳥達を近づけないようにした。こうして彼らは罠を仕掛けていない場所に行ったのである。

捕鳥人は、その森でその鳥達が飛び回っている場所に鳥の餌を撒くのに疲れてしまい、飢えと渇きに苛まれ、〈今に奴らは罠に掛かるだろう。すぐに掛かるだろう。あの鳥達はこの罠に近づくだろう〉と考えた。鳥達は群れの主の後ろに付き、その罠の近くを飛んで、その餌を見ても、餌や罠を仕掛けた地面には近づかず、飛び回る時はいつでも、罠と餌から身を護った。孤独な捕鳥人は、そこから鳥達が罠の近くを飛び回っているのを見て、〈奴らは〔罠に〕近づくだろう。奴らは夕方になると〔罠に〕掛かるだろう。今に掛かるだろう。すぐに掛かるだろう〉と考えた。

こうして、捕鳥人は森で鳥の群れが飛び回っている場所に毎日〔移動していたので〕、飢えと渇きに苛まれ、口は渇き、唇はひび割れ、寒い時は寒さに苦しみ、暑い時は暑さに焼かれ、風や熱に打ちひしがれ、夕暮れ時にはへとへとになり、手は擦り剝け、家に帰ると、瀕死の状態であった。しかし、彼は鳥の群れを見ると疲れを忘れ[543]、いつもその鳥の群れが飛び回っている場所にやって来ると、罠を仕掛け、〔餌として〕穀物を撒いた。さて夏の最後の月になると、森に行き、鳥の群れが飛び回っている場所に罠を仕掛け、〔餌として〕穀物を撒くと、隅に隠れ、罠が見える場所でじっとしていた。そして鳥の群れの王が鳥の群れを率い、鳥の大群と共に罠や餌の近くを飛び回った。鳥達は再びその胡麻や米を何度も何度も見た。そして見るたびに、その群れの王に「あの胡麻や米を食べましょう」と許可を求めたが、群れの主は言った。「そこに近づいてはならぬ。どうしてこんな森の領域で、胡麻や米が育とうか。胡麻、ケーダーラ[544]、米、米粒、穀粒、それに他の種類の穀物は、畑に〔育つもの〕である。近づいてはならぬ。この場所から立ち去ろう」と。

その時、捕鳥人も考えた。〈こんなに長い間、私はこの森であの鳥達を捕まえるために、へとへとになりながら罠を仕掛け、餌を撒いてきたが、こんな小さな森の場所でこんなに長い時間をかけることになろうとは、大変な〔苦労をした〕ものだ。私はここで罠を仕掛け、餌を撒いたが、いつでもあの鳥達はこの罠に近づかなかったし、餌の側に寄ることもなかった。多年に亘り、私はへとへとになって、寒い時には寒さに苦しみ、暑い時には暑さに焼かれ、風や熱に打ちひしがれ、飢えや渇きに苛まれてきたが、こんなに〔長い〕年〔月〕をかけて歩き回りながら、一時たりとも、あんなに大きな鳥の群れの中で一羽の鳥も私のものにならなかった。私があの鳥達をこの罠に掛けることのできる手立ては何かないものか〉と。

彼は〔さらに〕〈いざ私は〔木の〕葉や枝で〔体を〕覆ってあの鳥の群れを〔仕掛けた〕罠のある方へ追いやることにしよう〉と考えた。ちょうどその時、比丘達よ、その捕鳥人は、夏の最後の月、風や熱に打ちひしがれ、飢えと渇きに苛まれながら、〔木の〕葉や枝で自分〔の体〕を覆い、その〔鳥の〕大群を〔仕掛けた〕罠のある方に追いやろうとした。すると、比丘達よ、鳥達は、枝の近くで彼が木の枝で〔体を〕覆いながら歩いているのを、そう遠くない所で見つけ、群れの主に「群れの主よ、あの木はこの鳥の群れの回りを回っていますよ」と告げると、比丘達よ、群れの主の鳥は、鳥達に詩頌で語りかけた。

「我は森に〔種々なる〕木を見たり。アシュヴァカルナ樹、ヴィビータカ樹、カルニカーラ樹、ムチリンダ樹、ケータカ樹なり。(545)‖かくの如き類の木々は動くべからざるに、その木は動くなり。それ決して木にあらず。そこに何ぞ〔所以〕あらん(546)」

ちょうどその時、比丘達よ、捕鳥人は、夏の最後の月の暑さ、それに風や熱に打ちひしがれて、へとへとになり、ずたずたにされ、苦しみながら、その時、詩頌を唱えた。

「昔の鶉の、駕籠を破りて〔外に出で〕来たれるは、罠に巧みにして〔罠の〕道より逃れ(547)、〔人の如くに〕話すなり」

世尊は言われた。「また実に比丘達よ、その時その折に、鳥の群れの主で、指導力があり、生まれつき賢かった鳥は、他の誰かであろう、という思いがお前達にあるかもしれないが、それはそのように見られるべきではない。それは何故かというと、比丘達よ、この私こそが、その鳥の群れの頭で、指導力があり、生まれつき賢かった鳥だったからだ。その捕鳥人だったのは他の誰かであろう〔という思いがお前達にあるかもしれないが、〕それはそのように見られるべきではない。〔それは何故かというと〕比丘達よ、邪悪なマーラこそが、その時その折に、捕鳥人だったからだ。その時も〔マーラ〕は罠や網や餌を仕掛け、長い間、私の背後に付き従い、取り憑くことを目的とし、取り憑こうとしても、取り憑くことはできず、嫌気がさして立ち去ったのである。今生においても、〔マーラ〕は、六年間、苦行林で難行をしている私の背後に付き従い、取り憑くことを目的とし、取り憑こうとしても、取り憑くことはできず、嫌気がさして立ち去ったのであった」と。(548)

「鳥の本生話」を終わる。

〔鹿王スルーパ本生話(549)〕

「世尊は、見事に説かれた〔言葉〕のために、〔自分の〕血肉を犠牲にされたのですね」と比丘達が世尊に申し上げると、「比丘達よ、見事に説かれた〔言葉〕のために、〔自分の〕血肉を犠牲にしたのは、今生だけのことではない。他の時にも私は、見事に説かれた〔言葉〕のために、〔自分の〕血肉を犠牲にしたことがある」と世尊は言われた。「世尊よ、他の時にもですか」と比丘達が申し上げると、「比丘達よ、他の時にもだ」と世尊は言われた。

比丘達よ、かつて過去世において、ヒマラヤ山麓にスルーパと呼ばれる鹿が住んでいた。彼は凛々しく、麗しく、魅力的な体をし、蹄は赤く、角も赤く、眼は油を塗ったようで、体には斑点があり、鹿の大群を率いていた。彼は賢く、覚知を有し、素晴らしい善根や福徳に支えられていた。その鹿が福徳を積んだ御陰で、その鹿の群れはすべて安楽で、様々な種類の食物を食べ、冷水を飲みながら、ヒマラヤ山麓で暮らしていた。人であれ、猛獣であれ、〔彼らに〕危害を加えることのできる者は誰もおらず、導師に恵まれていて、恐れも恐怖もなかった。寒い時には暖かい地方に鹿の群れを連れていき、暑い時には涼しい森に鹿の群れを連れていった。彼は、天、龍、夜叉、キンナラ、森の精霊、動物、それに他の生物にも愛されていた。

しかし、比丘達よ、天主シャクラはその鹿を試すため、自ら猟師に変装して鹿の王スルーパのもとに近づくと、「私は見事に説かれた詩頌を知っている。もしもお前が自らの肉を犠牲にするというのなら、詩頌を聞かせてやってもよいぞ」と鹿の王に言った。鹿の王は猟師の言葉を聞くと、〈もしも消滅を定めとする〔肉体〕と引き換えに、見事に説かれた〔詩頌〕が聞けるなら、私は大いなる恩恵を被ったことになる〉と喜んだ。そこで、鹿の王は猟師に言った。「見事に説かれた〔詩頌〕のために、私は自らの肉を犠牲にします。早く見事に説かれた〔詩頌〕をすべて私に聞かせて下さい」と。

鹿の王が法に対して恭順なる心を持っていたので、天主シャクラは喜び、彼に言った。「このような善き人々の足に付いた泥や塵は、金山に勝る。善き人々の足に付いた泥や塵は、憂いの消滅に役立つが、金山は憂いの増加にしか役立たぬ」と。

天主シャクラは鹿の王を試すと、その同じ場所に消えた。

猟師はスルーパと呼ばるる鹿にかく言えり。「善説せられし詩頌あり。肉を与うべし。我に耳を傾けよ」

〔鹿は言った。〕

「もし消滅を定めとする肉に換えて、善説せられし〔詩頌〕を聞くを得ば、我は貴方に肉を差し上げげん。善説せられし〔詩頌〕を疾く説き給え」

猟師は言った。

「善き人等の足に付ける塵は金所成の山に優る。塵は憂いの消滅を資《たす》け、その山は憂いの増加を資くればなり」

世尊は言われた。「また実に比丘達よ、その時その折に、ヒマラヤ山麓に〔住んでいた〕鹿の群れの主にして導師であり、スルーパと呼ばれる正義の鹿は、他の誰かであろう、という思いがお前達にあるかもしれないが、それはそのように見られるべきではない。それは何故かというと、比丘達よ、この私が、その時その折に、ヒマラヤ山麓に〔住んでいた〕鹿の群れの主にして導師であり、スルーパと呼ばれる正義の鹿だったからだ。その時、見事に説かれた詩頌のために、私は〔自分の〕血肉を犠牲にしたのであり、今生においても、見事に説かれた詩頌のために、私は〔自分の〕血肉を犠牲にしたのである」と。

「鹿王スルーパ本生話」を終わる。

関連文献および注

A群　序　章

0 序偈

【文献】なし。

（1）Cf. Mv. i 60.12 ff.　（2）Cf. Mv. i 47.15 ff, 111.9 ff.　（3）Cf. Mv. i 48.17 ff.

（4）原文はここに katamā nivartanacaryā を置くが、ここだけにこの表現が使われるのはおかしいので、校訂者はこれを［ ］に入れているし、またJonesもこれを訳していない。また下線部は文脈から anivartanacaryā とすべきであろう。（5）Cf. Mv. i 34.1 ff.

（6）-sambuddhebhyaḥ. 同様の表現は冒頭にもあったが、そこでは sarvabuddhebhyaḥ（i 1.1）となっていた。またJones（i 2）もこれを *to all Buddhas* とするので、下線部を sarva- に改める。

（7）Jones（i 2.5）はここにギャップを見出し、この前後で伝承が異なると指摘する。

（8）bodhisatvacaryāṃ satvānāṃ hitasukhaṃ gaveṣantaḥ. このまま読むと「菩薩行と有情の利益・安楽を求めていた」となるが、Jones（i 4）はこれを *During his career as a Bodhisattva, ... seeking the good and happiness* と訳し、下線部を -caryāṃ と於格で読む。この方が文脈に合うので、これに改める。

（9）yad arthaṃ samudāgato tad arthaṃ abhisaṃbhāvayitvā. 直訳「そのためにやってきたところの、その目的を成就して」。Cf. Mv. i 34.1, ii 115.6, 418.16, iii 90.18, 197.11, 335.10, 337.9, 339.4, 382.8, 389.13, 415.6, 416.9, 417.7, 436.21.

1 地獄巡回経

【文献】なし。

（10）インド仏典に見られる地獄説の最も完備した形は八熱地獄と八寒地獄であるが、Mv. は八寒地獄には言及しない。さらに八熱地獄には十六の副地獄が付随していると説くのが一般的だが、この十六副地獄には二つの異なる系統があり、主となる熱地獄の周囲に十六の別個の副地獄を立てるものと、東南西北の四方にそれぞれ四つの副地獄を立てるものとがある。Mv. は後者の伝承を踏襲している。

(11) 地獄の位置する場所も資料によって異なる。通常は地下に位置するとされるが、この同じ地上に存在するとする資料もある。須弥山を中心とする仏教の世界観では、最も外縁に位置するのが鉄囲山だが、Mv. のように鉄囲山のさらに外側に大鉄囲山があると説く資料もある（Cf. 石田瑞麿「地獄とは何か」坂本要編『地獄の世界』Tokyo, 1990, 97-129, esp. 124-126）。そしてこの同じ地上に地獄が存在すると説く資料では、この鉄囲山と大鉄囲山との間に八熱地獄があるとするので、Mv. は地獄が地下ではなく、この同じ地上に存在すると見ていたようである。ただしこの場合、地獄が具体的にどのような形状をしていたのかはまったく想像がつかない。

(12) 散文による無間大地獄の描写が欠けている。

(13) ayoviṣkambhanebhi mukhaṃ viṣkambhayitvā. viṣkambhana は一般に「障害」を意味するが、BHSD (s.v. viṣkambhana) は *something that holds fast, immobilizes*, esp. a gag or prop holding the mouth open and immovable という訳を出す。「口を閉じるにあたっての障害」からの連想であり、文脈に合う。問題は、この場合、「猿ぐつわ (*gag*)」と「つっかい棒 (*prop*)」のうち、どちらを取るかである。校訂者はこれを「猿ぐつわ」とするが、Jones (i 8.3) は、この解釈に疑義を呈する。というのも、この後すぐに、彼らは焼けた鉄の玉や溶けた銅を飲まされているから、猿ぐつわで口が塞がっているのは理に合わないとするからである。よってJones はこれを本文で *force open their mouths with bars* と訳す。その根拠は Ja に見られる同様の表現 vikkhambham ādāya vibhajja rajjuhi vatte mukhe saṃsavayanti rakkhasā (v 268.13-14) であり、Jones はこれを *with a prop* (*fixed with*) *ropes the Rakṣases divide* (=*force open*) *their jaws and pour liquid into their mouths* と理解する。しかし Ja の注釈は下線部を「口を固定させて開き、縄で結わえた鉄の鉤針を投じて舌を引き抜き (mukhaṃ vikkhambhetvā vivaritvā rajjubaddhaṃ ayabalisaṃ khipitvā jivhaṃ nīharitvā)」(v 273.34-274.1) とし、Jones と理解が少し異なる。ともかく、ここでは Jones の解釈に従う。なお、これと同様の表現は Divy. にも見られ、ayomayena viṣkambhanena mukhadvāraṃ viṣkambhya (375.10-11) とある。『三世の物語』(ii 83) では viṣkambhana を「猿ぐつわ」と訳したが、「つっかい棒」の方がよかったかも知れない。 (14) 以下、Mv. (iii 454.7 ff.) に対応。

(15) 以下の三つの詩頌と類似する詩頌が、倶舎論にもある。Cf. AKBh 163.13-18.

(16) catuḥkalā. Jones (i 9.2) に従い、下線部を -karṇā/ -koṇā に改める。

(17) sadāyasaphālāsphārā āvasathā. 難解な箇所である。Jones (i 10) はこれを *being everywhere expanses of iron boards* と訳し、āsphārā を *expanses* と訳した理由を脚注で詳細に述べる。一方、BHSD (s.v. āsphāra) はこの平行文が同じ Mv. にあるにもかかわらず、校訂者がそれを見落としていると指摘するが、問題の箇所は kadaryatapanā ghorā arcimanto (iii 454.15) とある。この方が写本の読みに近いので、この読みに訂正する。

（18）類似の詩頌が同じMv.（iii 455.9-10）にあり、そこには「切り刻まれし彼等の体に冷風の吹くに、全身は元に戻るなり。これぞ彼等の宿業の異熟もてなり」とあるが、この方が意味的によいとJones（iii 456.6）は言う。両者の原文を比較すれば、この詩頌を訂正するには表現が違いすぎるので、今はこのまま読む。

（19）kharā. Jones（i 11.1）によれば、ここはMv.（i 11.11）にある鳥（鷲・禿鷹・大烏）と、Mv.（i 15.1）にある「犬」と平行関係にあるので、*asses*と訳したとし、これはH. W. Baileyの示唆によると注記しているが、ここでは普通に形容詞として理解する。

（20）kākolā ca[L kākolau ca]. Mv.（iii 456.1）に倣い、これをkākolūkāに改める。

（21）dvirūpaparyāyā. Mv.（iii 456.19）に倣い、これをdurūpam āgamyaに改める。

（22）mahatā. 校訂者（i 380）とJones（i 12.3）に従い、これをubhatoに改める。

（23）原典はこれを欠くが、文脈からこれを〔 〕に補って訳す。Jones（i 14）もこれを補う。

（24）hasti-. Jones（i 15.2）に従い、haḍi-に改める。

（25）tatra te nairayikā nirayapālais tāḍyamānā paribhāṣyamāṇāḥ subhassū [B saṭhaṃsūti, A saṭhaṃsūti, N śaṭhaṃsūti, C śatraṃsutim, M śaṭhaṃsuti, L śaṭhaṃsūtikā] ti āhaṃsu. 下線部の校訂には問題がある。Jones（i 15.3）はこれを*The warders of this hell beat and jeer at the inmates, who implore them, saying, "Kill us."*とし、点線部を補ってこれをKill usと訳しているが、まったく自信がないことを脚注で指摘している。しかしこの場合、写本を参考にすれば、śaṭhaṃsūti(kā)と読め、「ごろつきの息子等」と解釈できる。ただしこの場合、śaṭhaとsūti(kā)の間のmが説明困難になるし、また「ごろつきの息子等よ」と言うのは獄卒達であるから、その前の文と後の文で主語が変わるという不都合が生じるが、いずれもPāliや仏教梵語ではあり得ないことではないとJonesは言う。ここでは、写本の読みを参考にし、下線部をśaṭhaṃsūti(kā)に改める。

（26）paribhumjitāni. Jones（i 16）は*usurp the monk's robe and girdle*と訳す。確かにこの方が文脈的には相応しいと思われるが、この語はそのような意味では取れないので、ここでは原語の意味を尊重し、「〔出家者の〕衣や腰紐を享受すれば」と翻訳する。この場合、乞食や宦官などが出家すること自体、悪業を犯すことになるという理解になる。仏教の律文献では、このような身分の者達の出家を認めていないが、しかしそのような者が出家すれば、それが悪業を積むことになるという考え方は律文献には見られない。佐々木閑「比丘になれない人々」『花園大学文学部研究紀要』（28, 1996, 111-148）参照。

（27）erakavārṣikā ... cīrakavārṣikā（19.10-11）. これでは意味不明である。Jones（i 16.1）はこれを各々erakavartikāとcīrakavāsikaに訂正し、いずれも刑罰を意味する語として理解する。ここでは彼の訂正に従って、それぞれ「駆動の刑」と「皮衣の刑」と翻訳した。この刑はすでにMNで説かれているが、片山は駆動の刑を「〈首から下の皮を剝ぎ、踝のところに落とす。そこでかれを紐で縛り、引っ張る。かれは自分の皮を踏んで倒れる〉という刑」、また皮衣の刑を「〈同様に皮を剝ぎ、腰のところに置く。腰以下を剝ぎ、踝のところに置く。上部の諸皮によって下部の身体は、まるで皮衣を着ているかのようになる〉という刑」と説明する（片山一良『パーリ仏典　第一期1　中部（マッジマニカーヤ）根本五十経篇I』東京, 1997, 241（10）, 445（5））。

(28) sāhikānām.　これが動物であることは文脈から明らかであるが、具体的にどのような動物を指すかはBHSD（s.v. sāhika）もJones（i 16.2）も明らかにしていない。

(29) kiṃpuruṣakānāṃ [B ntaṃpurukānāṃ, N taṃpuruṣānāṃ, ACM ntaṃpuruṣakānāṃ, L taṃpuruṣakānāṃ].　校訂者は注でこれを「猿」と解釈し、またJones（i 16）もこれをmonkeysと訳す。一方、BHSD（s.v. kiṃpuruṣa）は、文脈からすればこれは穴の中に生息する動物でなければならないので、「猿」と解釈するのはおかしいとしながらも、この問題は解決できないとする。ここでは、とりあえず「猿」と訳すが、さらなる考察が必要である。

(30)　ここから以下「そこに生まれ変わった有情は他にも云々」に至るまでの文章が他の箇所と比べて混乱している。本来ならば「しかしそれはその地獄に生まれ変わるための主たる要因に過ぎず、その地獄に生まれ変わった有情は、他にも邪悪にして不善なる業の異熟を享受する」となるはずであるから、原典に何らかの乱れがあるものと考えられる。

(31) sāṃkuśā.　意味不明。Jones（i 18.1）の指摘するように、この語が正しければ、「鉤／刺（aṅkuśa）を持つもの（sa）」となり、文脈からすれば、「小さな昆虫で鉤／刺（aṅkuśa）を持つもの」となる。ここでは一応、日本で「虱」と併用される「蚤」という訳語を与えておく。Jonesは原語をそのまま訳語に用いている。

(32) asipatre vā devānāṃ.　このまま読むと「剣葉林にいる諸天」となるが、これは文脈からして不相応であり、Jones（i 17.3）はこれをsattvānāṃに読み替えている。語形的には無理な読み替えであるが、文脈からすればやむを得ない訂正である。彼の訂正に従う。

(33) tāmbūlāni [BACML ombukāni, N ombuvāni].　Jones（i 18.7）に従い、tāmbūlenaに改める。

(34)　文脈からすれば、ここでこの地獄の名前の由来が説かれるべきだが、それが欠けている。

(35) listāpattiyāyam [N littāpa-. CM ristāpa-. L liptāpattīyā].　校訂者はこれに疑問符を付す。Jones（i 20.1）は下線部を他の写本の読みに基づき、liptā-に改めているので、これに従う。　(36)　大焼熱地獄の記述および、無間大地獄の前半の記述を欠く。

(37)　通常、無間大地獄に堕ちる業因は五無間業という非常に大きな罪業とされる。すなわち、(1)母を殺す、(2)父を殺す、(3)阿羅漢を殺す、(4)僧伽を分裂させる、(5)悪心を抱いて仏の体から血を出す、の五つであるが、ここでは(4)の「僧伽を分裂させる」、すなわち「破僧」が含まれていない。なお、(5)「悪心を抱いて仏の体から血を出す」については、『説話の考古学』（243-254）を参照。

2 他趣巡回

【文献】なし。

（38） sikatā［CMBNA riktikāṃ, L riktitāṃ］. Jones（i 23.2）に従い、これを riktakā/ riktatā に訂正する。

（39） dhigjīvitaṃ ājīviṣu yamantasmiṃ nadāmatha/ vidyamāneṣu bhogeṣu pradīpaṃ na karotha va//. Jones（i 24.1）は Pv（804; cf. Ja iii 47.3-4）の詩頌 dujjīvitam ajīvamha ye sante na dadamhase/ santesu deyyadhammesu dīpaṃ nākamha attano// に基づき、上記の Skt. を dujjīvitaṃ ajīviṣma yaṃ santasmiṃ nadāmatha/ vidyamāneṣu bhogeṣu dīpam nākarṣma ātmano// に訂正しているので、これに従う。

（40） vaijayante nandāpuṣkariṇīpāripātre kovidāre mahāvane pāruṣyake citrarathe nandane miśrakāvane. この八つのうち、最後の四つのみが園林（あるいは遊園）に値することを、Jones（i 27.1）は指摘する。確かに倶舎論は、帝釈天にスダルシャナという都城があり、そこにヴァイジャヤンタという宮殿と、またその外にチャイトララタ・パールシュヤ・ミシュラ・ナンダナという四つの遊園があり、その都城の北東の隅にパーリジャータと呼ばれるコーヴィダーラ樹があると説くので（AKBh 167.23-168.14）、園林と呼びうるのは最後の四つのみであり、ヴァイジャヤンタは帝釈天の宮殿、パーリパートラとコーヴィダーラは樹木、ナンダープシュカリニーはナンダナ園の蓮池であるが、マハーヴァナは不明である（Divy.（399.12）にこの名前が現れるが、これはこの地上における園林名であり、天界の園林名ではない）。なお Jones の解釈に基づき、下線部を nandāpuṣkariṇīye pāripātrakovidāre に改める。

（41） sarvaṃ ādīnavaṃ lokaṃ sarvaṃ lokaṃ ādīpitaṃ/ sarvaṃ prajvalitaṃ lokaṃ sarvalokaṃ prakampitaṃ// acalaṃ aprakampitaṃ saprṭhagjanasevitaṃ/ buddhā dharmaṃ deśayanti uttamārthasya prāptaye//. このパラレルが SN にあることを Jones（i 28.9）は指摘するが、それを見ると、sabbo ādipito loko sabbo loko padhūpito/ sabbo pajjalito loko sabbo loko pakampito// akampitam acalitaṃ aputthujjanasevitaṃ/ agati yattha mārassa tattha me nirato mano//（SN i 133.18-21; cf. Thī 200-201）とある。これに基づき、Jones は下線部を apṛthag- に訂正しているので、これに従う。

3 アビヤの物語

【文献】なし。

（42） Cf. Mv. i 2.2 ff.　（43） 本群注（9）参照。　（44） Cf. 定型句 1A（冒頭）, 153, 188.

（45） -grahaṇa-. Jones（i 29.5）に従い、-gahana- に改める。　（46） Cf. 定型句 2B（王国の繁栄）, 155, 190.

（47） Cf. 定型句 2A（富者）, 154, 189.

(48) pariharensuḥ. Jones (i 32.5) は校訂者の指摘通り、この直前に parihariya があるために生じた誤りであり、文脈から「与える」という意味の動詞がここには必要であるとして、校訂者の示唆する paridadensu という語を紹介し、*gave* という訳を与えている。これに対し、BHSD (s.v. pariharati) はこの語に *wraps up* という訳語を与えているので、ここではこれに従う。

(49) aghā asaṃviditā asaṃviditapūrvā. Cf. aghā asaṃbhūtā asaṃbhūtapūrvā (Mv. iii 341.12-13).

(50) pakvavipakvā. 写本の読みが pakṣavipakṣā であるにもかかわらず、このような読みを採用した校訂者に、Jones (i 36.5) は疑義を呈している。

(51) lokapradyota. この語は仏の別名であり、Mv. には何回か現れるが、これに相当する語が Pāli には見られないと Jones (i 37.1) は指摘する。

(52) hāyiṣyati asurakāyaṃ naramarusaṃgho vivarddhanti. これに関連して、Jones (i 37.4) は「如来・阿羅漢・正等覚者達が世に現れる時、天の集団は満ち、阿修羅の集団は衰退する (yadā tathāgatā loke uppajjanti arahanto sammāsambuddhā dibbā kāyā paripūrenti hāyanti asurakāyā)」(DN ii 271.12-14) という文を紹介している。

4 多仏経

【文献】なし。

(53) Cf. Mv. i 81.4-7. (54) Cf. Mv. i 81.12-15. (55) Cf. Mv. i 1.7 ff. (56) Cf. Mv. i 1.10 ff.

(57) akhilām akaṇṭhakām adaṇḍenāśastreṇānutpīḍenādaṇḍeṇa dharmeṇemāṃ pṛthivīm abhijitvā. Jones (i 41.1) はシンタックスの観点から、下線部の anutpīḍena を anutpīḍāṃ に改めている。同様の表現は Divy. にも見られ、たとえば第3章では、pṛthivīm akhilām akaṇṭakām anutpīḍām adaṇḍenāśastreṇa dharmeṇa samenābhinirjitya (60.21-22) とあるので、この改訂は首肯できる。なお、adaṇḍeṇa は点線で示したとおり、二つあるので、二つ目を省略する。

(58) Divy. 第12章 (150.15-26) は「実に〔この世で〕生活し、住し、暮らし、時を過ごしている諸仏・諸世尊には、所謂必須の仕事が十ある。(1)仏が〔次の〕仏を授記しない間、諸仏・諸世尊は涅槃に入らない、(2)第二の有情が退転しないように、(3)仏によって教化されるべき一切〔有情〕を教化する、(4)寿命の第三の部分を捨て去る、(5)〔善悪の〕境界線を引く、(6)一対の弟子が最高の状態に〔達するであろうと〕指示する、(7)都城サーンカーシュヤに神の出現があることを指示する、(8)アナヴァタプタ池で弟子達と共に前世の業の相続を説明する、(9)両親を〔四聖〕諦に住せしめる、(10)シュラーヴァスティーに偉大なる神変を示す」とするが、これに対応する Tib. と漢訳はブッダが王に「仏には必須の仕事が五つある」と説き、その数を五とする〔『三世の物語』(i 292(20)) 参照）。ただし、根本有部律の他の箇所には、その数を十とするものもある。Cf. BhV 163.3-12; T. 1448, xxiv 76c2-9.

（59）Bandhumā. Pāli 仏典ではマイトレーヤが生まれる場所をケートゥマティー（Ketumatī）とすることを、Jones（i 43.1）は指摘している。同じ Mv. でも別の箇所では、マイトレーヤが王都ケートゥマティーに出現することを説いているので（Mv. iii 240.11 ff.）、この二つは異なった伝承に基づいている可能性がある。

（60）ayuḥkṣayāya. Jones（i 44.2）は Pāli 仏典の用例を根拠に、これを ayuḥkṣayā（causal ablative）に改めている。文脈からしても為格より奪格の方がよいので、これに改める。

（61）Jones（i 46.1）は「パルヴァタ」や「ラタネーンドラ」といった名前が仏の名前として Pāli 仏典には見られないことを指摘する。ただし、前者に相当する pabbata は MN（iii 70.33）に独覚の名前として登場する。

（62）Jones（i 46.2）は、これが校訂者の指摘通り、「経」でもなければ「多仏」を「主題」とするものでもなく、「多仏」はむしろこの後の「浄居天訪問」で扱われる内容であるとする。確かにここではサミターヴィンを中心にパルヴァタとラタネーンドラという三仏にしか言及しないのに対し、この後の「浄居天訪問」では数多くの仏が登場するので、何らかの混乱が想定される。

5 浄居天訪問

【文献】仏本（T. 190, iii 655a24-656a29）.

（63）仏本では、この場面を「王舎城迦蘭陀鳥竹林之内」（655a6-7）とする。

（64）yaṃ nūnāhaṃ ... gāthābhir adhyabhāṣasi（54.12-55.7）. Cf. MAV 11.4.

（65）kalpāna śatasahasraṃ saṃdhāvitvāna bodhiparipākaṃ/ sucirasy anantaratano buddho lokasmiṃ upapanno //（Cf. Mv. i 56.14-15）. Cf. 仏本「於百千劫中　懃求菩提道　過於多時來　衆生中大寶　世間難見者　唯有佛世尊」（655b11-13）.

（66）以下、ブッダが過去世で善根を積んできた諸仏の名前が散文で列挙され、その後、これが韻文で繰り返されるが、その名前には異同が見られるので、ここで両者を比較しておく。

散文―シャーキャムニ（三十コーティ）↓ディーパンカラ（八万）↓パドモーッタラ（五百）↓プラドゥヨータ（八千）↓プシュパ（三コーティ）↓マーラドゥヴァジャ（一万八千）↓パドモーッタラ（五百）↓カーシャパ（九万）↓プラターパ（一万五千）↓カウンディンヤ（二千）↓独覚（八万四千）↓サマンタグプタ（一）↓ジャンブドゥヴァジャ（千）↓インドラドゥヴァジャ（八万四千）↓アーディトヤ（一万五千）↓アンニョーンニャ（六千二百）↓サミターヴィン（六十四）↓スプラバーサ（一）↓アパラージタドゥヴァジャ（一）。

韻文―シャーキャムニ（三十コーティ）↓ディーパンカラ（八万）↓プラドゥヨータ（六万）↓プシュパ（三コーティ）↓マーラドゥヴァジャ（一万八千）↓パドモーッタラ（五百）↓カウンディンヤ（二千）↓ジャンブドゥヴァジャ（千）↓インドラドゥヴァジャ（八万四千）↓カーシャパ（九万）↓プラターパ（一万五千）↓アーディトヤ（一万五千）↓アンニョーンニャ（六千二百）↓サミターヴィン（六万四千）↓ラトナ／ラトナヴァット（一）。

こうして韻文と散文を比較してみると、様々な異同が見られる。

(1)散文にはパドモーッタラが二回説かれるが、韻文には一回しか説かれない。

(2)カーシャパとプラターパの説かれる位置が、散文と韻文とで異なる。

(3)散文のみに現れる仏名は、サマンタグプタ、スプラバーサ、アパラージタドゥヴァジャ、韻文のみに現れる仏名はラトナ／ラトナヴァットである。

(4)プラドゥヨータとサミターヴィンの仏の数が、散文と韻文とで異なる。

(5)マイトレーヤに記別を授けた仏は、散文ではスプラヴァーサ、韻文ではラトナ／ラトナヴァットとなっている。

これらの齟齬はMv.の伝承を考える上で貴重な情報といえるが、ここではこれ以上、この問題には立ち入らない。最後に仏本(655c2-656c15)で説かれる諸仏の名前と順番を列挙しておく。

釋迦（三十億）↓然燈（八億）↓弗沙（三億）↓迦葉（九万）↓燈明（六万）↓娑羅王（一万八千）↓能度彼岸（一万）↓日（一万五千）↓憍陳如（二千）↓龍（六千）↓紫幢（千）↓連花上（五百）↓螺髻（六十四）↓正行（一）↓辟支佛（八万八千億）↓善思（マイトレーヤが、この仏のもとでブッダ（釈尊）に先んじて初めて菩提心を発す）↓示誨幢（一）。

(67) 以下、スプラバーサに関する記述は仏本（656b5-25）に近い。たとえば、この仏のもとで誓願を立てる菩薩マイトレーヤは「毘盧遮那（Vairocana）」と呼ばれる転輪王であったとする点、またスプラバーサに三つの衆会があったと説く点（ただし、仏本ではその人数を、初会は九万六千億、第二会は八万四千億、第三会は七万二千億とする）など。

(68) 以下、アパラージタドゥヴァジャに関する記述も仏本（656b25-c15）に近い。たとえば、この時、ブッダは「牢弓（Dṛḍhadhanu?）」という名の転輪王で、仏に五百の妙衣を布施し、般涅槃した仏のために仏塔（ただし、その大きさは高さ一由旬、広さ半由旬）を建立したと説かれている。Cf. Mv. i 1.4 ff.

(69) -mānena mahāntehi[L -mānenāṃ arhantehi]. Jones (i 50.1) に従い、下線部をmahārhantehiに改める。これは写本からも推定できるし、また文脈にも合う。

(70) abhiniveśena. abhi-ni√viś の派生語であるから、Jones (i 50.2) はこれを *in entering* (sc. *the earth*) と理解し、*deep* と訳す。一

方、BHSD（s.v. abhiniveśa）は *diameter*, either *length*（horizontally）or *width*, contrasted with uccatva or udvedha, *height* とし、横向きの「長さ（＝幅）」と理解する。確かに言語的な面で Jones の解釈には一理あるが、「塔」の描写として「深さ」に言及する必要はないと思う。よって、ここでは BHSD の解釈に従う。なお、Divy. 第1章にも塔を描写する同様の表現が見られ、「周囲は一ヨージャナ、高さは半ヨージャナ（samantād yojanam ardhayojanam uccatvena）」（22.10-11）とあり、ここでは横の拡がりを samantād で表している。

（71）以下、Mv. では韻文で散文の内容が繰り返されるが、仏本は散文のみで、韻文は説かれない。

（72）写本は欠損しているが、文脈よりこれを〔　〕に補う。

（73）anityatāya samitā. 刊本の読みも韻律も間違っていると指摘する Jones（i 51.4）に従い、これを anityatāṃ śamayitvā に改める。

（74）後に Ratnavat と呼ばれる。

（75）前述の「仏が必ずしなければならない五つの仕事」（Mv. i 51.3 ff.）の一つ。

B群　十　地

1　十地（総説）

【文献】なし。

（1） vatte [BACM vartte, L vartta, N vavartte]. 校訂者はこれをPāli: vaṭṭe の変則的なSkt. 化と理解する。一方、Jones（i 53.2）はこの文全体が不明瞭であり、これをvande と読む可能性を示唆するが、実際の訳では *rebirths* とする。

（2） sadā. Jones（i 53.4）に従い、これをsuṇātha に改める。

（3） antikāvacaraḥ. Jones（i 55.5）はこれをsantikāvacaraḥ と同じと見なし、*keeping/ being near* と解して、*Kāśyapa turned to the great and learned sage*［*Aniruddha*］と訳すが、BHSD（s.v. antikāvacara）はこれを *companion/ close associate* とする。ここではBHSD に従う。

（4） saṃkaliye [B saṃkaliya, M saṃkariya, L saṃkalikā, A saṃkalidya]. 校訂者（i 431）はこれをsaṃ√kal の願望法受動態で、*accumuler/ réunir* を意味する語と理解するが、Jones（i 56.3）は写本の異読saṃkariya に注目し、saṃs√kṛ/ saṃ√klp の可能性を示す。BHSD（s.v. saṃkaliyati）もこの語を *is gathered together/ assembled/ united* と理解する。

（5） Jetavane. 明らかに場違いな語である。校訂者の示唆に基づき、Jones（i 58.1）はこれをjinavare に改めているので、これに従う。

（6） 同様の譬喩がUd. にあるとJones（i 58.5）は言い、そこには「日が昇らざる間、蛍は光を放つが、日が昇れば、〔蛍の〕光は霞み、輝かず。外道達の輝きもかくの如し。正等覚者達が世に現れざる間、愚者達も声聞達も浄まらず、邪見を持つ者達は苦より解脱せず、と（obhāsati tāva so kimi, yāva na unnamati pabbaṅkaro. virocanamhi uggate, hatappabho hoti na c' āpi bhāsati. evaṃ obhāsitam eva titthiyānaṃ: yāva sammāsambuddhā loke n' uppajjanti, na takkikā sujhanti na c' āpi sāvakā, duddiṭṭhī na dukkhā pamuccare ti）」（Ud. 73.9-13）とある。

（7） mahāmaudgalyāyano. 十地はカーティヤーヤナとカーシャパの会話から成るので、ここはmahākātyāyano でなければならない。よってこれに改める。おそらく、この直前の「浄居天訪問」の主役がマハーマウドガリヤーヤナだったため、混乱したのであろう。なお、Jones（i 59）はMahā-Maudgalyāyana と訳し、訂正していない。

1-(1) 初地

【文献】なし。

(8) Cf. Mv. i 46.13-47.2.　(9) Cf. Mv. i 47.3-6.

(10) paścāttapo na tu tapanti taponirāśā iti. 韻律や写本の読み等を考慮した Jones (i 65.1) に従い、これを paścānutāpaṃ na patanti tapāṃsi tāni iti に訂正する。

1-(2) 第二地

【文献】なし。

(11) dvitīyāyāṃ bhūmau vartamānās tṛtīyāyāṃ bhūmau vivartanti. 直訳すれば「第二地にいる〔菩薩〕達が第三地において退転する」となり、文意がおかしくなる。Jones (i 70.2) もこの部分の訳に苦労し、下線部の vartamānās を文字通り「現在」とせず、現在完了的に理解し、また点線部の於格を奪格として理解して、「第二地にいたことのある〔菩薩達〕が第三地から退転する」としなければ、意味をなさないと指摘する。そして、妥協案として *Bodhisattvas who are in their second bhūmi lapse and fail to reach the third* と訳すが、ここでは「退転する」を意味する vivartanti を「進転しない」と訳し、妥協案とする。この訳語はすでに初地 (Mv. i 79.9 ff.) において使用している。

(12) na pūjayanti/ atirekapūjāye. BHSD (s.v. atireka) に従ってダンダの位置を訂正し、na pūjayanti atirekapūjāye/ とする。

(13) vitaranti. BHSD (s.v. prāpya) に従い、これを viharanti に改める。なお、背負うべき (prāpya) 荷を「出家の生活 (*the religious life*)」、背負わなくてもよい (aprāpya) 荷を「在家の生活 (*the cares of worldly life*)」としたのは、同じく BHSD (s.v. prāpya) による。

(14) kaṭhinasantānāś [CM -saṃtānaś, L -saṃtāś]. Jones (i 71.3) はこの複合語が異例であるとして、kathaṃkathinas (*doubting*)/ kathaṃkathāsamaptās (*afflicted with doubt*) という読みを示唆する。

1-(3) 第三地

【文献】なし。

(15) sandhicittam. Jones (i 72.1) はこれが奇妙な表現であることを指摘し、各菩薩地の間に中間的な段階があったことを示唆する。BHSD (s.v. saṃdhi) もこの考えを踏まえ、saṃdhi を *intermediate point* between one bodhisattva-bhūmi and the next とし、saṃdhi-

citta を *the juncture-frame-of-mind*, of a Bodhisattva passing from one bhūmi to the next と解釈する。

(16) Jones (i 73.1) によれば、この詩頌の最初の「森 (vana)」とこの「欲望 (vana)」とは原語が同じであり、ここに言葉遊びが見られると言う。確かに Dhp 283 (Cf. GDhp 93; PDhp 361; Udv 18.3) を見れば、「一本の木ではなく、〔煩悩という〕森を切れ。恐怖は森より生ず。森と叢木とを伐って、比丘達よ、欲望より離れた者となれ (vanaṃ chindatha mā rukkhaṃ vanato jāyatī bhayaṃ/ chetvā vanaṃ vanathañ ca nibbanā hotha bhikkhavo//)」という詩頌が見られる。

(17) この詩頌にはかなりの混乱が見られるので、Jones (i 73.3) は英訳を省いている。ここでは前半のみを和訳し、後半は省略した。

(18) Cf. Aś 35 (i 188.1 ff.);『撰集百縁経』34 (T. 200, iv 219a3 ff.);『賢愚経』1 (T. 202, iv 349a18 ff.);『妙色王因縁経』(T. 163, iii 391a9 ff.);『大般涅槃経』(T. 374, xii 449b8 ff.).

(19) paridevitakaṃpaneṣu [BA paradevitaṃ pareṣu-, N paradevitaṃ tareṣu, CM paradaivitam apareṣu]. Jones (i 74.1) は、これが明らかに校訂者の疑わしい憶測に基づく校訂であることを指摘する。

(20) nānā [N mānā, L nāmā]. Jones (i 74.3) はこれを校訂者の示唆に従い、rāgo に改めているので、これに従う。

(21) Cf. Mv. ii 255.7 ff.　(22) Cf.『大般涅槃経』(T. 374, xii 451a2 ff.).

(23) Aś 38 (i 218.6 ff.);『撰集百縁経』35 (T. 200, iv 219c4 ff.); ChMSV 雑事 (T. 1451, xxiv 267a3 ff.).

(24) saptarātram iti niścayāḥ [C saptaṃ saṃrātraniścapite, B -tram iti/ ni-, M -ścayā]. Jones (i 77.1) はこれを *Those who are under doom of death in seven nights* と訳すが、刊本の読みもこの解釈 (訳) も疑わしいとする。ここでは Jones の解釈に従う。

(25) vikramāṃś ca sapta pūrṇaṃ mṛgavṛṣarājāmatir iva rasamānīkaṃ [NA -kramīś ca, L -kramiṃś ca, CM -kramaṃ ca sa- pūrṇṇa mṛga-, M -vṛṣabharā-, ACM rājamati-, L -rāmati-]. 刊本の読みに乱れがあるので、Jones (i 79.1) は校訂者 (i 454) に基づき、vikramāṃś ca sapta pūrṇāṃ krāntvā mṛgavṛṣabharājapatir iva rase ravaṇīm imāṃ に訂正しているので、これに従う。

(26) nṛpatitanayaṃ [BNAML nṛpatiṃ nayanāṃ, C nṛpati nayanāṃ]. Jones (i 79.2) は下線部を動詞 √tan (*to stretch*) から派生する形容詞として理解しようとするので、説明が付かず、写本の異読 (nayanāṃ) を手がかりに下線部を -nayanaṃ と読み、*the Lord and Guide of men* と訳す。しかし、tanaya は名詞で「息子」を意味するから、このままで「王子」を意味し、文脈に合う。よって、ここでは訂正しない。

1-(4) 第四地

【文献】なし。

(27) asthānatāye samupacaranti [BNAC -tāye na samu-, M -tāye na tāye na samu-]. 写本の異読に基づき、Jones（i 79.3）は asthānatāye na samupacaranti とし、下線部の否定辞を補う。校訂者はこれを拒否するが、文脈からみても、否定辞は必要と考えられるので、Jones に従う。

(28) pṛṣṭhiye［CM pṛṣṭime］. Jones（i 80.1）は校訂者（i 456）に従い、これを dṛṣṭhiye（dṛṣṭiye の誤りと思われる）に改めているので、これに従う。

(29) brāhmaṇā ... pratyekabrāhmaṇā. ここで言及される最初のカテゴリーは天界の住者であるから、この読みではまずい。Jones（i 81.1）は校訂者の指摘を紹介し、これが brahmāṇā と pratyekabrahmāṇā でなければならないとする。ここでもこの指摘に従う。

(30) pratyekabuddhatvāya viniṣṭhās. 校訂者（i 458）がこの読みを疑問視し、-buddhatvaparinișṭhāḥ という読みを示唆していることを Jones（i 82.2）は紹介している。BHSD（s.v. viniṣṭha）もこの語を取り上げ、*intent on/aiming at/devoted to*（with dative）という意味を出すが、見出しの語には疑問符を付している。ここでは意味のみ BHSD に従う。

(31) nirayaṃ gacchati. この表現がこの前後で一貫性を欠くことから、校訂者はこれを他文献からの竄入であると指摘し、Jones（i 82.3）もこれを支持する。 (32) jātiṣu. ここではこの語が bhūmiṣu と同義で使われていることを Jones（i 82.4）は指摘している。

(33) mahāpakaṃ［B sahāyakaṃ, L mahāpaṃka］. 校訂者は写本の sahāyakaṃ を mahāpākaṃ の metri causa でこのように校訂しているが、Jones（i 82.5）は mahāphalaṃ の可能性を示唆する。一方、BHSD（s.v. mahāpaka）はこの語形に疑問符を付しながらも、mahā +√āp の派生語と見なし、*attaining great*（results）という解釈を示す。ここでは Jones に従う。

(34) śaikṣabhūmau. 聖者〔入見道〕であって阿羅漢でない位。

(35) paṃcābhijñā. Jones（i 84.3）は Pāli 文献ではこれが通常「六」であるが、Mv. では一般にこれを「五」とすると指摘している。しかしこの指摘は正しくない。確かに Mv. には「五神通」が頻出するが、それは「聖仙」等の形容としてであり、阿羅漢や仏についてではない。六番目の神通「漏尽通」は覚っていなければ具わらないから、聖仙等に対しては適用されず、当然のことながら、「五神通」とならざるを得ないのである。

(36) <u>kevarūpāṃ</u> <u>ca</u> janatāṃ upekṣante. 校訂者（i 461）に基づき、Jones（i 85.1）はこれを kevarūpaṃ に改めている。また Jones（i 85.2）は upekṣante を *to ignore* と理解し、これでは文意に反するとして、点線部を na に改めている。一方、BHSD（s.v. upekṣate）は Mv. のこの部分を引用し、*and what sort of people do they suffer?*, i.e. *tolerate/put up with/let do as they like* と訳している。ここでは

はBHSDに従う。

(37) Cf. MAV 6a7.　(38) -saṃkalpe. Jones（i 85.3）に従い、これを-saṃkalpoに改める。

(39) Cf. MAV 6a8.　(40) Cf. MAV 6a7.　(41) Cf. MAV 6a12.　(42) Cf. MAV 6a13.

1-(5) 第五地

【文献】なし。

(43) varṣāṇāṃ saptatriṃśa varṣasahasrāṇi ity eva// ［CML -triṃśad varṣa- tyevaṃ］. この詩頌は内容が混乱しているので省略する。Jones（i 90.1）も訳を断念している。

(44) paribhojyaṃ ... dvādaśākāram. Jones（i 90.2）はこの具体的な内容として、⑴衣、⑵托鉢用の鉢、⑶臥座具、⑷薬、という基本的な資具（pratyaya）に加え、⑸―⑺三衣、⑻鉢、⑼剃刀、⑽針、⑾腰紐、⑿水の漉し器、という八つの必需品（pariṣkāra）を列挙する。ただし、ChMSV（T. 1442, xxiii 667c4）は資具の数を十三とし、『南海寄帰内法伝』はその具体的内容として「一僧伽胝［saṃghāṭī］二嗢呾囉僧伽［uttarāsaṅga］三安呾婆娑［antarvāsa］四尼師但那［niṣīdana］五裙［nivāsana］六副裙［pratinivāsana］七僧脚崎［saṃkakṣikā］八副僧脚崎［pratisaṃkakṣikā］九拭身巾［kāyaproñchana］十拭面巾［mukhaproñchana］十一剃髮衣［keśapratigrahaṇa］十二覆瘡疥衣［kaṇḍupraticchādana］十三藥資具衣［bhaiṣajyapariṣkāra?］」（T. 2125, liv 212b23-28）とする。なお、［ ］内のサンスクリットは宮林昭彦・加藤栄司『現代語訳・南海寄帰内法伝：七世紀インド仏教僧伽の日常生活』（Kyoto, 2004, 99-101）によった。

(45) pārthivalambako ［C pāthivalaṃ-, L -rthivo lambako, A -laṃbanto］. Jones（i 90.3）は「写本の支持は得られないが」と断りながらも、下線部を-lañcakoに改めている。BHSD（s.v. lambaka）は何れの語も同義とみなし、*excellent*と訳しているので、このまま読む。以下、Jones（i 122.6, 123.2, 3, etc.）は同様に改正するが、そこでもこれには従わない。

(46) Jones（i 91.2）はVin.（iv 86-87; pācittiya 38）の記述に基づいて、一度に七日間分を超えて食糧を貯蔵してはならず、貯蔵した食糧は七日以内に食べるべきであると指摘するが、Vin.の当該箇所で「七日間の貯蔵」が問題になるのは「七日薬」に関してであり、食に関しての「貯蔵」は「今日得た食を翌日食すこと」と規定されているので、この指摘は的はずれである。またここでは「お呼ばれ」での食事であるから、このVin.の記述に言及すること自体がそもそも的はずれであると考えられる。

(47) durjayordhvabala ［BNAL -jayoddhabalam, M -jayoddhaṃ balam, C -yorddhabalaṃ］. 校訂者（i 467）とJones（i 91.3）に従い、これをdurjayarddhibalaに改める。ただし、Jonesはdurjayaを普通名詞でとり、*invincible in majesty and might*と訳すが、ここで

はこれを固有名詞として理解する。

（48）hṛdimano. Jones（i 91.5）に従い、hirimanā に改める。

（49）mahisthāmaḥ. 校訂者はこれを *qui possède, qui réunit dans ses mains, les forces de toute la terre*（Mv. i 469）と訳し、これと同様に Jones（i 93）も *holding sway over all the earth* と訳すが、BHSD（s.v. mahīsthāma）はこれを *having earth-power* と理解する。ここでは BHSD に従う。

（50）aṣṭamake. 校訂者（i 470）は aṣṭāṃgike という読みを示すが、Jones（i 94.2）も BHSD（s.v. aṣṭamaka）これを斥ける。ただし Jones はこの格では拙いとして、これをこの直後の複合語に取り込み、aṣṭamakadhutavedanāgṛddhā と改め、*Hankering after the sensations which are abjured by a convert* と訳すが、BHSD のように *being eager for the sensations which are*（or should be）*destroyed*（even）*in a person in the lowest stage of religious development* と解釈すれば於格のままで読めるので、Jones の訂正には従わない。

1-(6) 第六地

【文献】なし。

（51）cittam. ここでの「心（citta）」は前に現れた sandhicitta（Mv. i 91-5）と同義であることを Jones（i 95.1）は指摘する。

（52）ここは写本が欠損しているが、類似の表現「人中の最上者の子よ、第二地から第三地に進みつつある菩薩達には、どのような心が生じるのか」（Mv. i 91.1-3）、「第四地から第五地へと直結している間にある心は、帰依処がなく喜びもない」（Mv. i 110.17-18）等を参考に、Jones（i 95.2）は欠損部分を（ ）に補いながら訳しているので、ここでもこれを参照し、欠けている部分を〔 〕に補って和訳する。

（53）upakṣetram. Jones（i 95.4）はこの語を「〔仏〕国土（kṣetra）」の「一区画」と理解し、Vism（414.19 ff.）の説く「三種の仏国土」、すなわち「生誕国土（jātikkhetta）」「威力国土（āṇākkhetta）」「領域国土（visayakkhetta）」に言及しながら、upakṣetra がこの三つのいずれかに相当する可能性を示唆する。一方、BHSD（s.v. upakṣetra）はこの語を「〔仏〕国土に付随する国土」と理解し、この直後の「準国土は仏国土の四倍」という記述に基づき、「仏国土の周囲が準国土によって構成されている」と理解する。テキストを素直に読めば、BHSD の解釈が妥当なように思われるが、これは他の文献には見られず、問題の語である。

（54）以下、ここでは BHSD（s.v. Sunirmita, etc.）に従い、「スニルミタ」等を仏国土の固有名詞として理解するが、Jones（i 97-98）はこれらを仏国土の形容詞（*well-laid-out*）と理解する。

（55）āyuḥsaṃskāram. これは「命行（jīvitasaṃskāra）」と共に、ブッダ臨終の場面で問題になる語であるが、ここでは櫻部建『倶舎論の研究：界・根品』（Kyoto, 1969, 255-256）によりながら、倶舎論の記述を紹介しよう。
経に「世尊は命行を留め保ち、寿行を捨てられる。」と説かれているが、これら〔命行と寿行と〕にはいかなる区別があるか。ある人々は何も〔区別は〕無いと〔いう〕。次のように説かれているからである――「命根とは何か。三界における寿である。」と。他の人々は、先の業の果が寿行であって、現在の業の果が命行である、と〔いう〕。或いはまた、衆同分がそれによって〔相続の上に〕とどまっている所以のものが寿行であり、〔人が〕それによってある時間のあいだ生きる所以のものが命行である〔という〕。（中略）それでは何のために世尊は寿行を捨てられ、また留め保たれるのであるか。死において自在を得ていることを示すために〔世尊は寿行を〕捨てられたのであり、生において自在を得ていることを示すために三箇月だけ〔それを〕留め保たれたのである。〔それ〕以後〔そうされ〕なかったのは、教化されるべき人が無かったからである。また、〔世尊は、入滅を決意されるより少し以前に、阿難に向かって〕「このように四神足を修したことによって、わたしは一劫でも一劫の余でも〔この世にとどまっていようと〕欲すればとどまっていられるであろう」と示されたが、そ〔の言葉〕を満たすためにも〔寿行を留め保たれた〕のである。毘婆沙師たち〔の言うに〕は、〔それは世尊がここにおいて〕蘊〔魔〕と死魔とを征服されたこと〔を顕わす〕ためである。〔先にすでに〕菩提〔樹〕下において煩悩〔魔〕と天子魔とを征服しておられるからである（AKBh 44.6-19）。

（56） saṃjñāvedayitanirodhasamāpattiyaḥ. 滅尽定のこと。たとえば倶舎論は滅尽定を「想受滅に入る（saṃjñāvedayitanirodhaṃ samāpadyate）」（AKBh 72.2）、「一方、想受滅の第八解脱は滅尽定である（saṃjñāveditanirodhas tu aṣṭamo vimokṣo nirodha-samāmattiḥ）」（AKBh 456.1）と説く。

（57） śṛṇvanti. Jones（i 100.2）は校訂者（i 475）の指摘に基づき、この動詞の前に否定辞 na を補っているので、ここでもこれに従う。

1-(7) 第七地

【文献】なし。

（58） dhutadharmadhara. これはカーシャパに対する呼称であるから、jinaputra に改める。Jones（i. 100）は訂正せず、*My pious friend* と訳している。 （59） Cf. Mv. ii 420.6 ff.

（60） jinaputra. dhutadharmadhara はカーシャパに固有の呼称であるが、jinaputra は仏弟子に共通する呼称であるから、カーシャパにもカーティヤーヤナにも適用できる。これ以前でもカーシャパを jinaputra と呼ぶ例も確かにあったが、この「第七地」ではカーシャパの呼称が dhutadharmadhara で統一されているようなので、これを dhutadharmadhara に改める。なお、Jones（i. 102）は原文通り、*O son of the Conqueror* と訳している。

（61） te demi abhayaṃ jīva me ciram. Jones（i 103）はこれを *I spare you, and as far as I am concerned, long life be yours* と訳すが、ここでは下線部を te に改めて和訳する。

（62） Cf.『賢愚経』（T. 202, iv 438a26 ff.）; Ja 221（ii 196 ff.）; 報恩（T. 156, iii 162c5 ff.）.

（63） api tu na vaireṇa vairāṇi śāmyante. Jones（i 104.1）はこれが Dhp（5）の na hi verena verāni sammant' idha kudācana（Cf. PDhp 253; Udv 14.11; Ja iii 212.10-11; Vin. i 349.34-35; KV 184.5-6）に相当すると指摘する。

（64） adhvānamārga. Cf. MPS 3.3（5）. （65） Cf. Ja 225（ii 206 ff.）, 195（ii 125 ff.）.

（66） satvayuktāḥ. Jones（i 105.2）は satyayuktāḥ と読む可能性を示唆する。

（67） atittigāḥ. 校訂者（i 480）はこれを Skt. の tṛptiga/ tṛpi（Pāli: titti）に対する Pāli 語形に否定辞（a-）が付いたものと解し、*Ils ne tendent pas à la satisfaction de leurs sens, ils ne sont pas esclaves de leurs sens* と解釈する。一方、BHSD（s.v. atitti-(ga-)）は √tṛp の派生語として考えるなら、この Mv. の文脈には合わないことを認めた上で、*they never reach satiety* という訳を出す。ここでは BHSD によりながら、〔 〕に言葉を補って、本文に見られるように訳す。

（68） -kopīna-. 校訂者（i 481）および BHSD（s.v. kopīna）はこれを比喩的に理解するが、Jones（i 105.7）は *nakedness* と文字通りに訳す。ここではこれを比喩的に「恥」と訳す。

（69） pravarjanā-［BNA pavarjja-］. これでは意味をなさないとして、校訂者（i 482）は「教え」を意味する pravacana を示唆し、これに基づいて Jones（i 106.2）も英訳している。また校訂者は āvarjana の可能性も示しているが、BHSD（s.v. pravarjanā-）はこれを斥け、中期インド語 pavajjaṇa（Skt.: prapadyate）の hyper-Skt. とし、*assent/ promise*（?）と理解する。ここでは BHSD に従う。

（70） sthitalapā［CML sthitarayā］. Jones（i 106.4）は校訂者（i 482）の示唆に従って、これを sthapitalapā と同じと解し、*Leaving vain babblers alone* と訳すが、BHSD（s.v. sthitalapa）はこれを *having abandoned boasting* とする。ここでは BHSD に従う。

（71） akāmakāminaḥ. Jones（i 106）はこれを *They love their enemies* と訳すが、BHSD（s.v. akāmakāmin）は *not lusting after lusts* とする。kāmakāmin は BhG（2.70）にも現れるが、辻直四郎（『バガヴァッド・ギーター（インド古典叢書）』Tokyo, 1980, 56）はこれを「欲望を恣にする者」と訳す。ここでは BHSD に従う。

（72） satvādyāś. 校訂者（i 482）と Jones（i 106.6）に従い、これを sattvāḍhyāś に改める。 （73） Cf. LV（125.19 ff.）.

（74） śaktina-. 校訂者（i 483）はこれの正しい読みとして śakāri- を示唆するが、BHSD（s.v. śaktina-lipi）は śakānī という読みを示唆する。ここではこれに従う。

（75） ukaramadhuradarada-［CM udakara-, L utkara-, BNACM -dhuravarada-］. uttarakurudarada- という読みを校訂者（i 483）は

示すが、Jones（i 107.8）は uttarakurumagadhadarada- の方がよいとして、これに基づき、英訳している。一方、BHSD（s.v. ukara）は下線部を ugra と読むべきであるとする。ここでは BHSD に従う。

（76） sīphalā［CML siphalā］. BHSD（s.v. sīphalā）はこれが Pāli および半マガダ語 sīhala（Skt.: siṃhala）の hyper-Skt. である可能性を示唆する。ここではこれに従う。

（77） tramidā［CM tramirā］. BHSD（s.v. tramidā）はこれを LV（125.21）の drāviḍa に比定するので、これに従う。Jones（i 107）も *Dravidian* と訳している。　（78） ramaṭhabhaya-. BHSD（s.v. abhaya）に基づき、これを ramaṭhābhaya- に改める。

（79） kasūlā［BN kasulā, A kasulo, CML kasurā］. BHSD（s.v. kasulā）に従い、kasulā に改める。

（80） Jones（i 108.1）は〔　〕を補うべきであるとする。確かに、この直後にあるカーティヤーヤナの答えからすれば、この一文はあったほうがよいので、これを補う。

1-(8) 第八地

【文献】なし。

（81） prahetiḥ［BNCML prabhemiḥ, A prahemiḥ］. Jones（i 109.1）は校訂者（i 485）に基づき、tatra bhūmau と読む可能性を示唆している。一方、BHSD（s.v. Prabhemi）は写本の読みを重視し、疑問符を付しながらも、Prabhemi を採る。ここでは BHSD に従う。

1-(9) 第九地

【文献】なし。

1-(10) 第十地

【文献】なし。

（82） Jones（i 114.3）が指摘しているように、この譬喩は理解し難い。

（83） bhavavādikathāṃ［C bhavitābhavivādi-, M bhavivādi-, L bhaviṣyavādi-］. Jones（i 114.4）は bhavābhavakathāṃ（*the tale of their various existences*）を示唆するが、BHSD（s.v. bhavi-vādi-kathā）は写本の異読を参考にし、bhavi- を bhāvin と解して、全体を *relating to the future*? or,（of）*living beings* と解釈する。ここでは BHSD に従う。

（84） ekādaśaprakāraṃ śīlam. Cf. J. Nattier, "The "Eleven Precepts" for Laity in the *Ugraparipṛcchā-sūtra*,"『初期仏教からアビダル

マヘ（櫻部建博士喜寿記念論集）』(Kyoto, 2002, 33-43).

(85) Cf. 定型句 3A（結婚), 157, 191.　(86) Cf. 定型句 3A（結婚), 157, 191.

(87) pratijṛmbhitā. BHSD（s.vv. pratijṛmbhitā, pravijṛmbhitā）はこれを pravijṛmbhitā と読み、*spreading out*（*her legs*), of a woman in childbirth と解するので、これに従う。Jones（i 118.2）はこれを *stretched herself* と訳す。

(88) nagaranagarā. 校訂者（i 495）に従い、これを nagaranigamā に改める。Jones（i 118.3）もこの読みを採る。

(89) Cf. Mv. ii 27.19-20.

(90) suvyapadeśakṣemam［BNACL svavyapade-, M svayapade-］. 校訂者（i 550）はこれを *qui porte un nom de bon augure* と訳すが、これでは kṣema が訳せていないと Jones（i 120.2）は指摘し、やや比喩的な表現をしたと断りながら *whose fame is secure* と訳す。BHSD（s.v. suvyapadeśa-kṣema）は校訂者の解釈をそのまま引用し、彼自身の解釈を示していないが、これでは韻律を乱すことになり、写本が乱れていると指摘する。ここでは vyapadeśa も kṣema も名詞で理解する。　(91) Cf. Mv. i 226.8-9.

(92) vigalita-. 校訂者（i 497）はこれを *brillant/ resplendissant* と解釈し、これに基づく Jones（i 121.1）もこれを *glittering* と訳すが、BHSD（s.v. vigalita）はこの解釈が間違っているとし、vi√gal の本来の意味から *fallen off* or *down* と解釈する。ここでは BHSD に従う。

(93) dhutadharmadhara. 文脈からして、これは jinaputra でなければならないので、これに改める。Jones は訂正せずにこのまま読む。

(94) jinaputra. 文脈からして、こちらは dhutadharmadhara でなければならないので、これに改める。Jones は訂正せずにこのまま読む。

(95) āvigalitā varakośabhārā［L danakeśa-, B vanakośa-, NACM vanakeśa-］. Jones（i 122.3）は校訂者（i 498）の示唆に基づき、これを kośakārā/ kośikārā と読んでいる。一方、BHSD（s.v. āvigalita）は写本の優勢な異読を採って下線部を -keśa- と読み、全体を *with their beautiful masses of hair somewhat loosened*（dishevelled）と訳す。ここでは BHSD に従う。

(96) vāṣpaugha-. 校訂者（i 498）と Jones（i 122.4）に従い、これを vāsaugha- に改める。

(97) saṃpaśyamāna. 直訳すると文脈に合わないので、Jones（i 122.7）の *in spite of the imminence of this cruel separation* に従って訳す。

〔諸仏の特性〕

【文献】 Mv. iii 345.19-347.13［Mv. i 174.4-176.4］.

(98) 「五眼」は、般若経典を中心とする大乗経典や『大智度論』等の大乗論書にもよく見られる。

(99) anālokiyā [L ālokiyo]. Jones (i 129.2) は校訂者の示唆に従い、これを mukholokiyā として英訳している。BHSD (s.v. anālokiya) はこの語を載せ、校訂者の示唆は役に立たないと言うが、それに代わる訳は出していない。よって、ここでは校訂者の示唆に基づき、mukholokiyā に改める。

(100) Jones (i 129.4) の指摘通り、ここには明らかな内容の断絶が見られ、この後の「ブッダ・アヌスムリティ」と呼ばれる法門も不明である。

(101) vāgīsena. 通常これは学者の名前であるが、ここでは誰を指す名前か不明であり、Th. (1209-1279) に見られる Vaṅgīsa の可能性を Jones (i 129.5) は示唆している。

(102) <u>araṇa</u>samādhi [CM aruṇa-]. Jones (i 130.3) は下線部を araṇya- と読み、この複合語全体を *solitude and concentration* と並列複合語で読んでいる。 (103) niveśasan [L -śaman]. Jones (i 130.1) に従い、niṣevase に改める。

(104) vigatā. Jones (i 130.4) は校訂者 (i 509) に従い、vimanā に改めているが、BHSD (s.v. vigata) は訂正せずに *lost/ hopeless* と訳す。意味的に大差はないので、このまま読む。

(105) anuśrutaṃ. 校訂者 (i 510) は anāśrutaṃ/ aviśrutaṃ という読みを示唆し、Jones (i 131.2) もこれに従って *unheard of before* と訳すが、BHSD (s.v. anuśruta) はこれを *repeatedly heard* (or *handed down*) *from olden times* と解し、校訂者の誤解を指摘する。ここでは BHSD に従う。

(106) <u>avarodhānam</u> adho pravartate. 校訂者 (i 510) と Jones (i 131.6) に従い、下線部を avarodhanam に改める。

(107) ここから詩頌の韻律が変わるので、ブッダに対するヴァーギーサの賞賛はこの直前で終わり、ここからは説出世部特有の教義が説かれると Jones (i 132.1) は指摘する。

(108) 以下、この六十の徳が詩頌で説かれるため、六十の各項目が特定しづらい。よって、番号はふらない。

(109) pañcāṅgika<u>tulya</u>-. Jones (i 135.2) は下線部を -tūrya- と読んでいる。BHSD (s.v. pañcāṅgika) もこの訂正を支持するので、これに改める。

(110) anivartikaṃ [L anuvarttike, BNCML anivarttike, A anivarttiko]. このまま読めば、*not returning/ not to be rolled back* を意味する、法輪の形容詞となるが、Mv. では法輪にこのような形容詞が付く用例はないとし、Jones (i 137.2) は写本の異読に基づいて、これを anuvartikaṃ (*following/ obedient/ compliant*) に改めている。一方、BHSD (s.v. anivartika) は *not liable to turning back* とする。ただし、Jones の指摘するような点を考慮してか、語形は写本通り anivartike と於格にし、*on the* (way) *that has no turning*

back? と訳す。ここでは BHSD に従い、anivartike に改める。

(111) hṛṣṭā［BNACML dṛṣṭvā］. Mv.（iii 346.17）の対応箇所に基づき、これを diṣṭyā に改める。

(112) aticirasya［CM -cira］. Mv.（iii 346.19）の対応箇所に基づき、これを acirasya に改める。

(113) -niśātakā. Jones（i 139）はこれを *eager in fight and combat* と訳すが、文脈には合っていないと思われる。BHSD（s.v. niśāṭhaka）はこれを *redoubtable in*（spiritual）*fights and battles* としながらも、niśāta という語がこの意味では使われることがないため、niśāmyati の派生語で niśāmakā(ḥ) という読みを提案する。ここではこれに従う。

(114) āvusādayantaḥ. 校訂者（i 518）は下線部を āyuṣā と理解し、これに基づいて Jones（i 139）も英訳している。BHSD（s.v. āvus）はこの解釈が疑わしいとしながらも、代案を出していないので、ここでは校訂者に従う。

〔幻影〕

【文献】 なし。

(115) paropahārān. 難解な語である。upahāra の本来は「贈物」であるが、ここではブッダが悪人を教化するために化作された「幻影」を意味する。BHSD（s.v. upahāra）はこれを *favor/ gift/ beneficial service* と訳す。ここでは paropahāra 全体を、Jones の訳 *apparition* に基づき、「幻影」と訳す。

(116) Jones（i 144.1）は以下の声聞の名前が Pāli 聖典に見られず、また固有名詞か形容詞かが判断しかねるとする。ここでは固有名詞として和訳する。

(117) sadyam. 校訂者（i 525）はこれを Pāli: sajja（*ready/ imminent*）に比定し、Jones（i 145.1）もこれに基づいて英訳しているが、BHSD（s.v. sadyaṃ）はこれを Pāli: sajju/sajjukam（*immediately/ speedily*）に比定し、校訂者の解釈の間違いを指摘する。ここでは BHSD に従う。

(118) cintyavikramaḥ. Jones（i 145）はこれを *He whose thought is intrepid* と訳すが、ここでは下線部を 'cintya- に改めて訳す。この方が文脈に合うと考えられるからである。

(119) janatāṃ grāhentaṃ pāpadarśanaṃ. Jones（i 146.2）は、動詞 grāhentaṃ が janatāṃ と pāpadarśanaṃ という二つの目的語をとることに関し、この後の刊本に grāheti janatāṃ ... pāpena cetasā（Mv. i 189.3）とあることから、ここの pāpadarśanaṃ を具格で理解している。ここでもこの理解に従う。 (120) 原典では gṛddhakūṭasmiṃ とあるのを、正規の Skt. の読みで和訳する。

C群　燃灯仏物語

1　燃灯仏の歴史

【文献】仏本（T. 190, iii 661c22-662a4）; Mv.（ii 1.1-18.6）[Mv. i 197.10-215.9].

（1）なお、Mv. の「燃灯仏の歴史」に相当する仏本の記述は実に簡素である。

（2）Mv. ではA群の「1　地獄巡回経」と「2　他趣巡回」では、マウドガリヤーヤナが主役となって地獄を巡回する様子を第三者が語る形式をとるが、「3　アビヤの物語」の後半から「4　多仏経」は、ブッダがマウドガリヤーヤナに説いて聞かせる形式に変わり、「5　浄居天訪問」も基本的にブッダがマウドガリヤーヤナを相手に「マウドガリヤーヤナよ」と語る形式になっている。そして、カーシャパとカーティヤーヤナのやりとりを中心に話が進行するB群の十地を挟み、このC群に入ると、またブッダはマウドガリヤーヤナを対告者として燃灯仏に関する話を説く内容になっている。この事実から、B群は後代の挿入である可能性が浮かび上がってくる。つまり、B群を除くと、A群とC群はうまくつながるのである。文脈から考えても、B群が後から割り込んできた印象は否めない。なお、仏本の「5　浄居天訪問」に相当する箇所では、ブッダがマウドガリヤーヤナを対告者とするのに対し、C群では対告者が「阿難[Ānanda]」に代わっている。

（3）Dīpavatī.　Cf. MPS 34.1 (3).　（4）saptahi prākārehi ... suvarṇapracchannehi（194.2-3）.　Cf. MPS 34.2 (1).

（5）dīpavatī khalu ... saptānāṃ ratnānāṃ（194.3-5）.　Cf. MPS 34.6 (5).

（6）muktāmayā.　順番からすると、ここは sauvarṇikā でなければならないので、これに改める（Cf. Mv. i 195.4）。Jones（i 152）は *pearl* とそのまま訳している。　（7）sauvarṇasya tālaskandhasya ... phalā ca abhūṣi（194.6-11）.　Cf. MPS 34.7 (6).

（8）sauvarṇasya hemajālasya rūpyamayīyo kiṃkiṇīyo abhūṣi.　Cf. MPS 34.72 (4).

（9）rūpyamayasya hemajālasya.　直訳すれば「銀から成る金網」という妙な訳になる。BHSD（s.v. hemajāla）もこの矛盾を指摘し、hemajāla は「金網」ではなく「貴重な物質」一般を意味するようになったのではないかという校訂者（i 530）の見解を否定する。今は手がかりがないので、直訳する。F群注（264）参照。　（10）dīpavatīyam khalu ... lohitikāyāḥ（195.7-9）.　Cf. MPS 34.3 (2).

（11）paṭimodakā [BC paṭimokā].　BHSD（paṭimoka）は写本の読みを採り、*an ornament fastened on* と解釈しているので、これに従う。なお Jones（i 154.6）は様々な解釈をしながらも、訳では原語をそのまま載せ、英訳していない。

（12）elūka.　Jones（i 154.7）はこれを eḍuka と理解して *shrines for relics* と訳すが、BHSD（s.v. eluka）はこれを *threshold of a door*

とする。これに従いたいが、この直後にindrakīlakāという同様の語がみられるので、indrakīla(ka) を「敷居」、このelūkaを「鴨居」と訳す。

(13) teṣāṃ khalu ... lohitikāyāḥ (196.1-4). Cf. MPS 34.4 (3). (14) dīpavatī khalu ... vaḥ ti śabdehi (196.11-15). Cf. MPS 34.16 (2).

(15) Jones (i 155.2) はこの呼格を浄居天が独覚達に告げた会話文の一部として理解するので、この呼格が場違いであると指摘するが、この話自体はブッダがマウドガリヤーヤナに説いているので、本文のように、この会話文の外に出せば問題ない。

(16) 前注に同じ。

(17) これと同様の記述はブッダ降誕の際にも見られる。Cf. Mv (ii 1.5 ff.). またLV (23.9 ff.) にもブッダ降誕に際して同様の記述が見られ、そこでは「最後生の菩薩が生まれる家は六十四の特質を具足する」と説かれ、その具体的な項目が列挙されている。なお、数え方にもよるが、Mv. ではその数が五十六しかない。

(18) labdhapūrvāparam. Jones (i 156.4) はこれに疑問符を付し、脚注では *with what is before and after gained or kept* と直訳を示しながら、本文では *It maintains its continuity* と訳す。BHSD (s.v. labdhapūrvāpara) もこれを *in possession of continuity* (with kulam) と解釈する。

(19) abhidevaghoṣaghuṣṭam. Jones (i 156.5) はこれにも疑問符を付し、*well-spoken of among the devas* と訳す。一方、BHSD (s.v. abhidevaghoṣaghuṣṭa) は *renowned in a manner surpassing the renown of the gods* (*and their like*) とする。ここではBHSDに従う。

(20) āyuḥ. 校訂者 (i 535) に基づき、Jones (i 160.1) はこれをprajāと同義で理解する。 (21) Cf. LV 41.18 ff.; MAV 4f.

(22) B群注 (84) 参照。 (23) antarato. Jones (i 161) はこれ一語で *they said among themselves* と訳す。Cf. Jones (i 116.1).

(24) naravarapravara uttama- [BC naravarottama-]. Mv (ii 10.7) に倣い、下線部をnarapravaroに改める。

(25) vīraśayane [BC dhīraḥ śayane]. Jones (i 164.3) は校訂者 (i 538) に基づき、これをvīrāsaneに改めている。Jonesは Böhtlingk/ Roth の辞書の *das Stehen auf einem erhöhten Platze* から *palace* という訳を導き出す。文脈に合うので、これに従う。なお、BHSDは何れの語も載せていない。 (26) 原語はsuvarṇaであるが、正規のSkt. の読みで訳出する。この直後も同じ。

(27) Cf. Mv. ii 10.19-20; LV 50.5 ff.; MAV 4b.

(28) Jones (i 166.3) は「以下の詩頌の語り手は、マハーブラフマンよりも占い師の方が相応しい」という校訂者の指摘を紹介している。なお、以下の詩頌はMv. (ii 13.5 ff.) に一致。 (29) bodhisatve khalu ... bodhisatvasyaiva tejena (211.5-10). Cf. MPS 34.23 (2).

(30) Cf. LV 71.16 ff.; MAV 4g. (31) Cf. LV 41.18 ff.; MAV 4f.

(32) sapūrva-［C saṃpūrṇṇa-］. 校訂者（i 541）の示唆に基づき、Jones（i 168.2）はこれを saṃpūrṇa- に改めている。BHSD（s.v. sapūrva-）もこれを支持するので、この訂正に従う。

2 燃灯仏の誕生

【文献】仏本（T. 190, iii 662a5-b18）; Mv.（ii 18.7-30.6）［Mv. i 215.10-227.3］.

(33) Mv. はこの部分を散文と韻文を交えて説くが、仏本はこれをすべて散文で説く。

(34) Cf. 定型句 3A（結婚）, 157, 191.　(35) -śarīrā［BC -śarīraiḥ］. 校訂者（i 543）と Jones（i 171.3）に従い、これを -salīlā に改める。

(36) saṃgeriyo［BC cageriyo］. Jones（i 172.1）はこの語を本文で *baskets* と訳しながらも、脚注で *vases* の可能性を示唆し、この語の意味を決定しかねているが、BHSD（s.v. śaṃgerī）はこれを śaṃgeriyo と読むべきであるとし、*mass/ collection* という訳語を与えている。ここでは BHSD に従う。

(37) -śatehi. Jones（i 172.2）は同じ Mv.（ii 19.9）中の平行文より、これを -samehi に改めているので、これに従う。

(38) Jones（i 172.3）は Mv.（ii 19.11）中の平行文より khagapathe を補っているので、これに従う。

(39) -saṃsparśa-. Jones（i 173.2）は本文でこれを原語のまま載せ、脚注で A fragrant plant or perfume と解説している。ここでは普通名詞として理解する。　(40) Cf. LV 83.9 ff.; MAV 4c.

(41) この後を読んでも、六歩や八歩ではなく、「七歩歩く」ことの意味は説かれていない。

(42) yadā. 校訂者（i 546）と Jones（i 174.2）に従い、これを yasmā に改める。　(43) E 1 群注（110）参照。

(44) この辺りの詩頌の韻律が異なることから、これらが異なった源泉から抜粋された可能性を Jones（i 175.2）は指摘する。

(45) Cf. MAV 5d; Mv. ii 22.10-13.　(46) Cf. MAV 5f; Mv. ii 23.4-7.　(47) E 1 群注（115）参照。

(48) Cf. MAV 5g; Mv. ii 24.21-25.2.　(49) sujātānujātaṃ［BC sujātenujā-］. Mv.（ii 25.5）に倣い、sujātena jātaṃ に改める。

(50) <u>imāye</u> va devīye. 校訂者（i 549）は同じ Mv.（ii 26.4）中の平行文より、下線部を abhayāye に改めた方がよいと指摘し、Jones（i 177.2）もこれに同意しているが、原文のまま訳している。　(51) kalam. Jones（i 177.3）に従い、これを kulam に改める。

(52) maheśvarāḥ. この名前は Mv. 以外では知られていないようで、浄居天の別名ではないかと Jones（i 178.2）は推測する。BHSD（s.v. Maheśvara）はこれを a leader of the śuddhāvāsakāyika gods と理解する。ただし、ここで見られるように、数は複数形もあるので、Jones の指摘するように、浄居天の神々の別名と考える方がよい。　(53) Cf. Mv. i 152.14-15.

（54） ślakṣṇacchavi. Jones（i 181.13）はこれが Pāli: sukhumacchavi に相当するとするが、これを一つの相ととれば、項目が一つ足らなくなると指摘し、本文では［ ？ ］skin と処理している。三十二相には内容や順番に関して様々な伝承があり、単純にこの空白を埋めることはできない。LV（105.11 ff.）や仏本（iii 692c21 ff.）にも三十二相に言及するが、LV はその十七番目に「纖細で金色の皮膚（sūkṣmasuvarṇavarṇacchavi）」（105.19）があり、また仏本はその十三番目と十四番目に「十三太子皮膚細軟如兜羅綿。十四太子身毛金色」（692c28-29）とし、いずれも「皮膚（あるいは体毛）が金色」を挙げるが、Mv. ではこの後、二十二番目にこれを列挙するので、これをここで補うわけにはいかない。よってここでも Jones に倣い、十七番目を空白で処理する。

（55） dīpaḥ. この前の記述では、菩薩が生まれた時に現れ出たのは「中洲の中の（antaradvīpe）白檀の森」（Mv. i 221.6）であったから、ここでも dvīpa としたいところであるが、dīpaṃkara の名前の由来を説くところであるから、dvīpa とは言えない。ただ Pāli では dīpa に「灯火」と「中洲」の両方の意味があるから、ここでは「中洲」を念頭に置いて dīpa を用いたのではないか。仏本でも菩薩の母が出産直前に船に乗る場面が見られるが、そこでは「遊入河中。至中流已。忽然自有一大燈明。上下縱廣。十二由旬。其燈明内。有莎草叢。高下四指。其色艾白柔軟猶如迦耶隣提。出妙香氣。又如瞻婆波利師華」（662a26-b1）とし、Mv. のように中州には言及しない。Cf. Jones（i 182.16）.

（56） sughoṣakīṃ. 直訳すれば「よい音がするもの」であり、文脈からすれば何らかの「楽器」であることは間違いない。Jones（i 183.3）は BhG の用例を手がかりに、これを *trumpet* と解釈する。BHSD（s.vv. sughoṣa, sughoṣaka）も a kind of musical instrument とするに留まり、具体的な楽器名には言及しない。ところで、ここに見られる三つの楽器（veṇu/ vallakī/ sughoṣakī）は Divy.（221.24）にもそのまま見られ、veṇuvallarisughoṣakā とあるが、下線部に対応する Tib. は sgra snyan であり、「琵琶／弦楽器」を意味するので、ここでは前著で用いた訳語に倣い、「竪琴」とする。『三世の物語』（i 417（186））参照。

3 燃灯仏の成道

【文献】仏本（T. 190, iii 662b18-663b5）.

（57） 仏本では、覚りを開いた燃灯仏が、五欲に耽著する有情を教化するために、神通力で化作した宝石作りの家屋や樹木に火を着け、俗世に対する厭離の想を彼らに生ぜしめるという話が説かれ、Mv. の記述とかなり隔たりがある。なお、仏本の最後には、この部分に関する飲光部・大衆部・化地部の異説を出すが、そのうち、Mv. と関連の深い大衆部については「阿難。諸佛次第相傳授記。其然燈佛初種善根。求阿耨多羅三藐三菩提。乃至轉法輪。住世一劫。化衆生故（摩訶僧祇師作如是説）」（663a19-21）と説かれている。

（58） saṃprajānaṃ. Jones（i 184.3）に従い、saṃprajāna に改める。

(59) Cf. AKBh (432.1-433.24); AKV (663.3-666.9); AVS (17.1-12, 179.1-188.11); Mv. ii 283.5-12.

(60) nandīmukhāyām. Jones (i 185.1) はこの語の語源が不明ではあるが、「夜」、特に布薩の前夜の形容句としてLVやVin.に見られると指摘する。BHSD (s.v. nandī-mukhā) はnandīを*the sound of a particular drum*と解し、複合語全体で (the time at the end of night) *just before the beating of the* (morning) *drum*とし、実質は「夜明け」を意味すると結論づける。ここではBHSDに従う。

(61) gatimena. Jones (i 185.5) は、これがgatimantと同義であると注記し、本文で*the Sugata*と訳す。BHSD (s.v. gatima) はこれを*possessing gati* (perhaps in the sense of *knowledge, intelligence*) と解釈する。ここではBHSDに従う。

(62) Mv.の三明説については、馬場紀寿の研究がある。『上座部仏教の思想形成―ブッダからブッダゴーサへ―』(Tokyo, 2008, 45-49) 参照。

(63) -ṛlla-. Jones (i 187.1) によると、この語は法華経にも現れ、Burnoufは「楽器」を意味するṛllariからの推測で、これを「音楽家」と訳すが、一方でこの語は「運動選手」を意味するjhallaka/ jhallaの間違いではないかとBurnoufは指摘する。この解釈は校訂者およびJonesも受け入れている。BHSD (s.v. ṛlla) はこれを*prize-fighter*と解釈する。

(64) -pāṇisvarya-. Jones (i 187) は*musicians*と訳す。一方、BHSD (s.vv. pāṇisvara, pāṇisvaraka) はこれを*one who performs the pāṇisvara* (*palm-clapping*) と解釈する。状況から判断すれば、手拍子で舞子や踊子の踊りを助けたり、闘士や力士を囃し立てたりして、場の雰囲気を盛り上げる者を指すと考えられる。こなれない日本語だが、ここでは「手拍子士」と訳す。

4 燃灯仏物語

【文献】仏本 (T. 190, iii 665a7-669a3); Divy. 19 (246.5-253.22).

(65) Cf. 珍寶 (仏本 665a7). (66) Megha. Cf. 雲 (仏本 665a19). 仏本は、この時の彼の年齢を十六歳と明記する。

(67) 仏本には「メーガダッタ」に相当する人物は登場せず、したがってMv.のように、メーガダッタが怪魚に生まれ変わったという話はない。

(68) tejodhātubhāvena. 校訂者 (i 556) の示唆を受け、Jones (in 188.8) はこれをtejānubhāvenaに改めている。一方、BHSD (s.v. tejo-dhātu) はMv.のこの箇所を引用し、*by reason of the state of fire*(-element) と訳し、訂正する理由はないとする。しかしこれは火炎を放つ等至であるから、Divy. 第13章 (186.11 ff.) のように、獰猛な龍を退治するような場合にはこの等至に入る必要があるが、ここではそれが明らかではない。よってここでは校訂者の訂正に従う。 (69) Dīpavatī. Cf. 埏主 (仏本 664b5).

(70) Prakṛti. Cf. 賢者 (仏本 666c14).

（71） alaṃkṛto lokanāyako kośikārakaṃ kṣaumaṃ yaṃ tūlā kācilindika ajinapraveṇiṃ ca vanarustā tamakūṭātapakoṭṭavakasubhūmi toṣalakolamacirāvokodbhava āmaṃ raktaka paṃcavidhā naya llaṃ. 文章が乱れているため、Jones（i 191.1）はこれを翻訳していない。ここでもこの部分を省略する。

（72） aho dharmaṃ［BC dharma］. 文脈を考えると、これは天の集団が世尊を見て語った内容であるから、このまま訳せば「ああ、法よ！」となり、不具合を来す。よって、校訂者（i 560）は dharmaṃ を adbhutadharmaṃ の省略形として理解するが、Jones（i 192.4）は I. B. Horner 女史の教示に基づき、Pāli 聖典の有名な一節「法を見る者は我（仏）を見る」から、ブッダを「法の人格化」として理解すれば、問題ないとする。また Jones は写本の読みに基づき、dharmaṃ を dharma に改めている。ここでは Jones に従う。

（73） Cf. 定型句 8B（ブッダの相好）, 173, 199.　（74） Cf. Mv. iii 137.17-18; DN i 212.8 ff.

（75） 本群注（72）に従い、dharmaṃ を dharma に改める。

（76） Jones（i 197.3）の指摘通り、ここからまた詩頌の次元が変わる。別資料の竄入の可能性がある。

（77） preṣitāni. これを yācitāni と読むべきであるとする校訂者（i 562）の指摘を Jones（i 198.1）は紹介しているが、Jones 自身は刊本通りに読んでいる。ここでは校訂者の指摘に従う。

（78） yo rūpaṃ naradamyasārathiṃ śrutvā na rūpaṃ. Jones（i 198.4）は下線部を理解不能とし、テキストの乱れを指摘する。おそらく後の rūpaṃ に影響され、関係詞の一部と誤解されたために生じた混乱と考えられる。ここではこれを省略して和訳する。

（79）『説話の考古学』（359-368）参照。

（80） prayujyantena ghaṭantena vyāyamantena tisro vidyā ṣaḍabhijñā balavaśībhāvaṃ sākṣātkṛtam. これは有部系の文献に見られる 7C（阿羅漢）の定型句に近いが、そこでは「彼は勤め励み精進して、〔三〕明・〔六〕通・〔四〕無礙解を獲得した（yujyamānena ghaṭamānena vyāyacchamānena ... vidyābhijñāpratisaṃvitprāptaḥ）」とあり、細かい相違を除けば、下線部が両者で異なる。『説話の考古学』（170-171）参照。　（81）『説話の考古学』（359-368）参照。　（82） jānantaṃ. Jones（i 202.2）に従い、jānanto に改める。

（83） Cf. 定型句 8H（知って尋ねるブッダ）, 180, 204.

（84） viparimuṣaṃ. 校訂者の読みは疑わしいとし、根拠は示していないが、Jones（i 202.3）は *foraging* と訳す。ここでは原文のまま √muṣ の意を生かして訳す。BHSD はこの語を載せていない。　（85） śarīradeham. 直訳「身体」。

（86） aśrutapūrvam. Jones（i 202.4）は、Mv. の文脈では、彼は「ブッダ」という言葉をすでに聞いているので（i 243.17）、ここで「かつて聞いたことのない（aśrutapūrvam）」という表現は拙いと注記している。もっともな指摘であり、このような文脈の齟齬は、燃灯仏物語が多くの文献からの寄せ集めで成立している可能性を示している。　（87） Cf. 定型句 9G（「ブッダ」という音）, 187, 209.

5 マンガラ物語

【文献】なし。

（88） -vātuṣkāra-. JONES（i 205.6）はこの読みを疑うが、正しい読みは示していない。一方、BHSD（s.v. vātuṣkāra）は、これを dhānuṣkāri(n) の誤りであると指摘する。よってこれに改める。　（89） Cf. Bv v 15, xx 10; Ja i 34.20, 41.12.

（90） Sunanda. JONES（i 206.3）はこれを Sundara の間違いと理解する。なお JONES はこの直前にも Sunanda という語が見られるが、そこでは注記もせずに Sundara と訳す。

（91） uttaro gṛhapatiḥ. JONES（i 206.4）はこれを、マンガラの父をウッタラとする Pāli 文献の残像と理解する。

（92） anuriktā. JONES（i 207.4）は Bv（ii 218）の sabbaṃ samantarahitaṃ nanu rittā sabbasaṅkhārā に基づき、これを nanu riktā に改めている。

D群　ヴァイシャーリー訪問

1　日傘物語

【文献】ChMSV 薬事（T. 1448, xxiv 21c15-22c21）; 増一（T. 125, ii 725b14-726c19）.

（1）adhivāsaḥ. Jones（i 208.5）はこれを Pāli: ahivāta に比定し、皮膚病（*white-leprosy*）の可能性を示唆する。BHSD（s.v. adhivāsa）は疑問符を付して *enduring* と訳すのみである。

（2）ārddhā［B āddhe, C ārddhe］. 校訂者（i 569）および Jones（i 208.4）はこれを √ṛdh 起源の語と解し、校訂者（i 569）は *produit par un pouvoir magique, surnaturel*、Jones は *produced by demonic agency* と訳す。一方、BHSD（s.v. ārddha）はこの解釈に疑義を呈するものの、それに代わる解釈が見出せないとする。今は校訂者および Jones の解釈に従う。

（3）Jones（i 208.6）はブッダのヴァイシャーリー訪問が Pāli では注釈文献（Khp-a. 160.22 ff.; Sn-a. i 278.3 ff.; Dhp-a. iii 436.4 ff.）にしか現れないことを指摘する。

（4）te tuhya śrutvā madhurām imāṃ girāṃ//. Jones（i 211.1）はこれを次の詩頌に含めて訳す。ここでも訳したように、これは内容的には次の詩頌の一部をなすが、ここでは形式的にはこの詩頌の最後に置く。

（5）「比丘は一箇所ですでに招待を受けていたら、別の場所で招待を受けてはならない」とする規則（Vin. iv 77.2-3）を、Jones（i 211.4）は紹介している。　（6）Cf. Mv. ii 95.12-13, 179.10-11, iii 126.19-20, 161.5-6, 266.6-7.

（7）Cf. 定型句 2C（都城の荘厳）, 156, 191.

（8）以下、DN（ii 96.4 ff.）や Vin.（i 231.31 ff.）にも同様の記述が見られると Jones（i 214.2）は指摘し、これらの異なった色はリッチャヴィ族の中の異なった集団や部族を意味しているという。また、Vin. の注釈書（Vin-a. 1096.27 ff.）を引用し、これらの色が自然の色ではなく、塗り込まれた色であることも指摘する。

（9）vyāyuktāḥ. Jones（i 216.1）は意味不明の語としながらも、校訂者（i 574）の示唆 *de couleurs variées* に従い、vi（negative）+ āyukta（*joined/ yoked*）= *not uniform* or *homogeneous* という解釈に基づけば理解可能であるとし、*mottled* と訳す。BHSD（s.v. vyāyukta）もこれを *variegated in color* とする。

（10）tādṛśāye va bhikṣavo ṛddhīye devā ... abhiniṣkramanti（262.3-4）. tādṛśāye と連動する yādṛśāye 節が抜けている。本来なら、tādṛśāye va bhikṣavo ṛddhīye vaiśālakā lecchavayo abhiniṣkramanti yādṛśāye ṛddhīye devā ... abhiniṣkramanti とあった文のうち、

下線部が書き落とされた可能性がある。今はこれを〔　〕に補って訳す。　（11）yehi. Jones（i 217.2）に従い、これを ye hi に改める。
（12）以下、平岡聡「『増一阿含経』の成立解明に向けて⑴」（『印度学仏教学研究』56-1, 2007, 212-219, esp. 214-215）参照。
（13）āgalitamālyamuktā.　直訳「萎れた花環を捨て去りて」。
（14）vasuyāmā [C ca suyāmā].　Jones（i 219.6）はこれを (e)va suyāma に改めるが、写本の異読は ca suyāmā なので、こちらに改める。
（15）ここでは化仏の留まる場所が空中であるが、その他の箇所では場面がガンジス川であるという理由で、Jones（i 220.7）はこの辺りの詩頌が他からの竄入と見る。
（16）Jones（i 223.2）は abhijānanti のような動詞を補うべきであるとする。ここではこれを〔　〕に補う。また彼が指摘するように難解な詩頌であり、一応こう訳したが、再考の余地がある。

1-⑴ 三羽の鳥本生話

【文献】Ja 521（v 109-125）.

（17）Cf. 定型句 2B（王国の繁栄）, 155, 190.
（18）Mv. は三羽の鳥の固有名詞や性に言及しないが、Ja（110.24, 111.1, 6-7）は、それぞれ「ヴェッサンタラ（雄）」「クンダリニー（雌）」「ジャンブカ（雄）」とし、性別も明記する。
（19）vaṭṭena [BC vivarttena].　Jones（i 229.1）の指摘にあるように、校訂者（i 582）はこれを Skt. vṛtta の Pāli 語形と見るので、これに従って訳す。
（20）balacakraṃ hi niśrāya dharmacakraṃ pravartate.　Jones（i 230.1）によれば、niśrāya は目的語の後ろに置かれるので、このまま訳せば「力輪に依拠して法輪を転ず」となるが、このように「力を良し」とする教義は、この文脈に合わないという。よって、Jones はこの niśrāya の目的語を直後の dharmacakraṃ と理解する。ここでもこれに従う。
（21）dvibhis tu pādakais tāta atra lokaḥ pratiṣṭhitaḥ/ alabdhalābho arthasya labdhasya parirakṣaṇaṃ//.　Cf. dve va tāta padakāni yesu sabbaṃ patiṭṭhitaṃ/ aladhassa ca yo lābho laddhassa anurakkhanā//（Ja 116.19-20）. Jones（i 230.2）は下線部を alubdha- に改めているが、Ja の読みはこれを支持しないので、ここではこれに従わない。
（22）nigṛhṇe nigṛhītavyaṃ pragrahārhāṃ ca pragṛhṇe.　Cf. niggaṇhe niggahārahaṃ paggaṇhe paggahārahaṃ（Ja 116.28）.
（23）Jones（i 231.2）が指摘するように、この詩頌の意味はよく分からない。

（24） 以下、五種類の力が列挙されるが、Mv. は第一を生来（sahaja）、第二を息子（putra）、第三を親戚や友人（jñātimitra）、第四を四支より成る軍隊（caturaṃga）、そして第五を無上なる智慧の力（prajñābalam anuttaram）とするが、Ja（120.26 ff.）は第一を腕（bāhā）、第二を財（bhoga）、第三を大臣（amacca）、第四を生まれ（abhijacca）、そして第五を智慧（paññā）の力とする。

（25） 以下、Ja（123.15 ff.）によく対応する。

（26） Ja（125.15 ff.）は、その時の王をアーナンダ、百舌（クンダリニー）をウッパラヴァンナー、梟（ヴェッサンタラ）をサーリプッタ、そして鸚鵡（ジャンブカ）をブッダに比定する。

（27） この菩薩の属性は Pāli 文献には見られないが、Mvy. には多かれ少なかれ同様の記述が見られ、如来の十力と混同すべきでないと Jones（i 234.1）は指摘する。また Jones はこの辺りの詩頌が明らかに場違いであるとも指摘している。確かに、この詩頌の直前で「このジャータカを終わる」としておきながら、さらにここにこのような詩頌が見られることは、後代の増広の可能性がある。

1-(2) 昔の疫病

【文献】なし。

（28） ここで「外道」と訳した原語は、文字通り bāhirakeṇa mārgeṇa である。

（29） kiṃ so naro jalpam acintyakālaṃ katamāsya vidyā katamaṃ sya dānaṃ/ ... kathaṃkaro rakṣito svastyayanaṃ tad āhu// (284.14-17). Jones（i 237.1）は Ja の平行文 kiṃ su naro jappam adhicca kāle kaṃ vā vijjaṃ katamaṃ vā sutānam（Ja iv 75.5-6）に基づき、これを kiṃ so naro jalpam adhītya kālaṃ katamāsya vidyā katamaṃ śrutānam/ ... kathaṃkaro rakṣito svastyayanena// に訂正しているので、これに従う。また Ja の平行文から、この次の詩頌以降に見られる rakṣito は不要であり、これを省いても韻律に影響はないとして省略しているので、これに従う。

2 ヴァイシャーリーでのブッダ

【文献】なし。

（30） Cf. Sn 222-238.　（31） niṣīde. 校訂者（i 591）と Jones（i 244.2）に従い、これを niśīthe に改める。

（32） Bhāmakanakamuni. Jones（i 245.1）によれば、刊本にはこうあるが、索引では Bhānakanakamuni となっている。BHSD（s.v. Bhānakanakamuni）は写本に混乱がなければ、Bhānakanakamuni はありえるとする。Jones はこれを bhāma- で理解し、*radiant Kanakamuni* と訳す。ここではこれを Bhāna- とし、全体を固有名詞として理解する。

(33) 以下の詩頌は、この詩頌直後の散文部分によれば、アーナンダが称えたことになっているが、Jones (i 245.2) はこれらの詩頌が唐突であることを指摘しており、後代の竄入の可能性がある。

(34) 写本は欠損しているが、Jones (i 245) は[ ]内に *they sit around the Buddha* を補っている。

(35) daśāṅgupetam. Jones (i 246.1) は脚注で *endowed with ten limbs or parts* と直訳したこの語を、本文では *perfect* と訳す。「十支」の具体的内容は不明だが、ここでは直訳する。

(36) āsanatāṃ [BC āsanatā]. Jones (i 247.3) に従い、これを āsanatāt/ āsanatā に改める。

(37) Jones (i 248.4) は、ヴァイシャーリーの西にサプタームラ霊廟、北にバフプトラ霊廟、南にガウタマカ霊廟、そして東にカピナフヤ霊廟が位置するとするが、Pāli の伝承 (DN iii 9.21-10.2) でヴァイシャーリーの東にある霊廟は Udena であると指摘し、また Kapinahya は Kapinaccanā に関連があるとする。

〔マーリニー物語〕

【文献】『五分律』(T. 1421, xxii 172a3-c23).

(38) Cf. 定型句 5B (独覚), 167, 197.　(39) Cf. Mv. iii 60.5-8.

(40) prāyonnakālo [BC prayānno kālo]. Jones (i 250.4) に従い、これを pānānnakālo に改める。

(41) yāvad asaṃvibhāgaśīlo jano yatra nāma evarūpo dakṣiṇīyo evaṃ mahantāto grāmāto yathā dhautena pātreṇa nirdhāvati// ime kiṃ uddīpayaṃ paribhuṃjanti. Jones (i 251.1) はこの辺りの読みが乱れているので、これを省略し、空欄にする方が賢明であると言う。また校訂者 (i 596) は下線部に関して taddīpaṃ na paribhuṃjanti という読みを示唆するが、これも問題であると Jones は指摘する。ここではとりあえず校訂者の示唆に従う。

(42) kiṃ kṣemam. Jones (i 251.3) によれば、校訂者 (i 597) はこれを kiṃ khalv idaṃ (kiṃ khalu idaṃ) = kiṃ khimaṃ → kiṃ khemaṃ → kiṃ kṣemam という書写ミスと解釈する。一方、BHSD (s.v. kṣema) はこの解釈が間違っているとし、このままで *what* (can we do that) *will cause you peace and comfort?* と訳すべきであるとする。ここでは BHSD に従う。

(43) parijñātabhojanaḥ. Jones (i 252.1) も指摘しているが、同じ表現が Dhp. 92 (Cf. PDhp 87; Udv 29.26) にも見られ、注釈ではこれが「(1)粥等を粥等であると知ること、つまり〔過去の〕知識によって〔食物を〕熟知すること、(2)食物に嫌悪の想いを抱いて飲食を知り尽くすこと、つまり〔自己の客観的〕判断によって〔食物を〕熟知すること、(3)具体的な食物に対する欲や貪を取り除くこと、つまり〔欲・貪の〕除去を熟知すること——以上の三つを熟知する」(Dhp-a. ii 172.1-6) と解釈されている。

（44） Cf. 定型句 3A（結婚）, 157, 191.
（45） Mv. は命名の理由を説かないが、『五分律』はこれを「此女生著自然金華鬘。應字爲摩梨尼」（172a10-11）と説明する。
（46） Cf.「禁寐」（『五分律』172a8）.
（47） kālyam eva nivāsayitvā pātracīvaram ādāya yena cārikāvikālo saṃprāpto sāyaṃ māgadhe prātarāśe vartamāne. Jones（i 256.4）の指摘通り、難解な表現であり、下線部の yena からすれば、この後に乞食する場所が説かれるのが普通であるが、それが抜けているようだ。時間に関しても「夕暮れ時」と「朝食の時間」が併記され、奇妙な印象を受ける。なお、māgadhe prātarāśe に関しては、同様の表現が同じ Mv.（iii 255.14）に見られる。
（48） asaṃkhatāni. Jones（i 257.1）はこれを śankhāni（*trumpets*）と読む可能性を示唆している。
（49） Cf. 定型句 8E（ブッダが都城の敷居を跨いだ時の希有未曾有法）, 178, 202.
（50） Cf. 定型句 9B（食事に招待されるブッダ）, 182, 205. （51） Cf. 定型句 9A（ブッダの説法）, 181, 204.
（52） uddhṛtadaṇḍā. 校訂者（i 604）と Jones（i 262.1）に従い、これを avadhṛtadaṇḍā に改める。
（53） antike. 校訂者（i 605）と Jones（i 263.1）に従い、これを antaśo に改める。 （54） anyeṣām. 直訳「他の者達には」。
（55） puna maitracitto［C punaḥ mai-, B punar mai-］. 校訂者（i 605）と Jones（i 263.5）に従い、これを paramaitracitto に改める。
（56） gaditaṃ［B galitam, C galitaṃm］. 校訂者（i 606）と Jones（i 263.6）に従い、galitaṃ に改める。
（57） daśaphala-. 「如来の十力（daśabala）」と関係なければ、他のどこにも典拠がないと Jones（i 263.7）は指摘する。また彼はこれが八正道に「正智（sammāñāṇa）」と「正解脱（sammāvimutti）」とを加えた十がこれに相当するのではないかという I. B. Horner 女史の教示を紹介する。Cf. DN ii 216.33 ff; AN v 241.1 ff.
（58） aṣṭāṃgupeta-. 校訂者が見出せなかった出典を、Jones（i 264.1）は Pāli 聖典中に見出して紹介している。それは DN（ii 211.20 ff.）の記述であり、そこには「明瞭（vissaṭṭha）、清徹（viññeyya）、美妙（mañju）、快適（savanīya）、簡潔（bindu）、不乱（avisārī）、深遠（gambhīra）、広大（ninnādī）」とある。ただしここでは、これが梵天サナンクマーラの声の描写として列挙されている。この後に出てくる「四つの様相」や「五つの福徳」に関しては、出典を不明とする。E 2 群注（96）参照。
（59） nityatva-. Jones（i 265.1）に従い、これを mithyātva- に改める。
（60） -nisṛtā. 校訂者（i 607）と Jones（i 265.3）に基づき、これを -niśritā に改める。

E 1 群　降兜率～マーラの誘惑

1 ジョーティパーラ経

【文献】MN 81（ii 45-54）; 中阿 63（T. 26, i 499a8-503a19）;『興起行経』10（T. 197, iv 172c6-174b3）.

（1） mārakaraṇḍa.　MN や中阿もコーサラの遊行を説くが、「マーラカランダ」という具体的な町の名前には言及しない。なお『興起行経』のみ、この話をブッダが阿耨大泉[Anavatapta]で舎利弗に語る形式をとる。

（2） āgama-［C āra(?)mana-］.　Jones（i 266.1）に従い、ārāma- に改める。

（3） caṃkrama<u>saṣṭiḥ</u>［B kraṃkrame ṣaṣṭhiḥ, C kraṃkame ṣaṣṭim］.　Jones（i 266.2）は I. B. Horner 女史の指摘に従い、下線部を -śālā に改めているので、これに従う。Cf. Vin. i 139.37.

（4） MN や中阿はカーシャパ仏にしか言及しない。また『興起行経』にはこの件がない。

（5） Veruḍiṅga.　Vebhaḷiṅga（MN 45.25）; 鞞婆陵耆（中阿 499a22）.

（6） Ghaṭikāra.　Ghaṭīkāra（MN 46.2）; 難提波羅［Nandipāla?］（中阿 499b3）; 難提婆羅［Nandipāla?］（『興起行経』172c13）.

（7） ガティカーラとジョーティパーラの物語について、Jones（i 267.3）の挙げる出典は次のとおり。Cf. MN ii 45.2 ff.; Ja i 43.15 ff.; Bv xxv 10 ff.; SN i 35.6 ff.; Mil. 221.24 ff.

（8） Jyotipāla.　Jotipāla（MN 46.4）; 優多羅［Uttara?］（中阿 499a25-26）; 火鬘［jyotimāla?］（『興起行経』172c10）.

（9） ajanyasya.　校訂者（i 608）の示唆に従い、Jones（i 268.1）はこれを ājanyasya（*of good birth*）で理解するが、BHSD（s.v. ajanya）はジョーティパーラが身分の低い陶師ガティカーラと友達であることから、このまま *ignoble/ debased* の意で理解する。ここでは BHSD に従う。

（10） samyag［C saṃmyak］.　Jones（i 268.2）はこれが Pāli: samma（Skt.: saumya）の誤った Skt. 化によるものとし、これを saumya と解する。BHSD（s.v. samyak）もこの解釈を採るので、これに改める。

（11） 刊本は欠文だが、文脈からこれを〔　〕に補う。Jones（i 268）も同じ処理をしている。

（12） Cf. 定型句 9A（ブッダの説法）, 181, 204.

（13） Jones（i 271.1）の指摘通り、ここにはクリキン王の命を受けた男がカーシャパに近づき、カーシャパに王の言葉を告げる文章があるべきところだが、それが抜けている。

（14） parṇakulakena. 写本の読みは一定なので、この読みに間違いはないが、具体的にどのような食事を意味するかは不明であると Jones（i 273.2）は指摘する。BHSD（s.v. parṇakula）もこの語の意味を決めかねているが、（*curry?*）of rice の可能性を示しているので、これに従う。　（15） Cf. 定型句 9B（食事に招待されるブッダ）, 182, 205.　（16） ここから話者はカーシャパに移る。

（17） vikāra-. Jones（i 274.2）に従い、これを vikāla- に改める。

（18） Mv. はこのように沙弥の十戒をここで説くが、MN（51.11 ff.）は五戒に言及し、また五戒に加えて、三帰・三宝に対する信・四諦に対する信等を説く。一方、中阿（501b11 ff.）は、三帰・三宝に対する信・四諦に対する信に加え、沙弥の十戒と十善業道の一部（身三・口四・意三のうち、意三を除く）を混ぜ、さらに新たな項目を付加したものを説く。なお、沙弥の十戒に関しては、内容は同じだが、その順番に異同が見られる。Vin.（i 83.29 ff.）では、(1)不殺生戒、(2)不偸盗戒、(3)不邪淫戒、(4)不妄語戒、(5)不飲酒戒、(6)不非時食戒、(7)離歌舞観聴戒、(8)離香油塗身戒、(9)離高広床戒、(10)離金銀宝物戒の順で説かれ、特に「不非時食戒」の位置が Mv. と大きく異なる。Mv. に近いのは僧祇（xxii 460c1 ff.）の記述であるが、Mv. と比較して「離香油塗身戒」と「離歌舞観聴戒」の順番が逆になっている。

（19） yāvad eko pi. Jones（i 275.3）は、直訳すれば *even*（*when he was*）*alone* となるところを *even in my absence* と訳す。今はこれに倣う。なお、Jones は yāvad eko の読みが疑わしいと指摘する。　（20） ここから再び話者はブッダに戻る。

（21） MN はここで話が終わり、この物語の主役はガティカーラになっているが、この後、Mv. ではさらに話が続き、ジョーティパーラ（ブッダの本生）が誓願を立て、ジョーティパーラを主役とする話で終わっている。

（22） kṛtapuṇyās. 校訂者（i 613）と Jones（i 278.2）に基づき、これを kṛtapuṇyasya に改める。

（23） apravartitaṃ. Jones（i 279.1）は既出の箇所（Mv. i 331.4）に統一すべく、これを apravartiyaṃ に改めているので、これに従う。

（24） aparivartitaṃ. 前注に倣い、aparivartiyaṃ に改める。

（25） 本経ではガティカーラが主役であるが、Mv. をはじめ、MN も中阿も連結で彼を今生の誰かに比定することはない。

2 ジョーティパーラの授記

【文献】なし。

（26） これ以降、ジョーティパーラの話が部分的に繰り返されるが、このような繰り返しは詩頌で説かれるのが普通であり、散文で説かれるこの部分も本来は韻文で説かれていたことを示す痕跡があると Jones（i 282.1）は指摘する。

（27） anye pi devaputrā naṃ āpṛcche yaṃ paripṛcchanīyaṃ iti//. 訳せば「他の天子達も尋ねるべきことを彼に尋ねた」となるが、

文脈からして不相応な文であり、校訂者はこれを〔　〕に入れて処理している。また Jones（i 284.3）もこれを支持するので、ここではこれを省略する。

3　コーリヤ族の起源

【文献】仏本（T. 190, iii 672a13-676a5）［i 347.19-］.

（28）Jones（i 285.1）が挙げる平行文は以下のとおり。Cf. DN iii 84.26 ff., i 17.18 ff.

（29）taṃvarṇā.　Jones（i 286）の訳 *the source of their appearance* に倣って和訳する。

（30）cchātrakam［C vāḍakam, B vāḍakaṃ］.　Jones（i 287.2）は Böhtlingk/ Roth の *eine Art Honig* に依りながら、これを *honey* と訳すが、BHSD（s.v. chattraka）はこれを *mushuroom* とする。ここでは BHSD に従う。

（31）agninyaṃ.　Jones（i 287.3）に従い、これを agrajñaṃ に改める。以下、同様に処理し、一々注記はしない。

（32）artham.　直訳「意味」。以下、同様に訳す。　（33）akṣaram.　Jones（i 288.2）の訳 *custom* に倣って和訳する。

（34）deśaye cāyaṃ.　校訂者（i 620）と Jones（i 293.1）に従い、deseyyema vayaṃ/ dadyāma vayaṃ に改める。

（35）写本が欠損しているが、ここは語源解釈をしている箇所なので、この欠損箇所の前の rakṣati から類推すれば、ここに kṣatriyo ti が入ると校訂者（i 621）は想定しているので、これを〔　〕に補う。Cf. Jones（i 293.4）.

（36）jānapadasthāmavīryaprāpto［B -sthāvī-］.　Jones（i 293.5）によれば、校訂者（i 621）は写本の異読を採って janapada<u>sthāvīrya</u>prāpto と読み、*qui exerce sur le pays l'autorité de l'âge* と訳す。Jones はこの読みを採るが、ただし下線部は √sthā の派生語で *fixity/ security* 等を意味する語と解し、本文で he who achieves security for his country と訳す。確かに Pāli 聖典には転輪王の属性に janapadatthāvariyappatto（DN i 88.34, ii 16.15）があるので、ここでは Jones に従う。

（37）mātāpitṛsamo naigamajānapadeṣu tti jānapadasthāmavīryaprāpto ti saṃjñā.　語源解釈になっていない。

（38）以下、王の系譜が説かれるが、諸資料における王の系譜に関しては、望月信亨『増訂版／望月仏教大辞典（第六巻）年表』附録（Tokyo, 1955, 1-5）; 赤沼智善『印度佛教固有名詞辞典』（Kyoto, 1967）巻末表第一に詳しい。『説話の考古学』（268-273）参照。

（39）Pāli 聖典ではこの順番が、Mahāsammata → Roja → Vararoja → Kalyāṇa → Varakalyāṇa → Uposatha → Mandhātā であることを Jones（i 293.6）は指摘している。

（40）以下、Mv. では、スジャータ王に五人の息子と五人の娘がおり、また妾のジェーンティーとの間にジェーンタという一人息子がいて、王は嫡子である五人の息子と五人の娘を国から追放し、妾の子ジェーンタを即位させるという筋になっているが、仏本（674b26 ff.）では、兄妹婚した善生[Sujāta?]王と善賢[Subhadrā?]との間に生まれた息子を王位につけ、第二妃との間に生まれた四子を、善賢の策略にはまった王は国外に追放するという筋になっている。

（41） rājakṛtyā［B -kṛto, C kṛtāto］kośātaḥ. 校訂者は LV の用例を挙げながら下線部を属格の接尾辞として機能する語と理解し、Jones（i 295.1）もこれに沿って *from the royal store* と訳す。一方、BHSD（s.v. kṛtya）は写本の異読を生かして -kṛto/ -kṛtāto と読み、*the treasury made by the king* と訳す。ここでは BHSD に従い、下線部を -kṛtāto に改める。

（42） masniyehi［C maśniyehi］. 校訂者（i 623）と Jones（i 295.2）はこれを meṇḍehi の意で訳している。BHSD（s.v. masniya）もこれを支持するので、ここでもこれに従う。　（43） Cf. DN ii 263 ff.

（44） 実際に DN（ii 276.4-5）の該当箇所を見ると、「天・人・龍・ガンダルバ」しか説かれていないと Jones（i 295.6）は言う（実際は「阿修羅」も説かれている）。　（45） Jones（i 296.2）はこの辺りの読みが乱れていると指摘する。

（46） yeva mātṛyo. 校訂者（i 625）に従い、Jones（i 296.3）はこれを paramātṛyo に改め、*they each married a half-sister born of a different mother* と訳すが、BHSD（s.v. mātrī）は Mv. のこの箇所を引用し、校訂者の理解が間違っているとし、訂正せずに（the princes）*gave to each other in marriage each their own sisters by the same mother*（thus avoiding the marriage of any with his co-uterine sister）と読む。ここでは BHSD に従う。

（47） Pāli の伝承では Siṃhahanu（Pāli: Sīhahanu）の父は Jayasena であることを、Jones（i 298.1）は指摘する。

（48） 仏本（675c29-676a3）ではこれを、⑴閲頭檀[Śuddhodana]、⑵輸拘盧檀那[Śuklodana]、⑶途盧檀那[Droṇodana]、⑷阿彌都檀那[Amṛtodana]、⑸甘露味[Amṛtā]とする。

（49） rājarṣiḥ. これはブッダの敬称としてすでに使われていたが（Mv. i 210.9）、ここでの意味は「出家者となった王またはクシャトリア」と Jones（i 298.2）は解説する。　（50） tiṣṭhaṃ. Jones（i 299.1）に従い、これを tigmaṃ に改める。

（51） 「コーリヤ族の起源」と題しながら、そこで説かれているのは「シャーキャ族の歴史」であり、コーリヤ族のそれは補足的であることから、Jones（i 301.3）はコーリヤ族について説かれていた中心的な部分が抜け落ちてしまった可能性を示唆する。

4　鹿野苑の歴史

【文献】 仏本（T. 190, iii 676a6-b8）［i -357.2］; Ja 12（i 145-153）［i 359.18-］.

（52） Devadaha. 天臂城（仏本 676a7）.

（53） Subhūti. 善覺［Suprabuddha］（仏本 676a7）. Mhv（ii 18）では Māyā の父を Añjana とし、また彼は Thī-a.（135.29）では

Mahāsuppabuddha であることを、Jones（i 301.4）は指摘する。

(54) 仏本（676a10-12）は娘の数を「八人」とし、⑴意[Māyā]、⑵無比意[Atimāyā]、⑶大意[Mahāmāyā]、⑷無邊意[Anantamāyā]、⑸髻意[Cūlīyāmāyā?]、⑹黒牛[?]、⑺痩牛[?]、⑻摩訶波闍波提[Mahāprajāpatī]の名前を挙げる。

(55) シュッドーダナには弟三人と妹一人しかいないので、ここでの「五人の兄弟に五人の娘を与えた」という記述には何らかの混乱が想定される。一方、仏本（676b3-7）は「時淨飯王。即遣使人。一時迎取八女向宮。至於宮已。即納二女。自用爲妃。其二女者。第一名爲意。及以第八名大慧者。自餘六女。分與三弟一人與二並妻爲妃。時淨飯王。納意姉妹」と説き、八人姉妹のうち、シュドーダナが一番上のマーヤーと一番下のマハープラジャーパティーを娶り、その他の六人を弟三人に二人ずつ与えたとするので、計算は合う。

(56) Jones（i 302）はこの欠損部分に *the Master* という訳を[ ]で補っている。

(57) Cf. Sn. 35-75. Jones（i 303.5）によれば、第二偈は Dhp 405（Cf. GDhp 18; PDhp 252; Udv 33.36）に基づいていると言う。

(58) nidhāya daṇḍam. 直訳「棒を下に降ろし」。 (59) nikṣiptadaṇḍah. 直訳「棒を放棄し」。

(60) bhasmani ekacārī [C eṣacārī]. 校訂者（i 630）と Jones（i 304.2）に従い、これを bhasmavivekacārī に改める。

(61) Sn（35-75）「犀の角」は四十一偈のみだが、この後、Mv. は五百人の独覚に一つずつの偈が説かれるべきであるとするので、ここに本来、五百偈があった可能性を Jones（i 305.1）は示唆する。

(62) Ṛsipatana. Mv. では Ṛṣivadana の方がよく使われると Jones（i 305.2）は指摘する。

(63) Nyagrodha. Nigrodha（Ja 149.23）.

(64) Viśākha. Sākha（Ja 149.24）. Mv. はこの二頭を鹿王ローハカの息子とするが、Ja は二頭の父には言及せず、またこの二頭も兄弟ではなく、別々の鹿の群れを統治する王とする。

(65) nyagrodham eva seveyā na viśākham abhiprārthayet/ nyagrodhasmiṃ mṛtaṃ śreyo na viśākham asmiṃ jīvitaṃ//. Cf. nigrodham eva seveyya na sākhaṃ upasaṃvase/ nigrodhasmiṃ mataṃ seyyo yañce sākhasmiṃ jīvitan ti// (Ja 152.17-18, iv 43.13-16). (66) ここでは刊本に Ṛṣipattana とある。

(67) ここではこのジャータカに基づいた語源解釈がなされているので、Mṛgadāya となっており、Pāli 資料でもほとんどの場合 Migadāya であるが、Mv. の他の箇所や仏教梵語では、この名前が Mṛgadāva であることを、Jones（i 311.3）は指摘している。

(68) 内容は明らかにジャータカであるが、Mv. は連結を欠く。一方、Ja（153.14-20）の連結では、サーカがデーヴァダッタ、彼の群れはデーヴァダッタの衆徒、王はアーナンダ、ニグローダはブッダに比定される。

5　ガウタマ降誕

【文献】仏本（T. 190, iii 677c14-693a15）; Mv.（i 197.10-215.9）［Mv. ii 1.1-18.6］, Mv.（i 215.10-227.3）［Mv. ii 18.7-30.6］.

（69）　Jones（ii 1.1）が指摘するように、以下の内容は「燃灯仏の歴史」（Mv. i 197.10 ff.）と一致する。

（70）　以下、六十の項目が列挙され、仏本（679a14 ff.）もその数を六十とするが、LV（23.9 ff.）はそれを六十四とする。またこの後、仏本（679b26 ff.）および LV（25.5 ff.）は、菩薩の母が具足する三十二の特質を列挙する。C群注（17）参照。

（71）　akṣudrāvacaram［BC akṣudrāṃva-］.　akṣudrāvakāśam（Mv. i 197.16）. Cf. Jones（ii 1.4）.

（72）　anavadyabhīru［B atudyabhīru, C abhavyabhīru］.　これが「燃灯仏の歴史」では avadyabhīru（Mv. i 198.1）となっており、「罪過を恐れる」と訳せるが、ここでの用例をこのまま訳すと「罪過のないことを恐れる」となって、まったく逆の意味になることを Jones（ii 1.5）は指摘し、もしこの読みが正しければ、これは anavadya-bhīru ではなく、an-avadyabhīru と複合語を切って *not*（*having cause to*）*fear anything blameworthy*（i.e. *not guilty of any blameable act*）の意味になると解釈し、本文では *irreproachable* と訳す。しかし BHSD（s.v. avadyabhīru）は avadyabhīru が本来の読みであるとするので、これに訂正する。

（73）　ātmapūrvāparam.　Jones（ii 1.7）によれば、「燃灯仏の歴史」でこれに対応する語は labdhapūrvāparam（Mv i 198.3）だが、校訂者（ii 497）は下線部を ātta- と読む可能性を示しており、これなら labdha- と同義となる。一方、BHSD（s.v. ātmapūrvāpara）はこれをこのまま読んで *having continuity with itself* と訳し、この校訂者の解釈も紹介している。ここでは校訂者に従い、下線部を ātta- に改める。

（74）　こう数えると五十六項目しかない。後の四項目が欠如しているか、あるいは数え方が違うのかは不明。

（75）　ここで話者がブッダから仏弟子に変わる。

（76）　sakuśalaṃ［BC sakuśalāṃ］.　Jones（ii 5.8）に従い、これを svakulaṃ に改める。Cf. Mv. i 201.21.　（77）　Cf. LV 41.18 ff.; MAV 4f.

（78）　mayi.　於格になっているが、ここではこの直後の pratikāṃkṣi の目的語であり、実際にこの平行文ではこれが māṃ（Mv. i 202.13）であることを Jones（ii 6.3）は指摘し、この次の行の mayi を書写した可能性を示唆している。

（79）　kanakarītir.　Jones（ii 7.2）に従い、下線部を -marīcir に改める。Cf. Mv. i 203.14.

（80）　upehi.　ここでは命令形だが、「燃灯仏の歴史」の平行文（Mv. i 204.18）はこれを upetu(m) とし、この語の前の samayo と連動する不定詞であることを Jones（ii 8.4）は指摘する。　（81）　me.　Jones（ii 8.5）に従い、これを se と理解する。

（82）　Cf. Mv. i 208.11-12; LV 50.5 ff.; MAV 4b.　（83）　vīraśayane.　Jones（ii 11.2）に従い、vīrāsane に改める。C群注（25）参照。

（84）　内容面の不連続から、ここにも断層が見られる。Jones（ii 11.4）も同様の指摘をしている。

（85）　以下の詩頌は Mv.（i 209.12 ff.）に一致。

（86） svapnāntare yā pramadā adarśi sūryaṃ nabhā kukṣim anupraviṣṭaṃ/ prasūyati strīratanaṃ subhāgaṃ bhartāsya bhoti nṛpo cakravartī// svapnāntare yā pramadā adarśi candraṃ nabhā kukṣim anupraviṣṭaṃ/ prasūyate sā naradevagarbhaṃ so bhavati rājā balacakravartī// svapnāntare yā pramadā adarśi sūryaṃ nabhā kukṣim anupraviṣṭaṃ/ prasūyate sā varalakṣitāṃgaṃ so bhavati rājā balacakravartī// svapnāntare yā pramadā adarśi śvetaṃ gajaṃ kukṣim anupraviṣṭaṃ/ prasūyate sā gajasattvasāraṃ so bhavati buddho bodhitārthadharmo// (Mv. ii 13.5-20). Cf. 若母人夢見　日天入右脇　彼母所生子　必作轉輪王／若母人夢見　月天入右脇　彼母所生子　諸王中最勝／若母人夢見　白象入右脇　彼母所生子　三界無極尊／能利諸衆生　怨親悉平等　度脱千萬衆　於深煩惱海（仏本683c9-16）.

（87） samaruci. 「燃灯仏の歴史」の平行文（Mv. i 210.9）より、これを amararuci に訂正している Jones（ii 13.1）に従う。また彼は asamaruci（*whose radiance is unequalled*）の可能性も示す。

（88） 以下、Mv. は菩薩を身籠もった母の奇瑞を種々説くが（この訳中では十八）、仏本（684b10 ff.）は菩薩の母に現れる十三種の奇瑞を説く。ただしその内容に関しては、かなりの異同が見られる。　（89） pariśeṣehi. Jones（ii 13.3）に従い、pariṣkārehi に改める。

（90） mahāmaudgalyāyana. ここに突如この語が現れるが、これは「燃灯仏の歴史」の平行文（そこでの聞き手はマハーマウドガリヤーヤナ）を不注意にも書写した結果であると Jones（ii 13.4）は指摘する。

（91） Cf. LV 71.16 ff.; MAV 4g.　（92） Cf. LV 41.18 ff.; MAV 4f.

（93） これに先立つ詩頌では、彼女が遵守した戒が「十一種の戒（ekādaśaprakāraṃ śīlam）」（Mv. ii 6.8）と説かれていたので、ここでの記述と矛盾する。Mv. の編纂者が伝承の違う資料を無批判に同一資料内にパッチワークした可能性がある。

（94） sapūrvasamādinnāni. Jones（ii 13.7）に従い、下線部を sampūrṇa- に訂正する。C群注（32）参照。

（95） suvarṇa-. ここと二の直後の suvarṇa- を、本文の訳では「スパルナ」と訳す。

（96） Cf. LV 72.12 ff.; 75.5 ff.; MAV 4d.　（97） Cf. 定型句 3A（結婚）, 157, 191.

（98） sāla-. Mv. の他の箇所は、マーヤーが菩薩を出産する時に掴む木の枝を一般に「無花果（plakṣa）」（Mv. i 149.15, etc.）とするが、ここは「サーラ樹」とし、これと同じ伝承が Ja（i 52.16 ff.）に見られることを Jones（ii 16.3）は指摘している。

（99） śarīrā. Jones（ii 16.5）に従い、これを salīlā に改める。

（100） kṣiptaṃ［BC kṣipraṃ］.「燃灯仏の誕生」の平行文（Mv. i 215.19）や、この箇所の異読から Jones（ii 16.7）はこれを kṣipraṃ に訂正しているので、これに従う。　（101） śaṃgeriyaḥ. C群注（36）参照。

（102） nagaraṃ.「燃灯仏の誕生」の平行文（Mv. i 216.17）から、Jones（i 17.4）はこれを gaganaṃ に訂正しているので、これに従う。

(103) citta-.「燃灯仏の誕生」の平行文（Mv. i 217.2）から、Jones（i 17.5）はこれを citra- に訂正しているので、これに従う。

(104) adya jarāvyādhimathanaṃ janayiṣyasi amaragarbhasukumāraṃ/ devī divi bhuvi mahitaṃ hitaṃ hitakaraṃ naramarūṇāṃ// mā khalu janaya viṣādaṃ parikarma vayaṃ tavaṃ kariṣyāmaḥ/ yaṃ kartavyam udīraya dṛśyatu kṛtam eva tatsarvaṃ //（Mv. ii 20.1-4）. Cf. 夫人今生子　能斷生死輪　上下天人師　決定無有二／彼是諸天胎　能拔衆生苦　夫人莫辭惓　我等共扶持（仏本 686b14-17）.

(105) Cf. MAV 5e; Mv. ii 22.8-9, i 220.7-8.　(106) Cf. MAV 5d3; Mv. i 218.17-18.

(107) ここも「燃灯仏の誕生」同様、この後を読んでも、六歩や八歩ではなく、「七歩歩く」ことの意味は説かれていない。

(108) yadā. Jones（ii 19.1）に従い、これを yasmā に改める。C群注（42）参照。　(109) me. 文脈より、これを se に改める。

(110) 内容面の不連続から、ここにも断層が見られると Jones（ii 19.7）は指摘する。

(111) cāsya.「燃灯仏の誕生」の平行文（Mv. i 220.11）から、Jones（ii 20.4）はこれを sāmaṃ に改めているので、これに従う。

(112) Mv. は四項目を説くのみだが、これに対応する仏本（iii 686b18 ff.）は、菩薩が誕生した時の奇瑞を十六項目にわたって説く。

(113) anonaddhā. Jones（ii 20.5）はこれを an-ava√nah の過去受動分詞（*relaxed/ untied*）と理解し、本文では *at ease* と訳す。ここでは「燃灯仏の誕生」の平行文（Mv. i 221.5）から、これを anārabdhā に改める。

(114)「四百コーティもの洲」という伝承は、他文献には見られないと Jones（ii 20.6）は指摘する。

(115) 内容面の不連続から、ここにも断層が見られると Jones（ii 21.1）は指摘する。　(116) Abhayā. Cf. 無畏（仏本 692a7 ff.）.

(117) ここでは、菩薩の誕生により、地獄の住人までもが安楽を感じていると説かれているので、自業自得の原則を破る「業の消滅」の思想が見られる。『説話の考古学』（254-263）参照。

(118) <u>naralambakasya</u> [C nalaramba-, B naralaṃba-]. Jones（ii 23.3）は下線部を -lañcakasya に改めているが、ここではこれに従わない。B群注（45）参照。

(119) jāte jagapradhāne sarve arthā pradakṣiṇā rājño/ tena naralambakasya nāmaṃ sarvārthasiddha iti//（Mv. ii 26.14-15）. Cf. 天上天下無如佛　十方世界亦復然　世間所有我盡觀　一切更無如佛者（仏本 691b2-3）.

(120) praśāntadṛṣṭi yathā. Jones（ii 24.1）に従い、前出の平行文より（Mv. i 151.8）、praśāntadṛṣṭipathā に改める。

(121) Cf. Mv. i 151.8-9.

(122) bhavi [BC bhava]. 前出の平行文でこれが vaḥ（Mv. i 225.18）であることを Jones（ii 25.1）は指摘しつつも、これは書写ミスで、次の行にある bhavatām が省略された形であると見る。ここでは前出の平行文に従い、これを vaḥ に改める。

(123) suvyapadeśakṣemam. B群注（90）参照。　(124) Cf. Mv. i 226.16-227.3.

6 アシタ仙の占相

【文献】仏本（T. 190, iii 693b23-701a19）.

(125) Nālaka. Cf. 那羅陀［Nārada］（仏本 693c20）; Naradatta（LV 101.2）.

(126) devaguṇa-. 校訂者（ii 500）および Jones（ii 31.1）に従い、下線部を sarva- に改める。

(127) na vibhānti［B navaṃ yatiṃ, C naga patiṃ］. 写本の読みは乱れており、これが校訂者（Mv ii 500）の推測に基づく読みであることを Jones（ii 31.4）は指摘する。

(128) aneyaḥ. これは通常 ananyaneya（Mv. i 208.5）という形を取ることを校訂者（ii 500）は指摘し、Jones（ii 32.1）もこれに従うが、BHSD（s.v. aneya）はこれが Pāli: aneja（*immovable/ free from desire*）に相当する hyper-Skt. であるとして、校訂者の理解を斥ける。ここでは BHSD に従う。

(129) diśāsu［BC paṃcasu］. 写本は「五つ〔の地方〕に」とするが、そのような伝承は見られないので、校訂者（ii 500）はこれを diśāsu に改めていることを Jones（ii 32.2）は指摘している。

(130) kuṭhārihastāḥ. Jones（ii 32.4）の指摘通り、ここで彼等が斧を持つ目的が明確でない。

(131) 写本は欠損しているが、Jones（ii 33.1）はここに manasā を修飾する形容詞がくることを指摘し、本文の訳では *With cheerful heart* として、下線部を補っている。

(132) kṛtā va candrāṇi. Jones（ii 33.4）は I. B. Horner 女史の示唆に従い、これを ornaments in the shape of moons, whether crescent or full と理解するので、ここでもこれに従う。

(133) kālamegha-. Jones（ii 34.1）はここで「インド神話で、このような命を支える雲は、かつて翼を持って大空を飛び回っていた象と考えられる」という I. B. Horner 女史の指摘を紹介している。

(134) suāviddhaṃ［BC suaviddhaṃ］. Jones（ii 34.4）に従い、suvibhaktam に改める。

(135) viṣṭaṃ. Jones（ii 34.5）に従い、これを dṛṣṭaṃ に改める。なお、Jones の言うように、この詩頌自体の意味内容は不明である。

(136) Kāla. kāla は「黒」を意味するが、asita は a-sita と分解でき、「白（sita）でない（a）」、すなわち「黒」となるので、Kāla と Asita は同義となる。

(137) ākhaṇḍalasamāno［BC aṣaṇḍara-］. このまま読めば「破壊者（インドラ）と同様に〔泣き崩れた〕」となり、そのような挿話があったとしても、この譬喩自体こじつけで不自然であるとJONES（ii 36.1）は指摘し、これをaśrukaṇṭhasamāno に改めているので、これに従う。

(138) asito sitasāhvayaṃ idam avocat.「アシタは〔名前は「黒」だが〕かくの如き明白なる言葉を語れり」となるので、JONES（ii 37.2）は下線部に言葉遊びが見られると指摘する。本群注（136）参照。

(139) ここは写本の欠損部分だが、JONES（ii 37）はここに"*Not so*"を［ ］に補っている。

(140) guṇasāgaram［tu sāga-］. JONES（ii 38.3）は gaṇasāgaram（*an ocean of a multitude/ a multitude vast as the ocean*）、つまり saṅgha の可能性も示唆している。(141)「瞋」に関する詩頌が欠けている。

(142) snigdhavṛttiṃ bhavān detu. 下線部の読みが適切ではないとする校訂者（ii 502）に基づき、JONES（ii 39.6）は暫定的に snigdhavatīṃ（*an easy or comfortable way of life*）と読んで、本文では *Let your majesty safeguard my well-being* と訳す。ここでもこの理解に従う。

(143) 写本では、以下の詩頌がアシタとシュッドーダナとの別れの前に置かれているだけでなく、ナーラダに向けて語られていることを示す文言もなく、以下の詩頌の内容からそれを推察するのみであることをJONES（ii 39.7）は指摘する。またJONESは写本の混乱に加え、アシタの話にナーラダの話が奇妙に割り込んでいるとも指摘している。

(144) この詩頌と次の詩頌は場違いであり、明らかに彼の死を讃える他文献からの竄入であるとJONES（ii 40.1）は指摘する。

(145) Cf. 仏本（696a4 ff.）; LV（106.8 ff.）.

(146) -tilakālaka-. これは重複誤写であり、-tilaka- と読むべきであるとするJONES（ii 40.6）に従う。

(147) abhagna-. JONES（ii 40.7）は LV に ajihmapāṇilekhaḥ（106.15）という同様の表現があることから、abhugna-（*unbent/ not crooked*）という読みを示唆しているので、これに従う。(148) nābhyāyatanavacanā. 直訳「遠くに届きすぎず」。

(149) -abhagna-. JONES（ii 41.3）に従い、-abhugna- に改める。BHSD（s.v. abhugna）もこれを採る。

(150) abhagna-. JONES（ii 41.6）はこれも abhugna- に改めているが、ここはこのままで読めるので、訂正しない。

(151) vallita-［BC vellita-］. JONES（ii 41.10）は写本の読みを採り、vellita- に改めている。BHSD（s.v. vallita）はこれを、もし写本の読みが正しければという条件付きで、valli（*creeper*）の名詞起源の動詞の過去受動分詞としながらも、別の箇所（s.v. vellita）では、この読みに訂正した方がよいとも指摘しているので、JONESの訂正に従う。

(152) tenāsya［B nāsya］. JONES（ii 42.1）が指摘するように、このまま読めば「それを以て最上相の一つが彼の体に現れる」となり、文脈に合わないので、写本の異読を採ってnāsya に改めているが、このままであれば、音節が一つ減って韻律を乱すので、na asya とする。ここではこれに従う。

7 青年期のガウタマ

【文献】仏本（T. 190, iii 705c20-707a17).

（153）仏本（705c20 ff.）では菩薩が目撃した光景がMv. と異なり、犂で掘り起こされた虫を上空の鳥達が目撃すると、競って舞い降り、それを啄んでしまったことが中心となっている。

（154）tiryagatyarthavistārikaṃ [B tenekaśotre sasthāvarā, C tenaikaśrotasaṃsthāvarā]. この箇所は原形がかなり損なわれ、校訂者はLVを参考にこれを復元している。Jones（ii 43.1）はこの二写本の読みから、本来のテキストは須弥山を「珠宝や金剛」に加えて、動植物（trasa, sthāvarā）の生息地として描いていたのではないかと推測する。

（155）この詩頌は次の記述への導入的な意味を持ち、これ以前の詩頌とは何ら関係ないとする校訂者（ii 503）の見解をJones（ii 44.1）は紹介している。

（156）vyāvṛtte timiranudasya maṇḍalasmiṃ dhyāmābhaṃ śubhavaralakṣaṇāgradhāriṃ/ dhyāyantaṃ girim iva niścalaṃ narendra siddhārthaṃ na jahati jambucchāyā// (Mv. ii 47.8-11). Cf. 大王太子今在於　閻浮樹陰下端坐　加趺思惟入三昧　光明照曜如日山　此實眞是大丈夫　樹影卓然不移動（仏本 706c18-20).

7-(1) 吝嗇家本生話

【文献】Ja 535（v 382-412);『盧至長者因縁経』（T. 539, xiv 821c-825a);『旧雑譬喩経』15（T. 206, iv 513b10-28).

（157）コロフォンではこの本生話がmañjarīと呼ばれているが、内容を見ると、この本生がmañjarīとは何ら関係なく、その内容からmatsarī（*miser*）と訂正すべきであるとJones（ii 45.2）は指摘する。BHSD（s.v. maccharī）はこれをこのSkt. の中期インド語形maccharīと解釈する。ここではBHSDに従って訂正する。

（158）Kauśika. Jaではこれが Kosiya/ Maccharikosiya（〔ケチの〕コーシヤ）となっていることをJones（ii 46.1）は指摘する。

（159）Mv. では「チャンドラマ・スールヤ・マータリ・パンチャシカ」と「カウシカ」との関係は説かれていないが、Ja（383.10 ff.）では「ある富豪が死んでサッカとなり、その子がチャンダ、チャンダの子がスリヤ、スリヤの子がマータリ、マータリの子がパンチャシカ、そしてパンチャシカの子がケチのコーシヤ」と説かれている。

（160）nānāprakārāṇi uccāvacāni varṇāni upadarśeti. 直訳「背の高い、あるいは低い、様々な種類の姿を現じた」。なお、パンチャシカが犬に変身することに言及する記述がないので、校訂者（ii 504）は写本に欠文を想定するが、Jones（ii 47.1）はJaの平行話との比較から（Jaではこの段階でパンチャシカが犬には変身していない）、これは欠文ではなく、ここの記述自体が間違った場所に置かれたことで引き起こされたとし、パンチャシカが犬に変身する記述は、本来この後の「カウシカが彼等の正体を尋ねる場面」（Mv. ii 52.2 の前あたり）に置かれるべきであることは明らかだとする。

(161) nalam［BC nālam］. 写本の読みやJaの平行文にnālam（387.15）とあることから、Jones（ii 47.3）はこれをnālamに改めているので、これに従う。

(162) natvāham［B naitvarham. C na tv ahaṃ］. Jones（ii 47.4）はJaの平行文taṃ taṃ vadāmi（387.21）を参考に、これをtaṃ tv ahaṃに改めているので、これに従う。

(163) ekāṃśaṃ［C ekāṃśa］. Jones（ii 47.4）に従い、この単語の直前にnaを補う。この直前の単語が-nnoで終わっているために、重字脱落により不注意にもnaが省略されたとJonesは見る。

(164) samāhitaṃ. Jones（ii 48.1）はJaの平行文にsamīhitaṃ（388.16）とあることから、この形に改めているので、これに従う。

(165) sarasvatīṃ so juhoti cāhutāṃ gamaye api. この読みには問題があるので、Jones（ii 48.2）はJaの平行文sarasañ ca yo juhati bahukāya gayāya ca（388.24）を参考に、下線部をca bahukāṃ gayāṃに訂正しているので、これに従う。しかしこれでも、これに対応するJaの詩頌の意味内容をすべて伝えきれていないとJonesは指摘する。

(166) Kośika. Kauśikaに訂正。

(167) suptaṃ na. Jones（ii 49.2）はJaの平行文suttam etaṃ（390.26）を参考に、これをsuptaṃ taṃに改めているので、これに従う。

(168) 校訂者はここに欠文を想定し、パンチャシカが犬に変装する記述がここにあったと考える。これに対し、Jones（ii 49.4）は、この辺りの接続の悪さの原因を、欠文ではなく、これらの詩頌で言及される既述の散文部分が驚くほど簡略にしか説かれていなかったことに求めている。

(169) ahaṃ sugatiṃ pravrajiṣyaṃ［BC ahaṃ pravrajiṣyāmi］. これは完全に校訂者の仮定に基づく読みで、pra√vrajは「出家する」の意であるから、√vrajであればともかく、「善趣に赴く」の意味でpra√vrajは使われないことをJones（ii 50.3）は指摘する。Jonesは写本の読みやJaの平行文ahaṃ pabbajissāmi sakka（392.5）を参考に、ahaṃ pravrajiṣyāmi śakraという読みを示唆しているので、これに従う（なおJonesの本文での英訳は校訂者の読みに基づき、この訂正に従っていない）。

(170) Mv.では何の説明もなく、突然、話の場面が変わるが、Jaを見れば、サッカが彼を教導した後に天界に戻り、一方のコーシヤは草庵を作って出家したこと、またサッカの四人娘が三十三天に昼の休息に来ていた苦行者ナーラダと出会い、彼の持っていたパーリッチャッタカの花をねだるという記述が見られるが、この部分がMv.で省略されている。なお、これ以降、Mv.はJa（393.1 ff.）とよく一致する。Cf. Jones（ii 50.5）.

(171) upāgatā ṛṣivara sarvi pūjituṃ［B upāgamā ṛṣi-, C -game ṛṣi- sarvapū-］. Jones（ii 50.6）に従い、これを upāgato ṛṣivaro sarvapūjito に訂正する。Cf. athāgamā isivaro sabbalokagū（Ja 393.4）.

(172) dadensur［B dadet, C dada］. この動詞には三人称複数の語尾が付されているが、文脈からすれば、これは三人称単数でなければならないとし、Jones（ii 51.2）は写本の読みに基づいてこれを dadet に訂正しているので、これに従う。

(173) tām. 娘は四人いるが、ここでの「彼女」はその四人を代表してこの直前の言葉を発した娘と解釈する。

(174) gṛhṇātu［BC so pi］. 校訂者はこれを（ ）に入れ、写本の読みの代わりとしているが、Jones（ii 51.4）は Ja の平行文から、写本の so pi は sā piḷayhathā（393.21）の残像ではないかと推定し、この仮定に基づいて英訳している。ここでも、訂正案は出せないが、意味はこれに従う。 (175) sa. Jones（ii 51.5）は Ja の平行文 ko（394.15）に倣い、これを ko に改めているので、これに従う。

(176) paramārthadarśinaḥ. この形容句が場違いであることを Jones（ii 51.8）は指摘する。Ja の平行文はこれを「極度に動揺し（paramappakopitā）」（394.25）とするが、確かにこの方が自然である。

(177) anāttamanā. Jones（ii 52.2）は Ja の平行文 āyattamanā（395.2）に倣い、この形に改めているので、これに従う。

(178) Jones（ii 52.4）は Ja に基づき、ここに *Śakra said to Mātali* を補っている。ここでもこれに倣う。

(179) preṣayi devasārathiḥ. Jones（ii 52.5）は Ja の平行文 pāpaya devasārathi（396.7）に倣い、これを prāpaya devasārathi に改めているので、これに従う。

(180) 話の流れを分かりやすくするために、これを〔 〕に補う。Jones（ii 52）はここに *Kośika said to him* を［ ］に補っている。

(181) ここは写本が一音節分欠損し、hi のみが見られるが、Jones（ii 53.1）は Ja の平行文 hanti（397.6）から、これを jahi と推定しているので、これに従う。 (182) ekasya na. Jones（ii 53.2）に従い、これを ekāsanaṃ に改める。Ja（397.22）もこの形を取る。

(183) mitraṃ opāyikaṃ［B mitraṃ ohi pāriṣaṃ rthikā, C mitra oparipattikā］. この読みは明らかに誤りであるとして、Jones（ii 53.3）はC写本の読みから、Pāli: paripāṭeti/ paripaṭeti（*caus. of* paripaṭati）、あるいは仏教梵語 paripāṭayati（*to destroy/ ruin*）を想定し、opātenta（=avapātentā）という訂正案を考えているが、こう決定するには他の写本との校合が不可欠として、慎重な態度を取る。この辺りの記述は Ja にも見られ、そこではこれに対応する語が mittadduno（397.27）であり、語形は違うが意味内容は同じなので、これに従って訳す。

(184) paharanti arthaṃ［B svapanti arthaṃ, C svapanti artha］. この二つの写本の下線部の読みは、Ja の平行文 sapanti subbate（397.27）の残像であると Jones（ii 53.3）は指摘する。

（185） sudhāṃ pi ādāya pratigrahārhāṃ. 直訳すれば「受け取るに相応しき甘露を執りて」となるが、甘露はすでにマータリによって彼のもとに運ばれているので、この読みに問題があることをJones（ii 53.5）は指摘し、Jaの平行文 āsā ca saddhā ca sirī hirī tato（398.23）を参考に、原文の訂正はしていないが、ここにシャクラの娘四人の名前を入れている。JaとMv.とで順番こそ違うが、Jaの sudhāṃ と ādāya は Mv. の śraddhā と āśā にそれぞれ対応することもJonesは指摘している。恐らく本来はMv.もシャクラの娘四人の名前がここにあったと推測されるが、伝承の過程で混乱を来し、現在の形になったと思われる。ここではJonesに倣い、Jaに従って訳す。

（186） tvayā upeto śirijātimantiyā(a) preṣeti dāsaṃ viya bhogavāṃ sukhī(b). この直後の詩頌の後半は tvayā upeto śirijātimantiyā(c) tad idam asādhu yad idaṃ tvayā kṛtaṃ(d) であるが、Jones（ii 54.3）はJaの平行文（399.17-24）との比較からここに混乱があるとし、下線部(a)は下線部(c)の重複であり、本来は(a)の代わりにJaの tayā vihīnā na labhanti kiñcanaṃ（399.19）に相当する文が置かれ、また下線部(b)と下線部(d)は入れ替えるべきであると指摘する。ここではJonesに従って訳す。

（187） -jātimantiyā. Jones（ii 54.4）に従い、-jātimantaṃ に改める。

（188） Jaの順番では、ここに「アーシャー」が来るとJones（ii 54.5）は指摘する。

（189） manorameśāhvayanāṃ［BC manomayā sahvayanā］diśām. 校訂者（ii 506）はこの訂正が疑わしいことを認めている。

（190） me. Jones（ii 55.1）に従い、これを se に改める。

（191） svakulaṃ dhītarā［BC sukula dhītarāya］. Jones（ii 55.3）に従い、sukulāṃ dhītaraṃ に改める。

（192） kumbhakāśiye. Jones（ii 55.4）に従い、下線部を -dāśiye に改める。 （193） śrutam. Cf. cāgam（Ja 402.28）.

（194） śraddhā satī yatra . . . . ekadā. Jones（ii 55.5）はこの読みに問題があるとし、Jaの平行文 ādāya saddhāya karonti h' ekadā（402.29）に基づいて訳しているので、ここでもJonesに従う。

（195） jahāti rātrī［B -rāḍi, C -rātri］. Jones（ii 55.7）はJaの平行文 dighaññarattiṃ（403.30）を参考に、これを jaghanyarātrīm に改めているので、これに従う。 （196） sarabhāya［C sarvāṃ, B saravāya］. Jones（ii 56.1）に従い、これを sarabhayā(t) に改める。

（197） . . . . .［B masakkasāra-, C masatkusāra-］pravarāsmi. 刊本では欠文として処理されている箇所の写本の読みやJaの平行文 masakkasārappabhav' amhi（400.28）から、Jones（ii 56.2）はこの部分を masakkasāraprabhavāsmi と復元しているので、これに従う。

（198） kāṃcipramṛṣṭadhāraṇī. Jaは「磨かれし腕輪を身に付け（kambuvimaṭṭhadhārinī）」（400.12）とすることをJones（ii 57.2）は指摘する。

（199） kuśāgraraktā. Jones（ii 57.3）はJaの平行文 kusaggirattaṃ（400.14）を参考に、下線部を kuśāgni- に改めているので、これに従う。

（200） 刊本はここを欠文とするが、Jones（ii 57.5）はJaの対応箇所が kālā nidāghe-r-iva aggijāt' iva（404.3）とあり、釈書はこの kālā を「黒蔓草（kāḷavalli）」（404.9）と釈しているので、この欠落部分を plant という訳語で補っている。ここでもこれに倣う。

(201) alaṃkṛtā lohitamālinī. JONES (ii 57.5) は Ja の平行文 anileritā lohitapattamālinī (404.4) を参考に、これを anileritā lohitāpatramālinī に改めているので、これに従う。 (202) sukheṣiṇī. JONES (ii 57.6) に倣い、これを sudheṣinī に改める。

(203) āśītakurvī harate niṣaṇo [B -kurvvi harate niṣarṇṇo, C niṣarṇṇo]. 写本は乱れており、また校訂者の校訂も不充分なので、JONES (ii 58.11) は Ja の平行文 hirim etad abravi (407.5) から英訳している。ここでも、これに従う。

(204) tasyetavāye kuṣicāya kauśikaḥ [C -vāyeṣu pi cāya kauśiko]. 混乱が見られるが、JONES (ii 58) は注記せずに、*And as she sat on the couch of kuśa grass* と訳す。Ja の相当箇所は tassā tadā kocchagatāyā kosiyo (407.7) とあるので、ここではこの Ja より翻訳する。

(205) jaṭāyantaṃ dhanena. JONES (ii 58.12) に従い、これを jaṭājinaṃdhārin に改める。Ja の相当箇所も jaṭājinaṃdharo (407.8) とする。

(206) jayettamānaye. JONES (ii 58.13) に従い、これを yad icchamānāya に改める。Ja の相当箇所も yad icchamānāya (407.8) とする。

(207) sā adhyabhāṣi [C sā adhvabhā-] tvaritā [BC tvaritāṃ] mahāmuniṃ. JONES (ii 59.2) この読みが正しくないことは明らかだとして、Ja の平行文 sudh' ābhihāsi turito mahāmuni (407.10) を参考に、これを sudhām abhyaharṣīt tvarito mahāmuni に改めているので、これに従う。

(208) taṃ so vatārād vinivartayed ratham. この読みが正しければ、「彼(マータリ)は〔車を〕降りた〔場所〕から車を引き返さしめた」と訳せる。JONES (ii 59.5) で下線部に疑問符を付しながら、本文では *And Mātali took out his chariot from its place.* と訳し、注では点線部を where the charioteers "alighted" and the chariots were kept と釈す。ここでは本文に挙げたように、意訳する。

(209) manesī [B manesi]. JONES (ii 59.8) はこれを説明不能とし、Ja にも手がかりがないとする。BHSD (s.v. manesī) も some unknown part or adjunct of a chariot と説明するのみである。

(210) kupsaram [B kupseraṃ]. JONES (ii 59.8) はこれも説明不能とする。BHSD (s.v. kupsara) も some unknown part of a chariot とし、Ja の対応箇所 (408.32-409.2) にも手がかりになる語はないとしながらも、もしこれがこの前の koccha (407.22) に対応するなら、seat と解釈できるとする。 (211) 刊本は欠文だが、文脈よりこれを補う。JONES (ii 60) も [*said* ...] とする。

(212) 刊本は欠文だが、文脈よりこれを補う。JONES (ii 60) も [*Kośika replied* ...] とする。

(213) 刊本は欠文だが、JONES (ii 60.3) は Ja の平行文 addhā (410.2) より、これを Ja の英訳を借用して a partial jade と訳している。ここでもこれに従う。

(214) pravarjitā [C pravrajitāḥ, B pravrajitā]. JONES (ii 60.4) によれば、写本の読みが文脈に合うが、韻律を乱すために、校訂者 (ii 508) は pravarjitā とするが、彼自身この読みが疑わしいことを認めている。pravarjitā の原形 pra√vṛj は本来 *to place in or on the fire* (in a sacrifice) を意味するが、校訂者はこの原意からここでの意味を *mis au feu/ éprouvé* と解釈する。一方、JONES は pravārjitā

（*driven away*（from the fight), i.e. *fleeing*）という可能性を示す。ここでは写本の読みに従って訳す。

(215) surabhī. Jones (ii 60.6) に従い、これを śarair に改める。

(216) vipaśyamānā [BC vipuṇyamānā]. Jones (ii 60.5) に従い、これを vipadyamānā に改める。

(217) dṛṣṭam [C dṛṣṭvam]. Jones (ii 60.8) に従い、これを dṛṣṭim に改める。Ja の平行文も diṭṭhim (411.5) とする。なお刊本はこの後を欠文とするが、Jones は Ja の平行文 odahi (411.5) から *established* を補って訳しているので、ここでもこれに従う。

(218) tasyaiva bhāvasahavratānuja. Jones (ii 61.1) はこの読みに問題があるとし、下線部を -sahavratāṃ vraja と読む可能性を示しているが、本文では刊本の読みに基づいて英訳している。

(219) ここでは「カウシカ」と種姓で呼ばれていた人物の個人名がナーラダであり、ブッダに同定されるが、Ja は「コーシヤ」を施主の比丘 (dānapati bikkhu)、「ナーラダ」をサーリプッタ、そして「サッカ（帝釈天）」をブッダに同定する。

7-(2) 蜥蜴本生話

【文献】仏本 (T. 190, iii 708a10-b18); Ja 333 (iii 106-109).

(220) Ja よりも仏本の方が Mv. に内容的に近い。

(221) 構造的には「青年期のゴータマ」に帰属する形で、直前の「吝嗇家ジャータカ」、この「蜥蜴ジャータカ」、それからこの後の「首飾りの布施ジャータカ」と「雌虎ジャータカ」とが説かれているが、実際に「青年期のゴータマ」に関連して説かれるのは最初の「吝嗇家ジャータカ」だけ（これは確かに「青年期のゴータマ」で説かれているように「ヤショーダラーが菩薩に恥じらいながら近づいたこと」を受けてのジャータカと言える）で、後の三つのジャータカは、それが説かれるきっかけになる話が「青年期のゴータマ」には説かれていない。つまり、この「蜥蜴ジャータカ」は「ヤショーダラーが菩薩の高価な贈物に満足しなかったこと」に関し、この後の「首飾りの布施ジャータカ」は「菩薩がヤショーダラーにだけ多くのものを与えたこと」に関し、また最後の「雌虎ジャータカ」は「菩薩が出家した後、デーヴァダッタとスンダラナンダがヤショーダラーに求婚したが、彼女は菩薩だけを望んでいたこと」に関して説かれるべきジャータカであるが、そのもとになる話が「青年期のゴータマ」にはいずれも見出すことができない。ただここは他の場合と違って、これら三つのジャータカが文脈とはまったく関係なしに竄入したと考えることもできない。なぜなら、いずれのジャータカも「青年期のゴータマ」、特にヤショーダラーとのエピソードにまつわるジャータカだからである。よって、本来「青年期のゴータマ」として分類した説話の中に、ヤショーダラーが菩薩の高価な贈物に満足しなかったり、菩薩がヤショーダラーにだけ多くのものを与えたり、また菩薩が出家した後、デーヴァダッタとスンダラナンダがヤショーダラーに求婚したが、彼女は菩薩だけを望んでいたことを伝える話が存在したが、これらのジャータカが付加された後、何らかの理由でその部分が省略ないしは欠損してしまったという可能性がある。現段階では推測の域を出ないが、この点に関しては今後のさらなる考察が必要である。Jones（ii 61.6）もこの点を指摘する。

(222) 仏本では、この質問を発するのが比丘の優陀夷［Udāyin］であり、したがってこの本生話の対告者は優陀夷となっている。

(223) kariṣyanti. Mv（ii 424.7）と Udv（1.23）に従い、これを gamiṣyanti に改める。

(224) Cf. Mv. ii 424.6-9; SN i 97.28-31; Udv 1.23-24.

(225) adyāpi te taṃ vanasmiṃ avabuddhyāmi kṣatriyā yasya te dhanuhastasya sānubaddhakalāpino/ olagnā drumaśākhāyāṃ pakvā godhā palāyitā //（Mv. ii 66.17-19). Cf. 最勝大王聽　往昔遊獵時　執箭或持刀　射殺野麞死／剝皮煮欲熟　遣我取水添　食肉不留殘　而誑我言走（仏本 708b10-13).

(226) satataṃ na gacche [B sa taṃ na ga-]. これでは意味が取れないので、Jones（ii 64.2）に従い、下線部を sakhitāṃ に改める。

(227) 仏本の連結は Mv. と同じだが、Ja はこの王子と王女を現在物語で登場する夫婦とし、王子を諌める役を演じる大臣をブッダに同定する。

7-(3) ヤショーダラーの首飾り布施本生話

【文献】なし。

(228) hevī. Jones（ii 65.4）に従い、これを devī と読む。

7-(4) ヤショーダラーの雌虎本生話

【文献】仏本（T. 190, iii 715a4-b22).

(229) hastoktam. Jones（ii 66.3）はこれを hastatvaṃ（*power/ control/ protection*）に改めているが、BHSD（s.vv. hastokta, hastatva）は両者の類似を認めつつ、hastokta を *declared to be in the hand*（=*power*）、hastatva を *state of being in the hands*（=*power*）とし、同じ意味内容の語と考えているので、ここでは訂正せずに読む。

(230) この本生話も前の蜥蜴本生話と同じく、この質問を発するのが比丘の優陀夷［Udāyin］であり、したがってこの本生話の対告者も優陀夷である。

(231) ārājakam. Jones（ii 68.2）に従い、これを arājakam に改める。

(232) mama gomayena kalpāni devakāryāṇi kriyanti/ ṛṣabho avaca tatra mama bhadre patiṃ varet//. Cf. 世人皆取我之糞　持用塗地爲清淨　是故端正賢牸虎　應當取我以爲夫（仏本 715a22-23).

(233) nityutthitaṃ sadā kilāntaṃ śakaṭehi lāṃgalehi ca/ no tādṛśaṃ patim icche manuṣye yadi bhavel loke //. Cf. 汝項斛領甚高大　止堪駕車及挽犁　云何將是醜身形　忽欲爲我作夫主（仏本 715a25-26).

(234) aham anucaropeto saṃgrāme aparājito/ hastināgo balī tatra mama bhadre patiṃ varet//. Cf. 我是雪山大象王　戰鬪用我無不勝　我既有是大威力　汝今何不作我妻（仏本 715b1-2).

(235) siṃhasmiṃ nadamānasmiṃ tuvaṃ bhīto palāyasi/ chardagūtham eva sṛjaṃ neccheyaṃ tādṛśaṃ patiṃ//. Cf. 汝若見聞師子王　膽懾驚怖馳奔走　遺失屎尿浪藉去　云何堪得爲我夫（仏本 715b4-5).

(236) anupūrvasujātaskandho siṃho parvatagocaro ham asmi/ mṛgasaṃghā trasanti sarve tvaṃ bhadre mama bhartāraṃ varehi //. Cf. 汝今觀我此形容　前分闊大後纖細　在於山中自恣活　復能存恤餘衆生／我是一切諸獸王　無有更能勝我者　若有見我及聞聲　諸獸悉皆奔不住／我今如是力猛壯　威神甚大不可論　是故賢虎汝當知　乃可爲我作於婦（仏本 715b8-13).

(237) sarvākāravaropetaṃ giriṃ vā svayam āgataṃ/ etādṛśaṃ patim icche mūrdhnenāpi pratīcchitaṃ//. Cf. 大力勇猛及威神　身體形容極端正　如是我今得夫已　必當頂戴而奉承（仏本 715b15-16).

(238) 仏本の連結は、獅子をブッダ、雌虎を瞿多彌 [Gaumatī]、諸獣を五百人のシャーキャ族の童子に同定し、雄牛と雄象に関する同定は見られない。

8　武勇に秀でたガウタマ

【文献】 仏本（T. 190, iii 707c17-708a9, 708b19-712c16).

(239) 仏本（708a10-b18）は、既出の Mv.「蜥蜴本生話」に相当する話を含む。

(240) rājñā śuddhodanena ... cakṣu nipatanti（72.17-18). ここに「シュッドーダナ王は大臣達に命じた。「どの娘に王子の眼は釘付けになったか」」という文があるが、これは次頁（73.3）からの竄入なので、校訂者はこれを［ ］に入れる。Jones（ii 70.1）もこれを省略するので、ここでもこれに従う。

(241) balāhukke. 校訂者自身もお手上げの疑わしい読みだが、Jones（ii 71.2）は balākāre という読みを示唆する。一方、BHSD（s.v. balāhukka）は校訂者と同様にほぼお手上げとしながらも、balāhikke（*superiority of strength*）という読みを示唆する。文脈からはこれが何らかの武芸であることは分かるが、詳細は不明。読みの訂正はできないが、ここではとりあえず「拳闘」と訳す。

(242) sundaranando pi ... atikrānto. Jones（ii 72）はこれを、直前にある大勢の人の叫び声の一部として“ ”に入れるが、ここでの「スンダラナンダ」には「王子」という敬称がないので、「 」から外し、語り手の客観的描写と理解する。

(243) 仏本は、ブッダの技芸を披露する順番を、(1)計算・算術（Mv. にはこの記述なし）、(2)弓矢、(3)象の移動、とし、「弓矢」と「象の移動」の順番が Mv. と異なる。

8-(1) ダルマパーラ本生話

【文献】Ja 447（iv 50-55）.

(244) 定型句 2B（王国の繁栄）, 155, 190.　(245) 以下、Ja（53.6 ff.）の詩頌によく一致する。

(246) <u>asatāṃ hi tv asatāṃ</u> rocayāmaḥ. Jones（ii 76.2）に従い、下線部を asatāṃ hitvā satāṃ に改める。Cf. hitvā asante na jahāma sante（Ja 53.12）.　(247) śravaṇa-. Jones（ii 77.1）に従い、これを śramaṇa- に改める。

(248) dharmacaryam. Jones（ii 77.2）に従い、dharmacarya と brahmacarya は同義と見なす。

(249) Cf. Th. 303; Ja i 31.31-34, iv 54.30-33, 496.13-16; Udv 30.6.　(250) Ja でダンマパーラに同定されるのはブッダである。

8-(2) 放矢本生話

【文献】なし。

(251) Jones（ii 79.7）はこの文に否定辞が必要であるとし、これを補って *"I know," said he, "that this arrow did not come from Benares."* と訳しているが、本文に挙げたように訳せば、否定辞は要らないので、この訂正には従わない。

8-(3) 鍛冶屋の娘アマラー本生話

【文献】仏本（T. 190, iii 712c17-713c10）; Ja 387（iii 281-286）; Divy 36（521.10-523.3）; ChMSV（T. 1442, xxiii 887a6-26）.

(252) 仏本では、この質問を発するのが比丘の優陀夷［Udāyin］であり、したがってこの本生話の対告者は優陀夷となっている。

(253) Mv. のみ、村の名（ヤヴァカッチャカ）・娘の名（アマラー）・村長の息子の名（マハウシャダ）を具体的に出す。

(254) yehi oṣiṇo teṣām aham［B yohi oṣi-］. 写本が乱れている。Jones（ii 80.6）の指摘通り、この後の詩頌でマハウシャダが彼女を「鍛冶屋の娘」と推測している件からすれば、ここではそれのヒントになる文が来るべきところであるが、上記の刊本の読みからは適切な復元ができない。よって、ここでは Jones に倣って訳は省略し、・・・で処理する。

(255) yacchatraṃ tana gacchāmi［C ye chatraṃ］. Jones（ii 81.1）はこれも意味をなさないとし、また写本の異読も yavacchakam であり（ちなみに刊本の脚注にはこのような異読は挙げられていないが、後注（Mv. ii 512）にはL写本の読みとして挙げられている）、これは yavakacchakam の転訛であるが、これでは地名そのものとなり、謎かけにならないと指摘する。そして yena kṣetraṃ tena gacchāmi と読む可能性を示唆する。ここでも Jones に倣って訳は省略し、・・・で処理する。

(256) saṃśritāyāṃtaṃ tahiṃ gami.　ここも乱れが激しく、内容が不明である点を Jones（ii 81.1）は指摘する。この後の詩頌から「南方」を示唆するヒントが出されていると考えられるが、復元はできない。ここも Jones に倣って訳は省略し、・・・で処理する。

(257) prajānāsi.　Jones（ii 81.3）に倣い、これを prajānāmi に改める。

(258) sutailā . . . . . śīrṣaṃ［BC sutailāta śi-］.　この詩頌は大変乱れている。まず前半には欠損があるが、Jones（ii 82.1）に基づき、これを sutailāñjitaṃ śīrṣaṃ に改める。

(259) lāsakaṃ［BC alāsanāṃ］.　校訂者（ii 512）はこれを *comme disparaissant/ coulant vite* と解釈するが、Jones（ii 82.1）は √las の派生語と理解し、*glistens* と訳しているので、ここではこれに倣う。

(260) lolikā［BC loliko］.　Jones（ii 82.2）に従い、これを lāsakā に改める。

(261) alpe［B alpa te］.　Jones（ii 82.3）に従い、これを anye に改める。

(262) Jones（ii 82.4）は以下の記述が他文献からの竄入であると見る。この直前でアマラーが運んでいたのは「粥」であると明記されていたにもかかわらず、ここで彼女が運んでいるのは「壺に入ったスープ（rasakuṇḍa）」とするからである。Jones が「スープ」と解釈した原語は rasa であるが、これは必ずしも「スープ」ではなく、「液体／液状のもの」を意味するので、広義に解釈すれば「粥」もこれに入り、この記述が必ずしも他文献からの竄入と見る必要はないが、彼の指摘も一理ある。またここで唐突に「雨から壺の中の食料を保護するために白布で覆った」とする記述が見られることを Jones はもう一つの竄入の根拠として指摘している。

(263) abhare［C amare］.　Jones（ii 82.5）に従い、amare に改める。

(264) この詩頌も絶望的に乱れていて、校訂者は復元を試みておらず、また写本自体にも欠落が見られると Jones（ii 82.6）は指摘する。

(265) nelāyako.　Jones（ii 83.1）はこの語の意味を不明とし、この複合語の後半は -āyuko（*aged*）の転訛と見る。BHSD はこの語を載せていないので、・・・で処理する。

(266) yena saptābhiraṃgā.　Jones（ii 83.3）は Ja の平行文 yena sattu bilaṅgā（vi 365.21）を参考に、これを yena śaktū viḍangā（*or* vilangā）に改めているので、これに従う。　(267) vrajesi.　Jones（ii 83.5）に従い、これを vrajasi に改める。

(268) yena aśesi na tena vrajesi na tena aśesi.　Jones（ii 83.6）は下線部の読みが √aś であることは確かだが、その語形は混乱しているとし、Ja の平行文 yenādāmi ... yena nādāmi（vi 365.23-24）を参考に、これを yena aśnāmi tena vrajasi na yena na aśnāmi と仮に改め、これに基づいて訳しているので、これに従う。なお、これを直訳すれば「食べる方〔の手＝右〕と食べない方〔の手＝左〕」となる。

(269) eṣo mārgo yavakacchakasya yadi paṇḍito si jānāhi. 刊本はこれを散文として処理するが、Jones（ii 84.1）は Ja の平行文（vi 365.25-26）が韻文なので、これも詩頌の一部とみなして英訳している。よって、ここでもこれに従う。

(270) vāmaṃ［C cāmaṃ, B yāmaṃ］. Jones（ii 84.4）に従い、これを imaṃ に改める。

(271) bhakto. Jones（ii 84.5）はこれを bhaktaṃ に改めるが、ここではこのまま読み、対格として理解する。

(272) この詩頌の語形および文法は正確だが、内容が不明確であると Jones（ii 84.6）は指摘する。ただ、子と父との関係が筍と竹の関係に置き換えられている点は明確であるとする。

(273) devarājena. Jones（ii 84.7）はこのような具格の用法は奇妙であるとし、本来はこの直後にあるように属格で devarājasya（87.6）となるのが普通であると指摘する。

(274) nikkaṭṭakacchā［B nikkaṭakacchā, C nirkkakacchā］. 校訂者（ii 514）は kacccha を *flaw*、nikkaṭṭa を niṣ√kṛṣ（*to draw out*）の派生語と解すが、この解釈は問題であるとし、Jones（ii 85.2）は Ja の平行文 akakkasa（282.13）から Skt.: akarkaśa を想定し、nikkaṭṭakacchā の中に akarkaśa の転訛を見る。一方、BHSD（s.v. nikkaṭa）は nikkaṭṭa を写本通り nikkaṭa と読み、意味は *with hard* と解釈する。また kaccha に関しては *point* の意を期待しがちだが、そのような証拠はなく、*edge* と理解すべきではないかと BHSD（s.v. kaccha）は指摘する。ここでは BHSD の理解に従う。

(275) vaṭṭayāsikā［B maṭṭayā-, C varttayāsikāṃ］. Ja の相当箇所は akakkasaṃ apharusaṃ kharadhotaṃ supāsiyaṃ（282.13）とし、Jones（ii 85.3）は vaṭṭayāsikā に対応する語を下線部と解し、またその注釈に vaṭṭatāya（Ja 282.16）とあることから、*smooth* と訳している。これに対し、BHSD（s.v. vaṭṭā-pāsaka）はこの語の対応箇所を点線部と見なし、これを vaṭṭapāsikā（*or* -śikā）と読み、この複合語全体を *having a round eye*（of a needle）と解釈する。ここでは BHSD に従う。

(276) nikkaṭṭakacchā sukṛtā tīkṣṇāgrā vaṭṭapāsikā［← vaṭṭayāsikā］/ sūcī karmāragrāmasmiṃ vikrīṇāmi vikrītha me//. Cf. 不澀滑澤鐵　光明洗清淨　巧人所造作　誰能買此針（仏本 713a27-28）. (277) tāni. Jones（ii 85.4）に従い、これを dāni に改める。

(278) unmattako si puruṣa athavāsi vicittako/ yo tvaṃ karmāragrāmasmiṃ sūcī kriṇitum icchasi//. Cf. 咄哉狂顛人　汝甚無心意　忽來鐵師舍　而唱欲賣針（仏本 713b3-4）; Divy. 522.1-2; ChMSV 887a12-13.

(279) sūcī karmāragrāmasmiṃ vikretavyā prajānatā/ ācāryā eva jānanti karmaṃ sukaraduṣkaraṃ//. Cf. 可喜端正女　我實非顛狂　性是巧智人　善能造針作（仏本 713b6-7）; Ja 284.1-2.

(280) prattaṃ［BC paṃca］te ca pitu［C pituṃ］varaṃ. Jones（ii 86.2）は Ja の相当箇所 yañ c' atth' aññaṃ ghare dhanan（284.4-5）を参考に、これを yaṃ te ca pitu ghare に改めているので、これに従う。

(281) svayaṃ va me pravāreyā [B svayā ca me pravāretvā, C tvayā ca me pravāretvā]. Jones (ii 86.1) に従い、下線部を tvayā ca に改める。Cf. tayā ca maṃ nimanteyya (Ja 284.4).

(282) sacet te bhadre jāneyā pitā sūcī mayā kṛtā/ tvayā ca [← svayaṃ va] me pravāreyā yaṃ te ca pitu ghare [← prattaṃ te ca pitu varaṃ]//. Cf. 汝父若知我　妙解如是事　必勝汝妻我　兼送無量財（仏本 713b8-9); Ja 284.3-5; Divy. 522.6-7; ChMSV 887a17-18.

(283) na me śrutā vā dṛṣṭā vā sūcī etādṛśā mayā/ tuṣṭo smi etena karmeṇa imāṃ kanyāṃ dadāmi te//. Cf. 我未曾聞見　能造如是針　今以歡喜心　嫁女與於汝（仏本 713c3-4).

(284) Mv. の連結で同定される内容は仏本も同じだが、Divy. では鍛冶屋の娘がアヌパマー（この Divy. の章の現在物語に登場する女性）に同定される。

8-(4) シリ本生話

【文献】仏本（T. 190, iii 797a14-b22);『賢愚経』40（T. 202, iv 404b18-409b29); 六度 9（T. 152, iii 4a17-5a19);『法句譬喩経』（T. 211, iv 585a23-c12);『賢愚経』42（T. 202, iv 410a11-415b6); 報恩（T. 156, iii 142b20-148c3); 僧祇（T. 1425, xxii 260a7-c15);『生経』8（T. 154, iii 75b20-76a12);『大意経』（T. 177, iii 446a-447c).

(285) 以下、Mv. は詩頌を説く。これと同じ形式をとるのは仏本と僧祇であるが、詩頌の内容はあまり一致しない。

(286) vihanyamānaḥ. Jones (ii 89.1) はこれを -mānāḥ に改めている。ここでもこれを複数と理解するが、訂正はしない。Cf. BHSG 8.83.

(287) anantapāṇī [B -pāni]. 校訂者はこれを *des êtres vivants sans nombre* (ii 515) と訳し、下線部を「生物（prāṇin)」と解釈するが、Jones (ii 89.4) はこれを「水」と解釈し、下線部を pāna に訂正している。一方、BHSD (s.v. pāṇi) はこのままで *water* と解する。ここでは BHSD に従う。

(288) utsaryati [C utsahati]. Jones (ii 89.7) はこの読みに疑義を呈し、utsāryati（使役・受動形・能動態）を示唆する。BHSD (s.v. utsaryati) はこのままで utsāryate（使役・受動形・反射態）の半中期インド語形と解する。ここでは BHSD に従う。

(289) Jones (ii 90.1) は、一箇所を除き（彼は -sāgaraṃ を -sāgaro に改めている）、この詩頌の形式に問題はないが、文意は明らかではないとする。　(290) Cf. Mv. ii 188.9-12, 237.5-8, iii 26.6-9, 89.21-90.1, 299.16-300.1, 375.1-4.

8-(5) キンナリー本生話

【文献】六度 83（T. 152, iii 44b9-46b4); Divy. 30 (435-461); BhV (123.15-159.16); ChMSV 薬事（T. 1448, xxiv 59b16-64c25); AvK 64;

BKA 29.

(291) Subāhu. Cf. Dhana (Divy. 435.6). (292) Sudhanu. Cf. Sudhana (Divy. 441.20).

(293) Sucandrima. Divy. にはこれに相当する名前がない。南パンチャーラの王が彼に相当するが、Mv. と文脈は異なり、また固有名詞も出さない。

(294) Siṃhapura. 「シンハプラ」という地名はこの他に Mv. の他の箇所で二回説かれる。一つは過去仏シャーキャムニの王都（iii 238.11）、もう一つはカリンガの都城（iii 432.14）である。 (295) Cf. Mv i 258.14-15, iii 126.19-20, 161.5-6, 266.6-7.

(296) Druma. Cf. Druma (Divy. 443.2). (297) Manoharā. Cf. Manoharā (Divy. 443.2).

(298) sarvāṃtaṃ jāyate [B sarvaṃ taṃ jā-, C sarvan taṃ jāyante]. 校訂者（ii 515）は写本の読みを表記のように改めているが、その理由はこの詩頌の直前で「大きな愛情が（udāraṃ premam）」（ii 98.12）とあったのを受け、詩頌でも散文の「大きな（udāram）」に相当する「愛（premam）」の形容詞が必要と考えたためである。一方、Jones（ii 95.4）は Ja の平行文から evaṃ taṃ jāyate（ii 235.12）と読むか、あるいは Mv. に見られる平行文のように evaṃ saṃjāyate（ii 168.19）と読むべきであるとする。ここでは後者に基づき、和訳する。Cf. Mv. ii 168.16-7, iii 148.8-9, 185.6-7; Ja 235.11-12.

(299) 通常、十善業道は、⑴不殺生、⑵不偸盗、⑶不邪淫、⑷不妄語、⑸不両舌、⑹不悪口、⑺不綺語、⑻不貪、⑼不瞋、⑽不邪見、であり、その内容が異なる。ここでの記述は十善業道にも幾つかの異なった伝承があることを示唆しているようだ。

(300) nirgaḍaṃ [C nigaḍaṃ]. Jones（ii 97.1）は nirargaḍaṃ（あるいはこれに類する形）に訂正すべきだと言うが、BHSD（s.v. nirgaḍa）は nirargaḍa に言及しながらも nirgaḍa を *unrestrained* と解釈するので、これに従う。 (301) Cf. 定型句 2C（都城の荘厳）, 156, 191.

(302) nivartanti. Jones（ii 97.4）に従い、この動詞の主語として kāryāṇi を補う。

(303) niḥśreyaṃ. このままだと *having no better*（i.e. *excellent*）となり、文脈とは逆の意味になるので、Jones（ii 98.2）はこれを niḥśrika に改めている。これに対し、BHSD（s.v. niḥśreya）も直訳は *having no superior/ supreme bliss* とし、Jones と同様に解釈するが、この Mv. の文脈では *deprived of happiness/ weal* とする。ここでは BHSD に従う。

(304) Nirati. Divy. はキンナラの都城の固有名詞を出さない。

(305) Utpalaka/ Mālaka. これに関しては Mv. と Divy. とで文脈が異なり、Divy. は二人の猟師に言及しない。その代わり、Divy. では聖仙がこの役目を果たす。ただし、Divy. では Halaka という猟師が Mv. とは違う文脈で登場する。

(306) 刊本は欠文だが、校訂者（ii 516）と Jones（ii 99.1）に従い、patiṃ を〔 〕に補う。

(307) sarvasaṃjñitaṃ [C -saṃginaṃ, B -saṃjñinaṃ]. BHSD（s.v. saṃjñita）は写本の読みも校訂者の校訂も理解できず、意味は

known to all となるかも知れないが、そのような saṃjñita の用法は知らないと言う。Jones（ii 100.1）は［*could*］*in every way*（sarva-）*be called*（saṃjñitam）と解釈し、本文では *in every respect it could be styled* と訳す。ここでは適切な修正案は提示できないので、Jones の英訳を参考に和訳する。

（308） Vasantaka.　Divy. ではスダナが従者を従えず、単身でマノーハラーを探しに行くので、この従者は Divy. には登場しない。

（309） uppalakaṃ［M utpalakaṃ].　散文ではこれが Utpalaka であったと Jones（ii 101.3）は指摘する。

（310） akṣauhinyo［M akṣīṇyo, B akṣonyo].　校訂者はこの読みを疑わしく思っているが、Jones（101.5）は写本の異読 akṣīṇyo から akṣīṇa（*not waning*, i.e. *growing*）を想定し、刊本の読みはこれに関連する語の転訛と見る。適切な語形は提示できないが、意味は akṣīṇa に基づいて和訳する。　（311） abhukta［B -abhinnaṃ, C abhinna].　Jones（ii 102.1）に従い、これを abhakta に改める。

（312） prapātajālāṃ［BM paripāta-].　Jones（ii 102.3）に従い、下線部を jalāṃ に改める。

（313） Kāśyapa.　Divy. では Mv. とは違う文脈で聖仙が登場するが、Mv. のように固有名詞は出さない。本群注（305）参照。

（314） praviśatu.　疑問文ではないが、Jones（ii 107.1）の言うように、「〔王は〕尋ねた（pṛcchati）」という動詞や文脈からして、ここは疑問文でなくてはならないので、そう訳す。

（315） asurakā.　疑いの余地がないわけではないが、これはキンナラの言語では単に *divine/ divinely beautiful* を意味するのではないかと Jones（ii 107.2）は言う。一方、BHSD（s.v. Asurakā）はこれを固有名詞と理解するので、これに従う。

（316） saṃvartanīyaṃ anubhavitvā.　Jones（ii 108.1）は下線部を samāvartanīyam に読み替え、本文では *he began to feel a desire to return home* と訳し、直訳すれば *he experienced* or *felt that he should return home* となると指摘する。これに対し、BHSD（s.v. saṃvartanīya）はこのまま読んで *conducive* と解し、この文脈では *having experienced what was ‘conducive’*（*conforming, suitable, to be expected?*）*in all the parks* と訳す。ここでは BHSD に従う。

（317） Divy.（ChMSV 薬事も同じ）の連結は極めて簡素であり、スダナ王子がブッダに同定されるだけで、マノーハラーの同定もない。

〔9　偉大なる出家〕

【文献】なし。

（318） この話は文脈からは外れ、この後の「12 出家後のガウタマ」や「13 苦行者ガウタマ」と重なる。なお、ここでの話のプロットは、(1)宮殿生活の描写、(2)アーラーダ仙とウドラカ仙訪問、(3)三つの譬喩、(4)過酷な断食、(5)スジャーターによる乳粥の布施、(6)成道、となっているが、このうち、(3)から(5)は仏本（iii 764c7-767c20）に相当する。ただし、仏本ではスジャーターによる乳粥の布施を受けてから断食等の苦行生活に入るという順番になっている。　（319）A群注（9）参照。

（320）vātāsparśārgaḍāni［BC vātāni vātāspa-］. Jones（ii 111.3）を参考に、nivātāny āsparśā- に改める。

（321）pattikā-. Jones（ii 111.5）はこれを paṭikā- に改めている。BHSD（s.v. pattikā）は *having coverlets of* としつつも、これが paṭṭikā（*strips of cloth*）の誤りか転訛の可能性を示す。今は Jones に従う。

（322）phalikā-. Jones（ii 112.1）に従い、これを paṭalikā- に改める。　（323）vicitra-. Jones（ii 112.9）に従い、これを vicita- に改める。

（324）-saṃlikhitam. Jones（ii 114.3）はこれを śankhalikhita（*polished like a mother-of-pearl*）と読むが、ここではこれを *strictly/ severely controlled/ restricted* と解する BHSD（s.v. saṃlikhita）に従う。

（325）以下、MN 36（i 240.18 ff.）に相当。　（326）hastoktaṃ. 本群注（229）参照。Cf. Jones（ii 114.5）.

（327）āśaṃkitavya-. Jones（ii 114）はこのまま読み、*the dogma of what is to be doubted* と訳すが、BHSD（s.v. āśaṅkitavya）に従い、これを ākiṃcanyāyatana- に改める。

（328）pramatto. 文脈から考えてこの形は拙い。後に同様の表現が見られるが、そこでは apramatto（Mv. ii 120.3）とあるので、これに改める。　（329）Uddaka. Udraka に改める。この後（Mv. ii 120.11）も同様に処理する。

（330）MN（i 241.9）には一つ目の譬喩に否定辞があるので、na を補う。

（331）ārdre kāṣṭhe sasnehe. 校訂者（ii 519）と Jones（ii 117.5）に従い、これを ārdraṃ kāṣṭhaṃ sasnehaṃ に改める。この後（Mv. ii 122.4）も同様に処理する。　（332）MN（i 241.32）には二つ目の譬喩にも否定辞があるので、na を補う。

（333）āsphānakam. Jones（ii 120.4）はこれに対応する Pāli: appānaka（= a-prāṇa-ka: *breathless*）から、本文では <u>*breath-holding meditation*</u> と訳している。これに対し、BHSD（s.v. āsphānaka）はこれに相当する Pāli が appānaka/ -ṇaka であることを指摘し、語源や本来の意味は不明だが、これが āspharaṇaka と同等であることは疑いないとする。ここでは文脈を重視して Jones に従う。

（334）āsphānakam. 前注参照。

（335）praharensuḥ［BC -haretsuḥ］<u>samuttarensuḥ</u>［B -taretsuḥ］. この表現は praharensu samūhensuḥ（Mv. ii 125.6-7）と平行でなければならず、Pāli の相当箇所も ūhananti（MN i 243.23）... ūhananti（ibid. 243.27）とする。しかし、Jones（ii 121.1）は前者の読みに関しては訂正を加えず、後者のみ samūhanensu に改め、前者を *passed through*、後者を *wracked* と訳し分けている。後者の読みに関して、BHSD（s.v. samūhati）はこれを samūhata の変則的な名詞起源の動詞と捉えつつも、Pāli の平行文 ūhananti から、samūhanetsuḥ と読む可能性も示している。ここでは Jones に従う。　（336）samūhensuḥ［C samuttejetsuḥ, B samūhetsuḥ］. samūhanensu に改める。前注参照。

（337）parśukā［BC anuśīdana］. Jones（ii 121.5）は写本の読みや Pāli の平行文 ānisadaṃ（MN i 80.14）から、これを ānīśadaṃ に改

めているので、これに従う。

(338) gopānasīye antarāṇi. このまま読めば「桷の内部にあるものは」となり、「桷」自体がブッダの肢体に喩えられる譬喩ではなくなるため、Jones（ii 121.6）はこれを gopānasīyo antarāṇi に改めている。ここでは Jones に従う。Pāli の相当箇所も gopānasiyo（MN i 80.17）とし、主格とする。

(339) jitam. Jones（ii 122.4）はこれを jñātam の転訛と見るが、BHSD（s.v. jitam）はこれを「驚きを表す間投詞」と見る。ここでは BHSD に従う。 (340) bhikṣvaḥ ... bhikṣvaḥ. ここに二つ bhikṣvaḥ があるので、一つを省略する。

(341) tasya me bhikṣavo vasato tadanusāri vijñānam. Jones（ii 125.4）は下線部の読みが拙いとして、Pāli の対応箇所 tassa mayhaṃ aggivessana satānusāri viññāṇaṃ（MN i 246.35-36）から類推し、eva smṛtasya に改めているので、ここでは Jones に従う。

(342) 刊本は欠文だが、Jones（ii 126.1）は Pāli の平行文 odanakummāsam（MN i 247.14）から、ここに odanakulmāṣaṃ を補って訳している。よって、ここでもこれを〔 〕に補う。

(343) 刊本は欠文だが、Jones（ii 126.2）に従い、devatā honti evaṃ āhaṃsu の訳を〔 〕に補う。

(344) nāganandīkālasamaye［B nāganadī-, C nāgagamanadī-］. Jones（ii 126.8）はこれを説明困難な語としながらも、nandīmukhī との類似性を指摘し、*at night, towards daybreak* と訳す。一方、BHSD（s.vv. nāganadī, nadī-kāla(-samaya)）はその川に龍が棲むことから、これをナイランジャナー川の別名であるとする。また nadīkāla(-samaya) は *time for the river,* i.e. perhaps time for bathing in it（?）と解するので、ここでは BHSD に従う。E２群注（20）参照。

(345) 刊本は欠文だが、Jones（ii 127.3）はこの後の繰り返しの表現等から、これを〔 〕に補っているので、これに従う。

(346) C群注（62）参照。

10 シュッドーダナ王の五大夢

【文献】仏本（T. 190, iii 721a6-722a17, 723c26-728b9）.

(347) 仏本は、シュッドーダナの夢とヤショーダラー等の夢の記述の間に、四門出遊の一部（道見病人品第十八と路逢死屍品第十九）が割り込む形となっている。

(348) 仏本でシュドーダナ王が見た夢は、帝釈幢［Indradhvaja］に関するものとなっている。

(349) SBhV（i 82.13-16）は彼女が四つの夢を見たとする。

(350) -kakubhaṃ［C -kakudaṃ］. Jones（ii 130.1）は写本の異読を参考に、これを -kakudhaṃ に改めているが、これは Pāli 語形なので、

ここではC写本の読みを採る。

(351) -śuddhacaraṇaṃ -upapetaṃ. Jones（ii 130.4）はこれを -caraṇo -upeto と読む。格に関しては、仏教混淆梵語であり、また詩頌での用法であるから、この程度の不規則変化は普通である。格に関しては訂正せず、意味は主格で理解する。

(352) gatīmatināṃ. Jones（ii 130.5）に従い、下線部を -matimān に改める。

(353) śayane nidāghaṃ［C -śayananidāghaṃ］. Jones（ii 131.1）に従い、samaye nidāghe に改める。

(354) sahāṃpatiko［B sukhāpatiko, C mukhāyati］. Jones（ii 131.2）はここでこれに言及する意味が不明であるとし、これを mahāpratāpo（*scorched*）と解する可能性を示す。確かに、ここでなぜサハーンパティが登場するのか理解に苦しむ。

(355) 仏本では、続いて二十種の不吉な夢を見、恐れをなした彼女はその夢をブッダに打ち明けている。なお、SBhV（i 82.16-20）は彼女が八つの夢を見たと説く。

(356) 仏本では「(1)第一夢見。席此大地。持用作楊以須彌山。安爲頭枕。東方大海。安左手臂。西方大海。安右手臂。南方大海。安置兩足。(2)第二夢見。有一草莖。名曰建立。從臍而出。其頭上至阿迦膩吒。(3)第三夢見。有四飛鳥。作種種色。從四方來。在於太子兩足之下。自然變成。純一白色。(4)第四夢見。有四白獸。頭皆黒色。從足已上。乃至膝頭。舐太子子脚。(5)第五夢見。有一糞山。高大峻廣。太子自身。在彼山上。周匝經行。不爲彼糞之所汚染」（728a27-b9）と説かれており、Mv. と比較して、三番目と四番目が入れ替わるだけで、その他は内容的にもよく一致する。ブッダが菩薩時代に見た夢は AN（iii 240.16 ff.）や SBhV（i 82.20 ff.）にも説かれ、その内容はかなり安定している。平岡聡「ブッダは眠らない―インド仏教説話に見られる「夢」の用例」（『人間学研究』（京都文教大学人間学研究所）』4, 2004, 89-103）参照。

(357) śuddhodanasya paṃca mahāsvapnā. コロフォンは「五大夢」とするが、シュドーダナが見た夢は一つであり、五つの夢を見たのはブッダであるから、このタイトルには問題がある。

11 偉大なる出家

【文献】仏本（T. 190, iii 719c13-721a1, 722a19-723c24）［Mv ii 150.1-159.2］,（T. 190, iii 728b11-738b23）［Mv ii 159.3-］.

(358) saṃlikhitaṃ. 本群注（324）参照。Cf. Jones（ii 134.5）.

(359) paryākulā mi diśatā. Jones（ii 135.2）は下線部が理解不能とし、hi の転訛の可能性を示す。ここでは彼の訂正に従う。

(360) 原文にはないが、Jones（ii 137）に従い、これを〔 〕に補う。

(361) 原文にはないが、Jones（ii 138）に従い、これを〔 〕に補う。

(362) nātrāvāso［BC nātra vaso］. JONES（ii 138.6）に従い、これを nātra vaśo に改める。

(363) suparīttaṃ［B suparītaṃ］bhāvayiṣyati. Pāli資料の用例から、校訂者（ii 524）は下線部を「禅定（dhyāna）」に言及する語と理解するが、JONES（ii 140.1）はこの語を「心（citta）」に言及する語と考える。その根拠として、AN（i 249.23-24）の「身を修習せず、戒を修習せず、心を修習せず、智慧を修習しない者は狭小である（abhāvitakāyo hoti abhāvitasīlo abhāvitacitto abhāvitapañño paritto）」や、MN（ii 262.13）の「私の心は無限となり、無量となり、よく修習したものとなるだろう（aparittañ ca me cittaṃ bhavissati appamāṇaṃ subhāvitan）」という用例を挙げる。そしてJONESはこれを aparittaṃ［cittaṃ］subhāvayiṣyati と改め、(*He*) *will develop his thought which is as yet quite limited* と訳すが、ただこの形容詞の主語（citta）の省略は不可解であるとする。一方、BHSD（s.v. 2 parītta）はこれを *protection/ safe guard/ refuge*（from Skt. pari√trā）と解する。ここではBHSDに従う。　(364) dharmasaṃskāra-. 直訳「存在の形成」。

(365) na vipraveśeyā［B -veśayā］. 文脈から考えて、これが「消失する／消える」を意味することは明白だが、√viś からこの意味は引き出せない。よってJONES（ii 141.2）は vi-pra√vas の変化形で vipravaseyā の可能性を示す。BHSD（s.v. vipraveśa(ya)ti）は、このMv.の用例しか挙げていないが、*disappears/ passes away* とする。ここではBHSDに従う。

(366) anto bhaveyā. JONES（ii 142.1）に従い、これを antobhāvena に改める。

(367) mama iha -vimuktaṃ -chinnaṃ -vigataṃ -parītasya ... bhāvayantasya（147.6-7）. 文脈よりすれば、下線部の三つの形容句は属格の mama を修飾するはずだから、格の不一致が見られるとJONES（ii 142.2）は指摘するが、訂正はしていない。ここでは下線部を -vimuktasya -chinnasya -vigatasya に改める。　(368) kalpeyā. JONES（ii 143.1）に従い、これを kampeyā に改める。

(369) sarvam eva dharmakāyaṃ［C sarvakāyadharmakāyā, B savam evaṃ dharmakāyā］. JONES（ii 143.5）はC写本を参考に、これを sarvakāyadharmaṃ に改めているので、これに従う。

(370) kim idaṃ niṣpuruṣeṇa［C kim idaṃ puruṣa na niṣpuruṣeṇa］rajyasi. JONES（ii 143.6）はC写本に従い、下線部を kim idaṃ puruṣa na niṣpuruṣeṇa に改めているので、これに従う。　(371) athāparaṃ gurujaneṣu. 意味不明。JONES（ii 143.14）も疑問符を付す。

(372) pūrvam eva padaṃ parimārgayiṣye yan taṃ purimakehi tathāgatehi arhantehi samyaksaṃbuddhehi parimārgitam. JONES（ii 144.1）はこれに関連するPāli聖典として、「これとまったく同じように、比丘達よ、私は過去の正等覚者達が辿った古道・古徑を発見した（evam eva khvāhaṃ bhikkhave addasaṃ purāṇaṃ maggaṃ purāṇañjasaṃ pubbakehi sammāsambuddhehi anuyāto// ... tam anugacchim）」（SN ii 106.16-23）を挙げる。　(373) cāntarapuraṃ［C cāntaḥpu-］. JONES（ii 144.2）に従い、これを cāntaḥpuraṃ に改める。

(374) kāye ca sarpasamā. JONES（ii 144.5）はこれに関して kāyo ca sarpasamo と読む可能性を示すが、この直後に tatra（*there* = *in*

the body）sarpasamā（ii 149.4）とあるので、訂正せずに *in the body is a serpent's year* と訳している。ここでは直訳「体には蛇〔の脱皮〕に等しきもの（＝中身の空虚さ）が知覚される」から意訳した。

(375) yadi śūnyagrāmanilayo na bhave. これに関連する Pāli 聖典として、Jones（ii 144.8）は「比丘達よ、空の村とは六内〔処〕と同義語である（suñño gāmo ti kho bhikkhave channam ajjhattikānam adhivacanam）」（SN iv 174.32-33）を挙げている。

(376) na kvacij janatāyāḥ kanyāyāḥ [B na kācij jana-, C na kācij janakāyāḥ kaṃnyā]. Jones（ii 145.2）に従い、これを na kvacid anyatarāyām kanyānām に改める。

(377) 以下、四門出遊のプロットが説かれるが、仏本では、ブッダの出家を促すべく、このお膳立てをするのが作瓶天子となっている。

(378) Cf. 定型句 2C（都城の荘厳）, 156, 191.

(379) kumāro. Jones（ii 146.6）はこれを kumāra に改めている。ここでは訂正せずに、呼格でとる。

(380) cittāśrayāṇāṃ nidhi. Jones（ii 148.2）はこれを見なれない表現と指摘しつつ、直訳は *the receptacle of*（＝ *what holds*）*the heart and body*（i.e. *the feelings and sense*）と理解した上で、本文では *concentration on the senses* と意訳する。しかし、病を説明する「容姿の損失、力の衰退、あらゆる器官の減退、憂いの根源、楽の止息」という文脈を考えれば、この nidhi も同内容の語として理解しなければならない。語形は近いとは言えないが、ここではこれを nidhanaṃ に改める。

(381) gātrāśritānāṃ gṛhaṃ. Jones（ii 148.3）はこれも見なれない表現と指摘し、*the home of the things which pertain to the limbs or body* と注では直訳しながら、本文では *preoccupation with things pertaining to the body* と訳しているが、これが病の説明とは思えない。かといって適切な訂正案も思いつかないので、今は本文にあるような訳をつけておく。

(382) lokaṃ pibate vapuś ca grasati. 難解な表現である。直訳すれば、Jones（ii 148）の訳のように、*Who that drinks up the world and, being beautiful, swallows it* となるが、これが具体的に何を意味するかは不明。ここでは本文に挙げたように意訳する。

(383) Cf. 定型句 2C（都城の荘厳）, 156, 191.

(384) sanandīghoṣeṇa sakhurapravālena. Jones（ii 149）はこの二つを関連づけ、*to the accompaniment of the merry sound made by the horses' hoofs that were like red coral* と訳すが、BHSD（s.vv. nandīghoṣa, khurapravāra）は前者を *bell*、後者を *a guard against arrows/ defensive armor* と釈す。ここでは BHSD に従い、この二つを yāna を修飾する別個の形容句として理解する。

(385) nāthavantaṃ. Jones（ii 150.1）に従い、これを nāthānāthaṃ に改める。　(386) Cf. 定型句 2C（都城の荘厳）, 156, 191.

(387) janavikīrṇe aindramārge [BC janakapilena（C -karitena）aindramārgeyaḥ]. Jones（ii 152.4）はこれを *the crowded path of one related to Indra*（i.e. *royal*）と直訳するが、この読みは疑わしく、校訂者（ii 526）自身、これが写本の読みに近くないことを認めて

いるという。また写本の読みから、これが直前の散文 janasahasre kapilarājamārge（Mv. ii 157.2）に関連があると Jones は指摘する。

（388）nirvṛtā khalu te mātā pitā punaḥ te nirvṛtā/ nirvṛtā punaḥ sā nārī yasya bhartā bhaviṣyasi//. Jones（ii 153.1）はこの平行文として nibbutā nūna sā mātā nibbuto nūna so pitā/ nibbutā nūna sā nārī yassāyaṃ īdiso patīti//（Dhp-a. i 85.10-11; Bv-a. 280.36-39）を挙げる。

（389）kālanirnāmasampanno. Jones（ii 153.7）は下線部を kālajñātā- に改め、*gifted with the knowledge of the right occasion* と訳す。一方、BHSD（s.v. nirnāma）はこれを *turn* or *extension; course*（of time）と解釈し、この Mv. の文を引用して *and you*（the Bodhisattva）*are come at*（or *to*）*the right time*（to retire from the world）; lit. *perfect in the turn* or *course of time* と訳す。ここでは BHSD に従う。

（390）Jones（ii 153.7）が指摘するとおり、この詩頌の意味内容は理解しづらい。

（391）以下、楽器の名前と思われる名詞が列挙されるが、具体的にこれらが何を意味するかは不明なので、ここではそのまま音写する。

（392）pallānayantena. Jones（ii 156.1）は校訂者（ii 526）に従い、これを pari-ā√nī の派生語 paryānayantena と理解し、*bringing round* と訳す。一方、BHSD（s.v. pallānati）は paryāṇa（*saddle*）の名詞起源動詞と解釈し、*harnesses* とする。ここでは BHSD に従う。

（393）kardamaṃ. Jones（ii 156.9）はこれを akardamaṃ に訂正し、*everything became cleaned* と訳す。

（394）anuśrotraṃ［C anuśrotaṃ］. Jones（ii 156）はこれを *on hearing* と訳すが、BHSD（s.v. anuśrotaṃ）はC写本に基づき、これを *in a conforming manner* と解釈する。ここでは BHSD に従う。

（395）pelavako［C palavako, B pelacako］. 校訂者（ii 526）はこれを固有名詞とするが、BHSD（s.v. pelavaka）はこの読みが疑わしく、混乱が見られると指摘し、これを普通名詞の「馬」として理解した方がよいとする。ここでは固有名詞として理解しておく。

（396）yadi na samajavo tena bhavāmi. Jones（ii 157.1）はこの節を受ける主文（動詞）がなく、また iti もないので、校訂者（ii 526）が指摘するように、この文全体の整合性が疑わしいとする。

（397）ここに突然「実に比丘達よ」が見られることから、これが他文献からの竄入と Jones（ii 157.3）は見る。確かに＊＊＊＊で区切られた八行を除けば、「家から家なき状態へと出家したのである。〔すると〕山が揺れ、水が波うち、そして穏やかだった海が震えた」と巧く繋がる。

（398）parijuñena parijūrṇo. Jones（ii 157.4）の指摘するように、下線部は pārijuñena という抽象名詞の形が望ましい。よって、これに改める。　（399）-parijuñena. 前注に従い、-pārijuñena に改める。

（400）ここからまた「実に比丘達よ」を伴う文章が見られるが、ここも次の＊＊＊＊までが他資料からの竄入と考えられる。

（401）parīttābhānāṃ samyaksaṃbuddhānāṃ. Jones（ii 159.1）は、正等覚者達が浄居天に逗留するという記述と、正等覚者達の光明が「限られている（parītta）」という記述を疑問視する。このような教義や神話が仏典に見られないという理由からである。Jones はこのsamyagsaṃbuddhānāṃがdevānāṃに取って代わってしまったのではないかと言う。ここでは原文通りに和訳する。

(402) jātasya janmani. Jones (ii 160.5) はこの詩頌全体の意味内容が不明であるとする。チャンダカはブッダが出家してはならぬと考えているが、その理由を説く箇所が現行のテキストから抜け落ちていることを校訂者 (ii 527) は指摘しているという。この二語は、その欠落部分においてラーフラには父（ブッダ）が必要であることをチャンダカが強調したことを受けての発言であるとJonesは言う。

(403) cāturdvīpagatir. Jones (ii 160.6) は下線部を-patir (*lord of the four continents*) と読む可能性を示す。ここではgatiを*fate*で理解する。

11-(1) シュヤーマー本生話

【文献】Ja 318 (iii 58-63).

(404) Vajrasena. Jaは具体的な固有名詞を出さない。

(405) udakabhramena. Cf. sasaṃbhrameṇa (Divy. 533.6);『三世の物語』(ii 451 (256)).

(406) svarasvareṇa. Jones (ii 163.3) はJa (59.14) の対応箇所kharassarenaに基づき、これをkharasvareṇaに改めているので、これに従う。

(407) Śyāmā. Cf. Sāmā (Ja 59.17). (408) Cf. Mv. ii 98.14-15 iii 148.8-11, 185.6-9; Ja ii 235.11-12.

(409) te dāni kṛtāntasūnikāṃ [C te dārikadṛtā sanika, B te dāni kaṭṭantāsanikaṃ]. 下線部を直訳すれば「ヤマの屠殺場」となるが、校訂者 (ii 528) はこの校訂に満足していないことをJones (ii 164.3) は指摘している。Jonesは*cemetery*とするが、ここでは「死体遺棄場」と訳す。

(410) camusmim. 校訂者 (ii 528) はこれを*cercueil*と解釈する。この語はこの直後にも何度か現れるが、「柩」ではこれらの文脈に合わないとJones (ii 167.2) は指摘し、*shroud*と訳す。ここではBHSD (s.v. camu) に従い、*coffin*と解釈する。

(411) pravaśyāmaḥ. Jones (ii 169.1) に従い、これをpraveśayāmaḥに改める。

(412) これ以降、Mv.の話はさらにJaに近くなるとJones (ii 169.4) は指摘する。

(413) yonaṃ. Jones (ii 169.5) に従い、これをbho taṃに改める。

(414) sālehi phullehi. Mv.ではこれ以前にサーラ樹への言及がないことから、この記述がPāli伝承の、あるいは他文献のシュヤーマー物語を反映し、Mv.に取り込まれる際、除去されずに竄入してしまった記述ではないかとJones (ii 169.7) は推測する。

(415) aṃkena. Ja (62.8) は「腕で (bāhāya)」とする。 (416) 以下、詩頌はJa (62.7 ff.) と比較的よく一致する。

(417) dhruvam adhruveṇa [B dhucam adhruveṇa, C dhruvavam adhruveṇa]. Jones (ii 170.4) はJa (63.9) の相当箇所adhuvaṃ dhuvenaに基づき、adhruvaṃ dhruveṇaに改めているので、これに従う。

（418） nirmiṇeyā［C nirmiṇe syāt, B nirmiṇe］. Jones（ii 170.3）に従い、これを nimineyā に改める。

（419） Ja の連結では、泥棒（Mv. の馬商人に相当）はブッダに同定されているが、遊女サーマーは現在物語で登場する金持ちの息子の妻に同定される。なお、Mv. ではブッダの本生である馬商人は濡れ衣を着せられているが、Ja では実際に悪事を働いて処刑されようとしている。

11-(1)-① 龍王チャンパカ本生話

【文献】 Ja 506（iv 454-468）; 雑宝30（T. 203, iv 463c14-464a4）.

（420） Campaka. Cf. Campeyya（Ja 454.12）.　（421） Cf. Mv. i 258.14-15, ii 95.12-13, iii 126.19-20, 266.6-7.

（422） jīvaṃ. Jones（ii 174.2）はこれを jīvo に改めているが、このままでも現在分詞 jīvat の男性・単数・主格で理解できるので、この訂正には従わない。

（423） Ja は散文の中に韻文を織り込んだ構成をしているが、Mv. は韻文と散文とを分け、きわめて不自然に見えると Jones（ii 175.3）は指摘する。　（424） 以下、詩頌は Ja（459.12 ff.）と比較的よく一致する。

（425） この詩頌の問いは、散文で言うと、龍王の第一王妃がウグラセーナ王の前に姿を現した場面に相当すると Jones（ii 175.4）は指摘する。

（426） avicī［B acinī］. Jones（ii 175.7）は、B写本の読みや Ja（459.18）の相当箇所 athena より、arthinī という読みを示唆する。ここではこれに従う。

（427） dharmaṃ ... ayaṃ yācamāno. ここまま読めば、「彼は法を乞い求める」となり、自然な表現ではないので、Jones（ii 176.2）は下線部を Ja（iv 460.3）の相当箇所 apacāyamāno のように読む可能性を示す。ここではこれに従う。

（428） gato. Jones（ii 176.4）は文脈から男性・複数・主格の gatā(ḥ) に変えている。ここでは訂正せず、内容は男性・複数・主格で理解する。

（429） labdhaṃ. Jones（ii 177.2）はこれを Pāli: ludda に相当する語と理解して *hunter* と訳すが、語形に関しては lubdhakaṃ の方が近い。形はともかく、意味はこれでとる。　（430） catuḥśataṃ. Jones（ii 177.3）に従い、これを catutsadaṃ に改める。

（431） asmādṛśo tuhya［C asmāndṛśo tujya, B -śo tujya］kṛtaṃ na jāne. Jones（ii 178.2）は下線部の読みに疑義を呈しつつも、訳は原典に基づいて *is not grateful to you for what you have done for us* と訳し、Ja（463.15）の相当箇所 yo tādisaṃ kamma katam na jāne より、Mv. の下線部を tādṛśaṃ に改めた方がよいのではないかと指摘する。　（432） dadāsi. Jones（ii 180.1）に従い、これを dadāmi に改める。

（433） Jones（ii 180.2）によれば、この詩頌と次の詩頌は置かれる場所が間違っているという。つまりこの二つの詩頌は、Jaを見れば分かるように、龍宮を去る直前のウグラセーナ王に龍王チャンパカが説くものであり（だから直前の注でdadāmiに訂正したのは、その主語が龍王チャンパカがウグラセーナ王に語っていることを前提にしていることによる）、本来ならば過去物語の最後に置かれるべき詩頌ということになる。またこの直後、刊本ではantaḥpure bhūmi samāstarā hi niṣkardamā tviṣimati［B bheṣyati, C bhaviṣyati］nīrarājaと校訂されており、このまま訳せば「勢力ある水の王よ、後宮の床は均一に拡がり、汚れなし」となり、校訂者はこの詩頌が龍王チャンパカに対して説かれたものと誤解しているとJonesは指摘し、写本の異読を参考にしながら、下線部をniṣkardamā bheṣyati nīrajāに改めているので、これに従う。

（434） tvaṃ ... yāpento（187.20-21）. これに相当するJa（465.27-29）はtā ... pāyentiとあり、「彼女等（龍女）が〔美しく着飾って龍王に飲物を〕飲ませる」となっていることをJones（ii 180.3）は指摘し、この方が文脈に合うが、写本の支持はないとする。

（435） nānyatra bhave mānuṣako jano tu saṃcintyati so divasaṃgamo［B dvivasaṃ yamo, C divasaṃ yamo］vā. Ja（467.3-4）の相当箇所は「王よ、人界以外の何処にも、清浄と〔感官の〕制御は見出されず（janinda nāññatra manussalokā suddhī ca saṃvijjati saṃyamo ca）」とし、この方が本来の形に近いとJones（ii 181.2）は指摘する。

（436） Cf. Mv. ii 93.18-21, 237.5-8, iii 26.6-9, 89.21-90.1, 299.16-300.1, 375.1-4.

12 出家後のガウタマ

【文献】仏本（T. 190, iii 738b25-764c5）.

（437） 以上、ブッダが出家した直後の王宮の悲しみが説かれたが、仏本（738b25-744c22）ではさらに詳細に彼らが悲嘆に暮れる様子が描写される。　（438） sarvadiśā. Jones（ii 184.1）はこれをsarvadiśāṃに改めている。

（439） upacito［C upavito, B upacitām］. Jones（ii 186.1）に従い、これをapacitoに改める。

（440） rakṣabhūtena. Jones（ii 186.3）に従い、下線部をaśva-に改める。

（441） 仏本には、Mv.のようにカンタカが三十三天に生まれ変わって以後の記述はない。

（442） dharmāraṇyam. Jones（ii 186.4）はこれが珍しい複合語であると指摘する。

（443） Vaśiṣṭha. Cf. 跋伽婆［Bhārgava］（仏本 745a13-14）.　（444） dharmātmā. Jones（ii 187.1）はこれも珍しい複合語であると指摘する。

（445） Jones（ii 187.3）はこのあたりの詩頌の内容が三十二相八十種好の一部を反映したものと見る。

（446） padmapādakaro naghaḥ(?). 刊本に疑問符が付されているように、この読みは問題を含んでいる。これをpadmapādakaranakhaḥ

とすれば「手足の爪は蓮華の如く」となって意味は通じるが、これでは韻律を乱すとJONES（ii 187.4）は指摘する。

（447） pariprccheyaṃ maharṣi upagamya. 校訂者（ii 533）とJONES（ii 188.3）に従い、下線部をpariprccheyam iti maharṣi に改め、upagamyaをupagameと理解する。

（448） sarvabhūtātmayā. JONES（ii 188.4）はI. B. HORNER女史の示唆に基づき、下線部を-ātmajāに改めているので、これに従う。

（449） rājñaḥ aśvāroho va selako. このままでは翻訳できないとし、JONES（ii 190.2）は校訂者（ii 533）の推測に基づき、これをrājyam aśvāroham sainyakamに改め、（*I offer thee*）*a kingdom with an army of cavalry*と訳す。一方、BHSD（s.v. Selaka）はSelakaをname of a（legendary?）knightと解釈する。今はBHSDに基づき、刊本通りに読む。

（450） 彼はすでに装飾品をチャンダに渡し、装飾品は身に着けていないはずだから、この記述は矛盾する。よって、JONES（ii 192.1）はこの詩頌が他の伝承（文献）から取り込まれた可能性を示唆する。

（451） bhāṣantām. 本来はdevatānāmを修飾する語であるが、韻律上、このような不規則な形になっているとJONES（ii 192.4）は指摘する。 （452） vīrāḥ. 男性・複数・呼格で聴衆を指す語とJONES（ii 193.1）は解釈する。ここでもこれに従う。

（453） kupyaka-. JONES（ii 193.4）はこれをkupyateに由来する形容詞として理解し、*swaying*（*forest branches*）と訳している。一方、校訂者（ii 534）もBHSD（s.v. kupyaka）も、特定はできていないが、これを樹木の固有名詞として理解しているので、これに従う。

（454） kṣitiṃ gale［BC kṣiti gale］. JONES（ii 194.4）に従い、これをkṣititaleに改める。

（455） この文には、主語sāを受ける主動詞がなく、dadatvāとparikīrtaya（形は変則）という二つの連続体があるだけであるとJONES（ii 195.3）は指摘する。 （456） sujātam. 校訂者（ii 535）とJONES（ii 195.5）は、Sujātāとの言葉遊びが見られると言う。

（457） 校訂者（ii 535）の指摘を受け、JONES（ii 196.1）もこの詩頌が他文献からの竄入と見る。

（458） drumarājapṛthivīṣaṇḍe［C -thivīkhaṇḍe］. 変則的な複合語だが、これは野生ではなく都会に育つ菩提樹を指していることは明らかであるとJONES（ii 196.3）は指摘し、これを*in a grove in the king's domain*と訳している。確かに変則的な複合語だが、この訳からすれば、JONESはdrumarājaではなくrājapṛthivīと読んでいる。ここではdrumarājaを「菩提樹」と理解する。

（459） 原語はptatyekajinaであるが、ここでは「独覚」と訳した。

（460） tiriktakena pātreṇa. JONES（ii 197）は下線部を*with his bowl containing only leavings of food*と訳す。atirikta(ka)は*surpassed/ superfluous/ remaining over and above*（Apte梵英辞典）の意であるから「残飯／残り物」をも意味するが、また同時に*quite empty*をも意味し、BHSD（s.v. atiriktaka）はMv.のこの箇所を引用し、「残飯／残り物」の可能性を認めながら、*completely*（*miserably?*）*empty*と釈す。文脈からすれば、この後カーシャパは「一つも施食が得られざりき」と告白しているので、下線部の意味を「空」と理解する。

(461) 刊本には Udaka とあるが、これを Udraka に改める。

(462) uśvasati. 校訂者（ii 535）も BHSD（s.v. uśvasati）もこれが ucchvasati の間違った Skt. であると指摘する。

(463) -avakrānti［B -avakrānta, C avakrānto］. Jones（ii 198.6）に従い、これを -avakrāntasya に改める。

12-(1) シュヤーマカ本生話

【文献】Ja 540（vi 68-95）; 六度43（T. 152, iii 24b14-25a14）; 雑宝2（T. 203, iv 447c19-449a2）;『菩薩睒子経』（T. 174, iii 436b-438b）;『睒子経』（T. 175, iii 438b-440a）.

(464) Jones（ii 218.4）はこの本生話が Ja にないと指摘しているが、実際は Ja 540 がこれに相当する。

(465) prāsādikaṃ［C prāśālikaṃ］. Jones（ii 200.9）によれば、このような名前の植物は知られていないことから、この読みは間違いで、校訂者（ii 535）は prasāraṇa/ prasāraṇī に等しい prasāraṇikā を示唆している。今は BHSD（s.v. prāsādika）に従い、このままの形で some edible plant/ vegetable/ grain と解釈する。

(466) Śyāma(ka). Cf.（Suvaṇṇa)Sāma（Ja 74.2）. なお、Mv. では彼の母を Pāragā とするが、父の名前は固有名詞では説かれない。これに対し、Ja は彼の父を Dukūla(ka)、母を Pārikā とする。

(467) vijñaprāptaḥ. Jones（ii 201.4）はこれを Pāli: vayappatta（*come of*（*marriageable*）*age*）の意味する年齢と同じと考え、「十六歳」とする。　(468) Peliyakṣa. Cf. Piliyakkha（Ja 75.29）.

(469) この詩頌は Pāli の Dhp には存在しないことが Jones（ii 202.5）によって指摘されている。また Jones によれば、Pāli の Dhp と Skt. の Dhp とは同じ詩頌から成っていたはずであるが、Skt. の方が増広していると言う。Mv. が英訳された時点では発見されていなかったが、現在では GDhp をはじめ、幾つかの Skt. の Dhp が発見されており、そこにはこれに相当する詩頌があるかもしれない。Mv. には Dhp からの引用と考えられる詩頌が幾つか存在するが、それらは Pāli の Dhp に確認できるものもあればできないものもあるので、今後の新たな Dhp の発見如何では Mv. が依用した Dhp の存在が明らかになるかも知れない。

(470) vibhāgīyānāṃ. これが何を意味するかは不明であり、このような名前の部派も知られていないと Jones（ii 203.2）は言う。校訂者（ii 536）はこれを律の経分別（suttavibhaṅga）と関連づけて考えているが、I. B. Horner 女史はこの語と Vibhajjavādins との関係性を示唆していると Jones は指摘する。一方、BHSD（s.v. vibhāgīya）はこれを *one who is an expert in scholastic classification* とし、この語を含む句の綴りが多いことを指摘してから、同様の詩頌が Mv. の他の箇所に見られ、そこでは dharmo gatir dvijātīnāṃ［BM vibhātī-］（iii 156.17）とあるので、これを vibhāgīnāṃ（gen. pl. of vibhāgin = vibhāgīya?）と読む。こうすれば、綴りの数も合うので、これに従う。

(471) Jones (ii 203.1) はこれに近い用例として、「穴を住処とする者は穴に入り、水を住処とする者は水に入り、林を住処とする者は林に入り、鳥は虚空に親近す (bilaṃ bilāsayā pavisanti dakaṃ dakāsayā pavisanti vanaṃ vanāsayā pavisanti ākāsaṃ pakkhino bhajanti)」(AN ii 33.9-10) を挙げる。Cf. Mv. iii 156.16-17　(472) Śyāma. 以下、これを Śyāmaka に改める。

(473) kim aṃga punaḥ asmadvidhānāṃ bālānāṃ. 文脈から考えれば、下線部は jambudvīpam 同様、この直前の dahensuḥ の目的語であるから、属格ではなく目的格でなければならないと Jones (ii 204.1) は指摘する。その証拠として、この散文は後に韻文で繰り返されるが、そこには dahensuḥ kiṃ puna asmādṛśāṃ bālā (ii 223.15) とあることを挙げている。

(474) Jones (ii 205.1) はこの例証として「この悪業はお前のみによって為されたものである。お前のみがこの異熟を感受するのだ (tayā v' etaṃ pāpaṃ kammaṃ kataṃ; tvañ ñeva etassa vipākaṃ paṭisaṃvedissasi)」(MN iii 180.3-5; cf. AN i 139.10-11) を挙げるが、この他にも同様の用例は Pāli 文献に散見するし、また有部系の説話文献においては枚挙に暇がない。

(475) kiṃ punar asmadvidhānāṃ bālānāṃ. 本群注 (473) 参照。

(476) これに関する記述がすでに見た Mv. の物語では説かれていなかったと Jones (ii 209.1) は指摘する。これも他文献 (伝承) からの竄入の可能性がある。

(477) Ja の連結では、王はアーナンダ、神の娘 (王を諫める役) はウッパラヴァンナー、サッカはアヌルッダ、父はカッサパ、母はバッダカーピラーニー、スヴァンナサーマはブッダに同定される。　(478) 詩頌では Śyāma が優勢なので、訳をこれに統一する。

(479) na khu me prapañcayitavyaṃ [BC prapadyetavyaṃ]. BHSD (s.v. prapañcayati) によれば、下線部は *I must not delay* を想定して校訂され、この動詞のこの意味は Pāli にも見られるが、写本の読みは prapadyetavyaṃ であり、また奇妙なことに PTS の巴英辞典は papañceti が papajjate (Skt.: prapadyate) に由来すると言うが、これは形の上からも意味の上からも不可能であるとする。BHSD はこの Mv. の文を引用して *I must certainly not rely on, be a burden to* (my blind old parents) と訳しているので、これに従う。

(480) mā khu bhave. Jones (ii 210.4) はこの表現の前提となる元の詩頌が省略されていると推測する。

(481) śyāmasundari. 直訳すれば「黒くて美しい」となるが、ここでも何らかの省略が想定されると Jones (ii 210.5) は推定する。というのも、クリシュナに関する話が散文の物語では何処にも説かれていなかったからである。あったとすれば、文脈から考えて、シュヤーマカが狩りに出掛けた場面であったとする。また文字通りこの語を「美しいシュヤーマカ」と解釈すれば、シュヤーマカが話しかけた「彼」とは誰かが分からなくなると Jones は言う。もう一つの可能性として、散文のシュヤーマカ物語と韻文のシュヤーマカ物語とは別伝承であると考えることができよう。いずれにせよ、問題のある物語である。

(482) kāraṇam [B kaṇam, C karaṇam]. Jones (ii 212.1) に従い、これを karuṇam に改める。

(483) kiṃci tvayi poṣiyanto［B poṣiyantā］na hato［BC hatā］. . . bhaviṣyāmi. Jones（ii 212.2）は写本の読み等から、下線部をそれぞれ poṣiyantā/ hatā/ bhaviṣyāma に改めているので、これに従う。

(484) paramārthaṃ. Jones（ii 212.4）はこれを paramārtho に改めているが、ここではこれに従わない。

(485) hṛdayaṃ ca vyutthasthāno［B vyutthaṃ sthāno］. Jones（ii 214.4）はこの読みを疑問視し、正規の複合語の形は sthānavyuttham、あるいは写本の異読から vyutthaṃ sthānā（= sthānād, *"from its place"*）とし、*My heart leaps from its wonted place* と訳す。ここではこれを vyutthaṃ sthānā に改める。 (486) 原文の Peliyaśa を Peliyakṣa に改める。

(487) 散文ではより多くの質問がなされているので、韻文ではかなりの部分が省略されていると Jones（ii 215.2）は指摘する。

(488) Jones（ii 217.2）はこの詩頌と次の詩頌が非常に乱れており、翻訳しない方がいいとまで言う。

(489) svagaṃ［C svargagaṃ］. Jones（ii 218.1）に従い、これを svargaṃ と理解する。

(490) Jones（ii 218.2）は同類の表現として、「両親はブラフマンや古の師匠と呼ばれる（brahmā ti mātāpitaro pubbācariyā ti vuccare）」（AN ii 70.25; cf. Ja v 330.16-19; Sn 404）を挙げる。

13 苦行者ガウタマ

【文献】 仏本（T. 190, iii 764c7-769b2）.

(491) sya. Jones（ii 219.2）はこれを syāt と理解し、*wherever a perfect Buddha's knowledge may be* と訳すが、ここでは三人称代名詞の男性・単数・属格で理解する（なお、この頁の Jones の脚注は1と2の内容が入れ替わっている）。

(492) sarvo［C sarvaṃ］. Jones（ii 219.3）に従い、これを parva に改める。Cf. Mv. ii 126.17-18, 129.7.

(493) jīrṇagopānasyāntarikā ośīrṇā pārśvake yathā. この読みには何らかの間違いがあることを Jones（ii 219.4）は指摘している。なお下線部は Jones に従って pārśvakā に改める。

(494) na ca vīryato［C vīryyanta］saṃsati. Jones（ii 220.2）はこの読みに欠陥があるとし、saṃsati の意味を決定しかねている。校訂者（ii 539）は na ca vīryaṃ sya śiṣyate と読めば文脈に合うとするが、この読みには写本の支持がないと Jones は言い、vīryato を vīryatā に改め、*there was no strength left in him* と訳す。一方、BHSD（s.v. saṃsati）は na ca vīryāta saṃsati と読み、*and he does not fall away from his heroic stand*（in practising austerities）と訳すので、この読みと訳に従う。

(495) チャンダカの派遣にカーローダインの同伴を説く資料は Mv. だけではないかと Jones（ii 221.1）は指摘する。

(496) gṛhigupti. Jones（ii 221.4）は下線部の意味が不明とし、これを *safeguard* とするが、BHSD（s.v. gupti）はこれを *form/*

formation/ fashion とするので、この理解に従う。

13-(1) 鹿王シリプラバ本生話

【文献】仏本（T. 190, iii 887b25-888a25); Ja 359（iii 182-187);『鼻奈耶』（T. 1464, xxiv 872c4-21).

(497) Śiriprabha. Cf. 失利末（『鼻奈耶』872c6-7). 仏本と Ja は固有名詞を出さない。 (498) Nīlaka. 他の資料は固有名詞を出さない。

(499) vikramāhi śiriprabhā vikramāhi mṛgādhipa/ purā so lubdhako eti yena so pāśo oḍḍito/ chinde vāratrakaṃ pāśaṃ na ramiṣyaṃ tvayā vinā//. Cf. 鹿王當努力　奮迅足與頭　張設㯕羂人　今猶未來此（仏本 887c10-11); vikkama re mahāmiga vikkama re haripada/ chinda vārattikaṃ pāsaṃ nāhaṃ ekā vane rame//（Ja 184.19-20).

(500) vikramāmi na śaknomi bhūmau patāmi vegito/ dṛḍho vāratrako pāśo pādaṃ me parikartati//. Cf. 我今雖用力　不能拔此㯕　以皮作羂繩　縛束轉復急（仏本 887c13-14); vikkamāmi na pāremi bhūmiṃ sumhāmi vegasā/ daḷho vārattiko pāso pādam me parikantati//（Ja 185.2-3).

(501) ramaṇīyāny araṇyāni parvatāni vanāni ca/ ramiṣyasi tuvaṃ bhadre anyena patinā saha//. Cf. 微妙諸山林　甘泉水草美　願令未來世　永莫受此殃（仏本 887c15-16).

(502) ayaṃ so lubdhako eti kṛṣṇo nīlāmbaraprāvṛto/ yo me carmaṃ ca mānsaṃ ca cchinditvā mahyaṃ haniṣyati//. Cf. 此是獵師將來至　身體烏黑著鹿衣　今來必剝我皮膚　斬截支節而將去（仏本 887c26-888a1).

(503) saṃstarāhi palāśāni asiṃ āvṛha lubdhaka/ mama pūrvaṃ badhitvāna paścā hiṃsi mahāmṛgaṃ//. Cf. 善哉汝獵師　今可敷草鋪　先破我皮肉　爾乃殺鹿王（仏本 888a2-3); attharassu palāsāni asiṃ nibbaha luddaka/ paṭhamaṃ maṃ hanitvāna hana pacchā mahāmigan//（Ja 185.19-20)

(504) na me śrutaṃ vā dṛṣṭaṃ vā yaṃ mṛgī bhāṣati mānuṣaṃ/ tvaṃ ca bhadre sukhī bhohi muṃcāmi te mahāmṛgaṃ//. Cf. 我自生小未曾聞　見有諸獸解人語　此事世間甚希有　我意何忍起害心　今既不殺於汝身　亦復幷放爾夫去　如是全活爾身命　願汝夫婦恆相隨（仏本 888a12-15); na me sutaṃ vā diṭṭhaṃ vā bhāsantiṃ mānusiṃ migiṃ/ tvañ ca bhadde sukhī hohi eso cāpi mahāmigo//（Ja 186.3-4).

(505) evaṃ lubdhaka nandāhi saha sarvehi jñātihi/ yathāhaṃ adya nandāmi dṛṣṭvā muktaṃ mahāmṛgaṃ//. Cf. 善哉如是大獵師　諸親見者皆歡喜　如我得見夫免脫　歡喜踊躍亦復然（仏本 888a19-20); evaṃ luddaka nandassu saha sabbehi ñātihi/ yathāham ajja nandāmi muttaṃ disvā mahāmigan//（Ja 186.20-21). (506) Cf. Mv. ii 93.18-21, 188.9-12, iii 26.6-9, 89.21-90.1, 299.16-300.1, 375.1-4.

(507) 仏本の連結は Mv. と同じだが、Ja は、猟師をチャンナ、雌鹿を現在物語に登場する若い比丘尼、鹿王をブッダに同定し、『鼻奈耶』は、鹿王をブッダ、鹿王を助けた鹿をアーナンダに同定する。

【文献】仏本（T. 190, iii 769b3-c23); Sn（425-449).

(508) 話の構成や詩頌の内容など、Mv. は仏本と Sn に比較的よく対応する。

(509) somaprāsaṃ. Jones（ii 224.6）に従い、これを śamyāprāsaṃ に改める。BHSD（s.v. śamyāprāsa）もこの読みを採る。

(510) Jones（ii 224.8）は、最後の二つである赤蓮華祭と白蓮華祭を除いて、これらの祭祀が Pāli 聖典中（AN ii 42.29-43.1, iv 151.7-8; It 21.14-15; SN i 76.20-21; Sn 303）ではしばしばセットで言及されることを指摘し、Pāli 注釈書の内容を紹介している。

(511) durabhisaṃbhaṇaṃ. Jones（ii 225.1）に従い、これを durabhisaṃbhuṇaṃ として理解する。

(512) anavadyapuṇyapārihāṇi brahmacaryavāsam. この読みが正しければ、この「梵行（brahmacarya）」は仏教的に再解釈された意味で用いられていることになるが、これに対応する Sn（428）の相当箇所は「汝は梵行を修し、祭火に供物を捧げれば、多くの福徳が積めるのだ。〔苦行に〕精勤して何になる（carato ca te brahmacariyaṃ aggihuttañ ca jūhato pahūtaṃ cīyate puññaṃ kiṃ padhānena kāhasi)」とあり、ここでの「梵行」は本来のバラモン教的意味で使われているので、Jones（ii 225.2）はこの読みに間違いがあるかもしれないと指摘する。

(513) <u>taṃ tathā idāniṃ</u> māraṃ bodhisatvo dhyabhāṣata. Jones（ii 225.7）は下線部を Sn（430）の相当箇所 taṃ tathāvādinaṃ にあわせて読み変えている。

(514) vanam. Pāli ではこの語に「森」と「欲望」という二つの意味があるので、ここには言葉遊びが見られると Jones（ii 226.5）は言う。よって、ここではこの語を二重に訳す。Cf. Dhp 283（Cf. GDhp 93; PDhp 361; Udv 18.3).

(515) この詩頌を含む最後の四偈は Sn には存在しないことを Jones（ii 226.5）は指摘している。

(516) 悪魔がブッダを誘惑する場面は、この詩頌の最初の所で述べられているように、「ウルヴィルヴァーの郊外にある麗しき森（Jones によれば苦行林)」であるから、ここで「菩提樹」に言及しているということは、この詩頌が本来ある場所に置かれていないことを意味すると Jones（ii 226.6）は指摘し、菩提樹の下でブッダが悪魔に誘惑されるのは、また別の話であるとして、Ja（i 70.30 ff.）等の出典を挙げている。

(517) nāhaṃ sthānārtham upāviśe［B sthānārthāya viṣye, C sthānārthaṃ viṣo(?)］. これに対応する Sn（442）は「私を〔この〕場所より退かしむることなかれ（mā maṃ thānā acāvayi)」とあるが、Mv. の写本でこの Sn の読みを支持するものはないと Jones（ii 226.7）は指摘する。 (518) ārati［C āyati］. Jones（ii 227.1）に従い、これを arati に改める。

(519) pragāḍhā atra dṛśyante［C -ḍha na dṛ-, B -ḍhā ca na dṛ-］. Sn（441）の対応箇所は「〔ある沙門やバラモン〕はそこに埋没して

姿は見えず（pagāḷhā ettha na dissanti）」とし、意味的にはこの方がよさそうだ。写本の異読もこれを支持するが、このあたりの詩頌の繋がり（文脈）がMv.とSnとでかなり異なるので、Snに合わせてMv.の読みを訂正するのは賢明ではないとJones（ii 227.3）は言う。

（520）jitvā vā anuśocati. これでは意味がよく通じないとし、Jones（ii 227.4）はSn（439）の対応箇所「〔勇者〕は勝ちて楽を得る（jetvā ca labhate sukhaṃ）」を紹介している。

（521）āmapātraṃ va［C ca］ambunā［B abunā］. Sn（443）の対応箇所には「焼かれざる土器を石で〔壊す〕如く（āmaṃ pattaṃ va amhanā）」とあるが、焼かれていない土器を壊すのは「石（amhan: 具格 amhanā）」よりも「水（ambu: 具格 ambunā）」の方が自然であり、語形が似ていることから、これに関してはMv.の方が本来の読みを保持しているのではないかと推測し、出典は明記していないが、Mv.の他の箇所では同様の譬喩が見られるとJones（ii 227.5）は指摘する。

（522）vaśīkaritvāna te śalyam. Sn（444）の対応箇所は「思念を制御し（vasiṃkaritvā saṃkappaṃ）」とするが、Mv.の読みを訂正する手がかりはないとJones（ii 227.6）は言う。（523）Jones（ii 227.7）はこれに相当する詩頌がSnにはないことを指摘している。

（524）tasya śokaparītasya vināśaṃ gacchi ucchriti［B -rīttasya viṇā gacchoto sṛta, C -rītasya vīcīnā gacchito sṛtā］. Sn（449）の対応箇所 tassa sokaparetassa viṇā kacchā abhassatha より、Jones（ii 227.8）は下線部を viṇā kacchato osṛta に訂正しているので、これに従う。概ね写本の異読もこれを支持する。

14-(1) 鳥本生話

【文献】Ja 118（i 432-435）; 六度29（T. 152, iii 17c1-22）, 63（T. 152, iii 34a27-b11）.

（525）bhadra-. Jones（ii 228.3）はこれを皮肉な用法とする。

（526）Jaの連結では、この賢い鳥がブッダであったとされるが、捕鳥人の同定はない。また六度29では、鳥をブッダ、王（Mv.の捕鳥人に相当）をデーヴァダッタとし、また六度63では、鳥をブッダとするものの、王（Mv.の捕鳥人に相当）の同定はない。

14-(2) 亀本生話

【文献】仏本（T. 190, iii 797c25-798a27）; SN（iv 177.27-179.4）.

（527）Mv.と仏本の構成（散文と韻文）は比較的よく合う。（528）Paripātrikā. 波梨耶多[Pariyātrikā?]（仏本 797c25-26）.

（529）mālasyaiva［C mālāsyaivaṃn］taṃ. Jones（ii 231.3）はこの部分を翻訳不能として訳しておらず、mālayās evaṃ artham（*or* arthāya）であれば文脈には合うとする。異読を参照しても適切な訂正案が思いつかないので、ここでもこれを翻訳しない。

（530） 原文には pāripātri とあるが、初出の形 paripātrika に合わせて和訳する。

（531） nirāmayā pāripātri kṛṣikāraṇā ca kūlena śaktito/ kardamakṛto smi mālika dhoviya pelāya māṃ prakṣipa//. Cf. 我從水出身有泥　汝且置花洗我體　我身既有泥不淨　恐畏汚汝篋及花（仏本 798a6-7）.

（532） trigaṇo［B tigaṇo］bahuko samāgato. Jones（ii 232.1）に従い、triguṇaṃ bahukaṃ samāgataṃ に改める。この次の詩頌も同様に改める。

（533） bahukā maye saṃcitāsu rājñā triguṇaṃ bahukaṃ samāgataṃ［← trigaṇo bahuko samāgato］/ tatra tuvaṃ bhadra kacchapa karaṇḍe mālakṛte ramiṣyasi//. Cf. 賢龜諦聽我作意　汝今親舊甚衆多　我作花鬘繫汝咽　恣汝歸家作喜樂（仏本 798a16-17）. ただし、この詩頌は内容的にあまり対応しない。

（534） bahukā tava saṃcitāsu rājñā triguṇaṃ bahukaṃ samāgataṃ［← trigaṇo bahuko samāgato］/ matto pralapasi mālika taile bhuṃjatha bhadrakacchapaṃ//. Cf. 汝家造酒欲會親　廣作種種諸味食　汝至家内作是語　龜肉羹已脂糕頭（仏本 798a22-23）. この詩頌も内容的にあまり対応しない。　（535） 連結での同定の内容は仏本も同じ。

14-(3) 猿本生話

【文献】仏本（T. 190, iii 798a27-799a18）; Ja 208（ii 158-160）, 342（iii 133-134）; 六度36（T. 152, iii 19b25-c17）;『生経』10（T. 154, iii 76b19-77a5）, 2（T. 154, iii 71b8-c10）.

（536） gamyate. Jones（ii 235.3）は、これを gamyaṃ te（*you must go*）と読まなければ、非人称の受け身になると言う。一方、BHSD（s.v. gamyate）は *it is possible/ there is opportunity*（with infinitive）とするので、ここではこれに従う。

（537） yadi <u>manesi</u>［C manasi］. 下線部が動詞 √man であれば、この語形は極めておかしいと Jones（ii 235.5）は指摘し、maṃ nesi（*if you will lead*（*take*）*me out*）の可能性を示しているが、本文では訂正せずに *if you think it's all right* と訳している。

（538） vaṭṭo ca vṛddho ca hosi prajñā ca te na vidyate/ na tuvaṃ bāla jānāsi nāsti ahṛdayo kvaci//. Cf. 汝虬計挍雖能寛　而心智慮甚狭劣　汝但審諦自思忖　一切衆類誰無心（仏本 799a10-11）.

（539） この詩頌は明らかに語り手によって挿入された道徳的説明であると Jones（ii 236.2）は指摘する。確かにこれは猿の話を中断しており、この詩頌を抜けば話の流れはよくなる。仏本ではこの前の詩頌と後の詩頌とが連続して説かれているので、Jones の指摘は正鵠を射ている。

（540） alam etehi āmrehi jaṃbūhi panasehi ca/ yāni pāre samudrasya ayaṃ pakvo udumbaro//. Cf. 彼林雖復子豐饒　及諸菴羅等妙果

我今意實不在彼　寧自食此優曇婆（仏本 799a12-13）．　（541）連結の内容は仏本も同じ。

14-(4) 鳥本生話

【文献】仏本（T. 190, iii 799a18-b20）; Ja 209（ii 160-162）．

（542）nakulānām api bhaṃgakulānām［B nakulān api bhaṃgakulān, C -bhaṃgeṇa kulān］api.　bhaṃgakula が何を意味するかは不明であり、校訂者（ii 542）は muṃgusakula（*mongoose*）を想定するが、そうすれば意味的に nakula と重なることを校訂者自身認めている。BHSD（s.v. bhaṅgakula）はこれを受け、半マガダ語の maṅgusa が写本の読みに近く、元の読みは maṅgusānām だったが、kulānām は nakula との混同で原形が損なわれたのではないかと推定する。また意味に関しては、この二語が並列して置かれていることから、マングースの異種と見る。Jones（ii 237）はこれを *polecats and mongoose* と訳し分ける。

（543）akhijjantaṃ［BC akhijjanto］.　Jones（ii 238.4）に従い、これを akhijjanto に改める。

（544）kedārehi na［BC ca］.　Jones（ii 239.1）に従い、下線部を ca に改める。

（545）dṛṣṭā mayā vane vṛkṣā aśvakarṇā vibhītakā/ evaṃ ca karṇikārā pi mucilindā ca ketakā//.　Cf. 我見一切林諸樹　阿說及於毘醯羅　諸阿梨羅幷閻浮　無脂羅波鎮頭樹（仏本 799b6-7）．

（546）tiṣṭhante te vane jātā athāyaṃ gacchate drumo/ nāyaṃ kevalako vṛkṣo asti tatraiva kiṃcana//.　Cf. 安住停止於一處　從生已來不動移　此樹轉易處處行　其中必應不空立（仏本 799b8-9）．

（547）kramāpakramanti［B krame apakramathanti, C kramopakramaṃti］.　Jones（ii 240.2）は Ja（162.2）の相当箇所 apakkamati を参考に、下線部を -āpakramati に訂正しているので、これに従う。　（548）連結の内容は仏本も同じ。

〔鹿王スルーパ本生話〕

【文献】なし。

（549）Jones（ii 240.4）はこの話が Ja にはなく、またこのジャータカが説かれるに至った前段の話がここではなく、Mv.（i 91.1 ff.）の「第三地」に遡ると指摘する。

著者略歴

平 岡　聡（ひらおか　さとし）

1960年　京都市に生まれる
1983年　佛教大学文学部仏教学科卒業
1987年　米国ミシガン大学アジア言語文化学科に留学（1989年まで）
1988年　佛教大学大学院文学研究科博士課程満期退学
1994年　京都文教短期大学専任講師
1996年　京都文教大学人間学部専任講師
現　在　京都文教大学教授，博士（文学：佛教大学）
著　書　『説話の考古学―インド仏教説話に秘められた思想―』（2002年，大蔵出版）
『ブッダが謎解く三世の物語―『ディヴィヤ・アヴァダーナ』全訳―』上・下
（2007年，大蔵出版）
連絡先　〒611-0041　京都府宇治市槇島町千足80　京都文教大学
E-mail : hiraoka@po.kbu.ac.jp

ブッダの大いなる物語 上
梵文『マハーヴァストゥ』全訳

2010 年 7 月 15 日　初版第 1 刷発行

著　者　　平岡　聡
発行者　　青山賢治
発行所　　大蔵出版株式会社
〒113-0033　東京都文京区本郷 3-24-6-404
TEL. 03-5805-1203　FAX. 03-5805-1204
http: //www.daizoshuppan.jp/
印刷所　　中央印刷(株)
製本所　　(株)ブロケード

ISBN 978-4-8043-0575-2 C3015